ŒUVRES

DE

J. F. COOPER

IMPRIMERIE DE H. FOURNIER ET C*ᵉ*, 7 RUE SAINT-BENOIT.

J. F. COOPER

OEUVRES

DE

J. F. COOPER

TRADUITES

PAR

A. J. B. DEFAUCONPRET

TOME QUINZIÈME.

LE PAQUEBOT

PARIS

FURNE ET C⁰, CHARLES GOSSELIN

ÉDITEURS

M DCCC XLIV

PRÉFACE.

Sous un rapport, ce livre fait le pendant de l'apologue bien connu de Franklin *le Chapelier et son Enseigne*. Il fut commencé dans la seule intention de peindre l'état actuel de la société dans les Etats-Unis, en grande partie par la mise en scène d'individus de caractères différents, fraîchement débarqués d'Europe ; et à qui, par conséquent, les traits distinctifs du pays se présenteraient avec plus de force qu'à ceux qui ne l'ont jamais quitté. Dans le plan primitif, la scène devait s'ouvrir au seuil même du pays, ou à l'arrivée des voyageurs à Sandy-Hook, et de là l'histoire devait être menée régulièrement jusqu'à sa conclusion. Mais des conseils officieux n'ont laissé de ce plan guère plus que les amis du chapelier ne laissèrent de son enseigne. Comme un bâtiment paraissait dans le premier chapitre, ce fut un cri général pour demander « un peu plus de vaisseau, » à tel point qu'à la fin, l'ouvrage est devenu « tout vaisseau » ; de sorte qu'actuellement il finit à ou près de l'endroit où il devait originairement commencer. Par suite de cette déviation du plan de l'auteur, plan toutefois qu'il n'a pas abandonné, est survenue la nécessité de répartir l'histoire sur deux ouvrages différents, ou de brusquer et de tronquer le dénouement. C'est au premier parti que l'auteur s'est arrêté. Il espère que l'intérêt n'en sera pas matériellement affaibli.

Il y aura très-probablement certaines personnes, douées d'une grande imagination, qui se sentiront disposées à contester que tous les événements minutieux rapportés dans ces volumes aient pu arriver à un seul et même bâtiment, tout en étant prêtes à admettre qu'ils ont pu très-bien arriver à des bâtiments différents ; sorte d'argument qui est très en faveur auprès de nos petits critiques. A cette objection je n'ai qu'une seule réponse à faire : Que l'on consulte le livre de loch du *Montauk*, paquebot de Londres, et s'il s'y trouve une seule phrase qui contredise une seule de nos assertions, nous promettons une rétractation pleine et entière. Le capitaine Truck est tout aussi connu à New-York qu'à Londres ou à Portsmouth, et nous renvoyons aussi à lui avec confiance, pour la confirmation de tout ce que nous avons dit, à l'exception peut-être des petits traits de caractère qui peuvent le concerner personnellement. Encore, à cet égard, invoquerons-nous deux témoignages irrécusables, celui de M. Leach et particulièrement celui de M. Saunders.

La plupart de nos lecteurs savent probablement que tout ce qui paraît dans un journal de New-York n'est pas nécessairement aussi vrai que l'Evangile. Comme parfois, quoique très-rarement sans aucun doute, les faits s'y trouvent légèrement dénaturés, il n'est pas étonnant que quelquefois aussi ils omettent des circonstances tout aussi vraies qu'aucune de celles qu'ils révèlent journellement à l'univers. On ne peut donc tirer avec justice aucun argument contre les incidents de cette histoire, de ce qu'ils n'ont pas été enregistrés régulièrement dans les nouvelles maritimes du jour.

On prévoit une autre objection sérieuse contre cet ouvrage de la part du lecteur américain. L'auteur s'est efforcé d'intéresser son lecteur à des événements qui remontent déjà à une date aussi ancienne que deux ans, tandis qu'il sait très-bien que, pour marcher de pair avec un état de société dans lequel il n'y a pas eu d'hier, il eût été beaucoup plus prudent d'anticiper sur les événements, en mettant la scène deux ans plus tôt. On espère néanmoins que l'opinion publique ne se révoltera pas trop de ce coup d'œil jeté sur l'antiquité, d'autant plus que la suite de l'histoire nous ramènera à un an du moment actuel.

Pour commencer par le plus important, *le Montauk* lui-même, si renommé autrefois pour sa magnificence et sa commodité, est déjà supplanté dans la faveur publique par un nouveau bâtiment; car le règne d'un paquebot populaire, d'un prédicateur populaire ou de toute autre chose populaire, en Amérique, est toujours limité, par un *esprit de corps* national, à moins d'un lustre. Au surplus, rien n'est plus juste, le roulement de la faveur étant tout aussi évidemment une nécessité constitutionnelle que le roulement des emplois.

Le capitaine Truck, par innovation, est encore populaire, circonstance que lui-même attribue à ce qu'il est encore garçon.

Toast a eu de l'avancement : il se trouve à la tête d'une paneterie au moins égale à celle de son illustre maître, qui regarde son élévation à peu près des mêmes yeux dont Charles XII de Suède regardait celle de son grand rival Pierre après la bataille de Pultawa.

M. Leach fume maintenant son cigare et donne ses ordres sur son propre bord. Il parle déjà de son grand modèle comme d'un homme un peu suranné, il est vrai, mais qui avait du mérite dans son temps, quoique ce ne fût pas le mérite particulier qui est à la mode aujourd'hui.

Malgré ces légers changements, qui sont peut-être inévitables dans une période de temps aussi longue que celle de deux ans, dans un pays aussi énergique que l'Amérique, où rien ne semble être stationnaire que l'âge des actionnaires de tontines et des preneurs de baux sur trois vies, les principaux acteurs de ce livre conçurent l'un pour l'autre une estime cordiale, qui promet de survivre à la traversée, et qui ne manquera pas de les réunir presque tous dans la suite de l'ouvrage.

LE PAQUEBOT AMÉRICAIN.

> N'est-il pas étrange, Canidius, que, parti de Tarente et de Brindes, il ait traversé si promptement la mer Ionienne, et touché à Toryne ?
>
> SHAKSPEARE.

CHAPITRE PREMIER.

> J'ai une chambre où vous pourrez vous reposer et prendre quelques rafraîchissements ; après quoi nous parlerons plus amplement de cette affaire.
>
> ORRA.

La côte d'Angleterre, quoique plus belle que la nôtre [1], est plus remarquable par sa riante verdure et par un air général de civilisation que par ses beautés naturelles. Ses rochers de craie peuvent paraître nobles et hardis aux Américains, quoique, comparés aux masses de granit qui bordent la Méditerranée, ils ne soient que des taupinières ; et l'œil du voyageur expérimenté cherche d'autres beautés dans les vallées écartées, les haies verdoyantes et les groupes de villages qui ornent la côte de cette île féconde. Portsmouth même, si on le considère uniquement sous le rapport du pittoresque, n'est pas un échantillon favorable des ports britanniques. Une ville située sur une humble pointe, et fortifiée à la manière des Pays-Bas, avec un excellent port, présente plus d'images de ce qui est utile que de ce qui est agréable, tandis qu'un arrière-plan de montagnes modestes n'offre guère que les coteaux verdoyants de la campagne. A cet égard, l'Angleterre même a la fraîche beauté de la jeunesse plutôt que les couleurs harmonieuses d'une époque plus avancée de

1. Celle d'Amérique.

la vie ; ou, il serait mieux de dire qu'elle a cette fraîcheur et cette douceur modeste qui distinguent ses femmes, surtout lorsqu'on les compare aux teintes plus chaudes de l'Espagne et de l'Italie, et qui, dans les personnes comme dans les paysages, ont besoin d'être vues de près pour être appréciées.

Des pensées à peu près semblables à celles qui précèdent se présentaient à l'esprit du voyageur qui, debout sur le pont du paquebot *le Montauk*, un coude appuyé sur les lisses du gaillard d'arrière, contemplait la vue de la côte, qui s'étendait devant lui à plusieurs lieues à l'est et à l'ouest. A l'attention avec laquelle ce voyageur, dont le front commençait à se couvrir de cheveux gris, regardait cette scène, on reconnaissait l'air pensif de l'expérience et un goût perfectionné par l'habitude d'observer, à un point qu'il n'est pas ordinaire de rencontrer parmi les hommes affairés et insignifiants qui forment la majorité dans presque toutes les situations de la vie. Le calme de son extérieur, un air également éloigné de l'admiration du novice et du dédain de l'ignorant, l'avaient tellement distingué depuis le moment qu'il s'était embarqué à Londres, jusqu'à celui où on le voyait dans la position qui vient d'être décrite, que plusieurs matelots juraient que c'était un officier de la marine royale déguisé. La charmante fille aux cheveux blonds, aux yeux bleus, qui était à son côté, semblait réfléchir sous un jour plus doux les sentiments, l'intelligence, les connaissances et les goûts de ce voyageur, en y joignant la simplicité ingénue qui convenait à son âge et à son sexe.

— Nous avons vu de plus nobles côtes, Eve, dit le voyageur en pressant le bras qui était appuyé sur le sien ; mais, après tout, l'Angleterre sera toujours belle à des yeux américains.

— Surtout si ces yeux se sont ouverts au jour pour la première fois dans le dix-huitième siècle, mon père.

— Vous du moins, mon enfant, vous avez été élevée hors de l'atteinte des faiblesses nationales, quelle qu'ait été ma mauvaise fortune ; et je crois encore que vous avez beaucoup de choses à admirer dans ce pays, aussi bien que sur cette côte.

Eve Effingham jeta un regard sur son père, et voyant qu'il parlait avec enjouement, elle continua, sans souffrir qu'un nuage ombrageât une physionomie qui variait ordinairement avec toutes ses émotions, une conversation qui dans le fait n'avait été que reprise par la première remarque qui a été mentionnée.

— J'ai été élevée, comme on le dit, dans tant d'endroits et de pays différents, répondit-elle en souriant, que je m'imagine quelquefois que je suis née femme faite, comme mon illustre aïeule dont je porte le nom, la mère d'Abel. Si un congrès de nations, servant de maîtres, peuvent rendre indépendant des préjugés, je puis avoir des prétentions à posséder cet avantage ; ma plus grande crainte, c'est qu'en acquérant de la libéralité je n'aie pas acquis autre chose.

M. Effingham jeta sur sa fille un regard fortement empreint d'affection et d'orgueil, et ses yeux lui dirent, sans avoir besoin de l'aide de sa langue : C'est une crainte, chère enfant, que nul autre que toi ne partagerait.

— Un congrès de nations, vraiment ! murmura une autre voix d'homme près du père et de la fille ; vous avez appris la musique de sept maîtres d'autant de pays différents : la guitare d'un Espagnol, le grec d'un Allemand, les langues vivantes des puissances européennes, la philosophie en voyant le monde, et à présent, avec un cerveau plein de science, des doigts pleins de touches, des yeux pleins de teintes et une personne pleine de grâces, voilà que votre père vous reconduit en Amérique pour exhaler en pure perte votre douce odeur dans l'air du désert.

— Vos expressions sont poétiques, si elles ne sont pas justes, cousin John, répliqua Ève en souriant ; mais vous avez oublié d'ajouter un cœur plein d'affection pour son pays natal.

— C'est ce que nous verrons à la fin.

— A la fin comme au commencement, maintenant et toujours.

— Tout amour est éternel, quand il commence.

— Ne croyez-vous donc pas à la constance d'une femme ? pensez-vous qu'une fille de vingt ans puisse oublier le lieu de sa naissance, — le pays de ses ancêtres, — ou, comme vous l'appelez vous-même quand vous êtes de bonne humeur, le sol de la liberté ?

— Vous aurez un joli échantillon de cette liberté, répondit le cousin d'un ton de sarcasme. Après avoir passé votre jeunesse dans la contrainte salutaire de la société raisonnable d'Europe, vous allez rentrer dans votre pays pour être soumise à l'esclavage de la vie d'une femme en Amérique, justement à l'instant d'être mariée !

— Mariée, monsieur Effingham ?

— Je suppose que cette catastrophe arrivera tôt ou tard, et il est plus probable qu'elle arrive à une fille de vingt ans qu'à une de dix.

—John Effingham n'a jamais manqué de trouver un fait pour faire valoir un argument, ma chère, dit le père pour terminer cette courte discussion. Mais voici les embarcations qui arrivent ; retirons-nous un peu, et examinons les individus avec qui nous aurons à vivre en bon accord pendant un mois.

— Vous seriez plus aisément d'accord avec des jurés pour une déclaration de meurtre, dit le cousin.

– M. Effingham conduisit sa fille dans le rouffle[1], ou, comme les marins l'appellent, le carrosse; ils y restèrent environ une demi-heure, occupés à regarder tout ce qui se passait sur le gaillard d'arrière. Nous profiterons de cet intervalle pour faire ressortir les jours les plus prononcés de notre tableau, laissant les teintes plus douces et les ombres se découvrir successivement par la manière dont l'artiste « racontera son histoire. »

Edouard et John Effingham étaient fils de deux frères; ils étaient nés le même jour, et ils avaient passionnément aimé la même femme. Elle avait accordé la préférence à Edouard, et elle était morte peu de temps après la naissance d'Eve. Malgré cette rivalité, les deux cousins étaient restés sincères amis, et la mort de celle qu'ils avaient aimée tous deux y avait peut-être contribué, en leur faisant éprouver les mêmes regrets. Ils avaient longtemps vécu ensemble en Amérique, longtemps ils avaient voyagé ensemble, et maintenant ils allaient retourner de compagnie dans leur pays natal, après ce qu'on pouvait appeler une absence de douze ans, quoique tous deux fussent retournés en Amérique plusieurs fois pour de courts intervalles pendant cet espace de temps. — John n'y avait pas été moins de cinq fois.

Il y avait entre les deux cousins une forte ressemblance de famille. Leurs proportions, et même leurs traits, étaient presque les mêmes, quoiqu'il fût presque impossible que deux hommes fissent une impression plus différente sur ceux qui les voyaient par hasard et séparément. Tous deux étaient grands et bien faits, et avaient un air imposant; mais tandis que l'un gagnait à se montrer, l'autre, s'il n'était pas positivement repoussant, avait quelque chose qui ne prévenait nullement en sa faveur, et même qui éloignait de lui. Le noble contour de la physionomie d'Edouard devenait d'une sévérité glaciale dans celle de John; le nez aquilin de celui-ci semblait avoir une courbure hostile, comme le bec d'un aigle; ses lèvres serrées avaient une expression de froideur et de sarcasme; et son beau menton classique, — trait qui manque à tant d'individus de la race saxonne, — avait un air de hauteur dédaigneuse, qui portait ordinairement les étrangers à l'éviter. Eve dessinait avec beaucoup de facilité et de vérité, et, comme son oncle l'avait dit avec raison, avait un œil « plein de teintes. » Elle avait bien des fois esquissé le

---

1. Le rouffle, ou rouf, est une chambre construite sur le pont, vers l'arrière du mât d'artimon.

buste de ces deux hommes si chers à son cœur, et jamais elle ne l'avait fait sans être surprise de la forte différence de l'expression de leurs traits, qu'elle n'avait jamais été en état de faire passer dans ses dessins. Le fait est que le caractère subtil de la physionomie de John Effingham aurait embarrassé un peintre qui aurait fait de son art l'étude de toute sa vie, et mettait en défaut la jeune et belle artiste qui dessinait avec grâce, mais qui ne pouvait avoir une connaissance profonde de l'art du dessin. Tous les traits de caractère qui rendaient son père si aimable et si attrayant, et qu'on sentait plutôt qu'on ne les apercevait, étaient, dans son cousin, saillants et prononcés, et, si l'on peut s'exprimer ainsi, s'étaient endurcis par suite de ses souffrances mentales et d'amères déceptions.

Les deux cousins étaient riches, mais d'une manière aussi différente que leurs dispositions et leur manière de penser. Edouard avait hérité d'un beau domaine territorial qui lui produisait un revenu considérable, et qui l'attachait à notre monde d'Amérique, à ses terres et à ses eaux. John, le plus riche de beaucoup, était devenu le maître, à la mort de son père, d'une grande fortune commerciale, et ne possédait pas même assez de terre pour s'y faire enterrer. Comme il le disait quelquefois avec dérision, il gardait son or en corporations qui n'avaient pas plus d'âme que lui-même.

Cependant John Effingham était un homme d'un esprit cultivé, ayant beaucoup vu le monde, et dont les manières variaient suivant l'occasion, ou peut-être vaudrait-il mieux dire suivant son humeur. A cela près, les deux cousins se ressemblaient; l'égalité du caractère d'Edouard se répandant sur toute sa conduite, quoiqu'il eût aussi une parfaite connaissance de la société.

Ils s'étaient embarqués à Londres le 1ᵉʳ octobre, cinquantième anniversaire de leur naissance, à bord d'un paquebot se rendant à New-York; les terres et la demeure du propriétaire étaient situées dans l'état qui porte ce nom, et c'était là qu'étaient nés Eve et les deux cousins. Il n'est pas ordinaire que les passagers de Londres s'embarquent dans les docks de cette ville; mais M. Effingham le père, comme nous l'appellerons en général pour le distinguer de John, qui était célibataire, en vieux voyageur plein d'expérience, avait résolu d'habituer sa fille aux odeurs du bâtiment avant qu'il prît le large, dans l'espoir de lui éviter le mal de mer, et dans le fait elle n'en fut pas attaquée une seule fois pendant tout le voyage. Ils étaient donc à bord depuis trois jours, quand le bâtiment jeta l'ancre à la hauteur de Portsmouth, où les autres passagers devaient le rejoindre le jour où s'ouvre la scène de notre histoire.

En ce moment donc *le Montauk* était mouillé sur une ancre, à non moins d'une lieue de la terre, pendant un calme plat, ses trois huniers déferlés, ses basses voiles sur les cargues, et il faisait tous ces préparatifs si inexplicables pour ceux qui ne connaissent pas la navigation, mais qui sont pour les marins des signes aussi intelligibles que les mots. Le capitaine n'avait pas autre chose à faire que de recevoir sur son bord ses passagers, et de renouveler sa provision de viande fraîche et de légumes, choses auxquelles on est tellement habitué à terre qu'on n'y songe qu'à l'instant où l'on en a besoin, mais qui prennent une grande importance pendant une traversée d'un mois. Eve avait employé très-utilement ses trois jours de noviciat, et était restée en tranquille possession des chambres spacieuses, pour ne pas dire somptueuses, où elle n'avait vu que son père, son cousin, et une autre personne dont il sera bientôt parlé. Il est vrai qu'elle avait une femme de chambre qui avait été près d'elle depuis son enfance; mais Nanny Sidley, jadis sa bonne, semblait si bien faire partie d'elle-même, que sa présence lui était aussi nécessaire que l'air qu'elle respirait. Un mot dit en passant sur cette fidèle suivante ne sera pas de trop dans la courte explication préliminaire que nous donnons.

Nanny Sidley était une de ces excellentes créatures que les voyageurs européens ont coutume de dire ne pas exister en Amérique, et qui, quoiqu'elles soient certainement moins nombreuses qu'on ne le voudrait, n'ont, dans leur genre, personne au monde qui les surpasse. Elle était née servante, avait vécu servante, et ne désirait que de mourir servante, dans une seule et même famille. Nous n'entrerons pas dans l'examen philosophique des raisons qui l'avaient portée à croire qu'elle était précisément dans la situation qui pouvait la rendre plus heureuse qu'aucune autre qu'elle aurait pu occuper dans le monde; mais elle le sentait, comme John Effingham avait coutume de le dire, « depuis le sommet de la tête jusqu'à la plante des pieds. » Elle avait passé son enfance et sa jeunesse, *pari passu*, avec la mère d'Eve, étant fille d'un jardinier qui était mort au service de sa famille; et elle avait le cœur assez bien placé pour sentir que les relations mélangées de la société civilisée, quand on sait les comprendre et les apprécier, sont plus propres à assurer le bonheur que ces luttes vulgaires et ces jalousies, qui, dans la *mêlée* d'une population composée en grande partie d'émigrés sans établissement, nuisent si fort aux agréments et aux principes de la vie américaine. Lors de la mort de la mère d'Eve, elle avait transporté toute son affection sur sa fille, et vingt ans de soins assidus lui avaient inspiré pour elle la même tendresse que si elle eût été sa mère. Mais Nanny Sidley était plus propre à donner des soins au corps d'Eve qu'à son esprit, et quand, à l'âge de dix ans, M. Effingham donna à sa fille une gouvernante pleine de talents, la bonne femme avait tranquillement et insensiblement renoncé à ses anciennes fonctions pour prendre celles de femme de chambre.

Une des épreuves les plus cruelles, une des croix, comme elle l'exprimait elle-même, que la pauvre Nanny eut à supporter, fut quand Eve commença à parler une langue qu'elle ne pouvait comprendre; car, malgré la meilleure volonté du monde, la bonne femme, dans l'espace de dix ans, ne put jamais rien entendre aux langues étrangères que sa jeune maîtresse apprenait si rapidement. Un jour qu'Eve avait eu une conversation vive et enjouée en italien avec sa gouvernante, Nanny, perdant tout empire sur elle-même, la serra dans ses bras, fondit en larmes, et la supplia de ne pas devenir tout à fait une étrangère pour son ancienne bonne. Les caresses d'Eve lui firent bientôt sentir sa faiblesse; mais le sentiment naturel était si fort en elle, qu'il lui fallut des années pour rendre justice aux excellentes qualités de mademoiselle Viefville, à qui la surintendance de l'éducation de miss Effingham avait été confiée.

Cette mademoiselle Viefville était aussi du nombre des passagers; et c'était l'autre personne qui occupait les chambres avec Eve et ses parents. Elle était fille d'un officier français qui avait perdu la vie dans les campagnes de Napoléon, et elle avait été élevée dans un de ces admirables établissements qui reposent doucement la vue lorsqu'on parcourt l'histoire de ce conquérant despote. Elle avait déjà vécu assez longtemps pour présider à l'éducation de deux jeunes personnes, et Eve Effingham était la seconde. Dix ans de relations intimes et continues avec sa jeune élève lui avaient inspiré pour elle assez d'attachement pour qu'elle cédât aux sollicitations que lui fit le père d'accompagner sa fille en Amérique, et d'y passer avec elle la première année de son noviciat dans un état de société qu'il sentait devoir être tout nouveau pour une jeune personne élevée comme Eve l'avait été.

On a dit et écrit tant de choses sur les gouvernantes françaises, que nous ne reviendrons pas sur ce sujet : nous laisserons mademoiselle Viefville parler et agir elle-même dans le cours de cet ouvrage. Nous n'avons pas non plus l'intention d'entrer dans de plus longs détails sur aucun de nos personnages; et ayant tracé une esquisse de leurs caractères, nous retournerons à notre histoire, espérant que les incidents que nous aurons à rapporter feront mieux connaître au lecteur les différents acteurs qui paraîtront sur la scène.

CHAPITRE II.

> Lord Cram et lord Vultur,
> Sir Brandish O' Cuctur,
> Puis le maréchal Carouser,
> Et la vieille lady Monser.
> *Le Guide de Bath.*

Le rassemblement des passagers d'un paquebot est toujours un objet intéressant pour toutes les parties, surtout pendant la traversée d'Europe en Amérique, qu'on ne peut jamais calculer à moins d'un mois; ils ont la perspective d'être enfermés pendant tout cet espace de temps dans l'enceinte étroite d'un bâtiment avec des individus que le hasard a réunis, sujets à tous les accidents et à tous les caprices causés par le caractère personnel de chacun, n'étant ni du même pays, ni du même rang, et n'ayant pas reçu la même éducation. Il est vrai que le gaillard d'arrière est en quelque sorte une ligne de démarcation, et les pauvres créatures qui occupent sous le pont la chambre de l'avant semblent des êtres rejetés pour le moment par la Providence; mais tous ceux qui connaissent le monde comprendront aisément que le *pêle-mêle* des chambres peut rarement offrir quelque chose de fort attrayant à des personnes d'un goût raffiné. Il existe pourtant une source particulière de soulagement à ce mal inévitable : c'est que la plupart des hommes sont disposés à se plier aux circonstances dans lesquelles ils se trouvent, et ont fort à propos le désir louable de mettre les autres à l'aise, afin de pouvoir y être eux-mêmes.

Homme du monde, homme bien élevé, M. Effingham avait envisagé ce voyage avec beaucoup d'inquiétude, à cause de sa fille, dont sa sensibilité habituelle lui avait fait déplorer la nécessité d'exposer la délicatesse et la simplicité à la société mélangée des passagers d'un paquebot. Il avait pourtant perdu une partie de ses craintes à ce sujet en voyant Eve constamment accompagnée de mademoiselle Viefville, surveillée par Nanny, et soigneusement gardée par lui-même et par son cousin. Il prit donc sa place au centre de son petit cercle, avec à peu près la même sécurité qu'un homme qui est retranché sur le seuil de sa porte.

L'endroit où ils étaient, devant une fenêtre, ne leur permettait pas de voir la mer; mais ils n'en avaient pas besoin, car les embarcations étaient déjà près du bâtiment, comme le prouvaient évidemment les préparatifs qu'on faisait sur le passe-avant du côté de la terre.

— *Genus*, badaud de Londres; *Species*, courtaud de boutique, murmura John Effingham en voyant un premier passager monter sur le pont. Ce digne homme vient d'échanger l'impériale d'une diligence contre le pont d'un paquebot. Nous pourrons bientôt apprendre quel est le prix des boutons.

Il ne fallait pas être naturaliste pour découvrir à quelle espèce appartenait cet étranger. Cependant la description que John Effingham en avait faite allait plus loin que la vérité. L'homme en question était un de ces commis-voyageurs que l'Angleterre envoie avec tant de profusion sur toute la surface du monde, dont quelques-uns possèdent les qualités les plus estimables de leur nation; mais dont la plupart sont peut-être un peu disposés à se méprendre sur le mérite des autres, aussi bien que sur le leur. — C'était le genre, comme John Effingham l'avait exprimé; mais quant à l'espèce, on la reconnaîtra mieux par la dissection. Le capitaine du paquebot le reçut cordialement, comme une ancienne connaissance, sous le nom de M. Lundi.

— Un mousquetaire ressuscité! dit mademoiselle Viefville avec son accent français, en voyant paraître sur le pont un second passager qui était arrivé sur la même embarcation que le premier, et dont le visage était orné de moustaches redoutables et d'énormes favoris.

— Plus probablement, murmura John, un barbier qui a fait de sa tête une tête à perruque.

— Ce ne peut être Wellington déguisé, ajouta M. Effingham avec un ton de sarcasme qui ne lui était pas ordinaire.

— Ou un pair du royaume en grand costume, dit Eve à demi-voix, car elle s'amusait beaucoup à considérer la toilette élaborée de l'objet de toutes ces remarques qu'un matelot aidait à descendre l'échelle. Après qu'il eut dit quelques mots au capitaine, celui-ci le présenta dans toutes les formes au premier arrivé, sous le nom de sir George Templemore. Ils se promenèrent quelques instants sur le pont, faisant continuellement usage de leurs lorgnettes, non sans quelques inconvénients, car elles furent cause qu'ils se frappèrent plusieurs fois les jambes contre divers objets dont, sans cela, ils auraient pu éviter le contact; mais ils étaient l'un et l'autre trop bien élevés pour avoir l'air de s'en apercevoir, ou ils s'imaginaient l'être, ce qui revenait au même.

Après avoir fait ainsi parade de leurs grâces, ils descendirent ensemble dans la grande chambre, non sans s'arrêter devant la fenêtre derrière laquelle était M. Effingham avec sa famille; et, au grand scandale de Nanny, Eve fut le principal objet de leur admiration presque déclarée.

— On est charmé de trouver une telle ressource contre l'ennui d'un voyage de mer, dit sir George en descendant. Vous y êtes sans doute habitué, monsieur Lundi, mais, pour moi, c'est le voyage n° 1, c'est-à-dire, en exceptant la Manche et les mers qu'on rencontre en faisant le tour d'usage sur le continent.

— Oh! quant à moi, sir George, je vais et reviens aussi régulièrement que les équinoxes, ce qui, comme vous le savez, signifie une fois par an. Je nomme aussi mes voyages mes équinoxes, car je me fais une règle invariable de passer toujours dans mon lit douze heures sur vingt-quatre.

Ces mots furent les derniers qu'on put entendre de leur conversation, et peut-être n'en aurait-on pas entendu autant, si M. Lundi n'avait cru se donner un air d'importance en s'habituant à parler une octave plus haut que qui que ce fût. Quoique le son de leurs voix n'arrivât plus sur le pont, on ne tarda pourtant pas à les entendre s'agiter et crier dans la grande chambre, M. George ayant appelé à plusieurs reprises le maître-d'hôtel du bâtiment, sous le nom de Saunders, tandis que M. Lundi faisait de semblables appels à l'aide du maître-d'hôtel auquel il donnait le nom très-convenable de Toast.

— Quant à celui-ci, dit John Effingham, parlant d'un troisième passager, je crois que nous pouvons du moins le réclamer pour compatriote : c'est ce que j'ai entendu appeler un Américain sous un masque européen.

— C'est un rôle conçu avec plus d'ambition qu'il n'est facile à jouer, dit Eve, qui eut besoin d'appeler à son secours toute sa réserve pour ne pas rire aux éclats. Si j'osais hasarder une conjecture, je dirais que c'est un homme qui a fait une collection de costumes, et qui s'est imaginé d'offrir sur sa personne un échantillon de toutes ses richesses. — Mademoiselle Viefville, vous qui vous connaissez si bien en costumes, pourriez-vous nous dire quels sont les pays qui ont contribué à l'ensemble de sa toilette?

— Je pourrais citer la boutique de Berlin dans laquelle le bonnet de voyage a été acheté, répondit la gouvernante en souriant; on ne saurait en trouver un semblable dans aucune autre partie du monde.

— Je croirais, dit Nanny avec la simplicité tranquille de son caractère et de ses habitudes, qu'il doit avoir acheté ses bottes à Paris, car elles semblent lui faire mal aux pieds : on ne trouve à Paris ni bottes ni souliers qui ne gênent les pieds; du moins tous ceux que j'y ai achetés m'ont toujours gênée.

— La chaîne de montre est marquée Genève, ajouta Eve.

— L'habit vient de Francfort; il n'y a pas à en douter.

— Et la pipe de Dresde, Mademoiselle.

— Le *conchyglia* sent Rome, la petite chaîne qui y est attachée proclame le *Rialto*; et les moustaches ne sont certainement pas *indigènes*. — Cet homme a voyagé du moins, il porte sur lui le monde entier.

Les yeux d'Eve étincelaient de gaieté, tandis qu'elle faisait cette dernière remarque; mais le troisième passager que le capitaine avait salué sous le nom de M. Dodge, et qu'il avait aussi reçu comme une ancienne connaissance, arriva si près qu'il ne fut plus possible de faire d'autres remarques sur sa mise. Une courte conversation qu'ils eurent ensemble apprit bientôt à nos amis que ce voyageur était arrivé d'Amérique le printemps précédent, et qu'après avoir fait le tour de l'Europe, il y retournait dans l'automne.

— Vous en avez vu assez, n'est-ce pas? dit le capitaine en secouant la tête d'un air cordial; vous n'avez ni le temps ni le désir d'en voir davantage?

— J'ai vu tout ce que j'avais calculé que je verrais, répondit le voyageur en appuyant sur le mot *calculé* avec une emphase qu'on ne peut rendre par écrit, mais qui était l'éloquence même pour peindre le contentement de soi-même et de ses connaissances.

— Eh bien, c'est là l'important. Quand on a d'une chose autant qu'on en veut, tout le surplus n'est que du lest de trop. Quand je puis faire filer quinze nœuds à mon bâtiment, je suis satisfait, surtout si c'est au plus près, les voiles bien boulinées, et les huniers aux bas ris.

Le voyageur et le capitaine se firent l'un à l'autre un signe de tête, en hommes qui en entendent plus qu'ils n'en disent; et le premier, après avoir demandé avec un intérêt marqué si son compagnon de chambrée, sir George Templemore, était arrivé, descendit dans la grande chambre. L'espace de trois jours avait suffi pour établir une sorte de connaissance entre le capitaine et les passagers qu'il avait amenés de Londres; tournant donc vers les dames son visage rubicond, il dit avec une gravité inimitable :

— Il n'y a rien comme de savoir quand on en a assez, même lorsqu'il s'agit de connaissances. Je n'ai jamais rencontré un navigateur qui ait vu le même jour deux midis sans être en danger de faire naufrage. Or, j'ose dire que M. Dodge, qui vient de descendre, a vu, comme il le dit, tout ce qu'il avait calculé de voir, et il est très-probable que cela fait un fardeau trop lourd pour ses épaules. — Qu'on se prépare à gréer les boute-hors des bonnettes, monsieur Leach ; je pense que nous ne tarderons pas à déployer nos ailes.

Comme le capitaine Truck, quoiqu'il jurât souvent, ne riait jamais, son premier lieutenant transmit l'ordre nécessaire avec une gravité égale à celle avec laquelle son officier supérieur le lui avait donné ; et les matelots eux-mêmes n'en furent que plus disposés à se livrer à la gaieté qui est particulière à leur profession, gaieté que peu de gens entendent si bien, et dont personne ne jouit mieux. Comme l'équipage qui retournait en Amérique était le même qui en était venu, et que M. Dodge en était parti aussi novice qu'il croyait y retourner expérimenté, ce voyageur de six mois ne put échapper à leurs sarcasmes, qui l'équipaient de toutes pièces, et qui volaient d'agrès en agrès, comme de petits oiseaux sautillent de branche en branche sur un arbre. Cependant l'objet de tous leurs traits d'esprit resta dans une ignorance profonde, pour ne pas dire heureuse, de la sensation qu'il avait produite ; il était occupé à mettre en sûreté sa pipe de Dresde, sa chaîne de Venise et son *conchiglia* de Rome, et à faire connaissance avec sir George Templemore, son compagnon de chambre, comme il l'appelait.

— Nous aurons sûrement quelque chose de meilleur que tout ceci, dit M. Effingham, car j'ai remarqué que deux des chambres de la grande chambre sont retenues par des hommes seuls.

Pour que le lecteur puisse comprendre cela, il est bon de lui expliquer que les paquebots ont ordinairement deux lits dans chaque chambre ; mais que les passagers qui ont le moyen de payer une somme plus considérable que le prix d'usage, obtiennent la permission d'occuper seuls leur petit appartement ; il est à peine nécessaire d'ajouter que tout homme bien élevé, quand les circonstances le permettent, préfère économiser sur d'autres objets pour avoir une chambre exclusivement à lui pendant la traversée, car le raffinement des sentiments ne se montre jamais mieux que dans la réserve et le secret des habitudes personnelles.

— Il ne manque pas de sots qui n'ont d'autre mérite que d'avoir les poches bien pleines, dit John Effingham ; les chambres dont vous parlez peuvent avoir été retenues par quelques commis voyageurs qui ne font la traversée qu'une fois par an, ce qui vaut un peu mieux que de la faire tous les six mois, comme celui que nous venons de voir.

— C'est du moins quelque chose, cousin John, dit Eve, que d'avoir les mêmes désirs qu'un homme bien né.

— C'est quelque chose, Eve, quoique cela se borne à un désir et n'aboutisse le plus souvent qu'à une caricature.

— Et quels sont leurs noms? demanda gaiement mademoiselle Viefville; les noms peuvent donner la clef des caractères.

— Les papiers attachés aux rideaux des lits avec une épingle portent les noms de M. Sharp et M. Blunt, et ils forment une antithèse parfaite [1]. Mais il est possible qu'il manque une lettre au premier par accident [2], et le second n'est qu'un synonyme de l'ancien nom de guerre *cash* [3].

— Voyage-t-on donc de nos jours sous des noms empruntés, cousin John? demanda Eve avec quelque chose de la curiosité de notre mère commune dont elle portait le nom.

— Oui, sans doute, et avec de l'argent emprunté aussi, de notre temps comme en tout autre; et j'ose dire que ces voyageurs se trouveront être ce que leurs noms annoncent, assez *sharp* et assez *blunt*.

— Croyez-vous qu'ils soient Américains?

— Ils devraient l'être, car les qualités qu'expriment leurs noms sont complétement *indigènes*, comme le dirait mademoiselle Viefville.

— Cousin John, je ne vous ferai plus de question, car, depuis un an, vous n'avez guère fait que chercher à jeter un voile sombre sur les idées joyeuses que j'avais conçues en songeant que j'allais retourner dans mon pays natal.

— Je ne voudrais pas, ma chère, vous faire perdre un seul des plaisirs que vous devez à votre jeunesse et à la générosité de votre caractère, en y mêlant une goutte de l'amertume du mien. Mais que voulez-vous? En vous préparant à ce qui doit arriver aussi certainement que la nuit succède au jour, j'espère adoucir un peu le désappointement que vous êtes destinée à éprouver.

Eve n'eut que le temps de jeter sur lui un regard d'affection et de reconnaissance; car, malgré ses sarcasmes, il parlait toujours avec

---

1. *Sharp* signifie, au propre, aigu; au figuré, délié, aigrefin. *Blunt*, au propre, signifie émoussé; au figuré, brusque, franc.

2. En ajoutant un *e* au mot *sharp*, ce n'est plus qu'un nom propre, et ce mot, comme nom propre, s'écrit des deux manières.

3. *Cash* signifie argent; *blunt* a la même signification dans ce qu'on appelle l'argot.

une expression que, depuis son enfance, elle avait appris à apprécier. — L'arrivée d'une autre barque avait fixé l'attention générale sur le passe-avant. L'officier de quart appela le capitaine, et chacun entendit l'ordre qu'il donna de monter à bord les bagages de M. Sharp et de M. Blunt.

— Nous allons donc voir *les indigènes*, dit à demi-voix mademoiselle Viefville, avec un peu de cette agitation nerveuse qui, chez le beau sexe, annonce assez souvent une vive attente.

Eve sourit, car il y a des situations dans lesquelles la moindre bagatelle éveille l'intérêt, et le peu qui s'était passé servait à exciter sa curiosité et même celle de ses amis. M. Effingham regarda comme un symptôme favorable que le capitaine, qui avait eu à Londres des entrevues avec tous les passagers, s'avançât vers le passe-avant pour recevoir ces nouveaux venus; car un moment auparavant un canot avait amené à bord des *oi polloi* du gaillard d'arrière, sans qu'il y eût fait d'autre attention que de les saluer en masse, et de donner l'ordre d'usage de recevoir leur bagage.

— Ce délai annonce des Anglais, dit le caustique John à l'instant où le silence avec lequel s'exécutaient les opérations du passe-avant fut interrompu par l'apparition de nouveaux venus...

Le sourire tranquille de mademoiselle Viefville, quand les deux voyageurs arrivèrent sur le pont, annonçait l'approbation; car son œil exercé n'avait eu besoin que d'un moment pour découvrir qu'ils étaient certainement l'un et l'autre des hommes comme il faut. Les femmes sont, à leur manière, des créatures de convention plus purement que les hommes, leur éducation leur suggérant des distinctions plus délicates qu'à l'autre sexe. Eve, qui aurait étudié sir George Templemore et M. Dodge, comme elle aurait étudié les animaux d'une ménagerie, ou comme des créatures avec lesquelles elle n'avait aucune affinité; après avoir jeté un regard de curiosité sur les deux voyageurs qui venaient de se montrer sur le pont, en détourna les yeux presque sans le savoir, comme l'aurait fait dans un salon une jeune personne bien élevée.

— Ce sont véritablement des Anglais, dit tranquillement M. Effingham, mais, sans aucun doute, des Anglais de bonne compagnie.

— Celui qui est le plus près de nous paraît appartenir au continent, dit mademoiselle Viefville, qui n'avait pas eu le même instinct qu'Eve pour en détourner les yeux; il ne peut être Anglais.

Eve, en dépit d'elle-même, jeta sur lui un coup d'œil à la dérobée, et avec le tact naturel à une femme elle déclara qu'elle était de la même opinion. Les deux voyageurs étaient grands, avaient l'air de jeunes gens ayant vécu dans le beau monde, et leur extérieur les aurait fait remarquer partout. Celui à qui le capitaine donnait le nom de M. Sharp avait l'air le plus jeune, et il avait le teint fleuri et les cheveux blonds ; mais l'autre lui était de beaucoup supérieur par le contour de ses traits et par leur expression. Mademoiselle Viefville crut n'avoir jamais vu un sourire plus doux que celui qui parut sur ses lèvres quand il salua à son tour ; elle y remarqua même autre chose que le jeu naturel des traits et une expression ordinaire de douceur ; il y avait dans sa physionomie quelque chose de pensif et presque de mélancolique qui la frappa. Son compagnon ne manquait pas de grâces, son ton était parfait, mais ses manières avaient moins d'âme et sentaient davantage les habitudes de la caste sociale à laquelle il appartenait. Ces distinctions peuvent paraître un peu subtiles pour la circonstance ; mais mademoiselle Viefville avait passé sa vie dans la bonne société, et elle était chargée d'une responsabilité qui lui avait rendu indispensable de savoir juger et observer, et surtout observer les individus de l'autre sexe.

Chacun de ces étrangers avait son domestique, et tandis qu'on transportait leurs bagages, ils s'approchèrent du rouffle avec le capitaine. Tout Américain qui n'a pas beaucoup vécu dans le monde, paraît avoir la manie des présentations. Le capitaine Truck ne formait pas une exception à cette règle, car, quoiqu'il connût fort bien toutes les parties d'un bâtiment, et qu'il sût sur le bout du doigt toute l'étiquette du gaillard d'arrière, il était dans l'eau douce quand il s'agissait des relations sociales. Il était de ces gens qui s'imaginent que boire un verre de vin avec quelqu'un et présenter un individu à un autre, c'est la pierre de touche du bon ton ; car il était bien loin de s'imaginer que l'un et l'autre ne doivent se faire qu'en certaines occasions. Le digne capitaine, qui avait commencé sa vie sur le gaillard d'avant, sans aucune connaissance préalable des usages du monde, et qui était imbu du principe que les manières font l'homme, maxime qu'il entendait dans le sens le plus étroit, était scrupuleux observateur de tout ce qu'il supposait être le bon ton, et regardait comme son devoir spécial de présenter ses passagers les uns aux autres pour les mettre plus à l'aise ensemble, ce qui, comme il est à peine besoin de le dire, produisait un effet contraire sur ceux qui étaient d'une classe supérieure.

— Vous vous connaissez sans doute, Messieurs, dit-il tandis qu'ils s'approchaient tous trois du rouffle.

Les deux voyageurs tâchèrent d'avoir l'air de prendre intérêt à ce qu'il leur disait, et M. Sharp lui répondit nonchalamment qu'ils s'étaient vus pour la première fois dans le canot; c'était une nouvelle délicieuse pour le capitaine Truck, qui ne perdit pas un instant pour en profiter. S'arrêtant tout à coup, il se mit en face de ses compagnons, et faisant un geste solennel de la main, il s'acquitta du cérémonial qui lui semblait si important, et dans lequel il se piquait d'être passé maître.

— Monsieur Sharp, permettez-moi de vous présenter M. Blunt; monsieur Blunt, trouvez bon que je vous fasse connaître M. Sharp.

Les deux voyageurs, quoique un peu surpris du ton de dignité formelle du capitaine, se saluèrent avec civilité en souriant. Eve, que cette scène amusait, n'en perdit rien, et découvrit alors à son tour l'expression douce et mélancolique des traits de l'un, et la rigidité qui caractérisait la physionomie de marbre de l'autre. Ce fut peut-être ce qui la fit tressaillir, quoique presque imperceptiblement, et ce qui donna un coloris plus vif à ses joues.

— Notre tour va venir, murmura John Effingham; préparez vos grimaces.

Il ne se trompait pas. Ayant entendu sa voix, sans entendre ses paroles, le capitaine continua à jouer le rôle qu'il s'était imposé, à son infinie satisfaction.

— Messieurs, j'ai l'honneur de vous présenter miss Effingham, mademoiselle Viefville, M. Effingham et M. John Effingham. — Chacun avait bientôt appris à faire cette distinction, en parlant des deux cousins. — Mesdames, permettez que je vous présente M. Sharp et M. Blunt; — M. Blunt et M. Sharp, Messieurs.

Le salut plein de dignité de M. Effingham et le sourire plein de réserve et de modestie de sa fille auraient chassé toute idée de familiarité, même de l'esprit de personnes qui auraient eu moins de savoir-vivre que les deux étrangers, et ils reçurent l'honneur inattendu de leur présentation en hommes qui sentaient qu'ils n'étaient en ce moment que des intrus. M. Sharp en ôtant son chapeau pour saluer Eve, le tint un instant suspendu sur sa tête; et baissant ensuite le bras, il la salua avec un profond respect, quoique avec quelque raideur. Le salut qu'elle reçut de M. Blunt fut moins élaboré, et aussi marqué que les circonstances le permettaient. Les deux voyageurs furent un peu surpris de la hauteur glaciale de John Effingham, dont le salut, quoique accompagné de toutes les formes extérieures d'usage, fut ce qu'Eve avait coutume d'appeler en plaisantant : impérial. Le tumulte des préparatifs et la certitude que les occasions ne manqueraient pas pour faire plus ample connaissance, firent que cette entrevue se borna aux saluts d'usage, et les nouveaux venus descendirent chacun dans leur chambre.

— Avez-vous remarqué la manière dont s'est passée cette présentation? demanda le capitaine à son premier lieutenant, à qui il donnait des leçons de politesse de paquebot, parce qu'il le regardait comme étant en bon chemin pour obtenir de l'avancement ; suivant moi, tout ce qu'ils pouvaient faire de moins, c'était de se serrer la main. C'est là ce que j'appelle *Vattel*.

— On rencontre parfois des créatures étranges, répondit le lieutenant ; mais si un homme veut garder ses mains dans ses poches, laissons-le faire, dis-je. Cependant je pense que c'est manquer de civilité envers la compagnie que de s'écarter de la route ordinaire en pareilles occasions.

— C'est précisément ce que je pensais moi-même ; mais, après tout, que peuvent faire les capitaines de paquebot dans un cas semblable ? Nous pouvons donner à déjeuner et à dîner à nos passagers ; mais nous ne pouvons les forcer à manger. Mon principe à moi, quand on me présente à quelqu'un, c'est de lui serrer la main, quand ce devrait être par trois fois trois ; mais quant à porter la main à son chapeau, c'est comme amener ses perroquets en passant devant un bâtiment ; cela ne signifie rien du tout. Qui reconnaîtrait un bâtiment parce qu'il a amené une vergue et l'a hissée de nouveau ? On en ferait autant à un Turc, par égard pour les bonnes manières. Non, non, il y a quelque chose là-dessous, et morbleu !
— oui, pour en être sûr, à la première bonne occasion que je trouverai, je recommencerai la cérémonie. — Qu'on mette en place les barres, monsieur Leach, et qu'on vire le mou de la chaîne. — Oui, oui, quand tout l'équipage sera sur le pont, je saisirai cette occasion, et je les présenterai séparément les uns aux autres en bonne forme ; sans quoi, nous n'aurons pas d'union cordiale pendant la traversée.

Le lieutenant fit un signe d'approbation, comme si le capitaine eût trouvé l'expédient convenable. Il s'occupa ensuite de faire exécuter les ordres qu'il venait de recevoir ; et les soins qu'exigeait le bâtiment écartèrent momentanément ce sujet de l'esprit de son officier supérieur.

CHAPITRE III.

> D'après toute la description, ce doit être ici l'endroit. — Qui est là ? — Parlez, ho ! — Point de réponse ? — Que veut dire ceci ?
> *Timon d'Athènes.*

Un bâtiment qui a ses voiles déferlées et son pavillon déployé est toujours un beau spectacle, et *le Montauk*, noble paquebot du port de sept cents tonneaux, construit à New-York, était un échantillon de première classe de l'école d'architecture navale de bâtiments à formes arrondies, et il ne lui manquait rien de ce que pouvaient fournir le goût et l'expérience du temps. La scène qui se passait sous leurs yeux fit bientôt oublier à Eve et à mademoiselle Viefville les présentations du capitaine, et toutes deux examinaient avec un vif intérêt les divers mouvements des hommes de l'équipage et des passagers, à mesure qu'ils passaient devant elles.

Une foule de personnes bien vêtues, mais évidemment de classe inférieure à celles qui étaient sur l'arrière, couvraient les passe-avants, ne songeant guère à toutes les souffrances physiques qu'elles auraient à endurer avant d'arriver à la terre de promission; cette Amérique éloignée vers laquelle les pauvres et les opprimés de presque toutes les nations tournent les yeux pour y chercher un asile. Eve y vit avec surprise des hommes et des femmes âgés, des êtres qui allaient rompre presque tous les nœuds qui les attachaient au monde, pour trouver un répit contre les peines et les privations qu'ils avaient eu à supporter pendant plus de soixante ans. Quelques-uns s'étaient sacrifiés pour obéir à un instinct mystérieux qui attache l'homme à ses enfants, tandis que d'autres partaient avec joie, animés par l'espoir que leur inspiraient leur jeunesse et leurs forces. Un petit nombre, victimes de leurs vices, s'étaient embarqués dans l'espoir frivole qu'un changement de scène et plus de moyens de se livrer à leurs goûts, produiraient en eux un heureux changement. Tous avaient des projets que le jour de la vérité aurait fait évanouir; et parmi les émigrants rassemblés sur ce bâtiment, peut-être n'existait-il pas un seul aventurier qui se fît une idée saine ou raisonnable de la manière dont se terminerait son entreprise. Plusieurs pourront obtenir un succès qui surpassera leurs plus belles espérances, mais, sans aucun doute, la plupart sont destinés à être désappointés.

Des réflexions à peu près semblables se présentaient à l'esprit d'Eve Effingham, tandis qu'elle examinait cette foule mélangée parmi laquelle tout le monde était affairé, — les uns à recevoir des canots leur bagage, — les autres à faire leurs adieux à leurs amis. — Quelques-uns pleuraient ; çà et là, on voyait un groupe noyer les réflexions dans la coupe du départ ; et les enfants étonnés regardaient avec une sorte d'inquiétude ceux qui leur étaient chers, comme s'ils eussent craint de les perdre dans une pareille foule, et de perdre en même temps l'affection sur laquelle ils comptaient.

Quoique la discipline sévère qui divise les passagers de l'arrière et ceux de l'avant en deux castes aussi distinctes que celles des Indous, ne fût pas encore établie alors, le capitaine Truck avait un sentiment trop profond de son devoir pour souffrir que le gaillard d'arrière fût envahi sans cérémonie. Cette portion du bâtiment avait donc échappé en partie à la confusion du moment, quoiqu'on y vît épars en assez grande quantité des coffres, des porte-manteaux, des paniers, et d'autres objets qui font partie du bagage des voyageurs. Profitant de l'espace qui restait encore libre, nos amis sortirent du rouffle pour jouir de la courte promenade qu'un bâtiment peut offrir. A ce moment, on vit arriver une autre embarcation venant de terre ; et un personnage à air grave, qui n'était pas disposé à déroger à sa dignité en montrant de la légèreté, ou en se dispensant des formes, demanda à parler au capitaine. Une présentation était inutile en ce cas, car le capitaine Truck ne l'eût pas plutôt vu qu'il reconnut les traits et l'air pompeux et solennel d'un officier de justice de Portsmouth, qui était souvent employé à visiter les paquebots américains pour y chercher des délinquants, des coupables à différents degrés de crime ou de folie.

— Je commençais à croire, monsieur Grab, dit le capitaine en serrant familièrement la main du myrmidon de la loi, que je n'aurais pas le plaisir de vous voir pour cette fois ; mais la marée n'arrive pas plus régulièrement que vous autres, Messieurs, qui venez ici au nom du roi. — Monsieur Grab, je vous présente M. Dodge.

— Monsieur Dodge, voici M. Grab. — Et maintenant, à quel faux, à quelle bigamie, à quel enlèvement, à quel *scandalum magnatum*, dois-je l'honneur de votre présence ? — Sir George Templemore, je vous présente monsieur Grab ; — monsieur Grab, voici sir George Templemore.

Sir George salua avec le dégoût qu'on peut supposer qu'inspirait à un homme honnête, un individu exerçant la profession de M. Grab ; et celui-ci regarda sir George d'un air grave, et en cherchant à maintenir sa dignité. Au surplus, l'affaire qui amenait l'officier de justice n'avait aucun rapport avec les passagers de l'arrière; il venait chercher une jeune femme qui avait épousé un amant auquel son oncle avait refusé sa main; et comme cet événement obligeait cet oncle à rendre des comptes qu'il ne se souciait pas de voir approfondir, il avait cru prudent de prévenir la demande, en en formant une lui-même contre le mari pour obtenir le remboursement d'avances, réelles ou prétendues, qu'il alléguait avoir faites à sa nièce pendant sa minorité. Une douzaine d'oreilles attentives entendirent le précis diffus de cette histoire, tandis que M. Grab la racontait au capitaine; et dans un espace de temps incroyablement court, le bruit s'en répandit dans tout l'équipage avec de nombreux embellissements.

— Je ne connais pas la personne du mari, continua l'officier de justice, et le procureur, qui est encore dans la barque, ne la connaît pas plus que moi; mais il se nomme Robert Davis, et il doit vous être plus facile de me le montrer : nous savons qu'il est sur ce bâtiment.

— Je ne présente jamais à personne aucun passager de l'avant, mon cher monsieur; et il n'existe parmi ceux de l'arrière aucune personne qui porte ce nom; je vous en donne ma parole d'honneur, et c'est une parole qui doit suffire entre des hommes comme nous. Vous pouvez le chercher; mais, pendant ce temps, il faut que le service marche. Prenez votre homme, mais ne retardez pas le départ du bâtiment. — Monsieur Sharp, je vous présente monsieur Grab; monsieur Grab, voici M. Sharp. — Dépêchons-nous, monsieur Leach, et faites virer le mou de la chaine le plus tôt possible.

Il paraissait y avoir entre les deux individus qui venaient d'être présentés l'un à l'autre, ce que les physiciens appellent une attraction de répulsion; car M. Sharp regarda M. Grab avec un air de froideur hautaine, et ni l'un ni l'autre ne parut croire qu'il fût besoin de beaucoup de cérémonie en cette occasion. M. Grab envoya chercher le procureur qui était resté sur la barque, et il y eut entre eux une consultation sur ce qu'ils avaient à faire. Cinquante têtes étaient groupées autour d'eux, des yeux curieux surveillant leurs moindres mouvements, et un homme disparaissait de temps en temps pour aller faire rapport aux autres de tout ce qui se passait.

Il règne certainement un esprit de corps parmi les hommes; car, sans rien connaître au fond de l'affaire, sans s'inquiéter si elle était juste ou injuste, matelots et passagers, hommes, femmes et enfants, tout ce qui se trouvait sur l'avant du bâtiment, ce qui faisait au moins cent personnes, prit parti contre les suppots de la loi, et s'enrôla pour soutenir le défendant. Mais tout se passa tranquillement ; il n'y eut aucune menace de violence, on n'y songea même pas ; car, en pareille occasion, l'équipage et les passagers suivent ordinairement l'exemple des officiers, et ceux du *Montauk* connaissaient trop bien les droits des agents de la justice pour se compromettre dans une affaire semblable.

— Qu'on appelle Robert Davis ! dit l'officier de justice, ayant recours à la ruse, en prenant un ton d'autorité sans y avoir aucun droit. — Robert Davis ! s'écrièrent une vingtaine de voix parmi lesquelles se trouvait celle de Robert lui-même, qui fut sur le point de trahir son secret par un excès de zèle. Il était facile d'appeler, mais personne ne répondit à l'appel.

— Pouvez-vous me dire qui est Robert Davis, mon petit ami ? demanda Grab à un bel enfant à cheveux blancs qui ne pouvait avoir plus de dix ans, et qui était curieux spectateur de ce qui se passait. Dites-moi qui est Robert Davis, et je vous donnerai une pièce de six pence.

L'enfant le savait, mais il répondit qu'il l'ignorait.

— *C'est un esprit de corps admirable !* s'écria mademoiselle Viefville ; car l'intérêt de cette scène avait réuni tout le monde sur le pont, à l'exception des matelots qui étaient occupés sur le passe-avant. *Ceci est délicieux ! j'embrasserais volontiers cet enfant !*

Ce qui rendait cette scène plus singulière et presque burlesque, c'est qu'un chuchotement avait passé de bouche en bouche parmi tous les spectateurs avec tant d'adresse et de rapidité, que le procureur et l'officier de justice étaient les deux seules personnes sur le pont qui ignorassent quel était l'homme qu'ils cherchaient. Les enfants même étaient au fait, et ils avaient l'art de satisfaire leur curiosité naturelle par des coups d'œil lancés assez adroitement pour ne pas être découverts.

Malheureusement le procureur connaissait assez la famille de la femme pour la reconnaître à quelques traits de ressemblance, et il y fut aidé par la pâleur de ses traits, et par une agitation nerveuse qu'elle ne pouvait maîtriser. Il la montra à l'officier, et celui-ci lui ordonna d'avancer, ordre qui la fit fondre en larmes. La vue de la détresse de la femme fut une épreuve trop forte pour la prudence du jeune mari ; il fit un mouvement soudain pour courir à elle, mais un autre passager, le saisissant fortement par le bras, l'arrêta à temps, et empêcha qu'il ne fût découvert. Il est singulier que la moindre bagatelle fasse tout comprendre quand l'esprit a une fois saisi le fil d'un sujet, et qu'on ne fasse aucune attention à des signes qui sont aussi clairs que le jour, quand le soupçon n'est pas éveillé, ou que les idées ont pris une fausse direction. Le procureur et l'officier de justice furent les deux seules personnes présentes qui n'eussent pas remarqué l'indiscrétion du jeune homme ; tous les autres croyaient qu'il s'était trahi. Sa femme trembla à un tel point, qu'elle pouvait à peine se soutenir ; mais, jetant un regard suppliant sur son mari pour lui recommander la prudence, elle recueillit toutes ses forces ; et, obéissant à l'ordre qu'elle avait reçu, elle s'avança vers l'officier de justice avec un courage que l'affection toute-puissante d'une femme pouvait seule la mettre en état de déployer.

— Si le mari ne se rend pas à la justice, je serai obligé d'ordonner qu'on emmène la femme à terre à sa place, dit froidement le procureur en enfonçant une grosse prise de tabac dans un nez que l'usage de cette poudre avait déjà rendu couleur de safran.

Un silence général suivit cette déclaration cruelle. Les passagers et l'équipage furent frappés de consternation, car tous croyaient qu'il ne restait plus d'espoir pour ces malheureux. La femme était tombée assise sur une caisse, et elle baissa la tête sur ses genoux, comme pour s'épargner la douleur de voir arrêter son mari. En ce moment une voix se fit entendre parmi le groupe qui était sur le gaillard d'arrière.

— Est-ce une arrestation pour crime ou pour dette? demanda le jeune homme qui avait été annoncé comme M. Blunt.

Il parlait avec un ton d'autorité tranquille qui ranima les espérances chancelantes des passagers, et qui fit que le procureur et son compagnon se retournèrent avec surprise, et peut-être avec un peu de ressentiment. Une douzaine de voix s'empressèrent d'assurer qu'il n'était pas question de crime, — qu'il ne s'agissait même d'aucune dette légitime, — mais que c'était une manœuvre infâme pour forcer une pupille indignement dépouillée à donner une décharge complète à un tuteur fripon. Quoique tout cela ne fût pas très-clairement exprimé, on l'affirmait avec un zèle et une énergie qui appelaient la sympathie et qui augmentaient l'intérêt de la partie la plus intelligente des spectateurs. Le procureur examina l'habit de voyage de celui qui l'interrogeait, remarqua son air à la mode ; mais voyant aussi sa jeunesse, — car il ne pouvait avoir plus de vingt-cinq ans, — lui répondit avec un air de supériorité :

— Dette ou crime, cela est indifférent aux yeux de la loi.

— Mais cela ne l'est pas aux yeux d'un honnête homme, répondit M. Blunt avec force ; on peut hésiter à intervenir en faveur d'un criminel, quelque disposé qu'on soit à aider un innocent, un homme à qui l'on n'a peut-être rien à reprocher que son malheur.

— Cela ressemble un peu à une tentative pour arracher un prisonnier à la justice. J'espère que nous sommes encore en Angleterre et sous la protection des lois anglaises.

— N'en doutez nullement, monsieur Seal, s'écria le capitaine, qui, ayant toujours eu de loin l'œil fixé sur le procureur, crut qu'il était temps qu'il parlât, par égard pour les intérêts de ses armateurs. — Voilà l'Angleterre et voici l'île de Wight, et *le Montauk* est à l'ancre sur fond anglais, et c'est un bon ancrage. Personne n'a dessein de vous contester votre autorité ni de mettre en question celle du roi. M. Blunt n'a fait que jeter une suggestion, Monsieur, ou plutôt une distinction entre les fripons et les honnêtes gens. Rien de plus, Monsieur, comptez-y bien. — Monsieur Seal, je vous présente M. Blunt. — Monsieur Blunt, voici M. Seal. — Et c'est grand dommage que cette distinction ne soit pas plus fortement prononcée.

Le jeune homme salua légèrement, et, les joues couvertes d'une vive rougeur qu'y avaient appelée sa sensibilité, et la réflexion qu'il se trouvait si inopinément l'objet de tous les regards au milieu de tant d'étrangers, il fit quelques pas en avant du groupe qui s'était formé sur le gaillard d'arrière, en homme qui sent qu'il doit se maintenir dans la position qu'il a prise.

— Personne, dit-il, ne peut avoir dessein de mettre en doute la suprématie des lois anglaises dans cette rade, et moi moins que personne ; mais vous me permettrez de douter qu'il soit légal d'arrêter ou de détenir, de quelque manière que ce soit, une femme, en vertu d'une poursuite dirigée contre son mari.

— Un avocat sans cause, dit Seal à l'oreille de Grab ; j'ose dire qu'une guinée donnée à propos aurait fermé la bouche à ce drôle. Que faire à présent?

— Il faut que la femme vienne à terre, dit Grab, et tout cela peut s'arranger devant un magistrat.

— Oui, oui, qu'elle réclame un *habeas corpus*, dit le procureur, qu'un nouveau coup-d'œil jeté sur Blunt portait à se méfier de sa première opinion ; la justice est aveugle en Angleterre aussi bien que dans d'autres pays, et elle est sujette à quelques méprises ; mais elle n'en est pas moins juste, et quand elle en fait elle est toujours prête à les réparer.

— Ne pouvez-vous faire quelque chose ici? dit Eve involontairement et à demi-voix à M. Sharp qui était à côté d'elle.

Sharp tressaillit en entendant cet appel soudain ; et jetant sur elle un coup d'œil d'intelligence, il sourit et s'approcha du principal groupe.

— Réellement, monsieur le procuruer, dit-il, cela me paraît un peu irrégulier, je dois l'avouer, tout à fait extraordinaire, et cela peut avoir des suites désagréables.

— De quelle manière, Monsieur? demanda Seal, qui n'avait eu besoin que d'un seul regard pour être convaincu de l'ignorance de celui qui lui parlait.

— Irrégulier en forme, sinon en principe... Je sais que l'*habeas corpus* est l'essentiel et que la loi doit avoir son cours; mais réellement tout ceci me paraît un peu irrégulier, pour ne pas employer un terme plus dur.

M. Seal écouta ce nouvel appel, du moins avec un air de respect, car il sentait qu'il était fait par un homme fort au-dessus de lui; mais, au fond, cette nouvelle intervention ne lui inspirait que du mépris, parce qu'une sorte d'intuition lui apprenait qu'elle était faite dans une ignorance profonde de la matière. Mais, quant à M. Blunt, le procureur avait une inquiétude désagréable sur le résultat de cette affaire, car les manières tranquilles de celui-ci annonçaient plus de confiance en lui-même et une plus grande connaissance pratique des lois. Cependant, pour s'assurer jusqu'à quel point M. Sharp connaissait la jurisprudence et quelle était la force de ses nerfs, il lui répondit d'un ton magistral et menaçant :

— Oui, que la dame sollicite un mandat d'*habeas corpus* si elle est arrêtée mal à propos; je voudrais bien voir l'étranger qui oserait soustraire un prisonnier à la justice dans la vieille Angleterre et au mépris des lois anglaises.

Il est probable que sans cette menace Paul Blunt aurait renoncé à toute intervention, dans la crainte de favoriser un coupable sans le vouloir, et cette menace même ne l'aurait peut-être pas emporté sur sa prudence, s'il n'avait vu les beaux yeux bleus d'Eve jeter sur lui un regard suppliant.

— Tous ceux qui s'embarquent à bord d'un bâtiment américain, dans un port d'Angleterre, dit-il avec fermeté, ne sont pas nécessairement des étrangers, et l'on ne refuse pas justice à ceux qui le sont. L'*habeas corpus* est aussi bien compris dans d'autres pays que dans celui-ci, car heureusement nous vivons dans un siècle où la liberté et les connaissances ne se trouvent pas exclusivement dans un pays. Si vous êtes procureur, vous devez savoir que vous ne pouvez légalement arrêter une femme pour son mari, et que tout ce que vous dites de l'*habeas corpus* ne mérite que peu d'attention.

— Nous faisons une arrestation, et quiconque entrave un officier chargé d'un prisonnier, est coupable de mépris de justice ; c'est aux magistrats à rectifier les erreurs.

— Sans doute, pourvu que l'officier de justice soit autorisé à agir comme il le fait.

— Les mandats peuvent contenir des erreurs, murmura Grab, mais une arrestation est une arrestation.

— Mais non pas l'arrestation d'une femme pour un homme ; en pareil cas il n'y a pas de méprise, c'est un dessein prémédité. Si cette dame effrayée veut suivre mon avis, elle refusera de vous suivre.

— Qu'elle ose le faire à ses risques et périls !

— Oserez-vous, à vos risques et périls, employer la force pour l'emmener de ce bâtiment ?

— Messieurs, messieurs! s'écria le capitaine, point de malentendu, je vous prie. Monsieur Blunt, monsieur Seal! monsieur Grab, monsieur Blunt! je vous prie de ne pas vous échauffer. — Mais la marée commence à être favorable, monsieur le procureur ; et, comme vous le savez, le temps et la marée n'attendent personne. Si nous restons ici beaucoup plus longtemps, *le Montauk* peut être forcé de ne partir que le 2 au lieu du 1er, comme cela a été annoncé dans les deux hémisphères. Je serais bien fâché de vous emmener en mer, Messieurs, sans que vous ayez fait vos petites provisions ; et quant aux chambres, elles sont aussi pleines que la conscience d'un homme de loi ; vous n'auriez pour resssource que l'avant du bâtiment. — Disposez-vous à lever l'ancre et à appareiller, mes amis! — du monde aux drisses du petit hunier! — Nous sommes aussi réguliers que nos chronomètres. — Le 1er, le 10 et le 20, sans y manquer.

Il y avait de la vérité, mêlée de quelques embellissements poétiques, dans le compte rendu par le capitaine Truck de la situation des choses. Il était vrai que la marée était favorable, mais le peu de vent qu'il faisait soufflait vers le port, et s'il n'eût été échauffé par la vue de la détresse d'une jeune femme, jolie et intéressante, il est plus que probable que *le Montauk* aurait eu la honte de partir un jour plus tard qu'on ne l'avait annoncé. Quoi qu'il en soit, il était évident qu'il avait pris l'affaire à cœur, et il dit tout bas à sir George et à M. Dodge, que si elle n'était pas arrangée sur-le-champ, il emmènerait en mer le procureur et l'officier de justice, et qu'il ne se croyait pas obligé de leur fournir de l'eau. — Ils pourront s'en procurer un peu en tordant leurs habits quand il pleuvra, ajouta-t-il en clignant de l'œil; mais octobre est un mois sec dans les mers d'Amérique.

L'air décidé de Paul Blunt aurait déterminé le procureur et son compagnon à renoncer à leur entreprise, sans deux circonstances : ils s'étaient chargés de cette affaire par spéculation, et d'après le principe, « pas de succès, pas de paiement. » Ensuite, la difficulté qui se présentait avait été prévue, et, pendant que le procureur se rendait au bâtiment, l'oncle s'occupait à chercher un fils à terre afin de l'envoyer à bord pour constater l'identité du mari ; mesure qu'on aurait prise plus tôt, si l'on eût pu trouver ce jeune homme. Ce fils était un amant rejeté, et, à l'aide d'une longue-vue dont M. Grab était nanti, on le vit sur une barque à deux rameurs, avançant vers *le Montauk* avec tout le zèle que la méchanceté et le désappointement pouvaient lui donner. Il était encore à une distance considérable du bâtiment, mais son chapeau avait quelque chose de si particulier, qu'on ne pouvait douter de son identité. Le procureur montra la barque à l'officier de justice, et celui-ci, après s'être servi une seconde fois de sa longue-vue, lui répondit par un signe de satisfaction. L'espoir du triomphe l'emporta sur la circonspection ordinaire du procureur, car son orgueil avait aussi pris les armes pour le succès de son entreprise ; les hommes étant assez étrangement constitués pour éprouver autant de joie en réussissant dans des projets criminels, qu'en applaudissant des actions dont ils pourraient avoir lieu d'être fiers.

D'une autre part, l'équipage et les passagers du paquebot devinèrent quelque chose de la vérité, avec cette sorte d'instinct qui semble caractériser les masses d'hommes dans les moments d'agitation. Que la barque solitaire qui s'avançait vers eux dans le crépuscule du soir contînt quelqu'un qui pouvait aider le procureur et son myrmidon, c'était ce que tout le monde croyait ; mais de quelle manière cela arriverait-il ? c'était ce que personne ne pouvait dire.

Il existe entre tous les marins et les suppôts de la justice une antipathie prononcée qui dure depuis bien longtemps ; car les visites de ceux-ci se font ordinairement dans un moment qui ne laisse aux premiers que l'alternative de payer leurs dettes, ou celle de perdre un voyage. Il fut donc bientôt évident que M. Seal, le procureur, avait peu de chose à espérer de la sympathie de l'équipage, car jamais matelots ne travaillèrent de meilleure volonté à mettre un bâtiment en état de prendre le large.

Ce sentiment se manifestait par une activité silencieuse et intelligente plutôt que par le fracas et la confusion. Le bruit des linguets du cabestan ressemblait à celui du mouvement d'une montre qui va trop vite, et le câble entrait d'une demi-brasse à chaque effort qu'on faisait sur le cabestan.

— Prenez cette corde, mes amis, s'écria M. Leach en s'adressant à une demi-douzaine de vigoureux passagers de l'avant qui avaient toute l'envie du monde de faire quelque chose, quoiqu'ils ne sussent ce qu'ils pouvaient faire; et il mit entre leurs mains le bout des drisses du grand hunier.

Le second lieutenant s'occupait de même sur l'avant, et comme les voiles n'avaient pas encore été bordées, leurs larges plis commencèrent à se déployer pendant qu'on travaillait à lever l'ancre. La vue de ces travaux accéléra la circulation du sang dans les veines de ceux qui ne les partageaient pas; et les passagers du gaillard d'arrière commencèrent à sentir l'ardeur qu'on éprouve quand on suit une chasse, indépendamment du sentiment de compassion dont ils étaient déjà pénétrés. Le capitaine Truck gardait le silence, mais faisait tous ses préparatifs avec la plus grande activité. S'élançant au gouvernail, il en fit tourner la roue jusqu'à ce qu'il eût mis la barre toute au vent, et la remettant alors sans cérémonie entre les mains de John Effingham, il lui dit de l'y maintenir. Il sauta ensuite au pied du mât d'artimon; et après avoir fait lui seul quelques efforts énergiques, il regarda par dessus son épaule, et appela du renfort.

— Sire George Templemore, mettez-vous sur la drisse du perroquet de fougue! — sur la drisse du perroquet de fougue, sire George Templemore! — Monsieur Dodge, voici le moment de prouver que vous n'êtes pas ce qu'annonce votre nom[1]!

En un mot, tout ce qui se trouvait à bord était occupé, et grâce à la bonne volonté des officiers, des passagers et des hommes de l'équipage qui n'étaient pas indispensables au cabestan, les voiles furent appareillées l'une après l'autre, presque avec la même rapidité que sur un vaisseau de guerre. Le bruit du déploiement des voiles et du brosséyage des vergues fut le signal que l'ancre était dérapée, et que le bâtiment allait obéir.

Le courant avait dispensé de la nécessité d'abattre; mais les voiles recevaient le peu de vent qu'il faisait, presque par le travers, le capitaine sentant que le mouvement était beaucoup plus important que la direction. Dès qu'il s'aperçut qu'un petit remous indiquait que le

---

[1]. *To dodge* signifie tergiverser, biaiser.

bâtiment commençait à prendre de l'air, le capitaine appela à la roue un homme expérimenté pour y prendre la place de John Effingham. Un moment après, M. Leach vint lui rendre compte que l'ancre était à poste [1].

— Pilote, si mes prisonniers s'échappent, vous en serez responsable, dit M. Grab d'un ton menaçant : vous savez quelle est ma mission, et il est de votre devoir d'aider les ministres de la loi.

— Écoutez-moi, monsieur Grab, dit le capitaine dont la tête s'était un peu échauffée en travaillant; nous connaissons et nous faisons tous notre devoir à bord du *Montauk;* le vôtre est d'emmener à terre Robert Davis, si vous pouvez le trouver; le mien est de conduire *le Montauk* en Amérique : or, si vous voulez écouter le conseil d'un ami, je vous conseille de ne pas y aller sur ce bord. Personne ne vous empêche de vous acquitter de votre devoir, et je vous serai obligé de ne pas m'empêcher de m'acquitter du mien. — Brassez les vergues au plus près du vent, mes amis!

Comme cette réplique réunissait tout, logique, avis utile, jurisprudence et science navale, le procureur commença à montrer de l'inquiétude, car le bâtiment prenait alors de l'air, de manière à rendre très-douteux que la barque à deux rames pût l'atteindre sans le consentement de ceux qui étaient à bord. Comme la nuit était déjà tombée, et que les rayons de la lune commençaient à se réfléchir sur la surface de l'eau, il est probable qu'il aurait renoncé à son projet, si sire George Templemore n'eût montré au capitaine une embarcation à six rames qui s'avançait vers *le Montauk*, d'un côté qui permettait de l'apercevoir à l'aide du clair de lune.

— Cette embarcation me paraît être le cutter d'un vaisseau de guerre, dit sir George avec un air d'inquiétude; car tout ce qui était à bord prenait alors une sorte d'intérêt personnel aux deux jeunes époux.

— Je pense de même, capitaine, dit le pilote; et si l'on nous fait un signal, il sera de mon devoir de mettre *le Montauk* en panne.

— En ce cas, mon brave garçon, décampez le plus tôt qu'il vous sera possible, car on ne touchera ici, de mon consentement, ni à un bras ni à une bouline dans un tel dessein. — Mon bâtiment est en mer, — mon heure est arrivée, — mes passagers sont à bord, — et ma destination est l'Amérique. — Que ceux qui ont besoin de moi viennent me chercher, — c'est ce que j'appelle *Vattel*.

Le pilote et le capitaine étaient excellents amis et ils s'entendaient

---

[1]. Pour être à poste elle avait nécessairement été au capon.

parfaitement, même tandis que le premier faisait les protestations les plus sérieuses de vouloir remplir ses devoirs; on fit placer sa barque le long du bord, et après avoir glissé quelques mots sur les bas-fonds et les courants, par forme d'avis, le digne pilote du port y descendit : on le vit bientôt derrière la poupe, ce qui était la preuve agréable que *le Montauk* faisait du chemin. Jusqu'à ce qu'il fût hors de portée de la voix, le brave homme ne cessa de crier : Songez à virer à temps !

— Si vous voulez essayer la vitesse de votre barque contre celle du pilote, monsieur Grab, dit le capitaine; vous n'en aurez jamais une plus belle occasion. Il fait une belle nuit pour des régattes, et je gagerais une livre sterling pour les talons de M. Handlead contre les vôtres; et quant à cela, j'en dirais autant de sa tête et de ses bras par-dessus le marché.

L'officier de justice persista obstinément à rester à bord. Il voyait que l'embarcation à six rames continuait à s'avancer vers *le Montauk;* et comme il savait combien il était important pour son client d'obtenir, de gré ou de force, la ratification du compte qu'il devait rendre, il s'imaginait qu'il pouvait attendre quelque secours de ce côté. Pendant ce temps, ce nouveau mouvement de la part de ceux qui poursuivaient les deux époux attira l'attention générale, et l'intérêt que fit naître cet incident augmenta l'agitation qui accompagne ordinairement l'instant du départ pour un long voyage sur mer. Les hommes et les femmes oublièrent leurs chagrins et leurs adieux pour s'occuper de ce nouveau sujet d'inquiétude, et pour goûter ce plaisir qui accompagne d'ordinaire l'agitation d'esprit quand elle n'a pas pour cause des malheurs personnels.

CHAPITRE IV.

> Où allez-vous si vite ? — Que Dieu vous protége ! Nous allons nous informer de ce que deviendra le grand duc de Buckingham. HENRI VIII.

LE rassemblement des passagers sur un grand paquebot est nécessairement un moment de froideur et de méfiance, surtout pour ceux qui connaissent le monde, et plus particulièrement encore quand il s'agit d'une traversée d'Europe en Amérique. La civilisation de l'ancien monde, plus avancée que celle du nouveau, avec les vices qui en sont la suite; — la connaissance que le flux de l'émigration se dirige vers l'ouest, et que peu de gens abandonnent le séjour de leur jeunesse sans y être forcés au moins par l'infortune, se réunissent à d'autres causes faciles à imaginer pour produire cette distinction. Il y a ensuite les habitudes dédaigneuses et la fierté de certaines classes de la société, le raffinement de l'éducation et la réserve de la dignité, qui viennent en contact avec l'égoïsme affairé, l'ignorance des usages du monde, le manque de savoir-vivre, et tout ce qu'il y a de plus commun en pensées et en conduite. Quoique la nécessité établisse bientôt un certain ordre parmi ce chaos, la première semaine se passe ordinairement en reconnaissances, en civilités froides, en concessions circonspectes, et l'on y voit succéder enfin cette charité qui ne meurt jamais à moins qu'elle ne soit tenue en échec par quelque bonne querelle, causée, soit par des orgies nocturnes, soit par un racleur de violon, ou un ronfleur incorrigible.

Heureusement les passagers réunis à bord du *Montauk* eurent le bonheur de voir ce temps d'épreuve s'abréger par suite des événements de la nuit qui suivit leur départ. Deux heures s'étaient à peine écoulées depuis l'arrivée du dernier passager, et cependant ceux qui composaient les cercles du gaillard d'arrière et du gaillard d'avant avaient contracté entre eux une liaison plus intime que celle qu'aurait pu établir la charité humaine si vantée, pendant bien des jours de connaissance ordinaire. Ils avaient déjà découvert les noms les uns des autres, ce qu'ils devaient en partie aux soins du capitaine Truck, qui, au milieu de l'activité qu'il déployait, avait encore trouvé le temps de présenter une demi-douzaine de ses passagers les uns aux autres; et ceux des Américains qui étaient le moins habitués aux usages du monde, prenaient déjà avec les autres les mêmes libertés que s'ils eussent été d'anciennes connaissances. Nous disons des Américains, car il se trouve ordinairement à bord de ces bâtiments un congrès de nations, quoique le nombre des Anglais et des habitants des colonies anglaises forme naturellement la majorité à bord de ceux qui naviguent entre Londres et l'Amérique. En cette occasion, ces deux classes se balançaient à peu près, du moins autant que le caractère national pouvait se faire reconnaître. L'opinion, qui, comme on pouvait s'y attendre, avait été très-empressée à se former sur ce point, était pourtant encore suspendue à l'égard de M. Blunt et d'un ou deux autres, que le capitaine appelait étrangers, pour les distinguer de son fonds anglo-saxon.

Cette distribution égale de forces aurait pu, en d'autres circonstances, conduire à une division de sentiments; car les conflits d'opinion entre les Anglais et les Américains, et la différence de leurs habitudes, sont une source inépuisable de mésintelligence à bord des paquebots. L'Américain est porté à se regarder comme chez lui quand il vogue sous le pavillon de son pays, tandis que son parent transatlantique manque rarement de s'imaginer que, lorsqu'il a payé son passage, il a le droit d'embarquer avec lui ses préjugés comme faisant partie de son bagage.

Nul sentiment de nationalité ne se montra pourtant dans l'affaire du procureur et du couple nouvellement marié, les Anglais paraissant désirer aussi vivement qu'aucune autre partie de l'équipage qu'il échappât aux poursuites de la justice. Les deux époux étaient eux-mêmes Anglais; et quoique l'autorité qu'ils éludaient fût également anglaise, juste ou injuste, tout ce qui était à bord était persuadé qu'elle était illégalement exercée. Sir George Templemore, l'Anglais du plus haut rang qui fût sur *le Montauk*, était décidément de cette opinion; il l'exprimait avec chaleur; et l'exemple d'un baronnet n'était pas sans poids sur la plupart de ses compatriotes, et même sur un assez grand nombre d'Américains. Il n'y avait que la famille Effingham, M. Sharp et M. Blunt, qui parussent complétement indifférents à l'avis de sir George; et comme les hommes ont un instinct pour découvrir promptement ceux qui ont de la déférence pour leurs opinions et ceux qui en manquent, leur indépendance accidentelle pouvait avoir été favorisée par le fait que le baronnet adressait ses discours à ceux qui étaient les plus disposés à l'écouter. M. Dodge était de ce nombre; il l'écoutait constamment et avec respect, et était son admirateur très-prononcé; mais il était son compagnon de chambre, et c'était un démocrate si déterminé, qu'il aurait soutenu que personne n'avait droit à l'usage de ses sens sans le consentement populaire.

Cependant la nuit s'avançait, et la douce lumière de la lune se réfléchissant sur les eaux, ajoutait à l'intérêt de la scène une obscurité à demi mystérieuse; l'embarcation à deux rames avait été interceptée par celle qui en portait six, et, après une courte conférence, la première s'était, fort contre son gré, dirigée vers la terre; tandis que l'autre, profitant de sa position, avait déployé deux petites voiles, et avait mis le cap au large en suivant une ligne qui forcerait *le Montauk* à venir sous son vent quand les bas-fonds obligeraient ce bâtiment à virer, ce qui ne pouvait tarder.

— L'Angleterre est placée d'une manière très-incommode, dit le capitaine Truck d'un ton sec en voyant cette manœuvre. Si cette île ne se trouvait pas sur notre chemin, nous pourrions continuer notre route sans virer, et laisser cette embarcation s'amuser toute la nuit à masquer et à faire porter ses voiles dans la rade de Portsmouth.

— J'espère qu'il n'y a pas de danger que cette petite barque rejoigne ce grand bâtiment! s'écria sir George avec une vivacité qui faisait grand honneur à sa philantropie, du moins dans l'opinion de M. Dodge, celui-ci ayant pris un singulier penchant pour les personnes de condition, parce qu'il avait voyagé dans un *eilwagen* avec un baron allemand, de qui il avait pris le modèle de la pipe qu'il avait achetée, quoiqu'il ne fumât jamais, et parce qu'il avait passé deux jours et deux nuits dans la société d'une comtesse polonaise, comme il le disait uniformément, *dans la gondole d'une diligence entre Lyon et Marseille*. D'ailleurs, comme nous venons de le dire, M. Dodge était ultra-démocrate, opinion qui parait être toujours sujette à réaction quand celui qui la professe se trouve en pays étranger.

— Une plume poussée par le souffle d'une femme voguerait plus vite que nous par le temps qu'il fait, sir George, répondit le capitaine; le vent ne souffle que par bouffées, comme une baleine qui ronfle; je donnerais le prix d'une place sur l'avant pour que la Grande-Bretagne fût à la hauteur du cap de Bonne-Espérance pour huit ou dix jours.

— Ou du cap Hatteras, dit M. Leach.

— Non, non, je ne veux pas de mal à la vieille île, et je ne lui souhaite pas un plus mauvais climat que celui qu'elle a déjà, quoiqu'elle se trouve en ce moment sur notre chemin, précisément comme la lune pendant une éclipse de soleil. J'ai pour la vieille créature l'affection d'un arrière-petit-fils, ou d'un descendant à un ou deux degrés plus éloignés, et je vais la voir trop souvent pour oublier la parenté; mais, quoique je l'aime, cet amour n'est pas assez fort pour que je me fasse échouer sur ses bas-fonds, et par conséquent nous virerons de bord, monsieur Leach. En même temps, je voudrais de tout mon cœur que ce drôle avec ses deux voiles allât à ses affaires.

Le bâtiment vira lentement, mais avec grâce; car il était ce que son capitaine appelait équipé pour la course; et quand il eut fait son arrivée et que le cap eut été mis à l'est, il devint évident à tous ceux qui se connaissaient en marine que les deux petites voiles qui mangeaient le vent, comme disent les matelots, gagneraient le vent sur *le Montauk* avant que ce bâtiment pût arriver à l'autre bas-fond. Ceux même qui n'étaient pas marins avaient des soupçons inquiétants de la vérité, et les passagers de l'avant étaient déjà en consultation secrète sur la possibilité de cacher le mari dans quelque coin du bâtiment. Ils se disaient l'un à l'autre que cela s'était fait souvent, et que cela n'était pas plus difficile en ce moment qu'en tout autre temps.

Mais le capitaine Truck voyait l'affaire tout différemment. Sa profession l'amenait trois fois par an à Portsmouth, et il n'était pas très-disposé à mettre des entraves à ses communications futures avec cette ville, en bravant ouvertement les autorités locales. Il délibéra longtemps s'il devait lancer son bâtiment dans le vent, tandis qu'il avançait lentement vers l'embarcation, et inviter ceux qui s'y trouvaient à monter à bord. Mais l'orgueil de sa profession s'y opposait, et le capitaine Truck n'était pas homme à oublier les histoires que racontaient ses confrères dans le café de la Nouvelle-Angleterre, ou celles qui couraient parmi les fermiers des bords du Connecticut, d'où l'on tire tous les matelots des paquebots, et où ils vont se reposer quand ils ont fini leur carrière, aussi régulièrement que le fruit pourrit où il tombe, ou que l'herbe qui n'a pas été fauchée se flétrit sur sa tige.

— Il n'y a nul doute, sir George, dit le capitaine au baronnet qui ne quittait pas son côté, que ce drôle ne soit envoyé par un bâtiment de guerre. Prenez cette longue-vue de nuit, et vous verrez tout l'équipage assis sur ses bancs, les bras croisés, en hommes qui mangent le bœuf du roi. Il n'y a que les gens régulièrement payés par le public qui aient cet air impudent de fainéantise, soit en Angleterre, soit en Amérique. A cet égard, la nature humaine est la même dans les deux hémisphères. Un homme n'a jamais un coup de bonheur, sans s'imaginer que ce n'est que ce qu'il mérite.

— Ils paraissent être en grand nombre ; serait-il possible qu'ils eussent le dessein d'emporter le bâtiment à l'abordage ?

— En ce cas, il faudra qu'ils prennent la volonté pour le fait, répondit M. Truck d'un ton un peu sec. Je doute fort que le *Montauk*, avec trois officiers, trois domestiques, deux cuisiniers, et dix-huit matelots du gaillard d'avant, goûtât beaucoup l'idée d'être emporté, comme vous le dites, sir George, par l'équipage d'un cutter à six rames. Nous ne sommes pas aussi pesants que la planète de Jupiter ; mais nous avons un centre de gravité qui ne permet pas qu'on nous emporte si facilement.

— Votre intention est donc de résister ? demanda sir George à qui le zèle généreux dont il était animé pour les deux époux poursuivis faisait désirer plus vivement qu'à aucune autre personne qui fût à bord de les voir hors de tout danger.

Le capitaine Truck, qui n'était jamais fâché de trouver l'occasion de s'amuser, réfléchit un instant en souriant, et dit ensuite tout haut qu'il voudrait bien avoir sur son bord un membre du parlement d'Angleterre.

— Ce désir est un peu extraordinaire dans les circonstances, dit M. Sharp ; voudriez-vous bien en expliquer la raison ?

— Cette affaire touche au droit des gens, Messieurs, répondit le capitaine en se frottant les mains ; car, indépendamment de l'art de présenter ses passagers les uns aux autres, le digne marin s'était mis en tête qu'il était passé maître dans les principes de Vattel. Il possédait un exemplaire de son ouvrage qu'il avait lu bien des fois, et il avait pour tous ses dogmes cette déférence que ceux qui commencent tard à apprendre accordent au maître entre les mains duquel ils sont tombés par hasard. — Dans quelles circonstances, dans quelle catégorie un bâtiment armé peut-il en forcer un neutre à se soumettre à être visité? Je ne dis pas emporté, sir John, faites-y bien attention, car du diable si personne emporte jamais *le Montauk* sans être assez fort pour emporter en même temps son équipage et sa cargaison. Mais, je vous le demande, dans quelle catégorie un bâtiment comme le paquebot que j'ai l'honneur de commander, est-il obligé en *comity*[1] de mettre en panne et de se soumettre à être visité? Mon bâtiment a levé l'ancre, il a honorablement viré sous voiles ; dans quelle catégorie se trouve-t-il, Messieurs? je serais charmé d'avoir vos avis sur ce point.

M. Dodge venait d'une partie du pays où l'on est accoutumé à penser, à agir, je dirais presque à boire, manger et dormir, en commun : en d'autres termes, M. Dodge venait d'une de ces contrées d'Amérique où l'esprit de communauté était tel, que peu de gens avaient assez de courage moral pour se faire respecter comme individus, quand même ils auraient eu les connaissances et tous les autres moyens nécessaires pour y réussir. Quand les voies ordinaires de conventions, de sous-conventions et d'assemblées publiques ne fournissaient pas les moyens « d'action concentrée, » ses voisins et lui étaient depuis longtemps dans l'habitude d'avoir recours aux sociétés pour obtenir « des moyens énergiques, » comme on le disait ; et depuis l'âge de dix ans jusqu'à vingt-cinq, il avait été président, vice-président ou directeur de quelque association philosophique, politique ou religieuse, ayant pour but de fortifier la sagesse humaine, de rendre les hommes meilleurs, et de résister à l'erreur et

---

1. C'est-à-dire en toute politesse. Il est nécessaire de conserver le mot anglais *comity*, à cause de la scène qui va suivre.

au despotisme. Son expérience l'avait rendu expert dans ce qu'on pourrait assez bien appeler la nécessité des associations ; nul homme de son âge, dans les vingt-six états, n'aurait pu employer plus couramment les mots « grandes mesures » — « agitation » — « hostilité prononcée » — « opinion publique » — « mettre sous les yeux du public, » et toute autre de ces phrases générales qui impliquent les priviléges de tous et ne concernent les droits de personne. Malheureusement la prononciation de ce personnage n'avait pas la même pureté que ses motifs, et quand le capitaine parla de *comity*, il s'imagina qu'il parlait d'un comité ; et quoiqu'il ne comprît pas bien ce que voulait dire le digne marin en disant, « obligé en *comity* de mettre en panne, » cependant il avait vu des comités faire tant d'actes « énergiques, » qu'il ne voyait pas pourquoi un comité ne pourrait pas faire cette évolution tout aussi bien qu'un autre.

— Il paraît réellement, capitaine Truck, dit-il, que nous touchons à une crise, et votre suggestion d'un comité me frappe comme étant particulièrement convenable à la circonstance, et strictement conforme aux usages républicains. Pour épargner le temps, et pour que les membres qui seront nommés puissent faire promptement leur rapport, je proposerai sur-le-champ pour président sir George Templemore, laissant aux autres personnes présentes le soin de présenter les autres candidats ; j'ajouterai seulement que, suivant mon humble jugement, ce comité doit être composé au moins de trois membres, et avoir le pouvoir de se faire remettre telles pièces et d'interroger telles personnes qu'il jugera à propos.

— Je propose par amendement, capitaine Truck, que le comité soit composé de cinq membres, dit un autre passager de la même trempe que l'orateur qui venait de parler, les gens de cette école se faisant un point d'honneur de différer un peu de toute proposition qui est faite, afin de montrer leur indépendance.

Il fut heureux, tant pour l'auteur de la motion que pour celui qui avait proposé l'amendement, que le capitaine connût le caractère de M. Dodge, sans quoi la proposition que la manœuvre de son bâtiment fût dirigée par un comité, ou même en *comity*, — aurait probablement reçu un mauvais accueil. Mais ayant vu, au clair de la lune, les yeux d'Ève qui brillaient de gaieté, et le sourire malin de M. Blunt et de M. Sharp, il dit gravement qu'il approuvait de tout son cœur la nomination du président, et qu'il était disposé à entendre le rapport du comité, dès qu'il serait en état de le faire.

— Et si votre comité, Messieurs, ajouta-t-il, peut m'informer de ce que dirait Vattel de l'obligation de mettre en panne, dans un temps de paix profonde, et quand le vaisseau ou l'embarcation qui donne la chasse ne peut réclamer les droits des belligérants, j'en serai reconnaissant jusqu'au dernier jour de ma vie ; car je l'ai lu et relu avec autant d'attention qu'une vieille femme consulte son almanach pour savoir de quel côté le vent soufflera, et je crains que cette question ne lui ait échappé.

M. Dodge et quelques autres passagers, aussi épris que lui des comités, eurent bientôt nommé les autres membres, qui se retirèrent sur une autre partie du pont pour se consulter. Sir George Templemore, à la grande surprise de toute la famille Effingham, accepta les fonctions de président avec un empressement qui ne paraissait nullement nécessaire.

— Il pourrait être à propos, capitaine, de renvoyer d'autres objets à l'examen de ce comité, dit M. Sharp, qui avait assez de tact pour voir que ce n'était que sa retenue habituelle qui empêchait Eve de rire aux éclats. Je veux parler des questions importantes de décider quand il faut prendre des ris aux voiles, les serrer, les orienter ; quelles voiles il faut déployer, à quelle heure et en quelle occasion il faut appeler tout le monde sur le pont, et une foule d'autres manœuvres semblables ; questions qui seraient sans doute parfaitement résolues dans le rapport qui va vous être fait.

— Je n'en doute pas, Monsieur, et je m'aperçois que ce n'est pas la première fois que vous vous trouvez sur mer. Je regrette qu'on vous ait oublié en nommant les membres du comité. Oui, je vous en donne ma parole, la manière d'exécuter toutes les manœuvres dont vous venez de parler peut se décider par un comité, aussi bien que la question de savoir si nous mettrons ou ne mettrons pas en panne pour l'embarcation qui est là-bas. — A propos, monsieur Leach, ces drôles ont viré, et ils gouvernent de ce côté, espérant passer sous notre vent et nous parler. — Monsieur le procureur, la marée vient de terre, et le jour pourra paraître avant que vous soyez dans votre nid, si vous tardez encore à partir. Je crains, Messieurs, que votre absence ne rende malheureuses mistress Seal et mistress Grab.

Les deux limiers de la justice écoutèrent cet avis avec un air d'indifférence, car ils espéraient trouver de l'aide, — quoiqu'ils eussent à peine pu dire quelle espèce d'aide, — dans l'embarcation qu'on voyait, et qui, comme cela était évident, devait gagner au vent *le Montauk*. Après s'être consultés ensemble, M. Seal offrit une prise de tabac à son compagnon, en prit une ensuite lui-même, en homme indifférent sur le résultat et attendant patiemment le moment de faire son devoir. Le visage hâlé du capitaine, dont la couleur était celle des joues d'une cuisinière quand son feu est le plus ardent, était tourné vers ces deux personnages, et ils auraient probablement reçu quelque manifestation décidée de sa volonté, si sir George Templemore, suivi des quatre autres membres de son comité, ne se fût rapproché pour faire son rapport.

— Capitaine Truck, dit le baronnet, nous sommes d'avis que, comme votre bâtiment est sous voiles, et qu'on peut dire avec vérité que votre voyage est commencé, il n'est ni convenable ni nécessaire que vous jetiez l'ancre de nouveau ; mais qu'il est de votre devoir...

— Je n'ai pas besoin d'avis sur mon devoir, Messieurs. Si vous pouvez me faire savoir ce que dit Vattel, ou ce qu'il devrait avoir dit sur la question ou touchant la catégorie du droit de visite, excepté comme un droit appartenant aux belligérants, je vous en serai obligé ; sinon, il faut nous contenter de le deviner. Je ne commande pas depuis dix ans un bâtiment faisant cette route pour avoir besoin de faire un effort de mémoire afin de connaître le droit de juridiction d'un port ; ce sont des choses que l'usage apprend, comme disait mon vieux maître en nous appelant de table quand nous n'avions qu'à moitié dîné. Or, il y a l'affaire des nègres de Charlestown, dans laquelle notre gouvernement prouva clairement qu'il n'avait pas étudié Vattel, sans quoi il n'aurait jamais répondu comme il le fit. — Peut-être n'avez-vous jamais entendu parler de cette affaire, sir George ? Je vous la raconterai brièvement, car elle touche au principe, et elle a des points délicats.

— N'en avons-nous pas une plus pressante, capitaine ? — Cette embarcation ne peut-elle pas ?...

— Cette embarcation ne fera rien, Messieurs, sans la permission de John Truck. — Il faut que vous sachiez qu'il existe une loi en Caroline, portant que tous les nègres amenés par un bâtiment dans cet état seront mis en cage jusqu'à ce que le bâtiment remette à la voile. C'est pour prévenir l'émancipation, comme on l'appelle, ou l'abolition, je ne saurais trop dire. Or, voilà qu'un bâtiment venant des îles des Indes-Orientales arrive avec un équipage de nègres ; et, conformément à la loi, les autorités de Charlestown les mettent tous en cage avant la nuit. John Bull se plaint à son ministre, son ministre envoie une note à notre secrétaire d'état, et notre secrétaire d'état écrit au gouverneur de la Caroline, lui recommandant d'exécuter le traité. Je n'ai pas besoin de vous dire ce que c'est qu'un traité, Messieurs ; c'est une chose à laquelle il faut obéir ; mais ce qui est important, c'est de savoir ce qu'il ordonne. Or, que disait ledit traité ? Que John Bull entrerait dans nos ports et en sortirait sur le pied de la nation la plus favorisée, d'après le principe du *statu quo antè bellum*, comme dit Vattel. Or, les habitants de la Caroline avaient traité John Bull comme ils traitaient Jonathan [1] ! et il n'y avait plus un mot à dire. Toutes les parties étaient tenues d'entrer dans le port, soumises aux règlements municipaux, comme Vattel le déclare. Vous voyez que c'était une affaire bientôt réglée, quoique le point fût délicat.

Sir George l'avait écouté avec une extrême impatience; mais, craignant de l'offenser, il n'avait pas voulu l'interrompre. Saisissant la première pause que fit le capitaine, il reprit le fil de ses remontrances avec une chaleur qui faisait le plus grand honneur à son humanité, et cependant il n'oublia aucune des obligations imposées par la politesse. — Le cas que vous venez de rapporter, capitaine, est parfaitement clair, et je doute que lord Stowel eût pu en faire un meilleur exposé. Ce que vous avez dit du *statu quo antè bellum* rentre tout à fait dans la question qui nous occupe. Quant à moi, j'avoue que depuis longtemps aucune affaire ne m'a inspiré tant d'intérêt que celle de ces deux jeunes époux. Il y a quelque chose de plus pénible qu'on ne saurait le dire à être désappointé d'une manière si cruelle dans le matin de la vie; et plutôt que de voir leur malheureuse situation se prolonger, je tirerais volontiers une bagatelle de ma poche. Si ce misérable procureur consent à recevoir cent guinées, à condition qu'il nous quittera et qu'il emmènera avec lui cette embarcation à deux voiles, je lui donnerai cette somme avec plaisir, avec grand plaisir, je le proteste.

Il y a quelque chose de si essentiellement respectable dans la générosité pratique que, quoique Eve et tous les auditeurs de ce qui se passait eussent eu jusqu'à ce moment la plus forte envie de rire de toute cette scène, dès que le baronnet eut fait cette déclaration, on aurait pu lire dans tous les yeux l'éloge de sa libéralité; il avait démontré, comme le pensèrent la plupart de ceux qui l'avaient entendu, qu'il avait un cœur, quoique sa conversation préalable eût porté plusieurs à douter qu'il eût le *quantum sufficit* de tête.

— Ne vous inquiétez pas du procureur, sir George, lui dit le capitaine en lui serrant cordialement la main; il ne touchera pas une guinée de votre argent, et je crois très-probable qu'il ne touchera pas davantage Robert Davis. Nous avons la marée à notre bossoir sous le vent, et le courant nous pousse du côté du vent; dans quel-

---

1. Sobriquet qu'on donne aux habitants des Etats-Unis, comme John Bull aux Anglais, Sandy aux Ecossais, etc.

ques minutes nous aurons gagné le large, et alors je donnerai au drôle une touche de Vattel qui le mettra tout à culer, si elle ne le jette pas par dessus le bord.

— Mais l'embarcation ?

— Si nous chassons du bâtiment le procureur et Grab, les autres n'auront entre les mains rien qui les autorise à emmener l'homme, même en admettant leur juridiction. Je connais les drôles, et aucun d'eux n'emportera de ce bâtiment un seul shilling, de mon consentement. Ecoutez, sir George, un mot à l'oreille : ce sont deux maudits coquins, pires qu'aucun grillon qui ait jamais infecté la soute au pain d'un bâtiment. Je les forcerai bientôt à lever l'ancre, ou je les jetterai dans leur barque de mes propres mains.

Le capitaine allait se détourner pour examiner la position de l'embarcation sous voiles, quand M. Dodge lui demanda la permission de lui faire un court rapport au nom de la minorité du comité. Le résultat de ce rapport était que la minorité était d'accord sur tous les points avec la majorité, mais qu'elle désirait faire observer que comme le bâtiment pouvait se trouver dans le cas de relâcher dans un des ports du canal Britannique, il était prudent de ne pas perdre de vue cette circonstance importante en prenant une détermination définitive. Ce rapport de la minorité, qui, comme M. Dodge l'expliqua au baronnet, était plutôt une mesure de précaution qu'une protestation, n'eut pas plus d'influence sur le capitaine Truck que l'opinion de la majorité, car il était un de ces hommes qui suivent rarement un avis quand il n'est pas d'accord avec leur jugement préalable. Il continua donc à examiner tranquillement le cutter, qui suivait alors la même route que *le Montauk*, et qui en était alors au vent à peu de distance, pinçant un peu le vent, de manière à s'en approcher à mesure qu'il avançait.

Cependant le vent avait fraîchi et s'était changé en une petite brise ; et le capitaine secoua la tête avec un air de satisfaction quand il entendit ce bruit qui annonçait que son bâtiment commençait à fendre l'eau avec plus de rapidité. Ceux qui étaient sur le cutter virent les flocons d'écume arriver jusqu'à eux, tandis que l'accélération de mouvement était à peine encore sensible à bord du *Montauk*. L'officier qui commandait le cutter s'aperçut promptement d'un changement qui lui était défavorable ; mais en donnant un peu de largue à ses voiles et en empêchant son embarcation de venir au vent autant qu'il le put, il se trouva bientôt à cent pieds du *Montauk*, suivant la même route et au vent. A la faveur d'un brillant clair de lune, on put voir distinctement un jeune homme en petit uniforme de lieutenant de vaisseau se lever sur les bancs de l'avant, où se trouvaient aussi deux autres personnes.

— Je vous serai obligé, Monsieur, de mettre *le Montauk* en panne, dit le lieutenant du ton le plus civil, en portant la main à son chapeau pour saluer le capitaine et les passagers, qui s'étaient approchés pour voir et entendre ce qui se passait ; je suis ici par ordre du roi, Monsieur.

— Je sais quelle est votre mission. Monsieur, répondit le capitaine Truck, dont la résolution de refuser cette demande était un peu ébranlée par la manière honnête dont elle avait été faite, et je vous prie de faire attention que, si je consens à ce que vous me demandez, ce sera volontairement ; car, d'après les principes établis par Vattel et les autres auteurs qui ont écrit sur le droit des gens, le droit de visite est un droit appartenant aux belligérants, et l'Angleterre étant en paix, nul bâtiment appartenant à cette nation n'a le droit d'arrêter un bâtiment appartenant à une autre.

— Ces distinctions sont trop subtiles pour moi, Monsieur, répondit le lieutenant d'un ton plus vif ; j'ai reçu des ordres, et vous m'excuserez si je vous dis que mon intention est de les exécuter.

— Exécutez-les, Monsieur, — de tout mon cœur. — Si vous avez reçu ordre de mettre mon bâtiment en panne, tout ce que vous avez à faire, c'est de monter à bord si vous le pouvez, et nous verrons de quelle manière vous maniez les vergues. Quant aux hommes que vous voyez stationnés aux bras, le porte-voix qui leur ordonnera une manœuvre ne peut se faire entendre de l'amirauté jusqu'ici. — Le jeune homme a de l'ardeur, ajouta-t-il en baissant la voix ; ses principes, comme officier, me plaisent, mais je ne puis admettre ses conclusions comme juriste. Il se trompe s'il se flatte de nous effrayer pour nous faire entrer dans une nouvelle catégorie, ce serait préjudicier à nos droits nationaux ; il s'est mis dans un dilemme, et il aura besoin de toute sa logique et de toute son ardeur pour s'en tirer.

— Vous ne pouvez songer à résister à un officier du roi dans les eaux britanniques, dit le lieutenant avec ce ton de hauteur que l'homme le plus doux apprend bientôt à prendre sous un pavillon.

— Résister, mon cher Monsieur ! je ne résiste à rien ; la méprise que vous faites est de supposer que vous gouvernez ce bâtiment au lieu de John Truck ; c'est mon nom, Monsieur, John Truck. Vous êtes le bien-venu à remplir votre mission, mais ne me demandez pas de vous y aider. Montez à bord, de tout mon cœur ; rien ne me ferait plus de plaisir que de prendre un verre de vin avec vous ;

mais je ne vois pas la nécessité d'arrêter un paquebot qui a une longue route à faire, sans un objet quelconque, comme nous le disons de l'autre côté de la grande eau.

Il y eut un instant de silence, et ensuite le lieutenant, avec cette sorte d'hésitation qu'éprouve toujours un homme bien né quand il sent qu'il fait une proposition qui ne doit pas être acceptée, dit qu'il avait sur son cutter des personnes qui paieraient une indemnité pour le retard qui serait occasionné. Il n'aurait pu faire une offre plus malheureuse au capitaine Truck, qui aurait mis son bâtiment en panne à l'instant si le lieutenant lui eût proposé de discuter Vattel avec lui sur son gaillard d'arrière, et qui ne tenait bon que par une sorte d'égard pour ses droits, et par suite de cette disposition à résister aux agressions que l'expérience des quarante dernières années a si profondément enracinée dans le cœur de tout marin américain, dans tous les cas qui concernent des officiers de la marine anglaise. Il venait de se décider à laisser Robert Davis courir sa chance, et à vider une bouteille de vin avec le beau jeune homme qui était encore debout sur le cutter; mais M. Truck avait été trop souvent à Londres pour ne pas savoir exactement de quelle manière les Anglais apprécient le caractère américain, et il savait, entre autres choses, que l'opinion générale dans cette île était qu'avec de l'argent on pouvait tout faire de Jonathan, ou comme Christophe avait autrefois, dit-on, exprimé la même idée; que s'il y avait un sac de café dans l'enfer, on pourrait trouver un Yankee[1] pour l'y aller chercher.

Le capitaine du *Montauk* aimait autant qu'un autre à faire un gain légitime; mais tenait à l'honneur de ses compatriotes, et principalement parce qu'il voyait que leurs paquebots étaient meilleurs voiliers que tout autre bâtiment marchand, et qu'il leur attribuait avec fierté toutes les bonnes qualités que les autres pouvaient être disposés à leur refuser.

Au lieu donc d'accepter cette proposition, le capitaine Truck, dès qu'il l'eut entendue, souhaita froidement une bonne nuit au lieutenant : c'était amener tout d'un coup l'affaire à sa crise. Le lieutenant fit mettre la barre au vent et essaya de placer son cutter bord à bord avec *le Montauk*; mais la brise avait constamment augmenté, l'air était devenu plus lourd à mesure que la nuit avançait, et l'humidité du soir resserrait, comme c'est l'ordinaire, le tissu des voiles, de manière à accélérer sensiblement la marche du

---

1. Sobriquet donné aux Américains, et particulièrement aux habitants de la Nouvelle-Angleterre.

bâtiment. Quand la conversation avait commencé, le cutter était par le travers du mât de misaine; et lorsqu'elle se termina, à peine était-il en face du mât d'artimon. Le lieutenant ne fut pas longtemps à voir le désavantage qu'il avait, et il s'écria : — Vivement ! — voyant que son cutter allait se trouver sous la voûte du bâtiment et serait dans ses eaux dans une minute. Le patron de l'embarcation jeta un léger grappin avec tant de précision, qu'il s'accrocha aux agrès du mât d'artimon, et la corde se roidit en même temps de manière à remorquer le cutter. Un matelot, qui venait de la roue, passait en ce moment près du rouffle ; et avec le sang-froid décidé d'un vieux marin, il prit son couteau et coupa la corde tendue, comme si c'eût été un fil. Le grappin tomba à la mer, et avant qu'on eût eu le temps de respirer, le cutter dansait dans le remous du paquebot. Serrer les voiles et reprendre les rames fut l'ouvrage d'un instant, et l'on vit le cutter fendre l'eau, grâce aux efforts redoublés de ses rameurs.

—Bravo ! voilà de l'agilité ! s'écria le capitaine Truck qui était appuyé tranquillement contre un hauban d'où il pouvait voir tout ce qui se passait, et profitant de cette occasion pour secouer les cendres de son cigare pendant qu'il parlait. — Un beau jeune homme, dit-il, et qui, s'il vit, deviendra avec le temps, j'ose le dire, amiral ou quelque chose de plus, peut-être un chérubin. Eh bien ! Leach, s'il persiste un peu plus longtemps à ramer dans nos eaux, je serai obligé de l'abandonner. — Ah ! le voici qui manœuvre pour en sortir, en jeune homme sensé qu'il est. Sur ma foi, il y a quelque chose de plaisant dans cette prétention d'un cutter à six rames de prendre à l'abordage un bâtiment faisant la route de New-York à Londres, même en supposant qu'il eût pu arriver le long du bord.

Il paraît que M. Leach et l'équipage du *Montauk* pensaient de même, car ils continuaient leur ouvrage de nettoyer les ponts avec autant de philosophie qu'en montrent jamais les hommes chargés de remplir des fonctions qui ne leur vaudront pas même un remerciement. Ce sang-froid des marins est toujours un objet de surprise pour ceux qui sont étrangers à la marine ; mais des aventuriers qui ont été bercés par la tempête pendant des années entières, qui sont dans la plus grande sécurité quand les autres se croient en péril, et dont la sûreté dépend constamment de l'empire qu'ils ont sur leurs facultés, en viennent avec le temps à éprouver de l'insouciance pour toutes les terreurs et les agitations de la vie qui ne sont que d'un ordre inférieur, insouciance que personne ne peut posséder sans avoir contracté les mêmes habitudes et couru les mêmes hasards. L'équipage riait à voix basse, et de temps en temps un coup d'œil de curiosité cherchait à voir quelle était la situation du cutter; mais là se terminait tout l'effet de l'incident que nous venons de rapporter, du moins en ce qui concerne les matelots.

Il n'en était pas de même des passagers. Les Américains triomphaient de l'échec qu'avait éprouvé le cutter d'un bâtiment de guerre anglais, et les Anglais ne savaient qu'en penser. La soumission à la couronne était en eux un sentiment habituel, et ils n'étaient pas contents de voir un étranger jouer un pareil tour à un cutter de la marine royale, dans ce qu'ils regardaient assez justement comme les eaux britanniques. A strictement parler, *le Montauk* était peut-être encore sous la dépendance des lois anglaises, quoiqu'il se fût trouvé à une lieue de terre, quand il était à l'ancre; et, en ce moment, la marée et sa propre vitesse avaient au moins doublé la distance. Dans le fait, il en était alors si éloigné, que le capitaine Truck crut qu'il était de son devoir d'en finir avec le procureur.

— Eh bien! monsieur Seal, dit-il, je suis très-reconnaissant du plaisir que vous m'avez fait de m'accompagner jusqu'ici; mais vous m'excuserez si je vous dis que je ne me soucie pas de vous conduire, vous et M. Grab, tout à fait jusqu'en Amérique. Dans une demi-heure, vous serez à peine en état de retrouver votre île; car, dès que nous serons à une distance convenable du cutter, je gouvernerai au sud-ouest, et vous devez songer aux inquiétudes qu'auront vos dames.

— Cette affaire peut avoir des suites très-sérieuses quand vous reviendrez à Portsmoush, capitaine Truck; on ne se joue pas impunément des lois anglaises. Voudriez-vous bien donner ordre qu'on m'apporte un verre d'eau? Je vois qu'attendre justice est un devoir qui altère.

— Bien fâché de ne pas pouvoir vous satisfaire, monsieur. Vattel ne parle pas de l'obligation de fournir de l'eau aux belligérants ou aux neutres; et le congrès m'oblige d'emporter tant de gallons d'eau par homme. Si vous voulez boire à mon heureux voyage en Amérique, et à votre retour sans accident en Angleterre, ce sera avec du champagne, si vous aimez ce liquide agréable.

Le procureur allait donner son assentiment à un compromis offert à de pareilles conditions, quand la femme de Davis lui mit en main un verre plein du premier breuvage qu'il avait demandé; il le vida, et se détourna d'elle avec l'air de dureté d'un homme qui n'avait jamais souffert qu'un mouvement de sensibilité fût un obstacle à sa cupidité sordide. Le vin fut pourtant apporté, et le capitaine remplit les verres avec l'air cordial d'un marin.

— Je bois à votre retour sans accident près de mistress Seal, et des petits dieux et des petites déesses de la justice. — Pan ou Mercure, lequel est-ce? Quant à vous, Grab, prenez garde aux requins quand vous serez sur votre barque; car s'ils apprennent que vous êtes sur mer, les esprits des marins que vous avez persécutés les exciteront contre vous, comme le diable pourchasse les hommes qui jouent le rôle de coquettes. Eh bien! Messieurs, vous n'avez pas réussi pour cette fois, mais qu'importe après tout? Ce n'est qu'un homme de moins dans un pays où il y en a déjà trop; et j'espère que nous nous reverrons bons amis, d'aujourd'hui en quatre mois. Adieu donc, Messieurs; il faut que le mari et la femme eux-mêmes se séparent quand le moment en est arrivé.

— Cela dépendra de la manière dont mon client envisagera votre conduite en cette occasion, capitaine Truck; car ce n'est pas un homme qu'il soit toujours prudent de contrarier.

— Voici pour votre client, monsieur Seal, répondit le capitaine en faisant claquer ses doigts. Je ne suis pas homme à m'effrayer du grognement d'un procureur, ni du secouement de tête d'un happe-chair. Vous arrivez avec un ordre ou un mandat, peu m'importe lequel, je ne fais aucune résistance; vous cherchez votre homme comme un basset cherche un rat; c'était à vous à le trouver. Je le vois en ce moment, ce brave homme; il est sur mon pont; mais je ne me sens obligé de vous dire ni qui il est, ni où il est. Mon bâtiment est en mer, il est sous voiles, et vous n'avez aucune autorité pour m'arrêter. Nous sommes de deux bonnes lieues et demie en avant de tous les promontoires, et de bons auteurs disent que votre juridiction ne s'étend pas au delà de la portée du canon. Passé cela, votre pouvoir ne vaut pas la moitié de celui de mon cuisinier; car il a le droit d'ordonner à son aide de nettoyer ses poêlons. Eh bien! Monsieur, encore dix minutes; et nous serons à trois bonnes lieues du point le plus proche de votre pays; vous serez alors, par une fiction légale, en Amérique, et votre voyage n'aura pas été long. Voilà ce que j'appelle une catégorie!

Pendant que le capitaine faisait cette dernière remarque, il s'aperçut que le vent avait tourné à l'ouest, de manière à le dispenser de la nécessité de virer, et que le bâtiment voguait en ce moment à raison de huit nœuds par heure en droite ligne de Portsmouth. Jetant un coup d'œil derrière lui, il vit que le cutter avait renoncé à le suivre, et qu'il rentrait dans la rade. Dans des circonstances si décourageantes, le procureur, qui commençait à craindre pour sa barque qui le suivait, remorquée par *le Montauk*, songea sérieusement à partir ; car il savait qu'il n'avait nul moyen de forcer le capitaine à mettre en panne pour qu'il pût descendre plus aisément du bâtiment. Il ne s'y décida pourtant que lorsque ses bateliers l'eurent averti qu'ils ne l'attendraient pas plus longtemps. Heureusement la mer était assez calme, et M. Seal, avec crainte et tremblement, réussit à descendre dans sa barque. M. Grab l'y suivit, non sans difficulté ; et comme on détachait le câblot d'amarre, le capitaine parut sur le passe-avant avec l'homme qu'ils cherchaient, et dit du ton le plus aimable :

— Monsieur Grab, permettez-moi de vous présenter M. Robert Davis ; monsieur Davis, voici M. Grab. Je présente rarement les passagers de l'avant ; mais pour obliger deux anciens amis, j'enfreins la règle que je me suis imposée. C'est ce que j'appelle une catégorie. Mes compliments à mistress Grab. Lâchez l'amarre !

A peine avait-il prononcé ces derniers mots, qu'on vit la barque danser et tournoyer dans le tourbillon causé par la marche du bâtiment.

CHAPITRE V.

Quel pays est celui-ci, mes amis ? — L'Illyrie,
Madame. *La nuit des rois.*

LE capitaine Truck jeta un coup d'œil sur ses voiles pour s'assurer qu'elles étaient toutes bien orientées, aussi tranquillement que s'il ne fût arrivé rien d'extraordinaire ; lui et son équipage semblant avoir regardé la tentative d'abordage du cutter comme on regarde les phénomènes naturels des planètes, ou, en d'autres termes, comme si le bâtiment, dont ils n'étaient simplement que des parties, y eût échappé par l'effet de son propre instinct ou de sa volonté. Cette habitude de considérer la machine en elle-même comme le principe gouvernant, est assez générale parmi les marins. Quand ils mollissent un cordage ou qu'ils choquent une bouline, ils paraissent penser qu'ils ne font que permettre à une créature de suivre plus librement sa volonté ; il est vrai que tous savent qu'il n'en est rien, mais aucun ne le dit, aucun ne voudrait même avoir l'air de le croire.

— Avez-vous remarqué comment notre vieux bâtiment s'est débarrassé de ces écumeurs de mer qui montaient le cutter ? demanda le capitaine avec un ton de complaisance au groupe qui était encore rassemblé sur le gaillard d'arrière, quand un coup d'œil, jeté en haut, l'eut assuré qu'il n'y avait rien que sa science nautique eût à corriger à l'instinct de son navire. Un cheval fougueux, ou une baleine percée d'un harpon, ou un de vos plus lestes arlequins, n'auraient pas fait une plus jolie fugue que cette pauvre vieille carcasse, qui est certainement un des bâtiments les plus lourds qui aient jamais vogué sur l'Océan. Je voudrais pourtant que le roi Guillaume se mît dans la tête d'envoyer un des plus légers de ses croiseurs pour mettre à l'épreuve la légèreté du *Montauk*, afin de le punir du tour qu'il a joué à son cutter.

Le bruit d'un coup de canon, dont le son arriva amorti par la brise, interrompit le cours des plaisanteries de M. Truck. En regardant sous le vent, il y avait assez de clarté pour voir une corvette qu'ils avaient laissée à l'ancre, et qui était en mer toutes ses voiles déployées, et paraissant en chasse. Il était évident que ce coup de canon avait été tiré comme un signal de rappel pour le cutter, et des feux de conserve qu'on vit paraître à bord de la corvette et de son embarcation prouvèrent qu'elles étaient en communication.

Les passagers se regardèrent gravement les uns les autres, car l'affaire commençait à prendre à leurs yeux un caractère sérieux. Quelques-uns alléguèrent qu'il était possible que l'offense de Davis fût quelque chose de plus grave qu'une dette; cependant ce qu'avait dit l'officier de justice lui-même prouvait la fausseté de cette conjecture. La plupart pensèrent que la résolution de punir le mépris qu'on avait montré pour les autorités, avait fait envoyer le croiseur à la poursuite, afin de les ramener dans le port. Les passagers anglais se mirent à raisonner en faveur de l'autorité de la couronne, et ceux qui étaient connus pour être Américains soutinrent avec chaleur les droits de leur pavillon. Les deux Effingham montrèrent beaucoup de modération en exprimant leur opinion; car l'éducation, l'âge et l'expérience, leur avaient appris à juger sainement des choses.

— Quant à ce qui concerne le parti pris par le capitaine Truck de refuser la demande de l'officier commandant le cutter, il est probablement plus en état d'en juger qu'aucun de nous, dit M. Effingham avec le ton de réserve d'un homme bien élevé, car il doit mieux connaître la position précise dans laquelle son bâtiment se trouvait en ce moment; mais qu'un bâtiment de guerre étranger n'ait pas le droit de faire rentrer ce paquebot dans le port, dans un temps de paix profonde; quand il est en pleine mer, comme y sera bientôt *le Montauk*, — en supposant qu'il n'y soit pas encore à présent, — c'est, je crois, ce dont on ne peut raisonnablement douter. La querelle, s'il y en a une, est maintenant devenue un sujet de négociation; la réparation doit être demandée par les agents généraux des deux nations, et ne doit pas être imposée par les officiers inférieurs de l'une des deux parties. Du moment que *le Montauk* a atteint la grande route de toutes les nations, il est sous la juridiction exclusive du pavillon sous lequel il vogue.

— Vattel, mot pour mot! dit le capitaine en faisant un signe d'approbation et en secouant de nouveau les cendres de son cigare.

John Effingham était un homme ayant des opinions fortement prononcées, ce qui veut dire souvent des préjugés fortement enracinés; il avait été élevé, trente ou quarante ans auparavant, sous l'influence des opinions anglaises, qui pesaient alors comme un cauchemar sur les intérêts nationaux de l'Amérique. Il est vrai que M. Effingham était, dans tous les sens, le contemporain, comme il avait été le compagnon d'études de son cousin; qu'ils s'aimaient comme des frères; qu'ils avaient dans toutes les choses essentielles la plus grande confiance dans les principes l'un de l'autre; qu'ils pensaient l'un comme l'autre sur mille sujets; mais quant à la domination anglaise, il était peut-être impossible de trouver deux hommes qui se ressemblassent moins que le cousin veuf et le cousin célibataire.

Edouard Effingham avait un jugement singulièrement juste. Etant encore fort jeune quand il avait hérité de son domaine, il avait passé plusieurs années dans une retraite qui, en l'éloignant de la lutte du monde, avait laissé à une sagacité cultivée la possibilité d'agir librement sur ses dispositions naturelles. A l'époque où toute la république offrait le honteux spectacle d'une nation déchirée par des factions opposées, qui prenaient leur source dans des intérêts étrangers aux siens; quand la plupart de ses compatriotes étaient Anglais ou Français, il était resté ce que la nature, les lois et la raison voulaient qu'il fût, — Américain. Jouissant de l'*otium cum dignitate* sur son domaine et dans sa maison héréditaire, Edouard Effingham, avec peu de prétentions à la grandeur et beaucoup de droits à l'estime due à la vertu, avait suivi la ligne de vérité que tant de « demi-dieux » de la république, sous l'influence de leurs passions, ou stimulés par les intérêts passagers et mobiles du jour, n'apercevaient pas; ou, s'ils la voyaient, ils n'en faisaient aucun compte. On n'aurait pu trouver un homme moins accessible que lui à l'agitation, ce *primum mobile* de tout patriotisme et de toute activité en Amérique, s'il faut en croire les théories du temps. L'indépendance de fortune avait produit en lui l'indépendance de pensée. L'étude et la réflexion l'avaient rendu original et juste, simplement en le mettant à l'abri de l'influence des passions ; et si des milliers d'hommes avaient l'esprit plus fin et plus délié pour démasquer les susceptibilités ou imposer à la masse, fort peu étaient aussi équitables, et nul n'était moins égoïste. Il aimait son pays natal, quoiqu'il regrettât les côtés faibles qu'il y découvrait ; il en était l'avocat ferme et constant en pays étrangers, sans en devenir le flatteur bas ou intéressé quand il se trouvait dans son sein ; et dans tous les temps, dans toutes les situations, il prouvait que son cœur était où il devait être.

Sur beaucoup de points essentiels, John Effingham était le contraire de tout cela. A une intelligence plus vive et plus vigoureuse que celle de son cousin il joignait des passions sur lesquelles il avait moins d'empire, une volonté plus opiniâtre, et des préjugés qui l'emportaient souvent sur sa raison. Son père avait hérité de la plus grande partie des biens mobiliers de sa famille ; il s'était plongé dans le tourbillon des spéculations qui suivirent l'adoption de la nouvelle constitution, et, prouvant la vérité du proverbe sacré qui dit : « Où est le trésor, là sera aussi le cœur, » il avait adopté aveuglément tous les principes factieux et inconciliables d'un parti, si l'on peut nommer principes des règles de conduite qui varient suivant l'intérêt du jour, et s'était imbu des erreurs courantes qui accompagnent toujours l'esprit de faction.

L'Amérique jouissait alors depuis trop peu de temps de son indépendance, et elle était trop insignifiante à tous autres yeux que les siens, pour pouvoir raisonner et agir par elle-même, excepté sur des points qui touchaient trop évidemment à ses intérêts immédiats pour qu'elle pût les négliger ; mais les grands principes, ou il vaut peut-être mieux dire les grands intérêts sociaux qui divisaient alors l'Europe, produisirent autant de sensation dans ce pays éloigné, que le comportait un état de choses qui eut si peu de relations pratiques avec le résultat de cette lutte. Tous les Effingham s'étaient montrés fédéralistes dans le véritable sens de ce mot ; car leur éducation, leur bon sens naturel et leurs principes, leur donnaient du penchant pour le bon ordre, pour un bon gouvernement, et pour le maintien de la dignité de leur pays. Mais quand le feu des factions prit plus de force, et que les noms et les choses se confondirent et devinrent contradictoires, la branche de cette famille qui possédait une fortune territoriale prit les principes de ce qu'elle regardait comme le fédéralisme américain ; et celle dont la richesse était due au commerce adopta les idées de ceux qu'on pourrait appeler les fédéralistes anglais. Nous ne voulons pas dire que le père de John eût le dessein de manquer de fidélité à son pays natal ; mais en adoptant les dogmes d'un parti, il s'était fait des principes qui, s'ils signifiaient quelque chose, n'étaient nullement d'accord avec ceux qui gouvernaient son pays, en même temps que plusieurs étaient diamétralement opposés aux intérêts et à l'honneur de l'Amérique.

John Effingham avait insensiblement embrassé les sentiments de ce parti, quoique la fortune considérable que lui avait laissée son père lui eût permis de quitter le commerce. Il avait souffert que ses préjugés prissent un tel empire sur lui, qu'il prétendait que l'Angleterre avait à juste titre le droit qu'elle s'arrogeait de s'emparer de marins servant sous le pavillon américain, doctrine que le jugement plus sain de son cousin Edouard n'avait pas adoptée un seul instant. Il était singulièrement ingénieux à découvrir des fautes dans toutes les mesures de la république qui n'étaient pas d'accord avec la politique de la Grande-Bretagne. En un mot, il ne fallait rien moins que son esprit pour soutenir un grand nombre de sophismes, et pour donner un air plausible de raison à ce qui était essentiellement faux. Après la paix de 1815, John Effingham avait quitté l'Amérique une seconde fois, et il s'était rendu en Angleterre avec l'empressement d'une forte affection, qui devait peut-être son existence à un esprit d'opposition plutôt qu'à des idées bien fixes de vérité, ou à des liens naturels. Il en résulta un désappointement, comme cela arrive dix-neuf fois sur vingt, et cela uniquement parce qu'il avait imaginé des théories et rêvé des résultats. Comme le radical anglais qui court en Amérique l'esprit dérangé par des dogmes impraticables, il éprouva une réaction, principalement parce qu'il trouva que les hommes n'étaient pas supérieurs à la nature, et il était avancé dans le voyage de la vie lorsqu'il découvrit ce qu'il aurait pu savoir presque en le commençant, que des causes particulières doivent nécessairement produire des effets particuliers. Depuis ce temps, John Effingham devint plus sage et plus modéré. Mais comme le choc n'avait pas été assez violent pour le rejeter sur la vérité, ou sur les préjugés opposés d'une autre secte, on voyait toujours flotter sur ses opinions les débris de ses anciennes idées, qui couvraient son esprit d'une sorte de crépuscule, comme les teintes du soir et les ombres qui restent encore le matin suivent ou précèdent la lumière du soleil.

Ce fut donc sous l'influence de ces préjugés secrets que John Effingham répondit à son cousin, et la conversation prit bientôt le caractère d'une discussion dans laquelle toutes les parties n'ont pas des idées bien nettes, et ne se proposent pas pour seul but d'arriver à la vérité. Presque tous les passagers y prirent part, et une demi-heure se passa bientôt à discuter le droit des gens et le cas particulier qui les occupait.

La nuit était belle, et pendant ce temps Eve et mademoiselle Viefville se promenaient sur le pont pour prendre de l'exercice, la mer, alors calme, rendant ce moment favorable. Comme nous l'avons déjà dit, l'intérêt commun qu'on avait pris aux deux jeunes mariés avait rompu la glace, et au moment où M. Grab quitta le bâtiment, il existait entre les passagers moins de gêne et de contrainte que cela ne serait arrivé à la fin d'une semaine dans des circonstances ordinaires. Eve Effingham, depuis l'âge de onze ans, avait passé presque tout son temps sur le continent, et y avait vu la société sans être assujettie à la contrainte sévère qui y est imposée aux jeunes personnes, et sans l'extrême licence qui leur est accordée en Angleterre et en Amérique. Elle était d'une famille qui n'était que trop habituée à se permettre les libertés extravagantes qui passent quelquefois pour de l'aisance dans ce dernier pays. Elle n'avait jamais quitté la maison de son père; mais la compagnie variée qu'elle avait vue sur le continent avait donné à ses manières ordinaires plus de réserve que la simplicité des usages de l'Amérique n'en aurait exigé dans les cercles les plus rigides de ce pays. Avec ce caractère de réserve, elle portait de la franchise et du naturel dans son commerce avec le monde, et elle avait vu tant de nations différentes, qu'elle avait acquis une confiance en elle-même qui ne lui était pas préjudiciable, grâce à l'excellente éducation qu'elle avait reçue, et à une dignité qui lui était naturelle. Cependant, mademoiselle Viefville, quoiqu'elle eût perdu quelques-unes de ses idées particulières à ce sujet, fut un peu surprise en voyant Eve recevoir les avances respectueuses de M. Sharp et de M. Blunt avec moins de réserve qu'elle n'avait coutume d'en montrer à des étrangers. Au lieu de se borner à écouter, Eve avait répondu à plusieurs remarques du premier, et avait même ri avec lui de quelque absurdité du comité des cinq. La prudente gouvernante en fut étonnée; mais elle pensa que ce n'était que la liberté qui devait régner à bord d'un bâtiment, car, en véritable Française, mademoiselle Viefville avait des idées très-vagues sur les secrets du vaste Océan; et comptant sur la discrétion éprouvée de sa pupille, elle ne lui fit aucune observation sur ce sujet. Pendant que M. Sharp causait avec Eve en lui donnant le bras, elle était elle-même en conversation animée avec M. Blunt, qui marchait à côté d'elle, et qui parlait le français si purement, qu'elle le prit d'abord pour un de ses compatriotes qui avait pris un nom anglais comme nom de guerre pour voyager. Tandis que cet entretien occupait toute l'attention de mademoiselle Viefville, — car Paul Blunt lui parlait de Paris et de toutes ses beautés avec un talent qui lui inspirait le plus vif intérêt : *Paris, ce magnifique Paris*, ayant presque autant d'influence sur le bonheur de la gouvernante qu'il en avait, dit-on, sur celui de madame de Staël, — le compagnon d'Eve baissa tellement la voix qu'on aurait pu dire qu'il prenait un ton confidentiel, quoique parfaitement respectueux.

— Je me suis flatté, dit-il, peut-être uniquement par amour-propre, que miss Effingham n'a pas assez oublié tous ceux qu'elle a rencontrés dans ses voyages pour me regarder comme lui étant tout à fait étranger.

— Certainement non, répondit Eve avec autant de simplicité que de calme; autrement une de mes facultés, la mémoire, me serait entièrement inutile. Je vous ai reconnu du premier coup d'œil, et je regarde votre présentation par notre digne capitaine comme un raffinement de savoir-vivre en pure perte.

— J'en suis charmé et fâché en même temps; — charmé et infiniment flatté de n'avoir point passé devant vos yeux comme une ombre fugitive qui ne laisse aucune trace en se retirant; — mais fâché de me trouver devant vous dans une situation qui, à ce que je crains, doit vous paraître excessivement ridicule.

— Oh! on ne doit pas attacher tant d'importance à ce que peut faire une jeune fille dans un siècle aussi original que le nôtre. D'ailleurs, je ne vois d'absurde que la formalité de cette présentation, et il s'est passé depuis ce moment tant de choses qui le sont davantage, qu'elles ont fait oublier la première absurdité.

— Mais ce nom de Sharp?

— Est sans doute un nom piquant. — Si je ne me trompe, vous vous contentiez, quand nous étions en Italie, de le laisser porter à votre domestique. Mais je suppose qu'en vous aventurant au milieu d'un peuple aussi connu par sa sagacité que les Yankees, vous avez supposé qu'il était nécessaire d'y arriver armé de pied en cap.

Tous deux sourirent, comme s'ils eussent également goûté la plaisanterie, et M. Sharp reprit la parole :

— Mais j'espère sincèrement que vous n'attribuez pas mon incognito à des motifs qui seraient peu honorables?

— Je l'attribue à ce qui fait que tant de jeunes gens courent de Rome à Vienne, et de Vienne à Paris, vendent un vis-à-vis pour acheter une dormeuse, reconnaissent un ami aujourd'hui, et l'oublient demain; en un mot, font mille choses auxquelles on ne peut attribuer qu'un seul motif.

— Et ce motif?

— Est simplement le caprice.

— Je voudrais pouvoir vous persuader d'attribuer toute ma conduite à quelque meilleure raison. Ne pouvez-vous rien supposer, dans le cas présent, qui me fasse un peu plus d'honneur?

— Peut-être le pourrais-je, dit Eve après un moment de réflexion; mais en vous disculpant de l'imputation de caprice, ajouta-t-elle en souriant de nouveau, je crains de l'attribuer à une raison qui ne ferait pas beaucoup d'honneur à vos connaissances.

— C'est ce que la fin prouvera. Croyez-vous que mademoiselle Viefville m'ait reconnu?

— Cela est impossible. Ne vous souvenez-vous pas qu'elle a été presque toujours malade pendant les trois mois que nous vous avons vu si souvent?

— Et votre père, miss Effingham, m'a-t-il réellement oublié?

— Je suis sûre du contraire. Il n'oublie jamais une physionomie, quoi qu'il puisse arriver au nom qu'elle porte.

— Il m'a accueilli si froidement, si complétement en étranger!

— Il est trop bien élevé pour avoir l'air de reconnaitre un homme qui veut garder l'incognito, et pour montrer sa surprise par des exclamations ou par des gestes de théâtre. D'ailleurs il a l'esprit plus solide qu'une jeune fille, et peut-être a-t-il moins d'indulgence pour le caprice.

— Je lui suis obligé de sa réserve; car me faire connaître, ce serait m'exposer au ridicule. Aussi longtemps que vous et lui vous serez les seuls qui me connaitrez, je me trouverai plus à l'aise sur ce bâtiment; je suis certain que ni vous ni lui ne sauriez me trahir.

— Vous trahir!

— Trahir, découvrir, anéantir, si vous le voulez. Tout est préférable au ridicule.

— Voilà qui frise le caprice! Mais ne vous flattez pas de tant de sécurité. Indépendamment de mon père, de moi, et de l'homme à qui vous avez dérobé, je crois, tout ce qu'il avait de *piquant* en lui prenant son nom, il existe encore ici quelqu'un qui vous conuait.

— Qui donc, pour l'amour du ciel?

— Mon ancienne bonne, ma femme de chambre actuelle, Nanny

Sidley. Nul ogre n'a jamais surveillé sa pupille avec plus d'attention que la fidèle Nanny, et vous ne devez pas supposer qu'elle ait oublié vos traits.

— Mais les ogres dorment quelquefois. Souvenez-vous qu'il en est plus d'un dont on est venu à bout pendant qu'il était endormi.

Eve sourit en secouant la tête. Elle allait assurer M. Sharp qu'il se flattait en vain, quand une exclamation de sa gouvernante attira leur attention; et avant que l'un ou l'autre eût eu le temps de parler, mademoiselle Viefville se tourna vers Eve, et lui dit en français:

— Je vous assure, ma chère, que j'aurais pris monsieur pour un de mes compatriotes, s'il ne venait de commettre une grosse faute de langage.

— Faites-moi le plaisir de me la faire connaître, dit M. Blunt, afin que je puisse l'éviter à l'avenir.

— Mais, Monsieur, c'est que vous parlez notre langue trop grammaticalement, pour être Français. Vous ne prenez pas avec elle les libertés que prendrait un homme qui croirait en avoir le droit. Votre défaut est d'être trop correct.

— Et cela devient aisément un défaut. Je vous remercie de l'avis, Mademoiselle; mais comme je vais dans un pays où j'entendrai peu de français, il est probable qu'on le perdra de vue au milieu de fautes plus grossières.

Ils reprirent ensuite la conversation que ce badinage avait interrompue. Eve garda le silence quelques instants; et dès qu'elle s'aperçut que la vivacité de leur entretien absorbait toute leur attention, elle dit à son compagnon :

— Il est encore ici une autre personne de qui vous pouvez être connu.

— Ce n'est pas assurément de *lui* que vous voulez parler?

— Pardonnez-moi, c'est précisément de *lui*. Etes-vous bien certain, monsieur Sharp, que M. *Sharp* et M. *Blunt* ne se soient jamais vus avant d'arriver ici?

— Je ne crois pas que nous nous fussions vus avant le moment où nous sommes descendus sur la même barque pour nous rendre à bord. C'est un jeune homme bien élevé, et qui paraît même quelque chose de plus; il est fort supérieur à tous les autres passagers, et on ne l'oublierait pas aisément. N'êtes-vous pas de la même opinion?

Eve ne répondit rien, probablement parce qu'elle pensa que son compagnon n'était pas assez intimement lié avec elle pour avoir le droit de la questionner sur l'opinion qu'elle avait des autres.

M. Sharp avait trop de connaissance du monde pour ne pas s'apercevoir de la petite méprise qu'il avait faite, et après avoir prié de nouveau miss Effingham, sur le ton du badinage, de ne pas le trahir, il changea de sujet avec le tact d'un homme qui voyait que celui qu'il avait choisi ne pouvait continuer sans prendre un air confidentiel qu'Eve ne semblait pas disposée à permettre. Heureusement une pause qu'il y eut dans la conversation entre M. Blunt et mademoiselle Viefville, lui fournit le moyen de la rendre plus générale.

— Je crois que vous êtes Américain, monsieur Blunt, dit-il; et comme je suis Anglais, nous pouvons nous escrimer à armes égales sur cette importante question du droit des gens, relativement à laquelle j'entends notre digne capitaine nous jeter à la tête des extraits de Vattel tout aussi facilement qu'une bouffée de tabac. J'espère du moins que vous penserez comme moi, que, lorsque cette corvette arrivera, il serait fort absurde à nous de faire quelque objection à ce qu'elle visitât le bâtiment?

— Je ne vois pas qu'il soit nécessaire que je sois Américain pour émettre une opinion sur ce point, répondit M. Blunt avec politesse, quoique en souriant; car ce qui est juste est juste, indépendamment de tout esprit de nationalité. Il me paraît donc qu'un bâtiment armé et au service d'un gouvernement, en temps de paix ou de guerre, doit avoir le droit de s'assurer du caractère de tout bâtiment marchand, du moins sur les côtes du pays auquel le croiseur appartient. S'il n'avait pas ce droit, il n'est pas aisé de voir comment il pourrait capturer des contrebandiers et des pirates, et s'acquitter des fonctions pour lesquelles il est mis en mer, quand il n'existe pas d'hostilités déclarées.

— Je suis charmé de vous trouver d'accord avec moi sur la légalité du droit de visite.

Paul Blunt sourit encore; et comme ils arrivaient à un des bouts de leur courte promenade, Eve, en tournant, entrevit un instant ses beaux traits, et crut remarquer que leur expression annonçait un homme secrètement fier d'avoir pour lui la raison. Il répondit pourtant avec autant de douceur et de calme qu'auparavant.

— J'admets certainement le droit de visite, dit-il, mais seulement dans les cas dont je viens de parler et sans aller plus loin. Si une nation, par exemple, dénonce des actes de piraterie et charge des agents spéciaux de les découvrir et de les arrêter, il y a un motif pour accorder à ces agents tous les droits qui leur sont nécessaires pour s'acquitter de leurs devoirs; mais en faisant cette concession, je ne leur reconnais d'autre autorité que celle qui se rattache immédiatement au service particulier dont ils sont chargés. Si nous permettons à un homme d'entrer dans notre maison pour y chercher des voleurs, il ne s'ensuit pas, de ce qu'il y est admis, qu'il ait le droit d'y exercer d'autres fonctions. Je crois que la corvette qui nous donne la chasse doit, comme croiseur du gouvernement, être admise à visiter ce bâtiment ; mais que n'y trouvant rien qui soit contraire au droit des gens, elle n'aura le droit ni de le détenir, ni de le molester de quelque manière que ce soit. Le droit que j'accorde doit même être exercé de bonne foi et sans aucun abus vexatoire.

— Mais sûrement vous devez penser qu'en emmenant un homme qui se soustrait à la justice, nous nous sommes mis dans notre tort, et que nous ne pouvons nous opposer à ce qu'il soit reconduit dans le pays dont il s'est échappé, quelque compassion que nous puissions avoir pour le cas particulier dont il s'agit.

— Je doute fort que le capitaine Truck soit disposé à raisonner d'une manière si vague. D'abord il pourra dire que son bâtiment avait reçu la permission régulière de sortir du port et de mettre à la voile ; qu'en permettant à un officier de visiter son bâtiment tandis qu'il était dans les eaux britanniques, il a fait tout ce qu'on pouvait exiger de lui, la loi ne l'obligeant pas à jouer le rôle de dénonciateur ; que le mandat dont l'officier était porteur l'autorisait à arrêter Davis, mais non à retarder le départ du *Montauk* ; qu'une fois hors des eaux britanniques il n'était plus soumis qu'aux lois américaines, et que l'officier de justice anglais était, sur son bord, un intrus dont il avait le droit de se débarrasser ; enfin, que le mandat qui donnait à cet officier tous ses droits, devenait nul et de nul effet du moment qu'il se trouvait hors de la juridiction sous laquelle il avait été décerné.

— Je crois que vous trouverez le capitaine de la corvette peu disposé à admettre cette doctrine.

— Cela n'est pas impossible. Les hommes préfèrent souvent recourir à des abus, plutôt que d'être contrariés dans leurs désirs. Mais le capitaine de cette corvette pourrait tout aussi bien aller à bord d'un vaisseau de guerre et prétendre avoir le droit de le commander en vertu de la commission qui lui donne le commandement du sien, que prétendre avoir des raisons légales pour faire ce que vous semblez prédire.

— Je suis bien charmée d'apprendre que ce pauvre homme ne peut à présent être séparé de sa femme ! s'écria Ève.

— Vous paraissez pencher pour la doctrine de M. Blunt, miss Effingham? dit M. Sharp, d'un ton qui sentait un peu le reproche. Je crains que vous n'en fassiez une question nationale.

— Peut-être ai-je, comme tout le monde ici, à ce qu'il me semble, permis à la compassion de l'emporter sur la raison; et pourtant il faudrait de fortes preuves pour me persuader que ce procureur à figure repoussante était chargé d'une bonne cause, et que cette femme si douce et ayant un si bon cœur en avait une mauvaise.

M. Blunt et M. Sharp sourirent tous deux et se tournèrent vers Eve comme pour l'engager à continuer; mais elle garda le silence, en ayant déjà dit, à ce qu'elle pensait, plus qu'il n'était convenable.

— J'avais espéré, monsieur Blunt, trouver en vous un allié pour soutenir le droit de l'Angleterre de saisir ses marins lorsqu'ils se trouvent à bord de bâtiments d'une autre nation, reprit M. Sharp quand quelques instants de silence respectueux eurent prouvé aux deux jeunes gens qu'ils n'avaient rien de plus à attendre de leur belle compagne; mais je crains d'avoir à vous compter au nombre de ceux qui désirent voir réduire les droits de l'Angleterre, *coûte que coûte*.

— Je ne désire certainement pas voir son pouvoir maintenu, *coûte que coûte*, répondit M. Blunt en riant, et je crois qu'en énonçant cette opinion, je puis réclamer ces deux dames pour alliées.

— *Certainement*, s'écria mademoiselle Viefville qui était une preuve vivante que les sentiments créés par des siècles d'animosité ne peuvent s'effacer par quelques traits de plume.

— Quant à moi, monsieur Sharp, ajouta Eve, vous pouvez supposer qu'étant Américaine, je ne puis reconnaître à aucun pays le droit de nous faire une injustice; et je vous prie de ne pas me compter parmi ceux qui désirent voir le pays de mes ancêtres privé d'aucun des droits qu'il peut légitimement réclamer.

— C'est un appui formidable, et il faut que je rallie toutes mes forces pour me défendre. Sérieusement, monsieur Blunt, me permettrez-vous de vous demander si vous croyez qu'on puisse nier le droit qu'a l'Angleterre au service de ses marins?

— Sérieusement donc, monsieur Sharp, il faut que je vous demande si vous entendez que ce droit peut s'exercer par la force ou par la raison?

— Par la raison, certainement.

— Je crois que vous avez pris le côté faible de l'argument des Anglais. La nature du service que le sujet ou le citoyen, comme c'est maintenant la mode de parler à Paris, Mademoiselle...

— *Tant pis !* murmura la gouvernante.

— Doit à son gouvernement, continua Paul Blunt en jetant un léger coup d'œil sur Eve à cette interruption, est simplement un point de règlement intérieur. En Angleterre, le service des marins est forcé, sans aucune restriction, ou, ce qui est à peu près la même chose, sans aucune protection suffisante. En France, c'est un service forcé, sur un plan général. En Amérique, c'est encore un service volontaire.

— Pardon. Les institutions de l'Amérique ne permettent-elles la presse dans aucun cas?

— Je ne crois pas qu'elles la permettent indistinctement. Cependant, je ne vois pas pourquoi l'on ne pourrait pas faire des lois pour pourvoir au recrutement de la marine comme à celui de l'armée, et par les mêmes moyens. Mais c'est une question que résoudraient mieux que moi quelques hommes qui suivent la profession du barreau, s'il s'en trouve à bord.

— Les connaissances que vous avez montrées ce soir, en parlant sur ces divers sujets, m'avaient fait espérer en trouver un en vous ; car un voyageur doit toujours désirer de se préparer au pays dans lequel il se rend ; et un bâtiment peut offrir autant de tentation à enseigner qu'à apprendre.

— Si vous me supposez *un homme de loi américain*, vous me faites plus d'honneur que je n'en mérite.

Comme il hésitait à continuer, Eve se demanda si, en prononçant avec une légère emphase les mots que nous avons imprimés en italique, il avait appuyé le plus sur celui qui désignait le pays, ou sur ceux qui indiquaient la profession.

— J'ai passé un assez longtemps en Amérique, ajouta-t-il, et j'en ai étudié les institutions avec quelque attention ; mais je serais fâché de vous induire en erreur en vous faisant croire que je suis infaillible sur de pareilles questions.

— Vous aviez commencé à parler de la presse.

— Seulement pour dire que c'est un pouvoir municipal ou national, un pouvoir qui ne dépend nullement de principes généraux, et qui ne peut être convenablement exercé dans les lieux où le pouvoir municipal ou national est prohibé. Je puis concevoir que ce pouvoir peut être exercé à bord des bâtiments américains dans les eaux britanniques, ou du moins que c'est un droit plus plausible dans une telle situation ; mais je ne puis croire qu'il puisse être légalement exercé partout ailleurs. Retournons la médaille ; et en admettant la force actuelle de l'Angleterre, je ne crois pas qu'elle s'y soumît une heure.

— Oui, oui, dit le capitaine Truck qui avait entendu la fin de cette conversation, la sauce qui est bonne pour l'oie l'est aussi pour l'oison, comme dit Vattel. Ce n'est pas qu'il le dise dans les mêmes termes, mais c'est une idée qui est répandue dans tous ses écrits. A cet égard, il y a peu de choses qu'on puisse dire sur aucun sujet, qu'il ne mette devant les yeux de ses lecteurs aussi clairement que Beachy Head se présente au navigateur dans le canal Britannique. Avec Bowditch et Vattel, un homme peut faire le tour du globe sans avoir à craindre de toucher contre un écueil, ou de faire une méprise en principes. Mais l'objet de mon arrivée, Mesdames, est de vous annoncer que le maître d'hôtel vient de me prévenir que le souper attend l'honneur de votre présence.

Avant de quitter le pont, on lui demanda où en était la chasse, et quelles étaient les intentions probables de la corvette.

— Nous sommes maintenant sur la grande route des nations, répondit M. Truck; et mon dessein est d'y voyager sans coudoyer personne, et sans me laisser coudoyer. Quant à la corvette, elle vogue à toutes voiles, et nous sommes presque en droite ligne avec elle, aussi sous toutes voiles. Elle est à environ huit à dix milles en arrière de nous; et un vieux proverbe des marins dit qu'une chasse en arrière est une longue chasse! Je ne crois pas que nous soyons destinés à faire exception à la règle. Je ne prétends pas dire quelle sera la fin de l'affaire; mais il n'y a pas de bâtiment dans toute la marine anglaise qui puisse gagner dix milles sur *le Montauk* quand il est bien arimé, comme vous le voyez; et, avec cette brise, dans dix heures, nous serons débarrassés d'elle.

Pendant qu'il prononçait ces derniers mots, Eve mit le pied sur l'escalier pour descendre dans la chambre.

CHAPITRE VI.

> Stephano! ton autre bouche m'appelle-t-elle?
> Merci! merci!   *La Tempête.*

La vie du maître d'hôtel d'un paquebot consiste à préparer divers breuvages, à verser à boire, à rincer des verres, et à répondre à des questions, sans un instant de repos, dans un espace d'environ douze pieds carrés. Ces fonctionnaires sont ordinairement d'adroits mulâtres qui ont appris la civilisation de la cuisine, et ils sont occupés, du matin au soir, dans leur cabine, à préparer les repas, à donner des ordres, à régler l'ordonnance du service de la table, à déboucher des bouteilles, et à répondre à quiconque les appelle. L'apathie est la grande qualité requise pour occuper un tel poste ; et malheur au pauvre diable qui s'imagine qu'un peu de zèle et de bonne volonté est nécessaire pour remplir ses fonctions ! Depuis le moment où le bâtiment met à la voile, jusqu'à celui où l'on se prépare à jeter l'ancre, nul sourire n'épanouit son visage, nul son ne sort de sa bouche, que celui qui est inspiré par la routine, c'est-à-dire une soumission servile à ceux qui sont au-dessus de lui, et une autorité insolente à l'égard de ceux qui sont au-dessous. Cependant il devient gracieux et souriant quand arrive le moment du *trink-gelt* ou de la *buona mancia* [1]. Lorsqu'il paraît pour la première fois le matin, il a à répondre à une suite régulière de questions; mais, semblable à l'excellent fils Zéluco qui avait écrit le même jour toutes ses lettres à sa mère pour n'avoir que les dates à y ajouter quand il voudrait en faire partir une, il a une suite de réponses préparées d'avance dans son esprit gastronomique. — « D'où vient le vent ? » — « Quel temps fait-il ? » — « Où est le cap ? » Toutes ces questions se font en même temps à l'almanach vivant, et il est prêt à y répondre. Il arrive pourtant assez souvent, qu'après qu'il a répondu, on l'entend ordonner à un subalterne de monter sur le pont afin de s'assurer des faits. Ce n'est que lorsque la voix du capitaine l'interroge qu'il se croit obligé de répondre d'une manière orthodoxe et exacte. Tel est pourtant le tact de ceux qui sont au fait de la vie d'un bâtiment, qu'ils reconnaissent sur-le-champ les ignorants, qui sont uniformément traités avec toute l'indifférence que leur ignorance mérite. Même le vieux matelot du gaillard d'avant est doué d'un instinct qui lui fait reconnaître un marin dans un passager; et il répond à ses questions avec tout le respect dû à Neptune, tandis que le voyageur novice n'obtient qu'une réponse équivoque ou est exposé à une mystification.

Dans la matinée qui suivit le départ, le maître d'hôtel du *Montauk* commença la distribution de ses nouvelles. Dès qu'on l'entendit remuer les verres et les assiettes, l'attaque fut entamée par M. Dodge, qui se faisait un principe de montrer sa soif pour les connaissances en faisant des questions. Comme nous l'avons déjà dit, il était venu en Europe sur le même bâtiment, et non-seulement le maître d'hôtel, mais tout l'équipage sans exception, avait pris la mesure de son pied, phrase d'argot que nous nous permettons d'emprunter. Le court dialogue qui va suivre s'établit entre eux.

---

1. Mots allemands et italiens qui signifient également pour-boire, gratification.

— Maître d'hôtel, s'écria M. Dodge à travers les persiennes de sa chambre, où sommes-nous?

— Dans le canel Britannique, Monsieur.

— C'est ce que j'aurais pu deviner moi-même.

— Je n'en doute pas, Monsieur. Personne ne devine mieux que monsieur Dodge.

— Mais dans quelle partie du canal sommes-nous?

— A peu près au milieu, Monsieur.

— Combien avez-vous fait de chemin cette nuit?

— Depuis la rade de Portsmouth jusqu'ici, Monsieur.

M. Dodge fut satisfait, et le maître d'hôtel, qui n'aurait osé répondre ainsi à aucun autre passager de l'arrière, continua tranquillement à battre des œufs pour faire une omelette. La seconde attaque partit de la même chambre, et fut faite par sir George Templemore.

— Maître d'hôtel, savez-vous où nous sommes?

— Certainement, Monsieur; on voit encore la terre.

— Allons-nous bien?

— Très-joliment, Monsieur. Et il y avait dans le ton du mulâtre quelque chose qui annonçait que, malgré sa figure grave, il avait du penchant pour la plaisanterie.

— Et la corvette?

— Elle va aussi très-joliment, Monsieur.

Après quelques minutes de silence, la porte de M. Sharp s'entr'ouvrit d'un ou deux pouces, et il fit à son tour les questions suivantes:

— Le vent est-il favorable, maître d'hôtel?

— Sans doute, Monsieur, sans doute.

— Voulez-vous dire qu'il le soit pour nous?

— *Le Montauk* marche toujours bien par une telle brise, Monsieur.

— Mais marche-t-il dans la direction que nous désirons?

— Si Monsieur désire aller en Amérique, il est probable qu'il y arrivera, avec un peu de patience.

M. Sharp ferma sa porte, et dix minutes se passèrent sans que Saunders fût interrompu par de nouvelles questions. Il commençait à espérer qu'il avait fini de répéter son catéchisme du matin; tout en murmurant un désir que les passagers se donnassent la peine de monter sur le pont pour voir par eux-mêmes ce qu'ils voulaient apprendre de lui. Or, jusqu'à ce moment, Saunders n'en savait pas plus long sur la situation du bâtiment, le vent et la corvette, que ceux qui l'avaient interrogé, étant aussi indifférent sur ce sujet que la plupart des voyageurs sur terre le sont sur les parallaxes, les nœuds, l'écliptique et les solstices. Sachant pourtant que l'heure approchait où la voix du capitaine se ferait entendre, il envoya sur le pont un subordonné, afin de se mettre en état de répondre exactement aux questions de son commandant. Au bout d'une couple de minutes, il se trouva au courant de la situation véritable des choses ; mais la première porte qui s'ouvrit fut celle de Paul Blunt, qui avança la tête dans la cabine, ses cheveux noirs encore dans le désordre qui suit l'instant du réveil.

— Maître d'hôtel !
— Monsieur.
— Comment est le vent ?
— Tout à fait agréable, Monsieur.
— Mais où est-il ?
— A peu près au sud, Monsieur
— En fait-il beaucoup ?
— Une bonne brise, Monsieur.
— Et la corvette ?
— Elle est sous le vent, Monsieur, voguant aussi vite qu'elle le peut.
— Saunders ! cria la voix du capitaine.
— Capitaine ! répondit le maître d'hôtel, sortant à la hâte de la paneterie pour mieux l'entendre.
— Quelles voiles portons-nous ?
— Les perroquets, capitaine.
— Où est le cap ?
— Ouest-sud-ouest, capitaine.
— Excellent ! — Voit-on la corvette ?
— On n'en voit que les mâts sous le vent, par la hanche, capitaine.
— Encore mieux. — Dépêchez-vous de préparer le déjeuner, Monsieur ; je suis aussi affamé qu'un Troglodyte.

Le brave capitaine avait trouvé ce mot dans un pamphlet tout nouveau contre le radicalisme ; et ayant du goût pour l'ordre, du moins dans un sens, il se flattait d'être ce qu'on appelle en Angleterre un *conservateur* ; en d'autres termes, il avait un goût décidé pour cette maxime du maraudeur écossais, qu'on peut rendre par l'aphorisme plus simple : Gardez ce que vous avez pris et prenez ce que vous pouvez.

On ne fit plus aucune question, et bientôt après les passagers arrivèrent dans la chambre l'un après l'autre. Presque invariablement on commence par monter sur le pont, surtout quand le temps est beau, et quelques instants après, tous respiraient l'air frais du matin, plaisir qu'on peut bien apprécier sans avoir été exposé à l'atmosphère étouffante de l'intérieur d'un bâtiment portant une nombreuse compagnie. Le maître d'hôtel avait rendu au capitaine un compte exact de la situation des choses, et M. Truck était alors occupé à regarder les nuages du côté du vent, et la corvette sous le vent, avec l'air d'un homme faisant des comparaisons qui n'étaient pas à l'avantage de ce bâtiment.

Le temps était beau, et *le Montauk*, naviguant au plus près, portait noblement sa voilure, depuis les basses voiles jusqu'aux perroquets. Comme il y avait peu de mer, il filait ses neuf nœuds à l'heure, quoique sa vitesse variât suivant la force du vent. Le croiseur les avait certainement suivis jusque là, quoiqu'on commençât à avoir des doutes s'il était en chasse ou s'il marchait à l'ouest, comme *le Montauk*, en suivant la route ordinaire de tous les bâtiments qui veulent sortir de la Manche, même pour se diriger vers le sud, afin d'éviter les rochers et les marées des côtes de France, dont le voisinage n'est pas agréable dans la saison des longues nuits.

— Qui sait, après tout, dit le capitaine, si le cutter qui a voulu nous aborder appartient au bâtiment que nous voyons sous le vent?

— Je connais cette embarcation, commandant, dit le second lieutenant, et cette corvette se nomme *l'Ecume*.

— En ce cas, qu'elle fasse écumer la mer, si elle veut nous parler. — Quelqu'un en a-t-il examiné la position depuis le point du jour?

— Nous l'avons déterminée par relèvement à six heures du matin, commandant, et depuis ce temps sa position, en trois heures, n'a pas varié d'un taquet de tournage à un autre; mais sa coque commence à se montrer, on peut maintenant voir ses sabords, et au point du jour le bout de ses basses voiles touchait à l'eau.

— Oui, oui, c'est une Ecume légère; si cela est, nous l'aurons bord à bord à la nuit.

— Auquel cas, capitaine, vous serez obligé de lui lâcher une bordée de Vattel, dit John Effingham avec son ton froid et caustique.

— Si cela lui convient, je lui en donnerai autant qu'elle en pourra porter. — Je commence à penser, Messieurs, que ce bâtiment nous poursuit tout de bon. En ce cas vous aurez l'occasion de voir comment on manœuvre un navire quand il est monté par de bons marins. Je ne serai pas fâché d'opposer l'expérience d'un pauvre diable qui ne fait qu'aller et venir d'un port à un autre, à la géométrie et à l'Hamilton Moore d'un jeune capitaine de corvette ; j'ose dire que c'est un lord ou un fils de lord, tandis que John Truck n'est que ce que vous le voyez.

— Ne croyez-vous pas qu'une demi-heure de complaisance de notre part pourrait amener l'affaire tout d'un coup à une fin amiable? dit Paul Blunt ; si nous nous approchions de cette corvette, le motif de sa poursuite nous serait connu en quelques minutes.

— Moi! abandonner le pauvre Davis à la rapacité de ce coquin de procureur! s'écria généreusement sir George Templemore ; j'aimerais mieux payer moi-même tous les frais nécessaires pour entrer dans le port français le plus voisin, et laisser le pauvre diable s'échapper.

— Il n'est pas probable, reprit M. Blunt, qu'un croiseur voulût arrêter un simple débiteur sur un bâtiment étranger en pleine mer.

— S'il n'y avait pas de tabac dans le monde, monsieur Blunt, dit le capitaine en préparant un cigare, je serais disposé à laisser de côté les catégories et à faire l'acte de politesse dont vous parlez ; mais quoique ce croiseur puisse ne pas se croire autorisé à arrêter sur mon bord un débiteur fugitif, il pourrait penser différemment relativement au tabac s'il y avait eu une dénonciation de contrebande.

Il expliqua alors qu'il arrivait fréquemment que les subordonnés, à bord des paquebots, mettaient leurs capitaines dans l'embarras en introduisant clandestinement pour leur propre compte, dans les ports d'Europe, cette marchandise prohibée, ce qui pouvait lui faire perdre le commandement du bâtiment et déranger tous les plans des armateurs auxquels il appartenait ; il rendit pourtant justice au gouvernement anglais en disant qu'il avait toujours montré des dispositions libérales pour ne pas punir l'innocent des fautes du coupable, et ajouta que si néanmoins il existait quelque plainte de ce genre, il arrangerait cette affaire avec beaucoup moins de perte pour lui, à son retour, que le jour de son départ. Tandis qu'il donnait cette explication, un groupe s'était formé autour de lui, et Eve se promenait de l'autre côté du pont avec mademoiselle Viefville, M. Sharp et d'autres personnes.

— Ce que vient de dire M. Blunt, dit M. Sharp, a dérangé l'opinion que je m'étais faite du lieu de sa naissance : hier soir je le regardais comme un Américain loyal ; mais il me semble qu'il n'est pas naturel à un de vos compatriotes, ayant l'esprit du pays, de proposer un acte de politesse à l'égard d'un croiseur du roi Guillaume.

— Jusqu'à quel point un de mes compatriotes, ayant ou non l'esprit du pays, peut avoir raison de vouloir montrer une politesse extrême à un de vos croiseurs, c'est ce que je laisserai à décider au capitaine Truck, reprit Eve. Mais quant à M. Blunt, il y a longtemps que je ne saurais dire s'il est Anglais ou Américain, ou même s'il est l'un ou l'autre.

— Longtemps, miss Effingham! Il a donc l'honneur d'être connu de vous?

Un coloris plus vif brilla sur les joues d'Eve; mais fallait-il l'attribuer à l'exclamation impétueuse de M. Sharp, ou à quelque sentiment qui se rattachait au sujet de leur conversation? c'est ce que M. Sharp ne put découvrir.

— Longtemps, d'après la manière dont une fille de vingt ans compte le temps, répondit Eve sans se déconcerter, peut-être quatre à cinq ans; mais le fait est que j'ignore encore quel est son pays.

— Et puis-je vous demander si vous lui faites l'honneur de le croire Américain ou Anglais?

— Il y a dans cette question tant de finesse et de politesse en même temps, répondit Eve en souriant, qu'il serait mal à moi de refuser d'y répondre. Ne m'interrompez pas, ne gâtez pas tout ce que vous avez dit de bon par d'inutiles protestations de sincérité.

— Tout ce que je désire, c'est de vous demander l'explication du mot finesse. J'en suis aussi éloigné que de vouloir attirer sur moi votre déplaisir.

— Croyez-vous donc réellement que ce soit *un honneur* d'être Américain?

— Il faut avoir toute la modestie de miss Effingham pour songer à faire une telle question.

— Je vous remercie de votre politesse, et je présume que je dois la prendre pour ce que vous la donnez sans doute, une chose dans les règles du savoir-vivre; mais pour laisser de côté nos belles opinions l'un de l'autre, et en revenir à la question...

— Pardon, mais je sens que mon bon sens s'y oppose. Vous ne pouvez m'attribuer des opinions si déraisonnables, si indignes d'un homme bien élevé, si mal fondées en un mot. Ne me suis-je pas exposé aux risques et aux privations d'un long voyage sur mer, tout exprès pour aller voir votre grand pays, et, comme je l'espère, pour profiter des exemples et de la société que j'y trouverai?

— Puisque vous le désirez, monsieur Sharp, — et en prononçant ce mot Eve jeta sur lui un regard malin, — je serai aussi crédule que ceux qui croient au magnétisme animal, et je crois que c'est pousser la crédulité aussi loin que la raison peut aller. Il est donc maintenant entendu entre nous que vous regardez comme un honneur d'être Américain par naissance, par éducation et par extraction.

— Avantages que miss Effingham possède tous.

— A l'exception du second. Dans le fait, on m'écrit des choses effrayantes sur mon éducation européenne; on va même jusqu'à m'assurer qu'elle me mettra hors d'état de vivre dans la société à laquelle j'appartiens naturellement.

— En ce cas l'Europe sera fière de vous recevoir de nouveau dans son sein, et nul Européen ne s'en réjouira plus que moi.

Le beau coloris des joues d'Eve prit une teinte encore un peu plus foncée. Elle fut quelques instants sans répondre.

— Pour en revenir à ce qui nous occupait, dit-elle enfin, si l'on m'interrogeait à ce sujet, je ne pourrais dire de quel pays est M. Blunt, et je n'ai jamais trouvé personne qui parût le savoir. Je l'ai vu pour la première fois en Allemagne, où il était répandu dans la meilleure compagnie, quoique personne n'y parût connaître son histoire. Il y figurait fort bien, et montrait la plus grande aisance. Il parle plusieurs langues aussi bien que les indigènes des différents pays où il a été; et, au total, il était un objet de curiosité pour tous ceux qui avaient le loisir de penser à autre chose qu'à leur dissipation ou à leurs folies.

M. Sharp l'écoutait avec un air de gravité, et si elle n'eût eu les yeux fixés sur les planches du pont, elle aurait lu dans les siens le vif intérêt qu'ils exprimaient. Peut-être le sentiment qui, au fond de tout cela, l'animait, influa-t-il un peu sur sa réponse.

— C'est un autre admirable Crichton!

— Je ne dis pas cela, quoique certainement il semble avoir le don des langues. Mes nombreux voyages m'en ont fait connaître quelques-unes, et je vous assure qu'il en parle trois ou quatre presque aussi facilement l'une que l'autre, et sans aucun accent qu'on puisse distinguer. Je me souviens qu'à Vienne bien des gens le prirent pour un Allemand.

— Quoi! avec le nom de Blunt?

Eve sourit, et M. Sharp, qui épiait chaque expression de ses traits mobiles comme pour lire dans ses pensées, le remarqua.

— Les noms signifient peu de chose dans un temps où l'on aime tant à voyager, répondit Eve. Vous n'avez qu'à supposer un *von* devant le nom de Blunt, et il serait reçu pour argent comptant à Dresde ou à Berlin. *Der Edelgeborne Graf von Blunt, Hofrath;* ou, si vous l'aimez mieux, *Geheimer Rath mit Excellenz und eure Gnaden.*

— Ou *Baw-Berg-Veg-Inspector-Substitute*, ajouta M. Sharp en souriant. Non, non, cela ne passera pas. Blunt est un bon vieux nom anglais, mais il n'a pas assez de finesse pour l'italien, l'allemand ou l'espagnol. Il ne peut convenir qu'à la famille de John Bull.

— Quant à moi, je ne vois pas là la nécessité d'aucune finesse. M. Blunt peut penser que la franchise est ce qui convient pour voyager.

— Il n'a sûrement pas caché son véritable nom?

— Monsieur Sharp, permettez-moi de vous présenter M. Blunt; — Monsieur Blunt, voici M. Sharp, dit Eve en riant de tout son cœur. Il y aurait quelque chose de véritablement risible à voir la gravité d'un maître de cérémonies exposée à une telle mystification. On m'a dit que ces présentations faites en passant comptent pour peu de chose parmi vous autres hommes; celle-ci serait un cas remarquable.

— Je voudrais pouvoir oser vous demander si la chose est véritablement ainsi.

— Si je manquais de discrétion à l'égard d'un autre, vous auriez droit de me soupçonner de pouvoir en manquer envers vous. D'ailleurs je suis protestante, et je n'admets pas la confession auriculaire.

— Vous ne vous fâcherez pas, si je vous demande si le reste de votre famille le connaît?

— Mon père, mademoiselle Viefville et la bonne Nanny. Je crois qu'aucun de nos domestiques ne le connaît, car il ne nous a jamais rendu aucune visite. M. John Effingham voyageait à cette époque en Egypte, et nous ne l'avons vu que dans la société. Nanny ne le connaît que parce qu'elle l'a vu un matin arrêter son cheval dans le Prater pour nous parler.

— Pauvre diable! je le plains. Il n'a du moins jamais eu le bonheur de parcourir avec vous les îles de Côme et du Lac Majeur, ou d'étudier les merveilles du Pitti et du Vatican?

— Si je dois tout avouer, il a voyagé avec nous à pied et en barque pendant un mois tout entier, au milieu des merveilles de l'Oberland et à travers le Wallenstadt. C'était à une époque où nous n'avions avec nous que les guides ordinaires, et un courrier allemand qui fut congédié à Londres.

— Si ce n'était pas une bassesse de chercher à faire jaser une servante, dit M. Sharp avec l'air de faire une menace enjouée, je passerais sur-le-champ de l'autre côté du pont, et je ferais subir un interrogatoire à votre bonne Nanny. De toutes les tortures, l'incertitude est la plus cruelle.

— Je vous en donne plein pouvoir ; et je vous absous d'avance de toute imputation de bassesse, de manque de respect, d'impertinence, ou de tout autre vice qui pourrait paraître résulter d'une pareille manière de satisfaire sa curiosité.

— Cette formidable énumération réprimerait la curiosité d'une commère de village.

— Elle produit donc un effet que je ne désirais pas ; car je souhaite vous voir mettre votre menace à exécution.

— Vous ne parlez pas sérieusement.

— Très-sérieusement, je vous assure. Prenez un moment favorable pour parler à cette bonne âme comme à une ancienne connaissance ; elle se souvient de vous parfaitement, et en employant cette adresse à questionner que vous possédez, vous pourrez trouver quelque occasion de lui parler de ce sujet ; en attendant, je feuilleterai les pages de ce livre.

Voyant Eve commencer sa lecture, M. Sharp ne douta plus qu'elle ne lui eût parlé sérieusement ; et après avoir hésité encore un instant sur ce qu'il avait à faire, il céda au désir qu'elle avait exprimé et à sa propre curiosité. Il se promena sur le pont, s'avança peu à peu vers la fidèle Nanny, l'accosta, et ne lui parla d'abord que de choses indifférentes. Enfin, pensant qu'il pouvait aller plus loin, il lui dit en souriant qu'il croyait l'avoir vue en Italie. Nanny en convint tranquillement, et quand il ajouta qu'il portait alors un autre nom, ce ne fut que par un clin d'œil et un mouvement de tête qu'elle lui fit savoir qu'elle ne l'avait pas oublié.

— Vous savez que les voyageurs prennent souvent un nom emprunté pour éviter la curiosité, lui dit-il, et j'espère que vous ne me trahirez pas.

— Vous n'avez rien à craindre, Monsieur, je ne me mêle que de mon service, et puisque miss Eve paraît croire qu'il n'y a aucun mal dans ce changement de nom, j'ose dire que ce n'est que l'effet d'un caprice.

— C'est précisément le terme dont miss Effingham s'est servie ; c'est d'elle que vous l'avez pris ?

— Quand cela serait, Monsieur, je l'aurais pris d'une dame qui ne voudrait nuire à personne.

— Au surplus, je crois que je ne suis pas le seul ici qui voyage sous un nom emprunté. Ne pensez-vous pas de même ?

Nanny baissa les yeux, les leva ensuite sur les traits de celui qui l'interrogeait ainsi, jeta un coup d'œil sur M. Blunt, et enfin regarda les voiles sans lui répondre. Voyant son embarras, respectant sa discrétion, et honteux du rôle qu'il jouait, M. Sharp ne lui dit plus que quelques mots indifférents; et s'étant promené quelques instants sur le pont pour éviter les soupçons, il alla rejoindre mis Effingham, dont les yeux lui demandèrent presque avec une expression de triomphe s'il avait réussi.

— J'ai échoué, dit-il, mais il faut l'attribuer en partie à ma gaucherie; il y a quelque chose de si bas à vouloir faire parler une servante, qu'à peine ai-je pu me résoudre à lui adresser une seule question, quoique je fusse dévoré de curiosité.

— Vos scrupules ne sont pas une maladie qui ait attaqué tous ceux qui sont à bord; mais, d'après tout ce que j'ai entendu dire, il se trouve du moins parmi nous un grand inquisiteur. Ainsi, prenez garde à vous, et ne laissez traîner aucune vieille lettre, ni rien de ce qui pourrait trahir votre secret:

— Je crois que cet autre Dromio, mon domestique, y a déjà suffisamment veillé.

— Et de quelle manière partagez-vous ensemble le nom de Sharp? Est-ce Dromio de Syracuse et Dromio d'Ephèse? ou John s'appelle-t-il Fitz-Edouard, Mortimer ou de Courcy?

— Il a la complaisance de se contenter de son nom de baptême pour tout le voyage. — La vérité est que c'est par pur accident que je suis ainsi devenu usurpateur. Je l'avais chargé de me retenir une chambre, et quand on lui demanda un nom, il donna le sien; quand j'allai ensuite voir ce bâtiment dans les docks, le capitaine me salua sous le nom de M. Sharp, et la fantaisie me prit de le garder pour un mois ou six semaines. Je donnerais tout au monde pour savoir si le *Geheimer Rath* a pris le sien de la même manière.

— Je ne le crois pas, car son domestique porte le nom piquant de Pepper[1]. A moins que votre pauvre John n'ait un besoin urgent de son nom avant la fin du voyage, vous êtes passablement en sûreté.

— Et pourtant, ajouta-t-elle en se mordant les lèvres comme une personne qui réfléchit, je crois que, s'il était encore poli de gager, M. John Effingham risquerait tous ses gants de France contre vos gilets anglais pour parier que l'inquisiteur dont je viens de parler découvrira votre secret avant la fin de votre voyage. Je devrais plutôt dire qu'il s'assurera que vous n'êtes pas M. Sharp, et qui est M. Blunt.

M. Sharp la pria de lui indiquer celui à qui elle donnait le sobriquet d'inquisiteur.

— Ne m'accusez pas de donner un sobriquet à personne; l'homme

---

[1]. Poivre.

dont je parle doit ce titre à mademoiselle Viefville et à ses propres exploits; c'est un certain M. Steadfast Dodge, qui, à ce qu'il paraît, nous connaît de nom, parce qu'il habite le même comté que nous, et qui désire nous connaître davantage.

— C'est le résultat naturel de toute connaissance utile.

— M. John Effingham, qui est porté à lancer des sarcasmes contre tous les pays, sans même en excepter le sien, nous dit que ce n'est qu'un échantillon de ce que nous devons nous attendre à trouver en Amérique. Si cela est, nous ne serons pas longtemps étrangers pour M. Dodge; car, à ce que m'ont dit mademoiselle Viefville et ma fidèle Nanny, il leur a déjà communiqué mille détails intéressants sur lui-même; et tout ce qu'il demande en échange, c'est qu'elles répondent avec vérité à toutes les questions qu'il fait sur nous.

— C'est certainement une nouvelle alarmante, et je prendrai mes précautions en conséquence.

— S'il venait à découvrir que votre John n'a pas de surnom, je suis loin d'être sûre qu'il ne se préparerait pas à l'accuser de quelque crime ou de quelque délit; car M. John Effingham soutient que le penchant favori de la classe d'hommes dont il fait partie est de supposer le pire, quand leur imagination n'est plus alimentée par des faits. Tout est faux pour eux, et ils ne connaissent plus que flatterie ou accusation.

L'arrivée de M. Blunt fit cesser cet entretien; Eve montrant quelque répugnance à l'admettre dans ces petits *à parte*, circonstance que M. Sharp remarqua avec satisfaction. La conversation devint alors générale, et M. Blunt amusa la compagnie en lui rendant compte de plusieurs propositions déjà faites par M. Dodge, et qui, d'après sa relation, portaient de la manière la plus prononcée le cachet américain. La première était d'aller aux voix pour savoir lequel, de M. Van Buren et de M. Harrisson, avait le plus de partisans parmi les passagers. Comme elle fut rejetée, attendu que la plupart ne connaissaient nullement les deux individus qu'il venait de nommer, il avait proposé de former une société qui serait chargée de s'assurer chaque jour de la position précise du bâtiment. Mais le capitaine Truck avait jeté du ridicule sur cette proposition en disant d'un ton sec qu'un des devoirs de cette société serait aussi de s'assurer des moyens de traverser à gué la mer Atlantique.

CHAPITRE VII.

> Quand on voit des nuages, les hommes sages mettent leurs manteaux; quand les feuilles tombent, c'est un signe que l'hiver approche; quand le soleil se couche, on prévoit la nuit; de grandes pluies tombant mal à propos sont un présage de disette. Tout peut aller bien; mais si Dieu le veut ainsi, ce sera plus que nous ne méritons, et que je n'attends.
>
> RICHARD III.

CES conversations n'étaient pourtant que des épisodes de la grande affaire du voyage. Pendant toute la matinée, le capitaine fut occupé à donner de l'ouvrage à ses officiers, à faire de vertes réprimandes au maître d'hôtel et aux cuisiniers, à jeter le loch, à présenter ses passagers les uns aux autres, à faire mettre les ancres à poste, à citer des fragments de Vattel, et à veiller à ce que chacun s'acquittât de son devoir. Pendant tout ce temps, le chat caché dans l'herbe n'épie pas avec plus de soin l'oiseau qui sautille par terre, qu'il ne surveillait la corvette l'*Ecume*. A des yeux ordinaires, les deux bâtiments n'offraient que le spectacle fort simple de deux navires voguant dans la même direction et avec une vitesse à peu près égale; et comme c'était la route qu'il fallait suivre pour sortir de la Manche, presque tous les passagers et même une grande partie de l'équipage commençaient à croire que l'occident était la destination du croiseur comme la leur. Cependant M. Truck pensait différemment, d'après des signes et des mouvements à bord de la corvette, qui se faisaient remarquer plus naturellement à un homme habitué à diriger les évolutions d'un bâtiment et à raisonner sur leur but, qu'à ceux qui n'étaient que les instruments de sa volonté. Le motif du moindre changement qui avait lieu dans la manœuvre de la corvette était aussi évident pour lui que si on le lui eût expliqué, et il prévoyait même quelquefois ceux qui allaient se faire. Avant midi, la corvette lui restait droit par le travers, et M. Leach, lui faisant remarquer cette circonstance, lui dit que si elle voulait visiter *le Montauk*, elle devrait virer de bord; car c'est la règle parmi les marins que le bâtiment qui est en chasse gagne du vent dès qu'il approche de celui qu'il poursuit. Mais l'expérience du capitaine Truck lui apprenait à mieux juger de l'état des choses. Ayant flot, la marée montait dans le canal, et les deux bâtiments recevaient le courant sous le vent, force qui les portait au vent, au lieu qu'en virant vent devant, l'*Ecume* aurait rencontré toute la force du courant par le travers du vent ou à peu près, de manière à le faire culer; la différence de vitesse ne pouvait compenser ce désavantage.

— Nous lui montrons les talons, dit le capitaine, et dans la situation où elle est, la corvette a l'avantage du vent sur nous, ce qui serait assez pour satisfaire un homme moins modeste que son commandant. Mais je lui ai déjà fait faire tant de chemin qu'il ne sera pas de la meilleure humeur possible quand nous nous trouverons bord à bord ; et nous pouvons prendre notre parti de revoir Portsmouth avant New-York, à moins que la nuit ou un vent venant par le travers ne nous favorise. J'espère, Leach, que vous n'avez pas nui à votre avancement en regardant de trop près un champ planté en tabac?

— Non, commandant, non ; et si vous me permettez de le dire, je ne crois pas qu'on puisse produire devant aucune cour d'Angleterre une chique qui soit sortie de ce bâtiment autrement que *bonâ fide* et dans la boîte à tabac d'un matelot. Tous les hommes de l'équipage jusqu'au dernier en feront serment.

— Oui, oui ; et les barons de l'échiquier seraient sans doute les plus grands fous du monde de refuser de les croire. Mais si l'on n'a pas fraudé le trésor, pourquoi ce croiseur poursuit-il en pleine mer un paquebot régulier?

— L'affaire de ce passager de l'avant, de Davis, en est probablement la cause, commandant. Cet homme doit peut-être une somme considérable ; peut-être emporte-t-il les deniers publics ; car ces drôles-là, quand ils font une chute, tombent toujours plus bas que l'entrepont d'un bâtiment comme celui-ci.

— Tout cela sera fort bon pour mettre de bonne humeur les passagers du gaillard d'arrière et de la grande chambre, et ils en feront connaissance entre eux plus promptement ; mais cela ne jettera de la poudre aux yeux qu'aux novices. Je connais depuis bien des années ce procureur Seal, et le coquin n'a jamais eu une affaire qui concernât le gaillard d'arrière. Non, non, je crois ce que l'homme et sa femme nous ont dit, et je ne les livrerais pas ; à présent que je suis en pleine mer, pour autant d'écume qu'on en voit sur la côte de Jersey après un coup de vent d'est. Ce mangeur de vent ne se contentera ni de Davis ni de sa femme ; il mettra la main sur toute la famille du *Montauk*, et nous laissera l'alternative de retourner à Portsmouth dans son agréable société, ou de gagner la terre à la nage comme nous le pourrons. Du diable si je crois que le drôle puisse citer une seule ligne de Vattel qui l'y autorise, Leach, quand même on aurait fait entrer dans son île une tonne de tabac sans permis.

A tout cela M. Leach n'avait rien d'encourageant à répondre ; car, comme la plupart des hommes de sa classe, il avait beaucoup plus de respect pour la force pratique que pour tous les arguments tirés des livres. Il jugea donc prudent de garder le silence, quoiqu'il doutât fort de l'efficacité d'une citation de Vattel quand elle se trouverait en opposition avec un ordre par écrit de l'amiral du port à Portsmouth, ou même avec un signal de l'amirauté de Londres.

Le jour en s'avançant opéra un changement graduel dans la situation relative des deux bâtiments, quoique si lentement, que le capitaine Truck en conçut un grand espoir de pouvoir donner le change à *l'Ecume* la nuit suivante, qui promettait d'être sombre et orageuse. Il avait la ferme intention de retourner à Portsmouth, mais seulement après avoir conduit ses passagers et déchargé son fret à New-York. Car, comme tous les hommes qui se sont voués corps et âme à l'accomplissement d'un devoir spécial, il pensait que ne pas atteindre son but immédiat était une calamité beaucoup plus redoutable que des maux deux fois plus grands vus dans l'éloignement. D'ailleurs il était plein de confiance dans la libéralité des autorités d'Angleterre en tout état de cause, et il ne doutait guère qu'il ne fût en état de se soustraire, lui et son bâtiment, aux peines qu'aurait pu lui faire encourir l'indiscrétion ou la cupidité de quelqu'un de ses subordonnés.

Comme le soleil faisait tomber ses derniers rayons sur le sillage du *Montauk*, la plupart des passagers reparurent sur le pont pour voir quelle était la situation des deux bâtiments, et former leurs conjectures sur le résultat probable de cette aventure. Pendant toute la journée, *l'Ecume* avait viré deux fois : d'abord pour gagner le vent du paquebot, et ensuite pour reprendre la chasse aux mêmes amarres. Le *Montauk* était trop bon voilier pour qu'il fût aisé de l'atteindre, et le croiseur était alors tellement en arrière qu'on n'en voyait presque que les voiles; mais il était évident qu'il avançait si rapidement, qu'il arriverait bord à bord avant le lever du soleil. Le vent ne soufflait que par grains, circonstance qui est toujours en faveur d'un bâtiment de guerre, parce qu'ayant un équipage plus nombreux, il peut toujours augmenter ou diminuer de voiles avec aisance et rapidité.

— Ce temps variable nous donne un désavantage d'un mille par heure, dit le capitaine Truck qui était loin d'être content de voir un bâtiment quelconque meilleur voilier que le sien ; et s'il faut dire la vérité, je crois que ce drôle gagne un demi-nœud sur nous par heure avec cette brise et au plus près. Mais il n'a pas de cargaison, et l'on oriente ces bâtiments comme une romaine. Donnez-nous plus de vent, et je le laisserai digérer ses ordres, comme un requin digère une épissoire ou une cheville à boucle, en dépit de tous les avantages qu'il a sur nous ; car il lui servirait alors à peu de chose de vouloir prendre le lit du vent. Dans la situation où nous sommes, il faut nous soumettre. Nous sommes dans une catégorie, et c'est bien le diable !

C'était un de ces tristes couchers du soleil si fréquents en automne, dont les apparences sont peut-être pires que la réalité. Les deux bâtiments étaient alors sur le point de sortir de la Manche ; on n'apercevait plus la terre d'aucun côté, et tout l'horizon offrait cet aspect glacial d'hiver que lui donnent de sombres nuages poussés par le vent, lorsque les bandes de lumière pâle qui les séparent leur donnent l'air d'occuper un espace infini sans leur prêter aucun éclat. C'était une soirée menaçante aux yeux de ceux qui n'étaient pas marins ; mais ceux qui savaient mieux interpréter l'aspect du firmament et celui de l'Océan n'y voyaient guère que l'annonce d'une nuit fort obscure, et les hasards ordinaires auxquels exposent les ténèbres sur une mer très-fréquentée.

— Nous aurons une nuit orageuse, dit John Effingham, et la science navale trouvera peut-être l'occasion de nous donner quelque preuve de son savoir-faire si vanté, avant le retour de la lumière.

— Ce bâtiment paraît être en bonnes mains, dit M. Effingham ; j'en ai suivi de près toutes les manœuvres, car je ne sais pourquoi ce voyage m'a fait éprouver plus d'inquiétude qu'aucun des neuf que j'ai déjà faits.

En parlant ainsi, il fixa les yeux, presque sans le savoir, sur sa fille qui s'appuyait sur son bras à cause du roulis du bâtiment. Eve comprenait les sentiments de ce bon père mieux qu'il ne le faisait lui-même ; car, accoutumée depuis son enfance à être l'objet de tous ses soins, elle savait qu'il pensait rarement aux autres ou à lui-même, quand il était occupé des besoins ou de la sûreté d'une fille si tendrement chérie.

— Mon père, lui dit-elle en souriant, nous avons vu des eaux plus agitées que celles-ci, et nous étions sur un bâtiment plus fragile. Ne vous souvenez-vous pas du *Wallenstadt* et de son misérable esquif ? Ne vous ai-je pas entendu dire que nous avions couru un véritable danger, quoique nous en ayons été quittes pour un peu de frayeur ?

— Je m'en souviens parfaitement, ma chère, et je n'ai pas oublié notre brave compagnon et les services qu'il nous a rendus en ce moment critique. Sans son bras vigoureux et sans son secours, nous aurions fort bien pu ne pas en être quittes pour la peur, comme vous le dites.

Quoique M. Effingham ne regardât que sa fille en parlant ainsi, M. Sharp, qui l'écoutait avec intérêt, vit le regard furtif qu'Eve jeta sur Paul Blunt, et il sentit une sorte de frisson en remarquant que les joues de la jeune fille semblaient réfléchir les vives couleurs qui se montrèrent sur celles du jeune homme. Il fut pourtant le seul qui fit attention à cette preuve secrète d'intérêt commun qu'ils prenaient à quelque événement dans lequel l'un et l'autre avaient évidemment joué un rôle ; car tous les autres étaient trop occupés à examiner les arrangements qu'on faisait à bord, et avaient trop peu de soupçons, pour avoir remarqué ce qui n'avait été que l'affaire d'un instant. Le capitaine avait fait appeler tout le monde sur le pont pour augmenter de voiles, à la grande surprise même de son équipage. Le *Montauk* en ce moment naviguait sous autant de voiles qu'il semblait pouvoir en porter, et les deux lieutenants regardaient la voilure avec des yeux qui paraissaient demander ce qu'on pouvait faire de plus.

Le capitaine bannit bientôt tous les doutes à ce sujet. Avec une rapidité qui n'est pas commune sur les bâtiments marchands, mais qui est assez ordinaire à bord des paquebots, on prépara les bonnettes basses et deux bonnettes de hune pour les hisser ; et dès que les mots — Tout est prêt ! — furent prononcés, on mit la barre au vent, les bonnettes furent hissées, et *le Montauk*, avec un vent largue, avança vers l'étroit passage qui sépare les îles de Scilly de Land's-End. Une longue pratique avait fait du capitaine Truck un pilote expérimenté dans la navigation du canal ; il avait dans sa tête tout le cours des marées, et il avait vaguement calculé qu'avec un vent largue et tout le chemin qu'il avait fait depuis vingt-quatre heures, il était assez au large pour pouvoir traverser le détroit.

— C'est un trou dans lequel il n'est pas tout à fait sûr de se jeter par une nuit obscure et avec une brise inconstante, dit-il en se frottant les mains, comme si le risque eût ajouté à sa satisfaction ; mais nous allons voir si cette *Ecume* aura le courage de nous y suivre.

— Le drôle a de bons yeux et de bonnes longues-vues, quand même il n'aurait pas d'assez bons nerfs pour braver les rochers de Scilly, s'écria M. Leach ; voilà déjà qu'il prépare ses bonnettes, et il n'en manque pas.

Il était certain que la corvette déployait ses bonnettes, et en cinq minutes elle changea son allure de manière à suivre *le Montauk*. Il ne pouvait alors rester aucun doute sur l'objet qu'elle avait en vue, car il était à peine possible que deux bâtiments fissent une manœuvre si hardie au commencement de la nuit, et d'une pareille nuit, à moins que les mouvements de l'un ne se réglassent sur les mouvements de l'autre.

Pendant ce temps, les visages commençaient à se montrer inquiets sur le gaillard d'arrière, et l'on vit bientôt M. Dodge se glisser furtivement parmi les passagers, chuchotant avec l'un, tirant l'autre dans un coin, et semblant fort affairé à recueillir les opinions sur la mesure que le capitaine venait de prendre; mais, s'il faut dire la vérité, il cherchait à organiser une opposition, plutôt qu'il ne trouvait les autres disposés à y prendre part. Quand il crut pourtant avoir obtenu un nombre suffisant de suffrages pour hasarder une épreuve, que rien que son aversion pour faire naufrage et être noyé n'aurait pu lui donner la hardiesse de faire, il invita poliment le capitaine à une conférence particulière dans la chambre qu'il occupait avec sir George Templemore. Changeant seulement le lieu proposé, — car nul capitaine de paquebot ne consent volontiers à parler d'affaires ailleurs que dans sa propre chambre, — M. Truck, qui se trouvait en ce moment sans cigare, consentit à sa demande, et le conduisit dans son petit appartement.

Quand ils furent assis et que la porte fut fermée, M. Dodge moucha la chandelle, regarda autour de lui pour voir s'il n'y avait personne qui pût les écouter dans une chambre d'environ huit pieds sur sept, et entama son sujet, à ce qu'il pensait, avec autant de délicatesse que de discrétion.

—Capitaine Truck, dit-il de ce ton bas et confidentiel qui annonce en même temps le mystère et l'importance, je crois que vous devez me regarder à présent comme un de vos amis les plus chauds et les plus véritables. Je suis venu d'Amérique en Europe sur votre bâtiment, et s'il plaît à Dieu que nous échappions aux périls de la mer, mon désir et mon intention est d'y retourner de même.

— Si cela n'était pas, mon ami Dodge, dit le capitaine, voyant que celui-ci faisait une pause pour voir l'effet que produirait son exorde, et lui parlant avec un ton de familiarité que la connaissance qu'il avait faite avec lui pendant son premier voyage lui avait appris qu'il pouvait se permettre; si cela n'était pas, mon ami Dodge, vous auriez fait une grande méprise en venant sur mon bord; car il n'est nullement probable que vous trouviez une occasion de le quitter, à moins que nous ne rencontrions une barque de pilote ou quelque autre, quelque part sous la longitude et la latitude de Sandy Hook. — Vous fumez, je crois, Monsieur?

— Je ne désire pas un meilleur bâtiment, répondit Dodge en refusant l'offre d'un cigare. J'ai dit à tout le monde sur le continent, — M. Dodge avait été à Paris et à Genève, d'où il était revenu le long des bords du Rhin par la Belgique et la Hollande, et à ses yeux c'était là tout le continent ; — j'ai dit partout qu'il n'existe pas sur l'Océan un meilleur bâtiment ni un meilleur capitaine ; et vous savez que, quand cela me plaît, j'ai une manière de dire les choses qui fait qu'on se les rappelle. Eh bien ! Monsieur, j'ai fait insérer dans le journal de Rotterdam un article à l'éloge de tous les paquebots qui font la traversée de New-York à Portsmouth, et particulièrement du vôtre, et il était si adroitement rédigé, que personne ne se douta que l'auteur était un de vos amis particuliers.

Le capitaine roulait dans sa bouche le petit bout d'un cigare pour se préparer à le fumer, les règlements du bâtiment ne permettant pas de le faire sous le pont ; mais en entendant ces paroles, il le retira de sa bouche avec cet air de simplicité ironique qui devient une seconde nature pour ceux qui sont régulièrement enrôlés au service de Neptune, et il répondit avec un sang-froid qui formait un contraste burlesque avec l'étonnement qu'exprimaient ses paroles :

— Bien vrai ? — Du diable ! — L'article était-il en bon hollandais ?

— Je ne suis pas très-fort en cette langue, dit M. Dodge en hésitant ; — la vérité était que tout ce qu'il en savait se bornait aux monosyllabes *yaw* et *neen*, et encore ne les prononçait-il pas très-bien ; — mais on le trouva parfaitement bien écrit, car je l'avais composé en anglais, et j'avais payé quelqu'un pour le traduire ; c'est tout ce que je pouvais faire. Mais pour en revenir à cette affaire de passer dans le détroit des îles de Scilly par une pareille nuit...

— En revenir à cette affaire, mon cher ami ! Voilà le premier mot que vous en dites.

— Le vif intérêt que je prends à vous, fait que je me suis oublié. Pour vous parler franchement, capitaine Truck, — et si je n'étais pas votre meilleur ami je garderais le silence, — cette affaire cause beaucoup d'agitation à bord.

— De l'agitation ? — Que signifie cela ? — Voulez-vous dire une sorte de tempête morale ?

— Précisément ; et il faut que je vous dise la vérité, quoique je préférasse mille fois me taire ; mais le fait est que le changement dans la marche du bâtiment n'est nullement populaire.

— C'est une fort mauvaise nouvelle ; mais je compte sur vous, monsieur Dodge, comme sur un ancien ami, pour vous opposer à cette dangereuse manifestation.

—Mon cher capitaine, j'ai déjà fait tout ce qu'il m'était possible de faire à ce sujet ; mais je n'ai jamais vu des gens si décidés que la plupart de vos passagers. Les Effinghams, si fiers de leur bourse, sont tout à fait prononcés ; sir George Templemore trouve votre conduite fort extraordinaire ; la dame française elle-même est furieuse. Pour être aussi sincère que l'exige ce moment de crise, je dois vous dire que l'opinion publique se déclare si fortement contre vous, que je m'attends à une explosion.

—Eh bien! tant que la marée sera pour moi, je tâcherai d'y faire face. Arrêter un courant, dans l'eau ou hors de l'eau, c'est comme gravir une montagne ; mais avec de la force, de bonnes jambes et de bons poumons, on peut en venir à bout.

—Je ne serais pas surpris qu'on en appelât au sentiment général contre vous quand nous monterons sur le pont, et qu'on en fît un sujet de plainte contre tous les paquebots de vos armateurs.

—Cela est très-possible, mais que puis-je y faire? Si nous retournons sur nos pas, cette corvette anglaise nous rejoindra, et dans ce cas ma propre opinion se déclarerait contre moi.

—Fort bien, capitaine, fort bien ! j'ai cru, comme votre ami, devoir vous donner mon avis. Si l'on rendait compte de cette affaire dans les journaux américains, cela se répandrait comme le feu dans les prairies. — Je suppose que vous savez ce que c'est que les journaux, capitaine Truck?

—Je crois le savoir, monsieur Dodge, et je vous remercie de vos insinuations ; mais je sais aussi ce que c'est que les îles de Scilly. Les élections seront terminées, ou à peu près, quand nous arriverons, et l'on ne fera pas de cette affaire une question de parti, pour cette fois du moins. En attendant, comptez que j'aurai les yeux bien ouverts sur les écueils de la popularité et sur les bancs de sable de l'agitation. — Je sais que vous fumez quelquefois, et je puis vous recommander ce cigare comme digne de régaler le nez de ce citadin de Strasbourg, qui... Vous lisez votre Bible, monsieur Doge, et je n'ai pas besoin de vous dire de qui je veux parler. — Remontez sur le pont, Monsieur ; le maître d'hôtel vous donnera de quoi l'allumer.

Ce fut de cette manière que le capitaine Truck, avec le sang-froid d'un vieux marin et le tact d'un capitaine de paquebot, se débarrassa d'un importun. M. Dodge se retira, soupçonnant à demi qu'il avait été persiflé, mais réfléchissant encore sur la possibilité de nommer un comité, ou du moins de convoquer une assemblée générale pour donner suite au premier coup qu'il venait de porter. Par le dernier moyen, s'il pouvait seulement persuader à M. Effingham de prendre le fauteuil de président, et à sir George Templemore de remplir les fonctions de secrétaire, il pensa qu'il pouvait éviter de passer une nuit sans dormir, et, ce qui n'était pas moins important, figurer dans un article de journal à son arrivée à New-York.

M. Dodge, dont le nom de baptême, grâce à ses pieux ancêtres, était Steadfast¹, réunissait assez bien les qualités que ses deux noms expriment. Il y avait une singulière fermeté dans ses desseins et ses principes ; mais le *Dodge* finissait toujours par prendre l'ascendant sur le *Steadfast*. — Grand partisan des droits du peuple, il ne faisait jamais attention que ce peuple était composé d'un nombre immense de parties intégrantes ; mais il considérait toutes choses comme gravitant vers le grand tout. Les majorités étaient son cheval de bataille ; et quoique singulièrement pusillanime comme individu ou quand il se trouvait dans la minorité, il aurait fait face au diable quand il se trouvait du côté du plus fort. En un mot, M. Dodge était l'homme du peuple, parce que son plus vif désir, son ambition et son orgueil, comme il l'exprimait souvent, étaient d'être l'homme du peuple. Dans tout son voisinage, l'opinion publique coulait dans ses veines comme l'or dans une mine, et quoiqu'il pût y avoir trois ou quatre de ces opinions publiques, tant que chacune avait un parti, personne ne craignait de l'avouer ; mais quant à maintenir une opinion qui n'était pas soutenue de cette manière, cela sentait l'aristocratie, ce qui aurait suffi pour faire rejeter un problème mathématique, eût-il été régulièrement démontré et résolu. M. Dodge avait si longtemps respiré une atmosphère morale de ce genre, qu'il en avait perdu, à bien des égards, le sentiment de son individualité, comme s'il eût respiré avec les poumons de son comté, — mangé avec une bouche commune à tous, — bu de l'eau tirée de la pompe de la ville, et dormi en plein air.

Il n'était pas probable qu'un tel homme fît la moindre impression sur le capitaine Truck, habitué à compter sur lui seul en face des éléments conjurés, et qui savait qu'un bâtiment ne pouvait être gouverné que par une seule volonté, qui devait être celle du capitaine.

Les accidents de la vie pourraient à peine former deux caractères plus opposés que ceux de Steadfast Dodge et de John Truck. Le premier ne faisait rien qui sortît tant soit peu du cercle ordinaire des choses, sans calculer d'abord quel effet sa conduite pourrait produire dans son voisinage ; si elle serait populaire ou impopulaire ; si elle serait d'accord avec les différentes opinions publiques qui ré-

---

1. *Steadfast*, ferme, déterminé. — *To dodge*, biaiser, tergiverser.

gnaient dans son comté; de quelle manière elle influerait sur la prochaine élection, et si elle le placerait plus haut ou plus bas dans l'esprit de ses voisins. Nul esclave en Afrique ne craignait plus le courroux d'un maître vindicatif, que M. Dodge ne redoutait les remarques, les commentaires, les critiques et les railleries de quiconque appartenait au parti politique qui avait alors l'ascendant dans son comté. A l'égard de la minorité, il était brave comme un lion ; il méprisait ouvertement tous ceux qui en faisaient partie, et était le premier à tourner en ridicule tout ce qu'ils disaient ou faisaient. Ceci n'était pourtant vrai qu'en politique ; car, dès que l'esprit de parti se reposait, il ne restait plus à Steadfast une étincelle de valeur, et en toute autre chose il consultait avec soin chaque opinion publique de son voisinage. Ce digne homme avait pourtant ses faiblesses comme un autre ; bien plus, il les connaissait lui-même, et il cherchait, sinon à les corriger, du moins à les cacher. En un mot, Steadfast Dodge était un homme qui voulait se mêler de tout et tout diriger, sans posséder la force qui lui aurait été nécessaire pour rester maître de lui-même. Il était dévoré d'une soif ardente pour obtenir la bonne opinion de tout le monde, sans toujours prendre les moyens convenables pour conserver la sienne. Il réclamait à haute voix en faveur des droits de la communauté, et oubliait que la communauté n'est qu'un moyen pour arriver à une fin. Il sentait pour tout ce qui était hors de sa portée un profond respect qui se manifestait, non par de mâles efforts pour arriver au fruit défendu, mais par un esprit d'opposition et d'hostilité qui ne faisait que mettre au grand jour la jalousie qu'il cherchait à cacher sous le masque d'un intérêt ardent pour les droits du peuple ; car on l'avait entendu déclarer qu'il était intolérable qu'un homme possédât quelque chose, même des qualités, que ses voisins ne pussent partager avec lui. Tels étaient les principes et les idées dont se nourrissait M. Dodge par esprit de liberté.

D'une autre part, John Truck, en commandant son bâtiment, était civil envers ses passagers par habitude autant que par politique. Il savait que tout bâtiment doit avoir un capitaine ; regardait les hommes comme n'étant guère que des ânes ; faisait ses observations sans s'inquiéter le moins du monde de celles de ses aides, et n'était jamais plus disposé à suivre ses propres idées que lorsqu'il voyait tout son équipage en murmurer et s'y montrer contraire. Il était naturellement audacieux, avait un esprit décidé qu'il devait à une longue expérience et à sa confiance habituelle en lui-même, et était un homme fait, sous tous les rapports, pour conduire aussi bien sa barque dans les sentiers de la vie que sur le vaste sein de l'Océan. Il était heureux, dans sa situation particulière, que la nature eût donné à un homme si volontaire, et qui jouissait d'une telle autorité, un caractère froid et caustique plutôt que violent et emporté; et M. Dodge notamment eut de fréquentes occasions de s'en féliciter.

CHAPITRE VIII.

> C'est alors que nous sommes en ordre, quand nous ne reconnaissons aucun ordre. *Jack Cade.*

N'AYANT pas réussi dans ses efforts pour éveiller dans l'esprit du capitaine la crainte d'un mécontentement général, M. Dodge alla reprendre le cours de ses manœuvres sur le pont; car, en véritable homme libre de l'école exclusive, il ne travaillait à découvert que lorsqu'il était soutenu par une majorité bien prononcée. Il sondait tous ceux qui l'entouraient, et cherchait à créer une opinion publique, comme il l'appelait, qui fût favorable à la sienne, en persuadant tour à tour à ses auditeurs que chacun d'eux était précisément du même avis que lui : manœuvre à laquelle ont souvent recours les meneurs politiques. Pendant ce temps, le capitaine Truck travaillait lui-même dans sa chambre à faire son point, s'occupant fort peu et s'inquiétant encore moins d'autre chose que du résultat de ses calculs, qui le convainquirent bientôt qu'en continuant encore quelques heures la route qu'il suivait, il ferait échouer son bâtiment sur la côte, quelque part entre Falmouth et le cap Lizard.

Cette découverte contraria d'autant plus le capitaine, qu'il n'avait pas oublié ce que venait de lui dire M. Dodge ; car rien ne pouvait lui être plus désagréable que d'avoir l'air de changer de détermination par suite d'une menace. Il fallait pourtant qu'il prît un parti avant minuit, car il voyait clairement que trente à quarante milles tout au plus étaient tout ce qu'il restait à faire au *Montauk* en suivant la même direction. Les passagers avaient quitté le pont pour éviter l'air de la nuit; il avait entendu M. Effingham inviter M. Sharp et M. Blunt à entrer dans la chambre qui servait de salon aux dames, tandis que les autres, entrant dans la salle à manger, criaient aux maîtres d'hôtel de leur apporter de l'eau chaude, du sucre et des liqueurs spiritueuses. Le bruit qu'ils faisaient en parlant le troubla dans ses réflexions; il se trouva à l'étroit dans sa petite chambre, et il monta sur le pont pour y prendre sa détermination; entre le ciel qui avait l'air courroucé et un élément redoutable qu'il fallait pourtant qu'il domptât. Nous l'y laisserons se promener seul sur son gaillard d'arrière, dans un sombre silence, trop agité pour songer même à fumer; tandis que l'officier de quart, assis comme un singe sur les agrès du mât d'artimon, avait les yeux fixés, tantôt au vent, tantôt en avant du paquebot.

Le *Montauk* était un des plus beaux de ces magnifiques bâtiments dont un si grand nombre offrent maintenant des moyens de communication facile entre les deux hémisphères, et sur lesquels le luxe et l'industrie ont réuni tout ce qui peut être commode et agréable. Toutes les chambres étaient lambrissées en bois satiné et en érable à œils de perdrix; de petites colonnes de marbre en séparaient les panneaux, et de beaux tapis en couvraient les planchers. La grande chambre avait au centre une table fixée à demeure; mais le salon d'Eve Effingham, qui était de même largeur, quoique un peu moins long, n'avait rien de semblable qui l'encombrât. Il s'y trouvait deux sofas garnis de coussins, des pliants, des glaces, deux tables, et un piano droit. Les portes des chambres à coucher s'ouvraient à l'extrémité et des deux côtés. En un mot, il avait l'air d'un boudoir élégant plutôt que d'un appartement à bord d'un paquebot chargé de marchandises et de passagers.

C'était là qu'était réunie toute la famille Effingham, avec M. Sharp et M. Blunt, quand un coup frappé à la porte annonça une visite: c'était M. Dodge, et il demanda la permission d'entrer pour affaires. Eve sourit, en faisant un signe de consentement à la vieille Nanny, qui remplissait les fonctions d'huissier de la chambre, et dit à la hâte qu'elle supposait que cette visite avait pour but de proposer l'établissement d'une société de Dorcas.

Quoique M. Dodge fût aussi hardi que César pour exprimer son mépris de quoi que ce pût être, à l'exception du pouvoir populaire, il n'entrait jamais dans une compagnie de personnes tranquilles et bien élevées sans éprouver un certain malaise et quelque méfiance de lui-même; et la raison toute simple en était qu'il n'était pas habitué à une pareille société. Dans le fait, rien n'est plus embarrassant pour l'homme qui joint des prétentions à des manières communes, que la simplicité et l'aisance naturelle de ceux qui ont reçu une bonne éducation. Ses idées d'élégance sont tellement superficielles, qu'il est d'abord porté à soupçonner qu'il est tombé dans une embuscade; et il est probable que trouvant tant de tranquillité là où il s'était figuré que tout devait être étalage et prétention, il finit par s'imaginer qu'il est regardé comme un intrus.

M. Effingham reçut M. Dodge avec politesse, et s'il y mit un peu plus de formalité que ce n'était sa coutume, ce fut uniquement pour lui faire sentir qu'il entrait dans un appartement privé, précaution qu'il savait être très-nécessaire avec des gens ayant un caractère semblable à celui de Steadfast. Tout cela fut perdu pour M. Dodge, quoique tous les autres admirassent le tact avec lequel M. Effingham le tenait à une distance respectueuse en le comblant d'attentions, que Steadfast regardait comme un hommage rendu à son mérite. Cependant cet air de cérémonie réussit à lui inspirer quelque réserve, et il renonça à la manière brusque dont il avait dessein d'entamer son sujet. Voyant que tout le monde gardait le silence comme si l'on eût attendu qu'il expliquât le motif de sa visite, il se crut obligé de dire quelque chose, quoiqu'il ne pût s'expliquer aussi clairement qu'il l'aurait désiré.

— Nous avons passé le temps fort agréablement depuis notre départ de Portsmouth, miss Effingham, dit-il avec un ton de familiarité.
— Eve fit un simple signe d'assentiment, déterminée à ne pas avoir l'air de prendre pour elle une visite contraire à toutes ses habitudes ainsi qu'à ses idées de convenances. Mais M. Dodge avait l'esprit trop obtus pour sentir ce que signifiait cet air de réserve. — Je conviens, ajouta-t-il, que nous l'aurions passé encore plus agréablement, si cette corvette anglaise ne se fût mis en tête de nous suivre avec une obstination sans précédent. — M. Dodge aimait autant que le maître d'hôtel à choisir ses expressions dans son dictionnaire, quoiqu'il appartînt à l'école des parleurs politiques, tandis que Saunders ne faisait partie que de celle des beaux parleurs. — Sir George l'appelle une obstination très-incomfortable. — Vous connaissez sûrement sir George Templemore, miss Effingham?

— Je sais qu'il se trouve sur ce bord quelqu'un qui porte ce nom, répondit Eve, à qui cette familiarité déplaisait, comme elle aurait déplu à toute femme bien élevée, dans un homme hors d'état d'apprécier son caractère; — mais je n'ai pas l'honneur de le connaître.

M. Dodge trouva cela fort extraordinaire; car il avait vu le capitaine présenter le baronnet, et il ne comprenait pas comment des gens qui avaient fait voile vingt-quatre heures sur le même bâtiment, et qui avaient été régulièrement présentés les uns aux autres, pouvaient ne pas être intimement liés. Quant à lui, il se croyait ce qu'il appelait « bien connu » des Effinghams, car il avait déjà parlé d'eux avec beaucoup d'ignorance et non moins de méchanceté; liberté qu'il s'était cru le droit de prendre, parce qu'il habitait le même comté, quoiqu'il n'eût jamais parlé à personne de cette famille jusqu'au moment où le hasard l'avait placé à bord du même paquebot.

— Sir George est un homme très-accompli, je vous assure, miss Effingham; un homme du plus grand mérite. Nous occupons la même chambre, car j'aime la compagnie, et je préfère causer un peu, quand je suis couché, au lieu d'être toujours à dormir. Je suppose que vous savez qu'il est baronnet. Ce n'est pas que j'attache la moindre importance aux titres, tous les hommes étant égaux en droits, quoique... quoique...

— Quoique inégaux en réalité, voulez-vous ajouter sans doute, Monsieur? dit John Effingham, qui était appuyé sur la table à ouvrage de sa jeune cousine, et dont les yeux d'aigle exprimaient le mépris qu'il éprouvait et qu'il cherchait à peine à cacher.

— Non certainement, Monsieur, s'écria Steadfast épouvanté, en jetant autour de lui un regard à la dérobée, de peur qu'il ne s'y trouvât quelque ennemi secret qui pourrait citer contre lui cette malheureuse remarque; non, bien certainement. Tous les hommes sont égaux dans tous les sens, et personne ne peut prétendre valoir mieux qu'un autre. Peu m'importe que sir George soit baronnet, mais on préfère avoir pour compagnon de chambre un homme bien élevé qu'un manant sans éducation. Or, sir George pense, Monsieur, que *le Montauk* court un grand danger en se rapprochant de la terre par une nuit si obscure et un si mauvais temps. Je dois convenir que sir George s'exprime quelquefois d'une manière fort extraordinaire pour un homme de son rang, comme, par exemple, quand il parlait d'une obstination *incomfortable*, et autres expressions du même genre que je désapprouve, permettez-moi de le déclarer sans qu'il soit besoin d'en déduire les causes.

— Peut-être sir George attacherait-il plus d'importance à une désapprobation dont les causes seraient déduites, dit gravement John Effingham.

— Très-probable, répondit innocemment M. Dodge, tandis que M. Sharp, M. Blunt, Ève et mademoiselle Viefville laissaient apercevoir quelques légers mouvements des muscles de leurs lèvres. Sir George est un véritable original à sa manière. Vous savez que nous avons peu d'esprits originaux dans notre comté, monsieur John Effingham, car il n'est nullement populaire d'avoir une opinion différente de celle de ses voisins sur tel ou tel point. Oui, Monsieur, le peuple gouvernera et il doit gouverner. Cependant, je crois que sir George, comme étranger, pourra se tirer d'affaire, car on ne peut savoir aussi mauvais gré à un étranger qu'à un indigène d'être original dans ses idées. Je crois que vous conviendrez avec moi, Monsieur, que c'est une grande présomption dans un Américain de différer d'opinion avec ses concitoyens.

— Je suis persuadé, Monsieur, que personne ne pourrait avoir celle d'en différer avec vous.

— Je parle, Monsieur, non par aucun motif personnel, mais d'après de grands principes généraux, qu'on doit soutenir pour l'intérêt du genre humain. Je ne vois pas qu'un homme ait le droit d'être original dans ses idées dans un pays libre. C'est un usage aristocratique ; c'est avoir l'air de penser qu'un homme vaut mieux qu'un autre. Je suis sûr que M. John Effingham ne peut l'approuver.

— Peut-être non ; la liberté a beaucoup de lois arbitraires qu'il n'est pas à propos de violer.

— Très-certainement, Monsieur ; sans quoi où serait sa suprématie ? Si le peuple ne peut réprimer et abattre l'originalité d'opinion et tout ce qui lui déplaît, autant vaut vivre tout d'un coup sous le despotisme.

Eve vit que l'œil de son cousin prenait une expression menaçante, et elle craignit qu'il ne lançât quelque sarcasme qui se ferait sentir trop vivement à Steadfast. Elle sentait d'ailleurs une certaine disposition à s'amuser du genre de philosophie du patriote ; et cette disposition l'emportant sur la force de répulsion qui avait d'abord agi sur elle, elle lui adressa la parole : — Monsieur Dodge, dit-elle, comme j'ai passé bien des années en pays étranger, voulez-vous me faire le plaisir de me faire connaître quelques-uns de ces grands principes de liberté dont j'entends si souvent parler ? car j'ai lieu de craindre que ceux qui ont été chargés de mon éducation en Europe n'aient passé trop légèrement sur ce point.

Mademoiselle Viefville prit un air grave, Sharp et Blunt semblèrent enchantés, M. Dodge lui-même parut embarrassé.

— Je me trouverais fort peu en état d'instruire miss Effingham sur un pareil sujet, répondit-il avec modestie ; elle a sûrement vu trop de misère dans tous les pays qu'elle a visités pour ne pas apprécier justement tous les avantages de l'heureuse contrée qui a l'honneur de la réclamer comme une de ses charmantes filles.

Eve fut effrayée de sa propre témérité, car elle ne s'attendait pas à voir l'éloquence de M. Dodge prendre un tel essor pour répondre à une simple question. Mais il était trop tard pour reculer.

— Aucun des hommes illustres, des demi-dieux qu'a produits notre pays chéri, continua-t-il, ne saurait avoir plus de zèle que moi pour son honneur ; mais je crains que mes talents ne soient insuffisants pour lui rendre pleine justice. La liberté, comme vous le savez, miss Effingham, comme vous le savez tous, Messieurs, est une faveur du ciel qui mérite une reconnaissance sans bornes, et qui appelle à chaque heure du jour nos remerciements pour les grands hommes qui, dans un temps d'épreuve, se montrèrent les premiers sur le champ de bataille et dans les conseils de la nation.

John Effingham jeta un coup d'œil sur Eve, comme pour lui dire qu'elle avait entrepris une tâche trop forte, et lui offrir de venir à son secours si elle y consentait; consentement qu'elle lui donna sur-le-champ d'une manière silencieuse, mais expressive.

— Ma jeune parente sent tout cela parfaitement, monsieur Dodge, lui dit-il pour opérer une diversion, mais elle et moi-même, je l'avoue, nous sommes dans quelque embarras, pour savoir en quoi consiste cette liberté dont on a tant parlé, et sur laquelle on a tant écrit de notre temps. Permettez-moi de vous demander si vous entendez par ce mot une parfaite indépendance en pensées, en actions et en droits?

— Égalité de lois, égalité de droits, égalité sous tous les rapports, et une liberté entière, absolue et sans réserve, sans aucun doute, Monsieur.

— Quoi! vous accordez à l'homme fort le droit de battre le faible et de lui prendre son dîner?

— Pas du tout, Monsieur; à Dieu ne plaise que je professe une pareille doctrine! En parlant de liberté entière, je veux dire un pays où il n'y ait ni roi, ni aristocratie, ni priviléges exclusifs; où un homme en vaille un autre.

— Entendez-vous donc qu'un homme en vaille un autre dans le système de notre gouvernement?

— Sans contredit, Monsieur. Je suis surpris qu'un homme instruit comme vous me fasse une pareille question, dans un siècle comme celui-ci.

— Si un homme en vaut un autre, Monsieur, dit M. Blunt, qui vit que John Effingham se pinçait les lèvres, ce qui annonçait qu'il allait dire quelque chose de plus mordant, voudriez-vous bien avoir la bonté de m'informer pourquoi ce pays prend l'embarras et fait les dépenses des élections annuelles?

— Les élections, Monsieur! De quelle manière les institutions libres pourraient-elles fleurir et se maintenir, sans en appeler constamment au peuple, qui est la véritable source de tout pouvoir?

— Je n'y fais aucune objection, monsieur Dodge, répondit le jeune homme en souriant; mais à quoi bon une élection? Si un homme en vaut un autre, une loterie déciderait l'affaire plus promptement, à moins de frais et plus facilement. A quoi bon même une loterie? Pourquoi ne pas choisir le président par le hennissement d'un cheval, comme le firent une fois les Perses?

— Ce serait vraiment une manière d'agir fort extraordinaire chez un peuple intelligent et vertueux, et je prendrai la liberté de vous dire, monsieur Blunt, que je vous soupçonne de plaisanter. Si pourtant il vous faut une réponse, je vous dirai que de cette manière nous pourrions avoir pour président un coquin, un fou ou un traître.

— Comment? monsieur Dodge! je ne m'attendais pas à vous entendre parler ainsi de ce pays. Tous les Américains sont-ils donc des coquins, des fous et des traîtres?

— Si vous avez dessein de voyager beaucoup dans notre pays, Monsieur, je vous conseille d'avoir grand soin de ne pas laisser échapper une telle insinuation, car elle recevrait une désapprobation générale et sans réserve. Les Américains sont libres et éclairés, et sont aussi loin de mériter de pareilles expressions que quelque peuple que ce puisse être.

— C'est pourtant un fait qui résulte de votre théorie. Si un homme en vaut un autre, et qu'il s'en trouve un qui soit coquin, fou ou traître, tous doivent être traîtres, fous ou coquins. Ce n'est pas moi qui le dis; c'est, je crois, une conséquence inévitable de votre propre proposition.

Pendant l'instant de silence qui suivit, M. Sharp dit à Eve à voix basse : — Il est Anglais, après tout.

— M. Dodge ne veut pas dire qu'un homme en vaille un autre dans ce sens particulier, dit M. Effingham avec bonté, en sa qualité d'hôte; ses vues sont, je crois, moins générales que ses expressions ne nous avaient d'abord portés à le supposer.

— Vous avez raison, monsieur Effingham, tout à fait raison. Un homme n'en vaut pas un autre dans ce sens particulier, dans le sens des élections; mais cela est vrai dans tous les autres. Oui, Monsieur, ajouta-t-il en se tournant vers M. Blunt, comme on renouvelle une attaque contre un antagoniste, quand on a repris haleine après avoir été renversé; oui, dans tous les autres sens, un homme en vaut un autre sans aucune distinction, un homme a les mêmes droits qu'un autre.

— L'esclave comme l'homme libre?

— L'esclave est une exception, Monsieur. Mais, dans tout état libre, excepté le cas des élections, un homme en vaut un autre en toutes choses. C'est là ce que nous entendons, et tout autre principe serait complétement impopulaire.

— Un homme peut-il faire un soulier aussi bien qu'un autre?

— Je parle de droits, Monsieur, je m'attache aux droits, ne l'oubliez pas.

— Eh bien! le mineur a-t-il les mêmes droits que le majeur, l'apprenti que le maître, le vagabond que l'homme qui a domicile, le banqueroutier que l'homme solvable?

— Non, Monsieur, non dans ce sens. Je crains que vous ne me compreniez pas, Monsieur; tout ce que je veux dire, c'est que, dans des cas particuliers, un homme en vaut un autre en Amérique. Telle est la doctrine américaine, quoique ce puisse ne pas être celle de l'Angleterre, et je me flatte qu'elle peut subir l'épreuve de la plus stricte investigation.

— Et vous me permettrez de vous demander à quels cas particuliers cette doctrine s'applique Si vous voulez dire qu'on accorde en Amérique moins de priviléges aux accidents de la naissance, du rang et de la fortune, que dans les autres pays, nous serons d'accord; mais je présume que vous ne prétendrez pas qu'il n'y en existe aucun?

— Des priviléges accordés à la naissance en Amérique! Cette idée serait odieuse à tout le peuple.

— L'enfant n'y hérite-t-il pas des biens du père?

— Très-certainement, mais cela peut difficilement s'appeler un privilége.

— Cela dépend du goût: je le regarderais comme un plus grand privilége que d'hériter d'un titre sans la fortune.

— Je m'aperçois, Messieurs, que nous ne nous entendons pas bien, et il faut que je remette cette discussion à une autre occasion; car j'avoue que je suis très-inquiet de la détermination prise par le capitaine de passer au milieu des rochers de *Scylla*[1]. — M. Dodge n'avait pas les idées aussi nettes que de coutume, par suite de la controverse qui venait d'avoir lieu. — Je viendrai vous sommer une autre fois de reprendre ce sujet, Messieurs; aujourd'hui je n'ai fait qu'entrer pour vous rendre une première visite. Je suppose qu'il n'y a pas d'exclusion à bord d'un bâtiment américain?

— Non certainement, Monsieur, répondit John Effingham d'un ton sec. Toutes les chambres y sont en commun; et je me propose de saisir la première occasion pour répondre à votre civilité en vous rendant votre visite, et en agissant comme chez moi dans l'apparte-

[1]. Il veut dire Scilly.

ment qui a l'honneur d'être occupé par M. Dodge et sir George Templemore.

A ces mots, M. Dodge battit en retraite sans dire un seul mot du véritable motif de sa visite. Bien plus, au lieu de discuter cette affaire avec les autres passagers, il se retira dans un coin avec une couple d'esprits de sa trempe qui trouvaient fort mauvais que les Effingham eussent eu la présomption de se retirer dans leurs appartements, et surtout qu'ils eussent eu l'extrême audace aristocratique d'en fermer la porte. Ils écoutèrent avec des oreilles avides la relation qu'il leur fit de la conversation qui venait d'avoir lieu, et dans laquelle il se vanta d'avoir réduit au silence ce jeune parvenu Blunt, homme dont il ne savait positivement rien. Il y ajouta diverses anecdotes de la famille Effingham, qu'il avait ramassées dans la fange d'un commérage de village, et leur parla ensuite de ses idées vagues et confuses sur les droits des personnes et la liberté.

Une conversation d'un genre tout différent eut lieu dans le salon des dames; quand on y fut délivré de la présence de M. Dodge, qui n'était ni désiré ni attendu; on ne fit pas une seule remarque sur sa visite ou sur sa folie. John Effingham lui-même, quoique peu porté en général à épargner les autres, ne crut pas devoir fatiguer ses poumons à parler d'un sujet si ignoble, et il était d'ailleurs trop bien élevé pour attaquer un homme du moment qu'il avait le dos tourné. Cependant l'entretien continua à rouler sur le même objet, mais d'une manière plus conforme à l'éducation, à l'intelligence et à la façon de penser de ceux qui y prirent part.

Eve parla fort peu, quoiqu'elle se hasardât de temps en temps à faire une question. M. Sharp et M. Blunt firent les principaux frais de la conversation, qui fut entremêlée de quelques remarques judicieuses faites d'un ton calme par M. Effingham, et par quelques sarcasmes de John. M. Blunt, quoique énonçant ses opinions avec modestie et avec une déférence convenable pour l'expérience de deux hommes beaucoup plus âgés que lui, montra bientôt sa supériorité dans un entretien sur lequel il avait évidemment beaucoup réfléchi, et cela avec un discernement et un jugement qui n'étaient nullement ordinaires.

Il fit remarquer les erreurs que l'on commet fréquemment en parlant des institutions de l'Union américaine, parce que l'on confond les effets du gouvernement général avec ceux de l'administration de chaque état séparé, et il démontra clairement que la confédération en elle-même n'avait pas un caractère distinctif qui lui appartînt, ni pour, ni contre la liberté; c'était simplement une confédération, et elle tirait son caractère de celui des parties séparées qui la composaient, et qui étaient elles-mêmes parfaitement indépendantes sur le point important des principes distinctifs, sauf la condition vague et générale qu'elles devaient être républiques, condition qui signifiait tout, ou qui ne voulait rien dire, puisque, en ce qui concernait la véritable liberté, chaque état séparé pouvait décider lui-même.

— C'est dans le caractère du gouvernement des états, dit-il en finissant, qu'il faut chercher celui du gouvernement américain, et il varie dans chacun d'eux suivant leur politique respective. C'est de cette manière que les communautés qui tiennent la moitié de leur population dans un esclavage domestique, ne font qu'un même faisceau politique avec celles dont les institutions sont les plus démocratiques. Le gouvernement général n'assure la liberté de discours, de conscience, d'actions et de tout autre chose que ce soit, que contre lui-même, ce qui n'est nullement nécessaire, puisqu'il ne jouit que de pouvoirs délégués et qu'il n'a aucune autorité pour agir quand ces intérêts sont en jeu.

— Cela est fort différent de l'idée qu'on s'en forme généralement en Europe, dit M. Sharp; et comme je vois que ma bonne fortune m'a placé dans la société d'un Américain, sinon d'un *homme de loi américain*, en état d'éclairer mon ignorance sur ces sujets intéressants, j'espère qu'il me sera permis d'en profiter pendant les moments de loisir qu'il est probable que nous aurons en grand nombre.

Ce compliment fit rougir M. Blunt; il salua celui qui le lui avait fait, mais il parut hésiter un instant avant de lui répondre. — Comme j'ai déjà eu l'occasion de le faire observer, dit-il enfin, il n'est pas nécessaire d'être Américain pour comprendre les institutions de ce pays, et il serait possible que je vous égarasse si vous vous imaginiez avoir en moi un Américain pour instituteur. J'ai passé beaucoup de temps dans ce pays, mais je n'y suis pas né, et cependant peu de jeunes gens, de ce côté de l'Atlantique, ont accordé autant d'attention que moi à tout ce qui le concerne.

— J'espérais que nous avions l'honneur de vous compter parmi nos concitoyens, dit John Effingham avec un désappointement évident. Tant de jeunes gens viennent dans notre pays avec une disposition à critiquer nos meilleures institutions, dont ils ne connaissent rien, ou à les louer toutes avec un esprit de servilité, que je m'étais flatté d'avoir trouvé en vous une exception.

Eve éprouva aussi du regret, quoiqu'elle pût à peine s'en expliquer la cause.

— C'est donc un Anglais, après tout? lui répéta M. Sharp dans un autre aparté.

— Pourquoi pas un Allemand, — un Suisse, — un Russe même?

— Il parle anglais parfaitement. Nul homme né sur le continent ne pourrait le parler si couramment avec un tel choix d'expressions, sans le moindre accent, sans aucun effort. Comme le disait mademoiselle Viefville, il ne parle pas assez bien pour être étranger.

Eve garda le silence, car elle réfléchissait à la manière singulière dont une conversation, si étrangement commencée, avait amené l'explication d'un point qui lui avait si souvent paru douteux. Vingt fois elle avait décidé que ce jeune homme, qu'elle ne pouvait appeler ni un étranger, ni une connaissance, était son compatriote, et aussi souvent elle avait été portée à changer d'opinion. Il s'était enfin expliqué, et elle était obligée de le regarder comme Européen, quoiqu'elle ne fût pas encore disposée à croire qu'il était anglais. Elle avait pour cela des raisons qu'il pouvait ne pas être à propos de faire connaître à un homme né dans l'île qu'elle venait de quitter, et elle savait que M. Sharp était Anglais.

La musique succéda à cette conversation ; Eve ayant pris la précaution de faire accorder le piano avant son départ, soin que nous recommandons à tous ceux qui ne songent pas uniquement à l'extérieur de cet instrument, et qui ont quelques égards pour leurs oreilles. John Effingham avait une exécution brillante sur le violon, et l'on apprit que les deux jeunes gens jouaient très-joliment de la flûte, du flageolet, et d'un ou deux autres instruments à vent. Nous les laisserons faire honneur aux compositions de Beethoven, de Rossini et de Meyerbeer, dont M. Dodge ne manquait jamais de critiquer les compositions comme affectées et indignes d'attention, et nous retournerons auprès du capitaine.

M. Truck, pendant toute la soirée, avait continué à se promener seul sur le pont, plongé dans une humeur sombre, et il ne sortit de sa distraction que lorsqu'il vit qu'on changeait le quart. Ayant demandé quelle heure il était, il monta sur le mât d'artimon avec une longue-vue de nuit, et chercha *l'Ecume* de tous côtés. Il ne put la découvrir, l'épaisseur des ténèbres ayant circonscrit l'horizon sensuel dans des bornes plus étroites.

— Cela pourra aller, murmura-t-il en s'aidant d'un cordage pour redescendre sur le pont. Il appela M. Leach, et il fit ordonner au quart qui venait d'être relevé, de rester sur le pont.

Quand tous furent prêts, M. Leach fit la visite de tout le bâtiment, afin de faire éteindre toutes les chandelles, et il fit mettre les capuchons sur les claires-voies, afin qu'aucun rayon de lumière ne pût en sortir. Il eut la même attention pour la lampe de l'habitacle. Après avoir pris cette précaution, l'équipage reçut ordre de diminuer de voiles; et en vingt minutes on avait amené les bonnettes et mis le bâtiment sous les huniers avec trois ris, la misaine et le grand foc. Toutes ces manœuvres furent entremêlées d'ordres donnés aux matelots de redoubler d'activité, attendu que, pendant ce temps, « l'Anglais arrivait sans doute comme un cheval de course. »

Lorsque cette manœuvre fut terminée, tous les matelots redescendirent sur le pont, aussi étonnés des divers arrangements qui venaient d'être pris, que s'ils eussent reçu l'ordre de couper les mâts.

— Si nous avions des canons et quelques bras de plus, dit un vieux matelot au second lieutenant en remontant ses pantalons, et en poussant sa chique dans un coin de sa bouche, je croirais que notre commandant se dispose à se battre; mais nous n'avons rien pour faire la guerre, à moins que nous ne jettions des biscuits à la tête des ennemis.

— Chacun à son poste pour virer de bord vent arrière, cria le capitaine, du gaillard d'arrière.

L'équipage s'élança sur les bras, et les vergues cédèrent lentement à ses efforts. Le bâtiment arriva peu à peu; il ne tarda pas à rouler bord sur bord, et revint au vent sur l'autre bord, le cap à l'est. Cette nouvelle direction donnée à la route du bâtiment avait le double avantage de l'écarter de la terre, et de faire un angle oblique avec la ligne que suivait la corvette, si elle continuait à y persister. Les matelots se firent les uns aux autres un signe de tête en forme d'approbation; car ils comprenaient alors le but de cette manœuvre aussi bien que si on le leur eût expliqué verbalement.

La révolution opérée sur le pont en produisit une aussi soudaine en dessous. Le bâtiment, au lieu des mouvements doux de sa précédente allure, prenait la lame debout; tanguait violemment, et le vent, qui se faisait à peine entendre quelques minutes auparavant, sifflait avec force dans le gréement. Quelques passagers gagnèrent leurs lits, entre autres M. Sharp et M. Dodge; les autres montèrent sur le pont pour apprendre ce qui avait occasionné ce changement; et, pendant toute la nuit, pas un seul ne songea à ce qui l'avait occupé pendant la soirée.

Le capitaine Truck eut à répondre au nombre ordinaire de questions, ce qu'il fit d'une manière claire et succincte. Nous espérons que sa réponse paraîtra satisfaisante au lecteur; ceux qui le questionnaient furent obligés de s'en contenter.

— Si nous avions suivi la même route une heure de plus, Messieurs, dit-il, nous aurions échoué sur la côte de Cornouailles; si nous nous étions arrêtés où nous étions, cet Anglais nous aurait rejoints dans une demi-heure; en changeant de route, comme vous avez vu que nous venons de le faire, il peut s'élever au vent à nous. S'il découvre notre changement, il peut en faire un semblable; et alors, dans l'obscurité, il y a autant de chances pour qu'il gouverne mal que pour qu'il gouverne bien; ou bien, il peut continuer à porter le cap sur la terre, et briser les côtes de la corvette de Sa Majesté, *l'Ecume*, sur les rochers du cap Lizard, d'où j'espère que tout son équipage gagnera la terre à pied sec sans autre accident.

Après avoir attendu, non sans inquiétude, pendant une heure, les passagers se retirèrent les uns après les autres; mais le capitaine Truck ne quitta le pont que lorsqu'on eut placé le quart de minuit. Paul Blunt l'entendit entrer dans sa chambre, dont la sienne était voisine, et il mit la tête à sa porte pour lui demander comment allaient les choses sur le pont. Le capitaine avait découvert en ce jeune homme quelque chose qui lui inspirait du respect pour ses connaissances nautiques, car il ne l'avait jamais entendu mal appliquer un terme de marine, et il répondait invariablement et sans hésiter à toutes ses questions.

— Le temps devient de plus en plus mauvais, dit-il en commençant à se déshabiller; il n'y a du vent que plein un bonnet, et le grésil qui tombe n'est que ce qu'il faut pour ôter à un homme toutes ses aises et le rendre luisant comme une botte.

— Le bâtiment a viré?

— Comme un maître à danser tourne sur deux orteils. Nous lui avons tourné le cap d'abord au sud et ensuite à l'ouest, et nous avons pris un autre ris dans les huniers. Nous avons l'Angleterre sous le vent, et l'Océan atlantique droit devant nous. Six heures dans cette direction, et nous serons en bonne passe.

— Et la corvette?

— Je ne puis vous en rendre aucun compte certain, monsieur Blunt. Je suppose qu'elle suit la côte en cherchant à s'en éloigner comme un enfant qui gravit un monticule de glace sur ses mains et ses genoux, ou qu'elle vogue au milieu d'une autre *écume* quelque part sous la latitude du cap Lizard. Bonne nuit, monsieur Blunt; puissiez-vous ne pas virer avant d'avoir fait votre premier somme.

— Et les pauvres diables à bord de *l'Ecume?*

— Ma foi! que le ciel ait pitié de leurs âmes!

CHAPITRE IX.

La lune se levait alors dans son plein, mais couverte d'un nuage; le vent se taisait, et la mer était un miroir.   *L'Italie.*

La plupart des passagers montèrent sur le pont peu de temps après qu'on eut entendu Saunders remuer ses verres. Il faisait assez jour pour qu'on eût pu voir distinctement tout ce qui se passait, et le vent avait changé. Il n'y avait pas plus de dix minutes que ce changement était survenu, quand la plus grande partie des passagers montèrent l'escalier presque en corps, et M. Leach venait d'orienter les vergues, car la brise, qui était forte, venait alors du nord-est. On ne voyait la terre d'aucun côté, et il énonçait l'opinion qu'ils étaient à la hauteur des îles de Scilly, quand le capitaine Truck se montra sur le pont.

Un regard sur les voiles, un coup d'œil vers le ciel, suffirent à l'expérience du vieux marin pour lui faire connaître la situation précise de son bâtiment. Il monta ensuite dans les haubans, et ses yeux se portèrent dans la direction du cap Lizard. Là, à son grand désappointement, il vit un bâtiment sous toutes ses voiles, et ayant une bonnette battant. Il le reconnut à l'instant : c'était l'éternelle *Écume*. A cette vue, M. Truck serra les lèvres, et prononça mentalement une imprécation que nous ne pourrions rapporter sans craindre de blesser les convenances.

— En haut tout le monde, monsieur Leach, pour larguer tous les ris, dit-il avec le plus grand sang-froid, car il se faisait une règle d'avoir l'air le plus calme quand il était dans la plus grande fureur ; faites déployer jusqu'au dernier haillon qui puisse recevoir le vent, depuis la pomme du plus haut mât jusqu'au plus bas boute-hors des bonnettes, et qu'il aille au diable.

M. Leach fit exécuter cet ordre, et l'on vit à l'instant des hommes sur les vergues larguant les ris. Toutes les voiles furent établies les unes après les autres ; et comme les passagers de l'avant, au nombre de trente à quarante hommes, aidèrent à la manœuvre, on vit bientôt *le Montauk* courir, vent arrière, sous toutes ses voiles, et avec les bonnettes des deux bords. Les deux lieutenants semblaient surpris, et tout l'équipage portait les yeux vers le gaillard d'arrière, comme s'ils n'eussent pas bien compris la cause de cette manœuvre. M. Truck alluma un cigare.

— Messieurs, dit-il après avoir philosophiquement lâché quelques bouffées de fumée, aller en Amérique avec ce drôle sur ma hanche du vent, c'est ce qui est hors de question; il m'aurait rejoint, et serait en possession de mon bâtiment avant dix heures. Ma seule ressource est donc de faire porter le vent droit en poupe. Heureusement nous l'y avons placé, et je crois qu'à ce jeu nous pouvons le battre, car vos bâtiments fins ne valent pas ceux à formes plus renflées, pour fuir par un mauvais temps. Quant à porter ses voiles, *le Montauk*, avec le vent arrière, les portera aussi longtemps qu'aucun bâtiment de la marine du roi Guillaume. Et vous pouvez compter sur une chose, c'est que je vous conduirai tous à Lisbonne, plutôt que de souffrir que ce croiseur à tabac vous reconduise à Portsmouth. C'est une catégorie à laquelle je tiendrai.

Cette explication caractéristique servit à faire connaître aux passagers la véritable situation des choses. Aucun d'eux ne fit une remontrance, car tous préféraient une course au désagrément d'être pris. Même les Anglais qui étaient à bord commencèrent à prendre parti pour le bâtiment sur lequel ils naviguaient, et d'autant plus volontiers que le capitaine avait avoué qu'il ne pouvait lutter contre leur corvette pour toute autre bordée que celle qu'il voulait essayer. M. Sharp dit qu'il espérait qu'ils pourraient échapper au croiseur. Quant à sir George Templemore, il répéta généreuseusement l'offre qu'il avait déjà faite de payer de sa propre poche tous les frais que pourrait occasionner leur relâche dans tel port où le capitaine jugerait à propos d'entrer, en France, en Espagne ou en Portugal, plutôt que de voir commettre un tel outrage à l'égard d'un bâtiment étranger, dans un temps de paix profonde.

La mesure qu'avait prise le capitaine Truck prouva son jugement et la connaissance qu'il avait de sa profession. Au bout d'une heure, il fut évident que s'il y avait une légère différence dans la vitesse des deux bâtiments, elle était en faveur du paquebot. *L'Ecume* arbora alors son pavillon, ce qui annonçait qu'elle désirait parler au bâtiment qui était en vue. Le capitaine sourit en le voyant, et il déclara que c'était un signe que la corvette sentait qu'elle ne pouvait arriver à portée du canon.

—Montrez-lui le gril[1]! s'écria-t-il; il ne faut pas nous laisser battre en civilité par un bâtiment qui nous a déjà battus sur plusieurs bordées; mais tenez tout fermé comme la porte d'une église les jours ouvrables.

Cette comparaison avait probablement été inspirée au capitaine par la circonstance qu'il venait d'une partie du pays où tout signe

---

[1]. Allusion aux bandes alternativement rouges et bleues du pavillon américain.

de religion est resserré dans les vingt-quatre heures qui commencent la nuit du samedi à minuit, et qui finissent le lendemain à la même heure ; du moins, telle fut l'explication qu'il en donna lui-même. Tout succès produisait toujours chez M. Truck l'effet de le mettre en train de parler ; et il se mit alors à raconter d'excellentes anecdotes dont il avait un assortiment nombreux, et qui roulaient toujours sur des événements qui lui étaient arrivés à lui même ou dont il avait été témoin oculaire, anecdotes sur la vérité desquelles ceux qui les entendaient pouvaient tellement compter, qu'ils pouvaient, en toute sûreté de conscience, comme dit Sancho, jurer, si bon leur semblait, que les faits s'étaient passés sous leurs yeux.

— En parlant de l'église et des portes, sir George, dit-il entre deux bouffées de fumée de tabac, avez-vous jamais été à Rhode-Island?

— Jamais, capitaine. Ce voyage est le premier que je fais en Amérique.

— Ah ! Eh bien ! il est probable que vous y passerez, si vous allez à Boston, car c'est le meilleur chemin, à moins que vous ne préfériez passer sur le bas-fonds de Nantucket, et faire une centaine de milles ditto, comme dit M. Dodge.

— *Ditter*, s'il vous plaît, capitaine, *ditter* [1] ; c'est l'expression employée sur tout le continent.

— Du diable! — Cela est bon à savoir, au surplus. — Et comment appelle-t-on un gilet à manches sur le continent?

— Vous ne me comprenez pas, Monsieur; *ditter* signifie un circuit, le plus long chemin.

— C'est précisément ce que nous faisons en ce moment. — Dites-moi, Leach, saviez-vous que nous faisions un *ditter* pour aller en Amérique?

— Vous parliez d'une église, capitaine, dit sir George par égard pour son compagnon de chambre, avec qui il avait contracté une sorte d'intimité.

— J'y arrive. — Je voyageais dans cet état il y a quelques années, allant de la Providence à New-London, à une époque où une nouvelle route venait d'être ouverte. C'était un dimanche, et la diligence, — attelée de quatre chevaux, faites-y attention, — n'y avait pas encore passé. Là, comme ici, nous avions fait un angle droit, et il y avait un coude sur la route. Quand nous vînmes en vue de ce coude, j'aperçus un jeune drôle au haut du mât d'un arbre. Il se laissa glis-

---

1. *Ditto* a le même sens en anglais qu'*item* en français. — *Ditter* n'est qu'une prononciation vicieuse du même mot, particulièrement usitée à Londres.

ser par terre, et se mit à courir en avant vers une chapelle qui était à deux ou trois encâblures plus bas sur la route. Nous le suivîmes d'un bon train, et, avant que nous fussions par le travers de l'église, j'en vis sortir toute la congrégation, — ministre et auditeurs, — pécheurs et hypocrites, — pour voir passer la diligence attelée de quatre chevaux. Or voilà ce que j'appelle tenir la porte de l'église ouverte le dimanche.

Nous aurions hésité à rapporter cette anecdote du capitaine, si nous n'avions reçu une autre relation de la même histoire, et de si bonne part, que nous ne pouvons douter que sa version ne soit correcte quant au fond. D'autres aventures semblables, dont quelques-unes étaient de son invention, mais qu'il affirmait être littéralement vraies, mirent le digne capitaine en état de maintenir la bonne humeur sur le gaillard d'arrière, tandis que son bâtiment filait dix nœuds par heure dans une direction fort différente de la route qu'il aurait dû suivre. Mais les passagers, en général, sont si charmés d'avoir un bon vent sur mer, qu'ils sont rarement disposés à s'inquiéter du résultat qu'il peut avoir. La beauté du jour, un bâtiment sur lequel on sentait à peine le roulis, le plaisir de voguer rapidement en disputant aux vagues le prix de la vitesse, et l'intérêt inspiré par la poursuite de la corvette, faisaient que chacun était satisfait. Steadfast Dodge lui-même était moins dévoré d'envie que de coutume, moins entiché de son mérite, moins ambitieux de former un parti. Le capitaine ne fit pas une seule nouvelle présentation, et pourtant le petit monde qui existait à bord du *Montauk* contracta plus d'intimité dans le cours de cette journée que cela n'aurait pu arriver dans le commerce ordinaire de plusieurs mois à terre.

Le paquebot continua à gagner sur le croiseur jusqu'au coucher du soleil, et alors le capitaine Truck commença à calculer les chances de la nuit. Il savait que son bâtiment entrait dans la baie de Biscaye, ou du moins qu'il en approchait, et il songea aux moyens d'avancer vers l'ouest. La nuit promettait de n'être rien moins que ténébreuse; car, quoique d'épais nuages traversassent le firmament, la lune répandait dans l'air une sorte de crépuscule. Ayant attendu avec patience le quart de minuit, il fit diminuer de voiles et gouverna au sud-ouest, espérant, par ce léger changement, gagner insensiblement le large avant que *l'Écume* s'en aperçût; projet qu'il croyait d'autant plus devoir réussir, que, par le seul fait de la dérive pendant la journée, il avait considérablement gagné sur la corvette.

L'homme le plus vigilant se lasse lui-même de veiller, et le lendemain matin le capitaine Truck eut un réveil désagréable en apprenant que la corvette était presque à une portée de canon. En montant sur le pont, il vit que le fait était incontestable. Favorisé par le changement de route, le croiseur avait graduellement gagné sur *le Montauk* depuis que le quart de huit heures du soir avait été relevé, et il avait diminué des deux tiers la distance qui séparait les deux bâtiments; il n'y avait d'autre remède que d'essayer encore une fois l'ancien expédient de voguer vent arrière et de déployer toutes les voiles. Comme les mêmes causes produisent les mêmes effets, cette mesure eut le même résultat que la première fois : le paquebot reprit de l'avance, et la corvette retomba peu à peu en arrière. M. Truck déclara alors qu'il en ferait une affaire régulière, et en conséquence il gouverna dans la même direction toute la journée; toute la nuit suivante et le lendemain jusqu'à midi, variant légèrement sa route pour suivre le vent; et il mit tant de soin à le maintenir en arrière, que ses bonnettes le recevaient des deux côtés. Le quatrième jour à midi, le capitaine fit une bonne observation, et le résultat de ses calculs lui apprit qu'il était dans la latitude d'Oporto, et qu'il en était à moins d'un degré de longitude. On pouvait alors, du *Montauk*, voir les perroquets de *l'Ecume* qui ressemblaient à une barque à l'horizon. Comme il avait bien pris son parti d'entrer dans un port, plutôt que de se laisser aborder par la corvette, il s'était maintenu si près de la terre, dans l'intention de profiter de sa position, si quelque événement favorisait le croiseur; mais il crut alors qu'au coucher du soleil il pourrait en toute sûreté diriger sa route vers l'Amérique.

— Il faudra qu'il y ait de bons yeux à son bord, s'il peut voir de cette distance ce que nous ferons quand la nuit sera tombée, dit-il à M. Leach qui exécutait tous ses ordres avec zèle et obéissance. Nous saisirons le premier moment pour nous lancer dans la grande prairie, et nous verrons alors qui connaît le mieux la piste. Vous aimerez à trotter dans les prairies, sir George, dès que nous serons arrivés, et à vous essayer à la chasse du buffle, comme tant d'autres. Il y a dix ans, quand un Anglais venait chez nous, il craignait d'être scalpé dans le Broad-Way; et maintenant pas un n'est satisfait s'il n'est à califourchon sur les montagnes Rocky dans la première quinzaine. Tous les étés j'emmène une foule de badauds de Londres, qui tirent un coup de fusil sur un ours ou une antilope, et qui repartent bien vite afin d'arriver à temps pour l'ouverture du théâtre de Drury-Lane.

— Ne serions-nous pas plus sûrs de réussir dans vos plans, capitaine, si nous cherchions un refuge pour un jour ou deux à Lisbonne ? J'avoue que j'aimerais à voir cette ville ; et quant aux frais de port, j'en paierais volontiers le double, plutôt que de souffrir que ce pauvre Davis soit arraché à sa femme. J'espère, capitaine, que je me suis suffisamment expliqué sur ce point.

M. Truck serra cordialement la main du baronnet, comme il le faisait toujours chaque fois qu'il renouvelait cette offre, en lui déclarant que de tels sentiments lui faisaient honneur.

— Mais ne craignez rien pour Davis, ajouta-t-il ; ni le vieux Grab ni *l'Ecume* ne le pinceront pour cette fois. Plutôt que de l'exposer ainsi que nous à cette honte, je le jetterais par-dessus le bord. Eh bien ! ce drôle nous a chassés de notre route, et il ne nous reste qu'à faire le passage du sud, à moins que le vent ne vienne à souffler de ce côté.

Dans le fait, *le Montauk* n'avait pas considérablement dévié d'une route qui était autrefois celle que préféraient les bâtiments de Londres, Lisbonne et New-York étant sous le même parallèle de latitude, et les courants, si l'on savait en profiter, favorisant la navigation. Il est vrai que *le Montauk* s'était tenu longtemps plus près des côtes qu'on n'avait coutume de le faire, même pour le passage dont il parlait ; mais les circonstances particulières de la chasse n'avaient pas laissé d'autre alternative au capitaine, comme il l'expliqua à ceux qui l'écoutaient :

— Il s'agissait de choisir entre un voyage le long des côtes, ou un retour à Portsmouth à la remorque, dit-il, et je suis sûr que vous aimez trop *le Montauk* pour vouloir le quitter si tôt.

Le baronnet l'assura qu'il ne se trompait pas, et protesta qu'il prenait un si vif intérêt au bâtiment sur lequel il était, qu'il donnerait volontiers mille livres sterling pour qu'il ne fût pas rejoint par la corvette. Le capitaine l'assura que de pareils sentiments étaient ce qu'il aimait, et jura qu'il était de l'espèce de passagers qu'il se plaisait le plus à avoir sur son bord.

— Quand un homme met le pied sur le pont d'un bâtiment, sir George, il doit le regarder comme sa maison, son église, sa femme, ses enfants, ses oncles, ses tantes, et tout le reste du fatras qu'il laisse à terre. C'est là le sentiment qui fait les marins. Or, j'ai plus d'affection pour le plus petit fil de caret qui se trouve sur mon bord, que pour tous les câbles et cordages de tout autre bâtiment. C'est comme un homme qui aime son doigt ou son orteil plus que tout le corps d'une autre personne. J'ai entendu dire qu'on doit aimer son prochain comme soi-même ; mais, quant à moi, j'aime mieux mon bâtiment que celui de mon prochain, et que mon prochain lui-même ; et je m'imagine que si la vérité était connue, on verrait que mon prochain me paie en même monnaie. Moi, j'aime une chose, parce qu'elle m'appartient.

Un peu avant la nuit, le cap du *Montauk* fut tourné vers Lisbonne, comme si le capitaine eût voulu le faire entrer dans ce port ; mais dès que le point noir qui indiquait la position de *l'Ecume* disparut à l'horizon, il fit virer de bord, et fit voile à l'ouest-sud-ouest.

La plupart des passagers avaient le plus grand désir de savoir quelle serait la situation des choses le lendemain matin, et presque tous les hommes étaient habillés et réunis sur le pont à l'instant où le jour commença à paraître. Le vent avait été vif et constant pendant toute la nuit ; et comme le bâtiment avait été maintenu avec un peu de largue dans ses voiles et ses bonnettes de hune déployées, les officiers déclarèrent qu'il avait fait au moins cent milles à l'ouest de l'endroit où l'on avait viré. Le lecteur se figurera donc aisément le désappointement qu'ils éprouvèrent quand ils aperçurent *l'Ecume* sur leur hanche du vent, s'avançant graduellement vers eux, les poursuivant avec le même acharnement qu'elle l'avait fait depuis leur départ de Portsmouth, et n'étant qu'à une lieue de distance.

— C'est une persévérance bien extraordinaire, dit Paul Blunt à Eve à côté de laquelle il se trouvait quand on fit cette découverte. Je crois que notre capitaine ferait bien de mettre en panne pour en savoir la cause.

— J'espère qu'il n'en fera rien, s'écria Eve avec vivacité. J'avoue que j'ai l'esprit de corps, et que je désire voir qui finira par l'emporter, comme dit M. Leach. On n'aime pas à être poursuivi sur l'Océan de cette manière ; mais cela donne de l'intérêt au voyage, et, après tout, cela vaut mieux que la triste solitude et la monotonie de l'Océan.

— Trouvez-vous donc que l'Océan soit une scène de monotonie ?

— C'est ce qu'il m'a paru bien souvent, et j'ai pu en juger impartialement, n'ayant jamais eu le mal de mer. Mais à présent je l'absous de ce péché ; car l'intérêt qu'inspire une chasse par un beau temps est semblable à celui qu'on prend à une course de chevaux. M. John Effingham lui-même a l'air radieux quand il est animé par ce spectacle.

— Et quand cela lui arrive, quelle belle expression prend sa physionomie ! On voit rarement des traits plus nobles que ceux de M. John Effingham.

— Ceux de son âme sont encore plus beaux, dit Eve avec chaleur.

Ah! s'il les connaissait lui-même! A l'exception de mon père, il n'existe personne que j'aime autant que lui, et *pour bonne raison*, comme dit mademoiselle Viefville.

Blunt ne se serait jamais lassé de l'écouter; mais Eve le salua en souriant d'un air gracieux, quoique l'œil humide, et elle se hâta de quitter le pont, se reprochant presque d'avoir fait ainsi connaître une partie de ses sentiments à quelqu'un qui n'avait aucun droit de les partager.

Le capitaine Truck, quoique piqué au fond du cœur, ne perdit pas un instant pour remédier à cet incident à sa manière ordinaire; il mit de nouveau *le Montauk* vent arrière, fit déployer toutes ses voiles, et la chance de la chasse fut encore une fois confiée à la vitesse respective des deux bâtiments.

L'officier qui commandait *l'Ecume* fut certainement mécontent de cette manœuvre, car à peine fut-elle exécutée, qu'il arbora son pavillon et tira un coup de canon; mais on ne fit attention à ses signaux qu'en arborant le pavillon américain, et le capitaine Truck et ses deux lieutenants se mirent à calculer la marche respective des deux bâtiments. Dix minutes suffirent pour leur prouver que *le Montauk* gagnait de l'avance, vingt firent encore mieux; et au bout d'une heure *l'Ecume* était bien loin, sur la hanche du paquebot.

Il s'ensuivit un autre jour de lutte, ou plutôt de course, car pas un cordage ne fut largué à bord du *Montauk*, et le vent continua à être vif et constant. La corvette fit plusieurs signaux, tous indiquant le désir de parler au *Montauk*; mais le capitaine Truck dit qu'il était trop vieil oiseau pour se laisser prendre au filet, et trop pressé pour perdre son temps à causer chemin faisant. — Vattel, ajouta-t-il, ne dit pas un mot pour prescrire une telle complaisance en temps de paix profonde; je ne suis pas dans cette catégorie.

D'après ce qui a déjà été dit, on peut prévoir le résultat. Les deux bâtiments continuèrent à voguer vent arrière, et *l'Ecume* se trouva encore à une très-grande distance du paquebot. Les observations du capitaine lui ayant prouvé qu'il s'était avancé au sud jusqu'à la hauteur des Açores, il résolut de se réfugier dans une de ces îles, à moins que quelque heureux hasard ne le favorisât; car aller encore plus au sud était hors de question, à moins qu'il n'y fût absolument forcé. Ayant calculé la distance dans la soirée du sixième jour, il vit qu'il avait le temps de jeter l'ancre à Pico avant que la corvette pût le rejoindre, mais en admettant la nécessité de pincer le vent.

Mais la Providence en avait ordonné autrement. Vers minuit le vent tomba et devint variable, et quand le jour parut, l'officier de quart fit rapport qu'elle restait sur l'avant. Le croiseur était encore en vue, mais heureusement il était assez loin pour qu'on n'eût pas à craindre qu'il envoyât ses embarcations, et l'on avait le temps de faire les préparatifs nécessaires pour attendre une nouvelle brise et pouvoir en profiter. Tout annonçait que ce changement ne tarderait pas à arriver, car le ciel s'éclaircissait au nord-ouest, côté d'où le génie des tempêtes se plaît à déployer son pouvoir.

CHAPITRE X.

> Je viens armé de puissance. Qui m'appelle silencieux ?
> J'ai bien des tons différents, le ciel sombre frémit de gémissements mystérieux, qui sont portés sur les ailes de mes vents. MISTRESS HEMANS.

Le réveil des vents sur l'Océan est souvent suivi des signes et des prodiges les plus sublimes que l'imagination puisse concevoir. En cette occasion, le vent qui avait régné si constamment pendant une semaine, fut remplacé par de légères brises folles, comme si, sachant que les puissances des airs rassemblaient leurs forces, ces vents inférieurs eussent cherché de côté et d'autre un refuge contre leur fureur. Les nuages parcouraient le firmament en tourbillons incertains, les plus noirs et les plus épais descendant si bas vers l'horizon, qu'ils avaient l'air de vouloir toucher les eaux pour y chercher le repos; mais les eaux elles-mêmes offraient aux yeux une scène d'agitation extraordinaire. Les vagues ne se suivaient plus régulièrement l'une l'autre, elles semblaient des coursiers emportés, arrêtés tout à coup dans leur carrière impétueuse. L'ordre habituel de l'Océan, éternellement agité, semblait perdu dans un chaos de confusion, les lames s'élevant sans ordre et souvent sans cause visible ; c'était la suite de la réaction des courants et de l'influence de brises encore plus anciennes que la dernière. Au milieu de cette scène menaçante, le calme terrible de l'air n'était pas le symptôme le moins effrayant. Le bâtiment lui-même faisait partie du tableau, et ajoutait à l'impression faite par l'attente de ce qui pouvait arriver. En diminuant ses voiles, *le Montauk* semblait avoir perdu l'instinct qui l'avait guidé sur l'Océan, et il flottait presque au hasard au milieu de la confusion des eaux. Il offrait pourtant encore un grand et beau spectacle, et peut-être plus remarquable en ce moment qu'en tout autre; car ses vergues, ses mâts et le mécanisme ingénieux et compliqué de tous ses agrès, donnaient l'idée d'un gladiateur nerveux et gigantesque, se promenant dans l'arène en attendant l'instant d'un combat prochain.

— C'est une scène extraordinaire, dit Eve, appuyée sur le bras de son père, en regardant autour d'elle avec une admiration qui n'était pas sans quelque mélange de crainte, c'est un tableau imposant de la sublimité de la nature.

— Quoique accoutumé à la mer, dit M. Blunt, je n'avais encore vu que deux fois de semblables phénomènes; mais ce que nous avons sous les yeux les surpasse de beaucoup.

— Et les deux autres fois, furent-ils suivis de tempêtes? demanda M. Effingham avec inquiétude.

— La première, ils furent suivis d'un ouragan terrible; la seconde, ils se passèrent comme une calamité qu'on voit de près, mais dont on a le bonheur de ne pas ressentir les effets.

— Je ne sais trop si je désire que nous ayons tout à fait le même bonheur aujourd'hui, dit Eve; il y a tant de sublimité dans le spectacle de l'Océan paisible, que je voudrais le voir courroucé.

— Nous ne sommes ni sous les latitudes, ni dans la saison des ouragans, reprit Paul Blunt; et il est probable que nous ne sommes destinés qu'à essuyer un fort coup de vent, ce qui peut, du moins nous aider à nous débarrasser de ce croiseur importun.

— C'est ce que je ne désire même pas, pourvu qu'il veuille bien nous laisser suivre la route qui nous convient. Une chasse d'un bout à l'autre de l'Océan Atlantique serait quelque chose dont nous pourrions jouir en ce moment et parler toute notre vie.

— Je doute que cela soit possible! s'écria M. Sharp; ce serait sans doute un incident digne d'être raconté à une autre génération.

— Il est peu probable que nous voyions un tel exploit, ajouta M. Blunt; les orages sur l'Océan ont la même influence pour séparer les bâtiments qui font voile ensemble, que les orages domestiques pour diviser ceux qui voguent de conserve sur la mer de la vie. Rien n'est plus difficile que de maintenir des flottes et des bâtiments en vue les uns des autres par un très-gros temps, à moins que les meilleurs ne soient disposés à se conformer à l'allure des autres.

— Je ne sais lequel des deux bâtiments dont il s'agit à présent peut s'appeler le meilleur; car celui qui nous poursuit paraît avoir la supériorité sous plusieurs rapports, et être inférieur au nôtre sous quelques autres. Si notre honnête capitaine est d'humeur à se conformer aux désirs du croiseur, ce sera comme l'enfant gâté, qui, dans ses moments de colère, obtient ce qu'il veut d'une mère capricieuse.

Le capitaine Truck passait en ce moment près d'eux, et il n'entendit de ce discours que l'épithète *honnête* accolée à son nom dans la bouche d'Eve.

— Je vous remercie du compliment, ma chère jeune dame, lui dit-il, et je voudrais pouvoir persuader au capitaine, Dieu sait qui, commandant la corvette de Sa Majesté *l'Ecume*, d'avoir la même façon de penser. C'est parce qu'il ne veut pas me croire honnête en ce qui concerne le tabac, qu'il a forcé *le Montauk* à venir jusqu'ici en longeant toute la côte d'Espagne, où l'ingénieur qui l'a construit ne le reconnaîtrait pas, tant il est peu naturel et peu vraisemblable de trouver un paquebot allant régulièrement de New-York à Portsmouth, et de Portsmouth à New-York, à une si grande distance de sa route ordinaire. J'en aurai double embarras pour reconduire ce bon bâtiment en Amérique.

— Et pourquoi cet embarras, capitaine? demanda Eve en souriant; car la conversation du digne capitaine l'amusait. N'est-il pas aussi facile de traverser l'Océan d'un côté que d'un autre?

— Aussi facile, miss Effingham! jamais vous ne vous êtes trompée davantage de toute votre vie. Vous imaginez-vous, par exemple, qu'il soit aussi facile d'aller de Londres à New-York, que de New-York à Londres?

— Je suis assez ignorante pour avoir fait cette méprise, si c'en est une; et je ne vois pas pourquoi l'un serait plus difficile que l'autre.

— Simplement parce que la route va en montant. Quant à notre position ici, à l'est des Açores, la difficulté est bientôt expliquée. J'ai appris à mon bon vieux bâtiment à connaître chaque pouce de la route par le nord; maintenant je vais être obligé de lui en apprendre une autre, et ce sera comme un cheval ombrageux qu'on veut faire entrer dans son écurie par une nouvelle porte. Autant vaudrait vouloir tirer un cochon de dessous son toit que de faire sortir un bâtiment de sa route ordinaire.

— Nous nous fions sur vous pour le faire, et plus encore s'il le faut.

— Mais à quoi aboutiront tous les signes imposants que nous avons sous les yeux? Aurons-nous un ouragan, ou faut-il les regarder comme une vaine menace de la nature?

— C'est ce que nous saurons dans le cours de la journée, miss Effingham, quoique la nature ne soit pas comme un fanfaron, et qu'elle menace rarement en vain. Il n'y a rien de plus curieux à étudier que les vents, rien qui exige un œil plus exercé.

— J'en suis pleinement convaincue, capitaine, car ils sont inaccessibles à la vue, et vous vous rappellerez que la plus haute autorité que nous ayons, dit qu'ils sont hors de la portée des connaissances humaines, et que nous pouvons entendre le bruit du vent, mais non pas savoir d'où il vient, ni où il va.

— Je ne me rappelle pas quel écrivain a dit cela, miss Effingham, répondit M. Truck fort innocemment[1], mais c'était un homme sensé; car je crois que Vattel lui-même n'a jamais osé aborder la question des vents. Il y a bien des gens qui s'imaginent que les almanachs prédisent le temps; mais, suivant moi, il est plus sûr de s'en rapporter à un rhumatisme de deux ou trois ans bien consolidé. Je ne dis rien de vos maladies de nouvelle invention, comme le choléra, la gastrite et le *magnétisse* animal; je parle d'un bon rhumatisme comme on en avait quand j'étais enfant; et c'est un baromètre aussi sûr que celui qui est suspendu à deux brasses de l'endroit où nous sommes. J'ai eu une fois un rhumatisme auquel j'attachais de l'importance, car il m'avertissait quand je devais attendre un vent d'est, aussi infailliblement que le meilleur instrument que j'aie jamais eu dans mes voyages. Je crois que je ne vous ai jamais raconté l'histoire du vieux maquignon du Connecticut et du typhon; et comme nous n'avons pas autre chose à faire que d'attendre que le temps prenne son parti...

— Que le temps prenne son parti! répéta Eve en jetant un regard presque craintif sur la grandeur sublime et terrible de la mer et du ciel, et sur les vapeurs épaisses qui couvraient l'atmosphère. Y a-t-il donc quelque incertitude dans les signes que nous voyons?

— Que le ciel vous protége, ma chère miss Effingham! Le temps est souvent aussi incertain et aussi peu décidé qu'une vieille fille qui reçoit le même jour trois propositions de mariage d'un homme veuf avec dix enfants, d'un procureur n'ayant qu'une jambe, et du ministre de sa paroisse. Incertain! j'ai vu le temps dans cette situation pendant toute une journée. M. Dodge, que voilà, vous dira que le vent cherche à se décider de quel côté il doit souffler pour être populaire. Eh bien! monsieur Effingham, comme nous n'avons rien à faire, je vous conterai l'histoire de mon voisin le maquignon. Brasser les vergues quand il ne fait pas de vent, c'est comme jouer de la guimbarde à un concert de trombones.

M. Effingham fit, par politesse, un signe de consentement, et pressa le bras de sa fille pour l'inviter à la patience.

— Il faut que vous sachiez, Messieurs, dit le capitaine en regardant autour de lui pour rassembler autant d'auditeurs qu'il le pourrait, car il n'aimait pas à parler devant un auditoire peu nombreux quand il avait à raconter une histoire qu'il croyait devoir produire

[1]. C'est la Bible.

un grand effet ; il faut que vous sachiez que nous avions autrefois beaucoup de petits bâtiments qui faisaient un trafic entre la Rivière et les îles des...

— La rivière ! interrompit M. Sharp.

— Certainement, je veux dire le Connecticut ; tout le monde l'appelle ainsi dans notre pays. Ces bâtiments faisaient donc entre la Rivière et les îles des Indes occidentales un commerce de chevaux, de bestiaux, et d'autres babioles de cette espèce. Il y avait entre autres le vieux Joé Bunk, qui avait fait ce commerce sur un brick de haut bord pendant environ vingt-trois ans, lui et son brick ayant vieilli ensemble comme un mari et sa femme. Il y a environ quarante ans, nos dames de la Rivière commencèrent à se lasser de leur thé bou, et comme on parlait beaucoup alors en faveur du souchong, il y eut à ce sujet beaucoup d'agitation, comme dit M. Dodge ; et l'on résolut de faire l'épreuve de la nouvelle qualité de thé avant de se lancer tout à fait dans ce commerce. Eh bien ! d'après ces prémisses, comme dit Vattel, que supposez-vous qu'on ait fait, miss Effingham ?

Les yeux d'Eve étaient encore tout occupés du grand spectacle du ciel et de l'Océan, mais elle répondit civilement : — Je suppose qu'on en fit acheter un échantillon dans quelque boutique.

— Pas du tout ! les dames étaient trop fines pour cela ; car un fripon d'épicier aurait pu les tromper. L'agitation continuant, elles formèrent une société de thé ; la femme du ministre en était présidente et sa fille aînée secrétaire. Enfin la même fièvre gagna les hommes, et l'on forma le projet d'envoyer un bâtiment à la Chine pour en rapporter un échantillon du nouveau thé.

— A la Chine ! s'écria Eve, regardant pour cette fois le capitaine en face.

— Oui, miss Effingham, à la Chine. Vous savez qu'elle est quelque part de l'autre côté du monde. Maintenant qui croyez-vous qu'on ait choisi pour cette mission ? Ce fut le vieux Joé Bunk. Il avait fait si souvent le voyage pour aller aux îles et en revenir, sans avoir aucune connaissance de la navigation, qu'on pensa qu'il n'y avait pas à craindre de le perdre.

— J'aurais cru qu'il était précisément l'homme qui devait se perdre en chemin, dit M. Effingham pendant que M. Truck préparait un nouveau cigare ; car il fumait toujours, n'importe en quelle compagnie il se trouvât, quand il était sur le pont, quoiqu'il ne manquât jamais de dire qu'il était prêt à cesser de fumer, si l'odeur du tabac était désagréable à quelqu'un.

— Pas du tout, Monsieur ; il était aussi à son aise sur l'océan Indien qu'il l'aurait été sur celui-ci, car il ne connaissait ni l'un ni l'autre. Eh bien ! Joé équipa son brick, qu'il appelait *les Sept Dollys* ; car il est bon que vous sachiez qu'il y avait alors dans la ville sept dames qui portaient ce nom, et chacune d'elles avait coutume de le charger de vendre un cheval ou un bœuf, ou quelque autre objet délicat, chaque fois qu'il faisait un voyage dans les îles. Il équipa donc *les Sept Dollys*, hissa ses dollars à bord, et mit à la voile. La seule fois qu'on le vit et qu'on eut de ses nouvelles pendant huit mois, fut à la hauteur de Montauk, où un autre bâtiment le rencontra, deux jours après son départ, cinglant au sud-est.

— Je croirais, dit John Effingham, qui reprit son esprit caustique à mesure que l'histoire avançait, que mistress Bunk dut être fort inquiète pendant tout ce temps.

— Nullement. Elle s'en tint au thé bou, dans l'espoir que le souchong arriverait avant le rétablissement des Juifs à Jérusalem. Et bien certainement il arriva au bout de huit mois, et ce fut une excellente spéculation pour tous les intéressés. Un pareil exploit fit une grande réputation au vieux Joé sur toute la Rivière, quoique personne ne pût dire ni comment il était arrivé à la Chine, ni comment il en était revenu, ni comment il s'était procuré une grande théière d'argent qu'il en avait rapportée.

— Une théière d'argent !

— Précisément. Enfin la vérité fut connue ; car il n'est pas facile de cacher quelque chose de cette nature ; et, comme dit M. Dodge, il y a de l'aristocratie à garder un secret. D'abord on fit à Joé toutes sortes de questions ; mais il y répondit de manière à laisser ceux qui l'interrogeaient dans une mer de conjectures ; alors on commença à parler, et l'on se dit tout bas que le vieux Joé avait volé cette théière. Cela le força de parler, car on alla jusqu'à le traduire devant la congrégation. Vous comprenez qu'il n'était pas question de loi, puisqu'il n'y avait ni plaignant, ni preuves ; mais la congrégation s'inquiète fort peu de ces détails, pourvu qu'on puisse parler.

— Et quel fut le résultat ? demanda John Effingham ; je suppose que la congrégation prit la théière, et laissa à Joé les feuilles qui étaient au fond ?

— Vous êtes aussi loin du fait que nous sommes près de la côte d'Espagne. Voici tout au juste ce qui s'est passé. Le brick *les Sept Dollys* était à l'ancre à Canton, au milieu de beaucoup d'autres bâtiments, et le temps était aussi beau que les jeunes filles peuvent désirer de le voir au mois de mai, quand Joé se mit tout à coup à amener ses vergues, à coucher ses mâts, et à jeter toutes ses ancres de rechange. Il alla même jusqu'à s'amarrer au moyen de deux câblots à une jonque qui était échouée un peu en avant de lui. Cela fit parler les capitaines des autres bâtiments, et quelques-uns d'entre eux vinrent lui demander pourquoi il agissait ainsi. Joé leur dit qu'il se préparait pour le typhon ; et quand ils lui demandèrent ce qui lui faisait croire qu'il y aurait un typhon, il prit un air grave, secoua la tête, et dit qu'il en avait de bonnes raisons, mais que c'était son secret. S'il les eût expliquées, on aurait ri à ses dépens ; mais en voyant un homme à cheveux gris, qui avait passé quarante ans en mer, se préparer si sérieusement à une tempête, les autres en firent autant ; car les bâtiments suivent l'exemple les uns des autres, comme les moutons passent par le même trou dans une haie. Eh bien ! la nuit suivante, le typhon arriva tout de bon, et il fut si terrible, que Joé dit qu'il pouvait voir les maisons dans la lune, attendu que le vent avait balayé tout l'air de l'atmosphère.

— Mais quel rapport cela a-t-il avec la théière, capitaine ?

— C'en est la vie et l'âme, monsieur John Effingham. Les capitaines qui étaient dans le port furent si enchantés de la prescience de Joé qu'ils se cotisèrent pour lui faire présent de cette théière, en témoignage de reconnaissance et d'estime. Il était devenu populaire parmi eux, monsieur Dodge, et ce fut de cette manière qu'ils le prouvèrent.

— Mais comment avait-il pu savoir que ce fléau devait arriver ? demanda Eve, dont la curiosité s'était éveillée en dépit d'elle-même ; il n'est pas possible qu'il l'eût appris par des voies surnaturelles.

— C'est ce que personne ne pouvait dire, car Joé était bâti en presbytérien, et il savait arrimer ses secrets. Ce ne fut que dix ans après qu'on découvrit la vérité. Il était alors très-vieux, infirme, et criblé de rhumatismes. Un jour qu'il en souffrait une violente attaque, la nature ne put y résister, et il s'écria trois fois : « Le typhon ! le typhon ! le typhon ! » ce qui éventa la mèche. Et bien sûrement nous eûmes le même jour un ouragan terrible venant du nord. Mais, pour cette fois, il n'y gagna ni théière, ni aucun autre signe de popularité. — Et, à présent, Messieurs et dames, quand vous serez en Amérique, vous pourrez dire que vous savez l'histoire de Joé Bunk et de sa théière.

Le capitaine Truck aspira deux ou trois fois son cigare, et l'ôtant ensuite de sa bouche, d'où la fumée sortait en colonne perpendiculaire, il resta quelque temps la tête levée et les yeux fixés sur le firmament. Ses yeux, qui semblaient attachés sur quelque objet particulier, ne pouvaient manquer de faire tourner tous les autres du même côté, et au bout de quelques instants tous ceux qui l'entouraient avaient la tête levée pour regarder, ils n'auraient su dire quoi.

— Faites monter sur le pont le quart qui vient d'être relevé, monsieur Leach, dit enfin M. Truck; et Eve remarqua qu'il jeta son cigare, quoiqu'il ne fît que de commencer de fumer; signe certain, à ce qu'elle pensa, qu'il se préparait à donner des ordres.

Tout l'équipage fut bientôt réuni, et l'on fit un effort pour mettre le cap au sud. Le calme effrayant de l'atmosphère rendait cette manœuvre difficile; on y réussit pourtant, en profitant de quelques souffles de vent passagers, qui ressemblaient à des soupirs de l'air. Le capitaine fit ensuite monter du monde sur les vergues, pour serrer toutes les voiles, à l'exception des trois huniers et de la misaine; la plupart ayant seulement été carguées pour attendre le résultat. Tous ceux qui n'avaient jamais été sur mer virent dans ces dispositions la preuve que le capitaine Truck s'attendait à un changement de temps soudain et sérieux. Cependant, comme il ne montrait aucune inquiétude, ils espérèrent qu'il ne faisait que prendre des mesures de prudence. M. Effingham ne put s'empêcher de lui demander s'il existait quelques motifs pressants pour les préparatifs qu'on faisait avec tant d'activité, quoique dans le plus grand ordre.

— Ce n'est pas une affaire de rhumatisme, répondit le facétieux capitaine. Regardez là, Monsieur, et vous aussi, ma chère miss Effingham. — C'était une sorte de familiarité paternelle que l'honnête capitaine se permettait avec toutes les jeunes personnes non mariées qui se trouvaient sur son bord, tant en vertu de son rang, que parce qu'il était un vieux garçon, touchant à la soixantaine. — Regardez aussi, *Mamselle*, car je suppose que vous pouvez comprendre les nuages, quoique ceux-ci ne viennent pas de France. Ne voyez-vous pas de quelle manière ces coquins de moricauds se rapprochent? Ils sont à comploter quelque chose, je vous en réponds.

— Il est certain que ces nuages roulent l'un sur l'autre et s'entrechoquent, dit Eve qui avait été frappée de la beauté étrange de leurs évolutions, et ils présentent un tableau aussi noble qu'effrayant; mais si leur vol aérien cache quelque présage secret, j'avoue que je n'y comprends rien.

— Vous n'avez pas de rhumatisme, miss Effingham, dit le capitaine d'un ton badin; vous êtes trop jeune, trop jolie, et j'ose dire trop moderne, pour avoir une maladie du vieux temps. Mais s'il est une catégorie infaillible, c'est que rien dans la nature ne conspire sans objet.

— Mais je ne crois pas que des vapeurs circulant dans les airs puissent former une conspiration, dit Eve en riant, quoique ce puisse être une catégorie.

— Vous avez peut-être raison. — Qui le sait cependant? Les chiens, les chevaux, les autres animaux s'entendent l'un l'autre; n'est-il pas aussi aisé de supposer qu'il en est de même des choses inanimées? Nous n'y connaissons rien, et par conséquent le mieux est de ne rien dire. Si les hommes ne parlaient que de ce qu'ils connaissent, on pourrait retrancher la moitié des mots contenus dans les dictionaires. — Mais, comme je le remarquais, vous voyez que ces nuages se rassemblent, et se préparent à partir, parce qu'ils ne peuvent rester beaucoup plus longtemps où ils sont.

— Et pourquoi seront-ils forcés à disparaître?

— Faites-moi le plaisir de tourner vos yeux de ce côté-là, au nord-ouest. N'y voyez-vous pas une ouverture qui a l'air d'un lion accroupi?

— Je vois certainement une bande de lumière, ou pour mieux dire une ligne étroite de l'azur du firmament, à l'endroit où la mer semble toucher le ciel, et il n'y a qu'un moment qu'elle vient de paraître. Est-ce un signe que le vent soufflera de ce côté?

— Tout aussi bien que lorsque vous ouvrez votre fenêtre c'est un signe certain que vous avez dessein d'y passer la tête.

— Ce qu'une jeune personne bien élevée fait rarement, dit mademoiselle Viefville, et surtout dans une ville.

— Vraiment? Eh bien! dans notre ville sur la Rivière, nos femmes passent leur tête à leurs fenêtres la moitié du temps. Mais je ne prétends pas, *Mamselle*, être juge des convenances à cet égard; je vous dirai seulement que je connais assez bien les vents pour savoir ce qu'ils veulent faire quand ils ouvrent leurs volets. Cette ouverture au nord-ouest est un signe certain qu'il sortira quelque chose de la fenêtre bien élevé ou non.

— Mais, dit Eve, les nuages qui couvrent notre tête et ceux qui sont plus loin au sud semblent marcher vers cette ouverture, au lieu d'en venir.

— Cela est tout naturel, miss Effingham, parfaitement naturel. Quand un homme a bien résolu de s'enfuir, c'est alors qu'il fait le fanfaron; mais pour un pas qu'il fait en avant, on peut en attendre deux en arrière. Vous voyez souvent le pétrel s'approcher d'un bâtiment, comme s'il voulait venir à l'abordage, mais il a soin de mettre la barre dessous avant d'arriver dans les agrès. Il en est de même des nuages et de toute autre chose dans la nature. Vattel dit que vous pouvez faire semblant de vouloir combattre quand la nécessité l'exige ; mais qu'un bâtiment neutre ne peut tirer un coup de canon, à moins que ce ne soit contre un pirate. Or ces nuages font bonne mine à mauvais jeu ; mais dans quelques minutes vous les verrez virer de bord, comme saint Paul le fit avant eux.

— Saint Paul, capitaine !

— Oui, ma chère miss Effingham, faire un demi-tour à droite. Eve fronça légèrement les sourcils, car quelques-unes de ces images nautiques lui déplaisaient, quoiqu'il lui fût impossible de ne pas sourire en secret de l'étrange association d'idées qu'on remarquait souvent dans les discours figurés du capitaine Truck ; son esprit était un singulier chaos formé par une éducation religieuse, au moins quant aux formes extérieures, par une habitude d'observation vague, et par une grande expérience du monde ; et, comme il le disait lui-même, il tirait ses propos de son fonds de connaissances, comme Saunders, le maître d'hôtel, tirait le beurre des saloirs, c'est-à-dire en prenant ce qui se trouvait en dessus.

Sa prédiction relativement aux nuages se vérifia, car il ne s'écoula pas une demi-heure avant qu'on vît les nuages fuir devant le vent du nord-ouest, comme les moutons devant un chien de berger, pour employer la figure du capitaine. L'horizon s'éclaircit avec une promptitude presque surnaturelle ; et, dans un espace de temps étonnamment court, la voûte du ciel, qui avait été couverte de vapeurs sombres et menaçantes, en fut entièrement dégagée, sauf quelques masses blanchâtres groupées vers le nord, comme une batterie d'artillerie dirigeant son feu sur quelque malheureux canton.

Le Montauk annonça par le craquement de tous ses bois, qu'il sentait l'arrivée du vent, et bientôt il commença à refouler les eaux et à obéir à la manœuvre. Le premier choc ne fut pas très-violent ; cependant, comme le capitaine avait résolu de suivre sa route, autant que la direction du vent le permettait, il trouva bientôt qu'il avait autant de voiles déployées qu'il en pouvait porter. Vingt minutes après, il fut obligé de prendre un ris, et au bout d'une demi-heure il fallut en prendre un second.

Son attention se porta alors sur *l'Ecume*, qui commençait à reprendre à son tour la supériorité. Il calcula la possibilité de l'éviter s'il suivait beaucoup plus longtemps la même route. Il avait espéré que *le Montauk* étant beaucoup plus grand que la corvette, il aurait l'avantage quand les deux bâtiments ne porteraient plus que leurs huniers aux bas ris, ce qu'il prévoyait devoir arriver ; mais il fut bientôt obligé de renoncer à cette espérance. Il avait résolu de ne pas

s'avancer plus au sud, ce qui l'aurait conduit trop loin, et enfin il prit la détermination de gouverner vers les Açores, qui étaient aussi près de sa route qu'il était possible, et de jeter l'ancre dans un port neutre, s'il se trouvait serré de trop près.

Il eut une conférence à ce sujet avec son premier lieutenant, et il la termina en disant : — Il ne peut nous rejoindre avant la nuit, Leach. L'ouragan sera alors à son plus fort, si nous devons avoir un ouragan, et alors il ne se souciera pas de mettre ses embarcations en mer. Pendant ce temps, nous approcherons des Açores, et il n'y aura rien de bien extraordinaire si je trouve l'occasion de lui jouer un tour. Quant à offrir *le Montauk* en sacrifice sur l'autel du tabac, c'est une catégorie qu'il faut éviter au prix de toute catastrophe, pourvu qu'elle ne conduise pas à la confiscation du bâtiment.

CHAPITRE XI.

> Moi qui fais tomber une légère rosée sur les feuilles endormies, j'amène aussi les tempêtes — les tempêtes de la mémoire, de la pensée, des remords. Respecte-moi, ô terre ! je suis la nuit solennelle.
> MISTRESS HEMANS.

NOTRE tâche, en ce moment, n'est pas de peindre les phénomènes de l'Océan, mais de tracer le tableau d'un ouragan régulier quoique furieux. Un des premiers symptômes de sa violence fut la disparition des passagers, qui quittèrent le pont les uns après les autres pour regagner chacun leur chambre. Il n'y resta que John Effingham et Paul Blunt. Ils avaient fait tous deux, à ce qu'il paraissait, tant de voyages sur mer, qu'ils s'étaient familiarisés avec la navigation, et que ni le mal de mer, ni les alarmes d'aucune espèce, ne pouvaient avoir de prise sur eux.

Les pauvres passagers de l'avant ne firent pas exception. Horriblement tourmentés par le mal de mer, ils se réfugièrent dans leurs antres, se repentant de bon cœur, pour le moment, d'avoir bravé les dangers de l'Océan. La femme de Davis aurait voulu alors être exposée à tout le ressentiment de son oncle ; et, quant à son mari, M. Leach, qui traversa cette scène d'abomination pour voir si tout était dans l'ordre, dit au capitaine que M. Grab ne le toucherait pas plus qu'un torchon sale, s'il le voyait dans l'état où il était.

Le capitaine Truck rit beaucoup de cette remarque, car il avait pour les cas ordinaires du mal de mer autant de compassion qu'un jeune chat en montre pour les souffrances de la première souris qu'il a prise, et qu'il s'amuse à tourmenter avant de la manger.

— C'est ce qu'il mérite pour s'être marié, monsieur Leach ; et prenez garde de ne pas faire le même abus des occasions que vous pourrez trouver, dit-il avec un air content de lui-même, en comparant trois ou quatre cigares placés dans le creux de sa main, comme pour voir lequel était le plus digne d'être serré le premier entre ses lèvres ; le mariage, monsieur Blunt, ne fait ordinairement que disposer un homme à avoir des nausées : rien n'est plus facile que de mettre en mouvement la pompe de l'estomac dans un homme marié. — Cela n'est-il pas vrai comme l'Evangile, monsieur John Effingham?

M. John Effingham ne répondit rien ; mais le jeune homme qui admirait sa belle taille et ses traits nobles fut singulièrement frappé de l'amertume, pour ne pas dire de l'angoisse, empreinte dans le sourire par lequel il annonça son assentiment. Tout cela fut perdu pour le capitaine Truck, qui continua *con amore*:

— Une des premières questions que je fais relativement à chacun de mes passagers, c'est pour savoir s'il est marié. Si la réponse est non, je le regarde comme un bon compagnon dans un coup de vent comme celui-ci, — comme un homme qui peut fumer, — qui sait plaisanter quand un hunier est déralingué, — en un mot, comme un bon compagnon pour une catégorie. Si l'un de vous, Messieurs, avait une femme, elle vous tiendrait en ce moment sous le pont, de peur que vous ne glissiez par un dalot, — qu'une lame ne vous jette par dessus le bord, ou que le vent n'emporte vos sourcils ; et en ce cas, je perdrais l'honneur de votre compagnie. Un homme doit trouver ses aises trop précieuses pour les risquer sur la mer du mariage. Quant à vous, monsieur John Effingham, vous avez lové votre câble pendant environ un demi-siècle, et je n'ai pas beaucoup d'inquiétude pour vous ; mais M. Blunt est encore assez jeune pour être en danger. Je voudrais que Neptune vînt à bord, jeune homme, pour vous faire prêter serment d'être fidèle et constant à vous-même.

Paul Blunt sourit, rougit un peu, et reprenant courage lui répondit sur le même ton :

— Au risque de perdre votre bonne opinion, capitaine, et même en face de cet ouragan, je me déclarerai l'avocat du mariage.

— Si vous voulez me répondre à une question, mon cher Monsieur, je vous dirai si votre cas est désespéré ou non.

— Avant que j'y consente, vous devez sentir qu'il faut que je sache quelle est cette question.

— Avez-vous pris votre parti quant à la femme que vous épouserez? Si ce point est décidé, je ne puis que vous recommander le souchong de Joé Bunk, et vous conseiller de vous soumettre à votre destin, car personne ne peut y résister. La raison qui fait que les Turcs adoptent le dogme de la prédestination, c'est le nombre de leurs femmes. On a écrit bien des livres pour démontrer pourquoi ils livrent si aisément leur cou au sabre ou au cordon; j'ai été en Turquie, Messieurs, et je connais un peu les manières de ce pays : la raison qui fait qu'ils se soumettent si facilement à être décapités ou étranglés, c'est qu'ils sont toujours prêts à se pendre. — Eh bien ! Monsieur, quel est le fait? Avez-vous décidé ou non qui sera votre femme ?

Quoiqu'il n'y eût dans tout cela que le badinage permis entre des compagnons de voyage, Paul Blunt l'écouta avec un air gauche qu'on aurait à peine attendu d'un jeune homme qui connaissait le monde aussi bien que lui. Il sourit, rougit, fit un effort pour rendre le capitaine plus grave en prenant un air de réserve, et il finit par aller se promener sur une autre partie du pont sans lui répondre. Heureusement l'honnête capitaine n'y fit aucune attention, car il avait en ce moment des ordres à donner pour une manœuvre. Paul se flatta que personne ne songeait plus à lui, mais une ombre qu'il vit à côté de la sienne le fit tressaillir. Il tourna la tête avec vivacité, et vit M. John Effingham.

—Sa mère était un ange, dit celui-ci; et je l'aime aussi, mais c'est comme un père.

—Monsieur ! — monsieur Effingham ! — ces remarques sont soudaines et inattendues, et je ne suis pas préparé à en entendre de semblables.

—Vous imaginez-vous qu'un homme aussi attaché que moi à cette charmante créature ait pu ne pas s'apercevoir de votre passion pour elle? Vous l'aimez *tous deux*, et elle mérite la plus vive affection de mille autres. — Ayez de la persévérance; car, quoique je n'aie pas de voix dans cette affaire, quoique je craigne d'avoir peu d'influence sur la détermination qu'elle prendra, une étrange sympathie me fait désirer que vous réussissiez. Mon domestique m'a dit que vous vous étiez déjà vus, et au su de son père, et c'est tout ce que je demande; car mon parent est prudent. Il vous connaît probablement, quoique je ne vous connaisse pas.

Les joues de Paul étaient en feu, et il pouvait à peine respirer. Ayant compassion de sa détresse, John Effingham sourit avec bonté; et il allait le quitter, quand il sentit son bras fortement serré par la main du jeune homme.

— Ne me quittez pas encore, monsieur Effingham, je vous en supplie, lui dit-il avec vivacité; il m'est si peu ordinaire d'entendre quelqu'un me parler avec confiance, ou même avec bonté, que c'est une circonstance précieuse pour moi. Je me suis laissé troubler l'esprit par les remarques faites au hasard par cet homme bien intentionné, mais irréfléchi : dans un moment je serai plus calme, — plus homme, — moins indigne de votre attention et de votre pitié.

— La pitié est un mot dont je n'aurais jamais songé à me servir pour l'appliquer à la personne, au caractère, et, comme je l'espérais, à la destinée de M. Blunt; et j'espère que vous ne me soupçonnerez d'aucun esprit d'impertinence. J'ai conçu pour vous, jeune homme, un intérêt que j'ai depuis longtemps cessé d'éprouver pour la plupart de mes semblables, et je me flatte que ce sera une excuse suffisante de la liberté que j'ai prise. Peut-être le soupçon que vous désiriez obtenir l'estime de ma jeune cousine en a-t-il été la principale cause?

— Vous ne vous êtes pas trompé, Monsieur. Qui pourrait être indifférent à l'estime d'une jeune personne en qui l'on trouve un esprit si simple, et pourtant si cultivé; — d'une femme si éloignée de la froide coquetterie et des qualités superficielles de l'Europe, et de la puérilité ignorante de l'Amérique; — en un mot, d'une créature qui réunit si bien en elle tout ce que pourraient désirer le père le plus passionné et le frère le plus sensible!

John Effingham sourit, car sourire d'une faiblesse était une habitude chez lui, mais son œil brillait. Après un moment d'hésitation, il se tourna vers son jeune compagnon, et avec une délicatesse d'expression et des manières pleines de dignité, qu'il employait mieux que personne quand il le voulait, il lui fit une question qui était présente à ses pensées depuis plusieurs jours, quoiqu'il n'eût pas encore trouvé une occasion convenable pour la lui faire.

— Votre franchise, votre confiance, m'enhardissent, — moi qui devrais être honteux de me vanter d'avoir plus d'expérience, quand je reconnais chaque jour combien peu j'en ai profité, — à chercher à rendre notre connaissance plus intime en vous parlant de choses qui vous touchent personnellement, et auxquelles un étranger n'aurait pas le droit de faire la moindre allusion. Vous parlez des pays que vous venez de mentionner, de manière à me convaincre que vous les connaissez également tous deux.

— J'ai souvent traversé l'Océan, et des deux côtés j'ai beaucoup vu la société pour un homme de mon âge. Ce qui augmente peut-être l'intérêt que m'inspire votre aimable cousine, c'est que, de même que moi, elle n'appartient proprement ni à l'un ni à l'autre pays.

— Prenez bien garde qu'elle ne vous entende parler ainsi, mon jeune ami ; car Eve Effingham s'imagine être aussi Américaine de caractère que de naissance. Simple et sans aucun art, — dévouée à ses devoirs, — religieuse sans fanatisme, — amie des institutions libérales, sans vouloir des choses impraticables ; — femme de cœur et d'âme, vous trouverez difficile de lui persuader qu'avec tout son usage du monde et tous ses talents, elle est quelque chose de plus qu'une humble esquisse de son *beau idéal*.

Paul sourit ; ses yeux rencontrèrent ceux de John Effingham, et leur expression mutuelle leur apprit à tous deux, qu'indépendamment de leur admiration pour celle qui venait d'être le sujet de leur conversation, ils pensaient de même sur bien des points.

— Je sens que je ne me suis pas expliqué avec vous comme j'aurais dû le faire, monsieur Effingham, dit le jeune homme après un moment de silence ; mais dans un moment plus convenable, je profiterai de votre bonté pour être moins réservé. Le sort m'a jeté dans le monde presque sans amis, tout à fait sans parents, du moins en ce qui concerne mes rapports avec eux, et j'ai peu connu l'affection dans les paroles et dans les effets.

John Effingham lui serra la main ; et, à compter de ce moment, il s'abstint de faire aucune allusion aux affaires personnelles de Paul Blunt, ayant quelque soupçon que c'était un sujet pénible pour ce jeune homme. Il savait qu'il se trouvait en Europe des milliers de personnes des deux sexes qui, quoique ayant reçu une bonne éducation, et y joignant quelquefois de la fortune, trouvaient pénible d'avoir à parler de leur histoire privée, par suite d'une naissance illégitime, d'un divorce ou de quelque autre infortune de famille, et il en conclut que Paul Blunt était probablement de ce nombre. Malgré son attachement pour Eve, il avait trop de confiance dans le jugement de sa cousine et dans la prudence de M. Effingham pour supposer qu'ils eussent admis légèrement ce jeune homme au nombre de leurs connaissances ; et quant à ce qui n'était que préjugé, il en était entièrement exempt. Peut-être même la mâle indépendance de son caractère faisait-elle que, sur des points semblables, il touchait presque à l'ultra-libéralisme.

Dans cette courte conversation, à l'exception de l'allusion peu équivoque, quoique légère, que John Effingham avait faite à M. Sharp, il n'avait été question ni de lui, ni de son attachement supposé pour Eve ; tous deux étaient convaincus que cet attachement existait, et c'était peut-être une raison pour que chacun d'eux eût évité d'en parler, car c'était un sujet délicat, et qu'ils désiraient également oublier dans leurs moments plus calmes. Leur entretien prit alors un caractère plus général, et pendant plusieurs heures de la journée, tandis que le mauvais temps retenait sur le pont les autres passagers, ils restèrent ensemble, jetant ce qu'il était peut-être déjà trop tard pour appeler les bases d'une solide et sincère amitié. — Jusqu'alors Paul Blunt avait regardé John Effingham avec une sorte de crainte et de méfiance, mais il le trouva si différent de ce qu'on en disait, et de ce que sa propre imagination se l'était figuré, que la réaction qui s'opéra dans ses sentiments servit à les rendre plus vifs et à augmenter son respect. — D'une autre part, le jeune homme montra tant de modestie et de bon sens, tant de connaissances fort au-dessus de ce qu'on devait attendre de son âge, tant d'intégrité et de justice dans tous ses sentiments, que lorsqu'ils se séparèrent, le vieux garçon regrettait que la nature ne l'eût pas rendu père d'un tel fils.

Pendant tout ce temps, l'oisiveté n'avait pas régné sur le pont. Le vent avait toujours augmenté, et quand le soleil se coucha, le capitaine Truck déclara dans la grande chambre que c'était « un ouragan de construction régulière. » Voile sur voile avait été carguée ou serrée, et enfin *le Montauk* ne portait plus que la misaine, le grand hunier aux bas ris, le petit foc, et le foc d'artimon ; encore doutait-on s'il ne faudrait pas bientôt serrer le hunier, et prendre un ris à la misaine.

Le cap était au sud-sud-ouest ; le bâtiment avait une forte dérive, et à peine conservait-il assez de vitesse pour qu'on pût gouverner. *L'Ecume* avait gagné plusieurs milles pendant le temps qu'elle avait pu porter ses voiles, mais elle avait été obligée de les diminuer aussi quand la force du vent et de la mer avait forcé M. Truck à amarrer sa roue. Cet état de choses opéra de nouveau un changement considérable dans leur position relative. Le lendemain on ne voyait que le haut des mâts de la corvette, du côté du vent du paquebot. Sa construction fine et la qualité qu'elle avait de mieux de tenir le vent lui avaient donné cet avantage, comme cela convenait à un bâtiment destiné à la guerre et à la chasse.

Le capitaine Truck ne fit pourtant qu'en rire. On ne pouvait en venir à l'abordage par un temps semblable, et peu lui importait où était le croiseur, pourvu qu'il eût le temps de lui échapper quand l'ouragan cesserait. Au total, il était plus charmé que fâché de la situation présente des choses, car elle lui offrait une chance de s'échapper sous le vent aussitôt que le temps le permettrait, si toutefois la corvette ne disparaissait pas tout à fait au vent.

Ce fut principalement à ses deux lieutenants que le digne capitaine fit connaître ses espérances et ses craintes, car bien peu de passagers se montrèrent sur le pont avant l'après-midi du second jour de l'ouragan : alors seulement leurs souffrances physiques diminuèrent, mais ce fut pour faire place à des appréhensions qui leur permettaient à peine de jouir de ce changement. Vers midi, le vent prit une telle force, et les lames se brisèrent contre les bossoirs du paquebot avec une violence si redoutable, qu'il devint douteux qu'il pût rester plus longtemps dans sa situation actuelle. Plusieurs fois dans la matinée, les lames lui avaient fait faire des arrivées, et avant que le paquebot pût reprendre sa première position, la lame suivante se brisait contre sa hanche, et couvrait le pont d'un déluge d'eau. Il y a un danger particulier à être à la cape pendant un ouragan, car si le bâtiment tombe dans le creux des lames, et est atteint dans cette situation par une vague d'une force extraordinaire, il court le double risque d'être engagé, ou d'avoir ses ponts balayés par la cataracte qui s'y précipite par le travers et qui entraîne tout ce qui s'y trouve. Ceux qui ne sont pas marins se font peu d'idée du pouvoir des eaux quand elles sont poussées par le vent pendant une tempête, et la description des avaries souffertes par un bâtiment les surprend quand ils lisent la description de quelque catastrophe navale. L'expérience a pourtant prouvé que les plus grandes embarcations, les canons, et des ancres d'un poids énorme, sont arrachés à tout ce qui les retient et entraînés à la mer.

La manœuvre de mettre à la cape a un double avantage, tant qu'on peut s'y maintenir, puisqu'elle présente au choc des vagues la portion la plus forte du bâtiment, et qu'elle a le mérite de le tenir le plus près possible de la direction qu'on désire ; mais c'est une mesure de sûreté qui est souvent adoptée quand un bâtiment ne peut faire vent arrière ; et à laquelle, au contraire, on renonce pour faire vent arrière quand la violence du vent et de la mer rendent la cape dangereuse. La qualité d'un bâtiment n'est jamais si bien éprouvée que par la manière dont il se comporte, comme on dit, dans ces moments difficiles ; et le savoir du meilleur officier de marine ne peut être établi d'une manière si triomphante dans aucune partie de sa profession, que lorsqu'il a eu l'occasion de prouver qu'il a su si bien l'arrimer, qu'il est parvenu à donner à son navire toutes les qualités désirables et à en tirer le meilleur parti possible.

A moins d'être marin, on est porté à croire que rien n'est plus facile à un bâtiment que de voguer vent arrière, quelle que soit la force d'un ouragan : le marin seul en connaît les difficultés et les dangers. Mais nous n'en parlerons pas d'avance, et nous les laisserons se présenter régulièrement dans le cours de cette relation.

Longtemps avant midi, le capitaine Truck avait prévu qu'il serait forcé de mettre son bâtiment vent arrière. Il différa cette manœuvre jusqu'au dernier moment, par des raisons qui lui parurent suffisantes. Plus il tenait son bâtiment à la cape, moins il s'écartait de sa route, et plus il était probable qu'il pourrait échapper à *l'Écume* à la dérobée, puisque ce bâtiment, en maintenant mieux sa position, permettait au *Montauk* de dériver graduellement sous le vent, et par conséquent de se placer à une plus grande distance.

Mais enfin la crise n'admit plus de délai. Tout l'équipage fut appelé sur le pont ; le grand hunier fut cargué, non sans difficulté, et alors le capitaine Truck donna à contre-cœur l'ordre d'amener le foc d'artimon, de mettre la barre tout au vent, et de faciliter le virement en brassant les vergues. C'est en tout temps un changement critique, comme nous l'avons déjà dit, car le bâtiment est exposé aux chocs des lames, qui acquièrent une grande force par l'inertie du bâtiment. Pour exécuter cette manœuvre, le capitaine Truck monta quelques enfléchures dans les haubans de misaine, car il était trop bon marin pour offrir au vent la moindre prise, ne fût-ce que son corps, sur les haubans de l'arrière. De là, les yeux fixés du côté du vent, il attendit un moment où la brise serait moins furieuse, et où ces fortes lames se succéderaient avec moins de rapidité. Dès que cet instant fut arrivé, il fit un signe de la main, et la barre, qui était dessous, fut mise sur-le-champ toute au vent.

C'est toujours un moment inquiétant sur un bâtiment, car on ne peut prévoir ce qui s'ensuivra. C'est comme une bordée tirée par un navire ennemi. Une douzaine d'hommes peuvent être enlevés en un instant, et le bâtiment lui-même être jeté sur le côté. John Effingham et Paul Blunt, les seuls passagers qui fussent sur le pont, sentaient le danger, et ils épiaient le moindre changement avec l'intérêt d'hommes qui avaient tant à perdre. D'abord le mouvement du paquebot fut lent, et ne répondit pas à l'impatience de l'équipage. Ensuite son tangage cessa, et il tomba lourdement dans le creux formé par deux lames, comme s'il n'eût jamais dû en sortir. Sa chute fut telle, que sa misaine battit avec une force qui ébranla tout le bâtiment de l'avant à l'arrière. En se relevant sur la lame suivante, celle-ci glissa heureusement sous le bâtiment, dont la mâture élevée s'inclina fortement au vent. Quand il reprit son équilibre, *le Montauk* fendit l'eau, et quand une autre lame arriva, il avait déjà acquis de la vitesse. Cependant la mer continuait à déferler sur son flanc, le jetant sous le vent et le faisant incliner jusqu'à plonger les bras des basses vergues à la mer. Des cataractes d'eau tombaient sur le pont avec le bruit sourd de la terre qu'on jette sur un cercueil. En ce moment important, le vieux John Truck, qui était debout sur les haubans de misaine, la tête nue, complètement trempé par l'eau qui jaillissait du haut des vagues, et ses cheveux gris en désordre, cria d'une voix de stentor : Brassez la vergue de misaine au vent, mes amis, et brassez-la rapidement ! Chacun déploya toute sa force. La pression presque irrésistible du vent sur la voile rendit la manœuvre très-lente ; mais à mesure que le vent la frappait plus perpendiculairement, la voile entraîna le paquebot avec une force égale à celle d'une machine à vapeur. Avant qu'une autre lame pût arriver, *le Montauk* fendait la mer avec une rapidité furieuse ; et quoiqu'il présentât encore sa hanche aux vagues, sa vélocité les privait d'une grande partie de leur force et diminuait le danger.

Le mouvement du bâtiment devint sur-le-champ plus facile, quoiqu'il fût encore bien loin d'être à l'abri de tout péril. N'étant plus forcé de faire tête aux vagues, mais les accompagnant dans leur course, son roulis cessa de troubler l'organisation des passagers, et avant que dix minutes se fussent écoulées, la plupart d'entre eux étaient montés sur le pont pour respirer plus librement. Parmi eux se trouvait Eve, appuyée sur le bras de son père.

C'était une scène effrayante, quoiqu'on pût la contempler alors sans aucun risque personnel. Les passagers se rassemblèrent autour de la jeune et charmante fille, qui considérait avec une attention muette cet imposant spectacle, désirant savoir quel effet il produirait sur elle. Elle paraissait frappée d'admiration, mais non alarmée ; car l'habitude de compter sur les autres fait assez souvent que les femmes sont moins sujettes à la crainte que ceux que leur sexe semble rendre responsables des événements.

— Mademoiselle Viefville a promis de me suivre, dit-elle, et comme j'ai un droit national à être comptée au nombre des marins, vous ne devez pas vous attendre à des vapeurs, ni même à des extases ; mais réservez-vous, Messieurs, pour la *Parisienne*.

La Parisienne arriva bientôt, les mains levées vers le ciel, et les yeux pleins d'admiration, de surprise et de crainte. Sa première exclamation lui fut arrachée par la terreur, et fixant alors ses yeux sur Eve, elle s'écria en fondant en larmes : — *Ah ! ceci est décisif ! Quand nous nous séparerons, ce sera pour la vie !*

— En ce cas, nous ne nous séparerons jamais, ma chère demoiselle ; vous n'avez qu'à rester en Amérique, pour éviter à l'avenir tous les inconvénients de l'Océan. Oubliez seulement le danger, et admirez la sublimité de ce terrible panorama.

Eve pouvait bien nommer ainsi cette scène. Les périls qu'on avait alors à éviter étaient que le bâtiment ne coiffât, ou ne vînt à engager. Rien ne peut sembler plus facile, comme on l'a dit, que de voguer vent arrière, cette expression étant passée en proverbe ; mais y il a des instants où même un vent favorable devient une source féconde de dangers, et nous allons les expliquer en peu de mots.

La vitesse de la lame, quand elle est poussée par un ouragan, est souvent égale à celle du bâtiment, et quand cela arrive, le gouvernail devient inutile, parce qu'il tire tout son pouvoir de son action comme corps mobile contre un élément comparativement en repos. Quand le bâtiment et l'eau avancent ensemble avec la même vitesse, et dans la même direction, ce pouvoir du gouvernail est nécessairement paralysé, et le bâtiment, dans sa route, reste à la merci des flots et du vent. Ce n'est pas tout encore. La rapidité des vagues excède quelquefois celle du navire, et alors l'action du gouvernail se fait sentir momentanément en sens inverse, et produit un effet exactement contraire à celui qu'on désire. Il est vrai que cette dernière difficulté ne dure jamais que quelques instants, sans quoi la situation du marin serait désespérée ; mais elle se présente souvent, et si irrégulièrement, qu'elle défie les calculs et déjoue la prudence. Dans le cas dont il s'agit, *le Montauk* semblait voler sur l'eau, tant son sillage était rapide ; mais quand une lame furieuse l'atteignait dans sa course, il plongeait lourdement dans la mer, comme un animal blessé, qui, désespérant d'échapper, se laisse tomber sur le gazon, résigné à son destin. Dans de pareils instants, le haut des vagues passait à ses côtés comme des vapeurs dans l'atmosphère, et un homme sans expérience aurait pu croire que le bâtiment était stationnaire, quoiqu'il voguât réellement avec une vélocité effrayante.

Il est à peine nécessaire de dire que, pour courir vent arrière, il faut faire la plus grande attention au gouvernail, pour pouvoir replacer promptement le bâtiment dans la direction convenable s'il en est écarté par la force des vagues ; car, indépendamment de ce qu'il perd son aire dans le bouillonnement des eaux, — péril imminent en lui-même si on le laisse exposé à l'attaque de la vague suivante, — ses ponts seraient du moins balayés, quand même il échapperait à une calamité encore plus sérieuse.

Acculer est un danger d'une autre espèce, et l'on y est aussi particulièrement exposé en faisant voile vent arrière. Ce mot exprime simplement la situation d'un bâtiment atteint par une vague pendant qu'il fuit devant elles, quand le haut d'une lame rompue par la résistance qu'elle éprouve tombe sur le pont par-dessus la poupe. Pour éviter ce risque, on fait porter des voiles au bâtiment le plus longtemps qu'il est possible, car on n'a jamais plus de sécurité en fuyant vent arrière, que lorsqu'on imprime au bâtiment le plus grand degré de vitesse possible. Par suite de ces dangers compliqués, les meilleurs voiliers, et qui sont les plus faciles à gouverner, sont ceux qui voguent le mieux vent arrière. Il y a pourtant une espèce de vitesse qui devient en elle-même une source de nouveau danger : ainsi on a vu des bâtiments extrêmement fins s'enfoncer tellement dans les montagnes liquides qu'ils ont en avant, et recevoir ainsi sur leurs ponts une telle masse d'eau, qu'ils ne se relèvent jamais. C'est un destin auquel sont particulièrement exposés ceux qui entreprennent de gouverner un bâtiment américain sans en bien connaître toutes les qualités. Mais dans le cas dont il s'agit ce danger n'était pas à craindre, les formes arrondies et l'avant renflé du *Montauk* l'en mettant à l'abri, quoique le capitaine Truck dît qu'il doutait que la corvette aimât à suivre l'exemple qu'il lui avait donné.

L'événement parut confirmer l'opinion du capitaine à cet égard; car, lorsque la nuit tomba, on apercevait à peine le haut de la mâture de *l'Écume*, qui se dessinait à l'horizon comme les fils déliés de la toile d'une araignée. Au bout de quelques minutes ces faibles traces de sa présence dans ces parages disparurent aux yeux de ceux qui étaient au haut des mâts, car sur le pont il y avait plus d'une heure qu'on ne les voyait plus.

Les magnifiques horreurs de cette scène s'accrurent avec les ténèbres. Eve et sa famille restèrent encore quelques heures sur le pont, appuyées contre le rouffle, regardant la lumière presque surnaturelle produite par les vagues écumantes, qui rendait le spectacle attrayant et terrible en même temps. La connaissance des dangers qu'ils couraient, semblait même ajouter encore au plaisir, car il en résultait un genre de jouissance sublime et solennel; et ce ne fut qu'une heure après qu'on eut commencé le quart de minuit, qu'ils purent prendre sur eux de renoncer à la vue imposante d'une mer courroucée.

CHAPITRE XII.

> As-tu jamais été à la cour, berger ? — Non, sur ma foi. — En ce cas, tu es damné. — J'espère bien que... — Damné, te dis-je, comme un œuf mal cuit, qui ne l'est que d'un côté. SHAKSPEARE.

Quand tous les passagers furent descendus sous le pont, aucun d'eux ne songea à se coucher. Quelques-uns s'adressaient quelques mots entrecoupés, formant une conversation à peine intelligible ; d'autres essayaient inutilement de faire une lecture ; le plus grand nombre se regardaient les uns les autres en silence, livrés à de fâcheux pressentiments, tandis que le vent sifflait à travers les mâts et les cordages. Eve était dans un salon, assise sur un sofa, la tête appuyée sur l'épaule de son père, et les yeux fixés sur la porte donnant dans la grande chambre, et qui était restée ouverte, car personne ne songeait à s'isoler, à moins que ce ne fût pour faire une prière secrète. M. Dodge lui-même avait cessé d'être rongé par l'envie ; il ne songeait plus à sa démocratie philanthropique et exclusive ; et ce qui convainquait encore mieux que tout ce monde sublunaire avait disparu à ses yeux, c'est qu'il avait oublié ce profond respect pour le rang, qu'avaient manifesté ses efforts pour se lier intimement avec sir George Templemore. Quant au baronnet, il était assis devant une table, la tête appuyée sur ses mains, et on l'entendit une fois exprimer le regret d'avoir jamais pensé à s'embarquer.

Saunders interrompit le sombre silence qui régnait, en faisant ses préparatifs pour le souper. Il couvrit d'une nappe le bout de la table ; un seul couvert qu'il y plaça, indiqua que le capitaine Truck allait dîner, ce qu'il n'avait pas encore fait ce jour-là. Le maître d'hôtel attentif connaissait le goût de son commandant, et avait toujours eu soin de s'y conformer, car on voit rarement une table mieux garnie que celle de la grande chambre ne le fut en cette occasion, du moins quant à la quantité. Indépendamment des pièces de résistance ordinaires, telles que jambon et bœuf fumé, il y avait un canard rôti, des huîtres marinées, — mets qui est presque particulier à l'Amérique, — avec un accompagnement d'anchois, d'olives, de dates, de figues, de raisins, de pommes de terre et de puddings ; le tout servi en ambigu, et sans autre arrangement que d'être placé à la portée du bras du capitaine Truck. Quoique Saunders ne fût pas tout à fait sans goût, il connaissait trop bien les penchants du capitaine, pour négliger le moindre détail important, et il avait un soin tout particulier de placer les plats de manière à en faire comme des rayons divergeant d'un centre commun, qui était le grand fauteuil fixé à demeure que M. Truck aimait à occuper dans ses moments de loisir.

—Vous ferez encore bien des voyages avant de savoir réunir toutes les délicatesses nécessaires pour le dîner d'un homme comme il faut, monsieur Toast, dit M. Saunders à son subordonné, ou, comme on l'appelait quelquefois en plaisantant, au maître-d'hôtel en second, quand ils se furent retirés dans l'office pour attendre l'arrivée du capitaine. Chaque *plat*—Saunders avait fait quelques voyages au Hâvre, et il y avait appris quelques termes de sa profession—chaque *plat* doit être à la portée du bras du *convive*, et surtout s'il s'agit du capitaine Truck, qui n'aime pas à laisser des intervalles dans ses repas. Quant aux *entremesses*, on peut les placer comme on l'entend, comme le sel et la moutarde, pourvu que le *convive* puisse commodément les tirer à lui.

—Je ne sais ce que c'est que des *entremesses*, monsieur Saunders, et je désire excessivement recevoir mes ordres en bon anglais que je puisse comprendre.

—Un *entremesse*, monsieur Toast, est une légère bouchée placée indifféremment entre les aliments solides. Par exemple, supposons qu'on commence par une tranche de cochon salé, on désire naturellement boire un verre de grog ou de porter; et pendant que je prépare le premier breuvage, ou que je débouche une bouteille du second, on se rafraîchit avec un *entremesse*, comme qui dirait une aile de canard, ou une assiette d'huîtres marinées. Il faut que vous sachiez que tous les passagers ne se ressemblent pas; il y en a qui ne font que manger et boire, depuis l'instant qu'on met à la voile, jusqu'à celui où l'on jette l'ancre, tandis que d'autres prennent l'Océan, comme on pourrait dire, sentimentalement.

—Sentimentalement, Monsieur? Je suppose que vous voulez parler de ceux qui ont souvent besoin d'une cuvette?

—Cela dépend du temps. J'en ai vu d'abord qui ne mangeaient pas en une semaine ce qui aurait à peine suffi pour un bon dîner, et qui, ensuite, devenaient des dévorateurs insatiables quand ils étaient *convalissants*. Il y a aussi une grande différence, quand les passagers vivent en bon accord, ou comme chiens et chats; car le bon accord donne de l'appétit, voyez-vous. Cependant les amoureux sont toujours des passagers peu coûteux et faciles à contenter.

—C'est extraordinaire, car je pensais qu'ils n'étaient jamais contents de rien, si ce n'est l'un de l'autre.

—Vous ne vous êtes jamais tant trompé. J'ai connu un amoureux qui n'aurait pas su distinguer une pomme de terre d'un oignon, ou un sac de nuit d'une vieille femme ; mais de tous les hommes, en manière de passagers, l'homme à échantillon est celui que j'*antipathe* le plus. Ces gens-là passeraient toute la nuit à table, si le capitaine y consentait, et resteraient ensuite au lit toute la journée sans y faire autre chose que boire. Mais, pour cette fois, nous avons un agréable assortiment de passagers, et au total, c'est un plaisir et une *condescendance* de les servir.

— Il me semble, monsieur Saunders, qu'ils ressemblent comme deux pois à ceux que nous avons déjà eus.

— Pas plus que la venaison fraîche ne ressemble à du cochon salé, monsieur Toast. — Harmonie parfaite, Monsieur, car la grande chambre est remarquable en ce qui concerne la conduite et le caractère. D'abord, je mets tous les Effinghams au haut bout, ou A, n. 1, comme M. Leach appelle ce bâtiment ; ensuite il y a M. Sharp et M. Blunt, qui sont des gens comme il faut ; — rien n'est plus facile que de distinguer un homme comme il faut, et comme vous avez embrassé une profession dans laquelle j'espère, pour l'honneur de notre couleur, monsieur Toast, que vous réussirez, il est bon que vous sachiez faire cette distinction ; d'autant plus qu'on n'a guère autre chose à attendre que de la peine et de l'embarras d'un passager qui n'est pas un homme comme il faut. — Voilà M. John Effingham, par exemple ; son domestique m'a dit qu'il espère bien ne jamais le quitter, car si un habit le gêne tant soit peu du bras, il le répudie sur-le-champ, et lui en fait présent.

— Ce doit être un plaisir de servir un tel maître, monsieur Saunders. — Je crois qu'on n'en peut pas dire autant de M. Dodge.

— Votre jugement commence à germer, Toast, et, si vous le cultivez, vous vous ferez bientôt remarquer par votre connaissance des hommes. M. Dodge, comme vous l'insinuez très-justement, n'est pas un homme très-raffiné, ou particulièrement fait pour figurer en bonne société.

— Il paraît pourtant y tenir, monsieur Saunders, car il a déjà cherché à établir quatre ou cinq sociétés depuis que nous avons mis à la voile.

— Fort bien, Monsieur, mais toute société n'est pas une bonne société. — Quand nous serons de retour à New-York, Toast, il faut que je vous fasse entrer dans une meilleure société que celle où je vous ai trouvé quand nous en sommes partis. Vous ne pouvez convenir encore à notre cercle, il est d'un genre trop *conclusif*[1], mais vous

---

1. Exclusif.

pouvez figurer dans un autre. M. Dodge m'a consulté pour savoir si nous ne pourrions former, parmi les passagers de l'avant, une société d'abstinence de liqueurs fortes, et une autre pour la *proréaction*[1] des principes moraux et religieux de nos ancêtres. Je lui ai répondu, sur la première question, que c'était bien assez d'avoir à dormir dans un misérable trou pendant tout le voyage, sans être *perclus* de la consolation d'un pauvre verre de grog de temps en temps; et sur la seconde, que cela impliquait une attaque contre la liberté de conscience.

— Excellent, Monsieur ! vous lui avez donné la monnaie de sa pièce, et j'aurais bien voulu voir sa confusion. M'est avis que M. Dodge voudrait établir ses sociétés en faveur de la liberté et de la religion, pour pouvoir faire *perdominer* ses propres inventions sur les unes et sur les autres.

Saunders appuya son long doigt jaune sur le nez épaté de son aide, et lui dit avec un air d'approbation :

— Toast, vous avez mis la main sur son caractère, aussi juste que je mets la mienne sur votre nez romain. C'est un homme qui n'est bon qu'à faire des prosélytes parmi cette canaille d'Irlandais; — le paysan d'Irlande et le nègre américain sont ennemis jurés. — Mais il n'est capable de rien de respectable ou de décent. Si ce n'était pour sir George, je daignerais à peine balayer sa chambre.

— Et que pensez-vous de sir George, monsieur Saunders ?

— Sir George est un homme titré, et l'on ne doit pas en parler trop librement. Il m'a déjà fait le compliment de me prier d'accepter un souverain, et il ne m'a pas caché l'intention où il était de faire encore mieux les choses quand nous serons arrivés.

— Je suis étonné qu'un homme comme lui n'ait pas pris une chambre pour lui seul.

— Sir George m'a expliqué tout cela dans une conversation que nous avons eue peu de temps après avoir fait connaissance. Il va dans le Canada pour les affaires publiques, et il n'a pris qu'une heure pour se préparer à partir. Il était trop tard pour qu'il pût avoir une chambre pour lui seul, et son domestique doit le suivre avec la plus grande partie de son bagage par le premier paquebot qui mettra à la voile. Oh! on peut, sans rien craindre, le mettre au nombre des hommes respectables et libéraux, quoiqu'une foule de circonstances *fortes* l'aient peut-être exposé à quelque déconsidération.

M. Saunders, qui avait grandement puisé dans son vocabulaire

---

1. Propagation.

pendant cette conversation, avait voulu dire des circonstances fortuites ; mais Toast pensa que de *fortes* circonstances pouvaient fort bien mettre un homme dans l'embarras. Après un moment de réflexion, ou de ce qu'il s'imaginait pouvoir passer pour réflexion sur sa figure orbiculaire et luisante, il dit à son compagnon :

— Je crois avoir deviné, monsieur Saunders, que les Effingham ne sont pas très-intimes avec sir George.

Saunders entr'ouvrit la porte de l'office pour faire une reconnaissance, et voyant que la même tranquillité continuait à régner dans la grande chambre, il ouvrit un tiroir, et en tira un journal de Londres.

— Pour vous montrer la confiance qui est due à un homme qui occupe une place aussi respectable et aussi *responsable* que la vôtre, monsieur Toast, lui dit-il, je vous dirai qu'un petit événement a transpiré hier en ma présence, et je l'ai cru assez particulier pour m'autoriser à garder ce papier. M. Sharp et sir George se trouvaient seuls dans la grande chambre, et le premier, à ce qu'il me sembla, désirait faire descendre tant soit peu le second de sa hauteur ; car, comme vous pouvez l'avoir remarqué, il n'y a eu aucune conversation entre le baronnet et les Effingham, M. Sharp et M. Blunt. Ainsi donc, comme pour rompre la glace de sa hauteur, sir George dit : — Réellement, monsieur Sharp, les journaux sont devenus si personnellement particuliers, qu'on ne peut aller à la campagne pour y prendre une bouchée d'air frais sans qu'ils en parlent. Je pensais que pas une âme n'était instruite de mon départ pour l'Amérique, et cependant vous allez voir qu'ils en ont parlé avec plus de détails qu'il n'est agréable. En finissant ces mots, sir George donna le journal à M. Sharp, en lui montrant le paragraphe. M. Sharp lut l'article, remit le journal sur la table, et lui répondit froidement : — Cela est vraiment surprenant, Monsieur ; mais l'impudence est le défaut général du siècle. Et à ces mots, il sortit de la grande chambre. Sir George fut si vexé, qu'il entra dans sa chambre, et oublia le journal, qui tomba en la possession du maître d'hôtel, d'après un principe qu'on trouve dans Vattel, comme vous le savez, Toast.

Ici les deux dignes compagnons se livrèrent à la gaieté, en riant, quoique à petit bruit, aux dépens de leur commandant ; car quoique Saunders fût en général un homme grave, il savait rire dans l'occasion, et il se figurait même qu'il dansait particulièrement bien.

— Seriez-vous charmé de lire cet article, Toast ?

— Tout à fait inutile, Monsieur ; ce que vous m'en direz sera suffisamment risible, et satisfaisant.

Par cette phrase de politesse, M. Toast, qui savait lire comme un singe sait les mathématiques, évita le désagrément d'avouer l'insouciance avec laquelle il avait négligé, dans sa jeunesse, d'acquérir une connaissance si utile. Heureusement M. Saunders, qui avait été élevé comme domestique dans une famille respectable, était plus instruit ; et comme il était vain de tous ses avantages, il fut particulièrement charmé de trouver une occasion de montrer un de ses talents. Prenant donc le journal, il lut les lignes suivantes d'un ton didactique et affecté ; à peu près comme fait la révérence une femme qui, à trente ans passés, commence à vouloir se donner des grâces.

« Nous apprenons que sir John Templemore, baronnet, membre du parlement, et y représentant le bourg de Boodleigh, est sur le point de partir pour nos colonies américaines, dans la vue de se mettre complètement au fait des malheureuses questions qui les agitent en ce moment, et avec l'intention de prendre part, à son retour, aux discussions qui auront lieu dans la Chambre sur ce sujet intéressant. Nous croyons que sir George partira par le premier paquebot qui mettra à la voile de Liverpool, et reviendra assez à temps pour reprendre sa place dans la Chambre après les fêtes de Pâques. Ses gens et ses bagages sont partis hier de la capitale par la diligence de Liverpool. Pendant l'absence du baronnet, sir Gervais de Brush jouira du droit de chasse sur ses domaines, mais l'établissement de Templemore-Hall sera maintenu sans aucun changement. »

— Comment donc se fait-il que sir George soit parti avec nous? demanda naturellement M. Toast.

— Il a été retenu à Londres plus longtemps qu'il ne le supposait, et il fallait qu'il partît avec nous, ou qu'il retardât son départ. Il est quelquefois aussi difficile, monsieur Toast, de se procurer des passagers que des hommes d'équipage. J'ai souvent été surpris qu'il se trouve des gens qui aiment la *procrastination*, car il faut manger son dîner pendant qu'il est chaud, sans quoi il devient insipide.

— Saunders! s'écria la voix de tonnerre du capitaine Truck, qui avait pris possession de ce qu'il appelait son trône dans la cabine. Les élégants discours du maître d'hôtel prirent fin à l'instant même, et avançant la tête à la porte de l'office il fit à la hâte la réponse d'usage :
— Oui, commandant, oui !

— Allons, allons, ne feuilletez pas votre dictionnaire dans l'office, et montrez-moi votre figure. Que diable croirez-vous que Vattel aurait dit si on lui avait servi un souper comme celui-ci?

— Je crois, commandant, qu'il l'appellerait un fort bon souper sur un bâtiment par un ouragan. Voilà mon opinion, capitaine Truck; et quand il s'agit de dîner ou de souper, je ne trompe jamais personne. Je crois que M. Vattel donnerait son approbation à un pareil souper, commandant.

— Cela est possible; il a commis des méprises aussi bien qu'un autre. — Allez me préparer un verre de grog : je n'en ai pas eu une goutte d'aujourd'hui. — Messieurs, quelqu'un de vous voudrait-il mettre la main au plat avec moi? Ce bœuf est très-mangeable, et voici un vrai jambon de Maryland. C'est ce que j'appelle des étoupes pour remplir les vides des coutures.

Mais tous les passagers étaient trop occupés de l'ouragan pour avoir de l'appétit. Cependant M. Lundi, le courtaud de boutique, comme John Effingham l'avait nommé, et qui avait été sur mer assez souvent pour en connaître toutes les variétés, consentit à prendre un verre d'eau et d'eau-de-vie, comme pour corriger le madère dont il s'était inondé. Le temps, quel qu'il fût, ne produisait aucun effet sur l'appétit du capitaine Truck, et quoique trop exact à remplir ses devoirs pour quitter le pont avant de s'être bien assuré de l'état des choses, maintenant qu'il avait pris son parti de manger, il le faisait de tout cœur, et avec un empressement qui prouvait qu'il ne songeait pas aux apparences quand il avait faim. Pendant quelque temps, il fut trop occupé pour pouvoir parler, et il attaquait successivement tous les mets placés devant lui, sans s'inquiéter par lequel il commençait. Il n'interrompait cet exercice que pour boire, et jamais il ne laissait une seule goutte dans son verre. M. Truck était pourtant un homme sobre, car il ne mangeait jamais plus que ses besoins physiques ne l'exigeaient, ou que ses moyens physiques ne le comportaient. Enfin il arriva aux *entremesses* du maître d'hôtel, et il commença alors à remplir d'étoupes les vides des coutures de son estomac.

Du salon des dames, M. Sharp avait, ainsi qu'Eve, été témoin du souper du capitaine, et pensant que c'était une occasion favorable pour s'assurer de la situation des choses sur le pont, il fut chargé par les dames d'entrer dans la grande chambre pour le lui demander.

— Les dames désirent savoir où nous sommes, et comment va l'ouragan, capitaine, dit M. Sharp après s'être assis près du trône.

— Ma chère miss Effingham, dit M. Truck, méprisant la diplomatie, et ne voulant pas employer l'entremise d'un ambassadeur, je désirerais de tout mon cœur pouvoir vous persuader ainsi qu'à mademoiselle Viefville de goûter quelques-unes de ces huîtres marinées. Elles sont aussi délicates que vous-mêmes, et dignes d'être servies à une sirène, s'il en existe.

— Je vous remercie de votre offre, capitaine, mais je vous prie de trouver bon que je ne l'accepte pas, et que je vous renvoie au plénipotentiaire de mademoiselle Viefville, répondit Eve en riant; car elle ne voulut pas dire qu'elle avait concouru elle-même à lui donner ses instructions.

— Vous voyez bien, capitaine, reprit M. Sharp, que vous aurez à traiter avec moi, d'après tous les principes établis par Vattel.

— Et je vous traiterai aussi, mon cher Monsieur. Souffrez que je vous persuade d'essayer une tranche cet *anti-abolitioniste*, dit le capitaine en plaçant son couteau sur le jambon qu'il continuait à regarder avec une sorte d'intérêt mélancolique. — Non? soit! Je crois qu'il est aussi mal d'insister trop longtemps que de ne pas offrir.

— Eh bien! Monsieur, je suis convaincu, après tout, comme Saunders le disait tout à l'heure, que Vattel lui-même, à moins qu'il ne fût plus déraisonnable en cuisine qu'en matière de droit public, aurait été plus heureux après avoir été vingt minutes assis à cette table qu'avant de s'y mettre.

M. Sharp, voyant qu'il était inutile d'attendre une réponse à sa question, résolut de laisser la conversation suivre son cours, et entra dans les idées du capitaine.

— Si Vattel eût approuvé un tel repas, dit-il, peu de gens ont le droit de se plaindre de leur fortune, quand il leur est permis de le partager.

— Je me flatte, Monsieur, dit Saunders, que je m'entends en souper, surtout pendant un ouragan, aussi bien que M. Vattel et qui que ce soit au monde.

— Et cependant, reprit M. Sharp, Vattel était un des plus célèbres cuisiniers de son temps.

— Cuisinier! s'écria le capitaine; Vattel, cuisinier! Voilà la première fois que j'entends dire une pareille chose.

— Je puis vous affirmer sur mon honneur, Monsieur, qu'il a existé un Vattel qui était en ce genre l'artiste le plus distingué de son siècle. Il est pourtant possible que ce ne soit pas votre Vattel.

— Il n'a jamais pu exister deux Vattel, Monsieur. — Cette nouveauté me paraît fort extraordinaire, et je sais à peine qu'en penser.

— Si vous doutez de ce que je vous dis, interrogez quelque autre passager; M. Effingham ou son cousin, M. Blunt, miss Effingham; surtout mademoiselle Viefville. Elle peut, je crois, mieux que personne, confirmer ce que je viens de vous dire, car il était de son pays.

Le capitaine Truck, à ces mots, recommença à enfoncer des étoupes dans ses coutures, car l'air calme de M. Sharp avait fait impression sur lui ; et comme il réfléchissait sur les résultats du fait que son oracle aurait été un cuisinier, il pensa qu'il ne ferait pas mal de manger pour aider à la réflexion. Après avoir avalé sept à huit anchoix, autant d'huîtres marinées, une douzaine d'olives, et des raisins, des figues et des amandes *à discrétion*, il donna tout à coup un grand coup de poing sur la table, et déclara son intention d'interroger à ce sujet les deux dames.

— Ma chère miss Effingham, dit-il, voulez-vous me faire l'honneur de me dire si vous avez jamais entendu parler d'un cuisinier nommé Vattel?

— Très-certainement, capitaine. Non-seulement Vattel était cuisinier, mais peut-être le plus célèbre de tous ceux qui soient connus dans l'histoire, par ses sentiments du moins, si ce n'était par son habileté.

— Ne craignez rien à cet égard : Vattel était homme à bien faire tout ce qu'il aurait entrepris. — Est-il vrai, mademoiselle Viefville, qu'il était votre compatriote?

— *Assurément*, M. Vattel a laissé des *souvenirs* plus distingués qu'aucun autre cuisinier de son pays.

Le capitaine Truck jeta un coup d'œil rapide sur Saunders, qui était plongé dans l'admiration et le ravissement en voyant son importance s'accroître par cette découverte inattendue, et il lui dit avec cette manière sténographique qu'il prenait en parlant au chef de l'office :

— Entendez-vous cela, Monsieur? Ayez soin de découvrir ce que c'est que ces *souvenirs*, et de m'en faire un plat dès que nous serons arrivés. J'ose dire que vous en trouverez sur le marché de Tulton ; et pendant que vous y serez, songez à m'acheter des langues. Je n'ai pas fait un demi-souper ce soir, faute d'en avoir. Ces *souvenirs* doivent être un mets délicieux, puisque Vattel en faisait tant de cas. — Mais dites-moi, Mademoiselle, est-il mort?

— *Hélas! oui*. Comment aurait-il pu vivre avec une épée passée à travers son corps?

— Ah! tué en duel, j'en suis sûr. Si la vérité était connue, on verrait qu'il est mort pour soutenir ses principes. J'aurai désormais un double respect pour ses opinions ; car c'est là la pierre de touche de l'honneur d'un homme. — Monsieur Sharp, buvons un verre de geissenheimer à sa mémoire. On en fait autant pour des gens qui le méritent moins.

Tandis que le capitaine versait le vin, une grosse lame tombant sur le pont ébranla tout le bâtiment; un des passagers qui étaient dans le rouffle ouvrit une porte pour en reconnaître la cause, et il en résulta que le tumulte des eaux et les sifflements du vent ne s'en firent que mieux entendre dans la grande chambre. M. Truck leva les yeux pour voir si *le Montauk* suivait toujours sa route, et après une pause d'un instant il vida son verre.

— Ce bruit me rappelle ma mission, reprit M. Sharp. Les dames désirent savoir quelle est votre opinion sur le temps.

— Et je leur dois une réponse, quand ce ne serait que par reconnaissance pour ce qu'elles m'ont dit de Vattel. — Qui diable aurait jamais supposé qu'il eût été cuisinier? Mais ces Français ne sont pas comme le reste des hommes. La moitié sont cuisiniers, et il faut qu'ils trouvent à vivre de manière ou d'autre.

— Et fort bon cuisinier, capitaine, dit mademoiselle Viefville. — M. Vattel est mort pour l'honneur de son art. Il s'est percé lui-même de son épée, parce que le poisson n'était pas arrivé à temps pour le dîner du roi.

Le capitaine Truck parut plus étonné que jamais. Se tournant brusquement vers le maître d'hôtel, il secoua la tête, et s'écria :

— Entendez-vous cela, Monsieur? Combien de fois seriez-vous mort, si une épée vous avait traversé le corps toutes les fois que vous avez oublié le poisson ou que vous y avez songé trop tard? Pour cette fois du moins, n'oubliez ni les *souvenirs* ni les langues !

— Mais le temps, capitaine, le temps ! s'écria M. Sharp.

— Le temps, mon cher Monsieur? — le temps, mes chères dames? — c'est un fort bon temps, à l'exception du vent et des vagues, dont nous avons en ce moment plus que nous n'en aurions besoin. Il faut que le bâtiment fuie vent arrière ; et comme il va comme un cheval de course, nous pourrons bien voir les Canaries avant la fin de notre voyage. Quant au danger, il n'y en a aucun à bord du *Montauk*, tant que nous pourrons nous tenir en pleine mer ; et dans cette intention, je vais passer dans ma chambre, et calculer exactement où nous sommes.

Après qu'il eut ainsi parlé, les passagers se retirèrent pour la nuit, et le capitaine se mit sérieusement à l'ouvrage. Le résultat de ses calculs lui prouva qu'il passerait à l'ouest de Madère. C'était tout ce qu'il désirait quant à présent, se promettant toujours de remonter au vent à la première occasion favorable.

CHAPITRE XIII.

> Il y a deux choses dans ma destinée : — un monde
> à parcourir, et rester avec toi.   BYRON.

EVE EFFINGHAM dormit peu. Quoique le mouvement du bâtiment eût été beaucoup plus fort et plus désagréable quand il avait eu à lutter contre le vent debout, dans aucune autre occasion il n'y avait eu tant de signes du choc violent des éléments que pendant cet ouragan. Etendue sur sa couchette, elle avait l'oreille à un pied des vagues mugissantes, et tous ses membres tremblaient involontairement en entendant leur bouillonnement, comme si elles se fussent déjà frayé un passage à travers les coutures du bâtiment et qu'elles commençassent à le remplir. Elle fut longtemps sans pouvoir dormir, et resta deux heures les yeux fermés, écoutant avec effroi le bruit de la lutte terrible qui avait lieu sur l'Océan. La nuit n'avait pas sa tranquillité ordinaire, car le rugissement des vents était perpétuel, quoique le bruit en fût amorti par les ponts et les côtés du bâtiment; mais de temps en temps une porte s'ouvrait, et laissait en quelque sorte entrer toute cette scène dans la grande chambre. Dans ces instants, chaque son était distinct, imposant et effrayant, et la voix de l'officier de quart qui donnait des ordres, semblait un cri précurseur du danger sortant des profondeurs de l'Océan.

Enfin, fatiguée par ses craintes mêmes, Eve tomba dans un sommeil agité, pendant lequel ses facultés engourdies étaient encore sur le qui-vive, et ses oreilles ne cessèrent pas un instant d'entendre le tumulte menaçant de la tempête. Vers minuit la clarté d'une chandelle frappa ses yeux, et elle s'éveilla sur-le-champ. En se soulevant sur son lit, elle vit Nanny Sidley qui avait si longtemps veillé sur son enfance, debout à côté d'elle, et la regardant avec inquiétude.

— Quelle nuit terrible, miss Eve! lui dit à demi-voix la bonne femme épouvantée; je n'ai pu dormir un seul instant, tant j'ai pensé à vous et à tout ce qui peut nous arriver sur ces eaux redoutables!

— Et pourquoi particulièrement à moi, ma bonne Nanny? dit Eve en la regardant avec un sourire aussi doux que celui de l'enfant qui sourit dans ses moments de tendresse et de plaisir; pourquoi tant songer à moi? N'y a-t-il pas d'autres personnes qui méritent aussi que vous pensiez à elles? — mon excellent père, — mademoiselle Viefville, — mon cousin John, — vous-même, — et... — ici la couleur vermeille de ses joues prit une teinte plus foncée, quoiqu'elle n'eût pu dire pourquoi, — et tant d'autres à bord de ce paquebot, à qui, bonne comme vous l'êtes, vous auriez pu penser quand votre esprit vous suggéra des craintes, et votre religion des prières?

— Oui, sans doute, miss Eve, il y a sur ce bâtiment bien des âmes précieuses, et personne ne désire plus que moi de voir tout le monde débarquer en sûreté à terre; mais il me semble qu'il ne s'y trouve personne qui soit aimé autant que vous l'êtes.

Eve se pencha en avant d'un air enjoué, et tirant à elle sa vieille bonne, elle lui embrassa les deux joues, et, les yeux brillants, appuya sa tête sur la poitrine qui lui avait si souvent servi d'oreiller dans son enfance. Après avoir passé une minute dans cette attitude d'affection, elle se releva, et lui demanda si elle avait été sur le pont.

— J'y vais toutes les demi-heures, ma chère enfant, car je crois qu'il est de mon devoir de veiller à votre sûreté comme lorsque vous étiez dans votre berceau et que j'étais seule chargée de ce soin. Je ne crois pas que votre père ait beaucoup dormi cette nuit, et plusieurs des autres passagers restent dans leur chambre sans s'être déshabillés. Chaque fois qu'ils me voient passer devant leur porte, ils me demandent comment vous vous trouvez pendant cette tempête.

Le teint d'Eve prit une couleur plus vive, et Nanny pensa qu'elle n'avait jamais vu sa chère enfant plus belle qu'en ce moment. Ses longs cheveux blonds s'étaient échappés de son bonnet, tombaient en boucles sur ses joues, et rendaient ses yeux, toujours pleins de sensibilité, plus brillants et plus doux que jamais.

— Ils cachent l'inquiétude qu'ils ont pour eux-mêmes sous une affectation d'intérêt pour moi, dit Eve avec embarras, et votre affection vous rend dupe de cet artifice.

— Cela est possible, car je ne connais pas bien les manières du monde; mais n'est-il pas effrayant de se trouver sur un bâtiment, si loin de la terre, et porté sur l'eau avec la même vitesse qu'un cheval lancé au galop?

— Le danger n'est peut-être pas exactement de cette nature, ma bonne Nanny.

— L'Océan n'a-t-il pas de fond, miss Eve? J'ai entendu soutenir que la mer n'en a pas; et cela rendrait le danger beaucoup plus grand. Si j'étais bien sûre qu'elle ne fût pas très-profonde, et qu'on trouvât çà et là quelque rocher, elle ne me ferait pas tant de peur.

Eve rit d'aussi bon cœur qu'un enfant, et le contraste entre la douce simplicité de ses traits, son air de jeunesse et d'intelligence, et les manières de la vieille Nanny qui annonçaient qu'elle ne savait que ce que la nature lui avait appris, formait un de ces tableaux qui mettent au grand jour la supériorité de l'esprit sur toute autre chose.

— Vos idées de sûreté, ma chère Nanny, lui dit-elle, ne sont pas précisément celles d'un marin, car je crois qu'il n'y a rien qu'ils redoutent plus que les rochers et le fond de la mer.

— Alors je serais un pauvre marin; car, suivant moi, nous ne pourrions avoir de plus grandes consolations dans une pareille tempête, que de voir tout autour de nous des rochers pour nous y sauver en cas d'accident. — Croyez-vous qu'il soit vrai, comme on le dit, que le fond de la mer, si elle a véritablement un fond, soit pavé des ossements blanchis des marins naufragés?

— Je ne doute pas, ma chère Nanny, que ce vaste abîme ne pût révéler bien des secrets redoutables; mais vous devriez moins songer à de pareilles choses, et penser davantage à cette providence miséricordieuse qui nous a mis à l'abri de tant de dangers pendant tous nos voyages. Je vous ai vu dans de plus grands périls que ceux auxquels vous êtes maintenant exposée, et vous y avez échappé.

— Moi, miss Eve! — supposez-vous que je craigne pour moi-même? — Qu'importe qu'une pauvre vieille femme comme moi meure quelques années plus tôt ou plus tard! J'ai été trop peu de chose pendant toute ma vie pour m'inquiéter de ce que deviendra le peu qui restera de moi, quand le moment où je dois retourner en poussière sera arrivé. Je vous supplie, miss Effingham, de ne pas me supposer assez égoïste pour avoir en cette nuit des inquiétudes pour moi-même.

— C'est donc pour moi seule, à votre ordinaire, que vous êtes inquiète, ma chère et bonne Nanny? Tranquillisez-vous; ceux qui s'y connaissent mieux que nous ne montrent aucune alarme, et vous pouvez remarquer que le capitaine dort cette nuit aussi tranquillement que qui que ce soit.

— Mais c'est un homme endurci aux fatigues et accoutumé aux dangers. Il n'a ni femme ni enfants, et je réponds qu'il n'a jamais donné une pensée à l'horreur de voir une créature humaine aussi précieuse que vous engloutie dans les cavernes de l'Océan, au milieu des poissons et des monstres marins affamés.

La pauvre Nanny Sidley ne put résister à une telle idée; elle entoura de ses bras sa jeune maîtresse, et se mit à sangloter. Eve, accoutumée à de pareilles démonstrations de tendresse, chercha à la calmer en lui prodiguant de son côté des marques d'affection; elle y réussit enfin, et Nanny put continuer l'entretien avec plus de tranquillité. Elles parlèrent d'abord de la confiance qu'on doit mettre en

Dieu ; Eve rendant avec usure à son ancienne bonne, avec tous les avantages d'une intelligence cultivée, les simples leçons de foi et d'humilité qu'elle en avait reçues dans son enfance, et celle-ci écoutant, comme elle le faisait toujours, avec un amour et une affection que nul autre n'aurait pu obtenir d'elle, ces exhortations, qui ne semblaient à ses oreilles attentives que l'écho de ses propres pensées. Eve passa sa petite main blanche sur la joue ridée de Nanny, caresse qu'elle lui avait faite mille fois quand elle était enfant, et dont elle savait que la bonne femme était enchantée.

—Et maintenant, ma bonne Nanny, continua-t-elle, je suis sûre que vous allez avoir l'esprit en repos : car, quoique vous soyez un peu trop sujette à vous inquiéter pour une personne qui ne mérite pas la moitié de cette inquiétude, vous êtes trop sensée pour conserver des craintes sans raison. Nous causerons un instant de quelque autre chose, et vous irez vous coucher et reposer vos membres fatigués.

—Fatigués ! Veiller ne me fatigue jamais quand je crois que j'ai de bonnes raisons pour le faire.

Quoique Nanny n'eût pas expliqué quelles étaient ces bonnes raisons, Eve comprit fort bien de quoi et de qui elle voulait parler ; et tirant à elle la bonne femme, elle l'embrassa de nouveau sur chaque joue.

—Ces bâtiments, Nanny, peuvent fournir d'autres sujets de conversations que les dangers qu'on y peut courir. Ne trouvez-vous pas singulier qu'un bâtiment de guerre soit chargé de nous poursuivre sur l'Océan d'une manière si extraordinaire ?

—Certainement, miss Eve ; j'avais dessein de vous en parler quand vous n'auriez rien de mieux à faire. C'était peut-être une folle pensée ; mais il m'est d'abord venu à l'esprit que quelqu'un des grands lords et amiraux anglais qui venaient si souvent nous voir à Paris, à Rome et à Vienne, avait chargé ce bâtiment de vous escorter jusqu'en Amérique pour veiller à votre sûreté ; car je n'ai jamais pu supposer qu'on prendrait tant d'embarras pour deux pauvres fugitifs comme ce Davis et sa femme.

Eve ne put s'empêcher de rire de cette idée de Nanny, car elle avait encore toute la gaieté folâtre de l'enfance, quoique l'éducation et le savoir-vivre continssent cette gaieté dans de justes bornes ; et elle passa de nouveau la main avec affection sur la joue de la bonne femme.

— Ces grands lords et ces amiraux, ma chère Nanny ne sont pas encore assez grands pour cela, quand même ils auraient eu une idée aussi folle. Mais n'avez-vous pas eu occasion de remarquer quelque autre circonstance curieuse sur ce bâtiment?

Nanny regarda Eve, en détourna ses yeux, lui jeta un regard à la dérobée, et se trouva enfin obligée de lui répondre.

— Je cherche à bien penser de tout le monde, miss Eve, mais d'étranges idées se présentent quelquefois à nous, sans que nous le voulions. Je crois savoir à quoi vous faites allusion, mais je ne sais s'il me convient d'en parler.

— Avec moi du moins vous n'avez pas besoin de réserve, et je voudrais savoir si nous pensons de même relativement à quelques-uns de nos compagnons de voyage. Parlez donc librement, et faites-moi connaître toutes vos pensées aussi franchement que si j'étais votre propre fille.

— Pas tout à fait, miss Eve ; pas la moitié autant ; car vous êtes en même temps mon enfant et ma maîtresse, et je suis plus faite pour recevoir de vous des avis que pour vous en donner. J'avoue qu'il me paraît singulier que des hommes ne portent pas les noms qui leur appartiennent, et j'ai eu à cet égard des idées désagréables, quoique je n'aie pas cru qu'il me convînt d'être la première à vous en parler, quand vous avez avec vous votre père, Mamerzelle, — c'était ainsi que Nanny appelait toujours la gouvernante, — et M. John, qui vous aiment tous presque autant que moi, et qui sont bien plus en état de juger de ce qui est convenable ou non. Mais puisque vous m'encouragez à vous ouvrir mon cœur, je vous dirai que je voudrais ne voir près de vous personne qui ne portât son cœur tout ouvert dans sa main, de manière que le plus jeune enfant pût connaître son caractère et comprendre les motifs de sa conduite.

Eve sourit en voyant la bonne femme s'échauffer, mais elle rougit en dépit de l'effort qu'elle fit pour prendre un air d'indifférence.

— Ce serait un souhait bien inutile, Nanny, au milieu de la compagnie mélangée qui se trouve à bord d'un bâtiment ; on ne peut pas s'attendre à voir des étrangers se dépouiller de toute réserve dès le premier moment qu'ils se trouvent ensemble. Les gens prudents et circonspects ne s'en tiennent que plus sur leurs gardes en pareilles circonstances.

— Des étrangers, miss Effingham !

— Je vois que vous vous rappelez les traits d'un de nos compagnons de voyage. — Pourquoi secouez-vous la tête? demanda Eve, tandis que de nouvelles couleurs animaient encore ses charmantes joues. Je suppose que j'aurais dû dire *deux* de nos compagnons de voyage, quoique je doutasse que vous eussiez conservé quelque souvenir de l'un d'eux.

— Dès qu'un homme vous a parlé deux fois, miss Eve, je n'oublie jamais ses traits.

— Je vous remercie, ma chère Nanny, de cette preuve, jointe à mille autres, de l'intérêt constant que vous prenez à moi; mais je ne vous avais pas crue assez vigilante pour faire une telle attention aux traits de ceux qui s'approchent de moi par hasard.

— Ah! miss Eve! je suis sûre, que ni l'un ni l'autre n'aimerait à vous entendre parler de lui avec ce ton d'insouciance. Ils ont fait tous deux beaucoup plus que s'approcher de vous par hasard, car quant à...

— Chut! nous sommes à portée de bien des oreilles, et l'on pourrait vous entendre. Ne prononcez donc le nom de personne. Je crois que nous pourrons nous entendre sans entrer dans tous ces détails. Je voudrais savoir lequel de ces deux jeunes gens a fait l'impression la plus favorable sur votre esprit droit et candide.

— Qu'est-ce que mon jugement, miss Eve, en comparaison du vôtre, de celui de M. John Effingham, et de...

— Mon cousin John! Au nom du ciel, qu'a-t-il de commun avec ce dont nous parlons?

— Rien du tout. Je puis voir seulement qu'il a ses favoris aussi bien qu'un autre, et je réponds que M. Dodge n'est pas du nombre.

— Je crois que vous pourriez ajouter aussi sir George Templemore, dit Eve en souriant.

Nanny Sidley regarda sa jeune maîtresse entre deux yeux, et sourit à son tour avant de lui répondre. Elle continua ensuite la conversation aussi naturellement que si elle n'eût pas été interrompue.

— Rien n'est plus probable, miss Eve; et M. Lundi et beaucoup d'autres de cette trempe. Mais vous voyez comme il découvre promptement un homme comme il faut; car il cause sans façon et d'un ton amical avec M. Sharp et M. Blunt, surtout avec ce dernier.

Eve garda le silence, car elle n'aimait pas que ces mots fussent prononcés si ouvertement, quoiqu'elle sût à peine pourquoi.

— Mon cousin est un homme du monde, dit-elle enfin en s'apercevant que Nanny la regardait avec une sorte d'inquiétude comme si elle eût craint d'avoir été trop loin, et il n'est pas étonnant qu'il ait reconnu en eux des hommes de la même classe que lui. Nous savons toutes deux que ces jeunes gens ne sont pas tout à fait ce qu'ils paraissent être, et je crois que nous n'avons rien à leur reprocher, si ce n'est ce ridicule changement de nom. Il aurait mieux valu qu'ils fussent venus à bord sous leur nom véritable; ils auraient du moins montré plus de respect pour nous, quoiqu'ils assurent tous deux qu'ils ignoraient que mon père retournât en Amérique sur *le Montauk;* circonstance qui peut être vraie, car vous savez que nous avons eu des chambres qui avaient d'abord été retenues par d'autres.

— Je serais bien fâchée que l'un ou l'autre eût manqué au respect qu'ils vous doivent.

— Il n'est pas très-flatteur pour une jeune personne de se trouver involontairement obligée de garder les secrets de deux jeunes gens; voilà tout, ma bonne Nanny. Nous ne pouvons honnêtement les trahir, et par conséquent nous sommes leurs confidentes forcées. Le plus amusant de cette affaire, c'est qu'ils connaissent, du moins en partie, le secret l'un de l'autre, ce qui leur donne en cent occasions un air gauche qui a quelque chose de délicieux. Quant à moi, je n'ai aucune pitié d'eux, car je crois qu'ils sont punis comme ils le méritent. Ils seront bien heureux si leurs domestiques ne les trahissent pas avant que nous arrivions à New-York.

— Oh! il n'y a rien à craindre à cet égard : ce sont des hommes discrets et circonspects; et s'ils avaient été disposés à jaser, M. Dodge leur en aurait déjà fourni bien des occasions. Je crois qu'il leur a fait autant de questions qu'il y en a dans le catéchisme.

— M. Dodge est un homme qui a le ton et les manières les plus communes.

— C'est ce que nous disons tous dans la chambre des domestiques, et chacun y est tellement prononcé contre lui qu'il y a peu d'apparence qu'il apprenne quelque chose par ce moyen. J'espère, miss Eve, que Mamerzelle ne soupçonne aucun de ces deux jeunes gens?

— Vous ne pouvez croire mademoiselle Viefville capable d'indiscrétion, Nanny; il n'existe personne qui ait un meilleur cœur et un meilleur ton.

— Ce n'est pas cela, miss Eve; c'est que je voudrais avoir avec vous un secret de plus qui fût à moi seule. J'honore et je respecte Mamerzelle, qui a fait pour vous mille fois plus que n'aurait pu faire une pauvre femme ignorante comme moi, avec tout mon zèle : mais je crois que j'aime le ruban de vos souliers plus qu'elle n'aime votre âme aussi bonne que belle.

— Mademoiselle Viefville est une excellente femme, et je crois qu'elle m'est sincèrement attachée.

— Ce serait une misérable sans cela. Je ne nie pas son attachement, je dis seulement que son attachement n'est rien, ne doit, ne peut rien être; auprès de celui d'une femme qui vous a reçue la première entre ses bras, et qui vous a toujours portée dans son cœur. Mamerzelle peut dormir par une pareille nuit, et je suis sûre qu'elle ne le pourrait pas, si elle prenait à vous autant d'intérêt que moi.

Eve savait que le faible de Nanny était la jalousie que lui inspirait mademoiselle Viefville. Tirant la bonne femme à elle, elle lui passa ses bras autour du cou, et dit qu'elle se sentait besoin de dormir. Accoutumée à veiller, et réellement hors d'état de dormir par suite de ses craintes, Nanny passa une heure de bonheur véritable, la tête de sa chère enfant appuyée sur sa poitrine. Enfin, quand elle la vit bien endormie, elle descendit dans sa petite chambre, se jeta sur son lit sans se déshabiller, et passa quelques heures dans un sommeil souvent interrompu par ses inquiétudes.

Un grand cri poussé sur le pont éveilla dans leurs chambres, le lendemain matin, tous ceux des passagers qui dormaient. Ce fut un moment d'agitation générale. Tout le monde monta à la hâte sur le pont : Eve et sa gouvernante y arrivèrent les dernières, et cependant dix minutes ne s'étaient pas écoulées quand elles entrèrent dans le rouffle. On fit peu de questions; chacun était accouru par suite de l'inquiétude causée par l'ouragan, et avec la crainte de quelque nouveau danger positif et prochain.

Ils ne virent pourtant rien d'abord qui parût justifier l'appréhension générale. L'ouragan continuait, sans avoir rien perdu de sa violence; l'Océan roulait ses vagues comme autant de cataractes, avec lesquelles *le Montauk* semblait lutter de vitesse sous sa misaine dont tous les ris étaient pris. C'était la seule qui fût établie; et cependant le bâtiment volait à travers les lames furieuses, ou plutôt de compagnie avec elles, à raison de dix milles par heure, ou peu s'en fallait.

Le capitaine Truck était dans les haubans de misaine, la tête nue, les mèches de ses cheveux poussées en avant par le vent et flottant comme un guidon. De temps en temps, il faisait un signe à l'homme qui était à la roue, pour lui indiquer comment il devait mettre la barre; car au lieu de passer la nuit à dormir, comme bien des gens l'avaient supposé, il avait gouverné le bâtiment depuis plusieurs heures dans la situation où il était alors. Lorsque Eve arriva, il dirigeait l'attention de quelques passagers vers un objet qui était en arrière; mais peu d'instants suffirent pour que tous ceux qui étaient sur le pont vissent de quoi il s'agissait.

A la distance d'environ une encâblure, et par une des hanches du *Montauk*, était un bâtiment courant de même vent arrière; mais il portait plus de voiles, et par conséquent il allait plus vite. L'apparition soudaine de ce bâtiment dans le crépuscule du matin, quand il aurait fallu la clarté du jour pour voir distinctement les objets ; sa membrure noire, qui n'était variée que par une bande étroite peinte en blanc, et coupée par des sabords ; le brillant de ses bastingages, la légèreté de sa mâture, l'élégance de ses formes, sa grâce sur l'eau, l'ensemble du gréement, annonçaient à tous ceux qui avaient quelques connaissances en marine que c'était un bâtiment de guerre ; et le capitaine Truck ajouta que c'était celui qui les poursuivait depuis si longtemps, *l'Ecume*.

— Il est à batterie barbette, continua-t-il, et il est obligé de porter plus de voiles que nous pour se tenir à l'abri des vagues ; car, si une de ces grosses lames l'atteignait et jetait sa cime sur le pont, il serait comme un homme qui a bu un coup de trop le samedi soir, et il ne faudrait qu'une seconde dose pour régler tous ses comptes.

Telle était dans le fait l'histoire de l'apparition soudaine de la corvette. Elle s'était maintenue à la cape le plus longtemps possible, et se trouvant forcée de faire vent arrière, elle portait son grand hunier aux bas ris, ce qui lui donnait un avantage sur le paquebot d'environ deux nœuds par heure. Suivant nécessairement la même route, elle était sur le point de l'atteindre quand le jour commença à poindre. Le cri qu'on avait entendu s'était élevé à l'instant où on l'avait aperçue, et le moment était arrivé où elle allait se trouver par le travers du *Montauk*. Le passage de *l'Ecume*, dans de telles circonstances, était un spectacle imposant et même effrayant. On voyait aussi son capitaine dans les haubans du mât d'artimon de son bâtiment, bercé par les vagues énormes sur lesquelles il voguait. Il tenait en main un porte-voix comme s'il n'eût songé qu'à son devoir, même au milieu de la lutte terrible des éléments. Le capitaine Truck demanda le sien, et craignant les suites d'un choc, il en fit signe à l'autre de se tenir plus au large. Ou ce signe fut mal compris, le capitaine anglais étant trop occupé de sa besogne pour songer à autre chose ; ou la mer était trop irrésistible pour qu'il pût s'y conformer, la corvette arrivant par le travers du paquebot, et étant à une proximité effrayante. L'Anglais approcha le porte-voix de sa bouche, et l'on entendit quelques mots au milieu des sifflements du vent. Le pavillon de la vieille Angleterre, avec sa croix de Saint-George sur un fond blanc, s'élevait alors au-dessus des lisses ; et avant qu'il eût atteint la corde d'artimon, l'étamine en était déchirée en lambeaux.

— Montrez-lui le gril ! s'écria le capitaine Truck à l'aide de son porte-voix, la bouche tournée vers le pont.

Comme tout était prêt, cet ordre fut exécuté à l'instant, et bientôt le pavillon américain fut déchiré de la même manière. Les deux bâtiments suivirent alors deux lignes parallèles pendant quelques minutes, avec un tel roulis, qu'on voyait briller le cuivre dont la corvette était doublée presque jusqu'à sa quille. Le capitaine anglais, qui semblait ne faire qu'un avec son bâtiment, essaya une seconde fois son porte-voix, et deux ou trois individus à bord du *Montauk* entendirent les mots : « en panne, — ordres, — communication ; » mais il fut impossible de former un sens suivi, au milieu du tumulte du vent et des vagues. L'Anglais ne fit plus d'efforts pour se faire entendre. Les deux bâtiments étaient alors si voisins, et avaient un tel roulis qu'il semblait que leurs mâts allaient se toucher. Il y eut un instant où M. Leach mit la main sur le grand bras pour le larguer ; mais *l'Ecume* partit sur une vague comme un cheval qui sent l'éperon, et, désobéissant au gouvernail, s'élança dans la direction de l'étrave du paquebot.

Ce fut un moment de consternation générale, car à bord des deux bâtiments chacun pensait que les deux navires devaient alors inévitablement s'aborder, d'autant plus que *le Montauk* avait reçu l'impulsion de la vague à l'instant où *l'Ecume* la perdait et semblait sur le point de s'élancer en droite ligne sur l'arrière de la corvette. Les marins eux-mêmes saisirent les cordages qui étaient près d'eux, et les plus hardis furent un moment sans pouvoir respirer. Le « Babord ! babord tout ! et qu'il aille au diable ! » du capitaine Truck, et le « Tribord ! tribord tout ! » du capitaine anglais se firent entendre distinctement sur les deux bords, car c'était un de ces moments dans lesquels les marins peuvent parler plus haut que la tempête. Les deux bâtiments semblèrent s'écarter l'un de l'autre avec effroi, et alors chacun d'eux suivit une ligne divergente, *l'Ecume* étant en avant. Toute autre tentative de communication devint sur-le-champ inutile : la corvette, au bout d'un quart-d'heure, avait une avance d'un demi-mille sur le paquebot, et par suite du roulis les bras de sa vergue touchaient presque l'eau.

Le capitaine Truck dit peu de chose à ses passagers sur cette aventure ; mais quand il eut allumé un cigare, et qu'il discuta cette affaire avec M. Leach, il lui dit qu'il y avait eu un instant où il n'aurait pas donné un biscuit des deux bâtiments, ni beaucoup plus de leur cargaison ; et qu'il fallait avoir bien peu d'égard pour les âmes des hommes, d'oser les mettre dans un si grand danger pour un peu de tabac.

L'ouragan continua à être furieux pendant toute la journée, car le bâtiment se lançait dans le vent, phénomène que nous expliquerons, attendu que la plupart de nos lecteurs peuvent ne pas le comprendre. Tous les ouragans commencent sous le vent, ou, en d'autres termes, le vent se fait d'abord sentir sur quelque point particulier, et plus tard, à mesure que nous nous éloignons de ce point en avançant dans la direction d'où vient le vent. C'est donc pour les marins un motif de plus de mettre à la cape au lieu de fuir vent arrière, puisque cette dernière manœuvre, non-seulement les éloigne de leur route véritable, mais les rapproche de la scène où les éléments déploient le plus de fureur [1].

CHAPITRE XIV.

> Bon maître d'équipage, prenez bien garde!
> *La Tempête.*

Au coucher du soleil, le point qu'offrait aux yeux le grand hunier de la corvette avait disparu sous l'horizon du côté du sud, et l'on ne revit plus ce bâtiment. *Le Montauk* avait passé devant plusieurs îles qui avaient un aspect tranquille et souriant au milieu des fureurs de la tempête, mais il avait été impossible de serrer la côte d'aucune d'elles. Tout ce qu'on pouvait faire, c'était de maintenir *le Montauk* vent arrière, et d'éviter avec soin ces rochers et ces bas-fonds que Nanny Sidley avait si vivement désirés.

S'étant familiarisés avec cette scène, les passagers commençaient à en être moins effrayés ; et comme fuir vent arrière a quelque chose d'agréable pour ceux qui sont sujets au mal de mer, ce qui les occupait le plus, avant que la nuit tombât, c'était la route que le paquebot était forcé de suivre. Le vent avait passé du côté de l'ouest, de manière à rendre certain que *le Montauk* rencontrerait la côte d'Afrique, s'il était obligé de continuer plusieurs heures à faire vent arrière ; car les observations du capitaine le plaçaient au sud-est des îles Canaries. Il était donc à une grande distance de sa route ; mais la rapidité de sa course expliquait suffisamment ce fait.

Ce fut aussi le moment précis où *le Montauk* sentit tout le poids de

---

[1]. Il y a contradiction dans ce passage, car un bâtiment ne peut *fuir vent arrière* et en même temps *se lancer dans le vent.* La théorie que l'auteur veut décrire est effectivement peu connue dans le monde, et la voici : Quand on éprouve, je suppose, un coup de vent au nord-ouest à Paris, on s'imagine que, la veille ou quelques heures auparavant, ce même coup de vent a dû se faire sentir au Havre. Eh bien ! il n'en est rien : il n'aura lieu au Havre qu'après s'être fait sentir à Paris. Cela se comprend aisément, en songeant qu'un coup de vent n'est autre chose qu'un équilibre qui s'établit dans l'air, par suite d'un vide qui s'y est fait par une raréfaction subite. Ainsi donc, si un grand vide s'est opéré à Paris, l'air environnant s'y précipitera, et les parties plus éloignées de ce vide n'éprouveront que successivement l'influence de ce courant. C'est bien là, à ce qu'il paraît, le phénomène que l'auteur a voulu expliquer.

la tempête, ou plutôt où il en éprouva les effets les plus fâcheux. Le danger de sa situation et sa responsabilité commencèrent alors à donner de sérieuses inquiétudes au capitaine Truck, mais, en officier prudent, il les renferma dans son sein. Il repassa tous ses calculs avec le plus grand soin, fit l'estime de sa marche avec attention, et le résultat lui prouva que dix à quinze heures de plus amèneraient une autre cause de naufrage, à moins que le vent ne se modérât.

Heureusement l'ouragan perdit quelque chose de sa violence vers minuit. Le vent était encore très-fort, mais il était moins constant; et il y avait des intervalles d'une demi-heure pendant lesquels le bâtiment aurait pu porter beaucoup plus de voiles, même en boulinant. Sa vitesse diminua naturellement dans la même proportion ; et quand le jour parut, un examen attentif qu'on fit du haut du grand mât, apprit qu'on ne voyait pas la terre à l'est. Dès qu'il se fut parfaitement assuré de ce fait important, le capitaine Truck se frotta les mains de satisfaction, ordonna qu'on lui apportât de quoi allumer son cigare, et se mit à gourmander Saunders en lui reprochant de ne lui avoir servi que de mauvais café depuis le commencement de l'ouragan.

— Ayez soin que j'en aie ce matin qui soit buvable, Monsieur, ajouta-t-il; et souvenez-vous que nous sommes ici dans le voisinage du pays de vos ancêtres, où vous devez raisonnablement vous piquer de vous bien comporter. Si vous me servez encore de l'eau rousse en guise de café, je vous ferai mettre à terre, et je vous y laisserai un été ou deux courir tout nu avec les singes et les orangs-outangs.

— Je cherche en toute occasion à vous satisfaire en tout, capitaine, ainsi que tous ceux avec qui j'ai le bonheur de faire voile ; mais le café ne peut être bon par un pareil temps. Je suppose que c'est le vent qui lui enlève son parfum, car je suis prêt à avouer qu'il ne m'a pas semblé aussi *hardromatissé* que de coutume. Quant à l'Afrique, capitaine, je me flatte que vous m'estimez assez pour croire que je ne suis pas fait pour *socier* avec les hommes ignorants et sans éducation qui habitent ce pays sauvage. Je ne me rappelle pas si mes ancêtres sont venus de cette partie du monde ou non ; mais quand cela serait, j'espère que mes habitudes et ma profession me mettent au-dessus de ces gens-là. Je ne suis qu'un pauvre maître d'hôtel, capitaine, mais il vous plaira de vous rappeler que votre grand M. Vattel n'était qu'un cuisinier.

— Au diable le drôle, Leach ! Je crois que c'est cette idée qui a gâté mon café depuis un jour ou deux. Croyez-vous réellement possible qu'un si grand écrivain n'ait été qu'un cuisinier ; ou cet Anglais a-t-il voulu rire à mes dépens? Je serais tenté de le croire, si les dames n'avaient confirmé le fait, car il est impossible qu'elles aient voulu prendre part à un pareil tour.—Pourquoi restez-vous ici en panne, Monsieur? Allez à votre office, et songez que nous nous mettrons à table ce matin avec un aussi bon appétit que ceux de vos frères ici près qui ont eu ce matin pour leur déjeuner un enfant grillé.

Saunders, qu'on ne pouvait dire être habitué *ex officio* à de pareilles mercuriales, alla s'occuper de sa besogne, et il ne manqua pas de faire tomber une bonne partie de sa mauvaise humeur sur M. Toast, qui, tout naturellement, sentit exactement le contre-coup du traitement que le maître d'hôtel avait essuyé du capitaine. Il est peut-être heureux que la nature indique ce moyen facile de soulagement, sans quoi les habitudes grossières contractées à bord d'un bâtiment, rendraient quelquefois presque insupportables les relations entre celui qui ordonne et celui dont le devoir est d'obéir.

Les tempêtes morales du capitaine n'étaient jamais de longue durée, et en cette occasion il fut même bientôt de meilleure humeur que de coutume, car chaque instant lui donnait l'agréable assurance que l'ouragan tirait à sa fin. Il venait de finir son troisième cigare, et il donnait l'ordre de larguer le ris de la misaine, et de border le grand hunier en prenant tous ses ris, quand la plupart des passagers parurent sur le pont pour la première fois de la matinée.

—Eh bien! Messieurs, leur dit-il par forme de bonjour, nous voici plus près de la côte de Guinée que je ne l'aurais désiré avec la perspective de nous frayer bientôt un chemin dans l'océan Atlantique, et d'en faire la traversée en trente ou trente-cinq jours. Il nous reste à calmer cette mer, et alors j'espère vous montrer ce que possède *le Montauk* indépendamment de ses passagers et de sa cargaison. Je crois que nous sommes à présent débarrassés de *l'Écume* aussi bien que de l'ouragan. Il y a eu un moment où je croyais que l'équipage de ce bâtiment arriverait à gué sur la côte de Cornouailles, mais à présent je crois plus probable qu'il aura à essayer les sables du grand désert de Sahara.

— Espérons qu'ils ont échappé à cette seconde calamité aussi heureusement qu'ils ont évité la première, dit M. Effingham.

—Cela est possible; mais le vent a viré au nord-ouest, et depuis douze heures il ne s'est pas borné à soupirer. Le cap Blanco n'est pas à cent lieues de nous, et, au train dont il allait, le capitaine à porte-voix peut en ce moment être à philosopher sur les débris de sa corvette, à moins qu'il n'ait eu le bon sens de gouverner plus à l'ouest qu'il ne le faisait quand nous l'avons vu pour la dernière fois. On aurait dû baptiser son bâtiment *le Vent-arrière* au lieu de *l'Ecume.*

Chacun exprima l'espoir que la corvette, à laquelle on pouvait assez justement attribuer la situation présente du *Montauk*, avait échappé à ce malheur; et toutes les physionomies reprirent leur sérénité, quand on vit les voiles battre contre les mâts : signe que le danger était passé. L'ouragan diminuait alors si rapidement, qu'à peine le grand hunier était-il bordé que l'ordre fut donné d'en larguer deux ris; et une heure après, on mit toutes les voiles nécessaires pour conduire le bâtiment vent arrière, mais encore dans la vue de le maintenir dans la direction convenable. Cependant la mer était encore effrayante, et le capitaine Truck se vit obligé de dévier de sa route pour éviter le danger d'avoir ses ponts balayés. *Le Montauk* n'avait pourtant plus à courir sur la cime des vagues, car les lames cessent bientôt de s'élever et de se briser quand la force du vent est épuisée.

Jamais le mouvement d'un bâtiment n'est plus désagréable et même plus dangereux, que dans l'intervalle qui s'écoule entre la cessation d'un vent très-violent et l'arrivée d'une nouvelle brise. Le bâtiment devient ingouvernable, et quand il tombe dans le creux des lames, les vagues, en se brisant sur ses ponts, y causent souvent de sérieuses avaries, tandis que les mâts et les agrès sont mis à de sévères épreuves par la houle soudaine et violente à laquelle ils ont à résister. Le capitaine Truck connaissait tous ces dangers, et quand on l'avertit que son déjeuner était prêt, il ne quitta le pont qu'après avoir donné diverses instructions à M. Leach.

— Je n'aime pas les nouveaux haubans que nous avons cappelés à Londres, lui dit-il, car pendant cet ouragan ils ont allongé d'une telle manière, que tout l'effort se fera sentir sur l'ancien gréement. Veillez donc à ce que tout soit prêt pour les rider de nouveau dès que l'équipage aura déjeuné. Songez à éviter que le bâtiment tombe dans le creux des lames, et surveillez avec soin chaque vague qui paraît menacer de tomber sur nous.

Après avoir répété ces injonctions de différentes manières, avoir regardé quelque temps du côté du vent, et fixé ses yeux sur les voiles cinq ou six minutes, M. Truck descendit enfin pour aller prononcer son jugement sur le café de M. Saunders. Une fois sur son trône, au haut bout de la longue table, le digne capitaine, après avoir eu les attentions convenables pour ses passagers, ne songea plus qu'à satisfaire son appétit avec un zèle qui ne lui manquait jamais en pareille occasion. Il venait de boire une tasse de café qui avait valu une nouvelle mercuriale à Saunders, quand le bruit du battement des voiles annonça que le vent avait cessé tout à coup.

— Mauvaise nouvelle, dit le capitaine en écoutant les coups portés aux mâts par la toile ; je n'aime jamais à entendre un bâtiment battre des ailes quand il est sur une mer houleuse ; mais cela vaut encore mieux que le désert de Sahara. Ainsi donc, ma chère miss Effingham, je vous invite à prendre une tasse de ce café ; il est un peu meilleur que ces jours derniers, grâce à la crainte inspirée à M. Saunders par les orangs-outangs, comme il aura l'honneur de vous en informer si vous...

Une secousse violente et subite qui se fit sentir sur tout le bâtiment, fut suivie d'un bruit semblable à un coup de mousquet. Le capitaine Truck se leva, et se tint debout, une main appuyée sur la table, le corps penché ; et tous ses traits indiquant l'attente et l'inquiétude. Une secousse semblable à la première y succéda, et trois à quatre autres explosions se suivirent rapidement, comme si autant de gros câbles se fussent rompus. Un bruit de brisement de bois se fit entendre, et ensuite un craquement général comme si le ciel tombait sur le malheureux bâtiment. La plupart des passagers fermèrent les yeux, et quand ils les rouvrirent M. Truck avait disparu.

Il est à peine nécessaire de décrire la scène de confusion qui suivit. Eve fut très-effrayée, mais elle montra de la fermeté, quoique mademoiselle Viefville tremblât tellement qu'il fallut que M. Effingham la soutînt.

— Nous avons perdu nos mâts, dit John Effingham avec beaucoup de calme. C'est un accident qui ne sera probablement pas très-dangereux. Il pourra prolonger notre séjour d'un mois ou deux, mais cela nous fournira l'occasion de faire une connaissance plus intime les uns avec les autres ; et, en si bonne compagnie, nous ne pouvons trop nous en applaudir.

Eve jeta un regard suppliant sur son parent, car elle vit qu'en appuyant sur les mots « en si bonne compagnie, » il avait les yeux fixés sur M. Dodge et M. Lundi, pour lesquels elle connaissait sa répugnance invincible. Ce qu'il avait dit expliquait la catastrophe, et la plupart des passagers montèrent sur le pont pour s'assurer du fait.

John Effingham ne s'était pas trompé. Les nouveaux haubans, qui avaient tellement allongé pendant l'ouragan, avaient été cause que les anciens haubans avaient souffert une tension trop forte pendant le roulis terrible du bâtiment. Le hauban le plus exposé s'était rompu le premier, trois ou quatre autres en avaient fait autant ; et, avant qu'on eût eu le temps de prendre aucune précaution, tout le reste avait parti de même, et le grand mât s'était brisé à un endroit où il y avait au centre un défaut qu'on voyait alors. Sa chute avait rompu le mât de misaine au ton et entraîné le petit mât de hune. En un mot, de toute la mâture et de toute la voilure du *Montauk*, il ne lui restait plus que le mât de misaine mutilé, sa vergue et sa voile; tout le reste encombrait le pont, ou battait dans l'eau contre les flancs du paquebot.

Tous les traits du visage rubicond du capitaine Truck exprimèrent un instant la mortification et le dépit, au premier coup d'œil qu'il jeta sur les ruines que nous venons de décrire. Il parut alors avoir pris son parti sur cette calamité, et il ordonna à Toast de lui apporter du charbon pour allumer un cigare.

— Nous voici dans une catégorie, de par le diable, Leach, dit-il après avoir lâché une seule bouffée de fumée. Continuez, Monsieur, vous avez raison : coupez tout ce qui tient encore à quelque chose, et jetez tous ces débris à la mer, sans quoi ils défonceront le bâtiment. — J'ai toujours pensé que le marchand de Londres entre les mains duquel notre argent est tombé était un fripon ; et à présent j'en suis assez sûr pour en jurer. — Coupez, charpentier, coupez, et débarrassez-nous le plus tôt possible de tous ces bois qui sont à danser sur le pont. — Un excellent bâtiment, monsieur Lundi! sans quoi il aurait fait sortir ces pompes de leurs emplantures et renversé la cuisine.

On ne fit aucune tentative pour sauver ces débris; en cinq minutes, ils flottaient loin de l'arrière, et le bâtiment fut heureusement tiré de ce nouveau danger. M. Truck, malgré le sang-froid qu'il avait acquis, ne put s'empêcher de jeter un regard douloureux sur les tristes débris de ce qui faisait sa fierté quelques minutes auparavant, en voyant les mâts, les vergues, les traversins et les élongis des hunes s'élever sur le sommet des vagues ou tomber dans le creux des lames, comme des baleines bondissant dans la mer. Mais l'habitude est la philosophie du marin, et il ne se trouvait pas dans le caractère de M. Truck un trait plus respectable que cette force d'âme qui le mettait en état de supporter noblement une calamité qui avait été inévitable.

Le Montauk ressemblait alors à un arbre dépouillé de ses branches, et sa gloire était en grande partie éclipsée : son mât de misaine lui restait seul; encore avait-il perdu sa partie supérieure, circonstance dont le capitaine Truck se plaignait plus que de tout le reste, parce que, disait-il, « elle détruisait la symétrie de ce mât, qui avait prouvé qu'il était solide au poste. » Mais ce qui était plus grave, c'est qu'elle rendait plus difficile, sinon impossible, de guinder un mât de hune de rechange sur l'avant. Comme le grand mât et le mât d'artimon étaient rompus très-près du pont, c'était le seul expédient facile qui restât. Une heure après cet accident, M. Truck annonça son intention d'avancer vers le sud autant qu'il le pourrait, afin de rencontrer les vents alisés et d'en profiter pour traverser l'Atlantique, à moins qu'il ne pût gagner les îles du cap Vert, où il pourrait peut-être se procurer de quoi réparer ses avaries.

— Tout ce que je demande à présent, ma chère miss Effingham, dit-il à Eve, qui était montée sur le pont pour voir cette scène de désolation, après que les débris eurent été jetés à la mer, — tout ce que je demande à présent, c'est que nous n'ayons plus de vent d'ouest pendant quinze jours ou trois semaines ; et en ce cas je promets de vous débarquer tous en Amérique assez à temps pour que vous mangiez à terre votre dîner de Noël. Je crois que sir George ne tuera pas beaucoup d'ours cette année sur les Montagnes Rocheuses ; mais il n'en restera qu'un plus grand nombre pour la suivante. Le bâtiment est dans une catégorie ; il faudrait être un impudent drôle pour le nier ; mais il y a des catégories plus fâcheuses dont on s'est tiré par de bons raisonnements. Rien que des voiles d'avant, ce n'est pas une voilure convenable pour s'éloigner d'une côte sous le vent ; mais j'espère encore ne pas avoir le malheur de voir les côtes d'Afrique.

— En sommes-nous bien loin ? demanda Eve, qui comprenait suffisamment le danger, dans la situation où ils se trouvaient, d'aborder à une terre inhabitée, où il était inutile de chercher un port. — Je crois que j'aimerais mieux être dans le voisinage de toute autre côte que de celle d'Afrique.

— Surtout entre les Canaries et le cap Blanco, dit le capitaine avec un signe de tête expressif. Il y a certainement des pays plus hospitaliers ; car s'il faut en croire les relations qu'on en fait, les honnêtes gens qu'on rencontre sur cette côte ne trouvent pas plutôt un chrétien, qu'ils le mettent sur un chameau et lui font faire quelques centaines de milles au grand trot, sous un soleil ardent, sans autre nourriture qu'une espèce de *haggis*[1] qui ôterait l'appétit même à un Ecossais.

— Et vous ne dites pas à quelle distance nous sommes de cette côte effrayante, capitaine ? s'écria mademoiselle Viefville.

---

[1]. Ragoût écossais, composé de cœur, de foie et de poumons de mouton, le tout haché avec des oignons, et formant une sorte de grosse andouille.

—Vous le saurez dans dix minutes, car je vais faire une observation pour prendre la longitude ; il est un peu tard, mais on peut encore la calculer.

—Et nous pouvons compter sur la vérité de ce que vous nous direz ?

—Sur mon honneur, comme marin et comme homme.

Toutes deux se promenèrent en silence, pendant que le capitaine faisait ses observations pour prendre la hauteur du soleil. Quand il eut fini ses calculs, il revint près d'elles, les yeux lui roulant dans la tête, quoique conservant toujours un air de bonne humeur.

—Eh bien ! dit Eve, le résultat ?

—N'est pas aussi flatteur que je le voudrais. Nous sommes positivement à un degré de la côte. Mais comme le vent est tombé ou à peu près, nous pouvons espérer quelque autre brise qui nous éloignera de la terre. Et à présent que je vous ai parlé franchement, permettez-moi de vous prier de me garder le secret ; car si mes gens étaient informés du fait, ils ne rêveraient qu'aux Turcs, au lieu de songer à leur besogne.

Il ne fallait pas être un observateur très-profond, pour voir que le capitaine était loin d'être satisfait de la position dans laquelle se trouvait son bâtiment. Sans une seule voile de l'arrière, et presque sans aucun moyen d'en établir, il était inutile de songer à s'éloigner de la terre, surtout quand il fallait lutter contre les fortes vagues qui venaient encore du nord-ouest. Son projet était donc de toucher aux îles du Cap Vert ; avant d'y arriver, il rencontrerait certainement les vents alisés, et là il aurait quelque chance de pouvoir réparer ses avaries. Ses craintes auraient été beaucoup moindres si son bâtiment avait été d'un degré ou deux plus au sud, ou même d'un degré plus à l'ouest, parce que les vents qui dominent dans cette partie de l'Océan viennent ordinairement du nord et de l'est ; mais il n'était pas facile de forcer un bâtiment à parcourir cette distance avec la misaine, seule voile régulière qui restât. Il est vrai qu'il avait à sa disposition quelques-uns des expédients ordinaires des marins, et il y fit travailler tout son monde sur-le-champ ; mais comme ses principaux mâts s'étaient brisés près du pont, il devenait très-difficile de gréer des mâts de fortune.

Il fallait pourtant tenter quelque chose. On prépara donc les mâts de rechange, et l'on commença à prendre toutes les mesures nécessaires pour les mettre en place et les gréer aussi bien que les circonstances le permettaient. Dès que la mer devint plus calme et que le bâtiment eut moins de roulis, M. Leach réussit à placer sur l'avant une bonnette basse et une espèce de voile d'étai, et avec cette addition à la voilure le cap fut mis au sud avec un léger vent d'ouest. La mer était beaucoup moins houleuse vers midi; mais un mille de vitesse par heure était bien peu de chose pour des gens qui avaient une si longue route à faire, et qui étaient si près d'une côte connue pour être inhospitalière. Le cri « une voile! » qui se fit entendre de bonne heure dans l'après-midi, répandit donc une joie générale à bord du *Montauk*.

Ce bâtiment fut découvert au sud-est, et il suivait une ligne qui devait le conduire bien près de leur route. Cependant le vent était si léger que le capitaine Truck dit qu'il croyait qu'on ne pourrait lui parler avant la nuit.

— A moins qu'il n'ait été obligé de remonter la côte, dit-il, ce bâtiment, qui, avec ses voiles légères, semble avoir eu plus de bonheur que nous, doit être *l'Ecume*. Tabac ou non, mari ou femme, le drôle nous tient maintenant, et toute notre consolation, c'est qu'à présent nous lui serons fort obligés s'il veut nous conduire à Portsmouth, ou dans quelque autre port chrétien. Nous lui avons montré ce qu'un bâtiment à formes arrondies peut faire vent arrière; maintenant, qu'il nous remorque au vent comme un généreux antagoniste. C'est ce que j'appelle Vattel, ma chère miss Effingham.

— S'il agit ainsi, il montrera certainement de la générosité, dit miss Effingham, et nous aurons à nous louer de son humanité, quoi que nous puissions penser de son obstination.

— Etes-vous bien sûr que ce bâtiment soit la corvette, capitaine? demanda Paul Blunt.

— Qui pourrait-ce être? C'est bien assez que deux bâtiments soient affalés ici sur la côte d'Afrique, et nous savons que l'Anglais doit être quelque part sous le vent à nous; j'avouerai pourtant que je l'aurais cru beaucoup plus loin, s'il n'est déjà au milieu des mahométans, réduisant son corps au poids d'une plume, comme le capitaine Riley, qui revint n'ayant que la peau et les os, après avoir traversé le désert.

— Je ne crois pas que ces perroquets offrent la symétrie de ceux d'un bâtiment de guerre.

Le capitaine Truck regarda fixement le jeune homme, comme on regarde un critique judicieux, et il examina ensuite un instant le bâtiment dont ils parlaient.

— Vous avez raison, Monsieur, et j'ai reçu une leçon dans mon métier, d'un homme qui est assez jeune pour être mon fils. Il est évident que ce bâtiment n'est pas un croiseur; c'est sans doute un bâtiment marchand, qui, de même que nous, a été poussé ici par le vent.

— Et je suis sûr, capitaine, dit sir George Templemore, que nous devons nous réjouir de ce qu'il a échappé comme nous au naufrage. Quant à moi, j'ai une pitié sincère pour les malheureux qui sont ou qui étaient à bord de *l'Ecume*, et je voudrais presque être catholique afin de pouvoir faire dire des messes pour eux.

— Vous vous êtes montré bon chrétien dans toute cette affaire, sir George, et je n'oublierai pas vos offres libérales de payer tous les frais de mouillage dans un port, plutôt que de nous laisser tomber dans la mâchoire des Philistins. Nous avons été plus d'une fois dans une catégorie avec le coursier à pieds légers qui était dans nos eaux, et personne n'a montré un désir plus cordial que vous de nous voir nous en tirer.

— Je prends toujours intérêt au bâtiment à bord duquel je m'embarque, répondit le baronnet, qui n'était pas fâché d'entendre faire si ouvertement l'éloge de sa libéralité. J'aurais volontiers donné mille guinées pour éviter que nous fussions pris ; je crois que c'est le véritable esprit d'un chasseur.

— Ou d'un amiral, mon cher Monsieur. — Pour vous parler franchement, sir George, dans le premier moment où j'ai eu l'honneur de faire connaissance avec vous, je ne vous rendais pas tout à fait justice. Il y avait en vous une sorte d'attention anglaise à des babioles, une sorte d'affectation dans votre *début*, comme dit M. Dodge, qui me portaient à douter que vous eussiez l'âme et le cœur que je vois à présent que vous possédez.

— Oh ! j'aime certainement mes aises, dit sir George en riant.

— En ce cas, tout ce qui me surprend, c'est que vous ne fumiez pas. — M. Dodge, votre compagnon de chambre que voilà, me dit que vous avez trente-six paires de pantalons !

— Oui, c'est la vérité. On aime à se présenter en pays étranger décemment vêtu.

— Eh bien ! si notre destin nous faisait voyager dans le désert, vous auriez de quoi équiper tout un harem.

— Je voudrais, capitaine, que vous me fissiez le plaisir d'entrer dans notre chambre un de ces matins. J'ai plusieurs choses curieuses que je serais charmé de vous faire voir — un assortiment de rasoirs, une toilette portative — et plusieurs autres objets. M. Dodge a vu une grande partie de mes curiosités, et il vous dira qu'il y en a quelques-unes qui méritent réellement un moment d'examen.

— Oui, capitaine, dit M. Dodge ; — car cette conversation était un aparté à eux trois. M. Leach veillait à ce que le service se fît exactement sur tout le bâtiment ; et l'habitude avait donné à M. Truck la faculté de tenir tout son monde occupé pendant qu'il s'entretenait avec ses passagers. — Oui, capitaine, et je dois dire que je n'ai jamais connu personne qui fût mieux nanti de tout ce qui peut être nécessaire, que *mon ami* sir George. Mais les Anglais ont du goût pour les curiosités, et j'avoue que j'admire leur industrie.

— Particulièrement pour les pantalons, monsieur Dodge? — Et avez-vous des habits qui y soient assortis, sir George?

— Certainement, capitaine, on ferait une figure assez ridicule en manches de chemise. — Je voudrais que nous pussions rendre M. Dodge un peu moins républicain : je le trouve un compagnon de chambre fort agréable; mais il est presque insupportable quand il s'agit de rois et de princes.

— Vous tenez pour le peuple, pour la vieille catégorie, monsieur Dodge?

— Sur ce sujet, sir George et moi nous ne serons jamais d'accord; mais je lui ai dit que nous ne l'en traiterons pas plus mal pour cela quand il se trouvera parmi nous. Il m'a promis de venir voir notre comté; je lui ai donné ma parole d'honneur qu'il y serait bien accueilli, et je crois que je connais toute l'étendue d'une parole d'honneur.

— J'ai appris, dit le baronnet, que M. Dodge est éditeur d'un journal dans lequel il amuse ses lecteurs du récit de ses aventures et de ses observations pendant son voyage. N'est-il pas intitulé *le Furet-Actif*, monsieur Dodge?

— C'est le nom qu'il porte à présent, sir George. Mais quand nous soutenions le parti de M. Adams, on l'appelait *l'Actif Furet*.

— Une distinction sans différence, c'est ce que j'aime, dit le capitaine. Voici la seconde fois que j'ai l'honneur d'avoir M. Dodge sur mon bord, et je puis assurer que jamais furet plus actif n'a appuyé le pied sur les planches d'un bâtiment, quoique je ne susse pas quel usage il faisait de tout ce qu'il apprenait. A présent, je vois que c'est son métier.

— M. Dodge prétend appartenir à une profession, capitaine, et être au-dessus de tout métier. Il m'a dit que bien des choses qui se sont passées à bord de ce bâtiment depuis le moment où nous avons mis à la voile feront d'excellents articles de journal quand nous serons arrivés.

— Du diable ! je voudrais particulièrement savoir, monsieur Dodge, ce que vous trouverez à dire de la catégorie dans laquelle *le Montauk* est placé en ce moment.

— Oh! capitaine, ne craignez rien quand il s'agit de vous. Vous savez que je suis votre ami, et d'ailleurs vous n'avez rien à appréhender. Mais je n'en dirais pas autant de tous les passagers, car il en est pour qui j'ai une antipathie décidée, et dont la conduite a encouru ma complète désapprobation.

— Et vous avez dessein d'en parler dans vos articles ?

M. Dodge se redressa avec l'air d'orgueil d'un homme sans éducation, qui non-seulement s'imagine posséder un pouvoir qui fait trembler les autres, mais est assez aveugle sur ses propres qualités pour se figurer que son opinion est d'une grande importance pour ceux que son envie le force à reconnaître comme lui étant infiniment supérieurs. Il n'osa pourtant se livrer à toute sa méchanceté, mais il lui fut impossible de la cacher entièrement.

— Ces Effingham, ce M. Sharp, ce M. Blunt, murmura-t-il, croient qu'ils valent mieux que tous les autres; mais nous verrons. L'Amérique n'est pas un pays où les gens puissent s'enfermer dans leur chambre et s'imaginer qu'ils sont des lords et de grandes dames.

— Sur mon âme! s'écria le capitaine en affectant un ton de simplicité, comment avez-vous découvert cela, monsieur Dodge? — Quelle belle chose, sir George, d'être un furet actif!

— Oh! je vois fort bien quand un homme est tout gonflé de l'idée de son importance. Quant à M. John Effingham, il a passé tant de temps à l'étranger, qu'il a oublié qu'il retourne dans un pays où tous les hommes sont égaux en droits.

— Très-vrai, monsieur Dodge; dans un pays où un homme ne peut s'enfermer dans sa chambre quand l'envie lui en prend. C'est là le vrai moyen de faire une grande nation, sir George; et vous voyez que la fille deviendra probablement digne de la mère. — Mais, mon cher monsieur Dodge, êtes-vous sûr que M. John Effingham ait réellement une si haute idée de lui-même? il serait fort désagréable de faire une bévue dans une affaire si sérieuse. Vous devriez vous rappeler la méprise d'un Irlandais.

— Quelle est cette méprise? demanda le baronnet, complétement dupe de la gravité imperturbable du capitaine, dont on pourrait dire que le caractère s'était formé par une longue habitude de traiter avec un froid mépris tous les faibles de ses semblables. — Nous entendons d'excellentes choses dans notre club; mais je ne me souviens pas de la méprise de l'Irlandais.

— Il prit tout simplement le tintement de son oreille pour quelque bruit inexplicable qui devait incommoder ses compagnons.

M. Dodge se sentit mal à l'aise, car il n'y a personne qu'un homme d'un esprit grossier redoute plus qu'un railleur qui conserve toujours son sang-froid en vous immolant sans scrupule. Il secoua la tête d'un air menaçant, et, prétextant quelque affaire, il descendit sous le pont et laissa le baronnet et le capitaine tête à tête.

— M. Dodge est un ami opiniâtre de la liberté, dit le premier quand son compagnon de chambre ne put plus l'entendre.

— Sans doute, et vous avez sa propre parole pour le croire. Il ne veut pas qu'il soit permis à un homme de faire ce que bon lui semble. Nous avons une foule de ces furets actifs en Amérique, et peu m'importe combien vous en abattrez à coups de pistolet avant que vous alliez à la chasse des ours, sir George.

— Mais vous devez convenir, capitaine, que les Effingham auraient des manières plus gracieuses s'ils s'enfermaient moins dans leur chambre, et qu'ils nous admissent un peu plus souvent dans leur compagnie. Je pense à cet égard comme M. Dodge; ce système exclusif est excessivement odieux.

— Il y a parmi les passagers de l'avant, sir George, un pauvre diable à qui j'ai donné un morceau de toile pour réparer une avarie à sa grande voile, et qui dirait la même chose s'il entendait parler de vos trente-six pantalons. — Prenez un cigare, mon cher Monsieur, et fumez pour bannir le chagrin.

— Je vous remercie, capitaine, je ne fume jamais. Personne ne fume dans notre club, quoique quelques-uns de nous aillent quelquefois au divan, pour essayer un chibouk [1].

— Nous ne pouvons tous avoir une chambre à nous seuls, sir George, sans quoi personne ne voudrait en avoir une en commun. Si les Effingham aiment leur appartement, je crois honnêtement que c'est pour une excellente raison, qui est que c'est le meilleur du bâtiment. S'il s'en trouvait un plus commode, je vous garantis qu'ils seraient prêts à en changer. Je suppose que, lorsque nous serons arrivés, M. Dodge vous honorera d'un article dans *le Furet Actif*.

— Pour dire la vérité, il me l'a donné à entendre.

— Et pourquoi non? on pourrait faire un article très-instructif sur les trente-six pantalons, l'assortiment de rasoirs et la toilette portative, sans parler des Montagnes Rocheuses et des ours.

Sir George commença aussi à se trouver mal à l'aise, et après quelques remarques insignifiantes sur l'accident qui venait d'arriver, il disparut à son tour.

Le capitaine Truck, qui ne souriait jamais que du coin de l'œil gauche, se détourna et se mit à gourmander son monde, et à faire

---

1. Pipe turque.

une ou deux mercuriales à Saunders, avec la même insouciance que s'il eût cru fermement à l'infaillibilité d'un journal et qu'il eût eu particulièrement un profond respect pour l'éditeur du *Furet Actif*.

Ce qu'il avait dit du bâtiment qu'on avait en vue se trouva vrai. Vers neuf heures du soir, il arriva à portée d'être hélé, et mit son grand hunier sur le mât. C'était un bâtiment de transport américain, revenant sur son lest de l'escadre qui était dans la Méditerranée, et retournant de Gibraltar à New-York. Il avait rencontré l'ouragan à l'ouest de Madère, et après y avoir résisté le plus longtemps possible, il avait aussi été obligé de fuir vent arrière. D'après le rapport des officiers, *l'Écume* avait été portée beaucoup plus près de la côte, et ils croyaient qu'elle avait fait naufrage. Ils n'avaient échappé eux-mêmes à ce danger que parce que la force de l'ouragan avait diminué, car ils avaient été en vue de la terre; mais le bâtiment n'ayant souffert aucune avarie, ils avaient pu regagner le large assez à temps.

Heureusement ce bâtiment avait pour lest de l'eau fraîche, et le capitaine Truck passa la nuit à négocier le transport sur ce bord de ses passagers, dans la crainte que la longueur de son voyage ne l'exposât à manquer de vivres avant d'arriver en Amérique. Dans la matinée, il offrit à tous ses passagers de les mettre à bord du transport. Tous ceux de l'avant et la plupart de ceux de l'arrière acceptèrent volontiers la proposition, et profitèrent avec plaisir de cette occasion d'échanger un bâtiment démâté contre un autre qui du moins avait conservé tous ses agrès. On y fit passer avec eux les provisions nécessaires, et le lendemain à midi le transport mit à la voile au plus près du vent, la mer étant assez calme et la brise encore de l'avant. Au bout de trois heures, il était hors de vue au nord-ouest, tandis que *le Montauk* continuait à s'avancer lentement vers le sud, dans la double vue de rencontrer les vents alisés, ou de toucher à l'une des îles du Cap Vert.

CHAPITRE XV.

Sa voix d'avant va maintenant bien parler de son ami; sa voix d'arrière lui sert à tenir d'infâmes propos et à calomnier. **La tempête.**

La situation du *Montauk* parut plus désolée que jamais après le départ d'un si grand nombre de ses passagers. Aussi longtemps que ses ponts avaient été couverts de créatures humaines, il avait un air de vie qui servait à diminuer les inquiétudes; mais à présent qu'il avait été abandonné par tous les passagers de l'avant et par la plupart de ceux de l'arrière, ceux qui y restaient commencèrent à se livrer à de plus vives craintes sur l'avenir. Quand les voiles du transport ne parurent plus qu'un point prêt à descendre dans l'Océan, M. Effingham lui-même regretta de ne pas avoir surmonté la répugnance qu'il avait éprouvée à se rendre à bord d'un bâtiment où sa famille et lui n'auraient pu avoir que des chambres bien moins commodes que celles qu'ils occupaient sur *le Montauk*. Trente ans auparavant, il se serait trouvé heureux d'avoir un tel bâtiment, et de si bons logements pour cette traversée; mais l'habitude d'avoir nos aises change nos opinions, et il n'avait pu se résoudre à placer sa fille et mademoiselle Viefville dans une situation dont se contentaient tous ceux qui voyageaient par mer au commencement de ce siècle.

Comme nous l'avons déjà dit, la plupart des passagers de l'arrière avaient pris une détermination différente, et il ne restait avec la famille Effingham que M. Sharp, M. Blunt, sir George Templemore, M. Dodge et M. Lundi. M. Effingham avait cédé à l'influence du logement supérieur que sa famille trouvait à bord du paquebot, et à l'espoir que *le Montauk* toucherait bientôt aux îles du Cap Vert, qu'il y trouverait tout ce qui lui manquait, et qu'il arriverait en Amérique presque aussitôt que le bâtiment de transport, mauvais voilier, qui venait de les quitter. M. Sharp et M. Blunt avaient exprimé leur détermination de partager sa fortune, ce qui était dire indirectement qu'ils voulaient partager celle de sa fille. John Effingham était resté pour ne pas se séparer de sa famille, quoiqu'il eût proposé au capitaine du transport de les conduire à la remorque jusqu'au port le plus voisin; arrangement qui ne put avoir lieu parce que les deux capitaines ne purent s'accorder sur la route à suivre; et un obstacle plus sérieux s'éleva encore quand le capitaine du transport, lorsqu'il fut question de régler l'indemnité qui lui serait payée, jeta quelques mots en l'air sur le droit de sauvetage. Quant à M. Lundi, il avait été retenu par un attachement invétéré pour les approvisionnements du maître d'hôtel, dont il jugeait avec raison qu'il pourrait avoir désormais une part encore plus grande que par le passé.

Sir George Templemore avait été à bord du transport, et avait laissé transpirer assez clairement l'intention d'y passer, lui et ses trente-six pantalons; mais en examinant le local étroit et incommode dans lequel il aurait été obligé de se loger et d'arrimer toutes ses curiosités, il ne put se résoudre à ce sacrifice. D'une autre part il savait qu'il aurait alors sur *le Montauk* une chambre pour lui seul, et ce jeune homme d'un esprit faible, et habitué à céder à ses goûts et à ses caprices, préféra nonchalamment ses aises du moment au soin de sa sûreté.

M. Dodge avait la manie américaine de la précipitation, et il avait été le premier à proposer un départ en masse dès qu'on sut que le capitaine du transport consentait à recevoir les passagers. Il avait été activement occupé toute la nuit à se former un parti et à faire décider que la prudence exigeait que *le Montauk* fût entièrement évacué. Mais quand ce projet eut échoué, il insista éloquemment sur ce que le capitaine Truck devait se soumettre à l'avis de la majorité; mais il ne le fit qu'à voix basse et en cachette, car il était trop prudent et trop pur démocrate pour parler tout haut, à moins qu'abrité par l'opinion publique. Il aurait pu tout aussi bien invectiver contre l'ouragan dans l'espoir de faire cesser la tempête, que de faire une pareille tentative contre la fermeté du vieux marin en tout ce qui concernait son devoir; car, dès que le capitaine Truck en entendit parler, il notifia son refus positif d'un ton qu'il était peu accoutumé à prendre avec ses passagers, et qui imposa silence à toutes remontrances. Quand ces deux plans eurent avorté, M. Dodge fit les plus grands efforts pour démontrer à sir George que son intérêt et sa sûreté exigeaient qu'il émigrât du *Montauk*. Mais, malgré toute son éloquence, malgré l'ascendant que son adulation perpétuelle lui avait donné sur l'esprit du baronnet, il ne put l'emporter sur l'amour de celui-ci pour ses aises et surtout sa passion pour les nombreux objets de curiosité dont il faisait ses délices. Il est vrai qu'on aurait pu placer dans une malle les trente-six pantalons, ainsi que les rasoirs, les pistolets, la toilette portative et beaucoup d'autres merveilles; mais sir George aimait à les contempler toutes chaque jour, et il en avait toujours la plus grande partie étalée sous ses yeux.

A la surprise générale, M. Dodge, trouvant impossible de déterminer sir George Templemore à quitter le paquebot, annonça tout à coup la résolution d'y rester aussi. Dans un pareil moment, peu de personnes s'inquiétèrent des motifs qui l'y avaient décidé, mais il protesta à son compagnon de chambre que la vive amitié qu'il avait conçue pour lui pouvait seule le résoudre à renoncer à l'espoir d'arriver en Amérique avant les élections d'automne.

M. Dodge n'avait pas beaucoup exagéré en parlant ainsi. Il était démagogue américain précisément par suite de sentiments et d'inclinations qui auraient fait de lui un courtisan en tout autre pays. Il est vrai qu'il avait voyagé, ou qu'il croyait avoir voyagé *en diligence* avec une comtesse; mais la force des circonstances l'avait obligé à s'en séparer bientôt, au lieu qu'il avait ici un baronnet, un véritable baronnet anglais, entièrement à lui dans une petite chambre, et son orgueil se repaissait de la gloire d'avoir une pareille connaissance. Qu'étaient les fiers et arrogants Effingham auprès de sir George Templemore? Il attribuait même leur réserve avec le baronnet à l'envie, passion dont il connaissait parfaitement l'existence, et il trouvait un charme secret à occuper un petit appartement avec un homme qui pouvait exciter l'envie d'un Effingham. Plutôt que d'abandonner sa prise aristocratique, dont il avait dessein de faire parade aux yeux de ses amis les démocrates de son voisinage, il se détermina à oublier qu'il était pressé, et à chercher sa récompense dans le plaisir qu'il aurait à parler à l'avenir de sir George Templemore et de ses curiosités, et à citer dans son cercle ses propres plaisanteries et ses bons mots. Quelque étrange que cela puisse paraître, M. Dodge avait d'ailleurs le plus vif désir de rester avec les Effingham; car, quoiqu'il souffrît que l'envie et le sentiment intime de son infériorité engendrassent la haine, il était prêt à faire la paix à chaque instant, à condition d'être admis franchement dans leur intimité. Quant à la famille innocente qui était devenue d'un si grand intérêt pour le bonheur de M. Dodge, elle songeait rarement à lui, ne se doutait guère qu'elle fût si souvent l'objet de ses pensées, et si elle n'aimait pas sa société, c'était uniquement par suite des principes élevés et du goût cultivé qui la caractérisaient. Elle se croyait le droit d'agir à cet égard comme bon lui semblait, d'autant plus qu'avec toute la réserve du savoir-vivre, les membres qui la composaient ne se permettaient jamais des remarques critiques allant jusqu'à la personnalité, et encore moins le commérage.

Par suite de ces sentiments contradictoires de M. Dodge, de l'amour de sir George Templemore pour ses aises, de l'intérêt que prenaient à Eve ses deux admirateurs, du dévouement de M. Lundi au madère et au champagne, et de la détermination de M. Effingham, ces individus continuèrent seuls à occuper les chambres du *Montauk*. Quant aux οἱ πολλοι qui les avaient quittés, nous n'en avons rien dit parce que ce prompt départ devait les isoler de l'intérêt de notre histoire.

Si nous disions que le capitaine Truck n'eut pas quelques idées mélancoliques quand il vit le bâtiment de transport disparaître à l'horizon, nous représenterions le brave marin comme plus stoïcien qu'il ne l'était réellement. Pendant le cours d'une longue vie qui avait été entièrement consacrée à sa profession, il avait éprouvé des accidents; mais depuis qu'il commandait un paquebot, c'était la première fois qu'il avait été obligé d'appeler à son aide un bâtiment étranger pour conduire ses passagers à leur destination. La nécessité qui l'y avait forcé en cette occasion lui paraissait une sorte de tache sur son caractère comme marin, quoique dans le fait l'accident qui était arrivé dût principalement être attribué à un défaut caché du grand mât. L'honnête capitaine soupira bien des fois, fuma dans l'après-midi près du double de son nombre ordinaire de cigares, et quand le soleil se coucha dans toute sa gloire, il resta à regarder le firmament dans un sombre silence jusqu'à ce que les teintes magnifiques qui accompagnent la fin du jour cessassent de se montrer sur les vapeurs de l'horizon. Il fit venir alors Saunders sur le gaillard d'arrière, et il eut avec lui la conversation suivante :

— Nous voici dans une chienne de catégorie, Saunders.

— Les choses pourraient aller mieux, commandant. Tout ce que je désire, c'est que le beurre puisse durer jusqu'à ce que nous arrivions à New-York.

— Et s'il en est autrement, Monsieur, je serai fort tenté de vous faire claquemurer dans la prison de l'état, ou du moins dans la chaumière gothique de l'île de Black-Well.

— Toute chose a une fin, capitaine, et même le beurre. Je présume que M. Vattel, s'il connaît quelque chose en cuisine, en conviendra lui-même.

— Ecoutez-moi, Saunders : s'il vous arrive encore de donner à entendre en ma présence que Vattel appartenait au département des casseroles, je prendrai la liberté de vous faire conduire sur la côte d'Afrique, où vous vous amuserez à faire des ragoûts de jeunes singes pour votre dîner. — A propos ! je vous ai vu à bord de l'autre bâtiment ; vous y avez tout examiné ; de quelle manière y seront traités nos passagers ?

— D'une manière atroce, commandant, je vous en donne ma parole d'honneur. Pourriez-vous croire que le maître d'hôtel est un nègre, — un véritable nègre, capitaine Truck ! il porte des boucles d'oreilles et une chemise de flanelle rouge, et il n'a pas reçu la moindre éducation. Quant au cuisinier, il ne serait pas en état de remplacer ici Jemmy Ducks, notre marmiton. Il ne s'y trouve qu'une marmite et une seule espèce de casseroles.

— Eh bien ! en ce cas les passagers de l'avant seront aussi bien traités que ceux de l'arrière.

— Oui, Monsieur ; ou les passagers de l'arrière aussi mal traités que ceux de l'avant. Quant à moi, j'ai en abomination la liberté et l'égalité !

— Vous devriez causer sur ce sujet avec M. Dodge, Saunders, et nous verrions qui riposterait le mieux. — Puis-je vous demander si vous savez par hasard quel est aujourd'hui le jour de la semaine ?

— Sans contredit, commandant, car ce sera demain dimanche, et je pense que c'est bien dommage que nous ne puissions solliciter les prières de l'église en notre faveur.

— Si demain est dimanche, ce doit être aujourd'hui samedi, monsieur Saunders, à moins que ce maudit ouragan n'ait dérangé le calendrier.

— Tout naturellement, capitaine, et votre remarque est fort juste..

— Tout le monde convient qu'il n'y a pas de meilleur navigateur que le capitaine Truck.

— Cela peut être vrai, mon brave garçon ; mais je n'en suis pas moins diablement éloigné de ma route en ce moment, ici, presque dans le sein de votre aimable famille. Mais si c'est aujourd'hui samedi, il y aura un samedi soir avant qu'il soit longtemps ; et, songez-y bien, il faut que nous portions le toast d'usage : « A nos maîtresses et à nos femmes. » Quoique je n'aie moi-même ni l'une ni l'autre, je sens la nécessité d'avoir quelque chose qui puisse m'égayer, pour me mettre en état de songer à l'avenir.

— Comptez sur moi, capitaine. Je suis charmé de vous entendre parler ainsi ; car je pense qu'un bâtiment n'est jamais plus respectable et plus en bon ordre que lorsqu'on y célèbre tous les anniversaires. Vous aurez ce soir une compagnie choisie et agréable, commandant.

Après cette dernière remarque, Saunders se retira pour aller conférer avec Toast sur ce sujet ; et le capitaine s'occupa à donner à M. Leach ses instructions pour la nuit. Le fait était que *le Montauk* offrait alors un spectacle bien fait pour inspirer de la mélancolie à un marin ; car, à la seule voile régulière qui lui restât, celle de misaine, on avait ajouté une bonnette basse, très-imparfaitement gréée, et qui n'aurait pu résister à une brise tant soit peu forte, tandis qu'un mât de hune de fortune soutenait une voile de perroquet qu'on ne pouvait porter que par un vent largue. Il est vrai qu'on faisait sur l'arrière des préparatifs d'une nature plus durable. Le tronçon du grand mât avait été coupé au ras de l'entre-pont, où l'on avait pratiqué une emplanture pour y placer un mât de hune de rechange, qui était sur le pont tout gréé. On avait préparé des bigues pour le mâter ; mais, la nuit approchant, on suspendit ce travail, et l'on employa l'équipage à gréer les vergues, à enverguer les voiles, et à disposer les autres espars dont on comptait se servir, remettant au lendemain matin la dernière opération, celle du mâtage.

— Nous aurons probablement une nuit tranquille, monsieur Leach, dit le capitaine après avoir promené ses regards sur tout le firmament. Demain à huit heures du matin, rappelez tout le monde sur le pont, et nous travaillerons à faire un brick de notre vieux bâtiment. Ce mât de hune sera en état de soutenir l'effort de la grande vergue de fortune, à moins qu'il ne survienne un autre ouragan ; et en prenant les ris de la nouvelle grande voile, nous pourrons en tirer quelque service. Le mât de perroquet pourra nous servir de mât de hune, et en donnant un peu de largue dans les voiles, nous pourrons nous en tirer. Au besoin nous pourrons peut-être aussi lui faire porter une bonnette. Nous n'avons pas de mâts pour d'autres voiles, et pourtant il faudra tâcher de trouver quelque chose pour l'arrière parmi les mâts de rechange que nous avons obtenus du transport. Vous pouvez faire cesser tout travail quand on piquera quatre coups[1], monsieur Leach, et laisser les pauvres diables passer en paix leur nuit du samedi. C'est un assez grand malheur d'être démâté, sans être encore privé de son grog.

M. Leach exécuta tous ces ordres, et une calme et magnifique soirée se termina par toute la gloire d'une nuit douce, sous une latitude aussi basse que celle où était alors *le Montauk*. Ceux qui n'ont jamais vu l'Océan dans de telles circonstances ne connaissent pas les charmes qu'il offre dans ses instants de repos. L'expression de repos s'applique parfaitement à la tranquillité dont il jouissait alors, car les longues vagues indolentes sur lesquelles le bâtiment s'élevait, et avec lesquelles il retombait, en ridaient à peine la surface. La lune ne se leva qu'à minuit, et Eve, accompagnée de mademoiselle Viefville, se rendit sur le pont ainsi que les autres passagers, et s'y promena à la clarté des étoiles jusqu'à ce qu'elle fût fatiguée.

Pendant ce temps on entendait souvent rire et chanter sur le gaillard d'avant, où les matelots célébraient la nuit du samedi, et les toasts qu'ils portaient n'étaient pas toujours exempts de quelque expression grossière. Mais l'amour de la gaieté céda bientôt à la fatigue, et ceux qui n'étaient pas de quart ne tardèrent pas à aller retrouver leurs hamacs, laissant ceux qui devaient rester sur le pont y chercher quelque coin pour s'y reposer.

— Un grain qui n'obscurcirait seulement pas le ciel, dit le capi-

---

[1]. On ne se sert pas d'horloge à bord des bâtiments ; on emploie des sablières, qui durent une demi-heure, et les heures s'indiquent en frappant sur une cloche de demi-heure en demi-heure. Le jour commence à midi, heure qui est déterminée par la hauteur du soleil, et qui marque le commencement d'un quart, dont chacun dure quatre heures. A midi et demi on frappe un coup ; deux à une heure, et ainsi de suite, un coup de plus de demi-heure en demi-heure jusqu'à quatre heures, où l'on frappe huit coups, ce qui annonce la fin du quart et le commencement d'un autre ; pendant lequel on recommence à marquer chaque demi-heure de la même manière. Le mot *piquer* est un terme de marine employé pour frapper.

taine Truck en regardant les voiles bizarres qui faisaient à peine faire au bâtiment un mille par heure, ferlerait bientôt toutes ces voiles sans que nous y missions la main, et nous sommes précisément dans l'endroit où un pareil intermède est possible.

— Et en ce cas que deviendrons-nous? demanda vivement mademoiselle Viefville.

— Demandez-moi plutôt, *Mamzelle*, ce que deviendraient ce prétendu hunier, et cette bonnette qui ressemble à un Américain à Londres sans courroies à ses pantalons. La toile jouerait au cerf-volant, et nous aurions à chercher de nouvelles inventions. Un bâtiment pourrait à peine être mieux préparé que nous ne le sommes à rencontrer une de ces risées d'Afrique.

— En ce cas, capitaine, dit M. Lundi, qui était près de la claire-voie, examinant les préparatifs qui se faisaient sous le pont, nous pouvons sans crainte aller célébrer la nuit du samedi, car je vois que le maître d'hôtel a tout apprêté, et le punch a un air attrayant, pour ne rien dire du champagne.

— Nous n'oublierons pas notre devoir, Messieurs, répondit le capitaine ; nous ne formerons plus qu'une petite famille, et il n'en est que plus à désirer que la gaieté y règne. — Monsieur Effingham, j'espère que nous aurons l'honneur de votre compagnie pour porter le toast « à nos maîtresses et à nos femmes. »

M. Effingham n'avait plus de femme ; et cette invitation faite d'un ton joyeux, fit sur lui une impression que sa fille, qui sentit son bras trembler, comprit parfaitement. Elle dit avec douceur qu'elle était prête à descendre. Il fut heureux pour le souper préparé par ordre du capitaine qu'elle y eût consenti, sans quoi elle n'eût pas été la seule qui fût restée sur le pont. Il pressa tous les passagers tour à tour de lui accorder le plaisir de leur compagnie, et au bout de quelques minutes tous étaient à table, chacun ayant devant soi un verre de punch délicieux.

— M. Saunders n'est ni un sorcier, ni un mathématicien, s'écria le capitaine Truck en portant la main à son verre, mais il entend parfaitement la philosophie du mélange des liqueurs douces et aigres, fortes et faibles, et je puis me hasarder à faire l'éloge de ce punch, avant de l'avoir goûté. — Eh bien ! Messieurs, il y a sur l'Océan des bâtiments qui ont une meilleure mâture et une meilleure voilure que le nôtre, mais il y en a bien peu qui aient de meilleures chambres, une membrure plus solide, et meilleure compagnie. Fasse le ciel que nous puissions trouver le moyen d'établir encore quelques mâts, et à présent que nous sommes débarrassés de l'importun qui nous suivait comme notre ombre, je crois que je pourrais me flatter de vous débarquer à New-York, vous qui m'avez fait l'honneur de rester avec moi, avant que ce bâtiment de transport y soit arrivé, avec tous ses bras et toutes ses jambes. — Messieurs, notre premier toast sera, s'il vous plaît : Heureuse fin à ce qui a eu un commencement désastreux !

Les muscles du visage rubicond du capitaine jouèrent un peu pendant qu'il prononçait ce discours ; et tandis qu'il vidait son verre, ses yeux brillaient. M. Dodge, sir George et M. Lundi répétèrent le toast, mot pour mot, d'une voix sonore ; les autres firent une inclination de tête et burent en silence.

Le commencement d'une partie de plaisir est ordinairement grave et froid, et il se passa quelque temps avant que le capitaine Truck pût amener ses compagnons au point où il désirait les voir, car, quoiqu'il fût parfaitement sobre, il aimait à boire un coup en compagnie, et particulièrement aux époques fixées par l'usage de sa profession. Eve et sa gouvernante avaient refusé de se mettre à table, mais elles s'étaient assises dans un endroit où elles pouvaient être vues et prendre part à la conversation.

— Il y a quarante ans et plus, ma chère miss Effingham, dit le capitaine, que je porte chaque samedi soir le toast, « à nos maîtresses et à nos femmes, » sans que je me sois jamais trouvé sous la latitude du bonheur en possédant l'une ou l'autre. Mais, malgré ma mauvaise étoile, je me fais toujours une règle invariable d'engager tous mes jeunes amis à se marier avant d'avoir trente ans. J'en ai connu plus d'un qui étaient arrivés sur mon bord avec toutes les idées d'un célibataire déterminé, et qui, à la fin du voyage, étaient prêts à se jeter à la tête de la première jeune et jolie fille qu'ils rencontreraient.

Eve avait trop de respect pour elle-même et possédait trop bien la véritable dignité de son sexe pour prendre part à une conversation sur le mariage ou à une discussion sur l'amour. Tous ceux qui la connaissaient plus particulièrement rendaient trop de justice à son caractère pour vouloir prolonger ce genre d'entretien ; et, après une ou deux remarques rapides faites par les autres, la plaisanterie du brave marin n'eut pas de suite.

— Ne sommes-nous pas bien bas, capitaine Truck, demanda Paul Blunt, afin de donner un autre cours à la conversation, puisque nous n'avons pas rencontré les vents alisés ? Je les ai ordinairement trouvés sur cette côte aussi haut que 26 ou 27 degrés, et je crois que votre observation d'aujourd'hui vous a porté à 24 degrés de latitude.

Le capitaine le regarda en face, tandis qu'il parlait, et quand il eut fini il fit un mouvement de tête en signe d'approbation.

— Je m'aperçois que vous avez déjà voyagé dans ces parages, monsieur Blunt. Du moment que je vous ai vu mettre le pied sur les taquets en sortant de votre barque, je vous ai soupçonné d'être un camarade. Vous n'êtes pas arrivé sur la pointe des pieds, comme une paysanne qui valse, mais vous en avez appuyé fermement la plante sur le bois, en allongeant le bras en homme qui sait ce qu'il doit faire de ses muscles. La remarque que vous venez de faire prouve aussi que vous savez où doit être un bâtiment pour être à la place qui lui convient. Quant aux vents alisés, ils sont aussi incertains que l'esprit d'une veuve pour qui se présentent deux ou trois bons partis à la fois. Je les ai tantôt rencontrés aussi haut que le trentième degré, et tantôt aussi bas que le vingt-troisième, et même encore plus bas. Mon opinion, Messieurs, et je saisis avec plaisir cette occasion de la faire connaître publiquement, c'est que nous sommes sur le bord des vents alisés, au milieu de ces vents légers et variables qui règnent toujours dans leur voisinage, comme on trouve des tournants le long des plus forts courants de l'Océan. Si nous pouvons faire sortir *le Montauk* de cette région de fluctuation, c'est l'expression, je crois, monsieur Dodge, tout ira assez bien ; car un vent de nord-est, ou même d'est, nous conduirait bientôt aux îles du Cap-Vert, même sous les haillons de voiles que nous portons. Nous sommes certainemens très-près de la côte, beaucoup plus près que je ne le voudrais ; mais quand nous aurons une bonne brise, cela n'en vaudra que mieux pour nous, parce qu'elle nous trouvera au vent.

— Mais, capitaine, dit Eve, si ces vents alisés soufflent toujours dans la même direction, comment se fait-il que l'ouragan que nous venons d'essuyer nous ait poussés dans la partie de l'Océan où ils règnent ?

— Toujours signifie quelquefois, ma chère miss Effingham. Quoique des vents légers règnent souvent dans le voisinage des vents alisés, on y rencontre aussi des ouragans, et des ouragans furieux, comme nous en avons eu la preuve. Je crois qu'à présent le temps va se fixer, et que nous avons une chance presque certaine d'arriver en sûreté dans quelque port du midi des Etats-Unis, quoique nous ne soyons pas aussi sûrs d'y arriver promptement. J'espère qu'avant vingt-quatre heures nous verrons le sable blanchir nos ponts.

— Est-ce un phénomène qu'on voit ici? demanda M. Effingham.

— Très-souvent, Monsieur, quand un bâtiment est près de la côte *et* que le vent est constant. Pour dire la vérité, le pays que nous avons par le travers, à vingt ou trente milles de distance, n'est pas le pays le plus attrayant du monde ; et quoiqu'il ne soit pas facile de dire où est le jardin d'Eden, on peut assurer sans crainte qu'il ne se trouve pas là.

— Si nous sommes si près de la côte, pourquoi ne la voyons-nous pas ?

— Nous la verrions peut-être du haut du grand mât, si nous en avions un. Au surplus nous sommes au sud des montagnes, et à la hauteur de cette partie du pays où le grand désert s'avance jusqu'à la côte. Mais je vois que M. Lundi trouve tous ces détails bien arides, et je vous demande la permission, Messieurs, de vous proposer le toast « à nos maîtresses et à nos femmes ! »

La plus grande partie des passagers portèrent ce toast d'usage à pleine rasade, mais les deux cousins mouillèrent à peine leurs lèvres. Eve jeta à la dérobée un regard timide sur son père, et ses yeux se remplirent de larmes quand elle les en détourna, car elle savait que toute allusion de cette nature faisait toujours renaître en lui des souvenirs pénibles. Quant à John Effingham, il était célibataire si déterminé, qu'elle fut peu surprise du peu d'intérêt qu'il y prenait.

— Prenez garde à votre cœur quand vous serez en Amérique, sir George, s'écria M. Dodge, dont le punch déliait la langue ; nos dames sont célèbres par leur beauté, et sont prodigieusement populaires, je puis vous en assurer.

Le baronnet sourit avec un air de satisfaction, et il est probable qu'il pensait particulièrement à l'un des trente-six pantalons qui étaient destinés à le faire briller dans la société en Amérique.

— Je conviens que les femmes sont belles en Amérique, dit M. Lundi ; mais je crois qu'un Anglais ne court aucun danger particulier d'y perdre son cœur, quand ses yeux sont habitués à la beauté de celles de son propre pays. Je bois à votre santé, capitaine.

— Cela peut être, dit M. Truck en inclinant la tête pour le remercier ; et si je suis resté garçon, je crois devoir attribuer ma mauvaise fortune au fait que j'ai si souvent vogué entre les deux pays, que je n'ai jamais pu me décider à donner la préférence aux beautés de l'un sur celles de l'autre. J'ai désiré mille fois qu'il n'y eût dans ce monde qu'une seule belle femme. Alors un homme n'aurait pas autre chose à faire que d'en devenir amoureux, et de prendre son parti de l'épouser ou de se pendre.

— Ce souhait n'est pas charitable, répliqua sir George Templemore ; nous serions certains de nous couper la gorge pour elle.

— En pareil cas, dit M. Lundi, nous autres plébéiens, nous aurions à céder le pas à la noblesse, et à nous contenter d'une compagne moins belle, quoique les Anglais aiment l'indépendance et puissent en murmurer. J'ai l'honneur de boire à votre bonheur, sir George.

— Je proteste contre votre principe, monsieur Lundi, s'écria M. Dodge. C'est une invasion des droits de l'homme. Une entière liberté d'action doit être maintenue en ce cas, comme en tout autre. Je reconnais que les Anglaises sont très-belles, mais je soutiendrai toujours la suprématie des Américaines.

— Nous boirons à leur santé, monsieur Dodge. Je suis loin de nier leur beauté, mais je crois que vous devez convenir que leur teint se fane plus vite que celui des Anglaises. Au surplus, que Dieu protége les femmes des deux pays! je vais vider ce verre en l'honneur des unes et des autres, et ce sera de tout cœur.

— Rien n'est plus poli, monsieur Lundi; mais je doute que je puisse donner mon approbation sans réserve à ce que vous dites du teint de nos dames.

— Vous conviendrez, Monsieur, que votre climat n'est pas le meilleur du monde; il use la constitution du corps presque aussi vite que vos états en font une.

— J'espère qu'il n'y a aucun danger réel à appréhender du climat, dit sir George. Je déteste particulièrement les mauvais climats, et c'est pour cette raison que je me suis fait une règle de ne jamais aller dans le comté de Lincoln.

— En ce cas, sir George, vous auriez mieux fait de rester chez vous. En fait de climats, il est bien rare qu'on gagne quelque chose à quitter la vieille Angleterre. Voici la dixième fois que je vais en Amérique, — en supposant que j'y arrive, — et quoique j'aie un profond respect pour ce pays, je n'en pars jamais sans me trouver vieilli.

— Monsieur Effingham, permettez-moi de boire à votre santé.

— C'est que vous vivez trop bien, monsieur Lundi, quand vous êtes parmi nous, dit le capitaine; on y trouve tant de morceaux friands, tant d'excellents vins, qu'un homme connu par son bon goût comme vous l'êtes, ne peut y résister. Restez moins longtemps à table et allez plus souvent à l'église, et vous nous direz quel effet produit sur vous un an de séjour en Amérique.

— Vous vous méprenez complétement sur mes habitudes, capitaine, je vous en donne ma parole d'honneur. Je suis judicieux dans le choix de ma nourriture, — un véritable Anglais de la vieille roche à cet égard. Bien loin de donner dans la friandise, je ne demande que des viandes rôties et bouillies. Du bœuf, du mouton, du veau, du dindon, avec des pommes de terre, des carottes, des navets et quelques puddings; il ne me faut que cela pour satisfaire mon appétit. Et pour ce qui est de boire, c'est ce qui ne m'arrive *jamais*. — Mesdames, permettez-moi de vous souhaiter un heureux retour dans votre pays natal. — Toute la difficulté, Monsieur, vient de votre climat qui ne permet pas de digérer convenablement.

— Eh bien! monsieur Lundi, je souscris à la plupart de vos opinions, et je crois que peu d'hommes ont traversé l'Océan avec plus d'harmonie dans leurs idées qu'il en a régné entre vous, sir George, et moi, dit M. Dodge en jetant un coup d'œil de côté sur les deux Effingham comme pour faire sentir qu'ils étaient dans une minorité décidée; mais en cette occasion, je me trouve forcé de constater mon dissentiment. Je crois qu'on trouve en Amérique un aussi bon climat, et qu'on y digère aussi bien que partout ailleurs. Je ne réclame pas davantage pour ce pays, mais je ne puis me contenter de moins. J'ai voyagé un peu, Messieurs, peut-être pas autant que messieurs Effingham; mais après tout, un homme ne peut voir que ce qu'il y a à voir, et j'affirme, capitaine Truck, que, d'après mon pauvre jugement, que je sais fort bien n'être bon à rien...

— Et pourquoi vous en servez-vous? dit brusquement le capitaine; que n'en consultez-vous un meilleur?

— Il faut bien se servir de ce qu'on a, Monsieur, ou s'en passer; — je calcule donc, dans mon pauvre jugement, plus pauvre probablement que celui de beaucoup d'autres sur ce bord, que l'Amérique est une fort bonne sorte de pays. Dans tous les cas, après avoir vu quelque chose des autres contrées, des autres gouvernements et des autres peuples, je suis d'avis que l'Amérique comme pays est assez bonne pour moi.

— Vous n'avez jamais parlé plus vrai, monsieur Dodge, et je vous prie de vous joindre à M. Lundi et à moi pour prendre un autre verre de punch, uniquement pour faciliter la digestion. Vous avez étudié la nature humaine plus que votre modestie ne vous permet de le dire, et j'ose assurer que toute la compagnie serait enchantée si vous vouliez surmonter vos scrupules et nous faire connaître votre opinion sur les différents peuples que vous avez vus. Dites-nous quelque chose du *ditter* que vous avez fait sur le Rhin.

— Il est à espérer que M. Dodge a dessein de publier son ouvrage, dit M. Sharp, et il serait peut-être indiscret de l'engager à le faire connaître avant la publication.

— Je vous prie, Messieurs, de n'avoir aucun scrupule à cet égard;

car mon ouvrage contiendra des observations philosophiques et générales plutôt que des anecdotes privées.—Saunders, allez me chercher un journal manuscrit que vous trouverez sur la table de notre chambre, à côté de la boîte à cure-dents de sir George. —Voici mon ouvrage, Messieurs et Mesdames, mais je vous prie de faire attention que c'est le résultat de mes premières impressions et non de mes réflexions mûries par le temps.

— Prenez un verre de punch, Monsieur, dit le capitaine, affectant de donner à tous ses traits l'air de la plus profonde attention. Il n'y a rien de tel que le punch pour éclaircir la voix. L'acide du citron dissipe l'enrouement, le sucre adoucit le son de la voix, l'eau rend la langue plus agile, et le rhum fortifie les muscles. Avec force punch, un homme serait bientôt un autre..... j'oublie le nom de ce grand orateur de l'antiquité.—Ce n'était pas Vattel, quoi qu'il en soit.

— Vous voulez dire Démosthène, Monsieur, et je vous prie de remarquer que cet orateur était un républicain. Mais il ne peut y avoir aucun doute que la liberté ne soit favorable au développement des plus hautes qualités. —Voulez-vous quelques observations sur Paine, Mesdames? ou commencerai-je par quelques extraits sur le Rhin?

— *Oh! de grâce, Monsieur,* ayez la bonté de ne pas oublier Paris ! s'écria mademoiselle Viefville.

M. Dodge la salua d'un air gracieux, et ayant feuilleté quelques pages de son journal, il se trouva au cœur de cette grande cité. Après avoir toussé, il commença à lire d'un ton grave et didactique, qui prouvait assez le prix qu'il attachait à ses observations.

— *Déjoune* à dix, suivant l'usage, heure que je trouve excessivement ridicule et inconvenante, et qui serait universellement désapprouvée en Amérique. Je ne suis pas surpris qu'un peuple devienne immoral et dépravé dans ses habitudes, quand il adopte des heures si déraisonnables. L'esprit acquiert un penchant au désordre, et toute sensibilité s'émousse quand on prend ses repas à des heures contre nature. J'attribue une grande partie de la corruption qui règne en France aux heures de la journée auxquelles on y prend sa nourriture...

— Voilà une drôle d'idée ! s'écria mademoiselle Viefville.

— Auxquelles on y prend sa nourriture, répéta M. Dodge, qui ne vit dans cette exclamation involontaire qu'une approbation de la justesse de sa remarque. Dans le fait, l'usage de boire du vin à ce repas, et l'immoralité d'une pareille heure, doivent être les principales causes qui font que les dames françaises ont coutume de boire avec excès.

— *Mais, Monsieur!*

— Vous voyez que mademoiselle révoque en doute l'exactitude de vos faits, dit M. Blunt, qui, de même que tous les autres auditeurs, à l'exception de sir George et de M. Lundi, commençait à s'amuser d'une scène qui n'avait d'abord promis qu'ennui et dégoût.

— Je vous donne ma parole d'honneur que je les cite d'après la meilleure autorité, sans quoi je n'aurais pas inséré dans un ouvrage qui peut avoir quelque importance une accusation aussi grave. J'ai pour garant de ce fait un Anglais qui a demeuré douze ans à Paris, et il m'a assuré que la plus grande partie des dames à la mode de cette ville, n'importe de quel pays elles soient, sont très-dissipées.

— *A la bonne heure, Monsieur*; mais boire avec excès est tout différent.

— Pas autant que vous l'imaginez, Mademoiselle, dit John Effingham; M. Dodge est puriste dans son langage aussi bien que dans sa morale, et il emploie ces expressions dans un sens différent de celui que nous y attachons, nous autres pauvres grammairiens. Quand il parle d'un homme dissipé, il veut dire un ivrogne.

— *Comment?*

— Très-certainement. M. John Effingham nous rendra du moins la justice d'avouer que nous parlons notre langue, en Amérique, mieux qu'aucun autre peuple connu. — Après le *déjouner*, je pris un fiacre, et je me rendis au palais pour voir le roi et la famille royale partir pour *Nioully*.

— *Pour où?*

— *Pour Neuilly, Mademoiselle*, dit Eve d'un ton grave.

— Oui, pour *Nioully*. — Sa Majesté était à cheval, et précédait son illustre famille et toute sa noble compagnie, portant un habit rouge, brodé en blanc sur toutes les coutures, des culottes bleues et un chapeau retroussé.

— *Ciel!*

— Je fis au roi un salut républicain convenable, quand il passa, et il répondit par un sourire gracieux, et en m'adressant un regard plein de bonté de son œil royal. L'honorable Louis-Philippe Orléans, souverain actuel des Français, est un homme de bonne mine, ayant l'air imposant; et, dans le costume d'apparat qu'il portait en cette occasion, il semblait roi jusqu'au bout des ongles. Il monte à cheval avec grâce, et son air solennel donne à ses sujets un exemple de décorum et de gravité, qui, comme on doit l'espérer, aura une influence utile et salutaire sur les mœurs de la nation. Son air de dignité était tout à fait digne du maître d'école de Haddenfield.

— Par exemple!

— Oui, sans doute, par forme d'exemple ; c'est ce que je veux dire. — Quoique pur démocrate, et entièrement opposé à tout ce qui est exclusif, je fus particulièrement frappé de ses manières royales, et de la simplicité de son port. J'étais dans la foule à côté d'une comtesse très-distinguée, qui parlait anglais ; et elle me fit l'honneur de m'inviter à aller lui rendre une visite dans son hôtel, qui était dans le voisinage de la Bourse.

— *Mon Dieu! mon Dieu! mon Dieu!*

— Après avoir promis à ma belle compagne d'être ponctuel, j'allai à pied jusqu'à *Notter-Dam.*

— Je voudrais que M. Dodge prononçât les noms propres un peu plus distinctement, dit mademoiselle Viefville, qui commençait à prendre au sujet dont il s'agissait cet intérêt qu'excitent toujours en nous les opinions les plus absurdes, quand elles se rapportent à un objet de notre affection.

— M. Dodge est un peu profane, Mademoiselle, dit le capitaine, et peut-être son journal n'est-il pas destiné pour les dames, et il faut que vous le lui pardonniez. — Eh bien, monsieur Dodge, dans quel vilain lieu allâtes-vous?

— *Notter-Dam*, capitaine Truck ; et j'espère que c'est parler bon français.

— Je crois, Mesdames et Messieurs, que nous avons le droit d'exiger une traduction ; car des hommes simples qui ne connaissent que le bouilli et le rôti, comme M. Lundi et moi, sont quelquefois exposés à pleurer de ce qui devrait les faire rire, quand on leur parle autrement qu'en bon vieux anglais. — Servez-vous, monsieur Lundi, et souvenez-vous que vous ne buvez jamais.

— Je crois, Mamzelle, que *Notter-Dam* signifie l'église de notre mère. — Notter, ou noster, notre, et dam, mère ; *Notter-Dam.* Mais je vais continuer ma lecture. — Là, je fus péniblement frappé de l'irréligion de la construction de cet édifice, et de l'absence totale de piété de son architecture, quoiqu'il n'y manquât ni idolâtrie, ni eau bénite. Que de fois ai-je eu occasion de bénir la Providence de m'avoir fait descendre de ces pieux ancêtres qui jetèrent leur fortune dans le désert, plutôt que d'abandonner la foi et la charité ! Ce bâtiment est beaucoup moins commode que les églises les plus communes d'Amérique, très-inférieur sous le rapport du goût, et je ne puis en parler qu'avec une désapprobation sans réserve.

— *Est-il possible que cela soit vrai, ma chère?*

— *Je l'espère, Mademoiselle.*

— Vous pouvez en désespérer, cousine Eve, dit John Effingham, dont les traits exprimaient encore plus de mépris que de coutume.

Les dames échangèrent quelques explications à demi-voix, et M. Dodge, qui s'imaginait qu'il ne fallait que la ferme résolution de paraître parfait pour l'être réellement, continua ses commentaires avec l'air content de lui-même d'un critique de province.

— De Notter-Dam, je me rendis en *cabrioly* au grand cimetière Père la Chaise, ainsi nommé parce que sa distance de la capitale exige que l'on prenne des chaises pour les convois.

— Quoi? comment? que signifie cela? interrompit M. Truck, est-on obligé de se faire convoyer dans les rues de Paris?

— M. Dodge veut parler du *convoi* qui suit un enterrement, dit mademoiselle Viefville; mais il a prononcé ce mot à l'anglaise, ce qui a causé votre erreur.

— M. Dodge est un profond républicain, et il désire que les mots soient employés et les places données à tour de rôle. Il faut que je vous accuse d'inconstance, mon cher ami, y allât-il de ma vie. Vous ne prononcez certainement pas toujours vos mots de la même manière. Quand j'ai eu l'honneur de vous conduire en Europe il y a six mois, vous prononciez certains mots tout différemment qu'aujourd'hui, et j'avais alors la satisfaction de vous entendre.

— On ne voyage que pour se perfectionner, commandant, et je ne doute nullement que la connaissance que j'ai acquise des langues étrangères ne se soit considérablement augmentée par mon séjour dans les pays où on les parle.

Ici, la lecture du journal fut interrompue par une longue digression sur les langues, discussion à laquelle M. Dodge, M. Lundi, sir George Templemore et le capitaine Truck prirent la plus grande part, et pendant laquelle le bol de punch fut rempli deux fois. Nous ne rapporterons pas en entier cette partie de la conversation, qui consista principalement en lieux communs, et nous nous bornerons à citer quelques remarques, par forme d'échantillons.

— Vous me permettrez de dire, répondit M. Lundi à une des réclamations perpétuelles de M. Dodge pour faire reconnaître la supériorité de l'Amérique en toute chose, qu'il me semble fort extraordinaire que vous prétendiez qu'il faille qu'un Anglais quitte son pays pour entendre parler purement sa langue; et moi qui connais le vôtre, je vous déclare que nulle part on ne parle un si bon anglais que dans le comté de Lancastre. Je bois à votre santé, sir George.

— Cela est plus patriotique que juste, monsieur Lundi. Tout le monde convient que les Américains des états de l'Est parlent un meilleur anglais qu'en quelque endroit que ce soit; et je crois que tous ces messieurs m'accorderont cela.

—Au risque de passer pour n'être personne, dit le capitaine Truck, je dirai que, quant à moi, je pense que, si quelqu'un désire entendre parler l'anglais dans toute sa perfection, il faut qu'il aille passer huit à dix jours dans ce que nous appelons la Rivière. Je dois vous déclarer, monsieur Dodge, que je ne puis approuver la manière dont vous prononcez certains mots; notamment le mot *onion*, que je vous ai entendu moi-même prononcer *ingon* pas plus tard qu'hier.

— M. Lundi trouvera peu de gens disposés à penser comme lui, que c'est dans le comté de Lancastre qu'on parle le mieux anglais, dit sir George, car je puis vous assurer que, dans la capitale, nous avons beaucoup de peine à entendre les gens qui viennent de cette province.

C'était une repartie cruelle dans la bouche d'un homme en qui M. Lundi s'attendait à trouver un allié; mais il ne répondit rien, et il noya son mécontentement dans un verre de punch.

—Cette longue discussion a arrêté le convoi dans sa marche, capitaine, dit M. Sharp; et, sans parler de ceux qui le suivent, je crois que M. Dodge a droit de se plaindre de cette interruption. Je le prie de vouloir bien continuer sa lecture intéressante.

M. Dodge toussa, but une gorgée de punch, se moucha, et continua ainsi qu'il suit:

—Ce célèbre cimetière est digne de sa haute réputation. Les enterrements s'y font avec la simplicité la plus républicaine. On y creuse des tranchées dans lesquelles les corps sont placés, sans aucune distinction de rang, à côté les uns des autres, suivant l'ordre dans lequel on les apporte. — Je crois, Messieurs, que cette phrase aura beaucoup de succès en Amérique, où l'idée de tout ce qui est exclusif déplaît souverainement à la majorité.

— Quant à moi, dit le capitaine, je ne trouverais pas mauvais qu'on m'exclût de cette tranchée; on pourrait craindre de gagner le choléra, dans une compagnie si mélangée.

M. Dodge tourna quelques feuillets, et lut un autre extrait.

— Les dernières six heures ont été consacrées à une investigation profonde sur les beaux-arts, et je passai ce temps d'une manière très-instructive dans les galeries du *Musy*.

— Où?

— Au Musée, Mademoiselle, répondit Eve.

— Et j'y découvris des choses fort extraordinaires en peinture. Je fus particulièrement frappé de la manière dont est peinte une assiette dans le célèbre tableau des Noces de Cana. On pourrait la prendre pour de véritable porcelaine de Delft ; et, à la main d'une dame, il y avait un doigt qui semblait fait pour recevoir et conserver l'anneau matrimonial.

— Vous êtes-vous informé si elle était promise à quelqu'un ? — Monsieur Lundi, nous boirons à sa santé.

— Saint-Michel et le dragon est un *chef-d'ouvry*...

— Un quoi ?

— Un chef-d'œuvre, Mademoiselle.

— La manière dont l'ange tient le dragon sous son pied rend celui-ci exactement semblable à un ver écrasé par le pied d'un enfant. C'est une situation plaintive et intéressante au suprême degré. Dans le fait, ces touches naturelles se trouvent en foule dans les anciens maîtres, et j'ai vu plusieurs tableaux de fruits que j'aurais pu manger. On gagne réellement de l'appétit à voir de pareilles choses, et je ne suis plus surpris qu'un Raphaël, un Titien, un Corrège, ou un Cooley...

— Et qui est ce Cooley, s'il vous plaît ? demanda M. Lundi.

— Un jeune génie de Dodgetown, qui promet d'être un jour l'honneur de l'Amérique. Il vient de peindre pour un magasin une enseigne qui, dans son genre, vaut certainement les Noces de Cana. — M. Dodge reprit sa lecture. — J'ai versé des larmes sur le désespoir de *Nioby* ; et j'ai vu les contorsions des serpents dans le Laocoon avec un désir tellement convulsif de leur arracher leur proie, que je m'imaginais que je les entendais siffler. — Je crois que cette phrase sera citée, même dans le *New-Old-New-Yorker*, une des meilleures revues de notre temps, Messieurs.

— Prenez un peu plus de punch, monsieur Dodge ; ceci devient touchant, et il faut quelque chose de confortatif, comme dirait Saunders. — Monsieur Lundi, vous vous ferez une mauvaise réputation de sobriété excessive, si vous ne videz jamais votre verre. — Continuez, au nom du ciel, monsieur Dodge.

— Dans la soirée, j'allai au grand *Opéré*.

— Au quoi !

— Au grand *Hoppéré*, Mademoiselle, dit John Effingham d'un ton caustique.

— A l'Opéra, ajouta Eve.

— Au grand *Opéré*, répéta avec emphase M. Dodge, dont les yeux commençaient assez souvent alors à briller, car il avait eu recours au bol de punch pour y puiser de l'inspiration ; et j'y entendis une musique bien inférieure à celle que nous entendons en Amérique, surtout aux revues et le jour du sabbat. Le manque de science y était remarquable, et si c'est là de la musique, en ce cas, je n'y connais rien.

— Remarque très-judicieuse! s'écria le capitaine. M. Dodge a beaucoup de mérite comme écrivain, car il ne perd aucune occasion d'appuyer ses opinions sur des faits qui sont incontestables. Il a pris du goût pour Zip Coon, et pour Long-Tail-Blue, et il n'est pas étonnant qu'il n'ait que du mépris pour vos artistes inférieurs.

— Quant à la danse, continua M. Dodge, mon opinion bien décidée est que rien ne peut être pire. Le mouvement aurait mieux convenu à un enterrement qu'à un bal ; et j'affirme, sans crainte d'être contredit, qu'il n'y a pas une assemblée dans toute l'Amérique dans laquelle on n'aurait dansé un cotillon dans la moitié du temps qu'on mit à en danser un dans le *baly*.

— Dans le quoi?

— Je crois que je n'ai pas donné à ce mot la véritable prononciation parisienne, *Mamzelle*, et qu'en France on le prononce *balai*.

— M. Dodge, comme capitaine de ce bâtiment, je vous offre les remerciements réunis, ou, comme le dirait Saunders, condensés, de tous les passagers pour tout ce que vous venez de nous apprendre, et nous espérons que samedi prochain vous nous accorderez le renouvellement du même plaisir. Mais comme ces dames paraissent avoir envie de dormir, que ces messieurs ne boivent plus, et que M. Lundi ne boit jamais, nous ferons bien de nous séparer, afin de nous préparer à la besogne dont il faudra s'occuper demain.

Le capitaine Truck avait fait cette proposition parce qu'il voyait que M. Dodge et M. Lundi avaient bu autant de punch que leur tête en pouvait porter, et que miss Effingham et sa compagne pensaient qu'il convenait qu'elles se retirassent. Il était vrai aussi qu'il sentait la nécessité du repos pour être en état de se livrer aux travaux importants du lendemain.

Lorsqu'on se fut séparé, au grand déplaisir de MM. Dodge et Lundi, mademoiselle Viefville passa une heure dans le salon d'Eve, et fit beaucoup de plaintes fort inutiles sur la manière dont l'éditeur du *Furet Actif* avait vu les choses à Paris ; et elle lui fit en outre plusieurs questions sur ses occupations et son caractère.

— Je ne sais trop, ma chère demoiselle, répondit Eve, si je suis en état de vous faire une description scientifique de l'individu que vous jugez digne de toutes ces questions ; mais à l'aide de ce que j'ai appris de mon cousin John, et de quelques mots échappés à M. Blunt, je crois que voici à peu près ce que c'est. — L'Amérique produisit autrefois un philosophe très-célèbre nommé Franklin.

— Comment donc, ma chère! tout le monde le connaît.

— Ce M. Franklin commença par être ouvrier imprimeur. Mais comme il vécut longtemps et qu'il s'éleva par son mérite aux plus hautes places, il devint philosophe, comme il était devenu physicien à force d'étude et d'application. Or l'Amérique fourmille aujourd'hui d'imprimeurs qui se croient des Franklins, jusqu'à ce que le temps et l'expérience leur aient donné des leçons de modestie.

— Mais le monde n'a encore vu qu'un seul Franklin.

— Et il n'est guère probable qu'il en voie bientôt un autre. En Amérique on apprend aux jeunes gens, avec assez de raison, qu'avec du mérite ils peuvent parvenir à tout; et, toujours suivant mon cousin John, il ne s'en trouve que trop qui s'imaginent que, parce qu'ils peuvent tirer parti des bonnes qualités qu'ils peuvent avoir, quelles qu'elles soient, ils sont réellement propres à tout. M. John convient que cette circonstance, particulière au pays, fait beaucoup de bien, mais il soutient en même temps qu'elle fait beaucoup de mal en donnant des prétentions à une foule de gens sans aucun mérite; il dit que M. Dodge est de ce nombre. Au lieu de travailler à la partie mécanique d'une presse, ce qui était son premier métier, il a eu l'ambition d'en diriger la partie intellectuelle, et il est devenu l'éditeur du *Furet Actif*.

— Ce doit être un journal bien utile.

— Il répond probablement à ses vues. Vous avez dû voir que c'est un homme ignorant et plein de préjugés de province, qu'il fait sans doute circuler dans son journal, avec tout ce que peuvent y ajouter l'animosité personnelle, l'envie et la malignité, qui sont le caractère distinctif des hommes à prétentions, qui s'imaginent n'avoir que de l'ambition. Mon cousin John assure que l'Amérique est pleine de gens comme lui.

— Et que dit M. Effingham?

— Oh! mon père est toute bonté, toute charité, vous le savez; et il ne regarde que le beau côté du tableau; car il soutient que l'activité et l'élasticité d'un tel état de choses produit de bons résultats. Tout en avouant qu'il existe un grand fonds d'ignorance grossière qu'on décore du nom de savoir, — une intolérance à vues étroites, qui se masque sous le nom de principes et d'amour de la liberté, — un goût pour les personnalités grossières, aussi contraires au bon goût qu'à la justice, — il prétend qu'au total le résultat en est bon.

— En pareil cas, il faut un arbitre. — Vous me parliez de quelques mots échappés à M. Blunt. — Comme ce jeune homme parle bien français !

Eve hésita, rougit un peu, et répondit enfin :

— Je ne sais trop si je dois parler de l'opinion de M. Blunt, en opposition avec celles de mon père et de mon cousin John sur un pareil sujet; il est fort jeune, et il est même encore très-douteux qu'il soit Américain.

— Tant mieux s'il ne l'est pas, ma chère ! Il a passé longtemps en Amérique, et ce n'est pas l'indigène qui est le meilleur juge d'un pays, quand l'étranger a eu beaucoup d'occasions de voir et de comparer.

— D'après ce principe, dit Eve en riant, vous êtes donc disposée à renoncer à votre propre jugement sur la France, quant aux différents points sur lesquels j'ai le malheur de ne pas être d'accord avec vous ?

— Pas tout à fait. L'âge et l'expérience doivent compter pour quelque chose. — Et M. Blunt.

— M. Blunt, à ce que je crains, penche pour l'opinion de mon cousin John, plutôt que pour celle de mon père. Il dit qu'une foule de gens, ayant le caractère, les penchants, l'intolérance, la méchanceté, l'ignorance, la grossièreté, et tous les autres vices de M. Dodge, se sont presque exclusivement emparés de la presse en Amérique; il prétend même qu'ils y font un mal incalculable, en exerçant de l'influence sur ceux qui sont dépourvus des moyens d'être mieux instruits ; — en érigeant l'envie et la jalousie en principes et en justice ; — en substituant, — je cite ses propres expressions, Mademoiselle, ajouta Eve, rougissant de la fidélité de sa mémoire, — en substituant des idées nées d'une ignorance provinciale, au bon goût et à la libéralité ; — en confondant les vrais principes de la liberté avec une basse jalousie et le désir d'arriver aux places occupées par d'autres ; — enfin en perdant entièrement de vue leurs devoirs envers le public, pour ne songer qu'à leur intérêt personnel. Il dit que le gouvernement de ce pays est, par le fait, une *pressocratie*, et une *pressocratie* qui pour se faire pardonner n'a pas du moins le mérite d'avoir des principes, du goût, des talents et des connaissances.

— Ce M. Blunt est entré dans de grands détails, et il ne manque pas d'éloquence, dit mademoiselle Viefville d'un ton grave; car la prudente gouvernante ne manqua pas de remarquer que le langage d'Eve, en cette occasion, était si différent de celui qui lui était habituel, qu'elle pensa qu'il n'était que trop vrai qu'elle citait littéralement. Pour la première fois, ses soupçons s'éveillèrent péniblement, et elle sentit qu'il était de son devoir de surveiller plus exactement les relations de sa pupille avec les deux jeunes gens aimables que le hasard leur avait donnés pour compagnons de voyage. Après quelques instants de silence passés à réfléchir, elle reprit le fil de leur conversation :

— Ce M. Dodge est-il assez ridicule?

— Sur ce point, il ne peut du moins y avoir aucune méprise. Et cependant mon cousin John prétend que toutes les sottises que nous venons d'entendre seront données à ses lecteurs comme des aperçus d'Europe dignes de leur attention.

— Mais ce conte du roi, ma chère! c'est trop fort.

— Avec l'habit brodé sur toutes les coutures et le chapeau retroussé!

— Et l'honorable Louis-Philippe d'Orléans!

— Orléans, Mademoiselle; d'Orléans serait anti-républicain.

Elles se regardèrent l'une et l'autre quelques instants en silence; et quoique aucune d'elles ne manquât de retenue, elles partirent toutes deux d'un grand éclat de rire, qui se prolongea longtemps. Eve surtout, inspirée par la vivacité de la jeunesse, et par la forte impression que faisait toujours sur elle ce qui était absurde et ridicule, se livra tellement à cet accès de gaieté, que ses beaux cheveux tombèrent en désordre sur ses joues, et que ses yeux brillants semblèrent inondés de joie.

CHAPITRE XVI.

> Là, il se rendit à terre sur-le-champ, car il n'y existait ni douane, ni quarantaine, — pour lui faire mille questions ridicules sur le chemin qu'il avait fait, sur le temps qui s'était passé, et sur le lieu où il avait été BYRON.

Le capitaine Truck s'endormit profondément dès que sa tête eut touché son oreiller. A l'exception des deux dames, tous les autres passagers suivirent bientôt son exemple; et comme l'équipage était excessivement fatigué, et que la nuit était parfaitement tranquille, il ne resta enfin que deux yeux ouverts sur le pont, ceux de l'homme qui était à la roue; encore sa tête s'abaissait-elle de temps en temps sur sa poitrine, quand il s'aperçut que le vent était entièrement tombé.

Dans de pareilles circonstances, il ne paraîtra pas étonnant que les dormeurs aient été éveillés le lendemain matin par la nouvelle subite et étourdissante que le bâtiment était près de la côte. Chacun courut sur le pont, et rien n'était plus vrai : la côte d'Afrique, cette côte redoutée, se montrait distinctement à envion deux milles du *Montauk*. Elle présentait une longue ligne de montagnes sablonneuses, dont l'uniformité n'était interrompue que par quelques arbres rabougris qui méritaient à peine ce nom ; et l'on apercevait dans l'éloignement des montagnes au nord-est. La partie de la côte la plus voisine du bâtiment était dentelée par plusieurs criques ; on voyait des rochers en plusieurs endroits ; et cette scène avait pour caractère général une stérilité aride et brûlante. La clarté du jour commençant à augmenter, tout le monde considérait ce tableau de désolation avec une admiration mêlée de consternation et d'épouvante, quand un cri s'éleva sur l'avant : « Un bâtiment ! »

— De quel côté ? s'écria le capitaine d'un ton brusque, car l'apparition subite et inattendue de cette côte dangereuse avait éveillé tout ce qu'il y avait de rigide dans son caractère ; — de quel côté, Monsieur ?

— Sur la hanche à babord, capitaine, et il est à l'ancre.

— Il est échoué, s'écrièrent une demi-douzaine de voix en même temps. La longue-vue eut bientôt décidé la question. A la distance d'environ une lieue, on voyait les mâts d'un bâtiment dont la coque était enfoncée dans le sable de manière à ne laisser aucun doute qu'il ne fût échoué. L'idée générale fut d'abord que c'était *l'Ecume*; mais le capitaine Truck annonça bientôt le contraire.

— D'après son gréement et sa construction, dit-il, c'est un bâtiment danois ou suédois, solide et bien construit, qui est à sec sur le sable, comme s'il était sur le chantier. Il ne paraît même pas crevé dans son fond, et la plupart de ses voiles ainsi que toutes ses vergues sont à leurs places ; il n'y a pas une ame sur le pont. — Ah ! je vois sur le rivage quelques tentes faites de toile à voiles, et des balles de marchandises qui ont été ouvertes. Tout l'équipage aura été emmené dans le désert, suivant l'usage, et c'est un avis donné au *Montauk* de se maintenir à flot. — Tout le monde sur le pont, monsieur Leach, et préparez vos bigues, afin que nous puissions installer nos mâts de fortune sur-le-champ. N'ayant aucune voile d'arrière, nous serions poussés sur la côte par la plus légère brise du large.

Tandis que tout l'équipage s'occupait à terminer l'ouvrage qui avait été commencé la veille, le capitaine Truck et les passagers passèrent le temps à examiner le bâtiment échoué, et à chercher les causes qui les avaient placés eux-mêmes dans une situation à laquelle ils s'attendaient si peu.

En ce qui concernait ce bâtiment, ce nouvel examen n'apprit presque rien de plus. Il était à sec sur le sable, où il avait probablement été jeté par l'ouragan qu'on venait d'essuyer, et le capitaine reconnut à différents signes, qu'il avait été pillé au moins en partie. On ne pouvait en distinguer davantage à cette distance ; et le travail dont on s'occupait à bord du *Montauk* était trop urgent pour qu'on pût y envoyer un canot. Cependant, M. Blunt, M. Sharp, M. Lundi et les domestiques des deux premiers s'offrirent pour y conduire le cutter, et il fut enfin décidé qu'on irait reconnaître les faits, le capitaine lui-même se chargeant de la conduite de l'expédition. Pendant qu'on met le cutter en mer, un mot d'explication suffira pour faire comprendre au lecteur comment *le Montauk* s'était tellement approché de la terre.

Ce bâtiment était alors si près de la côte, qu'il était évident qu'il y avait été poussé par un courant qui régnait le long de la côte, mais qui probablement avait plus de force au large. La dérive insensible qui avait eu lieu pendant tant d'heures qui s'étaient écoulées depuis l'observation faite la veille par le capitaine, et l'instant où l'on avait découvert la côte, avaient suffi pour porter *le Montauk* à une grande distance ; et c'était à cette cause toute simple, jointe peut-être à quelque négligence de l'homme qui était à la roue la nuit précédente, qu'on devait uniquement attribuer la situation dans laquelle il se trouvait alors. Le peu de vent qu'il faisait en ce moment venait de terre, et en maintenant le cap vers la mer, le capitaine Truck ne doutait pas qu'il ne pût éviter le malheur qui était arrivé à l'autre bâtiment pendant la fureur de l'ouragan. Un naufrage inspire toujours le plus vif intérêt aux marins, et, tout bien considéré, M. Truck, comme nous l'avons dit, était déterminé à connaître toute l'histoire du bâtiment qu'on avait sous les yeux, autant que les circonstances le permettaient.

Il y avait trois embarcations à bord du *Montauk* : une chaloupe, grande, solide et bien construite, placée sur ses chantiers, suivant l'usage, entre le mât de misaine et le grand mât ; un cutter et un canot. La perte du grand mât rendait presque impossible de mettre la première en mer, mais les deux autres, hissées de chaque côté sur des bossoirs, pouvaient aisément s'y descendre. Les paquebots portent rarement des armes, à l'exception d'un petit canon pour faire des signaux, les pistolets du capitaine et peut-être un ou deux fusils de chasse. Heureusement les passagers étaient mieux pourvus ; tous avaient des pistolets, excepté M. Lundi et M. Dodge, qui appartenaient à peine à cette catégorie, comme aurait dit le capitaine Truck, et la plupart avaient aussi des fusils de chasse. Quoiqu'un examen attentif de la côte, à l'aide de longues-vues, n'eût fait découvrir aucun signe de la présence d'ennemis, on réunit toutes ces armes, on les chargea, et on les plaça dans les embarcations, afin d'être prêt à tout événement. On y descendit aussi de l'eau et des provisions, et l'on se disposa à partir.

Le capitaine Truck et quelques autres personnes étaient encore sur le pont du *Montauk,* quand Eve, avec cet esprit d'entreprise et de curiosité dont les personnes les plus délicates sont quelquefois animées, exprima son regret de ne pas faire partie de cette expédition.

— Il y a quelque chose de si étrange, de si extraordinaire, à débarquer sur un désert d'Afrique! dit-elle, — et s'il y a quelque léger risque à courir, je crois, Mademoiselle, que nous en serions bien dédommagées par le plaisir de voir de près ce bâtiment échoué.

Les deux jeunes gens hésitèrent entre le désir de l'avoir pour compagne, et le doute qu'il fût prudent d'y céder. Mais le capitaine Truck déclara qu'il ne pouvait y avoir aucun risque, et M. Effingham y ayant consenti, le plan fut changé de manière à y comprendre les dames, car il y avait tant de plaisir à varier la monotonie d'un calme, et à sortir des bornes étroites d'un bâtiment, que chacun se prêta à ce nouvel arrangement avec zèle et ardeur.

Un palan fut attaché à la vergue de misaine, une chaise y fut suspendue, et en dix minutes les deux dames étaient dans le cutter et flottaient sur l'Océan. Le cutter avait six rames, qui étaient tenues par M. Blunt, M. Sharp, leurs domestiques et ceux de M. Effingham et de son cousin. M. Effingham tenait le gouvernail. Le capitaine Truck était sur le canot, et il ramait lui-même, aidé par Saunders, M. Lundi et sir George Templemore. Pendant ce temps les deux lieutenants et tout l'équipage travaillaient à mâter leur mât de fortune. M. Dodge avait refusé d'être de la partie, espérant que cette occasion lui serait favorable pour se glisser dans toutes les chambres et voir si l'on n'y aurait pas oublié quelques lettres ou quelques papiers qui pussent ajouter quelque chose à son fonds d'informations pour *le Furet Actif*.

— Monsieur Leach, cria le capitaine pendant que le canot s'éloignait du *Montauk,* faites disposer vos chaînes, et ayez soin que tout soit prêt pour jeter les ancres, si vous dériviez jusqu'à un mille de la côte. Le bâtiment dérive le long de la terre, mais le vent que vous avez suffit à peine pour résister à l'action de la mer, qui porte à la côte. Si quelque chose allait mal, hissez un pavillon au haut du mât de fortune de l'avant.

M. Leach fit un signe de la main, et pas un mot de plus ne fut prononcé. La plupart de ceux qui venaient de partir éprouvèrent une sensation étrange en se trouvant dans leur nouvelle situation. Eve et mademoiselle Viefville surtout pouvaient à peine en croire leurs sens, quand elles virent leur coquille de noix monter et descendre avec ces longues vagues indolentes qui semblaient si peu de chose à bord du bâtiment, et qui maintenant avaient l'air d'être soulevées par le souffle du Léviathan. Le cutter et le canot, quoique glissant toujours en avant, par l'impulsion des rames, leur paraissaient, en certains moments, repoussés en arrière, ou précipités en avant, suivant le caprice du puissant Océan ; et il se passa quelques minutes avant qu'elles trouvassent assez de sécurité pour pouvoir jouir de leur situation présente. A mesure qu'elles s'éloignaient du *Montauk*, cette situation leur paraissait plus critique, et, malgré tout son enthousiasme, Eve, avant qu'on eût fait un mille, se repentait de tout son cœur d'avoir tenté cette entreprise. Mais leurs compagnons étaient pleins d'ardeur, et comme les deux embarcations étaient à peu de distance l'une de l'autre, le capitaine Truck leur donnait des distractions en se livrant à la franche gaieté d'un marin ; M. Effingham, qu'un motif d'humanité avait porté à prendre part à cette expédition, en faisait autant en y intéressant leur sensibilité ; et Eve ne tarda pas à s'occuper d'autres idées.

Lorsqu'ils approchèrent du but de leur excursion, tous les cœurs s'ouvrirent à de nouveaux sentiments. La grandeur sombre et solitaire de la côte, sa stérilité sublime, — car des sables stériles peuvent devenir sublimes par leur vaste étendue, — les sourds mugissements de l'Océan sur le rivage, en un mot, tout le spectacle d'un désert qui rappelait les idées de l'Afrique des temps passés, et des changements survenus dans l'histoire de ce pays, se réunissaient pour produire des sensations pleines d'une douce mélancolie. La vue du bâtiment échoué et abandonné sur les sables, et qui offrait aux yeux les images de la civilisation européenne, ajoutait encore à l'effet général du tableau.

Ce bâtiment, sans aucun doute, avait été poussé par un coup de mer pendant l'ouragan, jusqu'à un endroit où l'eau était assez profonde pour le tenir à flot, à quelques toises de la place où on le voyait échoué, et le capitaine Truck expliqua cet accident d'une manière assez plausible :

— Sur toutes les côtes sablonneuses, dit-il, les vagues qui sont jetées sur le rivage ramènent avec elles, en s'en retournant, des particules de sable qui finissent par former une barre. Elle se trouve ordinairement à trente ou quarante brasses de la côte, et en deçà il y a souvent assez d'eau pour mettre un bâtiment à flot. Mais comme cette barre empêche le retour de cette eau par ce qu'on appelle le sous-courant, il se forme d'un point à un autre d'étroits canaux par lesquels s'échappe ce superflu d'eau. Ces canaux se font remarquer par l'apparence de l'eau qui en forme la surface, les vagues se brisant moins à ces points particuliers qu'aux endroits où le fond de la mer est à une moins grande profondeur, et tous les marins expérimentés connaissent ce fait. Je n'ai nul doute que le malheureux capitaine de ce bâtiment, se trouvant dans la nécessité de faire côte pour sauver son équipage, n'ait choisi un de ces points, et n'ait forcé son bâtiment à y entrer ; et la mer en se retirant l'y a laissé à sec. Un si brave homme méritait un meilleur sort ; car il n'y a pas trois jours que cet accident est arrivé, et l'on ne voit aucune trace de ceux qui en formaient l'équipage.

Il faisait ces remarques tandis que le cutter et le canot s'étaient arrêtés à très-peu de distance de la ligne d'eau où les brisants annonçaient la position de la barre. On reconnaissait aussi très-distinctement le canal, précisément à l'arrière du bâtiment échoué, la mer s'y élevant et retombant sans déferler. A peu de distance vers le sud, quelques rochers noirs à pic formaient une sorte de baie dans laquelle on pouvait débarquer sans danger ; car ils étaient arrivés près de la côte à un endroit où la monotonie des sables, comme ils le virent quand ils s'en furent approchés, n'était interrompue par aucun autre objet.

— Si vous vouliez maintenir le cutter au-delà des brisants, monsieur Effingham, dit le capitaine, après avoir examiné la côte, j'entrerai dans le canal, et je débarquerai dans cette baie. Si vous êtes disposé à m'y suivre, vous pourrez le faire, en donnant le gouvernail à M. Blunt, quand je vous en ferai le signal. Ferme sur vos rames, Messieurs, et n'oubliez pas les armes en débarquant, car nous sommes dans une partie du monde habitée par des vauriens. Si quelques-uns des singes ou des orangs-outangs réclamaient M. Saunders comme étant de leur famille, je ne sais trop comment nous pourrions leur persuader de nous laisser le plaisir de sa compagnie.

Le capitaine fit un signe, et le canot entra dans le canal. Tandis qu'il se dirigeait vers le sud, ceux qui étaient sur le cutter le virent monter et descendre avec la mer au-delà des brisants, après quoi il disparut derrière les rochers. Une minute après, M. Truck, suivi de tous ses compagnons, à l'exception de M. Lundi, qui fut laissé en sentinelle sur le canot, gravissait les rochers pour arriver au bâtiment échoué. Dès qu'il y fut, il monta rapidement jusqu'aux traversins de la grande hune, et de là il put examiner toute la plaine, qui était cachée aux yeux de ceux qui se trouvaient plus bas. Il fit alors le signal de venir à ceux qui étaient sur le cutter.

— Nous y hasarderons-nous? demanda Paul Blunt, d'un ton qui semblait solliciter une réponse affirmative.

— Qu'en dites-vous, mon père?

— J'espère que nous n'arriverons pas trop tard pour sauver quelque chrétien dans ce moment de détresse, ma chère enfant. Prenez le gouvernail, monsieur Blunt; et au nom du ciel et par amour pour l'humanité, avançons.

Le cutter se mit en route, Paul Blunt restant debout pour le gouverner, et le désir qu'il avait d'arriver modérant les craintes qu'il éprouvait pour la sûreté de la partie de son fret qui lui était la plus précieuse. Il y eut un instant où les deux dames tremblèrent; car le léger cutter semblait sur le point de s'élancer sur le rivage comme l'écume de la mer qui passait devant lui; mais la main ferme qui tenait le gouvernail détourna le danger, et un moment après ils étaient à côté du canot. Les dames débarquèrent sans beaucoup de difficulté, et montèrent sur le haut des rochers.

— Nous voici donc en Afrique! s'écria mademoiselle Viefville, avec cette sensation qu'éprouvent tous ceux qui se trouvent dans une situation extraordinairement nouvelle.

— Le bâtiment! le bâtiment naufragé! murmura Eve; nous pouvons encore espérer de sauver quelque malheureux.

Ils se rendirent à la hâte près du bâtiment échoué, laissant sur le cutter deux domestiques, dont l'un fut chargé de prendre la place de M. Lundi.

Rien ne pouvait faire plus d'impression que de se trouver devant un bâtiment échoué sur les sables d'Afrique, scène dans laquelle la désolation d'un navire abandonné paraissait encore plus cruelle au milieu de la désolation d'un désert. La position du bâtiment, qui était presque droit, la quille enfoncée dans le sable, fit que les dames purent y monter plus facilement, et se promener ensuite sur les ponts: on avait même déjà fabriqué à la hâte une espèce d'escalier grossier, pour pouvoir y arriver plus aisément. Ici la scène redoubla l'agitation des deux dames, car elle offrait l'image d'une demeure chérie qu'il avait fallu évacuer à la hâte.

Mais avant qu'Eve et mademoiselle Viefville fussent sur le pont, le capitaine Truck et ses compagnons s'étaient déjà assurés qu'il ne restait personne sur ce malheureux bâtiment. Les coffres, les malles et les porte-manteaux qui se trouvaient dans la chambre avaient été brisés et pillés ; des caisses prises dans la cale avaient été montées sur le pont, mises en pièces, et une partie de ce qu'elles avaient contenu y était encore éparse. Ce bâtiment paraissait avoir été légèrement chargé, et l'on n'avait pas touché à la plus grande partie de sa cargaison, qui consistait en sel. On trouva un pavillon danois attaché aux drisses, ce qui prouva que les conjectures du capitaine Truck sur ce bâtiment étaient bien fondées. On découvrit aussi qu'il se nommait *le Voiturier* — ou du moins c'était la traduction de son nom en danois, — et qu'il était de Copenhague. On ne put en apprendre davantage, car on ne trouva aucun papier, et sa cargaison, ou du moins ce qui en restait, était d'une nature si hétérodoxe, comme dit Saunders, qu'on ne pouvait conjecturer dans quel port elle avait été prise, si toutefois elle avait été prise en totalité dans le même port.

Il était évident que plusieurs des petites voiles avaient été emportées, mais toutes les grandes avaient été laissées sur les vergues qui restaient à leurs places. Ce bâtiment était grand et solidement construit ; il était prouvé par le fait qu'il n'avait pas été crevé dans son fond en touchant sur les sables, et il paraissait dans le meilleur état possible. Il ne manquait pour le lancer à la mer que les machines et les bras nécessaires ; et avec un équipage pour faire la manœuvre, il aurait pu continuer son voyage comme s'il ne lui fût arrivé rien d'extraordinaire. Mais c'était ce qu'on ne pouvait espérer, et ce fruit admirable de l'industrie humaine, comme un homme retranché du nombre des vivants à la fleur de l'âge et dans toute sa vigueur, devait tomber en poussière sur cette plage inhospitalière, à moins qu'il ne plût aux tribus errantes du désert de le dépecer pour en prendre le bois et le fer.

Nul objet n'était plus propre à éveiller des idées mélancoliques dans l'esprit d'un homme comme le capitaine Truck, qu'un spectacle de cette nature. Un beau bâtiment, parfait dans presque toutes ses parties, n'ayant souffert aucune avarie, et qui pourtant n'avait plus la moindre chance de pouvoir être utile, offrait à ses yeux l'image de la perte la plus cruelle. Il songeait beaucoup moins à l'argent qu'il avait fallu dépenser pour le construire, qu'à l'anéantissement de toutes les bonnes qualités qu'il devait à son excellente construction.

Il en examina la cale qu'il déclara excellente pour arrimer une cargaison ; il admira le clouage et le chevillage de toutes les parties ; il employa son couteau pour juger de la qualité du bois, et il prononça que le pin de Norvége des mâts était presque égal à tout ce qu'on pouvait trouver dans nos bois du Midi. Enfin, il regarda tous les cordages, comme on aime à repasser dans son souvenir les vertus d'un ami qu'on a perdu.

On voyait une foule de traces de chevaux et de chameaux tout autour du bâtiment, et surtout au bas de l'escalier grossier qu'on avait évidemment construit à la hâte pour porter le butin sur le dos des animaux qui devaient le transporter à travers le désert. On y reconnaissait aussi des traces nombreuses de pieds d'hommes; mais ce qui faisait l'impression la plus douloureuse, c'est qu'on y distinguait des empreintes de souliers, et d'autres de pieds nus.

D'après tous ces indices, le capitaine pensa qu'il ne devait pas y avoir plus de deux ou trois jours que ce bâtiment était échoué, et qu'il n'y avait que quelques heures que les pillards l'avaient quitté.

— Ils sont probablement partis, dit-il, avec ce qu'ils pouvaient emporter, hier au coucher du soleil, et il ne peut y avoir de doute que d'ici à quelques jours ils ne reviennent, ou que d'autres ne viennent à leur place. Que Dieu protége les malheureux qui sont tombés entre les mains de ces misérables! Quel bonheur ce serait d'en sauver, ne fût-ce qu'un seul, si par hasard il était caché près d'ici!

Cette idée s'empara sur-le-champ de tous les esprits. Chacun tourna la tête pour examiner la haute berge qui s'élevait presque au niveau du sommet des mâts; dans l'espoir d'y découvrir quelque fugitif caché. M. Sharp et M. Blunt retournèrent sur le rivage, et appelèrent à haute voix en allemand, en anglais et en français, pour inviter quiconque pouvait être caché à se montrer. Pas un son ne répondit à cet appel. Le capitaine Truck monta de nouveau au grand mât pour examiner encore l'intérieur, mais il ne vit que le vaste désert, où rien ne donnait signe de vie.

Il y avait à peu de distance un endroit où les chameaux avaient dû descendre jusqu'au rivage, et une partie des passagers s'y rendit, montant au niveau de la plaine qui s'étendait au-delà. Dans cette petite expédition, M. Blunt formait l'avant-garde, et quand il fut sur le haut de la berge, il arma son fusil, ne sachant ce qu'on pourrait rencontrer au-delà. Ils trouvèrent un désert silencieux, presque sans végétation, et n'offrant pas de chemin plus frayé que l'Océan qui était derrière eux. A environ cent verges de distance, on aperçut un objet qu'on ne pouvait bien distinguer parce qu'il était à demi enterré dans le sable. Les deux jeunes gens désirant s'en approcher, crièrent d'abord à ceux qui étaient restés sur le bâtiment échoué de faire monter quelqu'un sur un mât pour donner l'alarme s'il voyait quelque bande de musulmans. En apprenant leur intention, M. Effingham eut la présence d'esprit de renvoyer sa fille et mademoiselle Viefville sur le cutter, et y ayant placé du monde il le fit repasser la barre pour attendre l'événement.

Un sentier tracé par des chameaux, quoique presque recouvert par le sable, conduisait à l'objet qu'ils avaient vu ; et, après une marche pénible, ils y arrivèrent enfin. C'était le corps d'un homme qui avait été tué. Son costume et son teint annonçaient que c'était le corps d'un passager plutôt que celui d'un matelot. Un coup de sabre lui avait fendu le crâne, et il était évident qu'il y avait à peine douze heures qu'il était mort. Etant convenus de ne pas faire part aux dames de cette horrible découverte, ils couvrirent le corps de sable à la hâte, après avoir examiné ses poches ; car, contre l'usage ordinaire de cette côte, il n'avait pas été dépouillé de ses vêtements. On n'y trouva qu'une lettre qui paraissait avoir été écrite par sa femme. Elle était en allemand, et le style, quoique simple, en était tendre et naturel. Elle y parlait du retour de son mari, et celle qui l'avait écrite ne songeait guère au malheureux destin qui attendait l'objet de toute son affection dans ce désert lointain.

Comme ils n'apercevaient pas autre chose, ils retournèrent à la hâte au rivage, où ils trouvèrent le capitaine Truck, qui, ayant fini toutes ses recherches, était impatient de repartir. Pendant leur court séjour sur la côte, *le Montauk* avait disparu derrière un promontoire vers lequel il avait dérivé depuis leur départ. Sa disparition leur fit mieux sentir la solitude du lieu où ils se trouvaient, et ils se hâtèrent de monter dans le canot, comme s'ils eussent craint d'être laissés sur cette côte. Quand ils eurent passé la barre, on compléta l'équipage du cutter, et ils partirent, laissant sous le sable le malheureux Danois, monument lui-même de son propre désastre.

Quand ils furent à quelque distance de la terre, ils revirent *le Montauk*, et le capitaine Truck fut le premier à annoncer l'agréable nouvelle qu'un grand mât de fortune était guindé, et qu'il y avait une voile sur l'arrière, quelque petite et quelque défectueuse qu'elle pût être. Cependant, au lieu d'avoir le cap au sud comme auparavant, M. Leach paraissait tâcher de retourner au nord du promontoire qui avait caché ce bâtiment, c'est-à-dire de revenir sur ses pas. M. Truck en conclut avec raison que l'apparence de la côte qu'il avait en arrière ne plaisait pas à son lieutenant, et qu'il désirait gagner le large. Il engagea donc ceux qui ramaient à redoubler leurs efforts ; et en peu moins d'une heure ils étaient tous à bord du *Montauk*, et les deux embarcations étaient hissées sur les bossoirs.

CHAPITRE XVII.

> J'abordai le vaisseau du roi : tantôt sur le bec, tantôt sur la hanche, sur le pont, dans les chambres, partout je répandis l'étonnement.
> *La Tempête.*

Le capitaine Truck ne fut pas content de la situation de son bâtiment, quand il vit que M. Leach avait changé la direction de sa route ; mais il le fut encore moins quand il fut de retour sur son bord, et qu'il eut pu se former une idée plus correcte de l'état des choses. Le courant avait porté *le Montauk*, non-seulement au midi, mais vers la côte, et la force des lames de fond le poussait peu à peu mais inévitablement vers la terre. En cet endroit, la côte avait moins d'uniformité qu'à celui où le bâtiment danois avait échoué ; on y voyait quelques arbres, et des rochers s'avançant dans la mer y formaient des récifs irréguliers. Plus au sud, ces rochers se montraient bien au-delà du bâtiment ; tandis que, directement en arrière, ils n'étaient pas à un demi-mille de distance. Cependant ce vent était favorable, quoique léger et inconstant, et M. Leach avait déployé toutes les voiles que les circonstances permettaient. Il avait aussi fait sonder, et il avait trouvé un fond de sable dur mêlé de rochers, et une eau assez profonde pour y pouvoir jeter l'ancre. Après s'être assuré de tous ces faits, il paraît que le capitaine Truck ne désespéra pas de son navire, car il fit appeler M. Saunders, aucun de ceux qui avaient été voir le bâtiment échoué n'ayant encore déjeuné.

— Venez ici, maître d'hôtel, dit le capitaine, et faites-moi un rapport sur la situation des casseroles. Je vous ai vu fureter, suivant votre coutume, dans la soute aux vivres de ce malheureux Danois, et je désire savoir quelles découvertes vous y avez faites. Il vous plaira de vous souvenir que dans toutes les expéditions faites pour le public, on ne doit pas tenir de journal privé, et que tout péculat est puni. — Avez-vous trouvé du stockfish ?

— Capitaine, je croirais *le Montauk* déshonoré, si l'on admettait sur son bord quelque chose de semblable. Nous avons force jambons, anchois, huîtres marinées, capitaine, et avec de telles provisions, qui voudrait de la morue sèche ?

— Je pense comme vous à cet égard; mais il y a sur la terre autre chose que du stockfish. N'avez-vous pas trouvé du beurre?

— Oui, commandant; du beurre dont on ne voudrait pas se servir pour enduire un mât; j'y ai aussi trouvé le fromage le plus atroce que ma mauvaise fortune m'ait jamais fait rencontrer. Je ne suis pas surpris que les Africains l'aient laissé.

— Vous avez suivi leur exemple, sans doute?

— J'ai agi d'après mon jugement, commandant. Je ne voudrais pas rester sur un bâtiment avec de pareil fromage, même pour avoir l'honneur de servir sous un grand commandant tel que vous, capitaine. Je ne m'étonne pas que ce bâtiment ait été abandonné; les requins eux-mêmes ne voudraient pas en approcher. Mon cœur se soulève quand je songe aux impuretés que j'y ai vues.

Le capitaine fit un signe d'approbation, demanda du feu pour allumer un cigare, et ordonna de servir le déjeuner. Pendant le repas, chacun fut silencieux, pensif et même mélancolique, car personne ne pouvait songer qu'aux pauvres Danois et à leur malheureux destin, tandis que ceux qui s'étaient avancés dans la plaine avaient toujours présent à l'esprit l'infortuné qu'ils y avaient trouvé assassiné.

— Ne pourrait-on rien faire pour racheter ces malheureux d'un cruel esclavage, mon père? demanda enfin miss Effingham.

— C'est à quoi je pensais, mon enfant; mais je n'en vois d'autre moyen que d'informer leur gouvernement de leur situation.

— Ne pourrions-nous y contribuer nous-mêmes pour quelque chose? Je crois que l'argent est ce qu'il y a de plus nécessaire pour y réussir.

Tous les passagers se regardèrent les uns les autres avec un air d'approbation; mais la répugnance que chacun éprouvait à parler le premier, occasionna un silence de quelques instants.

— Si une centaine de livres sterling peuvent contribuer à l'exécution de ce projet charitable, miss Effingham, dit enfin sir George Templemore en mettant sur la table un billet de banque de cette somme, et que vous vouliez nous faire l'honneur d'être dépositaire des fonds destinés à leur rachat, j'ai le plus grand plaisir à faire cette offre.

— Bien dit, et encore mieux fait! s'écria le capitaine Truck. Cependant cette proposition était un peu brusque; Eve rougit, et hésita un instant avant de répondre :

— J'accepte votre offre charitable, Monsieur; mais, avec votre permission, je remettrai cette somme à mon père, qui trouvera mieux que moi le moyen de l'employer utilement pour exécuter notre projet, et je crois pouvoir assurer qu'il y contribuera pour une pareille somme.

— Vous le pouvez certainement, ma chère enfant; j'en donnerai même le double, s'il le faut.— John, voici l'occasion de vous montrer.

— Inscrivez-moi pour ce qu'il vous plaira, répondit John Effingham, dont la charité en action était aussi étendue qu'elle paraissait limitée dans ses discours; cent livres, mille livres pour racheter ces pauvres gens.

— Je crois, Monsieur, que nous devons tous suivre un si bon exemple, dit M. Sharp en donnant à son tour un billet de cent livres, et j'espère que notre projet réussira. Je crois qu'il peut être exécuté par quelqu'un des consuls européens à Mogador.

M. Dodge fit beaucoup d'objections, car ses moyens ne lui permettaient véritablement pas de donner une si forte somme, et son caractère était trop envieux et trop jaloux pour qu'il pût se résoudre à avouer son infériorité, même sous le rapport de la fortune. Il était depuis si longtemps habitué à soutenir, contre le témoignage de ses sens, « qu'un homme en valait un autre, » que, comme tous ceux qui admettent ce dogme impraticable, il avait tacitement admis au fond de son cœur l'ascendant vulgaire et général de l'argent; mais il ne voulait pas avouer sa faiblesse sur ce point délicat, après avoir déclamé si haut toute sa vie contre toute infériorité quelconque. Il se retira donc plein de fureur et d'envie, parce que d'autres avaient eu la présomption de donner une somme dont il n'était réellement pas en son pouvoir de disposer.

D'une autre part, mademoiselle Viefville et M. Lundi montrèrent en cette occasion toute la supériorité de leur esprit, de leur âme et de leurs sentiments. La première remit tranquillement un napoléon à M. Effingham, qui reçut cette offrande avec la même politesse et le même air de plaisir qu'il avait reçu les dons plus considérables; et le second présenta un billet de cinq cents livres avec un air de bonne volonté qui fit oublier à ses compagnons bien des verres de punch qu'il avait bus.

Pendant qu'on faisait cette collecte, Eve n'osa lever les yeux sur M. Blunt, et elle éprouva du regret en ne le voyant pas y contribuer. Elle garda le silence, mais elle devint pensive et parut même affligée. Elle se demanda s'il était possible qu'un jeune homme qui, d'après sa manière de vivre, devait jouir d'un revenu considérable, eût été assez inconsidéré pour se priver des moyens de faire ce qu'il aurait certainement fait avec tant de plaisir. Ceux qui composaient la compagnie étaient trop bien élevés pour se permettre aucune remarque sur ce sujet ; mais quand on eut quitté la table, Eve se trouva bien soulagée quand elle entendit son père lui dire que M. Blunt lui avait secrètement glissé dans la main un rouleau de cent souverains en or, et qu'il y avait ajouté l'offre, s'ils pouvaient toucher aux îles du Cap Vert ou aux Canaries, de s'embarquer lui-même pour Mogador, afin de travailler à l'exécution de ce charitable projet.

— Ce jeune homme a le cœur noble, dit M. Effingham après avoir communiqué ce fait à sa fille et à son cousin, et je ne ferai aucune objection à son plan.

— S'il offre de quitter ce bâtiment une minute plus tôt qu'il n'y sera forcé, dit John, il mérite vraiment une statue d'or ; car il s'y trouve ce qui peut être le plus attrayant pour un jeune homme comme lui ; et j'ajouterai, tout ce qui peut éveiller sa jalousie.

— Cousin John ! s'écria Eve déconcertée par un langage si clair et auquel elle s'attendait si peu.

Le sourire tranquille de M. Effingham prouva qu'il les avait compris tous deux, mais il ne fit aucune remarque. Eve recouvra sur-le-champ sa présence d'esprit, et regrettant l'exclamation qui lui était échappée, elle se tourna vers celui qui en avait été la cause.

— Je ne sais, dit-elle, si je dois me permettre un aparté avec M. Effingham, même quand la présence de mon père le sanctionne.

— Et puis-je vous demander pourquoi une réserve si soudaine, ma belle offensée ?

— Uniquement parce qu'il court déjà des bruits sur notre situation respective l'un vis-à-vis de l'autre.

John Effingham parut surpris, mais il maîtrisa sa curiosité par une longue habitude d'affecter de l'indifférence pour les choses qui l'intéressaient le plus. Le père montra moins de dignité, car il demanda tranquillement une explication.

— Il paraît, dit Eve, prenant l'air grave qui convient lorsqu'on traite une affaire importante, que notre secret est découvert. Pendant que notre curiosité nous retenait sur ce malheureux bâtiment, M. Dodge exerçait l'industrie louable d'un furet actif, en faisant une perquisition dans nos chambres.

— Une telle bassesse est impossible ! s'écria M. Effingham.

— Non, dit John, nulle bassesse n'est impossible à un démagogue, à un homme qui a des prétentions à ce qu'il ne peut même comprendre, et qui se repaît d'envie et de jalousie. Écoutons ce qu'Eve a à nous dire.

— Je tiens ces informations de Nanny, qui l'a pris sur le fait. Vous souvenez-vous, cousin John, de la lettre que vous avez écrite à mon père avant notre départ de Londres? Vous l'avez écrite, parce que vous ne vouliez pas confier à votre bouche le soin d'exprimer les sentiments de votre bon cœur. Je la relis tous les jours; non pas à cause des promesses qu'elle contient, vous m'en croirez aisément, mais parce qu'elle prouve votre affection pour une jeune fille qui ne mérite pas la moitié de ce que vous sentez et de ce que vous faites pour elle.

— Bah! bah!

— Soit, bah, bah. J'avais relu cette lettre ce matin même, et j'avais eu la négligence de la laisser sur ma table. Eh bien! cette lettre, M. Dodge, dans son désir infatigable de mettre quelque chose de nouveau sous les yeux du public, et pour remplir les devoirs de sa profession, l'a lue pendant notre absence, et se trompant sur le sens de quelques phrases, comme cela arrive quelquefois à ceux qui ne songent qu'à faire circuler des nouvelles, il en a conclu que je dois être une heureuse femme à notre arrivée en Amérique, en échangeant le nom de miss Eve Effingham contre celui de mistress John Effingham.

— Impossible! nul homme ne peut être si fou ou si méchant.

— Je croirais en effet, mon enfant, ajouta le père plus indulgent, qu'on a fait injure à M. Dodge. Nul homme tant soit peu élevé au-dessus des dernières classes de la société ne pourrait même songer un instant à se dégrader par une conduite semblable à celle dont vous parlez.

— Si vous n'avez pas d'autre objection à faire contre cette histoire, je suis prêt à faire serment qu'elle est vraie. Mais je crois que le capitaine Truck a inoculé à Eve l'esprit de mystification, et qu'elle est déterminée à se faire une réputation en ce genre en commençant par frapper un coup hardi. Elle ne manque pas d'esprit, et avec le temps elle pourra s'élever jusqu'au persiflage.

— Je vous remercie du compliment, cousin John; mais je suis obligée de vous déclarer que je ne le mérite pas, car je n'ai jamais parlé plus sérieusement. Nanny, qui est la vérité même, affirme qu'elle l'a vu de ses propres yeux lire cette lettre; et elle a appris des deux lieutenants du capitaine que, depuis ce temps, il a pris tout le soin possible de disséminer dans tout l'équipage la nouvelle de ma bonne fortune. Pour croire qu'un tel homme ait pu interpréter ainsi votre lettre, vous n'avez besoin que de vous en rappeler les termes.

— Il n'y a rien dans ma lettre qui puisse justifier une si sotte idée.

— Un furet actif peut faire des découvertes dont vous ne vous doutez guère, cousin John. Vous y dites qu'il est temps de mettre fin à vos courses vagabondes; de vous établir à poste fixe; de ne plus vous séparer de nous, et que votre intention, prodigue que vous êtes, est de faire de votre cousine Eve la maîtresse future de votre fortune. Il faut que vous conveniez de tout cela, ou je n'accorderai de ma vie aucune confiance à tout ce qu'un homme pourra me dire.

John Effingham ne répondit rien, mais le père exprima fortement son indignation qu'un homme ayant la moindre prétention à être admis dans la bonne compagnie, pût se rendre coupable d'une telle conduite.

— Nous ne pouvons guère à présent le recevoir dans la nôtre, John, ajouta-t-il; et je regarde presque comme une affaire de conscience de lui refuser la porte de notre appartement.

— Si vous avez de si strictes idées des convenances, Edouard, le parti le plus sage est de retourner d'où vous venez; car, dans le pays où vous allez, vous trouverez une foule de gens semblables à lui.

— Vous ne me persuaderez pas que je connaisse si peu mon pays natal. Une conduite comme la sienne déshonorerait un homme en Amérique comme partout ailleurs.

— Elle l'aurait déshonoré autrefois, mais cela n'arrive plus. Le *pêle-mêle* qui y règne à présent a réduit les hommes d'honneur à une triste minorité, et M. Dodge lui-même vous dira que la majorité doit gouverner. S'il publiait ma lettre, une grande partie de ses lecteurs s'imagineraient qu'il ne fait qu'user de la liberté de la presse.

— Que le ciel nous protége! vous avez rêvé en pays étranger, Edouard, pendant que votre pays, pour tout ce qui est honnête et respectable, a rétrogradé d'un siècle en une douzaine d'années.

Comme un tel langage était habituel à John Effingham, ni le père ni la fille n'y firent beaucoup d'attention : cependant M. Effingham déclara d'un ton plus décidé qu'auparavant, qu'il était résolu de faire cesser entièrement le peu de relations qui avaient existé entre sa famille et le coupable depuis qu'ils étaient à bord.

— Pensez-y une seconde fois, mon père, dit Eve; un tel homme n'est pas même digne de votre ressentiment. Il est trop au-dessous de vous par ses principes, son éducation, et par le rang qu'il occupe dans le monde, pour que vous vous occupiez de lui. D'ailleurs si nous voulions soulever le voile de cette mascarade au milieu de laquelle le hasard nous a jetés, nous pourrions avoir nos scrupules relativement à d'autres aussi bien qu'à l'égard de ce loup couvert d'une peau de mouton.

— Dites plutôt de cet âne dont on a coupé le poil pour le peindre en zèbre. La meilleure qualité de ce drôle ne vaut pas la plus mauvaise d'un loup.

— Il en a du moins la rapacité, dit M. Effingham.

— Et il peut hurler quand il est en troupe, je vous l'accorde. Du reste, je pense comme Eve. Il faut que nous le punissions positivement en lui tirant les oreilles, ou que nous le traitions avec ce mépris qui s'exprime par le silence. Je voudrais qu'il eût été fureter dans la chambre de ce brave jeune homme Paul Blunt, qui est d'âge et de caractère à lui donner une leçon qui pourrait fournir un article pour son *Furet Actif*.

Eve savait qu'il y avait été aussi, mais elle était trop prudente pour le dire.

— Cela ne fera que l'obliger davantage, dit Eve en riant; car M. Blunt nous a dit que l'éditeur du *Furet Actif* croit sérieusement que le monde et tout ce qu'il contient n'ont été créés que pour fournir des matériaux pour des articles de journaux.

Cette remarque fit rire les deux cousins, et M. Effingham dit qu'il semblait exister des hommes assez complétement égoïstes, assez exclusivement dévoués à leur intérêt personnel, et assez aveugles sur les droits et les sentiments des autres, pour manifester le désir de rendre le pouvoir de la presse supérieur à tous les autres. — Non pas, ajouta-t-il, pour la faire servir à propager des principes sages et des arguments raisonnables, mais pour l'ériger en maître grossier, corrompu, vil et tyrannique; pour en faire un instrument d'égoïsme au lieu de justice, et pour l'employer à satisfaire les passions quand on n'en fait pas un véhicule d'intérêt personnel.

— Votre père se convertira à mes opinions, Eve, reprit John; il n'aura pas été un an en Amérique qu'il aura découvert que le gouvernement est une *pressocratie*, et ses ministres des usurpateurs de leur propre choix, et ayant le moins à risquer, même quant à la réputation.

M. Effingham secoua la tête avec un air de dissentiment, et la conversation cessa par suite du mouvement qu'on entendait sur le pont. La brise de terre avait fraîchi, et même les lourdes voiles sur lesquelles *le Montauk* était principalement obligé de compter s'étaient endormies, comme disent les marins, ou s'étaient écartées du mât, et restaient enflées et immobiles, preuve certaine en mer, où l'eau est toujours en mouvement, que la brise va fraîchir. Grâce à leur secours, le bâtiment avait surmonté l'action réunie des lames du fond et du courant, et il s'éloignait peu à peu de la terre, quand le vent murmura un instant comme s'il allait fraîchir encore davantage, et ensuite toutes les voiles fouettèrent les mâts. Le vent avait passé comme un oiseau, et une ligne noire au large annonçait l'arrivée de la brise de mer. Les préparatifs rendus nécessaires par ce changement de temps avaient occasionné le bruit qui avait interrompu la conversation de la famille Effingham.

Ce nouveau vent n'apporta guère avec lui que le danger de pousser le bâtiment vers la côte. La brise était légère, et ne lui faisait faire, dans l'état où il se trouvait, qu'un mille et demi par heure, en suivant une ligne presque parallèle à la côte. Le capitaine Truck vit d'un coup d'œil qu'il serait obligé de jeter l'ancre. Cependant, avant de prendre cette mesure, il eut une longue consultation avec ses officiers, et il fit mettre le canot à la mer.

On sonda, et l'on trouva un assez bon fond, quoique ce fût un sable dur, ce qui n'est pas le meilleur mouillage. — Une forte mer ferait chasser le bâtiment sur son ancre, dit le capitaine Truck, si le vent prenait de la force; et cette ligne de rochers noirs que nous avons en arrière ferait des copeaux de *la Pensylvanie* en une heure, si ce grand bâtiment venait en contact avec eux.— Il descendit dans le canot, et se fit conduire le long du récif pour examiner une passe que M. Leach y avait remarquée avant d'avoir mis le cap au nord. S'il trouvait une entrée en cet endroit, peut-être *le Montauk* pourrait-il avancer au delà du récif, et le capitaine pourrait exécuter un projet favori auquel il attachait alors la plus grande importance. Au bout d'un mille le canot arriva à la passe, où M. Truck fit les observations suivantes. La disposition générale de la côte qu'il avait en vue était une légère courbure, dans laquelle *le Montauk* avait tellement dérivé qu'il se trouvait précisément en ligne avec les deux promontoires. Il y avait donc peu d'espoir de forcer un bâtiment délabré à reprendre le large, en dépit du vent, de la mer et du courant. Dans l'étendue d'une lieue par le travers du paquebot, la côte était rocailleuse, quoique basse, les rochers s'éloignant du rivage en certains endroits jusqu'à un mille, et partout jusqu'à un demi-mille au moins. Cette chaîne était irrégulière, mais elle avait en général l'apparence d'un récif, et son gisement était marqué par des brisants et par les cimes noires des rochers qui se montraient çà et là au-dessus de l'eau. La passe était étroite, tortueuse, et tellement environnée de rochers, qu'il était même douteux qu'elle pût offrir un passage, quoique le calme de l'eau l'eût fait espérer à M. Leach.

Dès que le capitaine fut à l'entrée du passage, les apparences l'encouragèrent tellement, qu'il fit au *Montauk* le signal convenu de virer et de mettre le cap au sud. Ce n'était nullement le moyen de gagner le large ; mais ce bâtiment ne pouvait virer vent devant avec le peu de vent qu'il faisait ; il est même probable qu'il n'aurait pu exécuter cette manœuvre par une bonne brise, et le capitaine vit par la dérive du bâtiment qu'il fallait agir avec promptitude. Le *Montauk* pouvait jeter l'ancre à la hauteur de la passe aussi bien qu'ailleurs, s'il était réduit à la nécessité de la jeter en deçà du récif, et il avait toujours la chance de pouvoir avancer au delà.

Aussitôt que le cap eut été remis au sud, et que le capitaine le vit le long du récif, à une distance suffisante pour être en sûreté, et dans une aussi bonne direction qu'il pouvait l'espérer, il commença son examen. En marin prudent, il s'éloigna à une distance convenable des rochers, car il savait que s'il trouvait quelque obstacle en deçà du récif, peu importait quelle était la profondeur de l'eau au delà. Le jour était si beau, et, sur les côtes où il n'y a pas de rivières, la mer est si limpide dans les basses latitudes, qu'il était facile de voir le fond à une profondeur considérable. Mais le capitaine ne s'en rapporta pas au seul sens de la vue ; et il jetait constamment la sonde, quoique tous les yeux s'occupassent en même temps à chercher les rochers.

La première sonde rapporta cinq brasses, et l'eau continua à être de la même profondeur presque jusqu'à l'entrée de la passe, où le plomb tomba sur un rocher, à trois brasses et demie. On fit en cet endroit un examen plus minutieux, et jamais la profondeur de l'eau ne fut moindre de trois brasses et demie. Comme *le Montauk* tirait près d'une brasse de moins, le vieux capitaine s'avança vers la passe avec circonspection. Directement à l'entrée était un grand rocher plat presque à fleur d'eau, et qui probablement se découvrait à marée basse. Le capitaine Truck crut d'abord que ce rocher détruirait toutes ses espérances de succès, qui commençaient à se fortifier, mais une reconnaissance, faite avec le plus grand soin, lui apprit qu'il se trouvait d'un côté un passage, étroit à la vérité, mais assez large pour admettre un bâtiment.

A partir de cet endroit, la passe faisait beaucoup de détours, mais elle était suffisamment indiquée par le bouillonnement de l'eau sur le récif ; et, après un examen attentif, il trouva partout au moins trois brasses d'eau au delà du récif, en dedans duquel était un espace considérable qui se découvrait à marée basse, mais qui était presque entièrement couvert d'eau quand elle montait, — et elle montait alors, — et qui avait, comme c'est l'ordinaire, des canaux entre les bancs. Ayant suivi un de ces canaux pendant un quart de mille, il arriva dans un bassin ayant quatre brasses d'eau, assez grand pour recevoir un bâtiment comme *le Montauk*, et qui, heureusement, était très-près d'une partie du récif, qui était presque toujours à découvert quand de fortes vagues ne s'y brisaient pas. Il y laissa une bouée, car il s'était pourvu de tout ce qui pouvait lui être nécessaire, et en s'en retournant, il en laissa aussi une à tous les points critiques du canal. Sur le rocher plat, à l'entrée de la passe, il laissa un homme qui avait de l'eau jusqu'à la ceinture, mais il était certain que la marée commençait à descendre.

Le canot retourna alors au paquebot, qu'il trouva à un demi-mille de la passe. Son sillage avait diminué à cette route, mais il avait moins dérivé vers la côte. Cependant, il faisait si peu de vent, les lames de fond étaient si constantes, et le bâtiment avait si peu de voiles d'arrière, qu'il devenait très-douteux qu'il pût doubler les rochers, de manière à entrer dans la passe. Pendant la demi-heure qui suivit, le capitaine donna vingt fois l'ordre de jeter l'ancre, quand le vent cessait tout à coup, et vingt fois il donna contre-ordre dans l'espoir de profiter d'un souffle d'air qui se faisait sentir. C'était un moment d'agitation fébrile ; *le Montauk* était alors assez près du récif pour que sa situation fût très-dangereuse, si le vent prenait de la force et que la mer devînt houleuse ; car le fond était trop dur pour que l'ancre eût une bonne tenue. Cependant, comme il y avait la possibilité de conduire le bâtiment à la remorque à un mille en mer, si l'état du temps le rendait nécessaire, le capitaine Truck continua à avancer avec une hardiesse qu'il n'aurait pas eue sans cela. On avait fait penau de l'ancre ; elle était prête à tomber au premier signal, et M. Truck était debout sur l'avant, surveillant la marche lente du bâtiment et calculant avec soin de combien il avançait vers la côte, sans perdre de vue les rochers.

Pendant tout ce temps, le pauvre diable laissé sur le rocher était encore dans l'eau, et attendait avec impatience l'arrivée de ses compagnons, qui, de leur côté, avaient les yeux fixés sur ses traits qui devenaient plus distincts de moment en moment.

— Je vois ses yeux, s'écria le capitaine d'un ton gai ; donnez un coup aux boulines, serrons le vent, et ne vous inquiétez pas de ces espèces de huniers. Carguez-les tout à fait, Monsieur ; ils nous font à présent plus de mal que de bien.

Le bruit des poulies des cargue-points se fit entendre, et les perroquets qui devaient remplir les fonctions de voiles de hunes, mais qui pouvaient à peine atteindre les basses vergues de manière à être orientés, furent promptement cargués. Cinq minutes se passèrent dans le doute et l'incertitude ; enfin le capitaine s'écria : — Du monde sur les cargue-points de grande voile, enfants, et soyez prêts à carguer la voile lestement.

On comprit par cet ordre que le bâtiment était assez au vent, et le commandement « carguez la grande voile ! » qui suivit bientôt, fut reçu avec acclamations.

— La barre au vent tout, et soyez prêts à brasser carré la vergue de misaine ! cria le capitaine Truck en se frottant les mains. Veillez à ce que les deux ancres de bossoirs soient prêtes à mouiller, — et vous, Toast, apportez-moi le charbon le plus rouge qui soit dans la cuisine, pour m'allumer mon cigare.

Les mouvements du *Montauk* étaient nécessairement lents ; mais il obéissait au gouvernail, et il fit son abatée, de sorte qu'il avait le cap dirigé vers le matelot qui était sur le rocher. Ce brave homme, dès qu'il vit le bâtiment marcher, avança jusqu'au bord du rocher, qui descendait perpendiculairement dans la mer, et leur fit signe d'approcher sans crainte.

—Avancez jusqu'à dix pieds de moi, cria-t-il ; il n'y a rien à épargner de l'autre côté.

Comme le capitaine y était préparé, on gouverna en conséquence, et tandis que *le Montauk* passait lentement sur l'eau qui montait et baissait successivement, on jeta au matelot une corde, à l'aide de laquelle on le hissa à bord.

— Babord ! s'écria le capitaine dès qu'on eut passé le rocher ; la barre à babord, Monsieur ; et gouvernez sur la première bouée.

Le Montauk arriva ainsi lentement, mais sans accident, jusque dans le bassin, et on laissa tomber une ancre dès qu'il y fut entré. On fila la chaîne jusqu'à ce que le bâtiment fût à quelque distance, et ensuite on mouilla la seconde ancre de bossoir. On cargua et l'on serra la misaine ; on fila une bonne touée de la chaîne, et enfin on reconnut qu'il était bien amarré.

—Maintenant, dit le capitaine, toutes ses inquiétudes cessant avec sa responsabilité, je m'attends tout au moins à être nommé membre de la Société philosophique de New-York, qui est une société savante pour un homme qui n'a jamais été au collège, pour avoir découvert un port sur la côte d'Afrique ; et sans trop de vanité, Mesdames et Messieurs, j'espère qu'il me sera permis de le nommer le Port-Truck. Si pourtant M. Dodge pense que cela serait trop anti-républicain, nous transigerons en le nommant le Port-Truck et Dodge ; ou bien nous donnerons à la ville qui s'élèvera certainement tôt ou tard en cet endroit, le nom de Dodgebourg, et je garderai le port pour moi seul.

— Si M. Dodge consentait à cet arrangement, dit M. Sharp, il s'exposerait à être accusé d'aristocratie ; car, chacun se sentant soulagé en se trouvant en lieu de sûreté, chacun était disposé à prendre part à la plaisanterie. J'ose dire que sa modestie l'empêchera de consentir à cette proposition.

— Messieurs, répondit l'éditeur du *Furet Actif*, je ne sache pas que nous soyons obligés de refuser les honneurs qui nous sont impartialement accordés par la voix publique. L'usage de donner aux villes et aux comtés le nom de citoyens distingués n'a rien d'extraordinaire chez nous. Quelques-uns de mes voisins ont déjà bien voulu m'accorder un honneur semblable, et mon journal est certainement publié dans un hameau qui porte mon nom, quoique indigne. Vous voyez donc qu'il n'y a rien de nouveau dans cette proposition.

— J'en aurais fait serment, d'après votre humilité bien connue.
— Et ce hameau est-il aussi grand que Londres ?

— Jusqu'à présent, il ne s'y trouve que mon établissement, une taverne, une boutique de mercerie et une autre de quincaillerie. Mais Rome n'a point été bâtie en un jour, capitaine.

— Vos voisins, Monsieur, doivent être doués d'un discernement peu ordinaire. Mais quel est le nom de ce hameau ?

— Cela n'est pas encore tout à fait décidé. Jusqu'à présent, il a porté le nom de Dodgetown ; mais ce nom parut commun et vulgaire, et au bout d'un certain temps, nous...

— Nous, monsieur Dodge ?

— Je veux dire le peuple, capitaine. Je suis si accoutumé à m'identifier avec le peuple, que je crois mettre la main à tout ce qu'il fait.

— Rien n'est plus juste, Monsieur, dit John Effingham ; car, sans vous, il ne s'y serait probablement pas trouvé de peuple.

— Et quelle est la population de Dodgetown, Monsieur ? demanda le capitaine, suivant la même idée.

— Au recensement de janvier dernier, elle était de dix-sept âmes ; et à celui d'avril, elle était de dix-huit. J'ai fait un calcul qui prouve qu'en suivant la même progression arithmétique, il s'y trouvera dans cent dix ans une population très-respectable pour une ville de province. Mais, pardon, Monsieur ; comme je vous le disais, quelque temps après on songea à en changer le nom, et l'on proposa celui de Dodgeborough. Mais une nouvelle famille y étant venue l'été dernier, il se forma un parti en faveur du nom de Dodgeville, nom qui était extrêmement populaire, attendu que ville signifie cité en latin. Mais il faut convenir que le peuple aime le changement dans les noms comme dans les places, et pendant tout un mois on voulut lui donner le nom de Butterfield-Hollow, d'après celui du nouveau venu, qui se nommait Butterfield. Mais comme il déménagea à la chute des feuilles, après avoir proposé Bélinde, Ninive, le Grand-Caire et Pumpkin-Valley, on vint m'offrir de conserver mon nom, pourvu qu'on pût trouver quelque addition plus noble et plus convenable que *town*, *ville* ou *borough*. Il n'est pas encore tout à fait décidé quel sera ce nom, mais je crois que nous finirons par adopter celui de Dodgeople ou de Dodgeopolis.

— Et ce sera un fort bon nom pour une courte croisière, je n'en doute pas. Butterfield-Hollow ressemblait un peu trop à une place qu'on occupe à tour de rôle.

— Je n'aimais pas ce nom, capitaine et je le donnai à entendre à M. Butterfield en tête à tête; car je ne me souciais pas de parler trop publiquement de ce sujet, attendu qu'il avait pour lui la majorité. Mais, dès qu'il eut quitté la taverne, le courant coula de l'autre côté.

— Vous l'avez complétement démâté?

— Précisément ; et depuis son départ, on n'a jamais entendu parler de lui. Il y a bien quelques innovateurs mécontents et arrogants qui affectent d'appeler notre endroit du nom de Morton qu'il portait autrefois : mais ce sont les vassaux d'un ancien propriétaire du sol, mort depuis plus de quarante ans. Nous ne sommes pas gens à conserver un vieux nom rabougri, ou à honorer des os desséchés.

— Et vous avez raison, Monsieur. S'il voulait qu'une place portât son nom, que ne vivait-il comme les autres? Un homme mort n'a pas besoin de nom. On devrait faire une loi pour obliger quiconque coupe son câble à léguer son nom à quelque honnête garçon qui n'en a pas un aussi beau. Je voudrais surtout qu'on obligeât tous les grands hommes à laisser leur réputation à ceux qui ne sont pas en état de s'en faire une.

— Je me hasarderai, avec la permission de M. Dodge, à proposer un amendement sur la question du nom, dit M. Sharp, qui s'amusait de cette conversation. Dodgeople est un peu court, et a un air de brusquerie qui pourrait offenser. En y ajoutant une seule lettre, on en ferait Dodgepeople, ce qui serait plus populaire[1]. On pourrait aussi adopter Dodge-Adrianople, et ce serait un nom sonore et républicain. Adrien était empereur, et M. Dodge lui-même n'aurait pas à rougir de voir ce nom à côté du sien.

[1]. *People*, signifie peuple.

L'éditeur du *Furet Actif* commençait alors à avoir l'esprit extrêmement exalté, car on attaquait son côté faible, et il riait et se frottait les mains, comme si cette dernière plaisanterie lui eût paru excellente. Le jugement de cet homme offrait aussi une singularité qui formait une opposition étrange avec tous ses discours ; singularité qui appartient pourtant à la classe dont il faisait partie, plutôt qu'à l'individu. Ultra, comme démocrate et comme Américain, M. Dodge avait une prédilection secrète pour les opinions étrangères. Quoiqu'il connût par pratique les fraudes, les impostures et les bassesses de la plupart de ceux qui se mêlent de faire des articles pour les journaux en Amérique, il croyait religieusement à la véracité, à la bonne foi et à l'honneur, comme au jugement et aux talents de ceux qui rédigeaient en Europe des journaux importés ensuite en Amérique. Depuis plusieurs années, il accusait de mensonge chaque semaine l'éditeur du journal le plus voisin de sa demeure, quoiqu'il ne pût se dissimuler qu'il était très-porté à mentir comme lui ; mais, malgré toute son expérience des secrets du métier, il croyait implicitement à tout ce que contenaient les pages d'un journal européen. Quelqu'un qui l'aurait peu connu aurait supposé qu'il feignait d'être crédule ; mais c'eût été faire injure à sa bonne foi, qui était complète, étant basée sur cette admiration et cette ignorance provinciale qui faisait que le paysan qui était allé à Londres pour la première fois fut surpris de voir que le roi n'était qu'un homme comme les autres. Comme on devait l'attendre de son origine coloniale, son respect secret pour tout Anglais était exactement proportionné à ses protestations d'amour pour le peuple, et sa déférence pour le rang à l'envie et à la jalousie qui l'animaient contre tous ceux qu'il sentait être supérieurs à lui. Dans le fait, la chose était toute naturelle ; car ceux qui sont réellement indifférents sur leur position sociale, le sont ordinairement aussi sur celle des autres, aussi longtemps que ceux-ci ne leur font pas sentir la distance qui les sépare, en se donnant des airs de supériorité.

Quand donc M. Sharp, que M. Dodge lui-même avait reconnu pour être un homme bien élevé, prit part à la plaisanterie du moment, bien loin de découvrir la mystification, il se crut un objet d'intérêt pour ce jeune Anglais, contre la réserve hautaine duquel il avait pourtant lancé bien des sarcasmes indirects depuis qu'ils étaient à bord. Mais l'avidité avec laquelle les Américains de la trempe de M. Dodge sont portés à avaler les miettes qui tombent de la table d'un Anglais est un fait historique ; et l'éditeur du *Furet Actif* lui-même n'était jamais si heureux que lorsque quelque journal anglais lui présentait un alinéa contenant quelques paroles mielleuses adressées par la mère condescendante à la crédulité de sa fille, et dont il s'emparait pour le reproduire dans les colonnes du sien. Bien loin donc de prendre ombrage de ce qui avait été dit, il continua le même sujet de conversation longtemps après que le capitaine les eut quittés pour aller s'occuper de ses devoirs, et il y mit tant de persévérance, que, lorsque M. Sharp put s'échapper, Paul Blunt le félicita de son intimité croissante avec le champion éclairé du peuple. Blunt convint qu'il avait commis une indiscrétion ; et si l'affaire n'eut pas d'autre suite, elle procura du moins à ces deux jeunes gens un instant d'amusement dans un moment où l'inquiétude avait pris l'ascendant sur toute idée de gaieté. Quand ils cherchèrent à faire partager leur enjouement à miss Effingham, elle les écouta pourtant d'un air grave ; car le trait de bassesse découvert par Nanny Sidley ne la disposait pas à traiter même avec la familiarité du ridicule celui qui l'avait commis. S'en étant aperçus, quoiqu'ils ne pussent en deviner la cause, ils changèrent de conversation, et tous devinrent bientôt assez graves en s'occupant de leur propre situation.

Celle du *Montauk* alors était certainement de nature à faire naître l'inquiétude dans l'esprit de ceux qui connaissaient peu la mer, et même des marins. Elle ressemblait beaucoup à ce qu'avait désiré la vieille Nanny, car le bâtiment était entouré de bancs de sable et de rochers, et était à peu de distance de la terre. Pour que le lecteur puisse la comprendre plus clairement, nous en ferons une description détaillée.

A l'ouest du bâtiment, était le vaste Océan dont les eaux étaient calmes et brillantes, mais se soulevaient et s'abaissaient alternativement, comme par suite de la respiration de quelque monstre énorme. Entre *le Montauk* et cette immense masse d'eau, et à environ trois cents pieds du bâtiment, on voyait bouillonner l'eau sur une ligne irrégulière, interrompue çà et là par la tête des rochers arides et peu élevés qui indiquaient l'existence du récif et la direction qu'il suivait. Ce récif était tout ce qui séparait le bassin des vagues furieuses, s'il arrivait une nouvelle tempête ; mais le capitaine Truck supposait que cela suffirait pour briser les vagues, de manière à rendre l'ancrage suffisamment sûr. Cependant, sur l'arrière du paquebot, un banc de sable de forme ronde commença à se montrer, dès que la marée se retira, à moins de quarante brasses du bâtiment; et comme le fond était dur, et qu'il était difficile que l'ancre y mordît, il y avait le risque de chasser sur ce banc. Nous disons que le fond était dur, car ce n'est pas le poids de l'ancre qui fait la sûreté du bâtiment, c'est la manière dont ses larges pattes s'accrochent au fond. La côte était à moins d'un mille, et pendant le reflux on vit paraître dans tout le bassin de nombreuses pointes de sable ; il se trouvait pourtant des passes entre elles, et il aurait été facile à un homme qui en aurait bien connu les sinuosités, d'y conduire un bâtiment pendant plusieurs lieues, sans retourner à la passe d'entrée, ces canaux formant une sorte de réseau très-compliqué dont *le Montauk* était le point central.

Quand le capitaine Truck eut étudié sa situation dans tous ses détails et avec sang-froid, il s'occupa sérieusement des mesures nécessaires pour mettre son bâtiment en sûreté. Le cutter et le canot furent amenés sous le bossoir, et l'ancre d'affourche fut mise sous un esparre placé en travers sur ces deux embarcations. On la porta sur un banc situé sur l'arrière du bâtiment ; avec des bigues, elle fut élevée sur le sommet du banc, et la patte en fut enfoncée dans un sable dur jusqu'à la verge. On sortit ensuite la chaîne du bâtiment au moyen d'un grelin à l'extrémité duquel on avait frappé une caliorne sur laquelle halaient les hommes placés sur le banc. La chaîne fut étalinguée sur l'ancre, et elle fut ensuite raidie du bord. Le bâtiment se trouva ainsi tenu par l'arrière, et à l'abri d'un changement de vent qui l'aurait jeté sur le récif. Comme aucune lame ne pouvait venir de ce côté, on jugea que l'ancre et la chaîne suffiraient pour le maintenir. Dès que les deux embarcations furent disponibles, et avant même que la chaîne eût été étalinguée, deux ancres à jet furent portées sur le récif, et placées au milieu des rochers de manière à ce que les pattes et les jas des ancres fussent retenus par les parties saillantes des rochers. On étalingua de légères chaînes sur ces ancres, et dès qu'elles eurent été raidies du bord, le capitaine Truck déclara que son bâtiment était alors en état de soutenir sans danger le plus fort coup de vent. Le capitaine Truck n'était pas tombé dans l'erreur commune de supposer qu'il aurait augmenté la force de ses amarres en passant simplement la chaîne dans l'organeau des ancres ; il était amarré au moyen de deux ancres de bossoir, il avait deux chaînes sur chacune de ses ancres à jet, et il avait eu la précaution d'amarrer chacun des bouts séparément sur l'ancre, en conservant les deux autres bouts à bord.

La souveraineté exercée à bord d'un bâtiment est si absolue, que personne n'avait eu la présomption de faire une seule question au capitaine sur les motifs qu'il avait eus pour prendre toutes ces précautions extraordinaires ; mais l'idée générale était qu'il avait dessein de rester où ils étaient jusqu'à ce que le vent devînt favorable, ou du moins jusqu'à ce qu'il n'existât plus aucun danger d'être jeté à la côte par les courants et les lames de fond. Paul Blunt dit qu'il croyait que l'intention du capitaine était de profiter de la tranquillité de l'eau dans l'intérieur du récif, pour mettre en place de meilleurs mâts de fortune. Mais M. Truck mit bientôt fin à tous les doutes, en annonçant son véritable projet. Tandis qu'il était à bord du bâtiment danois, il en avait examiné avec attention les mâts, les vergues, les voiles et toutes les manœuvres, et il avait reconnu que tous ces agrès, quoique faits pour un bâtiment ayant un port de deux cents tonneaux de moins que *le Montauk*, pouvaient pourtant être adaptés à son navire, et lui suffire pour traverser l'Océan, pourvu que le temps et les musulmans lui permissent de les transporter sur son bord.

— Nous avons une eau tranquille et des vents légers, dit-il en terminant son explication, et le courant porte au sud le long de cette côte. En déployant toutes nos forces, en travaillant avec activité, et avec l'aide de la Providence, j'espère encore voir *le Montauk* entrer dans le port de New-York avec ses cacatois déployés. Le marin qui ne peut gréer son bâtiment d'une quantité suffisante de mâts, de câbles et de poulies, monsieur Dodge, ferait mieux de rester à terre et de publier une feuille hebdomadaire. Ainsi donc, ma chère miss Effingham, si vous voulez regarder après-demain le long de la côte du côté du nord, vous pouvez vous attendre à voir arriver un radeau qui vous réjouira le cœur, et qui fera remettre dans celui de tous les amis de la bonne chère l'espoir de faire à New-York leur dîner de Noël.

CHAPITRE XVIII.

> Ici, sur les sables, je le canonnerai en enfilade.
> *Le roi Lear.*

AYANT pris son parti, bien annoncé ses intentions, et ayant mis tout en ordre sur son bord, le capitaine Truck donna ses derniers ordres avec promptitude et clarté. Les dames devant rester sur *le Montauk*, il leur dit que les deux messieurs Effingham resteraient naturellement avec elles, comme leurs protecteurs, quoiqu'elles n'eussent rien à craindre dans la situation où elles étaient.

— Je me propose de laisser le bâtiment sous les soins de M. Blunt, ajouta-t-il; car j'aperçois en lui quelque chose qui annonce de l'instinct pour la marine. — Si M. Sharp veut rester aussi, votre société en sera plus agréable ; mais, en échange, Messieurs, je vous demande l'aide des bras vigoureux de tous vos domestiques. — Que le temps soit beau ou mauvais, M. Lundi est mon homme, et je me flatte de pouvoir compter aussi sur sir George Templemore. — Quant à M. Dodge, s'il lui plaît de rester en arrière, *le Furet Actif* y perdra un article remarquable, car il n'y aura d'autre historien de l'expédition que celui que je choisirai. — Pendant ce temps, M. Saunders aura l'honneur de préparer vos repas, et je me propose d'emmener tout l'équipage avec moi.

Comme on ne pouvait faire aucune objection sérieuse à cet arrangement, une heure après qu'on eut pourvu à la sûreté du bâtiment, le cutter et le canot partirent, l'intention du capitaine Truck étant d'arriver dans la soirée au bâtiment échoué, afin d'avoir le temps de préparer ses bigues pour se mettre à l'ouvrage dès que le soleil paraîtrait. Il espérait pouvoir être de retour dans le cours de la journée du lendemain. Il savait qu'il n'avait pas de temps à perdre ; car il s'attendait à chaque instant à voir revenir les Arabes, et la tranquillité de la mer est toujours d'une durée fort incertaine. Dans la vue déclarée de faire prompte besogne et avec la crainte secrète d'être attaqué par les habitants du pays, le capitaine emmena ses deux officiers, tous les hommes de son équipage dont la présence à bord n'était pas indispensable, et même quelques-uns de ses passagers. Supposant que le nombre pouvait intimider les Arabes, il voulait chercher à leur imposer par les apparences plutôt qu'autrement ; sans quoi, il aurait cru pouvoir se passer de la présence de M. Dodge, car, pour dire la vérité, il ne doutait pas que l'éditeur du *Furet Actif* ne prouvât son activité de toute autre manière qu'en travaillant ou en se battant.

Il ne fit mettre dans les deux embarcations ni eau ni provisions, que ce qui pouvait être nécessaire pour arriver au bâtiment danois ; ni cordes, ni poulies, ni aucune autre chose que des armes et des munitions ; car l'examen qu'il avait fait dans la matinée lui avait appris que, malgré le pillage qui avait eu lieu, il y trouverait tout ce dont il pourrait avoir besoin en tout genre. Dans le fait, tant de choses avaient été laissées, qu'un de ses motifs pour se hâter était la forte persuasion que ceux qui avaient emporté une partie du butin ne tarderaient pas à venir chercher le reste. Il emporta les fusils de chasse, les pistolets, ainsi que la poudre et les balles qui étaient sur *le Montauk*, et il y laissa le petit canon, qu'il fit charger afin qu'on pût faire un signal s'il arrivait quelque changement matériel dans la situation du bâtiment.

Ils étaient au nombre de trente hommes, et comme la plupart avaient une arme à feu, ils partirent pleins d'ardeur et de confiance et comptant sur le succès. Il y avait sur les deux embarcations autant de monde qu'elles en pouvaient contenir, mais il restait encore assez de place pour ramer. La chaloupe avait été laissée à sa place sur le pont, parce qu'on savait qu'il se trouvait sur le bâtiment échoué deux canots dont l'un était grand. En un mot, comme le capitaine Truck avait médité cette entreprise depuis l'instant qu'il avait reconnu la situation du bâtiment danois, il se mit à l'exécuter avec méthode et discernement. Nous commencerons par l'accompagner, et, dans un autre chapitre, nous reporterons l'attention du lecteur sur ceux que nous laissons à bord du *Montauk*.

La distance qui séparait les deux bâtiments était alors d'environ quatre lieues, et un promontoire étant placé entre eux, ceux qui étaient sur le cutter et le canot perdirent de vue en moins d'une heure *le Montauk*, qui, dépouillé de toute sa gloire, était à l'ancre dans l'intérieur du récif. Presque au même instant, ils aperçurent le bâtiment danois, et le capitaine Truck prit avec empressement sa longue-vue pour s'assurer de l'état des choses de ce côté. Tout y était tranquille et l'on ne voyait aucun signe qui indiquât que personne s'en fût approché depuis le matin. Il fit part de cette nouvelle à son équipage qui, stimulé par l'espoir d'un succès probable, redoubla d'ardeur, et l'on avança avec une nouvelle vitesse.

Le soleil était encore à quelque distance au-dessus de l'horizon quand ils entrèrent dans l'étroit canal qui était en arrière du bâtiment échoué, et ils s'arrêtèrent, comme le matin, à côté des rochers. Sautant à terre, le capitaine Truck conduisit ses compagnons vers le navire, et en cinq minutes on le vit dans la hune examinant la plaine avec sa longue-vue. La solitude continuait à régner dans le désert, et il donna sur-le-champ l'ordre de commencer le travail sans délai.

Quelques-uns des meilleurs matelots mirent à la mer le mât de hune de rechange et la basse vergue du bâtiment danois et préparèrent des bigues, travail qui devait les occuper plusieurs heures. M. Leach et le second lieutenant, le premier sur l'avant, l'autre sur l'arrière, s'occupèrent avec quelques hommes à dépecer les mâts de perroquet et de hune, et à amener les vergues de hune sur le pont, tandis que le capitaine Truck, placé sur le pont, dirigeait le même travail pour le mât de misaine. Comme chacun travaillait avec ardeur, le soleil était à peine sur le point de disparaître à l'horizon, quand tout fut déposé sur le sable le long du bord, à l'exception des mâts majeurs. Cependant, avant d'amener les basses vergues, on avait enlevé la chaloupe de dessus son chantier, et on l'avait aussi placée à côté du bâtiment sur des appuis préparés pour la recevoir.

Le capitaine appela alors tout l'équipage sur le sable, et la chaloupe fut mise à la mer, opération qui offrit quelque difficulté, attendu qu'il survenait de temps en temps de fortes lames. Dès qu'elle fut à flot, on la conduisit près des rochers, et l'on y embarqua les manœuvres dormantes et les voiles qui avaient été déverguées à mesure que les vergues avaient été amenées. On trouva deux ancres et on attacha une aussière à l'une d'elles, et la chaloupe fut conduite au-delà de la barre et mise à l'ancre. Des cordes ayant été apportées, on réunit les vergues dans le même endroit, et on les attacha solidement ensemble pour la nuit. Une grande quantité de manœuvres courantes, plusieurs poulies et divers autres objets occupant peu d'espace, furent portés dans les embarcations du *Montauk*. Enfin on mit en mer le canot du bâtiment danois, qui était encore suspendu à l'arrière. Par ce moyen, le capitaine avait alors quatre embarcations, dont l'une était très-grande et en état de porter un chargement considérable.

Il était alors si tard et il faisait si obscur, que le capitaine Truck résolut de suspendre ses travaux jusqu'au lendemain matin. Au moyen de quelques heures de travail et d'activité, il s'était mis en possession des vergues, des voiles, des manœuvres dormantes et courantes, des canots et de beaucoup d'autres objets utiles, quoique moins essentiels, et il ne restait d'autre objet important que les trois mâts majeurs à bord du bâtiment échoué. Mais ces trois mâts étaient ce qu'il y avait de plus essentiel pour le capitaine Truck ; sans eux il n'aurait gagné que bien peu de chose à tout ce travail, car il avait sur son bord des voiles et des vergues de rechange, dont il aurait pu se servir faute d'autres ; mais c'était la base qui lui manquait, et il n'avait pris le reste que pour ne pas être obligé de se servir de vergues et de voiles qui n'étaient pas faites les unes pour les autres.

A huit heures du soir, l'équipage soupa et se prépara ensuite à se coucher. Le capitaine s'entretint avec ses deux lieutenants sur la manière de disposer ses gens pour la nuit, et il fut décidé qu'il garderait avec lui sur le bâtiment danois dix hommes bien armés, et que les autres iraient dormir sur les embarcations qu'on avait amarrées à la chaloupe, qui était à l'ancre en dehors de la barre. Ils s'y couchèrent sur les voiles, et à l'exception des hommes de veille, qu'on avait eu la précaution d'établir, les autres, de même que ceux qui étaient restés sur le bâtiment échoué, furent bientôt aussi profondément endormis que s'ils eussent été dans leurs hamacs à bord du *Montauk*. Il n'en fut pas de même du capitaine Truck. Il se promena sur le pont du bâtiment danois avec M. Leach plus d'une heure après qu'un profond silence y régnait, et même quelque temps après que M. Lundi, ayant fini une bouteille de vin dont il avait eu soin de se munir avant de quitter le paquebot, se fut couché sur quelques vieilles voiles dans l'entrepont. Toutes les étoiles brillaient au firmament, mais la lune ne devait se montrer que peu de temps avant l'aurore. Le vent venait de terre par bouffées soudaines; il était brûlant, mais si léger, qu'au peu de bruit qu'il faisait en passant on aurait cru entendre les soupirs du désert.

— Il est heureux, dit le capitaine, continuant la conversation qu'il avait avec M. Leach à voix basse, parce qu'ils sentaient tous deux que leur situation n'était pas tout à fait sûre, — il est heureux, monsieur Leach, que nous ayons fait porter l'ancre d'affourche sur le banc situé derrière *le Montauk*, sans quoi il frotterait bientôt son cuivre contre les angles de ces rochers. Le vent est faible, mais sous toutes ses voiles *le Montauk* serait bientôt loin de la côte, si tout était prêt.

— Oui, commandant, oui, si tout était prêt, répondit M. Leach, qui savait combien il y avait encore à travailler avant que cet heureux moment pût arriver.

— Si tout était prêt! j'espère bien que nous serons en état de faire sauter ces trois quilles hors de ce bâtiment demain avant le déjeuner; deux heures nous suffiront pour faire le radeau, et six à sept autres nous reconduiront sur notre bord.

— Cela peut être, commandant, si tout va bien.

— Bien ou mal, il faut que cela soit. Nous ne sommes pas dans une situation à jouer à la courte-paille.

— J'espère que cela pourra se faire, commandant.

— Monsieur Leach!

— Capitaine Truck!

— Nous sommes dans une catégorie du diable, Monsieur, s'il faut dire la vérité.

— C'est un mot que je ne connais pas beaucoup; mais il est certain que nous sommes placés ici d'une manière désagréable, si c'est là ce que vous voulez dire.

Il s'ensuivit un assez long intervalle de silence; et pendant ce temps les deux marins, dont l'un était vieux et l'autre jeune, continuèrent à se promener sur le pont.

— Monsieur Leach!

—Commandant!

— Priez-vous jamais?

— Je le faisais autrefois, commandant; mais depuis que je suis sous vos ordres, j'ai appris à faire d'abord mon ouvrage et à prier ensuite; et quand une difficulté a été surmontée par le travail, la prière m'a souvent paru une œuvre de surérogation.

— Vous devriez rendre vos actions de grâces, Leach. Je crois que votre grand-père était ministre?

— Oui, Monsieur, et l'on m'a dit que votre père suivait la même profession.

— On vous a dit la vérité, monsieur Leach. Mon père était un chrétien aussi pieux et aussi humble qu'on en vit jamais dans une chaire. C'était un pauvre homme, et, s'il faut dire la vérité, un pauvre prédicateur, quoique plein de zèle et de dévotion. Je m'enfuis de chez lui à l'âge de douze ans, et, depuis ce temps, je n'ai jamais passé huit jours de suite à la maison paternelle. Il pouvait faire peu de chose pour moi, car il avait reçu peu d'éducation et n'avait pas d'argent; je crois qu'il n'était riche que de foi. Mais c'était un brave homme, Leach, quoiqu'il y eût peu d'instruction à recevoir de lui. Quant à ma mère, si jamais il exista sur la terre un esprit de pureté, il se trouvait en elle.

— Oui, oui, commandant; c'est ce que sont ordinairement toutes les mères.

— Elle m'avait appris à prier, dit le capitaine, dont la langue semblait s'épaissir. — Mais depuis que je suis dans ma profession, je trouve peu de temps pour m'occuper d'autre chose que des devoirs qu'elle m'impose, et, pour dire la vérité, prier est devenu pour moi, faute de pratique, une des manœuvres les plus difficiles.

— C'est, suivant moi, ce qui nous arrive à tous, commandant. Je crois que tous ces bâtiments, qui vont d'Amérique à Londres et à Liverpool, auront à répondre de bien des âmes.

— Oui, oui, si l'on pouvait les mettre sur leur conscience, cela serait assez juste; mais mon brave vieux père soutenait toujours que chacun devait boucher la voie d'eau causée par ses péchés, quoiqu'il dît aussi que nous étions destinés à voguer à babord ou à tribord, même avant d'avoir été lancés en mer.

— Cette doctrine fait de la vie une navigation facile; et, dans le fait, je ne vois pas la nécessité de combattre le vent et la marée pour s'écarter de toute *immoralité*, quand on sait qu'on est destiné à y tomber après toutes ses peines.

— J'ai fait tous les calculs possibles pour m'expliquer cette affaire, et je n'ai jamais pu y réussir : cela est plus difficile que les logarithmes. Si mon père avait été le seul à le dire, j'y aurais moins pensé ; car il n'était pas savant, et j'aurais regardé tout cela comme un jargon de métier. Mais ma mère le croyait ; elle le croyait de cœur et d'âme, et elle était trop brave femme pour tenir longtemps à ce qui n'aurait pas été appuyé sur la vérité.

— Et pourquoi ne pas le croire aussi, commandant? Pourquoi ne pas laisser tourner la roue? On arrive à la fin du voyage par cette bordée aussi bien que par une autre.

— Il n'y a pas grande difficulté à faire le voyage, Leach, ni même à traverser le passage de la mort; mais le grand point est de savoir dans quel port nous devons finir par entrer. Ma mère m'a appris à prier. A dix ans je savais les douze Commandements, le Symbole du Seigneur et la prière des Apôtres, et je m'étais même lancé jusque dans le Catéchisme. Mais hélas! hélas! il n'en reste pas plus dans ma mémoire que de chaleur dans le corps d'un Groenlandais.

— D'après tout ce que je puis savoir, capitaine, on était mieux élevé de votre temps qu'à présent.

— Pas le moindre doute, Leach. De mon temps, on apprenait aux jeunes gens à respecter leurs supérieurs et les personnes âgées; on leur faisait réciter le Catéchisme, la prière des Apôtres, et toutes ces sortes de choses. Mais depuis cinquante ans, l'Amérique a diablement culé. Je ne me flatte pas de valoir ce que je valais quand j'étais sous le commandement de ma chère et excellente mère; mais pourtant il y a dans le monde, et même hors de Newgate, des hommes qui sont pires que John Truck. Par exemple, Leach, je ne jure jamais.

— Non, sans doute, commandant, et M. Lundi ne boit jamais.

La protestation de sobriété de M. Lundi était devenue un sujet de plaisanterie pour tout l'équipage, et M. Truck n'eut pas de difficulté à comprendre ce que voulait dire son aide; mais quoiqu'il fût piqué d'une repartie qui usurpait son droit exclusif de railler sur son bord, il était dans un accès d'humeur à ne pas s'en fâcher, et un instant après il reprit la conversation, comme s'il n'eût été rien dit qui dût en troubler l'harmonie.

— Non, je ne jure jamais; ou, si je jure, c'est en homme bien élevé, sans me permettre ces gros jurements qui remplissent la bouche, comme en faisaient autrefois les maquignons qui transportaient des chevaux de la Rivière aux îles des Indes Occidentales.

— Étaient-ils de forts jureurs?

— Le vent du nord-ouest est-il fort? Ces drôles, après s'être empâtés de religion à terre pendant un mois ou deux, éclataient en juremens, comme un ouragan, dès qu'ils étaient au large, et que ni les ministres, ni la congrégation ne pouvaient plus les entendre. On dit que le vieux Joé Bunk commençait sur la barre un jurement qui n'était fini que lorsqu'il était à la hauteur de Montauk. Je doute fort, Leach, qu'il y ait beaucoup à gagner à arrimer dans la cale la religion et la morale comme une balle de coton. Et c'est pourtant ce qui se fait sur la Rivière et dans les environs.

— Bien des gens commencent à être du même avis; car, quand une opinion perce en Amérique, c'est comme la petite vérole.

— Je suis partisan de l'éducation, et je ne crois pas en avoir reçu plus qu'il n'est raisonnable. Je pense même qu'une prière est plus utile à un capitaine de bâtiment que le latin; et même encore à présent j'y ai souvent recours, quoique ce puisse ne pas être tout à fait dans les termes de l'Ecriture. J'ai rarement besoin de vent sans prier pour en avoir, mais c'est mentalement, j'en conviens; et quant au rhumatisme, je prie sans cesse le ciel de m'en débarrasser, à moins que je ne le maudisse à babord et à tribord. N'avez-vous jamais remarqué que le monde est moins moral qu'auparavant depuis qu'on a inventé les bâtimens à vapeur?

— Cette découverte est antérieure à ma naissance, commandant.

— C'est vrai, vous n'êtes presque qu'un enfant. Tout le monde paraît pressé d'arriver, et personne n'aime à s'arrêter pour prier, ou pour congédier ses péchés comme une balle qu'on chasse avec le pied. La vie est comme une traversée sur mer: nous sondons avec soin en sortant du port, et quand une fois la sonde ne trouve plus de fond, nous passons le temps gaiement; mais quand nous approchons de nouveau de la côte, à la fin du voyage, nous reprenons la sonde et nous examinons comment nous gouvernons. C'est le moment de partir et celui d'arriver qui nous donnent tout l'embarras.

— Vous aviez quelque motif, capitaine, pour me demander si je priais jamais?

— Certainement. Si je me mettais en besogne de prier en ce moment, ce serait pour demander une mer calme pour demain, afin que nous puissions conduire tranquillement à la remorque le radeau jusqu'au *Montauk*. Mais chut, Leach! n'avez-vous rien entendu?

— Je crois avoir entendu un son qui n'est pas celui de la brise de terre. C'est probablement quelque animal sauvage, car l'Afrique en est pleine.

— Je crois que dans cette forteresse nous pourrions venir à bout d'un lion. A moins que le drôle ne trouvât ce méchant escalier, il ne pourrait monter à bord; et en renversant une couple de planches, ce serait comme lever un pont-levis. Mais regardez là bas! il y a quelque chose qui remue à terre à peu de distance du rivage, ou mes yeux ne sont bons à rien.

M. Leach regarda dans la direction indiquée, et s'imagina aussi voir quelque chose en mouvement. A l'endroit où était le bâtiment échoué, le rivage n'avait pas une très-grande étendue, et le bâton de clin-foc qui était encore en place s'avançait si près de la petite hauteur qui mettait la côte au niveau du désert, qu'il n'était qu'à dix pieds de quelques buissons qui croissaient sur les bords. Quoiqu'il fût un peu penché, n'étant plus soutenu par les étais, le bout en était encore assez haut pour s'élever au-dessus des feuilles, et permettre à un homme qui y serait placé, de voir la plaine aussi bien que le permettait la lueur des étoiles. Considérant cet examen comme très-important, le capitaine donna d'abord ses instructions à M. Leach sur la manière dont il devrait donner l'alarme à l'équipage, si la nécessité l'y obligeait; et monta ensuite avec précaution sur le beaupré, et de là par le moyen des manœuvres jusqu'à l'extrémité du bâton de clin-foc. Comme il fit tout cela avec la fermeté d'un marin et en prenant toutes les précautions possibles pour qu'on ne pût le découvrir, il y fut bientôt étendu, laissant pendre ses jambes pour maintenir son corps en équilibre, et jeta de tous côtés des regards attentifs, quoi qu'il ne pût voir ni bien loin, ni très-distinctement, attendu l'obscurité.

Après être resté une minute dans cette position, le capitaine Truck découvrit sur la plaine, à environ cinquante toises des buissons, un objet qui était évidemment en mouvement. Il ne le perdit plus de vue; car, quand même il n'aurait pas eu des preuves que les Arabes étaient déjà venus à bord du bâtiment danois, il savait qu'il en rôdait souvent des bandes le long de la côte, surtout quand il y avait eu de forts coups de vent venant de l'ouest, dans l'espoir de trouver quelque butin. Comme tout son équipage dormait, à l'exception de M. Leach, et qu'il pouvait à peine découvrir ses embarcations, lui qui en connaissait la position, il espéra que s'il y avait des Arabes dans les environs, ils ne s'apercevraient pas qu'il s'y trouvât aussi des étrangers. Il est vrai que le changement opéré dans la mâture devait frapper quiconque avait déjà vu le bâtiment; mais on pouvait croire que ce changement avait été fait par une autre troupe de maraudeurs, et d'ailleurs il était possible que ceux qui arrivaient, s'il arrivait quelqu'un, vissent le bâtiment pour la première fois.

Tandis que de pareilles idées se succédaient rapidement dans l'esprit du capitaine, le lecteur s'imaginera facilement qu'il n'était pas très à son aise. Cependant, il était de sang-froid; et comme il était résolu à faire sa retraite, les armes à la main, même contre une armée d'Arabes, il resta dans sa position avec une détermination qui aurait fait honneur à un tigre. L'objet qu'il voyait sur la plaine remua de nouveau, et des nuages qui étaient en arrière étant venus à s'entr'ouvrir, il distingua clairement la tête et le cou d'un dromadaire, mais l'examen le plus attentif ne put lui faire découvrir un homme sur le dos de cet animal. Il passa un quart d'heure dans la même position, et les seuls sons qu'il entendit furent les soupirs de l'air de la nuit et le bruit sourd et constant de l'eau qui battait le rivage. Enfin, il descendit sur le pont où M. Leach l'attendait avec beaucoup d'impatience. Le capitaine savait quelle était l'importance de la découverte qu'il venait de faire; mais ayant un caractère calme et réfléchi, il ne s'en était pas exagéré le danger.

— Les Arabes sont sur la côte, lui dit-il à demi-voix, mais je ne crois pas qu'il y en ait plus de deux, ou trois tout au plus, sans doute des espions ou des vedettes. Si nous pouvions nous en emparer, nous retarderions probablement de quelques heures l'arrivée de la troupe, et c'est tout ce qu'il nous faut. Qu'ils emportent ensuite le sel et tout le fardage du pauvre danois, j'y consens. — Leach, êtes-vous homme à me seconder dans cette affaire?

— Pourquoi cette question, commandant? Vous ai-je jamais manqué au besoin?

— Jamais, Leach, jamais. Donnez-moi la main, et que ce soit entre nous à la vie, à la mort.

Ils se serrèrent la main, et surent tous deux qu'ils recevaient une assurance sur laquelle ils pouvaient compter.

— Eveillerai-je l'équipage, commandant?

— Pas un seul homme. Chaque heure de sommeil qu'ils auront nous vaudra un de ces mâts. Ces trois bâtons sont la fondation de notre œuvre; et un seul d'entre eux nous sera plus utile en ce moment que ne pourrrait l'être une flotte dans d'autres circonstances. Prenez vos armes et partons; mais d'abord avertissons le second lieutenant de ce que nous allons faire.

Cet officier était endormi sur le pont; car il était tellement fatigué du travail pénible auquel il s'était livré toute l'après-midi, qu'un peu de repos était pour lui le plus grand bien. L'intention du capitaine avait été de l'envoyer se coucher à bord de la chaloupe; mais, le voyant accablé de fatigue, il lui avait permis de rester sur le bâtiment. Il avait eu la même indulgence pour l'homme en vigie; mais, en ce moment, ils furent éveillés tous deux, et ils apprirent la situation des choses sur le rivage.

— Maintenant, ajouta le capitaine, ayez les yeux bien ouverts et la bouche bien fermée ; car je veux tromper ces espions et leur laisser ignorer qu'il y a du monde ici. Si vous m'entendez crier : « Alarme ! » éveillez tout le monde et préparez tout pour une escarmouche. Adieu, mes enfants ; ne fermez pas les yeux un instant. Leach, je suis prêt.

Ils descendirent sur le sable avec précaution ; et le capitaine, passant derrière le bâtiment danois avec son compagnon, alla d'abord au canot qui était resté près des rochers pour conduire ses deux lieutenants à la chaloupe. Les deux hommes qu'on y avait laissés étaient si profondément endormis, que rien n'aurait été plus facile à un parti ennemi que de les garrotter sans donner l'alarme. Après avoir hésité un moment, il résolut de ne pas les éveiller et se mit en marche vers l'endroit où il fallait monter sur le rivage.

Là, il devint nécessaire d'user de la plus grande circonspection, car ils entraient littéralement en pays ennemi. La rampe étant escarpée, quoique courte, ils furent obligés de marcher sur les mains et les genoux, ce qui contribua à les mettre à l'abri du risque d'être découverts ; et ils arrivèrent bientôt sur la plaine, près de quelques buissons.

— Voilà le chameau, dit le capitaine à voix basse ; voyez-vous son cou élevé, et sa tête qu'il agite de temps en temps ? il n'est pas à trente toises du corps du pauvre Danois. Marchons le long de cette ligne de buissons et cherchons à découvrir le cavalier.

Ils avancèrent ainsi jusqu'à un endroit où les buissons laissaient entre eux une ouverture d'où l'on voyait le rivage et le bâtiment échoué.

— Voyez-vous là-bas les embarcations, Leach ? Elles sont en ligne avec le boute-hors du bâtiment danois. Elles semblent des points noirs sur la surface de l'eau, et un Arabe ignorant serait excusable de les prendre pour des rochers.

— Oui, si elles ne s'élevaient et ne s'abaissaient pas sur les vagues. Il faudrait être doublement Turc pour faire une pareille méprise.

— Ces tribus errantes du désert n'y regardent pas de si près. Le bâtiment a certainement subi quelque changement depuis hier, et il ne serait pas surprenant que même un musulman s'en aperçût ; mais...

La main de M. Leach, qui lui serrait le bras comme dans un étau, tandis que sa main gauche était étendue vers les buissons, de l'autre côté de l'ouverture, interrompit le discours du capitaine. Il vit dans les buissons un homme directement en face du bâton de clin-foc; il était enveloppé d'une espèce de manteau, et le long mousquet qu'il portait sous le bras se distinguait à peine. Cet Arabe, car ce ne pouvait qu'en être un, considérait évidemment le bâtiment échoué, et, pour le mieux voir, il s'avança hardiment au milieu de l'ouverture. Trompé par ce silence profond qui régnait, il s'approcha sans précaution de l'endroit où les deux Américains étaient en embuscade, uniquement occupé de son examen. Quelques pas de plus le mirent à la portée du capitaine Truck, qui lui asséna un vigoureux coup de poing entre les deux yeux; l'Arabe tomba comme un bœuf frappé par l'assommoir du boucher, et avant qu'il eût repris l'usage de ses sens il fut solidement garrotté, et le capitaine le fit rouler sans cérémonie le long de la rampe jusque sur le sable, après l'avoir bâillonné, le mousquet restant en la possession du vainqueur.

— Ce drôle est dans une catégorie, dit le capitaine à voix basse; il reste à voir s'il n'y en a pas un autre.

Une longue recherche n'obtint aucun succès, et le capitaine résolut de faire descendre le chameau sur le sable, afin qu'aucun Arabe errant dans le désert ne pût l'apercevoir.

— Si nous avons les mâts de bonne heure, dit-il, ces pirates de terre n'auront en vue aucun phare pour diriger leur course; et dans une contrée où un grain de sable ressemble tellement à un autre, il peut se passer une semaine avant qu'ils retrouvent le bâtiment.

Ils s'avancèrent tous deux vers le chameau avec moins de précaution qu'ils n'en avaient pris jusqu'alors, le succès qu'ils avaient obtenu leur donnant de la confiance et leur inspirant une nouvelle ardeur. Ils étaient persuadés que leur prisonnier était un voyageur solitaire, ou qu'il avait été envoyé en reconnaissance par une troupe qui attendait son retour, et qui n'arriverait que le lendemain.

— Il faut que nous nous mettions à l'ouvrage avant que le soleil se lève, monsieur Leach, dit le capitaine d'une voix moins basse qu'il ne l'avait fait jusqu'alors. Ils continuèrent à marcher vers le chameau, qui secouait la tête, reniflait l'air, et enfin poussa un cri. A l'instant même un Arabe, qui dormait près de lui sur le sable, se leva, et monta en un clin d'œil sur son dos, et avant que nos deux marins surpris eussent eu le temps de décider ce qu'ils devaient faire, l'animal, qui était un dromadaire dressé à la course, était hors de vue dans l'obscurité. Le capitaine Truck avait couché en joue l'Arabe, mais il ne fit pas feu.

— Nous n'avons pas le droit de tuer ce drôle, dit-il, tout notre espoir à présent est dans la distance qu'il peut avoir à parcourir pour rejoindre ses camarades. Si notre prisonnier est un chef, comme je suis porté à le soupçonner, nous en ferons un otage, et nous tirerons de lui aussi bon parti qu'il pourrait en tirer d'un de ses chameaux. Soyez sûr que nous n'en reverrons pas un d'ici à plusieurs heures, et nous profiterons de ce temps pour prendre un peu de repos. Il faut qu'un homme passe son quart dans son hamac, sans quoi il devient aussi rétif qu'une poulie rouillée.

Le capitaine ayant adopté ce plan, ne perdit pas de temps pour l'exécuter. Etant descendus sur le sable, ils rendirent la liberté des jambes au prisonnier, qu'ils trouvèrent étendu par terre comme une planche, lui ôtèrent son bâillon, et l'emmenèrent sur le pont du bâtiment. L'ayant ensuite conduit dans la chambre du capitaine, M Truck prit une lumière, tourna tout autour de lui, et l'examina avec la même attention que si c'eût été quelque animal inconnu du désert.

Cet Arabe était un homme basané et vigoureux, d'une quarantaine d'années, ayant les fibres endurcies et offrant aux yeux la maigreur d'un coureur de profession. En un mot, tout son corps offrait l'image parfaite d'un homme fait pour supporter aisément le mouvement fatigant d'un dromadaire. Indépendamment du long mousquet dont le capitaine s'était emparé, il portait aussi un long couteau qui lui fut également retiré. Son principal vêtement était un manteau grossier de poil de chameau, qui lui servait de bonnet et d'habit; ses yeux noirs étincelaient pendant que le capitaine lui approchait une lampe du visage, et il était évident qu'il pensait qu'il lui était arrivé un malheur très-sérieux. Comme toute communication verbale était impossible, les deux marins essayèrent de se faire entendre par signes; mais cette tentative, comme les raisonnements de certaines gens, produisit un effet diamétralement opposé à celui qu'ils attendaient.

— Le pauvre diable s'imagine peut-être que nous voulons le manger, Leach, dit le capitaine après avoir essayé, sans succès, quelques instants son talent pour la pantomime. — Il a quelque raison pour avoir cette idée, puisqu'il a été renversé comme un bœuf destiné à la cuisine; tâchez du moins de lui faire comprendre que nous ne sommes pas des cannibales.

M. Leach commença alors une pantomime expressive, décrivant avec une clarté très-suffisante toute l'opération d'écorcher, de couper, de faire cuire et de manger le corps de l'Arabe, dans l'intention humaine de désavouer ensuite une telle cruauté en donnant de fortes marques de répugnance et de dégoût; mais rien ne peut remplacer les deux petits monosyllabes oui et non, et le dernier acte de la pantomime fut si peu intelligible, que le capitaine lui-même s'y méprit.

— De par le diable! Leach, s'écria-t-il, cet homme s'imagine à présent qu'il n'est pas même bon à manger, tant vous faites des contorsions absurdes et ridicules. Un signe est un mât de fortune pour remplacer la langue, et tout marin devrait savoir s'en servir dans le cas où il ferait naufrage sur une côte sauvage et inconnue. Le vieux Joé Bunk en avait un dictionnaire, et, dans les temps de calme, il allait au milieu de ses chevaux et de ses bêtes à cornes, et s'entretenait avec eux des heures entières. Il avait fait un diagramme de ce langage, et il nous l'apprenait à nous autres jeunes gens qui étions exposés aux accidents de la mer. Je vais essayer de m'en souvenir, car je ne pourrai jamais m'endormir en songeant que cet honnête noiraud s'imagine que nous avons dessein de faire de lui notre déjeuner.

Il commença alors à faire ses explications dans la langue générale de la nature. Comme M. Leach, il décrivit d'abord toute l'opération de faire cuire et de manger le prisonnier, car il admettait que cela était indispensable par forme de préface; et, pour peindre l'horreur que lui inspirait une telle barbarie, il imita ensuite les effets qu'il avait vus si souvent produits sur ses passagers par le mal de mer, croyant bien exprimer ainsi son dégoût pour le cannibalisme et faire entendre combien il était éloigné de vouloir manger son prisonnier. Cependant l'Arabe avait sérieusement pris l'alarme, et il l'exprima en sa propre langue par des plaintes et des gémissements auxquels on ne pouvait se méprendre. M. Truck fut très-mortifié de ne pas avoir mieux réussi; et, comme tous ceux à qui il en arrive autant, il était disposé à en accuser tout autre plutôt que lui-même.

— Je commence à croire, monsieur Leach, dit-il, que ce drôle est trop stupide pour être un chef ou un espion, et que c'est tout simplement un sot qui s'est écarté de sa tribu, et qui n'a pu la rejoindre parce qu'il n'a pas eu assez de bon sens pour reconnaître sa route dans un désert. L'homme le plus borné aurait dû me comprendre, et pourtant vous voyez à ses cris et à ses lamentations qu'il n'entend pas plus ce que je lui dis que s'il était sous un autre parallèle de de latitude. Le drôle s'est tout à fait mépris sur mon caractère : si je voulais réellement devenir une bête de proie et dévorer mes semblables, quiconque aurait la moindre connaissance de la nature humaine s'imaginerait-il que je voudrais commencer par un nègre? Que pensez-vous de sa méprise, monsieur Leach?

— Il est clair, commandant, qu'il suppose que vous avez dessein de le faire rôtir, et de manger ensuite une telle quantité de sa chair, que votre estomac aura peine à la digérer ; et s'il faut dire la vérité, je crois que presque tout le monde aurait tiré la même conclusion de vos signes, qui étaient aussi cannibales que rien de ce que j'ai jamais vu de semblable.

— Et que diable a-t-il conclu des vôtres? s'écria le capitaine avec quelque chaleur ; s'est-il imaginé que vous vouliez lui mortifier la chair par un jeûne de quinze jours? Non, non, Monsieur, vous êtes un premier officier très-respectable ; mais vous ne connaissez pas plus les principes de signes de Joé Bunk, que cet éditeur du *Furet Actif* ne connaît la vérité et les convenances. C'est la bévue de votre soliloque qui a mis ce pauvre homme sur une fausse route. Il a greffé votre idée sur la mienne, et il s'est mis ainsi dans une catégorie dont aucun livre ne pourrait le tirer avant que sa frayeur soit passée. La logique ne peut rien sur les animaux effarouchés, disait le vieux Joé Bunk. Ecoutez-moi, Leach ; j'ai grande envie de laisser aller ce drôle à la dérive, en confisquant à notre profit le mousquet et le couteau. Je crois que j'en dormirais mieux si je savais qu'il a pris le large sans craindre de nous fournir des grillades demain matin.

— Il est bien inutile de le garder ici, commandant, car son camarade qui est parti sur le dromadaire, filerait cent nœuds avant que celui-ci en filât un. Si l'alarme est donnée à une troupe d'Arabes, ce n'est point ce drôle qui la donnera. Il sera désarmé, et en fouillant dans ses poches nous y trouverons des munitions pour son mousquet, qui lancera une balle aussi loin qu'une pièce de la reine Anne. Quant à moi, commandant, je ne vois pas de raison pour le garder, car il resterait un mois avec nous, qu'il ne nous entendrait pas mieux, quand même il passerait tout ce temps à l'école.

— Vous avez raison ; et d'ailleurs, tant qu'il sera avec nous, nous serons exposés dans son esprit à des soupçons très-désagréables ; ainsi, coupez le câble, Leach, et qu'il aille au diable à la dérive.

M. Leach, qui sentait une forte envie de dormir, coupa la corde qui liait les bras du prisonnier, et l'Arabe se trouva libre en un instant. D'abord il ne sut que faire de sa liberté ; mais une forte application *à posteriori* du pied du capitaine, dont l'humanité avait cette brusquerie qui caractérise les marins, le fit sauter sur l'échelle conduisant sur le pont, et quand les deux marins y furent arrivés, il était déjà au bas du mauvais escalier, probablement construit par ses propres compagnons ; une minute après ils le virent gravir le rivage, et dès qu'il en eut gagné le haut il s'enfonça dans le désert et disparut dans l'obscurité.

Des hommes endurcis par une longue habitude de leur profession pouvaient seuls songer à dormir dans les circonstances où se trouvaient nos deux marins ; mais ils étaient trop accoutumés à se lever à la hâte dans les moments d'alarme pour perdre des instants précieux à se livrer à leurs craintes comme des femmes, quand ils savaient qu'ils auraient besoin le lendemain matin de toute leur énergie et de toutes leurs forces, que les Arabes arrivassent ou non. Ils établirent une vigie, dirent à l'homme qui en était chargé de recommander la plus active vigilance à celui qui le relèverait, et alors le capitaine Truck se jeta sur le lit du pauvre Danois qui était alors esclave dans le désert, tandis que M. Leach se faisait conduire à la chaloupe sur le canot. Ils ne furent pas cinq minutes étendus sur leur couche temporaire sans être profondément endormis.

CHAPITRE XIX.

> Oui, il le fait assez bien quand il y est disposé, et j'en fais autant ; mais il le fait de meilleure grâce et je le fais plus naturellement.
> *La Nuit des Rois.*

Le sommeil de l'homme fatigué est plein de douceur. De tous ceux qui étaient ainsi profondément endormis sur le bord du grand désert, exposés à chaque instant à être attaqués par des pillards barbares, un seul songeait au danger, quoiqu'il y fût si peu exposé, qu'il aurait dû y penser moins que bien d'autres, si son imagination n'eût servi plus souvent à l'égarer qu'à lui suggérer des idées justes et raisonnables. Cet individu était sur le cutter ; et comme il était à une distance assez considérable de la terre, que les Arabes n'avaient aucun bateau, et qu'ils n'auraient probablement pas même su comment le conduire s'ils en avaient eu un, il n'avait à craindre tout au plus qu'une décharge de leurs longs mousquets. Mais ce risque invraisemblable suffisait pour le tenir éveillé ; car c'est autre chose de fomenter la méchanceté, de faire circuler des commérages, d'écrire des articles diffamatoires et de prendre un ton d'hypocrisie dans un journal, ou de faire face à une volée de mousqueterie. La nature, l'éducation et l'habitude avaient rendu M. Dodge parfaitement propre au premier métier, mais il n'avait pas la moindre vocation pour le second. Quoique M. Leach, en plaçant ses vigies à bord des embarcations, eût complètement oublié l'éditeur du *Furet Actif*, jamais M. Dodge n'avait déployé tant d'activité que dans tout le cours de cette nuit, et il aurait vingt fois éveillé tous ses compagnons pour de fausses alarmes, sans la froide indifférence des flegmatiques marins qui étaient tour à tour en vigie, et qui connaissaient trop bien la nécessité du sommeil pour souffrir que celui de leurs camarades fût troublé par les appréhensions nerveuses d'un homme pour qui sa conscience était une source perpétuelle de craintes. La nuit se passa donc sans aucune alarme jusqu'au moment où, conformément aux ordres donnés par le capitaine Truck, les hommes en vigie sur le bâtiment échoué l'éveillèrent ainsi que ses deux lieutenants.

C'était l'instant où le premier rayon de l'aurore se glisse dans l'atmosphère et commence à combattre l'obscurité. — On n'était plus éclairé par les étoiles, quoique plusieurs fussent encore visibles, et le croissant de la lune qui venait de paraître ne répandait aucune lumière, et c'était au premier rayon de l'aurore qu'on était redevable d'entrevoir les objets, quoique encore confusément; mais chaque moment en rendait les contours plus distincts.

Quand le capitaine Truck parut sur le pont, son premier regard tomba sur la mer; car si la tranquillité en eût été sérieusement troublée, c'eût été le coup de mort pour toutes ses espérances. Heureusement la nuit n'avait apporté aucun changement à cet égard.

— Les vents semblent s'être mis hors d'haleine pendant le dernier ouragan, monsieur Leach, dit-il, et nous remorquerons nos mâts et nos vergues jusqu'au *Montauk* aussi tranquillement que si c'étaient des bâtons flottants sur l'eau d'un étang. Les lames de fond ont même diminué, et les brisants sur la barre ne produisent pas plus d'écume qu'un baquet de blanchisseuse. Appelez tout le monde sur le pont, Monsieur, et qu'on travaille à ces mâts avant le déjeuner, sans quoi nous pourrons encore avoir à faire des grillades d'Arabes.

M. Leach héla les embarcations, et ordonna qu'on ramenât tout le monde à bord. Il frappa alors, suivant l'usage, sur les planches du pont, et appela en haut tous ceux qui étaient restés sur le bâtiment échoué. Au bout d'une minute, les matelots arrivèrent, bâillant et étendant les bras, car aucun d'eux n'avait ôté ses vêtements, et la plupart lançaient à droite et à gauche leurs plaisanteries nautiques avec la même indifférence que s'ils eussent été à l'ancre dans le port. Après qu'on leur eut laissé quelques minutes pour se secouer et humer l'air, comme le dit M. Leach, tout l'équipage se trouva réuni sur le pont, à l'exception de deux hommes laissés sur la chaloupe, et de M. Dodge, qui s'était chargé de faire sentinelle sur le canot, qui, comme à l'ordinaire, était près des rochers pour recevoir les objets qu'on pourrait avoir à transporter dans la chaloupe.

— Faites monter quelqu'un sur le mât de misaine, monsieur Leach, dit le capitaine bâillant comme un lévrier; et que ce soit un gaillard ayant de bons yeux, et non un de ces drôles qui se collent le nez aux feuilles d'un almanach pour savoir quel temps il fait; qu'il ait toujours les yeux fixés sur le désert, pour voir s'il y paraît des Arabes.

Quoique les haubans et les étais des trois mâts eussent déjà été enlevés, un cartahu fut placé à chaque mât, et un homme fut hissé sans aucun délai au haut du mât de misaine. Comme il ne faisait pas encore assez jour pour bien distinguer les objets, le capitaine le héla et lui ordonna de rester où il était, de ne descendre que lorsqu'il en recevrait l'ordre, et de ne pas perdre de vue le désert un seul instant.

— Nous avons eu cette nuit, dit-il tout haut, la visite d'un Arabe; et comme c'était un gaillard qui avait l'air d'avoir l'estomac vide, à moins qu'il ne soit plus sot que je ne le crois, il ne tardera pas à revenir pour attaquer le bœuf salé et le stockfish de ce bâtiment. Surveillez donc le désert avec soin.

Les hommes de l'équipage, quoique habitués aux plaisanteries de leur commandant, se regardèrent les uns les autres d'un air plus sérieux, jetèrent un coup d'œil sur les armes, et cet avis indirect produisit tout l'effet qu'en attendait le capitaine, celui de les engager à travailler avec une triple activité.

— Qu'ils mâchent cela au lieu de leur chique, dit le capitaine à M. Leach en cherchant dans la cuisine un charbon rouge pour allumer son cigare; je vous réponds que le travail des bigues n'en ira pas plus lentement pour cela, quelque désespérés philosophes que soient quelques-uns d'entre eux.

Ce pronostic se vérifia, car, au lieu de bâiller et d'étendre les bras, comme ils le faisaient une minute auparavant, les matelots commencèrent à se mettre tout de bon à l'ouvrage, s'appelant les uns les autres, et se dispersant sur les palans, sur les barres du cabestan et au pied des bigues, pour les maintenir.

— Virez! s'écria M. Leach, souriant en voyant le bon effet qu'avait produit la nouvelle annoncée par le capitaine; virez! un coup de force, et mâtons ces bigues!

Comme cet ordre fut exécuté avec précision, il ne faisait pas encore grand jour quand les bigues furent mâtées et bien assurées. Chacun déployait à l'envi son activité; et comme le travail était dirigé par des hommes dont les connaissances n'étaient jamais en défaut, tout autre qu'un marin aurait été surpris de la promptitude avec laquelle le grand mât, tout pesant qu'il était, fut élevé en l'air, et y resta suspendu assez haut pour être poussé par dessus le bord. Le descendre n'était plus qu'une bagatelle, et ce mât fut bientôt étendu sur le sable.

Le capitaine Truck savait combien la possession de ce mât lui était importante, car il pouvait encore tirer parti de la portion du mât de misaine qui restait sur le paquebot; mais sans ce grand mât il ne pouvait gréer rien qui pût répondre à ses besoins. Se précipitant sur l'escalier dont il a déjà été parlé, il cria aux matelots de le suivre afin de lancer le mât à la mer avant le déjeuner.

— Assurons-nous de ce bâton, mes amis, ajouta-t-il, car c'est notre principal appui. Avec ce mât sur *le Montauk* je réponds du voyage. Personne ne doit songer à son appétit avant qu'il soit à l'abri de tout risque. Il faut que nous l'ayons, quand nous devrions faire la guerre à l'empereur de Maroc pour nous en mettre en possession.

L'équipage sentait la nécessité de faire de grands efforts, et il travailla en conséquence. La hune du grand mât fut décapelée et portée à l'eau ; le mât ne tarda pas à la suivre, quoique non sans peine, attendu qu'on y avait laissé les élongis, mais la pente des sables facilita le travail. Dès qu'il fut au bord de l'eau, la tête du mât fut mise à flot à l'aide d'anspects, ou du moins à si peu de chose près, qu'une très-grande force n'était pas nécessaire pour le remuer ; ensuite on attacha à l'autre extrémité du mât une amarre d'un des canots, et la hune fut amarrée le long d'un canot.

Alors le capitaine s'écria : — Soulevez le mât avec des anspects, halez sur l'amarre et tenez le mât droit ! — Halez tous ensemble, et la tête va flotter ! — Et vous, dans le canot, halez aussi ensemble et comme si vous étiez des géants ! — Vous avez cette fois gagné trois pieds, mes braves ; encore un effort ! — Halez avec le même ensemble que des filles qui dansent un cotillon ! — Courage, enfants ! — Encore un bon coup et que ce soit le dernier ! — Que diable regardez-vous là-bas, vous, sur le mât de misaine ? N'avez-vous rien de mieux à faire que de vous amuser à voir nos efforts nous faire sortir les entrailles du corps.

L'intérêt qu'on prenait à s'assurer la possession du grand mât s'était communiqué à l'homme en vigie : au lieu d'avoir les yeux fixés sur le désert, comme il en avait reçu l'ordre, il regardait les travailleurs qui étaient sur le sable, et il montrait l'intérêt qu'il prenait à leurs efforts en penchant le corps en avant comme pour les aider dans leur travail. Averti par cette réprimande, il tourna sur-le-champ la tête du côté du désert, et l'instant d'après il s'écria : — Les Arabes ! les Arabes !

Chacun cessa son travail, et tous allaient courir à leurs armes quand la voix ferme du capitaine Truck les arrêta :

— Où sont-ils ?

— Sur le monticule de sable le plus éloigné, à environ un mille et demi.

— Dans quelle direction marchent-ils?

— Droit sur nous, commandant.

— Sont-ils à pied?

— Non, commandant, ils ont des chameaux et des chevaux. Aucun n'est à pied.

— Quel est leur nombre?

L'homme fut quelques instants sans répondre, comme s'il les eût comptés.

— Ils sont en force, commandant ; au moins une centaine. Mais les voilà qui mettent en panne, et ils ont l'air de sonder autour d'eux pour trouver un mouillage.

Le capitaine Truck hésita, et regarda le grand mât avec un air d'inquiétude.

— Mes enfants, dit-il, ce mât nous est plus important que ne l'était le lait de nos mères dans notre enfance. C'est notre boire et notre manger, notre vie et nos espérances. Jurons que nous nous en mettrons en possession en dépit de mille Arabes. Reprenez vos anspects, et soulevez ce mât. Soulevez-le, comme si vous aviez un monde à faire mouvoir. Courage, mes amis! courage!

On lui obéit, et le mât avança de plus de la moitié de la distance qui restait encore pour le mettre à l'eau. Mais l'homme en vigie cria en ce moment que les Arabes avançaient rapidement vers le bâtiment.

— Encore un effort, camarades! s'écria le capitaine Truck, le visage pourpre d'inquiétude, et jetant son chapeau sur le sable pour donner lui-même l'exemple du travail.

On reprit encore une fois les anspects, et, au bout d'une minute, le mât flottait sur l'eau.

— Maintenant, à vos armes, mes amis. Et vous, là haut, ayez soin de vous cacher derrière la tête du mât. Il faut que nous soyons prêts à leur montrer qu'ils ne nous font pas peur. — Un signe de la main ordonna à la chaloupe d'emmener ce mât important pour le joindre au radeau; et on le vit passer lentement la barre.

Tout l'équipage remonta à la hâte sur le pont du bâtiment danois, poste que le capitaine déclara qu'il pouvait défendre contre une tribu entière d'Arabes. Pendant ce temps, M. Dodge, sur le canot, suivait la chaloupe, se servant des rames aussi bien qu'il le pouvait. Toute remontrance était inutile; car il était déjà près de la barre quand on s'aperçut de son départ. Sir George Templemore et

M. Lundi le dénoncèrent à haute voix, comme abandonnant d'une manière si scandaleuse ceux qui étaient à bord du bâtiment danois ; mais ils ne produisirent aucun effet. Malheureusement pour le succès de l'entreprise de M. Dodge, ses talents pour conduire un canot ne répondaient pas au désir qu'il avait de se mettre plus en sûreté ; et, quand il fut sur la barre, voyant qu'il ne pouvait ni faire avancer le sien en mer, ni même le manœuvrer, il sauta dans l'eau, pour gagner la chaloupe à la nage. Comme il était très-bon nageur, il y arriva sans accident, maudissant du fond du cœur les voyages, le désert, les Arabes, et généralement tout le genre humain, et désirant bien vivement se retrouver à Dodgetown ou Dodgeopolis au milieu de ses voisins. Le canot dériva naturellement sur le sable, et deux hommes de l'équipage du *Montauk* en prirent soin.

Dès que le capitaine Truck fut remonté sur le pont du bâtiment danois, il distribua les armes à son équipage. Sa politique était évidemment de ne pas commencer les hostilités, car il n'avait rien à y gagner ; mais il était bien déterminé à ne pas se laisser prendre vivant, tant qu'il aurait la moindre possibilité de l'éviter. L'homme en vigie faisait connaître tous les mouvements des Arabes. Il annonça bientôt qu'ils venaient de faire halte à une portée de pistolet du rivage ; qu'ils attachaient leurs chameaux et leurs chevaux, et que ce qu'il avait dit de leur nombre paraissait être assez exact.

Cependant le capitaine Truck était loin d'être satisfait de sa position. Le rivage était plus haut que le pont du bâtiment, et il en était si près, qu'en supposant, ce qui n'était pas, que les murailles du pont eussent été assez épaisses pour garantir des balles, leur peu d'élévation aurait rendu cet avantage inutile. D'une autre part, la position du bâtiment, penché un peu d'un côté et ayant le cap tourné vers la terre, l'exposait à voir son pont balayé par un feu d'enfilade ; et un ennemi adroit, en se tenant à couvert sur le rivage, pouvait tirer sur quiconque s'y montrerait, presque sans s'exposer lui-même. La différence de nombre était trop grande pour que le capitaine pût se hasarder sur la plaine ; et, quoique les rochers offrissent un assez bon abri du côté de la terre, ils n'en procuraient aucun du côté du bâtiment. Il n'osait diviser ses forces ; et abandonner le navire, c'eût été permettre aux Arabes de s'en emparer et renoncer aux deux autres mâts, dont il désirait encore se mettre en possession.

On réfléchit vite dans les circonstances difficiles, et, quoique le capitaine Truck fût dans une situation toute nouvelle, ses connaissances pratiques et son sang-froid imperturbable faisaient de lui un commandant inappréciable pour tous ceux qui étaient sous ses ordres.

— Je ne sache pas, Messieurs, dit-il en s'adressant à ses passagers et à ses deux lieutenants, que Vattel ait prescrit aucune règle pour le cas dans lequel nous nous trouvons. Il est incontestable que, dans un sens, ces Arabes sont les propriétaires légitimes de ce pays; mais ce pays est un désert, et un désert, de même qu'une mer, est, pour le moment, une propriété commune à tous ceux qui s'y trouvent. Il n'existe probablement en Afrique aucune autre loi sur les naufrages que celle du plus fort. Nous avons en outre été poussés sur cette côte par un mauvais temps, et c'est une catégorie sur laquelle Vattel s'est expliqué. Nous avons *droit* à l'hospitalité de ces Arabes, et, s'ils ne nous l'accordent pas de bon gré, de par le diable, Messieurs, je me sens disposé à en prendre autant que j'en aurai besoin. Monsieur Lundi, je serais charmé de savoir ce que vous pensez sur ce sujet.

— J'ai la plus grande confiance en vos connaissances, capitaine, et je suis également prêt à la paix et à la guerre, quoique ma profession soit pacifique. Mais, si vous me permettez d'exprimer mon opinion, je voudrais d'abord essayer d'entrer en négociation, s'il est possible, après quoi je me déciderais à la guerre.

— Je pense précisément comme vous, Monsieur; mais comment négocier avec des gens à qui nous ne pouvons faire entendre un seul mot de ce que nous disons? S'ils étaient versés dans la science des signes, nous pourrions faire quelque chose d'eux; mais j'ai de bonnes raisons pour être sûr qu'ils sont, à cet égard, aussi stupides que des oisons. Nous nous trouverons dans une catégorie dès le premier protocole, comme on dit.

M. Lundi pensait qu'il y avait un langage que tout le monde pouvait comprendre, et il était disposé à l'employer. En examinant toutes les parties du bâtiment échoué, il avait découvert une petite caisse contenant des bouteilles de liqueur et un baril de genièvre de Hollande, et il pensait qu'une pareille offrande pouvait mettre les Arabes de bonne humeur.

— J'ai connu des gens, ajouta-t-il en expliquant où il avait fait cette trouvaille, qui, en matière de commerce, étaient obstinés comme des mulets quand ils avaient le gosier sec, mais qui devenaient souples et traitables quand ils avaient bu leur bouteille. Je pense qu'en présentant cette offrande aux Arabes, nous les trouverons mieux disposés à notre égard, quand ils en auront pris suffisamment. Dans le cas contraire, j'avoue que, quant à moi, j'aurais moins de répugnance qu'auparavant à leur lâcher mon coup de pistolet ou de fusil.

— J'ai entendu dire que les musulmans ne boivent jamais de liqueurs fortes, dit sir George Templemore, — et, dans ce cas, notre offrande sera méprisée. D'ailleurs, il y a la difficulté de la prise de possession. Si ces Arabes sont ceux qui sont déjà venus sur ce bord, ils peuvent ne pas nous savoir beaucoup de gré de leur offrir une si faible partie de ce qu'ils peuvent regarder comme leur appartenant déjà. Il est certain que si quelqu'un m'offrait mes pistolets damasquinés, pour qu'il lui fût permis d'emporter mon assortiment de rasoirs ou ma toilette portative des Indes, j'avoue que je ne lui en aurais pas beaucoup d'obligation.

— Le cas est parfaitement posé, sir George, et je serais complétement de votre opinion, si je ne pensais que ces Arabes peuvent réellement être mollifiés par quelques verres de liqueur. Si j'avais un ambassadeur convenable à leur envoyer avec l'offrande, j'adopterais sur-le-champ le plan de M. Lundi.

Après un moment d'hésitation, M. Lundi s'offrit avec courage pour être l'un des deux ambassadeurs qui porteraient l'offrande propitiatoire aux Arabes ; car il avait assez de pénétration pour s'apercevoir qu'il était peu probable que ces hommes songeassent à le retenir, quand ils savaient qu'il se trouvait si près d'eux une force armée considérable et assez déterminée pour courir le risque d'un combat. Tout ce qu'il demandait, c'était d'avoir un compagnon ; et le capitaine Truck fut tellement frappé de cet esprit de prouesse, qu'il déclara sur-le-champ qu'il l'accompagnerait lui-même. Mais ses deux lieutenants et tout l'équipage s'y opposèrent fortement, quoique avec respect. On sentait trop l'importance d'un tel commandant pour consentir à ce qu'il s'exposât ainsi sans nécessité, et l'on ne voulut même permettre à aucun de ses officiers de courir le même risque à sa place. Ils pourraient combattre, si bon leur semblait, mais ils n'iraient pas se jeter ainsi dans la gueule du lion sans aucun moyen de résistance.

— Peu importe, dit M. Lundi ; je n'aurais pas été fâché d'avoir un officier pour compagnon ; mais je suis sûr qu'aucun de ces braves gens ne refusera de passer une heure à vider une bouteille avec un scheik arabe. Qu'en dites-vous, mes amis? quelqu'un de vous veut-il m'accompagner?

— Moi ! — Moi ! — Moi ! s'écrièrent en même temps une douzaine de voix.

— Non, non, non ! s'écria le capitaine. J'ai besoin de tout mon monde, car je me sens un faible pour les deux bâtons qui restent ici ; et en retournant demain à bord du *Montauk*, nous aurons à lutter contre une mer debout et un vent contraire. — Mais, par saint George, monsieur Lundi, j'ai votre affaire. Voulez-vous M. Dodge pour compagnon ? Il est accoutumé aux comités ; il aime à être employé, et il a besoin de quelque stimulant, après avoir fait le plongeon comme un canard. — Monsieur Leach, prenez le canot avec une couple d'hommes, et amenez-nous ici M. Dodge. Dites-lui qu'il a été unanimement choisi pour remplir un emploi très-honorable, très-lucratif, et — oui, très-populaire.

Comme c'était un ordre, M. Leach y obéit sans scrupule. Il descendit sur le canot, et fut bientôt en route pour se rendre sur la chaloupe. Le capitaine héla l'homme en vigie, et lui demanda ce que faisaient les Arabes. Il en reçut une réponse satisfaisante : ils étaient encore occupés à attacher leurs chameaux, et ils dressaient leurs tentes. Comme cela ne ressemblait pas à des préparatifs immédiats d'attaque, il donna ordre à l'homme en vigie de les surveiller, et d'avertir s'ils s'approchaient, et il pensa qu'il pouvait encore avoir le temps de changer de place ses bigues et de se mettre en possession du mât d'artimon. Il mit donc son monde à l'ouvrage à l'instant même.

Comme chacun travaillait comme s'il se fût agi de la vie, ce mât léger, au bout d'un quart d'heure, était suspendu en l'air, et dix minutes ensuite il avait le pied par-dessus le bord, et il fut déposé sur le sable presque au même moment. Il ne fallut que quelques instants de plus pour décapeler la hune et la mettre à l'eau, après quoi tout le monde fut appelé pour déjeuner. L'homme en vigie annonça que les Arabes s'occupaient de la même manière, et étaient à traire leurs chamelles. Cette nouvelle était rassurante ; et chacun déjeuna tranquillement, charmé de savoir que ceux qu'on avait lieu de redouter passaient le temps d'une manière si pacifique.

Ni les Arabes ni nos marins ne firent pourtant durer ce repas plus longtemps qu'il n'était nécessaire. L'homme en vigie avertit que des détachements de quinze à vingt Arabes, montés sur des dromadaires dressés à la course, allaient et venaient fréquemment, se dirigeant vers l'orient ou en revenant. Quelquefois c'était un homme seul qui partait ou qui arrivait, comme s'ils eussent maintenu une communication avec d'autres corps campés plus loin dans le désert. Toutes ces nouvelles donnèrent de l'inquiétude au capitaine, et il pensa sérieusement qu'il était temps de prendre quelque mesure décisive pour amener l'affaire à sa fin. Cependant, comme le temps qu'on gagnait était en sa faveur, il ordonna d'abord à son monde de transporter les bigues sur l'avant, dans l'espoir de pouvoir enlever le mât de misaine, mât qui lui serait infiniment utile, puisqu'il lui éviterait de jumeler une nouvelle tête à celui qui restait encore sur le paquebot. Il se retira alors à l'écart avec ses deux ambassadeurs, afin de de leur donner leurs instructions.

Dès que M. Dodge s'était trouvé sur la chaloupe, il avait senti renaître son courage, et avec son courage, son orgueil, sa confiance en lui-même et son impudence. Pendant le peu de minutes qu'il avait passées dans l'eau, il n'existait pas dans le monde un homme plus doux et plus humble ; il avait même conçu quelques doutes sur la vérité de toutes ses idées favorites de liberté et d'égalité ; car on pense vite dans le danger, et il y avait eu un moment où il aurait aisément avoué qu'il était dans sa conduite journalière plus hypocrite que démagogue, que le principal motif de ses actions était l'égoïsme, que ses passions dominantes étaient l'envie, la méfiance et la méchanceté ; en un mot, où il se serait montré tel qu'il était. Dès qu'il fut sur la chaloupe, la honte s'empara de lui, et il chercha des excuses pour couvrir sa lâcheté. Mais sans nous arrêter à rapporter tout ce qu'il dit alors à ce sujet, et les moyens que prit M. Leach pour le déterminer à revenir sur le bâtiment, nous donnerons dans ses propres termes l'apologie qu'à son retour il fit de sa conduite au capitaine Truck, non sans quelque embarras.

— Il faut que j'aie mal compris vos arrangements, capitaine, dit-il ; car, de manière ou d'autre, quoique je ne sache trop comment, dès que l'alarme eut été donnée, il me sembla que je devais être sur la chaloupe pour être à mon poste. Je suppose que c'est parce que je savais que c'était là qu'étaient déposées les voiles et les manœuvres que nous étions venus chercher ici, et que par conséquent c'était l'endroit qu'il fallait défendre avec le plus de résolution. Je suis sûr que si les Arabes étaient venus nous y attaquer, j'aurais combattu comme un tigre.

— Nul doute, mon cher monsieur, et comme un chat sauvage. Nous sommes tous sujets à quelques petites méprises, à la guerre comme en politique ; et un fait bien connu, c'est que les meilleurs soldats sont ceux qui reculent à la première attaque. Mais M. Leach vous a expliqué le plan de M. Lundi, et je compte sur votre zèle et sur votre courage. Voici une bonne occasion pour en donner une preuve, car jusqu'ici vous n'avez fait qu'une démonstration.

— S'il s'agissait seulement d'affronter les Arabes le sabre à la main...

— Bon, bon, mon cher ami, prenez deux sabres si bon vous semble. On a beau aimer le combat, on ne peut jamais le livrer précisément comme on le voudrait. Faites avaler aux Arabes le *schnaps* du pauvre Danois; et s'ils font le moindre mouvement pour avancer vers nous, donnez-nous l'alarme, afin que nous soyons prêts à les recevoir. Fiez-vous à nous pour l'ouverture de la campagne, comme je me fie à vous pour être un messager de paix.

— Mais comment l'entendez-vous? comment pourrons-nous vous donner l'alarme assez à temps?

— Rien n'est plus facile. Tuez seulement le scheik; ce sera faire d'une pierre deux coups. Vous avez vos pistolets; faites feu contre les Arabes à babord et à tribord, et soyez sûr que nous vous entendrons.

— Je n'en doute nullement, mais je doute un peu de la prudence d'une telle mesure. Il me semble réellement, monsieur Lundi, que c'est comme vouloir tenter la Providence, et je commence à avoir des scrupules de conscience. J'espère, capitaine, que vous êtes bien sûr qu'il n'y a dans tout cela rien qui soit contraire aux lois de l'Afrique? Il faut aussi ne pas oublier la morale et la religion. Je déclare que les prémisses de votre argument m'occupent entièrement l'esprit.

— Vous avez beaucoup trop de conscience pour un diplomate, dit M. Truck après avoir allumé un autre cigare. — Je ne vous dis pas de tirer sur les femmes; que faut-il de plus à un homme? Allons, allons, pas un mot de plus, et faites votre devoir de tout cœur; chacun attend cela de vous, parce que personne ne peut le faire à moitié aussi bien. Si jamais vous revoyez Dodgetown, vous aurez de quoi faire tous les jours un article de journal pendant six mois; et s'il vous arrive quelque chose de sérieux, comptez sur moi pour rendre justice à votre mémoire.

— Capitaine! capitaine! plaisanter ainsi sur l'avenir, c'est presque blasphémer. Il est rare qu'on parle impunément de la mort; je suis réellement blessé d'entendre parler si légèrement d'un sujet si redoutable. J'irai trouver les Arabes, car je ne vois pas trop comment faire autrement; mais présentons-nous à eux d'une manière aimable, et avec des présents qui nous assurent d'être bien reçus et de pouvoir revenir ici en toute sûreté.

— M. Lundi emporte la petite caisse de liqueur du Danois, et vous pouvez prendre tout ce qui reste ici, si bon vous semble, à l'exception du mât de misaine; car je combattrai pour la possession de ce mât quand tous les lions de l'Afrique viendraient se joindre aux Arabes.

M. Dodge avait encore beaucoup d'autres objections à faire ; il en bégaya quelques-unes, mais il en conserva le plus grand nombre dans son cœur. Sans le malheureux plongeon qu'il avait fait, il aurait certainement fait valoir ses priviléges comme passager, et refusé positivement de se mettre en avant dans de telles circonstances ; mais il sentait qu'il s'était déshonoré aux yeux de l'équipage, et qu'un acte de vigueur décisif était indispensable pour rétablir sa réputation. D'une autre part, la neutralité maintenue jusqu'alors par les Arabes l'encourageait, et il penchait pour l'opinion que le capitaine Truck avait exprimée, que, tant qu'une troupe nombreuse d'Européens armés se montrerait sur le pont du bâtiment, le scheik, s'il avait tant soit peu de modération et de politique, ne voudrait pas en venir à des actes de violence.

— Vous pouvez lui dire, Messieurs, ajouta le capitaine Truck, — que dès que j'aurai en ma possession ce mât de misaine, j'évacuerai le bâtiment, et que je le lui laisserai avec tout ce qu'il contient. Ce bâton ne peut lui servir à rien, et je l'ai cloué à mon cœur. Expliquez-lui cela bien clairement, et je ne doute pas que nous ne nous séparions les meilleurs amis du monde. Souvenez-vous pourtant d'une chose, c'est que, dès que vous nous aurez quittés, nous allons travailler à soulever ce mât, et s'il y avait quelque symptôme d'attaque, donnez-nous l'alarme, afin que nous ayons le temps de prendre nos armes.

Ce fut ainsi que M. Dodge se laissa persuader de se charger de cette mission ; mais ses réflexions et ses craintes lui en fournirent un nouveau motif, qu'il eut grand soin de ne pas laisser entrevoir. S'il y avait un combat, il savait qu'il serait obligé d'y prendre part s'il restait avec ses compagnons de voyage ; au lieu qu'étant avec les Arabes, il pourrait se cacher quelque part jusqu'à ce que l'affaire fût terminée ; car pour un homme de son caractère, la crainte de l'esclavage était beaucoup moins forte que celle de la mort.

M. Lundi et son collègue, emportant la caisse de liqueurs et quelques légers présents trouvés sur le bâtiment échoué, partirent précisément à l'instant où l'équipage, assuré que les Arabes étaient encore tranquilles, commençait à s'occuper sérieusement de son dernier et grand travail. Le capitaine conduisit ses ambassadeurs jusque sur le rivage, où il prit congé d'eux ; mais il s'y arrêta quelque temps pour examiner ce qui se passait dans le camp, qui était à environ cent toises de l'endroit où il se trouvait. Le nombre des Arabes n'avait certainement pas été exagéré ; mais ce qui lui donna le plus d'inquiétude, fut le fait que des détachements d'Arabes semblaient en communication constante avec une autre troupe, qui était probablement cachée par une suite de monticules de sable qui bornaient la vue à l'orient, car tous allaient et venaient de ce côté. Après avoir vu ses deux envoyés entrer dans le camp, il laissa une sentinelle sur le rivage et retourna sur le bâtiment pour accélérer la besogne importante dont on s'y occupait.

M. Lundi se montra le plus entendu des deux ambassadeurs, dès qu'ils eurent une fois commencé à exécuter leur mission. C'était un homme qui était tout nerfs, et qui avait trop peu d'imagination pour se figurer des dangers quand ils n'étaient pas très-distincts, et il avait une grande confiance dans la vertu pacifique de la caisse de liqueurs. Quand ils furent près des tentes, un Arabe s'avança à leur rencontre, et, quoique toute conversation fût impossible, M. Lundi, à force de gestes et en répétant plusieurs fois le seul mot *scheik*, réussit à se faire conduire, avec M. Dodge, devant ce personnage.

On a si souvent fait la description des habitants du désert, que je supposerai que mes lecteurs les connaissent, et je continuerai ma relation comme s'il s'agissait de chrétiens. On a écrit bien des choses sur l'hospitalité des Arabes ; s'il y a quelque chose de vrai dans ces récits, on ne peut guère l'appliquer aux tribus qui fréquentent les côtes de l'Océan Atlantique : l'habitude de piller les bâtiments naufragés paraît y avoir produit les mêmes effets que dans certaines parties d'Europe bien connues ; mais un bâtiment protégé par quelques hommes naufragés et épuisés de fatigues, et un navire défendu par une troupe armée aussi nombreuse que celle que commandait le capitaine Truck, présentaient des objets tout différents à la rapacité de ces barbares. Ils connaissaient le grand avantage que leur donnait la circonstance qu'ils se trouvaient sur leur propre terrain, et se contentaient d'attendre les événements plutôt que de risquer un combat dont le résultat était douteux. Plusieurs d'entre eux avaient été à Mogador et dans d'autres ports, où ils s'étaient formé une idée assez passable du pouvoir des bâtiments européens ; et comme ils voyaient que les hommes qui étaient à travailler sur le navire échoué n'avaient aucun moyen d'en emporter la cargaison, ce qui était le principal objet de leur cupidité, la curiosité et la prudence se joignant à certains plans qui avaient déjà été concertés entre leurs chefs, les maintenaient en repos, du moins pour le moment.

Ces Arabes n'étaient pas assez ignorants pour ne pas comprendre que quelque autre navire devait être dans les environs, et ils avaient envoyé de tous côtés le long de la côte pour s'assurer de ce fait avant de prendre leurs mesures définitives, car le scheik lui-même avait des idées assez justes sur la force d'un vaisseau de guerre et sur le danger d'en attaquer un. Le résultat de sa politique se fera mieux voir dans la suite de cette relation.

L'accueil que reçurent les deux envoyés du capitaine Truck fut marqué par cette politesse souriante et courtoise qui semble diminuer à mesure qu'on avance vers l'occident, et augmenter quand on marche à l'orient, quoiqu'elle eût certainement quelque chose de moins étudié que dans le palais d'un rajah indien. Le scheik n'était pas à proprement parler un scheik, et ceux qui l'accompagnaient n'étaient pas de vrais Arabes, quoique nous leur ayons donné ce nom pour nous conformer à l'usage; le premier avait pourtant de l'autorité sur les autres, et ses compagnons et lui avaient assez du type qui caractérise les tribus errantes qui sont à l'est de la mer Rouge, pour justifier le nom que nous leur avons donné.

M. Lundi et M. Dodge furent invités par signes à s'asseoir, et on leur offrit des rafraîchissements qui ne furent pas très-attrayants pour le premier; aussi ne tarda-t-il pas à ouvrir sa caisse de liqueurs et à montrer à ses hôtes ce qu'il fallait en faire. Ceux-ci, quoique musulmans, ne se firent pas scrupule de suivre son exemple, et dix minutes passées à boire et à se faire des signes inintelligibles établirent entre eux une sorte d'intimité.

L'homme que le capitaine Truck avait fait prisonnier la nuit précédente avec si peu de cérémonie, fut alors amené devant le scheik, et l'on montra beaucoup de curiosité pour savoir si ce qu'il avait dit du penchant des étrangers à manger leurs semblables était vrai ou non. Dans le cours des siècles, les habitants du désert avaient entendu quelques prisonniers raconter l'histoire de marins qui avaient mangé un ou plusieurs de leurs compagnons, et il existait encore parmi eux, à ce sujet, de vagues traditions que le récit de cet homme avait fait revivre. Si le scheik eût, comme M. Dodge, écrit des articles de journaux, il est probable qu'il aurait parlé des mœurs et des coutumes des Américains d'une manière aussi judicieuse et aussi véridique que l'avait fait l'éditeur du *Furet Actif* à l'égard des différentes nations qu'il avait vues.

M. Lundi fit la plus grande attention aux gestes qui accompagnaient la description que faisait cet homme de l'envie qu'avait montrée le capitaine Truck de faire des grillades de son corps, et qu'il termina en cherchant gravement à faire entendre aux deux envoyés que le scheik les invitait à dîner avec lui. M. Lundi était porté à accepter la proposition; mais M. Dodge envisagea l'affaire sous un autre point de vue, car avec une conformité d'opinion qui disait réellement quelque chose en faveur de la science des signes, il en vint à la même conclusion que le pauvre Arabe, avec la différence importante qu'il s'imagina que les Arabes avaient dessein de dîner aux dépens de ses propres membres. M. Lundi, dont l'esprit était plus robuste, rejeta bien loin une pareille idée, et crut la réfuter suffisamment en montrant à M. Dodge deux ou trois jeunes chameaux, et en lui demandant s'il croyait qu'aucun homme, Turc ou chrétien, penserait à manger un être aussi maigre, aussi sec et aussi peu appétissant que lui, quand il avait à sa disposition une nourriture bien plus succulente. — Prenez votre part de la liqueur pendant que la bouteille passe, ajouta-t-il, et ne vous inquiétez pas du dîner ; je ne doute pas qu'il ne soit substantiel et convenable. Si j'avais prévu l'honneur qu'on veut nous faire, j'aurais apporté au scheik un service de couteaux et de fourchettes de Birmingham, car il paraît réellement un homme comme il faut et bien disposé ; j'ose dire qu'il paraîtra encore plus à son avantage quand il aura mangé quelques tranches de chameau et qu'il les aura arrosées d'une ration proportionnée de *schnaps*. — Monsieur le scheik, je bois à votre santé de tout mon cœur.

Les hasards de la vie auraient à peine pu rassembler deux hommes d'un caractère plus différent que M. Lundi et M. Dodge ; ils offraient un tableau en raccourci, mais complet, de deux classes nombreuses de leurs nations respectives, et ils étaient si diamétralement opposés l'un à l'autre, qu'on aurait eu peine à les reconnaître pour des rejetons de la même souche. Le premier était lourd, obstiné et plein d'assurance ; il ne connaissait pas les détours, avait des manières cordiales, et ne manquait pas de sincérité, quoiqu'il fût adroit en affaires, malgré son air de franchise : le second avait l'esprit plus ouvert, était méfiant, rusé, menteur, flatteur, quand il croyait que son intérêt l'exigeait, envieux et médisant dans tout autre cas, et avait un extérieur froid, qui avait du moins le mérite d'avoir l'air de ne pas vouloir tromper. Tous deux avaient de forts préjugés ; mais dans M. Lundi, ces préjugés étaient la suite d'anciens dogmes en religion, en politique et en morale, tandis que, chez M. Dodge, c'était un vice résultant de son séjour constant en province et d'une éducation qui n'avait pas été à l'abri du fanatisme du xviie siècle. Cette différence de caractère fit qu'ils envisagèrent les choses sous un point de vue tout différent dans cette entrevue. Tandis que M. Lundi était disposé à prendre tout à l'amiable, M. Dodge était entièrement livré à ses soupçons ; et, s'ils fussent retournés au bâtiment en ce moment, celui-ci aurait appelé aux armes, tandis que l'autre aurait engagé le capitaine

Truck à aller voir le scheik comme on rend visite à un voisin aimable et bienveillant.

CHAPITRE XX.

> Cela vaut mieux que des royaumes, mieux que toutes les teintes pourpres de la fontaine de la vie. Oh! ne le laisse pas échapper de tes mains!
>
> Cotton.

Les choses étaient dans cette situation, le scheik et les deux envoyés se parlant par signes de manière à ne pas se comprendre, M. Lundi buvant, M. Dodge se livrant à ses conjectures, et des détachements quittant le camp ou y arrivant toutes les dix minutes, quand un Arabe étendit le bras vers le bâtiment danois. La tête du mât de misaine s'élevait lentement, et l'homme qui y était en vigie, de crainte de tomber, se serrait fortement contre le mât, qui commençait à chanceler. Le scheik affecta de sourire, mais il était évidemment troublé, et deux ou trois messagers partirent du camp. Pendant ce temps le mât commença à baisser, et la hauteur du rivage le cacha bientôt à tous les yeux.

Il devint alors évident que les Arabes pensèrent que le moment était arrivé où il était de leur politique d'intervenir. Le scheik, laissant à deux ou trois Arabes qui avaient été admis aux libations, le soin de faire à ses hôtes les honneurs de sa tente, en sortit après leur avoir donné par signes, aussi bien qu'il le put, les plus belles assurances de la continuation de son amitié. Il y avait laissé toutes ses armes, et, suivi seulement de deux ou trois vieillards comme lui, il se rendit sur le rivage et descendit tranquillement sur le sable où il trouva le capitaine Truck cherchant à lancer à la mer le mât de misaine. La hune était déjà à flot et le mât lui-même avait été placé dans la position convenable pour le rouler, quand les barbares se montrèrent gravement au milieu des travailleurs. Comme on avait vu qu'ils s'avançaient et qu'ils étaient sans armes, personne ne quitta son occupation pour les recevoir, à l'exception du capitaine Truck.

— Veillez au mât, monsieur Leach, dit-il, pendant que je vais recevoir ces messieurs. C'est un bon signe qu'ils soient venus sans armes, et il ne sera pas dit que nous leur céderons en civilité. Une demi-heure finira nos affaires, et alors je leur permets de prendre tout ce qui reste du danois. — Je vous salue, Messieurs, je suis charmé de vous voir et je vous demande la permission de vous serrer la main à tous, depuis le plus vieux jusqu'au plus jeune.

Quoique les Arabes ne comprissent pas un mot de ce que venait de dire le capitaine Truck, ils lui permirent de leur serrer la main, souriant et leur adressant leurs compliments en leur propre langue avec un air de cordialité semblable à celui qu'avait pris le capitaine.

— Que Dieu protége les pauvres Danois, Leach, s'ils sont devenus les esclaves de ces chenapans! dit-il tout haut en secouant très-cordialement une seconde fois la main du scheik : je n'ai jamais vu une troupe de plus infâmes bandits. Cependant M. Lundi a essayé sur eux la vertu du *schnaps;* car le vieux coquin exhale une odeur de genièvre mêlée à celle d'une graisse rance. Faites rouler le mât, mes enfants; encore une demi-douzaine d'efforts semblables, et il se trouvera dans son élément natal, comme disent les journaux. — Je suis bien aise de vous voir, Messieurs; nous sommes mal montés en chaises sur cette plage, mais vous pouvez vous asseoir par terre si vous le désirez. — Monsieur Leach, je vous présente le scheik arabe; scheik arabe, voici M. Leach. — Hé! là-haut! sentinelle!

— Commandant!

— Y a-t-il quelque mouvement parmi les Arabes?

— Une trentaine viennent de monter sur leurs chameaux, et se sont enfoncés dans le désert.

— Voyez-vous nos deux passagers?

— Oui, oui, commandant. M. Dodge court à toutes voiles, le cap en droite ligne de ce côté.

— Ah! le poursuit-on?

L'équipage interrompit son travail, et tous jetèrent un coup d'œil sur les armes.

— Non, Monsieur, non. M. Lundi le rappelle; les Arabes semblent rire; et voilà M. Lundi qui boit un coup avec un de ces...

— Que l'Océan Atlantique prenne garde à lui, dit le capitaine; car si M. Dodge a peur, il le traversera à la nage. — Courage, enfants! courage! et ce bâton sera à flot avant que ce vieux drôle soit sur le pont.

Les matelots travaillaient avec zèle; mais leur ardeur n'était pas comparable à celle de l'éditeur du *Furet Actif*, qu'on vit en ce moment passer à travers les buissons et descendre la hauteur avec une rapidité qui, si elle avait continué, l'aurait conduit à Dodgetown en moins d'un mois. Les Arabes tressaillirent à cette apparition subite; mais, voyant que ceux qui les entouraient ne faisaient qu'en rire, ils se sentirent disposés à les imiter. La sentinelle annonça alors l'approche de M. Lundi, accompagné d'une cinquantaine d'Arabes, mais tous sans armes, et le premier sans chapeau. C'était un moment critique ; mais le capitaine Truck conserva toute sa présence d'esprit. Ordonnant sur-le-champ à son second lieutenant et à quelques hommes qui avaient déjà été choisis pour ce service de se tenir près des armes, il excita les autres à redoubler d'efforts pour mettre le mât à l'eau. A l'instant où il y tombait, M. Lundi parut sur le haut du rivage, une bouteille dans une main et un verre dans l'autre, criant à haute voix à M. Dodge de revenir pour boire avec les Arabes.

— Ne faites pas honte à la chrétienté en vous conduisant ainsi, s'écria-t-il ; faisons voir à ces messieurs du désert que nous connaissons le savoir-vivre. Capitaine Truck, je vous prie de presser M. Dodge de revenir. J'allais chanter aux Arabes *God save the King* ; quelques minutes après, je leur aurais donné *Rule Britannia*, et nous aurions été les meilleurs amis du monde. Capitaine, j'ai l'honneur de boire à votre santé.

Le capitaine Truck envisagea pourtant les choses sous un point de vue tout différent. Ses deux ambassadeurs étaient de retour en sûreté, car M. Lundi descendait sur le sable en ce moment, suivi à la vérité de tous les Arabes ; et le mât flottait sur l'eau. Il jugea donc qu'il valait mieux que M. Dodge restât, et que les deux partis se séparassent aussi tranquillement mais aussi promptement qu'il serait possible. Il ordonna qu'on attachât au mât une amarre ; et tandis qu'il traversait lentement le ressac, il donna ordre à son équipage de réunir tout ce qu'on avait apporté du *Montauk*, de prendre les armes, et de se rassembler tous sur le rocher près duquel était toujours le canot.

— De la promptitude, mais du sang-froid, mes amis ; car il y a à présent une centaine de ces vauriens sur le rivage, et les derniers sont armés. Nous pourrions encore trouver sur ce bâtiment quelques bagatelles qui nous seraient utiles, mais notre principale affaire à présent est de sauver ce que nous avons déjà. Emmenez M. Lundi avec vous, Leach ; car il a la tête si pleine de diplomatie et de *schnaps*, qu'il en oublie sa sûreté. Quant à M. Dodge, je crois qu'il est déjà arrimé au fond du canot. Comptez nos hommes, Monsieur, et voyez s'il ne nous en manque aucun.

La situation des choses sur le rivage avait alors subi de grands changements. Le bâtiment danois était couvert d'Arabes dont une partie étaient armés, et l'on voyait épars sur le sable des maillets, des leviers, des anspects, des glènes de cordages et des épissoirs, à la place où les matelots les avaient laissés tomber. Une cinquantaine d'Arabes s'étaient réunis autour des rochers où tout l'équipage était alors rassemblé, se mêlaient avec les matelots, et semblaient chercher à maintenir les relations amicales que M. Lundi avait établies avec eux. Comme une partie de ces hommes étaient armés, le capitaine Truck n'aimait pas cette sorte de confusion; mais étant inférieur en nombre, il crut devoir recourir à l'adresse plutôt qu'à la force pour se tirer d'affaire.

Cependant des Arabes continuaient à arriver, se mêlaient aux matelots, remplissaient le bâtiment et couvraient le rivage. Ils étaient alors plus de deux cents, et il devint évident que leur nombre était plus considérable qu'on ne l'avait supposé, et qu'ils recevaient constamment des renforts d'une autre troupe campée derrière les monticules de sables à l'orient. Tous ceux qui arrivaient ainsi avaient des armes d'une espèce quelconque, et plusieurs portaient des mousquets qu'ils donnèrent au scheik et à ceux qui étaient arrivés les premiers. Ils ne montraient pourtant que des dispositions pacifiques, et les matelots pouvaient à peine exécuter les ordres qu'ils recevaient, tant ils étaient fréquemment interrompus par des démonstrations d'amitié.

Mais le capitaine Truck était convaincu qu'ils avaient des intentions hostiles; et quoiqu'il se fût, jusqu'à un certain point, laissé surprendre, il travailla à réparer son erreur avec une présence d'esprit et un sang-froid admirables. Sa première mesure eut pour but de séparer son monde des Arabes. Pour y réussir, il ordonna à quelques matelots de prendre, plus haut sur les rochers, une position qui pouvait être défendue, et qui offrait même le moyen de s'y maintenir à couvert, et il ordonna alors à tous les autres d'aller les rejoindre. Pour empêcher que l'alarme ne se répandît, il les fit appeler successivement par leur nom, de sorte que tout l'équipage se trouva peu à peu réuni, avant que les Arabes, qui causaient ensemble avec beaucoup de bruit et de vivacité, se fussent aperçus de ce mouvement. Quand quelques-uns d'entre eux essayaient d'aller joindre l'équipage, ils étaient repoussés avec douceur par les sentinelles. Pendant tout ce temps, le capitaine Truck continuait à traiter le scheik avec la plus grande cordialité, le retenant près de lui, et restant lui-même au milieu des Arabes. Cependant le pillage avait commencé sérieusement sur le bâtiment, ce que M. Truck regarda comme un symptôme favorable, car ceux qui s'occupaient ainsi songeraient moins à faire une attaque. Il savait pourtant que ces barbares aimaient à faire des prisonniers, et qu'une tentative d'emmener le radeau à la remorque, avec des canots découverts, sur lesquels son monde serait exposé au feu des Arabes qui étaient sur le pont du bâtiment danois, courait le plus grand risque de ne pas réussir, si ceux-ci étaient disposés à s'y opposer.

Après avoir réfléchi quelques minutes sur sa situation, le capitaine donna ses derniers ordres. Le canot pouvait porter douze hommes au besoin, mais ils y auraient été serrés et exposés au feu; il se borna donc à y placer huit hommes, et leur ordonna d'aller rejoindre la chaloupe. M. Leach reçut ordre de partir avec eux, tant pour diriger les opérations sur la chaloupe, que pour qu'un de ceux dont la vie était d'une si grande importance pour le paquebot eût du moins une chance de se sauver. Le départ du canot eut lieu sans alarmer les Arabes, quoique le capitaine remarquât que le scheik surveillait avec soin tout ce qui se passait.

Dès que M. Leach fut arrivé à la chaloupe, il fit placer sur son canot une petite ancre à jet, et prit ensuite un léger filin qu'il fit lover partie au-dessus de l'ancre dans le canot, partie sur le devant de la chaloupe, après l'avoir frappé sur l'ancre. Il fit alors ramer au large, et après avoir filé toute l'amarre de la chaloupe et du canot, il mouilla l'ancre. Les hommes de la chaloupe halèrent sur l'amarre; ils furent aidés par ceux du canot, qui revint à la chaloupe dès que l'ancre fut mouillée; et, levant les grappins qui retenaient toutes les embarcations, elles commencèrent à s'éloigner peu à peu de la côte.

Le capitaine Truck avait parfaitement calculé l'effet de ce mouvement. Il eut lieu si graduellement, que la chaloupe et le radeau furent toués jusqu'à l'ancre, avant que les Arabes comprissent bien cette manœuvre. Les embarcations étaient alors à plus d'un quart de mille du bâtiment échoué ; car M. Leach avait filé au moins deux cents brasses de cablot, et par conséquent on était à une distance qui diminuait considérablement le danger des mousquets des Arabes, quoiqu'on ne fût pas tout à fait hors de leur portée. On employa près d'une heure à cette manœuvre, et comme le vent commençait à fraîchir et la mer à s'élever, il est probable qu'en s'y prenant de toute autre manière, il aurait fallu le double de ce temps pour la terminer, si même elle eût été possible.

L'état du temps, et l'agitation tumultueuse et toujours croissante des Arabes, faisaient que tout le reste de l'équipage, qui était encore sur les rochers, attendait avec impatience le retour des embarcations. Un coup de vent, même sans être très-fort, les obligerait à abandonner tout ce qu'ils s'étaient procuré à force de travail et de fatigue, et, d'après les manières de ceux qui les entouraient, il devenait évident que les relations d'amitié ne pourraient se maintenir beaucoup plus longtemps. Le vieux scheik lui-même les avait quittés, et au lieu de monter sur le bâtiment, il était allé joindre ceux qui étaient sur le rivage, où on le voyait en conversation très-animée avec d'autres vieillards, qui étendaient souvent le bras vers ces embarcations et vers la partie de l'équipage qui était encore sur les rochers.

M. Leach se dirigea alors vers la barre avec deux canots et le *cutter*, ne prenant que deux rameurs dans chacun, et laissant sur la chaloupe le reste de son monde. Le but de cette mesure était que les embarcations ne se trouvassent pas trop pleines au moment critique, et qu'il y restât assez de place pour se battre et pour ramer, précaution qui était prise d'après les ordres préalables du capitaine Truck. Quand les embarcations arrivèrent aux rochers, on ne s'y jeta pas à la hâte, mais on passa un quart d'heure à faire les préparatifs du départ, comme si l'on n'eût pas été pressé de s'éloigner. Le capitaine se borna alors à faire partir un des canots avec le nombre d'hommes qu'il pouvait contenir, et qui se mirent à ramer sans se presser : ils s'arrêtèrent près de la barre, et prirent leurs armes afin de couvrir de leur feu le passage des autres si cela devenait nécessaire. Le cutter imita cette manœuvre, et le canot du bâtiment danois partit ensuite. Le capitaine fut le dernier qui quitta les rochers, mais il sauta sur le canot par un mouvement soudain et rapide.

Cependant pas un seul coup de mousquet ne fut tiré, et, ce qu'il avait à peine osé espérer, le capitaine arriva à la chaloupe avec tout son monde et en possession des mâts qu'il avait si ardemment désirés. La conduite pacifique des Arabes était un mystère pour lui, car, depuis deux heures, il s'était attendu à chaque instant à voir commencer les hostilités ; il n'était pourtant pas encore tout à fait hors de danger, quoiqu'il eût le temps de réfléchir et de prendre plus mûrement ses dernières mesures. Le premier rapport qu'on lui fit fut qu'on manquait d'eau et de vivres. On avait compté se pourvoir de ces objets essentiels sur le bâtiment danois ; mais l'empressement de s'emparer du mât de misaine, et ensuite la nécessité de veiller à la sûreté générale, avaient fait que personne n'y avait songé, ce qu'il fallait peut-être attribuer aussi à la circonstance qu'on savait que *le Montauk* n'était pas bien loin. Quelques provisions étaient pourtant désirables, sinon indispensables, pour des hommes qui avaient devant eux la perspective de plusieurs heures d'un travail forcé. La première idée du capitaine Truck fut de renvoyer un canot au bâtiment échoué pour en rapporter de l'eau et des vivres ; mais le temps étant menaçant, il renonça à ce projet, quoique à contre-cœur.

Il n'y avait aucun danger d'un coup de vent, mais une brise de mer assez forte venait de s'élever, et la surface de l'Océan commençait, comme c'est l'ordinaire à être agitée. Changeant donc tous ses plans, le capitaine dirigea toute son attention sur la sûreté des mâts qu'il jugeait d'une si grande importance.

— Nous pourrons manger demain, mes amis, dit-il; mais si nous perdons ces bâtons, nous n'aurons guère de chance de nous en procurer d'autres. Emmenez du monde sur le radeau, monsieur Leach, et faites-en doubler tous les amarrages pendant que je tâcherai de prendre le large. Si la brise devient plus forte, nous en aurons besoin, et nous pourrons même ne pas nous trouver alors aussi bien que nous le voudrions.

M. Leach passa sur le radeau et en assura toutes les parties par de nouveaux liens, car l'agitation des flots avait déjà tellement relâché les premiers, que l'ensemble du radeau courait risque de se séparer. Pendant qu'il y travaillait, les deux canots prirent des aussières et deux ancres de jet, car ils en avaient heureusement trois, une qu'on avait apportée du *Montauk*, et deux qu'on avait trouvées sur le bâtiment danois, et ils s'avancèrent au large. Dès que l'un des canots eut jeté l'ancre, celle qui assurait la chaloupe fut levée, et l'on toua cette embarcation jusqu'au canot, l'autre avançant plus loin pendant ce temps pour recommencer la même manœuvre. De cette manière, en deux heures de temps, toutes les embarcations et le radeau furent toués au vent et à deux milles de la terre; mais alors l'eau devint si profonde que le capitaine fut obligé, fort à contre-cœur, de faire cesser ce travail.

— J'aurais voulu pouvoir ainsi nous avancer en mer de trois à quatre lieues, dit-il, car, à cette distance, nous aurions pu tirer parti du vent; mais à présent, il faut nous borner à éviter la côte autant que nous le pourrons. Mâtez la chaloupe, et nous verrons si elle peut traîner le lourd radeau que nous avons à la remorque.

Pendant que cet ordre s'exécutait, on prit la longue-vue pour voir à quoi les Arabes s'occupaient. A la surprise générale, on n'en aperçut pas un; l'examen le plus attentif ne put en faire découvrir aucun, ni sur le bâtiment échoué, ni sur le rivage, ni même à l'endroit où ils avaient dressé leurs tentes.

— Ils sont partis, de par Saint-George! s'écria le capitaine Truck, quand il se fut convaincu du fait. Chameaux, tentes et Arabes, tout a disparu. Les coquins ont déjà chargé leurs bêtes de somme et sont allés mettre leur butin en sûreté afin de revenir prendre une autre cargaison avant qu'une autre troupe de vautours rôdant sur le sable ait flairé la charogne. Au diable les chenapans ! j'ai cru un moment qu'ils m'avaient mis dans une catégorie, je leur souhaite beaucoup de joie.— Monsieur Lundi, je vous fais mes remerciements sincères de la manière mâle, franche et diplomatique dont vous avez rempli les devoirs de votre mission. Sans vous, nous n'aurions peut-être pas réussi à nous mettre en possession du mât de misaine. —Monsieur Dodge, vous avez la consolation de savoir que, dans cette occasion difficile, vous vous êtes comporté comme aucun de ceux qui sont avec moi ne l'aurait fait.

M. Lundi avait la tête trop remplie des fumées du *schnaps* pour faire attention à ce compliment ; mais M. Dodge y répondit en saluant profondément M. Truck, et il songea aux excellents articles que cette aventure lui fournirait pour *le Furet Actif* et pensa même à composer un livre.

Alors commença la partie la plus laborieuse et la plus critique de l'entreprise du capitaine Truck, si nous en exceptons sa rencontre avec les Arabes, car il s'agissait de remorquer un radeau formé de toutes les vergues et de tous les mâts d'un grand bâtiment, en pleine mer, mais à peu de distance du rivage, et avec un vent poussant à la côte. Il est vrai qu'il ne manquait pas de bras, car il avait pu placer dix rameurs sur la chaloupe et quatre sur chacune des autres embarcations. Mais, après avoir fait route à voile et à rames pendant une heure, ils découvrirent que tous leurs efforts ne pourraient les faire arriver au *Montauk* que le jour suivant, si le même vent continuait. La dérive vers la côte était sérieuse : la mer, chaque fois qu'elle se soulevait, les rapprochait insensiblement de la terre. Après avoir fait un demi-mille vers le sud, ils furent obligés de jeter l'ancre pour s'écarter des brisants, qui s'avançaient en mer en cet endroit au moins jusqu'à un mille.

Heureusement, la décision était la qualité caractéristique du capitaine Truck. Il avait prévu que son équipage aurait à faire de longs et laborieux efforts, et avant qu'on eût ramé dix minutes, il avait fait signe à M. Leach, qui était sur le cutter, de s'approcher de la chaloupe.

— Retournez au bâtiment danois, Monsieur, et rapportez-en ce que vous pourrez y trouver en guise d'eau, de pain et d'autres provisions ; car je vois que nous aurons à passer la nuit en mer. Nous aurons l'œil au guet. S'il passait quelque Arabe sur la plaine, nous tirerons un coup de mousquet ; s'ils sont assez nombreux pour qu'il soit nécessaire que vous les évitiez, nous en tirerons deux, et la grande voile de la chaloupe sera amenée pendant deux minutes ; nous ne pouvons vous donner plus de temps.

M. Leach exécuta cet ordre avec beaucoup de succès. Heureusement le cuisinier avait laissé ses marmites pleines de viande et il y en avait assez pour vingt-quatre heures. Les Arabes ne s'en étaient pas emparés, faute de savoir où cacher ce butin ; il trouva, en outre, une grande quantité d'eau et de pain, et l'instinct d'un matelot découvrit une grande cruche de rhum de la Jamaïque qui servit admirablement à entretenir la bonne humeur dans l'équipage. Les vivres arrivèrent, à la grande satisfaction de M. Truck, à l'instant où la chaloupe venait de jeter l'ancre, car il prévoyait que, sans cela, il serait bientôt obligé d'abandonner son précieux radeau.

Quand l'équipage eut dîné, on reprit la longue et laborieuse opération de touer la chaloupe pour l'éloigner ; et, après un travail de deux heures, elle se trouva avec le radeau à une bonne lieue de la côte, un bas-fond ayant permis de faire servir l'ancre à jet à une plus grande distance de la terre que la première fois. Alors, ils déployèrent de nouveau les voiles et reprirent les rames. Mais la mer se montra encore leur ennemie, quoiqu'ils eussent maintenant le courant pour eux. S'il n'y avait eu ni vent, ni grosse mer, ils auraient fait des progrès plus faciles et plus rapides ; mais ces deux puissances ennemies les poussèrent avec une telle force vers la côte, qu'à peine étaient-ils à deux milles du bâtiment échoué, qu'ils furent obligés de jeter l'ancre encore une fois.

— Il ne leur restait aucune autre alternative que de se remettre à touer la chaloupe, pour profiter ensuite, autant qu'il serait possible, de l'espace qu'ils aurait gagné au large. Il en résulta qu'ils se trouvèrent, au coucher du soleil, presque derrière le promontoire qui leur cachait la vue du *Montauk*, dont le capitaine calcula qu'ils étaient alors à un peu moins de deux lieues. Le vent avait fraîchi, et quoiqu'il ne fût pas assez fort pour rendre la mer dangereuse, il augmentait tellement le travail de l'équipage, que M. Truck, à son grand regret, se vit obligé de chercher un bon mouillage pour donner du repos à son monde.

Il n'était pas possible de mettre le radeau en lieu de sûreté, car, au nord du promontoire, c'est-à-dire du côté où ils étaient, il n'y avait ni récif, ni baie qui pût leur procurer un abri. La côte n'offrait qu'une ligne sinueuse de bancs de sable, et en beaucoup d'endroits, quand il faisait du vent, la mer se brisait à la distance d'un mille du rivage, précisément comme à l'endroit où le bâtiment danois avait échoué et que le capitaine avait probablement choisi pour sauver la vie des hommes de son équipage. Dans de telles circonstances, il ne leur restait qu'à travailler encore à touer la chaloupe et le radeau jusqu'à une certaine distance en mer, et à y mettre les embarcations en sûreté pour la nuit, aussi bien qu'ils le pourraient. Cette manœuvre se termina à huit heures du soir, et le capitaine Truck donna ordre de jeter deux ancres à jet de plus, afin d'éviter, s'il était possible, le danger d'être jeté à la côte pendant l'obscurité. Quand cela fut fait, l'équipage soupa, on plaça quelques hommes de veille, et les autres purent dormir.

Comme les trois passagers avaient été exempts de tous ces travaux, ils offrirent de veiller à la sûreté des embarcations jusqu'à minuit, afin que tout l'équipage pût avoir autant de repos qu'il était possible d'en accorder; et pendant que tous les autres dormaient du sommeil profond des marins fatigués, le capitaine Truck était assis avec eux dans la chaloupe, et ils causaient des événements de la journée.

— Vous avez trouvé les Arabes assez sociables, et n'ayant pas d'objection à boire un coup, monsieur Lundi? dit le capitaine en allumant un cigare, signe infaillible qu'il avait dessein de causer. Vous avez vu en eux des hommes qui, s'ils avaient été envoyés à l'école dans leur jeunesse, qu'ils eussent appris à danser, qu'ils eussent été civilisés, en un mot, auraient pu faire d'assez bons compagnons de voyage dans ce monde où nous naviguons?

— Sur ma parole, commandant, je regarde le schçik comme un homme de très-bonne compagnie, et à tout prendre un bon vivant. Il prenait son verre sans faire aucune grimace, souriait toujours en parlant, et quoique je ne pusse comprendre un seul mot de ce qu'il me disait, il répondait à toutes mes remarques aussi civilement que s'il eût parlé anglais. Je dois dire que je pense que M. Dodge lui a manqué d'égards en quittant sa compagnie avec si peu de cérémonie. Je suis sûr que le scheik en a été offensé, et il le dirait lui-même s'il pouvait seulement s'expliquer sur ce sujet. — Je regrette beaucoup, sir George, que nous n'ayons pas eu l'honneur de votre compagnie dans cette mission, car j'ai entendu dire que ces Arabes ont un respect convenable pour le rang et la noblesse, et M. Dodge et moi nous n'étions que de pauvres substituts pour un homme comme vous.

Le ton humble auquel M. Lundi s'était habitué n'était pas du goût de M. Dodge, qui, par suite de son caractère envieux, s'était si longtemps efforcé de persuader à tout le monde qu'un homme en valait un autre, illusion qu'il ne pouvait pourtant se faire à lui-même ; et il ne tarda pas à montrer de quelle manière il avait pris cette remarque.

— Sir George Templemore connaît trop bien les droits des nations pour faire une pareille distinction, dit-il ; si j'ai quitté le scheik arabe un peu brusquement, c'est parce que ses manières ne me plaisaient pas ; car je suppose que l'Afrique est un pays libre, et que personne n'est obligé de rester sous une tente plus longtemps qu'il ne le désire. Le capitaine Truck sait que je ne suis accouru que pour l'avertir que le scheik allait me suivre, et il apprécie sans doute mes motifs.

— Et si je ne les appréciais pas, monsieur Dodge, vous devez, comme d'autres patriotes, compter sur la postérité pour vous rendre justice. Les muscles et les nerfs sont si différemment construits dans les hommes, qu'on ne peut jamais calculer exactement le degré de vitesse de chacun ; mais quand nous serons arrivés en Amérique, je vous donnerai, si vous le désirez, un certificat qu'on ne pourrait trouver au besoin un messager plus agile que M. Steadfast Dodge.— Sir George Templemore, vous ne nous avez fait part d'aucune de vos opinions depuis que nous avons entrepris cette expédition. Je serais charmé de savoir ce que vous pensez des Arabes, ou de tout autre sujet qui peut se présenter à votre esprit.

— Ces Arabes ! oh ! capitaine, je pense que ces misérables sont odieusement sales, et, à en juger par les apparences, ils manquent cruellement de tout ce qui peut contribuer aux aises de la vie.

— Particulièrement de pantalons, sir George ; car je suis porté à croire que vous en possédez un plus grand nombre qu'on ne pourrait en trouver dans toute leur nation. — Eh bien ! Messieurs, il faut certainement voyager quand on veut voir le monde. Sans cette excursion sur la côte d'Afrique, aucun de nous n'aurait probablement jamais vu comment vit un Arabe, et avec quelle dextérité il sait tirer parti d'un naufrage. Quant à moi, s'il s'agissait de choisir entre la place de Jemmy Ducks à bord du *Montauk*, et celle de scheik de cette tribu, je laisserais celle-ci au peuple, comme nous le disons en Amérique, monsieur Dodge, et je remuerais ciel et terre pour obtenir la première. Mais je crains, sir George, que ces *county-tongues*[1], comme M. Dodge les appelle, sous la forme d'eau et de vent, ne vous privent de chasser le buffle dans les prairies, du moins pour cette année.

— Je vous prie, capitaine, de ne pas estropier ainsi mon français. Je n'appelle pas un désappointement *county-tongues*, mais *contra-toms*, ce qui est un mot probablement composé du nom d'une personne qui s'appelait *Tom*, et qui était *contra* ou opposée à tous les autres.

1. Littéralement langues campagnardes ; mais c'est le mot « contre-temps » que M. Truck prononce ainsi, pour se moquer de la prononciation vicieuse de M. Dodge.

— Parfaitement expliqué, et aussi clair que l'eau de la cale d'un bâtiment, qui ne peut arriver à l'archipompe.— Sir George, M. Dodge vous a-t-il dit de quelle manière ces Arabes jouissent de la vie? Ces messieurs, pour s'épargner la peine d'avoir des assiettes à laver, mangent une demi-douzaine à la fois sur le même plat. Cela est tout à fait républicain, monsieur Dodge; il n'y a pas un seul atome d'orgueil dans leur esprit.

— Je dois avouer, capitaine, que, pendant le peu de temps que j'ai passé dans leur pays, plusieurs de leurs coutumes m'ont frappé comme étant simples et louables; et j'ose dire qu'un homme qui aurait le loisir de les étudier, y trouverait des choses dignes d'admiration. Je puis facilement me figurer des situations dans lesquelles un homme n'a pas le droit de s'approprier un plat pour lui seul.

— Sans doute, et celui qui désirerait une chose si déraisonnable ne pourrait être qu'un glouton. Mais quelle belle chose est le sommeil! Voyez ces braves gens! ils ne pensent pas plus à leurs dangers et à leurs fatigues que s'ils étaient chez eux, choyés par de bonnes et pieuses mères. Les bonnes âmes qui les ont nourris, et qui chantaient des cantiques religieux en les berçant, ne songeaient guère pour quelle vie dure et pénible elles les élevaient. Mais nous ne connaissons jamais notre destin, ou nous serions pour la plupart de misérables chiens, n'est-il pas vrai, sir George?

Le baronnet tressaillit à cette interpellation, ce qui produisit sur l'esprit du capitaine le même effet qu'un nuage qui obscurcit un paysage que le soleil éclairait; et il bégaya à la hâte l'espoir qu'il n'y avait pas de raison particulière pour craindre que quelque obstacle sérieux ne retardât leur retour à bord du *Montauk*.

— Il n'est pas facile, répondit le capitaine en bâillant, avec des embarcations aussi légères que les nôtres, de conduire à la remorque un radeau si pesant, précisément dans la direction qu'on le désire. Celui qui se fie aux vents et aux vagues se fie à un ami très-douteux, à un ami qui peut lui manquer au moment où il a le plus grand besoin de ses services. Quelque belles que soient les apparences à présent, je donnerais mille dollars, pris dans une bourse où il n'y en a pas un seul qui n'ait été péniblement gagné, pour voir ces mâts arrivés en sûreté à bord du *Montauk* et mis à la place qu'ils doivent occuper. Ces mâts, Messieurs, sont pour un bâtiment ce que les membres sont pour le corps d'un homme: sans eux il flotte, vole et roule au gré des vents, des flots et des courants; avec eux il se promène, danse, saute, crie et parle presque : les manœuvres dormantes sont les os et les cartilages; les manœuvres courantes, les veines et les artères dans lesquelles son sang circule ; et les poulies, les jointures.

— Et quelle partie est le cœur? demanda sir George.

— Le cœur est celui qui le commande. Avec un commandant en état de le gouverner, un bon bâtiment n'est jamais perdu, tant qu'il a un pied d'eau sous sa fausse quille et qu'il reste un fil de caret dont on puisse tirer parti.

— Cependant ce bâtiment danois avait tout cela.

— Oui, tout, excepté l'eau. Le meilleur bâtiment qui ait jamais été lancé à la mer est moins utile qu'un seul chameau, s'il se trouve à sec sur les sables de l'Afrique. Les infortunés! leur destin aurait pu être le nôtre, et pourtant je ne pensais guère à ce risque pendant que nous étions au milieu des Arabes. Pourquoi nous ont-ils laissé échapper? pourquoi ont-ils si promptement quitté le bâtiment échoué? Tout cela est encore un mystère pour moi. Ils étaient en force, car en comptant tous ceux qui allaient et venaient, je crois qu'ils étaient au nombre de plusieurs centaines.

Le capitaine garda le silence et prit un air pensif. Le vent continua à augmenter, et il commença à avoir des inquiétudes pour son bâtiment : une fois ou deux il exprima une résolution à demi formée de se rendre à bord du *Montauk* sur un des deux canots, afin de veiller lui-même à sa sûreté ; mais il y renonça en voyant la mer qui se gonflait et la manière dont se tendaient les amarres qui attachaient le pesant radeau à la chaloupe. Enfin il s'endormit, et nous le laisserons dans cette situation avec ses compagnons pour retourner à bord du *Montauk* et rendre compte de ce qui s'y était passé pendant l'absence du capitaine.

CHAPITRE XXI.

> Il ne reste rien de plus ! Autour de ces débris de colosse renversé, s'étendent à perte de vue des sables arides et solitaires. SHELLEY.

Les lecteurs se rappelleront que le capitaine Truck, connaissant toute l'importance de mouvements rapides pour le succès de son entreprise, n'avait laissé sur *le Montauk* ni un matelot, ni un domestique, en un mot pas un seul autre homme que les deux MM. Effingham, M. Sharp, M. Blunt, et le maître d'hôtel Saunders. Si nous y ajoutons Eve Effingham et mademoiselle Viefville, Nanny Sidley et une femme de chambre française, nous aurons cité tous ceux qui y restaient. La première intention du capitaine avait été d'y laisser un de ses lieutenants ; mais encouragé par l'abri qu'il avait trouvé pour son bâtiment, par la grande force de ses amarres, et par le peu de prise que pouvaient avoir les vents sur des mâts de si petites dimensions, et lancés sur une coque protégée par le récif, et en même temps ayant une certaine confiance en M. Blunt, qui plusieurs fois pendant le voyage avait montré des connaissances en marine, il avait pris la détermination qui a déjà été rapportée, et avait installé ce dernier comme commandant *ad interim* du *Montauk*.

La situation de ceux qui restaient sur le paquebot, après le départ de tout l'équipage, était faite pour inspirer un intérêt grave et solennel. La nuit arriva douce et tranquille, et, quoiqu'il n'y eût pas de lune, ils se promenèrent plusieurs heures sur le pont avec une étrange sensation de jouissance, mêlée à un sentiment d'isolement et d'abandon. M. Effingham et son cousin se retirèrent longtemps avant les autres, qui continuèrent à se promener avec une absence de toute contrainte qu'ils n'avaient pas encore éprouvée depuis qu'ils étaient renfermés dans l'étroit espace d'un bâtiment.

— Notre situation est du moins nouvelle, dit Eve, pour des Parisiens, des Viennois, des Romains, ou quelque autre nom qu'on puisse vouloir nous donner.

— Dites Suisses en ce cas, répondit M. Blunt, car je crois que le cosmopolite lui-même a le droit de choisir sa résidence favorite.

Eve comprit cette allusion, qui lui rappela les semaines qu'ils avaient passées ensemble au milieu des sublimes paysages des Alpes, mais elle ne voulut pas laisser paraître qu'elle en avait gardé le souvenir ; car, quelque ingénue que soit une femme, il est bien rare qu'elle veuille montrer combien elle est sensible à l'objet qui lui touche le cœur de plus près.

— Préférez-vous réellement la Suisse à tous les autres pays que vous connaissez ? demanda M. Sharp. — Je laisse l'Angleterre à part ; car, quoique nous autres Anglais nous lui trouvions tant de charmes, il faut avouer que les étrangers joignent rarement leur voix à la nôtre pour lui donner des éloges sincères. Je crois que la plupart des voyageurs accorderaient la palme à l'Italie.

— Je pense comme vous ; et si j'avais à choisir un pays pour y passer ma vie, je donnerais la préférence à l'Italie. Cependant, je crois qu'en général on aime le changement de résidence comme le changement de saisons. L'Italie est l'été, et je pense qu'on se lasserait d'un mois de juin perpétuel.

— L'Italie n'est-elle pas plutôt l'automne, un pays où la moisson est récoltée, et où l'on voit déjà la chute des feuilles?

— Pour moi, dit Eve, ce serait un printemps éternel; car tout est éternel pour les jeunes personnes. Mon ignorance y recevrait sans cesse des instructions, et mon goût s'y perfectionnerait. Mais si l'Italie est l'été ou le printemps, qu'est donc la pauvre Amérique?

— L'Amérique est le printemps sans contredit, répondit civilement M. Sharp.

— Et vous, monsieur Blunt, vous qui paraissez connaître également bien toutes les parties du monde, consentez-vous à accorder à *notre* pays, à *mon* pays du moins, ce titre encourageant?

— Il est mérité à beaucoup d'égards, mais, sous d'autres points de vue, le mot hiver lui serait peut-être mieux appliqué. L'Amérique est un pays peu facile à comprendre; car, sous certains rapports, il est né, de même que Minerve, dans la maturité de l'âge, tandis que, sous d'autres, il est certainement encore au berceau.

— Et en quoi le considérez-vous principalement sous ce dernier point de vue? demanda M. Sharp.

— Pour la force, pour le commerce, répondit M. Blunt avec un léger sourire, — pour l'opinion, pour le goût, et peut-être pour l'instruction. A ce dernier égard pourtant, quant à ce qui est uniquement pratique, et à ce qui concerne les aises communes de la vie, l'Amérique, comparée aux autres nations, peut se dire dans son été. Je ne crois pas, miss Effingham, que vous autres Américains, vous soyez au faite de la civilisation, comme tant de vos concitoyens se l'imaginent; mais vous n'êtes certainement pas au degré le plus bas de l'échelle, comme un si grand nombre de ceux de mademoiselle Viefville et de M. Sharp le croient si charitablement.

— Et quelles sont les idées des concitoyens de M. Blunt sur ce sujet?

— Peut-être aussi éloignées de la vérité que celles des autres. — Je m'aperçois qu'il existe quelque doute sur le pays où je suis né, ajouta-t-il après une pause qui annonçait de l'hésitation et qui fit espérer qu'il allait résoudre la question en déclarant simplement le fait, et je crois que je profiterai de cette circonstance pour louer ou blâmer, comme je croirai devoir le faire, puisque personne ne peut m'accuser de partialité ou de préjugés.

— Cela doit dépendre de la justice de vos jugements. Quoi qu'il en soit, vous me trouverez de votre avis sur un point, — pour donner le pas à la délicieuse Italie, quoique je craigne que mademoiselle Viefville ne regarde cette opinion comme un crime de lèse-majesté contre son cher Paris, et que M. Sharp ne pense que c'est faire injure à Londres.

— Faites-vous réellement si peu de cas de Londres? demanda M. Sharp avec plus d'intérêt qu'il ne croyait en montrer.

— Non vraiment; ce serait faire tort à mon goût et à mes connaissances. Je crois que Londres est en cent choses la plus belle ville de la chrétienté. Ce n'est certainement pas Rome ; et quand même Londres serait en ruines depuis quinze siècles, je doute qu'on accourût en foule sur les bords de la Tamise pour se livrer à d'agréables rêveries au milieu de ses murs écroulés ; mais, pour tout ce qui est commode dans la vie, pour la beauté de la verdure, pour un mélange de paysages dont chacun donne l'idée d'un parc, pour l'architecture et pour la magnificence d'un certain genre, on aurait peine à trouver une ville égale à Londres.

— Vous ne parlez pas de sa société, miss Effingham?

— Une jeune fille ayant si peu d'expérience serait coupable de présomption si elle en parlait. J'entends tellement vanter le bon sens de cette nation, que je n'oserais rien dire contre sa société; et prétendre en faire l'éloge serait en moi une affectation. Quant à vos femmes, si j'en parle d'après mon humble jugement, je dois dire qu'elles m'ont paru parfaitement bien élevées et pleines de talents ; cependant...

— Continuez, je vous en prie; souvenez-vous que nous avons solennellement décidé en congrès général que nous serions cosmopolites jusqu'à ce que nous soyons en sûreté dans Sandy-Hook, et que la franchise serait entre nous à l'ordre du jour.

— Eh bien donc, ma définition du peuple anglais ne serait certainement pas un peuple parleur, continua Eve en souriant; mais en société, vous êtes aussi aimables que peut l'être un peuple qui ne rit jamais et qui parle rarement.

— *Et les jeunes Américaines?* demanda mademoiselle Viefville laconiquement.

— Votre question est effrayante, ma chère demoiselle. M. Blunt m'a dit positivement qu'elles rient aux éclats sans savoir pourquoi.

— *Quelle horreur!*

— Oh! je suppose que c'est une calomnie. Mais, s'il faut que je m'explique, parlez-moi de Paris pour la société et de Naples pour la nature. — Quant à New-York, monsieur Blunt, je suspends mon jugement.

— Quel que soit le mérite particulier qui pourra attirer votre admiration sur cette grande cité commerçante, comme des écrivains à stye ampoulé appellent la capitale de votre état, miss Effingham, je crois pouvoir prédire que ce ne sera ni l'un ni l'autre de ceux dont vous venez de parler. New-York n'a réellement aucune société, quoiqu'on n'y manque pas de compagnie, compagnie qui est disciplinée à peu près comme un régiment de milice composé d'hommes tirés de différentes brigades et qui prennent quelquefois le tambour-major pour le colonel.

— Jusqu'à présent, je vous avais cru de New-York, dit M. Sharp.

— Et pourquoi ne le croyez-vous plus? doit-on fermer les yeux sur des faits aussi clairs que le jour à midi, parce qu'on est né ici où là? — Si je vous ai dit une vérité peu agréable, miss Effingham, accusez-en la franchise de celui qui vous a offensée. Je crois que vous n'êtes pas Mahattanaise?

— Je suis montagnarde, étant née dans la maison de campagne de mon père.

— Cela m'encourage, car, en ce cas, je ne blesserai ici la piété filiale de personne.

— Pas même la vôtre?

— Quant à moi, il est reconnu que je suis cosmopolite de fait, tandis que vous ne l'êtes que par convention. Je doute que je pusse me permettre avec Paris ou avec Londres la même liberté que je vais prendre avec Mahattan; je compterais peu sur la patience de mes auditeurs. Mademoiselle Viefville me pardonnerait à peine si j'essayais, par exemple, de critiquer la première de ces deux villes.

— *C'est impossible,* monsieur Blunt! vous ne pourriez le faire. Vous parlez trop bien français pour ne pas aimer Paris.

— J'aime Paris, mademoiselle; et, ce qui est encore plus, j'aime Londres et même *la Nouvelle York*; comme cosmopolite, je réclame au moins ce privilége, quoique je puisse apercevoir des défauts dans chacune de ces grandes villes. Si vous voulez vous rappeler, miss Effingham, que New-York est un bivouac social, un camp formé par des familles au lieu de soldats, vous reconnaîtrez qu'il est impossible qu'il existe dans cette ville une société polie, agréable et bien ordonnée. D'ailleurs, c'est une place commerçante, et nulle ville où l'on s'occupe exclusivement du commerce ne peut se faire une réputation par sa société: je crois qu'une telle anomalie n'a jamais existé. Quelle que soit l'utilité du commerce, peu de personnes soutiendront, je pense, qu'il soit du domaine des Grâces.

— Et Florence autrefois? dit Eve.

— Florence et son commerce étaient dans des circonstances particulières, et les rapports des choses changent avec les circonstances.

Quand Florence était puissante, le commerce était un monopole qui se trouvait dans un petit nombre de mains, et il se faisait d'une manière telle que les principaux intéressés n'étaient jamais en contact immédiat avec les détails de leurs spéculations. Les Médicis faisaient le commerce d'épiceries et de soieries, mais c'était par leurs agents, comme on le fait en politique. Ils n'avaient probablement jamais vu leurs bâtiments, et ils ne se mêlaient de ce commerce que pour en diriger l'esprit. Ils ressemblaient au législateur qui promulgue des lois pour faire fleurir le commerce, plutôt qu'au marchand qui examine un échantillon, qui déguste le bouquet d'un vin, ou qui écrase un grain de blé sous ses dents. Ils étaient négociants, classe d'hommes tout différents des facteurs qui ne font qu'acheter à l'un pour revendre à l'autre, moyennant un certain bénéfice, et dont tout l'esprit d'entreprise ne consiste qu'à augmenter la liste de leurs bonnes pratiques, et à faire ce qu'on appelle des affaires régulières. Les monopoles nuisent au grand nombre, mais ils sont certainement utiles au petit nombre des privilégiés. Les Médicis et les Strozzi étaient princes et négociants, et presque tout ce qui les entourait était sous leur dépendance. Aujourd'hui, la concurrence a permis à des milliers d'hommes de partager les bénéfices du commerce ; mais, quoique le commerce ait gagné au total un grand accroissement par ce système, il n'en a pas moins perdu dans ses détails, par suite de cette division.

— Vous ne vous plaignez sûrement pas que des milliers d'hommes soient dans l'aisance aujourd'hui, pour un qui était *le magnifique* il y a trois cents ans ?

— Non, certainement. Je me réjouis de ce changement ; mais il ne faut pas confondre les choses avec les mots. Si nous avons mille facteurs pour un négociant, la société, dans le sens général de ce mot, y gagne évidemment ; mais si nous avions un Médicis au lieu de mille facteurs, la société, prise dans un sens particulier, pourrait aussi y gagner. Tout ce que je veux dire, c'est qu'en rabaissant la profession, on en a rabaissé l'esprit ; en d'autres termes, chacun de ceux qui font le commerce à New-York n'est pas plus un Lorenzo, que chaque ouvrier imprimeur n'est un Franklin.

— M. Blunt ne peut être né en Amérique, s'écria M. Sharp ; de telles opinions y passeraient pour une hérésie.

— *Jamais ! jamais !* s'écria mademoiselle Viefville.

— Vous oubliez toujours notre traité de cosmopolitisme. Mais on commet en pays étranger une très-grande erreur relative au commerce de l'Amérique ; je parle du commerce de marchandises. Il n'existe en Europe aucune puissance maritime de quelque importance qui ait une plus petite partie de sa population occupée de ce genre de commerce que les Etats-Unis de l'Amérique. — La nation, comme nation, est agricole, quoique l'état de transition dans lequel doit toujours se trouver un pays dont le gouvernement a été rapidement établi, fasse qu'on y voit plus de ventes et d'achats d'immeubles qu'il n'est d'usage dans les autres pays. Ce point mis à part, les Américains, comme peuple, ont proportionnellement moins de personnes qui s'occupent de commerce que les états de l'Europe.

— Ce n'est pas l'opinion générale, dit M. Sharp.

— Je le sais, et la raison en est que toutes ou presque toutes les villes d'Amérique qui sont connues en pays étranger sont des villes purement commerçantes. Il faut dire aussi que la portion commerçante d'une communauté est toujours la partie concentrée; et à défaut d'une cour, ou d'une capitale politique ou sociale, cette portion a toujours les plus grands moyens de se faire entendre et sentir, jusqu'à ce qu'on fasse un appel direct à l'autre classe. Les élections prouvent ordinairement qu'il existe entre la majorité du peuple et les classes commerçantes aussi peu d'accord que le permet l'intérêt public. En fait, l'Amérique n'a qu'un très-petit nombre de véritables commerçants, d'hommes qui sont la cause et non la suite du commerce, quoiqu'elle ait une activité excessive dans le trafic ordinaire. La portion de ses habitants qui exercent la profession de facteurs, — je nomme ainsi ceux qui sont les agents réguliers entre celui qui produit et celui qui consomme, — sont d'une classe élevée comme facteurs, mais ne sont pas de la haute classe des commerçants. L'homme qui fait à Lyon la commande d'une pièce de soie à trois francs l'aune, pour la revendre à trois francs et demi au détaillant, n'est pas plus un commerçant que le procureur qui fait valoir les formes devant une cour de justice n'est un avocat.

— Je crois que ces opinions ne seraient pas très-populaires en Amérique, comme dirait M. Dodge, dit Eve en riant. Mais quand y arriverons-nous? Pendant que nous parlons de ce pays, nous sommes ici sur un bâtiment presque abandonné, et à un mille du grand désert de Sahara.

— Comme les étoiles sont belles! dit Paul Blunt; nous n'avons pas encore vu la voûte du firmament ornée de tant de brillants.

— Cela doit tenir à la latitude, dit M. Sharp.

— Quelqu'un pourrait-il dire précisément sous quelle latitude nous sommes? — En faisant cette question, Eve leva les yeux sans y penser sur M. Blunt, car tous ceux qui étaient alors sur le paquebot avaient facilement reconnu qu'il avait à lui seul plus de connaissances en navigation que tous les autres réunis ensemble.

— Je crois que nous ne sommes pas loin du vingt-quatrième degré, à peu de distance du tropique, ce qui nous met au moins à seize degrés au sud du port où nous devons entrer. La chasse et l'ouragan nous ont écartés de plus de douze cents milles de la route que nous devions suivre.

— Heureusement, Mademoiselle, dit Eve, nous n'avons personne qui doive avoir de l'inquiétude pour nous, personne qui puisse prendre un intérêt bien vif au retard de notre arrivée. J'espère, Messieurs, que vous êtes également tranquilles à ce sujet?

C'était la première fois qu'Eve avait jamais fait une question qui pouvait engager M. Blunt à faire quelque allusion à ses parents et à ses amis. A peine l'avait-elle faite, qu'elle s'en repentit, ce qui était fort inutile, car le jeune homme n'y répondit pas. M. Sharp dit que sa famille ne pourrait guère apprendre la situation dans laquelle il se trouvait que lorsqu'il lui écrirait pour annoncer son arrivée à New-York. Qant à mademoiselle Viefville, la mauvaise fortune qui l'avait réduite à remplir les fonctions de gouvernante ne lui avait presque laissé ni parents ni amis.

— Je crois que nous devons établir une garde cette nuit, dit Eve après un silence de quelques instants. N'est-il pas possible que les éléments nous réduisent à la même situation dans laquelle nous avons trouvé ce pauvre bâtiment danois?

— Possible, certainement; mais nullement probable, répondit M. Blunt. Nous sommes solidement amarrés, et ce récif, placé entre nous et l'Océan, nous sert admirablement de digue. On n'aimerait pas, sans secours comme nous le sommes, à échouer en ce moment sur une côte comme celle-ci.

— Pourquoi si particulièrement sans secours? Faites-vous allusion à l'absence de l'équipage?

— Sans doute, et au fait que nous ne pourrions trouver au besoin même un pistolet de poche pour nous défendre, puisque toutes les armes à feu, sans exception, ont été emportées.

— Ne pourrions-nous, dit M. Sharp, rester ici cachés sur la côte quelques jours et même quelques semaines sans être découverts par les Arabes?

— J'en doute fort. Des marins m'ont assuré que ces barbares rôdent sans cesse sur la côte, surtout après les coups de vent, dans l'espoir de trouver quelque bâtiment échoué, et qu'on a peine à concevoir avec quelle promptitude ils apprennent les calamités de ce genre. Il est même rare qu'on puisse leur échapper sur une embarcation.

— J'espère du moins que nous sommes en sûreté ici, dit Eve en tremblant, moitié par plaisanterie, moitié par frayeur véritable.

— Je ne vois aucun motif d'alarme où nous sommes, tant que nous pourrons maintenir le bâtiment à une certaine distance de la côte. Les Arabes n'ont pas de barques, et quand même ils en auraient, ils n'oseraient attaquer un bâtiment à flot; à moins qu'ils ne fussent instruits qu'il est sans défense, comme nous le sommes en ce moment.

— C'est une pauvre consolation, Messieurs, mais nous comptons sur vos soins. — Mademoiselle, je crois qu'il doit être près de minuit.

Eve et sa compagne souhaitèrent une bonne nuit aux deux jeunes gens, et se retirèrent dans leur chambre. M. Sharp resta encore une heure avec M. Blunt, qui s'était chargé de faire le premier quart. Ils causèrent gaiement et avec confiance, car, quoiqu'ils n'ignorassent pas qu'ils étaient rivaux, leur rivalité était une lutte franche et généreuse, qui n'empêchait pas que chacun d'eux rendît justice à l'autre. Ils parlèrent de leurs voyages, des costumes des différents pays qu'ils avaient parcourus, des aventures qu'ils y avaient eues, et du plaisir qu'ils avaient goûté en voyant des lieux que les arts avaient rendus célèbres, ou qui rappelaient de grands souvenirs. Aucun d'eux ne prononça un seul mot qui eût rapport à l'aimable créature qui venait de les quitter, et que chacun d'eux croyait encore voir longtemps après que sa forme légère et pleine de grâces avait disparu. Enfin M. Sharp descendit, son compagnon ayant insisté pour qu'il le laissât seul, en le menaçant de rester lui-même debout pendant le second quart. A compter de ce moment, il n'y eut plus d'autre bruit à bord du paquebot que celui des pas de la sentinelle solitaire qui se promenait sur le pont. A l'heure convenue, M. Sharp revint pour faire son quart à son tour. Celui qui avait dormi veilla, et celui qui avait veillé alla dormir. Mais comme l'aurore commençait à paraître, Paul Blunt, qui dormait profondément, se sentit tirer par le bras.

— Pardon! lui dit M. Sharp à voix basse, mais je crains que nous ne soyons sur le point d'être interrompus dans notre solitude d'une manière fort désagréable.

— Puissances célestes! ce ne sont pas les Arabes?

— Rien de moins, à ce que je crains; mais il fait encore trop obscur pour être certain du fait. Levez-vous, je vous prie, et nous pourrons réfléchir sur la situation dans laquelle nous nous trouvons. Ne perdons pas de temps.

Blunt s'était mis sur son séant, il passa une main sur son front comme pour s'assurer qu'il était bien éveillé ; il avait gardé tous ses vêtements, à l'exception de son habit, et, un moment après, il était debout au milieu de sa chambre.

— Ceci est trop sérieux pour risquer de faire une méprise, dit-il ; ne l'alarmons pas, n'alarmons personne, Monsieur, avant d'être bien certains du fait.

— Je pense entièrement comme vous, répondit M. Sharp, qui était parfaitement calme quoique évidemment très-inquiet ; je puis m'être trompé, et je désire avoir votre opinion. Tout le monde dort à bord, excepté vous et moi.

Paul Blunt passa son habit, et une minute après tous deux étaient sur le pont. Le jour ne paraissait pas encore, et il ne faisait pas assez clair pour bien distinguer les objets, même à la distance du récif, surtout quand ils étaient stationnaires. Cependant on voyait les rochers, car c'était l'instant où la marée était basse, et la plupart élevaient leur cime bien au-dessus de l'eau. Les deux jeunes gens s'avancèrent avec précaution sur l'avant du bâtiment, où ils se cachèrent derrière la muraille, et M. Sharp montra à son compagnon les objets qui l'avaient alarmé.

— Voyez-vous, lui dit-il, ce rocher terminé en pointe, un peu à droite de l'endroit où l'ancre à jet est mouillée ? Je n'y vois plus rien, mais je suis certain d'y avoir vu quelque chose quand j'ai été vous trouver.

— C'était sans doute quelque oiseau de mer, car le jour va paraître et ils peuvent déjà avoir pris leur vol. Etait-il bien grand ?

— Il paraissait comme une tête d'homme ; mais ce n'est pas tout : un peu plus au nord, là, j'ai distingué trois autres objets en mouvement, marchant dans l'eau, à l'endroit où les rochers ne se montrent jamais à fleur d'eau.

— Ce pouvaient être des hérons. Je crois qu'on trouve souvent ces oiseaux dans ces basses latitudes. Je ne puis rien apercevoir.

— Plût au ciel que je me fusse trompé ! mais je le crois impossible.

Blunt lui saisit le bras, le serra fortement, écouta avec attention, et lui dit à voix basse :

— N'avez-vous rien entendu ?

— Un bruit semblable à celui que produirait du fer battant sur l'eau.

Regardant autour de lui, Paul Blunt saisit un anspect, et passant rapidement sur le pied du beaupré, il se plaça contre la lisse de l'avant, et s'inclinant en dehors il examina avec attention les chaînes qui servaient d'amarres sur l'avant. Elles étaient très-rapprochées et parallèles, et comme elles étaient raidies, elles ne formaient qu'une légère courbe. Depuis le rocher, où l'endroit où les ancres à jet avaient été mouillées, jusqu'à une pointe qui n'était qu'à trente pieds du bâtiment, on voyait épars çà et là des êtres vivants qui semblaient y ramper. Un second coup d'œil lui suffit pour reconnaître que c'étaient des hommes qui s'avançaient furtivement vers le paquebot.

Levant son anspect, M. Blunt en frappa plusieurs coups avec force sur les chaînes. Il en résulta que tous les Arabes — car c'étaient des Arabes — cessèrent tout à coup d'avancer, et restèrent assis sur les chaînes jambe de çà, jambe de là.

— Cela est effrayant, dit M. Sharp; mais nous devons mourir plutôt que de permettre qu'ils arrivent ici.

— Je pense de même. Restez ici; et s'ils avancent, frappez sur les chaînes. Nous n'avons pas un moment à perdre.

Blunt prononça ces mots à la hâte, et remettant l'anspect à son compagnon, il courut aux bittes, et commença à larguer les chaînes. Les Arabes entendirent le bruit des anneaux de fer qu'il jetait sur le pont à mesure qu'il larguait les chaînes, et ils n'avancèrent pas. Bientôt deux chaînes plièrent sous eux, et l'instant d'après les deux autres en firent autant. Ce fut l'instant d'une retraite générale, et M. Sharp compta positivement quinze hommes retournant à la hâte vers le récif, les uns dans l'eau jusqu'à mi-corps, les autres s'accrochant de leur mieux aux chaînes avec leurs mains. Les chaînes de l'avant étant larguées et tombées dans la mer, le bâtiment dériva peu à peu sur l'arrière. Les deux jeunes gens restèrent alors quelques instants en silence sur le gaillard d'avant, comme s'ils eussent pensé que tout ce qui venait de se passer n'était qu'une illusion.

— Cette situation est terrible! s'écria enfin M. Blunt; nous n'avons pas même un pistolet, pas un seul moyen de défense; rien que cet étroit espace d'eau qui nous sépare de ces barbares! Ils ont sans doute des armes à feu, et dès qu'il fera jour, nous ne pourrons même pas rester en sûreté sur le pont.

M. Sharp prit la main de son compagnon et la serra fortement. — Que Dieu vous récompense! s'écria-t-il d'une voix étouffée; qu'il vous récompense de nous avoir procuré même un court délai. Sans l'heureuse pensée que vous avez eue, miss Effingham, les autres, nous tous, nous serions à présent à la merci de ces barbares impitoyables. — Ce n'est pas le moment de se livrer à un faux orgueil, ou de chercher indignement à se tromper l'un l'autre ; je suis sûr que chacun de nous mourrait volontiers pour épargner à cette belle et innocente créature un destin comme celui qui la menace ainsi que nous.

— Je donnerais ma vie pour la savoir en ce moment dans un pays civilisé et chrétien.

Ces généreux jeunes gens se serrèrent la main, et pas un sentiment de rivalité n'entra en ce moment dans leur cœur ; ils n'étaient inspirés que par le désir le plus pur et le plus ardent de sauver la femme qu'ils aimaient, et il serait vrai de dire que la sûreté d'Eve était le seul objet qui occupât leurs pensées. Dans le fait, l'intérêt qu'ils prenaient à elle était si vif ; son destin, si elle était prise, leur paraissait à un tel point plus terrible que celui de toute autre personne, qu'ils oublièrent pour le moment qu'elle n'était pas seule avec eux sur le bâtiment, et même qu'il s'y trouvait des individus qui pouvaient contribuer à détourner la calamité qu'ils redoutaient.

— Il peut se faire que leur troupe ne soit pas nombreuse, dit Paul Blunt après un instant de réflexion, et dans ce cas, n'ayant pas réussi à nous surprendre, il est possible qu'ils ne puissent rassembler une force suffisante pour hasarder une attaque à force ouverte avant le retour des embarcations. Nous avons, Dieu merci ! échappé au malheur d'être attaqués à l'improviste, et de devenir, sans nous en douter, victimes d'un si cruel destin. Quinze à vingt hommes oseront à peine attaquer un bâtiment du port de celui-ci, à moins qu'ils ne connaissent prfaitement notre petit nombre, et surtout notre dénuement total de toute espèce d'armes. Nous avons un petit canon à bord, il est chargé, et il peut servir à leur en imposer et à leur cacher notre faiblesse. Eveillons tout le monde, car ce n'est pas le moment de dormir. Nous sommes en sûreté, du moins pour une heure ou deux ; car, sans barques d'aucune espèce, ils ne peuvent trouver les moyens de venir à bord en moins de temps.

Les deux jeunes gens descendirent, marchant sans le savoir sur la pointe des pieds, comme des gens menacés d'un danger présent. Blunt était en avant, et, à sa grande surprise, il trouva Eve à la porte de sa chambre, et elle avait l'air de les attendre. Elle était tout habillée, car ses craintes et la nouveauté de sa situation l'avaient engagée à garder pendant la nuit une partie de ses vêtements, et quelques minutes lui avaient suffi pour compléter sa toilette. Elle était pâle, mais toute son énergie était concentrée en elle-même et l'empêchait de montrer la faiblesse d'une femme.

— Quelque chose va mal, dit-elle, tremblant en dépit d'elle-même, et appuyant sa main, sans le savoir, sur le bras de Blunt ; j'ai entendu un bruit de fer tombant sur le pont.

— Calmez-vous, ma chère miss Effingham, calmez-vous, je vous en supplie. Nous sommes venus pour éveiller ces messieurs.

— Qu'est-il donc arrivé? Ne me cachez rien, Powis, je puis tout entendre ; oui, je crois que j'en suis en état.

— Je crois que votre imagination vous exagère le danger.

— Sommes-nous plus près de la côte?

— Il n'y a rien à craindre à ce sujet; la mer est calme, et nos amarres sont bonnes.

— Les embarcations?

— Reviendront certainement en temps convenable.

— Sûrement, dit Eve, reculant d'un pas, comme si elle eût vu un monstre, sûrement, ce ne sont pas les Arabes?

— Ils ne peuvent entrer dans ce bâtiment; quoique nous en ayons vu rôder quelques-uns dans les environs: cependant, sans la vigilance de M. Sharp, nous aurions pu être surpris pendant la nuit. Quoi qu'il en soit, nous sommes avertis, et je ne doute guère que nous ne soyons en état d'intimider, jusqu'au retour du capitaine Truck, le petit nombre de barbares qui se sont montrés.

— Je vous remercie donc du fond de l'âme, sir George Templemore, dit Eve en s'adressant à M. Sharp, et vous recevrez les remerciements d'un père pour un tel service, joints aux prières de tous ceux qui vous ont tant d'obligation.

— Quoique j'attache tant de prix, miss Effingham, à ce que vous voulez bien me dire, que j'ai à peine le courage de chercher à mettre des bornes à votre gratitude, la vérité me force à lui donner une direction plus juste. Sans la présence d'esprit et la promptitude de M. Blunt, qu'il paraît que je dois à présent nommer Powis, nous serions tous à présent esclaves des Arabes.

— Nous ne chercherons pas à savoir lequel de vous, Messieurs, mérite le plus notre reconnaissance ; vous avez l'un et l'autre droit à nos bien sincères remerciements. Si vous voulez aller éveiller mon père et M. John Effingham, j'éveillerai mademoiselle Viefville, Nanny et ma femme de chambre. Personne ne doit dormir dans un pareil moment.

Les deux jeunes gens allèrent appeler les deux cousins à la porte de leur chambre, et retournèrent ensuite sur le pont; car ils sentirent que la prudence ne leur permettait pas de le quitter longtemps en pareilles circonstances. Cependant tout était tranquille, et l'examen le plus attentif ne put découvrir personne sur le récif.

— Plus loin vers le nord, les rochers sont séparés du rivage par une eau plus profonde, dit Paul Blunt (car, excepté en des occasions particulières, nous continuerons à leur donner leurs *noms de guerre*), — et quand la marée reviendra, il sera impossible d'y passer à gué. Les Arabes le savent probablement ; et ayant échoué dans leur première tentative, il est à croire qu'ils se retireront sur le rivage quand l'eau commencera à monter, pour ne pas rester sur cette langue de rochers, en face des forces qu'ils doivent supposer à bord d'un pareil bâtiment.

— Ne peuvent-ils pas être informés de l'absence de l'équipage, et avoir résolu de se rendre maîtres du paquebot, avant qu'il soit de retour ?

— C'est envisager le côté sombre du tableau ; mais cette conjecture peut n'être que trop bien fondée. Au surplus, le jour commence à paraître ; nous saurons bientôt ce que nous avons à craindre, et rien n'est pire que l'incertitude.

Ils se promenèrent quelque temps en silence sur le gaillard d'arrière. M. Sharp fut le premier à reprendre la parole.

— L'émotion causée naturellement par une telle alarme, dit-il, a fait que miss Effingham a trahi mon incognito, que je crains que vous ne trouviez assez absurde. Je vous assure qu'il était aussi accidentel que dénué de motif.

— A moins, dit Paul en souriant, que vous n'eussiez quelque méfiance de la démocratie américaine, et que vous ne fussiez disposé à vous la rendre propice en abdiquant momentanément votre rang et votre titre.

— Vous me faites injure. Mon domestique, qui se nomme Sharp, avait retenu ma chambre, et voyant que le capitaine me donnait ce nom, j'eus la faiblesse de l'adopter, dans l'idée que cela pouvait être commode sur un paquebot. Si j'eusse prévu le moins du monde que je dusse y rencontrer la famille Effingham, je n'aurais pas fait une pareille folie, car M. Effingham et sa fille sont d'anciennes connaissances.

— En cherchant ainsi à vous excuser d'une faute vénielle, vous oubliez que vous parlez à un homme coupable du même délit. Je vous connaissais parfaitement, car je vous avais vu sur le continent ; et vous trouvant disposé à vous contenter du simple nom de Sharp, je pris, dans un moment d'étourderie, celui de Paul Blunt, comme en étant le pendant. Un nom de voyage peut avoir ses avantages ; quoique je pense que tous ceux qui trompent les autres s'en trouvent toujours punis tôt ou tard.

— Il est certain qu'un mensonge en appelle un autre. Mais puisque nous sommes entrés dans cette carrière, ne ferions-nous pas bien d'y persister jusqu'à notre arrivée en Amérique? Quant à moi, du moins, je ne pourrais réclamer à présent mon nom véritable, sans déposer un usurpateur.

— Vous ferez certainement bien d'agir ainsi, quand ce ne serait que pour échapper aux hommages de ce double démocrate M. Dodge. Quant à moi, peu de gens prennent assez d'intérêt à moi pour s'inquiéter du nom que je porte. Cependant j'avoue que je préférerais laisser les choses telles qu'elles sont, pour des raisons que je ne puis trop expliquer.

Ils n'en dirent pas davantage sur ce sujet, mais il fut entendu entre eux qu'ils conserveraient momentanément les noms qu'ils avaient pris. A l'instant où ils finissaient cette courte conversation, tous ceux qui restaient à bord du paquebot arrivèrent sur le pont. Tous montraient un calme forcé, quoique l'extrême pâleur des dames annonçât la terreur dont elles étaient frappées. Eve luttait contre ses craintes par amour pour son père, qui avait été accablé à un tel point par cette nouvelle qu'il en avait perdu toute sa fermeté; mais il avait alors repris son air de dignité, quoiqu'il fût plongé dans une angoisse inexprimable. John Effingham était sérieux et pensif. Dans l'amertume de son cœur, il avait d'abord murmuré quelques imprécations contre la folie qu'il avait commise en consentant à se dépouiller de ses armes. Une fois l'idée terrible de sacrifier Eve, pour lui éviter une captivité qu'il regardait comme plus horrible pour elle que la mort, s'était présentée à son esprit; mais l'extrême tendresse qu'il avait pour sa jeune cousine, son caractère plein d'humanité, avaient bientôt banni cette pensée dénaturée. Cependant, quand il arriva sur le pont, il avait encore une idée vague qu'ils touchaient à l'instant où les circonstances exigeraient qu'ils mourussent tous ensemble. Personne ne montrait plus de calme que mademoiselle Viefville. Sa vie n'avait été qu'une suite de sacrifices; elle se disait que sa mort, au milieu d'une scène de violence, serait le dernier, et elle s'y était résignée. Avec une espèce d'héroïsme national, elle s'était armée d'une fermeté romaine, et elle se préparait à subir son destin avec une tranquillité que des hommes auraient pu lui envier.

Telles étaient les idées et les impressions de ceux qui, à la fin d'une nuit paisible, avaient été éveillés en sursaut par la nouvelle d'un danger imminent. Mais elles s'affaiblirent quand ils se trouvèrent réunis sur le pont, et que le jour, qui paraissait alors, leur permit d'examiner leur situation. Paul Blunt surtout jeta un coup d'œil attentif sur les rochers les plus voisins du bâtiment, et il monta même dans la hune, d'où sa vue pouvait s'étendre sur toute la ligne du récif, et une étincelle d'espérance se ralluma dans tous les cœurs quand il annonça qu'il n'y apercevait rien qui fût doué de vie.

— Dieu soit loué! dit-il avec ferveur quand il fut descendu ; le ciel nous accorde du moins un répit contre l'attaque de ces barbares. La marée monte, et ils n'ont pas osé rester sur les rochers, de peur que toute retraite ne leur fût coupée, car ils nous croient sûrement plus nombreux que nous ne le sommes. Ce petit canon, qui est sur le gaillard d'avant, est chargé, quoiqu'il ne le soit qu'à poudre, car il n'y a pas un seul boulet à bord, à ce que m'a dit Saunders; et je crois qu'il serait à propos de le tirer, tant pour alarmer les Arabes que pour servir de signal à nos amis. La distance à laquelle se trouve le bâtiment échoué n'est pas assez grande pour qu'ils ne puissent l'entendre, et je crois qu'ils enverraient au moins une de leurs embarcations à notre secours. Le son se propage rapidement, et ils peuvent arriver à temps, car il se passera sept à huit heures avant que l'eau soit assez basse pour que nos ennemis osent de nouveau se hasarder sur le récif.

On discuta la proposition, et comme il fut reconnu qu'après avoir chargé ce canon, précisément pour qu'on pût tirer un signal, toute la poudre qui se trouvait sur le bâtiment avait été emportée, et qu'il n'y avait aucun moyen d'en tirer un second, on résolut de ne pas perdre un seul instant, et de faire connaître sur-le-champ à leurs amis le danger qu'ils couraient, s'il était possible que le bruit arrivât jusqu'à eux. Dès que cette détermination eut été prise, M. Blunt et M. Sharp se mirent à faire les préparatifs nécessaires pour l'exécuter. Quoique celui-ci fît tout ce qu'il pouvait pour aider son compagnon, il ne pouvait s'empêcher de lui envier l'adresse, l'intelligence et la promptitude qu'il déployait en s'occupant de détails pratiques qui annonçaient un marin expérimenté, plutôt qu'un jeune homme ayant l'esprit cultivé et ayant vécu dans le grand monde. Au lieu de mettre à la hâte le feu à l'amorce d'un canon de fer du calibre de quatre livres, M. Blunt en doubla d'abord la bourre, l'y enfonça de toute sa force, et en graissa ensuite la bouche, en disant que c'était pour augmenter le bruit de l'explosion.

— Je ne puis en expliquer la cause physique, dit-il avec un sourire mélancolique ; mais c'est ce que soutiennent tous ceux qui tirent des saluts et des salves. Au surplus, que cela soit vrai ou non, il est trop important que nous nous fassions entendre pour négliger rien de ce qui peut avoir la moindre chance d'y contribuer. Maintenant, sir

George, si vous voulez m'aider, nous tournerons le canon à tribord, afin d'en placer la bouche du côté du bâtiment échoué.

— A en juger par toutes les connaissances pratiques que vous avez montrées en plusieurs occasions, et par le fait que tous les termes de cette profession vous sont familiers, je croirais que vous avez servi dans la marine, lui répondit le véritable baronnet en l'aidant à placer le canon dans la position qui vient d'être indiquée.

— Vous ne vous trompez pas, je suis presque né marin, et j'ai certainement été élevé dans la marine. Mais quoique j'aie beaucoup voyagé, et que depuis plusieurs années j'aie perdu mes anciennes habitudes, je n'ai pas tout à fait oublié ce que j'ai appris. Si j'avais ici cinq marins qui connussent bien leur métier, je crois que nous pourrions faire sortir ce paquebot de l'enceinte du récif et défier les Arabes. Plût au ciel que notre digne capitaine ne l'y eût jamais fait entrer !

— Il a tout fait pour le mieux.

— Sans aucun doute ; il n'a même fait que ce qu'une prudence louable exigeait : cependant il nous a laissés dans une situation très-critique. — Cette amorce me semble humide ; je crains qu'elle ne prenne pas. Donnez-moi un charbon, s'il vous plaît.

— Eh bien ! pourquoi ne faites-vous pas feu ?

— Je me repens presque de ma proposition. — Est-on bien sûr qu'il ne reste aucun pistolet sur le bâtiment ?

— Saunders m'a assuré qu'on avait mis en réquisition jusqu'aux plus petits pistolets de poche.

— Que de pistolets et de fusils de chasse on pourrait charger avec la poudre qui est dans ce canon ! je pourrais même, au besoin, balayer le récif en employant du vieux fer en place de balles. Perdre cette précieuse charge de poudre, c'est comme si l'on perdait son dernier ami.

— Vous savez mieux que personne ce qu'il est à propos de faire ; mais je crois que MM. Effingham sont de votre premier avis.

— C'est une puérilité d'hésiter plus longtemps. Il y a des instants où un souffle d'air porte du côté de nos amis ; attendons un de ces courants, et dès qu'il se fera sentir, je mettrai le feu à l'amorce.

Ce moment arriva, et Paul Blunt, ou Paul Powis, comme il se nommait véritablement, appliqua le charbon à l'amorce. Le coup partit et produisit une forte détonation ; mais quand il vit la fumée s'élever presque perpendiculairement, il exprima de nouveau ses doutes sur la sagesse de la mesure qui venait d'être prise. S'il avait su que le son s'était dispersé dans l'air sans arriver au bâtiment échoué ; ses regrets auraient été encore bien plus vifs ; mais c'était un fait dont on ne pouvait dès lors s'assurer, et il fallut que plusieurs heures s'écoulassent avant qu'on pût être certain que cette tentative n'avait pas réussi.

Lorsque le jour parut enfin, on put voir le rivage, et il semblait aussi solitaire, aussi silencieux que le désert. Pendant une demi-heure, la petite compagnie, rassemblée sur le pont, éprouva cette réaction qui accompagne toujours le changement de fortes émotions ; on s'occupait même d'autres objets, et la conversation commençait à devenir enjouée, quand un grand cri poussé tout à coup par Saunders renouvela toutes les alarmes. Il était dans la cuisine à préparer le déjeuner ; de là il jetait souvent un regard inquiet vers la terre, et son œil perçant avait découvert un nouveau danger, un danger encore plus sérieux, qui les menaçait.

On voyait une longue suite de chameaux traversant le désert et s'avançant vers la partie du récif qui touchait à la terre. En cet endroit étaient aussi une vingtaine d'Arabes qui attendaient l'arrivée de leurs amis, et il était naturel de supposer que c'étaient ceux qui avaient essayé de prendre le bâtiment par surprise. Comme les événements qui arrivèrent ensuite se rattachent à la conduite politique et prudente que les Arabes avaient adoptée près du bâtiment échoué, c'est une occasion convenable d'expliquer les motifs qui les avaient empêchés d'attaquer le capitaine Truck, et de faire connaître la véritable situation des choses parmi ces enfants du désert.

Le bâtiment danois avait échoué, comme le capitaine Truck l'avait supposé, pendant le dernier ouragan, et tout l'équipage avait été sur-le-champ fait prisonnier par une troupe d'Arabes errants qui se trouvaient près de la côte, comme c'est leur usage après un gros temps. Ne pouvant emmener qu'une très-faible partie de la cargaison, ils avaient emmené à la hâte leurs prisonniers dans une oasis, pour apprendre cette nouvelle importante à leurs amis, en laissant sur la côte des espions chargés de leur donner avis sur-le-champ de tout autre naufrage qui pourrait avoir lieu, et de tout changement qui pourrait survenir dans la situation du bâtiment danois. Ces espions avaient vu *le Montauk* dériver le long de la côte presque sans mâts et sans voiles, et ils l'avaient suivi des yeux jusqu'à ce qu'il eût jeté l'ancre entre la terre et le récif ; ils avaient aussi vu partir les embarcations, quoiqu'ils ne pussent savoir quel était le but de cette expédition ; mais la direction qu'elle suivait indiquait assez que le bâtiment échoué était le point de destination. Toutes ces informations avaient été transmises aux principaux chefs des différentes troupes qui étaient près de la côte, et ceux-ci étaient convenus d'unir leurs forces pour s'emparer du second bâtiment, et de partager ensuite le butin.

Quand les Arabes revinrent sur la côte, le matin, les chefs qui se trouvaient parmi eux comprirent bientôt le motif de l'arrivée des embarcations près du bâtiment échoué, et ayant compté à peu près le nombre de ceux qui travaillaient à bord de ce bâtiment, ils en avaient assez justement conclu qu'il devait rester peu de monde sur le paquebot à l'ancre. Ils avaient trouvé une longue-vue sur le bâtiment danois, et plusieurs d'entre eux connaissant l'usage de cet instrument, parce qu'ils en avaient déjà vu de semblables, ils s'en étaient servis pour découvrir le nombre et le sexe de ceux qui étaient à bord du *Montauk*, et ils avaient dirigé leurs opérations en conséquence. Les troupes qui avaient paru et disparu derrière les hauteurs sablonneuses du désert, à l'époque où notre relation est arrivée, se composaient des Arabes qui arrivaient de l'intérieur; et ceux qui s'avançaient vers le récif étaient ceux que Saunders venait de découvrir. Attendu la forme arrondie de la côte et l'interposition d'un promontoire, la distance qui séparait les deux bâtiments était deux fois plus grande par eau que par terre, et ceux qui arrivaient en ce moment par le travers du paquebot dressèrent leurs tentes fort tranquillement, comme s'ils n'eussent eu besoin, pour être sûrs du succès, que de déployer leurs forces sans se cacher, et qu'ils n'eussent eu aucune crainte du retour de l'équipage.

Quand les deux jeunes gens et leurs deux amis plus âgés eurent bien examiné cette troupe qui était composée de plus de cent Arabes, ils entrèrent en consultation sur ce qu'ils avaient à faire; et comme Paul Blunt s'était déclaré marin, et qu'il avait déjà montré son intelligence et sa promptitude à trouver des ressources, les yeux des autres se fixèrent naturellement sur lui, comme pour attendre son opinion.

—Jusqu'à ce que la marée remonte, dit-il, je ne vois aucun motif de crainte. Nous sommes hors de portée de la mousqueterie, ou, dans tous les cas, les Arabes ne peuvent du rivage diriger contre nous qu'un feu mal ajusté et fort peu dangereux. Nous avons en outre l'espoir de voir arriver nos amis à chaque instant. Mais, s'ils n'arrivaient pas et que la marée, en se retirant, fût aussi basse que celle d'hier, notre situation deviendrait véritablement critique. L'eau qui entoure ce bâtiment peut nous servir de protection temporaire; mais le récif en est à si peu de distance, qu'on peut y venir à la nage.

— Mais nous pourrions défendre le paquebot contre des hommes, arrivant à la nage, qui voudraient monter sur le pont, dit M. Sharp.

— Nous le pourrions probablement, si nous n'avions qu'eux à craindre; mais supposez vingt à trente nageurs résolus, arrivant en même temps sur différentes parties du bâtiment, et protégés par les longs mousquets des autres Arabes, placés sur les rochers du récif; et vous concevrez l'impossibilité de toute défense. Le premier de nous qui se montrerait sur le pont, pour repousser ceux qui voudraient nous aborder, serait sûr d'être tué comme un chien.

— C'est une cruelle faute de nous avoir exposés à cet horrible destin! s'écria M. Effingham cédant à l'amour paternel.

— Cela est plus facile à dire à présent que lorsqu'elle a été commise, dit John Effingham; comme marin et comme ayant en vue un objet important, le capitaine Truck a agi pour le mieux, et, quoi qu'il puisse nous arriver, nous ne devons pas le blâmer. Les regrets sont inutiles, et tout ce qu'il nous reste à faire, c'est de chercher quelque moyen d'écarter le danger qui nous menace, avant qu'il soit trop tard. — Monsieur Blunt, il faut que vous soyez notre conseiller, notre commandant. Ne nous est-il pas possible de conduire le paquebot au-delà du récif, et de jeter l'ancre assez loin pour que nous n'ayons à craindre ni les nageurs ni les longs mousquets?

— J'ai songé à cet expédient. Si nous avions une embarcation, on pourrait y réussir par ce beau temps; mais, sans embarcation, c'est une chose impraticable.

— Mais nous en avons une, reprit John Effingham en jetant un coup d'œil sur la chaloupe qui était sur ses chantiers.

— Une qui est trop lourde pour ce service, quand même il nous serait possible de la mettre à la mer, et je doute que toutes nos forces réunies en vinssent à bout.

Un long silence suivit. Chacun faisait des efforts inutiles pour imaginer quelque moyen d'échapper aux Arabes; et ces efforts étaient inutiles, parce qu'en de pareilles occasions, la mesure qui réussit est ordinairement le résultat d'une sorte d'inspiration soudaine, plutôt que celui de longues et laborieuses réflexions.

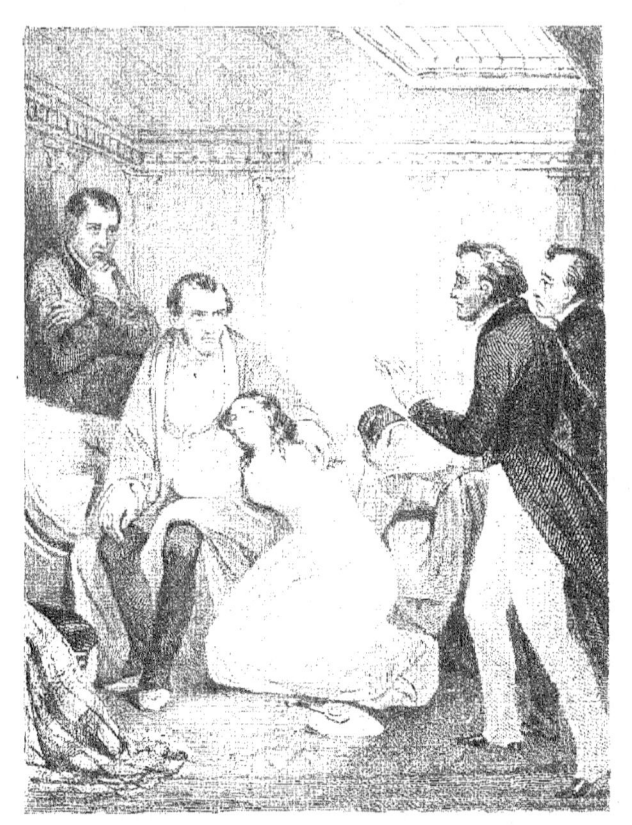

CHAPITRE XXII.

>Le chagrin écouta la voix de la vertu avec un respect religieux; nulle plainte n'interrompit le silence solennel; les larmes cessèrent de couler.
>
>GLOVER.

L'ESPÉRANCE est la plus traîtresse de toutes les facultés humaines. Tant qu'on a quelque motif plausible pour attendre du secours de quelque côté que ce soit, on se relâche de ses efforts en face du danger le plus imminent, et l'on se livre encore à son espoir longtemps après que la raison a commencé à placer toutes les chances sur l'autre plateau de la balance. Ce fut ce qui arriva aux individus qui se trouvaient à bord du *Montauk;* ils perdirent deux ou trois heures précieuses dans la vaine croyance que le coup de canon qui avait été tiré devait avoir été entendu par le capitaine Truck, et qu'ils pouvaient s'attendre à chaque instant à voir arriver au moins une des embarcations.

Paul Blunt fut le premier à renoncer à cette illusion; il savait que si le bruit de l'explosion était arrivé jusqu'à leurs amis, ils devaient l'avoir entendu au bout de quelques secondes, et il savait aussi qu'il était dans le caractère des marins de se décider promptement. Avec de bons rameurs, une heure aurait suffi pour conduire le cutter depuis le bâtiment échoué jusqu'au promontoire, où l'on aurait pu le voir, avec une longue-vue, du haut du mât de misaine. Plus de deux heures s'étaient écoulées, et l'on n'apercevait encore aucune embarcation. Il se trouva donc forcé bien à regret d'abandonner tout espoir de secours de ce côté. John Effingham, dont le caractère avait plus d'énergie que celui de son cousin, quoique celui-ci ne lui cédât ni en courage personnel, ni en fermeté, surveillait tous les mouvements de leur jeune chef, et quand il le vit descendre pour la dernière fois du mât de misaine, il lut sur ses traits son désappointement.

— Je vois à votre physionomie, dit-il, que nous n'avons plus rien à attendre de ce côté. Notre signal n'a pas été entendu.

— Il n'y a plus aucun espoir; nous ne devons plus compter que sur nos propres efforts et sur l'aide de la Providence.

— Cette calamité est si soudaine, si terrible, que je puis à peine encore y croire. Sommes-nous bien réellement en danger d'être faits prisonniers par ces barbares? Eve Effingham, si jeune, si belle, si innocente, si angélique, doit-elle être leur victime? peut-être enfermée dans un harem?

— Pensée déchirante! Je sacrifierais mille fois ma vie, je me soumettrais à toutes les souffrances, pour lui éviter un pareil destin! Croyez-vous que ces dames connaissent leur véritable situation?

— Elles semblent plus inquiètes qu'effrayées. Comme nous-mêmes, elles ont été soutenues par une forte espérance de voir arriver les embarcations; mais l'arrivée continuelle d'Arabes qui viennent se joindre aux premiers a contribué à leur faire sentir un peu mieux la vraie nature du danger.

En ce moment M. Sharp, qui était appuyé contre le rouffle, demanda la longue-vue pour voir à quoi s'occupait une troupe d'Arabes qui étaient rassemblés à l'endroit où le récif touchait à la terre. Paul Blunt alla le trouver, et fit lui-même cet examen. Il changea de visage en baissant la longue-vue, et ses traits prirent une expression qui ressemblait à celle du désespoir.

— Y a-t-il quelque nouveau sujet d'inquiétude?

— Les misérables se sont procuré un grand nombre d'espars, et ils les attachent ensemble pour en former un radeau. Ils ont résolu de prendre le paquebot, et je ne vois aucun moyen de les en empêcher.

— Si nous étions seuls, si nous n'étions que des hommes, nous pourrions du moins leur vendre chèrement notre vie; mais il est terrible d'avoir avec nous des êtres que nous ne pouvons ni sauver, ni vouer à une destruction commune.

— Terrible, en vérité! et l'impossibilité de faire quelque chose pour nous tirer de cette situation la rend encore plus affreuse.

— Ne pouvons-nous offrir des conditions? Une promesse de rançon, accompagnée d'otages, ne serait-elle pas acceptée? Je resterais volontiers avec ces barbares pour assurer la liberté de tous les autres.

Paul Blunt lui serra la main, et lui envia un instant cette pensée généreuse; mais, souriant avec amertume, il secoua la tête en homme qui sentait l'inutilité d'un pareil dévouement.

— Et je serais bien volontiers votre compagnon, s'écria-t-il, mais ce projet est absolument impraticable. Ils pourraient consentir à recevoir une rançon si nous étions tous en leur pouvoir, mais non à condition de rendre la liberté à quelques-uns de nous; d'ailleurs, il ne nous resterait aucun moyen de les quitter. Une fois maîtres de ce bâtiment, comme ils le seront nécessairement dans quelques heures, le capitaine Truck, quoique en possession des embarcations, sera obligé de se rendre à eux faute de vivres, ou de courir le risque effrayant de chercher à gagner les îles du Cap Vert sans provisions suffisantes, même par le temps le plus favorable. Ces monstres à cœur de rocher sont entourés de la désolation de leur désert, et ils connaissent parfaitement leurs avantages épouvantables.

— Nous devons avertir nos amis de la véritable situation des choses, afin qu'ils se préparent à ce qui peut nous arriver de pire.

M. Blunt pensa de même, et ils allèrent informer John Effingham de la nouvelle découverte qu'ils venaient de faire. Doué d'une grande fermeté d'âme, John était déjà préparé à tout; et il convint qu'il était nécessaire d'apprendre à M. Effingham le nouveau danger qui les menaçait.

— Je me chargerai de cette pénible tâche, dit-il, quoique j'en regrette la nécessité. Si le malheur que nous redoutons arrive, je ne suis pas encore sans espoir d'y apporter quelque remède par le moyen d'une rançon; mais quel sera le sort d'une femme jeune, aimable, délicate, avant même que nous puissions nous faire comprendre par ces barbares? Un voyage dans le désert, tel que ceux dont j'ai entendu faire la description, causerait la mort de tous ceux d'entre nous qui ne sont pas doués de la constitution la plus robuste; et l'or même, mis en balance avec le caractère impitoyable de ces barbares, peut perdre sa puissance ordinaire.

— Ne nous reste-t-il donc aucun espoir? dit M. Sharp quand John Effingham les eut quittés. — N'est-il pas possible de mettre la chaloupe en mer, et de nous en servir pour leur échapper?

— C'est un expédient auquel j'ai songé, mais il est presque impraticable. Cependant, comme tout est préférable à l'esclavage, je vais voir si nous pouvons espérer d'y réussir; après quoi nous examinerons avec soin à quoi ces démons en sont de leur travail.

Paul Blunt prit la sonde et la jeta à la mer, dans l'espoir que le bâtiment pouvait être dans un endroit où elle était assez profonde pour exécuter un projet qu'il venait de former; mais la sonde ne rapporta que trois brasses.

— C'est à quoi je devais m'attendre, dit-il. S'il y avait eu assez d'eau, nous aurions pu saborder le paquebot, le couler à fond, et la chaloupe aurait été à flot sur le pont; mais avec le peu d'eau que nous avons, ce serait perdre le bâtiment sans aucune utilité. On pourrait regarder comme un trait d'héroïsme si vous et moi, nous rendant à terre à l'aide du récif, nous allions proposer des conditions à ces barbares; mais nous n'y gagnerions rien : leur caractère traître et perfide est trop bien connu pour que nous puissions espérer le moindre résultat favorable d'une telle démarche.

— Ne pourrions-nous gagner du temps en négociant avec eux jusqu'au retour de nos amis? La Providence peut nous protéger, dans un péril si extrême, d'une manière à laquelle nous ne nous attendons pas.

— Examinons-les encore une fois. Il vient de se faire un mouvement parmi les Arabes, et je crois que leur nombre s'est encore angmenté.

Ils montèrent sur le toit du rouffle; M. Blunt prit une longue-vue, et après une minute d'examen attentif, il baissa le bras, et l'expression de sa physionomie annonça quelque nouveau sujet d'inquiétude.

— Est-il possible que notre situation soit encore empirée? demanda vivement M. Sharp.

— Ne vous rappelez-vous pas un pavillon qui était à bord du bâtiment échoué, — celui qui nous fit connaître qu'il était danois?

— Certainement, il était attaché aux drisses sur le gaillard d'arrière.

— Eh bien! ce pavillon est déployé à présent dans le camp des Arabes. Vous pouvez le voir, là, au milieu des tentes qui ont été dressées par la troupe qui est arrivée pendant que nous étions à causer sur le gaillard d'avant...

— Et vous en concluez...

— Que nos amis sont captifs. Ce pavillon était sur le bâtiment quand nous y avons été; si les Arabes y étaient retournés avant que le capitaine y fut arrivé, il serait revenu depuis longtemps; il a donc fallu, pour qu'ils se missent en possession de ce pavillon, qu'ils se soient rendus maîtres du bâtiment après l'arrivée de nos amis, ce qu'ils n'ont guère pu faire sans combat, et je crains que ce pavillon ne prouve de quel côté est restée la victoire.

— Ce serait la consommation de nos infortunes.

— Oui sans doute; car il faut à présent renoncer au faible espoir que nous conservions d'être secourus par les embarcations.

— Au nom du ciel! regardez encore, et voyez si ces misérables ont beaucoup avancé dans la construction de leur radeau!

Un long examen eut lieu, car c'était de ce point seul que semblait alors dépendre le destin de tous ceux qui étaient restés à bord du *Montauk*.

— Ils travaillent avec ardeur, dit enfin M. Blunt; mais ce qu'ils font ressemble moins à un radeau qu'à un paravent. — Ils attachent les espars en longueur, — c'est une lueur d'espérance, — ou plutôt c'est ce qui aurait été un sujet d'espérance, si nos amis leur avaient échappé.

— Voyez-vous donc quelque chose qui puisse nous encourager?

— Bien peu de chose, répondit Paul Blunt avec un sourire mélancolique ; mais la moindre bagatelle prend de l'importance dans les moments d'extrême danger. Ils font une espèce de pont flottant, sans doute dans l'intention de pouvoir passer du récif au bâtiment ; et dans ce cas, en filant de la chaîne, nous pouvons faire reculer *le Montauk* en arrière, de manière à ce que leur pont se trouve trop court. Si j'avais quelque espoir de voir revenir les embarcations, cet expédient pourrait être utile, surtout en n'y ayant recours qu'au dernier moment, car ces Arabes pourraient être obligés d'attendre le départ d'une autre marée, et un répit de huit à dix heures est un siècle pour des hommes qui se trouvent dans notre situation.

M. Sharp saisit cette idée avec vivacité, et ils se promenèrent une demi-heure sur le pont en discutant les chances de ce plan, et en cherchant les moyens d'en tirer le meilleur parti. Cependant tous deux étaient convaincus que le court délai qu'ils pouvaient obtenir ainsi ne leur servirait à rien, si le capitaine Truck et ses compagnons étaient réellement tombés entre les mains de l'ennemi commun. Tandis qu'ils causaient ainsi, tantôt livrés à l'accablement le plus profond, tantôt ouvrant leur cœur à quelque nouveau rayon d'espérance, Saunders vint les prier de la part de M. Effingham de descendre dans son appartement.

Ils s'y rendirent sur-le-champ, et ils trouvèrent toute la famille plongée dans une détresse que les circonstances ne rendaient que trop naturelle. — M. Effingham était assis, la tête de sa fille appuyée sur ses genoux, car elle s'était jetée sur le tapis, à côté de lui ; mademoiselle Viefville se promenait à pas lents, s'arrêtant de temps en temps pour faire entendre à Eve quelques paroles de consolation, et repassant ensuite dans son esprit les dangers véritables de leur situation ; et ils se présentaient à son imagination avec une force qui détruisait le bien qu'avaient pu faire ses discours, en laissant apercevoir toute l'étendue de ses propres craintes. Nanny Sidley était à genoux près de sa jeune maîtresse, tantôt priant avec ferveur, quoique en silence ; tantôt la serrant dans ses bras, comme si elle eût voulu la protéger contre les attaques d'un ennemi barbare. On entendait la femme de chambre française sangloter dans une chambre voisine ; John Effingham était debout, les bras croisés, appuyé contre une cloison, et semblait l'image d'une résignation ferme plutôt que celle du désespoir. Tout ce qui se trouvait à bord du *Montauk* était ainsi rassemblé, à l'exception de Saunders, dont les lamentations avaient été bruyantes toute la matinée, et qui avait été laissé sur le pont pour surveiller les mouvements des Arabes.

Ce n'était pas le moment de songer à de vaines formes, et Eve qui, en toute autre circonstance, n'aurait pas voulu être vue dans une telle attitude par ses compagnons de voyage, leva à peine la tête pour leur rendre leur salut quand ils entrèrent. Elle avait beaucoup pleuré, et ses cheveux étaient tombés en désordre sur ses épaules. Ses larmes ne coulaient plus; elle avait vaincu la faiblesse de son sexe, et le vif coloris qui avait succédé, sur ses joues, à une pâleur mortelle, annonçait le combat qu'elle avait eu à livrer avant de remporter la victoire, et donnait à ses traits aimables une expression angélique. Les deux jeunes gens crurent qu'elle ne leur avait jamais paru si belle, et ils frémirent en songeant que cette beauté parfaite serait probablement bientôt sa plus dangereuse ennemie.

— Messieurs, dit M. Effingham d'un ton calme, et avec cet air de dignité dont aucune inquiétude ne pouvait jamais le priver : mon parent vient de m'informer de l'état désespéré de notre situation. C'est par intérêt pour vous que je vous ai fait demander cette entrevue. Unis par les nœuds du sang et de l'affection, ceux que vous voyez ici ne peuvent se séparer; ils doivent partager le même destin; mais quant à vous, Messieurs, vous n'avez pas de semblables obligations à remplir; jeunes, actifs et courageux, vous pouvez former quelque plan pour échapper à ces barbares, et pouvoir, vous du moins, vous mettre en sûreté. Généreux comme vous l'êtes, je sais que vous ne serez pas d'abord disposés à écouter ce conseil, mais un peu de réflexion vous fera voir qu'il tend à notre intérêt comme au vôtre. Une fois en sûreté, vous pourrez faire connaître notre destin beaucoup plus tôt qu'on ne pourrait l'apprendre par toute autre voie, et ceux qui s'intéressent à nous prendront sur-le-champ des mesures pour faire payer notre rançon.

— Cela est impossible, dit M. Sharp avec fermeté, nous ne pouvons consentir à vous quitter. Jouirions-nous d'un seul instant de repos si nous avions à nous reprocher un pareil trait d'égoïsme?

— M. Blunt ne dit rien, reprit M. Effingham après un instant de silence, ses yeux se fixant tour à tour sur les deux jeunes gens. Il trouve ma proposition plus raisonnable, et il écoutera son propre intérêt.

Eve leva la tête, et, sans songer à l'intérêt qu'elle faisait paraître, elle regarda avec une attention mélancolique celui qui était l'objet de cette remarque.

— Je rends justice aux sentiments généreux de M. Sharp, répondit Paul Blunt à la hâte; je serais fâché d'avoir à avouer que mon premier mouvement était moins intéressé. Je conviens pourtant que cette idée s'est déjà présentée à moi, et que j'ai réfléchi sur toutes les chances qu'il peut y avoir pour réussir ou échouer dans un tel projet. Un homme qui sait nager pourrait aisément gagner le récif, traverser ensuite la passe par laquelle nous sommes arrivés ici, et peut-être arriver au rivage à l'abri de la seconde ligne de rochers, qui sont plus élevés que ceux de la première ; après quoi, en suivant la côte, il pourrait communiquer par signaux avec les embarcations, et même aller jusqu'au bâtiment échoué, s'il était nécessaire. J'y ai beaucoup réfléchi, et il y a eu un moment où j'avais résolu de vous faire cette proposition ; mais...

— Mais quoi? s'écria Eve avec vivacité, pourquoi ne pas exécuter ce plan et vous sauver? Parce que notre situation est désespérée, est-ce une raison pour que vous périssiez? Partez donc à l'instant, car les moments sont précieux, et dans une heure il sera peut-être trop tard.

— S'il ne n'agissait que de me sauver, miss Effingham, me croiriez-vous réellement coupable d'une telle bassesse?

— Ce n'en est pas une. Pourquoi vous entraînerions-nous dans notre malheur? Vous nous avez déjà rendu service dans une circonstance terrible, il n'est pas juste que vous affrontiez toujours le danger pour ceux dont le destin paraît être de ne jamais vous être utiles. Mon père vous dira qu'il croit qu'il est de votre devoir de vous sauver, s'il est possible.

— Je crois qu'il est du devoir de chacun, dit M. Effingham avec douceur, quand nulle obligation impérieuse n'exige le contraire, de sauver la vie et la liberté que Dieu lui a données. Ces Messieurs doivent tenir au monde par des liens qui sont indépendants de nous ; pourquoi causeraient-ils de si violents chagrins à ceux qui les aiment, en voulant partager nos infortunes?

— C'est discuter des plans frivoles quand on a sous les yeux une misérable certitude, dit John Effingham. Comme on ne peut avoir aucun espoir de trouver les embarcations, il est inutile de savoir si ce plan est convenable ou non.

— Cela est-il vrai, Powis? n'y-a-t-il aucun moyen de vous échapper? Vous ne nous tromperez pas ; vous ne vous tromperez pas vous-même sur un vain point d'amour-propre.

— Je puis dire avec vérité, presque avec joie, car cette circonstance m'épargne la lutte cruelle d'avoir à juger entre mon devoir et mes sentiments, qu'il ne reste aucune chance de trouver le bâtiment danois en la possession de nos amis. Il y a eu un instant où j'ai pensé qu'il était à propos de faire la tentative dont j'ai parlé, et j'aurais peut-être été celui qui aurait dû s'en charger; mais nous avons acquis la preuve que les Arabes sont maîtres du bâtiment danois, et si le capitaine Truck leur a échappé, c'est dans des circonstances qui admettent à peine la possibilité qu'il soit dans le voisinage de la terre. Les barbares doivent être répandus sur toute la côte et la surveiller, et quiconque y passerait ne pourrait éviter d'être vu.

— Mais ne pourriez-vous avancer dans l'intérieur? demanda vivement miss Effingham.

— Pour quel motif? Me séparer de ceux qui ont été mes compagnons d'infortune, pour mourir de faim dans un désert, ou pour tomber dans les mains d'une autre tribu d'Arabes? Il est de notre intérêt à tous de ne pas nous séparer, et de laisser ceux qui sont déjà sur la côte devenir nos maîtres : le butin qu'ils feront sur les deux bâtiments peut les disposer à être moins exigeants à l'égard de leurs prisonniers.

— De leurs esclaves! murmura John Effingham.

M. Effingham baissa la tête sur sa fille et la serra dans ses bras, comme pour la mettre à l'abri de tous les fléaux du désert.

— Comme nous pouvons être séparés dès que nous serons captifs, reprit Paul Blunt, il serait bon d'adopter un plan général de conduite, et de nous concerter sur ce que nous devrons dire, afin de faire sentir aux Arabes qu'il est de leur intérêt de nous conduire le plus tôt possible dans les environs de Mogador, afin d'y recevoir notre rançon.

— Peut-il y avoir quelque chose de mieux que la sainte vérité? s'écria Eve. Non, non, n'offensons pas Dieu qui nous châtie, en concevant une pensée, en prononçant un seul mot qui ait pour but de tromper.

— Je ne dis pas que nous ayons besoin de tromper, miss Effingham; mais en connaissant bien les faits qui auront probablement le plus d'influence sur les Arabes, nous saurons sur quoi il convient d'appuyer principalement. Nous devons avant tout chercher à leur faire comprendre que *le Montauk* n'est pas simplement un bâtiment de commerce, fait dont leurs propres yeux peuvent les assurer; et que nous sommes, non des marins, mais des passagers disposés à les récompenser de leur modération et de leurs bons traitements.

— Je crois, Monsieur, dit Nanny Sidley, les larmes aux yeux et levant la tête, sans quitter la place qu'elle occupait; je crois que si ces gens-là savaient combien miss Eve est aimée, ils seraient portés à la respecter comme elle le mérite, et ce serait du moins modérer le vent pour l'agneau qui vient d'être tondu.

— Pauvre Nanny! dit Eve, avançant une main à la bonne femme et ayant toujours le visage couvert de ses cheveux épars, vous apprendrez bientôt qu'il y a autre chose que la tombe qui met tout le monde de niveau.

— Miss Eve!

— Vous verrez qu'Eve, entre les mains de ces barbares, ne sera plus votre Eve. Ce sera son tour à devenir servante, et elle aura à remplir des fonctions plus humiliantes que rien de ce que vous avez jamais fait pour elle.

Un pareil comble de malheur ne s'était jamais présenté à l'imagination de la simple Nanny, et elle fixa les yeux sur sa jeune maîtresse avec un tendre intérêt, comme si elle eût cru que ses craintes lui égaraient l'esprit.

— Il n'y a rien de moins probable, ma chère miss Eve, dit-elle, et vous affligerez votre père en parlant d'une manière si étrange. Les Arabes sont humains, tout barbares qu'ils sont, et ils ne songeront jamais à faire une chose si cruelle.

Mademoiselle Viefville fit en ce moment une exclamation fervente en sa propre langue, indiquant combien elle sentait leur déplorable situation; et Nanny Sidley, qui se trouvait toujours mal à l'aise quand on disait à sa maîtresse quelque chose qu'elle ne pouvait comprendre, regarda successivement tout le monde comme pour demander une explication.

— Je suis sûre, continua-t-elle d'un ton plus positif, que Mamerzelle ne peut penser qu'une pareille chose arrive. — Vous du moins, Monsieur, vous ne souffrirez pas que votre fille se tourmente l'esprit par des idées si déraisonnables et si monstrueuses.

— Nous sommes entre les mains de Dieu, ma bonne Nanny, reprit M. Effingham, et vous pouvez vivre assez pour voir renverser toutes les vôtres. Prions Dieu qu'il ne permette pas que nous soyons séparés, car ce sera du moins une consolation que de pouvoir supporter ensemble nos malheurs. Si l'on nous séparait, ce serait alors que l'agonie deviendrait insupportable!

— Qui pensera jamais à une pareille cruauté, Monsieur? Moi, ils ne peuvent me séparer de miss Eve, car je suis sa servante, sa servante fidèle et éprouvée, qui l'a tenue dans ses bras et qui en a pris soin pendant son enfance. Et vous, Monsieur, vous êtes son père, son père chéri et révéré; et M. John n'est-il pas son cousin, son parent par le nom comme par le sang? Mamerzelle elle-même a droit de rester avec miss Eve, car elle lui a appris bien des choses qui, j'ose le dire, étaient bonnes à savoir. Non, non, non; personne n'a le droit de nous séparer, et personne n'en aura le cœur.

— Nanny, Nanny, s'écria Eve, vous ne connaissez pas, vous ne pouvez connaître ces cruels Arabes !

— Ils ne peuvent être plus cruels et plus rancuniers que les sauvages de notre pays, miss Eve, et ceux-ci laissent l'enfant avec sa mère ; quand ils épargnent la vie de leurs prisonniers, ils les emmènent dans leurs wigwams, et les traitent aussi bien qu'eux-mêmes. Dieu a fait périr tant de méchants à cause de leurs péchés, dans ces pays de l'Orient, que je ne puis croire qu'il y reste un seul homme assez misérable pour vouloir faire le moindre mal à une créature comme miss Eve. Prenez donc courage, Monsieur, et fiez-vous à la sainte Providence. Je sais que c'est une épreuve bien dure pour le cœur d'un père ; mais si la coutume du pays veut que les hommes et les femmes vivent séparément, et que vous soyez privé de votre fille pour quelques jours, souvenez-vous que je serai avec elle comme j'y étais dans son enfance, et que, par la grâce de Dieu, je l'ai fait passer en sûreté à travers bien des maladies mortelles, et que j'en ai fait ce que vous la voyez, dans la fraîcheur de sa jeunesse, une créature parfaite, sans tache et sans un seul défaut.

— S'il n'y avait dans ce monde que des êtres tels que vous, femme bonne et simple, on n'y trouverait sûrement que bien peu de motifs de crainte, car vous êtes aussi incapable de faire le mal vous-même que de le soupçonner dans les autres. Mon cœur serait soulagé du poids d'une montagne, si je pouvais croire qu'il vous sera seulement permis de rester près de cette chère et faible enfant pendant les longs mois de souffrances et d'angoisses auxquels il paraît que je dois m'attendre.

— Mon père, dit Eve essuyant ses larmes, et se relevant si légèrement et avec si peu d'effort, qu'on aurait dit que c'était uniquement l'effet du pouvoir de volition, de la supériorité de l'esprit sur la matière, — qu'aucune crainte pour moi n'ajoute à votre détresse dans un moment si terrible ! Vous ne m'avez connue que dans le bonheur et la prospérité ; vous ne voyez en moi qu'une jeune fille gâtée et indolente, mais je me sens un courage qui est en état de me soutenir, même dans cet affreux désert. Les Arabes ne peuvent avoir d'autre désir que de nous garder comme des prisonniers qui peuvent leur payer une forte rançon. Je sais que, d'après leurs habitudes, un voyage avec eux sera pénible et fatigant, mais je saurai le supporter. Fiez-vous donc à mon courage plus qu'à mes forces, et vous verrez que je ne suis pas aussi faible que vous vous le figurez.

M. Effingham passa un bras autour de la taille de sa fille, et la serra contre son cœur comme s'il eût voulu l'y conserver toujours. Mais Eve était animée d'une sorte d'enthousiasme, et se dégageant doucement des bras de son père, elle tourna successivement sur chacun de ses compagnons ses yeux brillants, mais sans larmes, comme si elle eût voulu forcer leur intérêt à changer d'objets, et les engager à songer aux périls qui les menaçaient eux-mêmes.

— Je sais, dit-elle, que vous pensez que je suis la plus exposée au danger dans ce cruel moment, que je ne serai pas en état de supporter les souffrances qui nous attendent probablement, et que j'y succomberai la première parce que j'ai le corps le plus faible. Mais Dieu permet au roseau de plier quand le chêne rompt. Je suis plus forte et plus capable de souffrir que vous ne vous le figurez; et nous vivrons tous pour nous revoir dans un temps plus heureux, si notre mauvaise fortune veut que nous soyons séparés aujourd'hui.

Tout en parlant ainsi, Eve regardait tour à tour ceux que l'habitude, le sang, et les bontés qu'elle en avait reçues, lui rendaient si chers; et elle ne crut pas qu'une réserve déplacée dans un pareil moment dût l'empêcher d'adresser un regard d'intérêt affectueux aux deux jeunes gens dont l'âme semblait absorbée dans la sienne. Des paroles d'encouragement partant d'une telle source ne firent pourtant que présenter l'affreuse vérité sous des couleurs plus vives à l'esprit de ses auditeurs, dont pas un seul n'entendit ce qu'elle venait de dire sans concevoir le funeste pressentiment que quelques semaines de souffrances dont elle parlait si légèrement, si elle échappait à un destin plus cruel encore, livreraient aux sables brûlants du désert une forme alors si belle et si enchanteresse. M. Effingham se leva, et, pour la première fois, le flux des sensations qui s'accumulaient dans son sein depuis si longtemps parut sur le point de renverser toutes les digues qu'y opposait la fermeté de son âme. Faisant un effort pour se maîtriser, il se tourna vers les deux jeunes gens et leur parla d'un ton ému, d'autant plus propre à faire impression, qu'il était ordinairement calme et tranquille.

— Messieurs, dit-il, en nous entendant bien, pendant qu'il en est temps encore, nous pouvons nous être utiles les uns aux autres; ou du moins vous pouvez me rendre un service qu'une vie tout entière, consacrée à la reconnaissance, ne pourrait suffisamment payer. Vous êtes jeunes, vigoureux, hardis, intelligents, qualités qui commanderont le respect même des sauvages. Les chances qu'un de vous au moins atteindra un pays chrétien sont beaucoup plus fortes que pour un homme de mon âge que l'inquiétude paternelle fera vieillir encore plus vite.

— Mon père ! mon père !

— Silence, ma fille! laissez-moi prier ces messieurs de ne pas nous oublier s'ils arrivent en lieu de sûreté ; car, après tout, la jeunesse peut faire pour vous ce que le temps pourra refuser à John comme à moi. — Vous savez, Messieurs, qu'il ne faut pas épargner l'argent pour sauver ma fille d'un destin cent fois pire que la mort ; et ce pourra être une consolation pour vous, à la fin de votre carrière, qui, j'espère, sera longue et heureuse, de vous rappeler qu'un père aura trouvé un adoucissement à ses derniers moments en comptant sur vos généreux efforts pour sauver sa fille.

— Je ne puis entendre un tel langage, mon père ; je ne puis supporter l'idée que vous deveniez victime de ces barbares ; confions-nous sur un radeau au redoutable Océan, plutôt que de courir la moindre chance d'une telle calamité. — Mademoiselle, joignez-vous à moi pour prier ces messieurs de nous préparer quelques planches, pour que, si nous devons périr, nous ayons du moins la consolation de savoir que nos yeux seront fermés par des amis. Celui qui vivra le dernier sera entouré et soutenu par les esprits de ceux qui l'auront précédé dans un monde où l'on ne connaîtra ni craintes, ni inquiétudes.

— J'y avais pensé dès le premier instant, dit mademoiselle Viefville avec une énergie qui annonçait une âme noble et déterminée ; il ne faut pas que des femmes restent exposées aux insultes et aux outrages de ces barbares ; mais je n'ai pas voulu faire une proposition qui pouvait blesser la sensibilité des autres.

— Si ce moyen est praticable, il vaut mille fois mieux que la captivité, dit John Effingham en jetant un coup d'œil sur Paul comme pour le consulter. Mais Paul fit un signe de tête négatif, car le vent venait de la mer, et il savait qu'en prenant ce parti ils ne feraient que courir au-devant de la captivité, sans conserver cet air de dignité et de confiance qui pouvait faire une impression favorable même sur les Arabes.

— Cela est donc impossible ? dit Eve, comprenant le langage de leurs yeux ; et se jetant à genoux devant M. Effingham, elle ajouta : Eh bien ! mettons donc toute notre confiance en Dieu ; il nous reste encore quelques minutes de liberté, ne les passons pas à nous livrer à de vains regrets. — Embrassez-moi, mon père, et donnez-moi encore une fois cette sainte bénédiction que je recevais de vous chaque soir dans un temps où nous songions à peine que l'infortune pût jamais nous atteindre.

— Que le ciel vous bénisse et vous protège, mon enfant, ma chère

Eve! dit son père d'un ton solennel, quoique ses lèvres tremblassent. Puisse cet être redoutable dont les voies, quoique mystérieuses, sont toujours marquées par la sagesse et la merci, vous soutenir dans cette cruelle épreuve et vous conduire sans tache et sans souillure dans le séjour de la paix éternelle. Dieu m'a retiré de bonne heure votre mère; je m'étais flatté que vous me resteriez pour être la consolation de ma vieillesse; que sa main vous bénisse, ma chère Eve! je le prierai jusqu'à mon dernier moment pour que vous passiez dans son sein aussi pure et aussi digne de son amour que celle qui vous a donné la naissance.

John Effingham laissa échapper un profond gémissement. Il faisait les plus grands efforts pour réprimer sa sensibilité, mais il fallut qu'elle éclatât, quoique à demi étouffée.

— Prions tous ensemble, mon père. — Nanny, ma bonne Nanny, vous qui m'avez appris la première à bégayer une action de grâces et une prière, mettez-vous à genoux à côté de moi; et vous aussi, Mademoiselle : quoique nous ne professions pas la même croyance, nous adorons le même Dieu. — Cousin John, vous priez souvent, je le sais, quoique vous cachiez vos émotions avec tant de soin; voici une place pour vous près de votre famille. — Je ne sais si ces messieurs sont trop fiers pour prier.

Les deux jeunes gens s'agenouillèrent comme les autres, et il y eut un long intervalle de silence pendant lequel chacun fit sa prière suivant ses habitudes.

— Mon père, dit enfin Eve en relevant la tête, mais encore à genoux, et souriant à celui pour qui elle avait une si pieuse tendresse, il nous reste une espérance bien précieuse dont les Arabes mêmes ne peuvent nous priver : ces barbares peuvent nous séparer, mais il dépend de Dieu seul de nous réunir pour toujours.

Mademoiselle Viefville passa un bras autour de la taille de sa pupille, et la serra contre son cœur.

— Il n'y a qu'un séjour pour les bienheureux, ma chère demoiselle; et la même expiation a été offerte pour nous tous. Se relevant alors, Eve ajouta avec la grâce et la dignité qui la caractérisaient : Embrassons-nous, cousin John; nous ne savons pas si nous aurons jamais l'occasion de nous donner une autre preuve de notre affection mutuelle. Vous avez toujours été pour moi plein de bonté et d'indulgence, et quand je vivrais vingt ans dans l'esclavage, je ne cesserais jamais de penser à vous avec regret et amitié.

John Effingham serra dans ses bras sa charmante cousine comme aurait pu le faire le père le plus tendre.

— Messieurs, continua Eve en rougissant un peu, mais avec des yeux pleins de tendresse et de reconnaissance, je vous remercie aussi d'avoir joint vos prières aux nôtres ; je sais que les jeunes gens, dans la sécurité que leur donne leur âge, s'imaginent rarement qu'il soit nécessaire de s'adresser à Dieu et de compter sur lui ; mais le plus fort est souvent renversé, et l'orgueil remplace mal l'espérance de l'humilité. Je crois que vous avez eu une meilleure opinion de moi que je ne le mérite ; mais je ne me pardonnerais jamais, si je croyais qu'autre chose que le hasard vous a conduits à bord de ce malheureux bâtiment. Me permettrez-vous de vous prier d'ajouter encore une obligation à toutes celles que je vous ai déjà à tous deux ? Elle s'approcha d'eux et baissa la voix : — Vous êtes jeunes, vous paraissez devoir endurer la fatigue mieux que mon père ; je suis convaincue que je serai séparée de lui, et il peut être en votre pouvoir de le consoler. Je sais ; je vois que vous m'accordez ma prière.

— Eve, ma fille ! ma chère fille ! s'écria M. Effingham, qui avait entendu jusqu'au mot qu'elle avait prononcé le plus bas, tant le silence était profond dans la chambre, venez à moi, mon enfant ! nul pouvoir sur la terre ne vous arrachera jamais de mes bras.

Eve se retourna à la hâte, et vit que son père lui tendait les bras. Elle s'y précipita, et cédant tous deux à une émotion irrésistible, ils versèrent longtemps des larmes amères, offrant ainsi un groupe dont la vue était trop pénible pour le cœur d'un homme sensible.

M. Sharp s'était avancé pour prendre la main qu'Eve lui offrait, quand elle s'éloigna tout à coup pour courir à son père, et il sentit son bras serré par les doigts de Paul, qui semblaient vouloir pénétrer jusqu'à l'os. Craignant de laisser apercevoir tout l'intérêt qu'ils prenaient à cette scène, ils se hâtèrent de remonter sur le pont, et ils s'y promenèrent quelques minutes avant de se trouver en état d'échanger une parole ou même un regard.

CHAPITRE XXIII.

> O Domine Deus, speravi in te.
> O care mi Jesu, nunc libera me.
> In durâ catenâ,
> In miserâ pœnâ,
> Desidero te.
> Languendo, gemendo,
> Et genuflectendo
> Adoro, imploro, ut liberes me.
> LA REINE MARIE.

Les consolations sublimes de la religion ne furent que faiblement senties par les deux jeunes gens ardents et généreux qui se promenaient alors sur le pont du *Montauk*. Les êtres doux et faibles se laissent dominer plus aisément que les autres par l'influence divine ; et de tout ce qui se trouvait en ce moment à bord de ce malheureux bâtiment, ceux-là étaient les plus résignés à leur destin, que leurs forces physiques rendaient le moins capables de le soutenir.

— Cette résignation céleste, dit M. Sharp à demi-voix, a quelque chose de plus déchirant que les cris mêmes du désespoir.

— Elle est effrayante, répondit Paul Blunt. Il n'est rien qui ne vaille mieux qu'une soumission passive en pareille circonstance. Je ne vois que bien peu de chance d'échapper à ces barbares ; je n'en vois aucune, devrais-je plutôt dire ; mais rester ainsi dans l'inaction, c'est une torture. — Si j'essaie de soulever cette chaloupe, m'aiderez-vous ?

— Commandez-moi comme à votre esclave. Plût au ciel que nous eussions la moindre apparence de succès !

— Il y en a fort peu ; et quand même nous réussirions, nous ne pourrions nous éloigner du bâtiment sur la chaloupe, car le capitaine en a emporté toutes les rames, et je n'y vois ni mâts ni voiles. Si nous en avions, avec le vent qui commence à souffler, nous pourrions prolonger l'incertitude de notre destin en gagnant une de ces pointes de rochers les plus éloignées.

— En ce cas, au nom de la bienheureuse Vierge Marie, s'écria en français une voix tout près d'eux, ne tardez pas un instant, et tous ceux qui sont à bord vous aideront dans ce travail.

Ils se retournèrent avec surprise, et virent mademoiselle Viefville si près d'eux, qu'elle avait entendu leur conversation. Habituée à compter sur elle-même, née dans un pays où les femmes ont plus d'énergie et se rendent plus utiles peut-être que parmi toute autre nation chrétienne, et ayant reçu de la nature un esprit ferme et résolu, cette femme hardie et généreuse était montée sur le pont pour voir s'il ne restait réellement aucun moyen d'échapper aux Arabes. Si elle avait aussi bien connu la manœuvre d'un bâtiment qu'elle avait de résolution, il est probable qu'elle aurait déjà fait adopter bien des expédients inutiles ; mais se trouvant dans une situation si nouvelle, elle n'avait pu jusqu'alors suggérer aucune idée qu'il fût probable que ses compagnons approuvassent. Saisissant alors celle de Paul Blunt, elle le pressa vivement de l'exécuter, et à force de zèle et d'instances, elle détermina les deux jeunes gens à commencer sur-le-champ les préparatifs nécessaires. Elle alla chercher M. John Effingham et Saunders ; car, ayant une fois pris part à l'entreprise, elle y mit toute l'ardeur de son caractère ; et descendant enfin sous le pont, elle alla préparer tout ce qui serait nécessaire à leur subsistance s'ils réussissaient à quitter le paquebot.

Le marin le plus expérimenté n'aurait pu se mettre à l'œuvre avec plus de sagesse, ni mieux prouver qu'il savait parfaitement tout ce qu'il y avait à faire, que ne le fit alors M. Blunt. Il chargea Saunders de nettoyer la chaloupe sur laquelle se trouvait un rouffle, et qui était le domicile d'une compagnie encore respectable de volailles, de moutons et de cochons ; il lui ordonna de laisser subsister le rouffle, qui pouvait en quelque sorte servir de pont ; tout le reste fut transféré rapidement de la chaloupe sur le bâtiment, puis Saunders se mit à la nettoyer avec un zèle qui ne lui était pas ordinaire. Heureusement les palans à l'aide desquels M. Leach, la matinée précédente, avait mâté les bigues et mis en place le mât de fortune, étaient encore sur le pont, et ce fut autant de travail d'épargné à Paul Blunt. Il s'occupa donc à en frapper deux sur l'étai provisoire qui avait été mis en remplacement de l'étai du grand mât. Alors les saisines de la chaloupe furent larguées, et le garant d'un des palans fut garni au cabestan.

Mademoiselle Viefville, par son énergie et son caractère décidé, avait alors inspiré tant d'ardeur à Eve Effingham et aux deux autres femmes, qu'elles voulurent partager ses travaux ; et M. Effingham, quittant sa fille, monta sur le pont et se mit au nombre de ceux qui aidaient Paul dans ses opérations. L'intérêt que tout le monde y prenait était si vif, que toutes les femmes, interrompant leur occupation, arrivèrent elles-mêmes sur le pont à l'instant où les hommes commençaient à virer au cabestan, flottant entre la crainte et l'espérance et respirant à peine, car c'était une question très-douteuse de savoir si leurs forces réunies suffiraient pour enlever une masse si pesante. Le cabestan fit plusieurs tours, la corde se raidissant peu à peu., et enfin ceux qui en tenaient les barres sentirent qu'ils ne pouvaient faire de plus grands efforts.

— Virez tous ensemble, Messieurs ! s'écria Paul, qui dirigeait le travail, en donnant lui-même l'exemple ; nous soutenons le poids de la chaloupe à présent, et tout ce que nous gagnons est autant de fait pour la hisser.

Ils continuèrent leurs efforts deux ou trois minutes sans en retirer beaucoup de fruit, et s'arrêtèrent tous pour reprendre haleine.

— Je crains que cette entreprise ne soit au-dessus de nos forces, dit M. Sharp. La chaloupe ne me paraît pas avoir remué ; et la corde est tellement tendue qu'elle menace de rompre.

— Il ne nous faut que la force d'un enfant ajoutée à la nôtre, dit M. Blunt en jetant un coup d'œil avec hésitation sur le groupe de femmes. — En pareil cas, une livre en vaut mille.

— *Allons*, s'écria mademoiselle Viefville en faisant signe à la femme de chambre française de la suivre, — vous n'échouerez pas dans votre projet, faute du peu d'aide que nous pouvons vous donner.

Ces deux femmes résolues se placèrent aux barres du cabestan, et leurs efforts, secondant ceux des hommes, décidèrent la victoire, qui avait été très-douteuse. Le cabestan qu'un instant auparavant on voyait à peine remuer, et seulement après un effort lent et violent, tourna maintenant lentement, mais constamment, et l'on vit le bout de la chaloupe se lever. Eve voulait prendre part au travail, mais elle en fut empêchée par Nanny, qui la serrait dans ses bras pour la retenir, de crainte qu'il ne lui arrivât quelque accident.

Paul Blunt annonça alors gaiement qu'ils avaient une force suffisante pour hisser la chaloupe, quoique cette opération dût être longue et laborieuse. Nous disons « gaiement ; » car, quoiqu'il ne vît pas encore bien clairement à quoi conduirait ce succès inespéré, un succès quelconque donne toujours du cœur.

— Nous sommes maîtres de la chaloupe, dit-il, pourvu que les Arabes ne nous inquiètent pas ; et à l'aide d'une voile telle quelle, nous pouvons nous éloigner à une distance qui nous mettra hors de leur pouvoir, jusqu'à ce que nous ayons définitivement perdu tout espoir de revoir nos amis.

— C'est une heureuse assurance ! s'écria M. Effingham, et Dieu peut encore nous épargner la partie la plus cruelle de cette calamité.

Les émotions comprimées éclatèrent encore, et Eve versa de nouvelles larmes dans les bras de son père, mais il s'y mêlait une sorte de sainte joie. Cependant Paul ayant amarré le garant sur lequel ils venaient de virer, garnit l'autre au cabestan, et l'on recommença l'opération avec le même succès. De cette manière, au bout d'une demi-heure, la chaloupe resta suspendue à l'étai, à une hauteur suffisante pour y placer les palans de bout de vergue ; mais comme ils n'étaient pas en place, Paul ayant jugé prudent de s'assurer qu'ils étaient en état de soulever la chaloupe, avant de perdre tant de travail, les femmes allèrent reprendre leurs travaux sous le pont, tandis que les hommes aidaient le jeune marin à passer un cartahu pour hisser les palans au bout des vergues. Pendant cet intervalle, Saunders fut chargé de chercher partout des mâts et des voiles, car Paul pensa qu'il devait s'en trouver sur le bâtiment, puisque la chaloupe avait été construite pour en porter.

Pendant ce temps, il devint évident que les Arabes surveillaient de fort près tous leurs mouvements ; car, du moment que Paul se montra sur la vergue, on remarqua une grande agitation parmi eux, et plusieurs coups de mousquet furent tirés dans la direction du *Montauk*, quoiqu'il s'en inquiétât peu attendu la distance. Ses compagnons remarquèrent pourtant avec crainte que les balles tombaient au-delà du bâtiment, preuve effrayante de la portée extraordinaire des armes de ces barbares. Heureusement le récif, qui était alors presque à fleur d'eau près du paquebot, était, près du rivage, en plusieurs endroits, couvert d'une eau assez profonde pour qu'on ne pût y passer qu'à la nage. Cependant John Effingham, qui examinait les Arabes avec une longue-vue, annonça qu'un certain nombre d'entre eux semblaient se disposer à s'approcher du paquebot de rocher en rocher ; car ils avaient quitté le rivage pour avancer sur le sable, et ils traînaient avec eux de longues mais légères pièces de bois, dont ils paraissaient vouloir faire un pont pour traverser successivement les endroits où l'eau était profonde sans qu'il y eût une distance considérable d'un rocher à l'autre.

Quoique l'opération commencée par les Arabes dût nécessairement prendre beaucoup de temps, cette nouvelle redoubla l'activité des préparatifs qui se faisaient sur le paquebot. Saunders surtout, qui était justement arrivé pour dire qu'il n'avait trouvé ni mâts, ni voiles, se remit au travail avec plus de zèle que jamais ; car, comme c'est l'usage de tous ceux qui savent le moins se servir de leur raison, il était très-pusillanime, et il craignit horriblement de tomber entre les mains des Arabes. Ce fut pourtant un ouvrage long et pénible d'élever ainsi au bout des vergues de lourds palans ; et si Paul Blunt n'eût été aussi remarquable par sa force physique qu'il l'était par ses connaissances dans sa profession, il n'aurait pu y réussir sans aide, — sans aide sur la vergue, car les autres l'aidaient beaucoup sur le pont en travaillant aux palans. Enfin cette partie imposante de la besogne se termina, Paul redescendit sur le pont, et l'on se remit au cabestan.

Pour cette fois, les femmes ne furent pas mises en réquisition, les hommes se trouvant en état de hisser la chaloupe près du bord du paquebot; mais il fallut prendre beaucoup de précautions pour lui faire parer la lisse du plat-bord. John Effingham fut alors placé au garant d'un des palans d'étai, Paul se mit à l'autre, et quand il donna le signal de filer, la chaloupe avança lentement vers le côté du paquebot. Mais au moment de le franchir, elle frappa contre la lisse et s'y arrêta. Paul amarra à la hâte le garant qu'il tenait à la main, courut en avant, et se baissant sous la chaloupe, il vit que la quille était arrêtée par un cabillot contre lequel elle avait frappé. Un coup d'une barre de cabestan fit sauter ce cabillot, et la chaloupe passa sans obstacle. Les palans d'étai furent alors entièrement filés, et tous ceux qui étaient à bord virent, avec des transports de joie qu'on ne saurait décrire, la chaloupe suspendue directement au-dessus de l'eau. Nulle musique ne parut jamais si agréable aux oreilles de ceux qui l'écoutaient, que le bruit que fit cette lourde embarcation en tombant sur la surface de l'eau; sa grandeur, sa force et son rouffle, lui donnaient une apparence de sécurité qui les trompa tous pour le moment; car, en contemplant l'avantage qu'ils avaient remporté d'une manière si inespérée, ils oubliaient les obstacles qui s'opposaient à ce qu'ils pussent en profiter.

Quelques instants après, Paul était sur le rouffle, avait détaché les palans et amarré la chaloupe le long du bord du paquebot, afin d'y faire passer les provisions et autres objets que les femmes avaient préparés. Mais pour que le lecteur puisse mieux comprendre la nature de l'embarcation qui allait recevoir tous ceux qui restaient sur *le Montauk*, il est à propos d'en faire la description.

La chaloupe était grande, solidement construite, et capable de résister à une mer houleuse en étant bien manœuvrée; mais il en résultait qu'elle était lourde. Il aurait fallu huit à dix avirons pour lui imprimer un mouvement modéré, et toutes les recherches qu'on avait faites n'avaient pu en faire découvrir un seul. On réussit pourtant à trouver un gouvernail et une barre, objets dont toutes les chaloupes ne sont pas munies, et Paul ne perdit pas un instant pour les mettre en place. Autour du plat-bord étaient des montants qui soutenaient un rouffle légèrement arrondi, ce qui est assez ordinaire à bord des paquebots, afin de mettre les animaux qu'ils portent à l'abri du mauvais temps. Ces animaux ayant été lâchés sur le pont du paquebot, et l'intérieur du rouffle ayant été bien nettoyé, il offrait alors une chambre propre et commode, petite et sans meubles, à la vérité, mais qui aurait paru un palais à des marins naufragés. Comme il était possible de conserver ce rouffle, à moins que le mauvais temps n'obligeât à le détruire, Paul, qui n'en avait jamais vu sur une embarcation, le regardait avec enchantement, car il promettait du moins un abri à celle qu'il chérissait si tendrement, et c'était plus qu'il n'avait osé espérer. Aux côtés du rouffle étaient adaptés des volets, qui, étant fermés, faisaient de l'intérieur un appartement bien clos, dans lequel un homme même pouvait se tenir debout sans chapeau. Il est vrai que cet arrangement rendait l'embarcation lourde, et faisait qu'il était plus difficile de la manœuvrer; mais tant qu'il serait possible de le conserver, ce rouffle la rendrait infiniment plus commode, et l'on pouvait l'abattre en cinq minutes si les circonstances l'exigeaient.

Paul venait de faire à la hâte l'examen de son trésor, car c'était ainsi qu'il considérait alors la chaloupe, quand, levant les yeux dans l'intention de remonter sur le paquebot, il vit sur le pont Eve qui le regardait comme si elle eût voulu lire leur destin dans l'expression de ses traits.

— Les Arabes, dit-elle, avancent sur le récif, et plus vite, dit mon père, qu'il ne le voudrait; et nous n'avons d'espoir qu'en vous et la chaloupe. Je sais que nous pouvons compter sur vous tant que vous pourrez nous rendre service; mais pouvons-nous faire quelque chose de la chaloupe?

— Pour la première fois, ma chère miss Effingham, je vois une faible chance d'échapper à ces barbares; mais il n'y a pas de temps à perdre, il faut transporter à l'instant sur la chaloupe tout ce qui nous est indispensable.

— Que le ciel vous récompense du rayon d'espoir que vous nous montrez, Powis; vos paroles me raniment, et notre vie sera à peine assez longue pour vous prouver notre reconnaissance.

Elle prononça ces mots d'un ton naturel, comme on exprime un sentiment dont on est fort pénétré, sans réflexion et sans trop peser ses paroles; mais, même dans ce moment terrible, ils firent battre toutes les artères de Paul. Le regard plein d'ardeur qu'il jeta sur Eve la fit rougir jusqu'au front, et elle se retira à la hâte.

On commença alors à apporter dans la chaloupe tous les objets qui avaient été préparés, principalement par la prévoyance de mademoiselle Viefville. Paul les recevait et les jetait sous le rouffle, sans perdre à les arrimer des moments si précieux. Il s'y trouvait des matelas, des couvertures, les malles qui contenaient leurs vêtements ordinaires, des viandes conservées et salées, du pain, du vin, ces derniers objets pris parmi les approvisionnements de Saunders; en un mot tout ce qui pouvait être nécessaire et qu'on avait pu trouver dans la précipitation du moment. Paul refusa presque la moitié de ce qu'on lui apporta, et ce ne fut que par égard pour les dames qu'il n'en rejeta pas encore davantage. Cependant, quand il vit qu'il y avait assez de vivres pour leur subsistance pendant plusieurs semaines, il demanda une trêve, en s'écriant qu'il serait indiscret de vouloir emporter un superflu qui ne ferait que les gêner et qui chargerait la chaloupe d'un poids inutile. L'objet le plus important, l'eau, manquait pourtant encore, et ayant demandé qu'on fit descendre dans la chaloupe Nanny et la femme de chambre française pour arranger un peu mieux tout ce qui y avait été jeté à la hâte, il remonta sur le paquebot pour tâcher de trouver quelque chose qui pût servir de voile.

Il songea pourtant d'abord à l'eau, sans laquelle tout le reste serait devenu complétement inutile. Mais avant tout il prit un instant pour examiner ce que faisaient les Arabes. La marée s'était déjà tellement retirée, que presque tous les rochers se montraient au-dessus de l'eau sur le récif, et plusieurs centaines de ces barbares s'y avançaient, traînant après eux leur pont, opération lente et difficile, qui les empêchait seule d'arriver sur-le-champ au rocher le plus voisin du bâtiment. Paul vit qu'il n'y avait pas un instant à perdre, et, appelant Saunders, il descendit sous le pont.

On eut bientôt trouvé quelques barils vides; Paul et le maître d'hôtel travaillaient à les remplir, et dès qu'il y en avait un de plein, les autres le montaient sur le pont, et le faisaient passer sur la chaloupe en aussi peu de temps qu'il était possible. Les cris des Arabes se faisaient alors entendre distinctement même sous le pont, et il fallait une grande fermeté de nerfs pour continuer les préparatifs nécessaires. Enfin le dernier baril fut rempli, et Paul se précipita sur le pont, car les cris des barbares annonçaient qu'ils n'étaient pas loin du paquebot. Quand il y arriva, il vit que le récif était couvert d'Arabes, les uns hélant le bâtiment, d'autres menaçant, plusieurs tirant des coups de mousquet. Heureusement les balles ne pouvaient les atteindre, parce qu'ils avaient soin de ne pas se montrer au-dessus de la muraille.

— Nous n'avons pas un instant à perdre! s'écria M. Effingham, sur la poitrine duquel Eve, presque incapable de mouvement, avait la tête appuyée.

— Les vivres et l'eau sont dans la chaloupe ; au nom du ciel miséricordieux, fuyons cette scène de barbarie épouvantable.

— Le danger n'est pas encore inévitable, répondit Paul avec fermeté, et quelque effrayant, quelque pressant qu'il paraisse, nous avons encore quelques minutes pour réfléchir. Mais permettez-moi de prier miss Effingham et mademoiselle Viefville de boire quelques gorgées d'une liqueur cordiale.

Prenant une bouteille qui était restée sur le pont avec beaucoup d'autres objets jugés superflus, il en versa dans un verre qu'il approcha lui-même des lèvres pâles d'Eve, et elle en avala quelques gouttes, presque comme l'enfant reçoit sa nourriture des mains de sa nourrice. Le sang reprit son cours dans ses veines, elle releva la tête, fit un effort pour sourire, et le remercia de son attention.

— C'était un cruel moment, dit-elle en appuyant une main sur son front, mais il est passé, et je me sens mieux. Mademoiselle Viefville vous sera obligée d'avoir pour elle la même attention.

La Française, ferme et courageuse, quoique pâle comme la mort, et évidemment en proie à la crainte la plus vive, le remercia poliment, et lui dit qu'elle n'en avait pas besoin.

— Nous sommes à soixante brasses du rocher le plus voisin, dit Paul avec calme. C'est un fossé qu'il faut traverser pour venir à nous. Aucun d'eux ne paraît disposé à le passer à la nage, et leur pont, quoique assez bien construit, peut ne pas être assez long.

— Les dames peuvent-elles sans danger descendre dans la chaloupe à l'endroit où elle se trouve? demanda M. Sharp. Elles seraient exposées aux mousquets des Arabes.

— Nous y remédierons, répondit Paul. Comme je ne puis quitter le pont, voudriez-vous, monsieur Sharp, descendre avec Saunders pour chercher quelque voile? Sans en avoir une, nous ne pourrons nous éloigner du bâtiment quand nous serons dans la chaloupe. Je vois ici un espar qui peut nous servir, et le gréement convenable; mais il faut chercher la voile dans la soute aux voiles. Je conviens qu'il est inquiétant de descendre sous le pont dans un pareil moment, mais vous avez trop de confiance en nous pour craindre que nous vous abandonnions.

M. Sharp se borna à serrer la main de Paul, en signe de confiance, car il lui aurait été impossible de parler. Saunders, après avoir reçu ses instructions, descendit sous le pont avec M. Sharp.

— Je voudrais que ces dames fussent dans la chaloupe avec leurs femmes, dit M. Blunt; car Nanny et la femme de chambre y étaient encore occupées à tout arranger dans le rouffle, où les Arabes ne pouvaient les voir, les volets en étant fermés ; mais il serait imprudent de les y faire passer pendant qu'elles seraient exposées au feu du récif. Il faudra finir par changer la position du bâtiment, autant vaut le faire sur-le-champ.

Faisant signe à John Effingham de le suivre, ils se rendirent sur l'avant du paquebot, pour examiner encore une fois la position des Arabes, avant de prendre un parti définitif. Ils se placèrent derrière les hautes murailles du gaillard d'avant, d'où ils purent faire leur examen sans danger, la hauteur du pont cachant aux yeux de ceux qui étaient sur ces rochers tout ce qui s'y passait.

Les barbares, qui semblaient connaître, et qui, dans le fait, connaissaient parfaitement le petit nombre et la situation désespérée de ceux qui restaient à bord du paquebot, travaillaient sans la moindre crainte d'être inquiétés de ce côté. Leur grand but était de se rendre maîtres du bâtiment, avant que la marée en revenant les forçât encore à quitter les rochers. Pour y réussir, ils avaient placé tous ceux qui étaient de bonne volonté sur leur pont, quoiqu'il s'en trouvât une centaine qui restaient sur le rocher, ne faisant que crier, battre des mains, menacer, et tirer de temps en temps un coup de mousquet : ils en avaient une cinquantaine en leur possession.

— Ils travaillent avec jugement, dit Paul après les avoir considérés quelques instants ; — vous pouvez voir qu'ils ont poussé au vent le bout de leur pont, en l'écartant du rocher pour qu'il aille à la dérive jusque sous les bossoirs du bâtiment, et alors ils monteront à bord comme autant de tigres. Ce pont est mal joint, mal attaché, et la moindre vague le mettrait en pièces ; mais sur une eau si tranquille, il répondra à leurs vues. Il avance lentement, mais dans quinze ou vingt minutes il aura certainement dérivé jusqu'à nous. Ils en paraissent certains eux-mêmes, car ils semblent aussi contents de leur ouvrage que s'ils étaient déjà sûrs du succès.

— Il est donc important pour nous d'agir promptement, puisqu'il nous reste si peu de temps !

— C'est ce que nous allons faire, mais d'une autre manière. Si vous voulez m'aider, je crois que nous pouvons déjouer leur tentative, et nous aurons ensuite le temps de songer à nous échapper.

Paul, aidé par John Effingham, décapela alors entièrement les chaînes des bittes, ce qui permit au paquebot de culer. Comme cette manœuvre avait été faite sans bruit et à couvert, elle avait pris plusieurs minutes ; mais le vent ayant alors fraîchi, le paquebot céda à cette nouvelle force ; et quand le pont flottant se trouva, après avoir dérivé, en ligne directe entre le rocher et le bâtiment, il y avait entre le bout du pont et le paquebot un espace d'eau de plus de cent pieds. Les Arabes s'étaient déjà élancés sur leur pont, afin d'être prêts à monter sur leur prise, et ils poussèrent des rugissements de fureur quand ils se virent trompés dans leur attente. Plusieurs d'entre eux glissèrent sur les espars mouillés et tombèrent dans la mer, et quelques instants se passèrent dans la confusion et les clameurs. Enfin ils obéirent aux ordres de leurs chefs, et ils se mirent à rompre le pont pour en faire un radeau.

M. Sharp et Saunders revinrent en ce moment avec plusieurs voiles légères, telles que des cacatois et des bonnettes de perroquet. Il fit ensuite porter sur la chaloupe un mât de perruche et un boute-hors de bonnettes de perroquet, ainsi qu'une certaine quantité de légers cordages; il fit déposer le tout sur le passe-avant, après quoi il s'occupa sérieusement des dernières mesures qu'il avait à prendre. Comme le temps commençait à presser, les Arabes travaillant avec ardeur en continuant de pousser de grands cris, il appela tous les hommes à son aide, et donna à chacun des instructions sur ce qu'il avait à faire.

— Dépêchez-vous, Saudners, dit-il au maître d'hôtel, qu'il avait pris sur l'avant avec lui, comme devant connaître mieux que les autres la manœuvre d'un bâtiment; — dépêchez-vous, mon brave, et larguez promptement cette chaîne. Dix minutes en ce moment ont plus de prix qu'une année entière en d'autres circonstances.

— Cela est *horrifiant*, monsieur Blunt, — très-horrifiant, Monsieur, je le déclare, répondit Saunders en pleurnichant et en s'essuyant les yeux, tout en larguant la chaîne. — Un tel destin pour un office si bien fourni! — et toute la faïence de la meilleure qualité qu'on puisse trouver à Londres ou à New-York! Si j'eusse pronostiqué que tel serait le sort du *Montauk*, Monsieur, j'aurais conseillé au capitaine Truck de ne pas prendre la moitié autant de provisions, — surtout les vins, Monsieur, les vins! — Oui, il est *horrifiant* de voir tomber du ciel une pareille calamité, après avoir rassemblé tant d'élégance!

— Oubliez tout cela, mon brave, et continuez à larguer la chaîne. — Ah! le bâtiment touche sur l'arrière. Dix à quinze brasses de plus, c'est tout ce qu'il nous faut.

— J'ai fait attention à l'argenterie, Monsieur; et tout est sur la chaloupe, même la cuillère à moutarde cassée. J'espère que l'âme du capitaine Truck, s'il lui est permis de jeter encore un coup d'œil sur l'office, sera béatifiée en voyant ma prudence et mes soins. J'ai laissé tout le reste de la fourniture de table, Monsieur, quoique je pense que ces mangeurs de moules ne se serviront que des couteaux à ouvrir les huîtres, car on dit qu'ils mangent avec leurs doigts. Je déclare qu'il est oppressif et inhumain de songer que de pareils vagabonds mettront au pillage mon office et mon garde-manger.

— Courage ; larguez la chaîne, larguez ! Le bâtiment a en ce moment la brise à bâbord. Songez que des êtres précieux n'ont à compter que sur nous pour leur sûreté.

— Oui, Monsieur, oui. Je prends beaucoup d'intérêt aux dames, et surtout aux provisions que nous abandonnons. Jamais bâtiment mieux approvisionné n'est sorti des docks Sainte-Catherine, Monsieur, surtout pour ce qui est du département de l'office, et je ne sais ce que ces misérables en feront. Ils ne sauront que faire de tout ce qu'ils y trouveront et ne pourront tirer parti de rien. Et le pauvre Toast ! il passera monstrueusement mal son temps avec ces mangeurs de moules, car ils ne mangent jamais de poisson, et ses manières s'étaient considérablement *édulcorées* depuis qu'il est avec moi. Je ne serais pas surpris qu'il oubliât tout ce que j'ai eu tant de peine à lui apprendre, à moins qu'il ne soit mort, et en ce cas, à quoi cela lui servira-t-il ?

— Voilà qui suffit ! dit Paul en cessant son travail ; le bâtiment est échoué de l'avant à l'arrière. A présent nous placerons les mâts et les voiles sur la chaloupe et nous ferons descendre les dames.

Afin que le lecteur comprenne mieux quelle était alors la situation du *Montauk*, il peut être à propos de lui expliquer quel était le travail dont M. Powis et Saunders venaient de s'occuper. En larguant les chaînes, ils avaient permis au paquebot de retomber plus en arrière, et il avait touché par l'arrière sur l'extrémité du banc de sable dont il a déjà été parlé. Une fois assuré sur ce point, l'avant, poussé par le vent, avait reculé autant que la profondeur de l'eau le permettait. Enfin le bâtiment était complétement échoué de l'avant à l'arrière, ayant le récif à bâbord, et la chaloupe placée entre lui et la partie du banc de sable qui s'élevait au-dessus de l'eau, position qui empêchait qu'elle pût être vue ou attaquée par les Arabes.

Eve, mademoiselle Viefville et M. Effingham, descendirent alors dans la chaloupe ; les autres restèrent encore sur le paquebot pour achever les préparatifs du départ.

— Ils avancent vite dans la construction de leur radeau, dit Paul, tout en travaillant et en dirigeant le travail des autres ; mais nous serons en sûreté ici jusqu'à ce qu'ils quittent le rocher. Le radeau dérivera certainement sur *le Montauk*, mais le mouvement sera nécessairement lent ; car, quand même ils auraient des gaffes — et je ne leur en vois aucune — la mer est trop profonde pour qu'ils puissent en toucher le fond. Jetez ces voiles de rechange sur le toit du rouffle, Saunders ; nous pourrons en avoir besoin avant d'entrer dans un port, si Dieu nous protége assez pour permettre que nous y arrivions. Mettez-y aussi deux compas et tous les outils de charpentier qu'on a pu réunir.

Tout en donnant ses ordres, Paul s'occupait à scier le gros bout du mât de flèche de perruche pour en faire un mât pour la chaloupe. Il finissait cet ouvrage au moment où il cessa de parler ; et ayant préparé une carlingue, il sauta sur le toit du rouffle, et y fit un trou pour l'y placer à un endroit qu'il avait déjà marqué dans ce dessein. Lorsqu'il eut fini, le mât était prêt à être placé, et une minute après on eut la satisfaction de voir en place un mât qui suffisait pour la chaloupe. Vergues, drisses, voile, amures, rien ne fut oublié, et tout fut prêt pour mettre à la voile au premier signal. Comme on avait alors le moyen d'imprimer du mouvement à la chaloupe, chacun commença à respirer plus librement, et à songer aux choses moins essentielles, mais utiles, qu'on avait oubliées dans la précipitation du moment. Après quelques autres minutes, pendant lesquelles tout le monde eut fort à faire, John Effingham commença à presser sérieusement ses compagnons de quitter le paquebot. Paul hésitait pourtant encore ; il regardait avec la longue-vue dans la direction du bâtiment danois, dans l'espoir de voir arriver du secours de ce côté ; mais il l'espérait en vain, car c'était précisément le moment où le capitaine Truck était obligé de faire touer la chaloupe et le radeau pour gagner le large. En ce moment une vingtaine d'Arabes sautèrent sur le radeau qui venait d'être terminé, et qui commença à arriver lentement à la dérive vers *le Montauk*.

Paul jeta un regard autour de lui pour voir s'il n'apercevrait rien qui pût être utile, et ses yeux tombèrent sur le canon. Il fut frappé de l'idée qu'il pourrait s'en servir contre les Arabes comme d'un épouvantail, en traversant la passe, et il résolut de le placer, du moins pour le moment, sur le toit du rouffle, sauf à le jeter à l'eau dès qu'ils seraient en pleine mer, s'ils étaient assez heureux pour pouvoir sortir de l'enceinte formée par le récif. L'étai et les palans de la vergue lui offraient toutes les facilités nécessaires. Il attacha sur-le-champ la pièce de canon ; quelques tours de cabestan suffirent pour l'enlever du pont ; quelques autres la placèrent au-delà du bord, et il fut ensuite aisé de la descendre sur le rouffle, Saunders ayant d'abord été chargé de placer une épontille en dessous pour en soutenir le poids.

Enfin, tout le monde descendit dans la chaloupe, à l'exception de Paul qui resta encore sur le pont du paquebot, examinant comment les Arabes avançaient, et calculant ce qu'il avait à faire.

Il fallait une grande force d'esprit, beaucoup de sang-froid et une confiance entière dans ses connaissances et dans ses moyens pour rester ainsi spectateur passif de la marche lente du radeau qui avançait en droite ligne vers le paquebot. Quelques Arabes placés sur le radeau l'aperçurent, et avec la duplicité ordinaire aux barbares ils lui firent des signes d'amitié et d'encouragement. Blunt ne se laissa pourtant pas tromper par ces signes, mais il continua à observer avec attention tous leurs mouvements, espérant pouvoir ainsi obtenir quelque connaissance de leurs intentions. Son air calme les trompa, et ils allèrent jusqu'au point de lui faire signe de leur jeter une corde. Jugeant qu'il était alors temps de partir, il leur répondit par un signe qui semblait favorable à leur demande, et disparut à leurs yeux.

Même en descendant sur la chaloupe, le jeune marin ne montra aucune précipitation; ses mouvements furent prompts, et il prit toutes ses mesures avec une rapidité qui était le résultat de sa science; mais ni trouble, ni confusion, ni incertitude, ne lui firent perdre un seul instant. Il déploya la voile, l'amura, et se plaça ensuite sous le rouffle, après avoir détaché le câblot qui amarrait la chaloupe au paquebot et avoir vigoureusement poussé le bâtiment pour que l'embarcation s'en éloignât. Par ce dernier mouvement, il mit sur-le-champ trente pieds d'eau entre la chaloupe et *le Montauk*, espace que les Arabes n'avaient aucun moyen de franchir. Dès qu'il fut sous le rouffle, il prit la barre du gouvernail qui, au moyen d'une étroite ouverture pratiquée dans les planches, pouvait se mouvoir à travers un des volets. M. Sharp prit sa place sur l'avant, d'où il pouvait voir par différentes fentes les bancs de sable et les canaux, et d'où il indiquait à Paul comment il devait gouverner. A l'instant où de grands cris annonçaient l'arrivée du radeau de l'autre côté du paquebot, le battement de leur voile apprit à ceux qui étaient dans la chaloupe l'heureuse nouvelle qu'ils étaient déjà assez loin pour sentir la force du vent.

CHAPITRE XXIV.

> Hâte-toi, noble barque! ta cargaison est plus riche que si elle était composée de pierres précieuses du Brésil ou du produit des mines du Pérou. Ton destin doit être celui des trésors que tu portes; car si tu péris ils partageront ton sort. PARK.

Le départ de la chaloupe eut lieu dans le moment le plus propice : si elle eût quitté le bâtiment pendant que les Arabes qui étaient sur le radeau n'avaient rien à faire, elle aurait été exposée à leur feu; car, parmi ceux qui s'y trouvaient, une douzaine au moins étaient armés de mousquets; au lieu qu'elle glissait alors sous le vent, tandis qu'ils étaient occupés à monter sur *le Montauk*, ou qu'ils en étaient si près qu'ils ne pouvaient apercevoir la chaloupe. Quand Paul, par une fente de l'arrière, vit le premier Arabe arriver sur le pont du *Montauk*, la chaloupe en était déjà à une encâblure, voguant avec un vent frais dans un des nombreux petits canaux qui coupaient les bancs de sable. La construction extraordinaire de la chaloupe, avec son rouffle enclos de toutes parts, circonstance qui faisait qu'on n'y voyait personne, produisit l'effet de tenir les barbares dans l'inaction jusqu'à ce que la distance l'eût mise à l'abri de tout danger. Ils tirèrent pourtant quelques coups de mousquet, mais au hasard et par pure bravade.

Paul laissa courir la chaloupe avec le vent largue jusqu'à ce qu'il fût à un mille du *Montauk*. Voyant alors qu'il approchait du récif au nord-est, et qu'il avait en face un banc de sable favorable à peu de distance, il mit la barre dessous, mit la voile en bannière, et l'étrave de la chaloupe frappa sur le sable. Avec un peu d'adresse, l'embarcation fut placée par son travers près du banc, et il n'y eut qu'un volet du rouffle à ouvrir pour que les femmes pussent y descendre, quand elle fut amarrée.

Il y avait un si grand changement entre la situation presque désespérée dans laquelle ils se trouvaient une heure ou deux auparavant et la sécurité qu'ils éprouvaient alors, qu'ils étaient tous comparativement heureux. Paul Blunt et John Effingham s'accordèrent à assurer qu'avec une telle chaloupe il leur serait très-possible d'atteindre une des Iles sous le Vent, et qu'ils devaient se regarder, dans de pareilles circonstances, comme très-fortunés d'être si bien munis de tout ce qui leur était nécessaire. Eve et mademoiselle Viefville, qui avaient rendu de ferventes actions de grâces au grand dispensateur de tous les événements avant de quitter la chaloupe, se promenèrent sur le sable avec une sorte de jouissance, et le sourire commença à reparaître sur les traits charmants de la première. M. Effingham, le cœur plein de reconnaissance pour le ciel, protesta qu'il n'avait fait de sa vie, dans aucun parc, ni dans aucun jardin, une promenade aussi délicieuse que sur ce sable aride, si voisin de la côte stérile du grand désert. Le charme qu'il offrait était la sécurité ; et la distance à laquelle il se trouvait de tous les points auxquels les Arabes auraient pu arriver, en faisait à leurs yeux un paradis.

Paul Powis cependant, quoiqu'il conservât un air enjoué, et que le sentiment intime d'avoir servi d'instrument au ciel pour sauver tous ses compagnons, soulageât son cœur d'un poids bien pesant et le disposât même à la gaieté, n'était pas sans quelques restes d'inquiétude. Il se rappelait les embarcations du bâtiment danois, et croyant plus que probable que le capitaine Truck était tombé entre les mains des Arabes, il craignait que ces derniers né s'en fussent emparés. Tandis qu'il était occupé à compléter le gréement et à préparer un palan dont il avait besoin pour faciliter la manœuvre, il jetait souvent un regard inquiet vers le nord, craignant qu'une des embarcations dont il avait si vivement désiré l'arrivée ne parût enfin. N'attendant plus le capitaine et ses compagnons, il tremblait de voir venir des ennemis de ce côté. Il n'en vit pourtant pas, et Saunders ayant allumé du feu sur le sable, prépara du thé, car aucun d'eux n'avait pris de nourriture pendant toute cette journée, quoique la nuit fût près de tomber.

— On voit aisément, dit Paul en souriant, quand il vit la collation servie par Nanny Sidley dans le rouffle, où ils étaient tous assis sur des caisses et des malles,—on voit aisément de quel sexe étaient nos pourvoyeurs, car nous avons devant nous des friandises dignes d'un splendide banquet.

— J'ai cru qu'elles seraient du goût de miss Eve, répondit Nanny avec douceur ; elle n'a pas été accoutumée à une nourriture grossière, et Mamerzelle aime aussi les bons morceaux, comme, je crois, tous les Français.

— La pauvre Nanny a été si longtemps habituée à céder à tous les caprices d'une enfant gâtée, dit Eve qui crut quelques mots d'apologie nécessaires, que je crains que ceux qui ont besoin de toutes leurs forces n'aient à en souffrir. Je regretterais beaucoup, monsieur Powis, que *vous*, qui êtes si important pour nous sous tous les rapports, vous n'eussiez pas la nourriture qui vous convient.

— Je me suis exposé mal à propos et sans le vouloir, répondit Paul en souriant, au soupçon d'être un des *gourmets* de M. Lundi, un de ces gens qui ne se nourrissent que de viandes rôties ou bouillies. Je ne voulais qu'exprimer le plaisir que j'éprouvais en voyant qu'on avait songé à procurer tout ce qui pouvait être agréable à celles au bien-être desquelles nous devons pourvoir avant de penser au nôtre ; je crois que je jeûnerais volontiers, miss Effingham, si je voyais que les circonstances extraordinaires dans lesquelles nous nous trouvons ne vous font pas souffrir.

Eve parut reconnaissante de ce discours, et l'émotion qu'il lui causa rendit à sa beauté tout l'éclat dont la crainte l'avait momentanément privée.

— N'ai-je pas entendu, entre vous et M. Saunders, une conversation sur le mérite de certaines provisions laissées à bord du *Montauk?* demanda John Effingham à Paul, pour soulager l'embarras de sa jeune cousine.

— Vous avez pu l'entendre ; car, tandis que nous étions occupés à larguer les chaînes, il m'a régalé d'une magnifique jérémiade sur les calamités de son garde-manger. — Je crois, maître d'hôtel, que les infortunes de l'office vous paraissent le plus cruel désastre que *le Montauk* ait éprouvé.

Saunders souriait rarement. Il ressemblait à cet égard au capitaine Truck. Celui-ci maîtrisait toute émotion de ce genre, par suite de l'habitude invétérée qu'il avait prise de conserver toujours une gravité comique, et à cause de la responsabilité de ses fonctions ; tandis que l'autre avait perdu sa disposition à la gaieté, comme un cheval de fiacre perd son penchant à ruer, par suite d'un travail excessif. Le maître d'hôtel, d'ailleurs, avait conçu l'idée que rien « ne sentait le nègre » comme de montrer de la gaieté ; de sorte qu'entre le sentiment intime de sa dignité, les égards qu'il croyait devoir à sa couleur,—qui tenait le milieu entre celle du mauricaud importé d'Afrifrique, et celle de l'inspecteur d'une plantation de riz, attaqué de la fièvre la troisième année de son séjour dans les Indes occidentales,
— et une soumission forcée à tout ce qu'on pouvait exiger de lui, le caractère habituel de la physionomie du pauvre diable était un sentimentalisme douloureux. Il s'imaginait avoir prodigieusement gagné par suite des relations qu'il avait eues avec un grand nombre de personnes de qualité des deux sexes souffrant du mal de mer, et il ne connaissait personne qui pût se servir comme lui des termes choisis dont il avait une ample provision. Quoiqu'il fût donc voué à une sorte de mélancolie, il aimait à s'entendre parler, et se trouvant encouragé par ce qu'avaient dit John Effingham et Paul Powis, et un

peu enhardi par la familiarité qu'engendrait un événement qui était presque un naufrage, il n'hésita pas à prendre part à la conversation, quoiqu'il eût habituellement un profond respect pour toute la famille Effingham.

— Je regarde comme un privilége, Mesdames et Messieurs, dit-il dès que Paul eut cessé de parler,—d'avoir l'honneur d'être *naufraigé*, —car c'est ainsi qu'il prononçait ce mot, conformément au dialecte dorique du gaillard d'avant,—en si respectable compagnie. Je considérerais comme une honte d'avoir été jeté dans la société de certaines gens que je pourrais nommer ; mais, comme nous le disons en Amérique, je ne *prédirai* pas d'eux en leur absence. Quant à ce qui implique les provisions, il m'a été suggéré dans l'esprit que ces dames aimeraient une nourriture délicate, et je l'ai insinué à mistress Sidley et à l'autre femme de chambre française. Mais croyez-vous, Messieurs, qu'il soit permis aux âmes des morts, de jeter un regard sur ce qui concerne leurs affections et leurs intérêts?

— Je crois, maître d'hôtel, répondit John Effingham, que cela doit dépendre de la nature des occupations des âmes. Il doit y en avoir pour qui toute autre occupation devrait être plus agréable que celle de jeter un coup d'œil en arrière sur ce monde. Mais pourquoi faites-vous cette question?

— Parce que je ne crois pas, monsieur John Effingham, que l'âme du capitaine Truck puisse être heureuse dans le ciel tant que son bâtiment sera en la possession des Arabes. Si *le Montauk* eût été honorablement et légitimement *naufraigé*, et que le capitaine eût été *suffroqué* en se noyant, son âme pourrait dormir en paix comme celle de tout autre chrétien ; mais je pense, Monsieur, que s'il y a une perdition spéciale pour un marin, ce doit être de voir son bâtiment saccagé par des Arabes. Je suis sûr que ces vauriens ont déjà mis partout leurs doigts sales, dans le sucre, le chocolat, le café, les raisins secs, les gâteaux, dans tout enfin. Je voudrais savoir s'ils s'imaginent que quelqu'un voudra toucher à aucune chose qu'ils auront ainsi maniée. Et il y a le pauvre Toast, Messieurs ; c'est un jeune homme qui ne manque pas d'avenir, et qui conglomère en lui tout ce qu'il faut pour faire un bon maître d'hôtel, quoique je ne puisse dire que tous ces germes soient complétement développés en lui ; je voyais venir le jour où j'aurais pu le présenter à M. Leach, comme digne d'être mon *prédécesseur*, quand le capitaine Truck et moi nous aurions quitté le service, comme je ne doute pas que nous ne l'eussions fait le même jour, sans cet accident fâcheux. A présent je prie dévotement le ciel qu'il soit mort; car il vaudrait mieux qu'il lui arrivât quelque infortune dans l'autre monde, que d'être obligé de frayer dans celui-ci avec des nègres arabes. Mort ou vivant, Mesdames, je suis pour qu'un homme se tienne sur un pied respectable, et ne hante que la bonne compagnie.

La réussite presque inespérée de la tentative pour échapper aux Arabes avait donné tant d'élasticité à tous les esprits, qu'on permit à Saunders de suivre sa veine tant qu'il le voulut ; et tandis qu'il servait le souper, allant du feu au rouffle, et du rouffle au feu, il eut le plaisir de commérer plus qu'il ne l'avait encore fait depuis son départ de Londres, sans même en excepter ses entretiens particuliers avec Toast dans l'office, dans lesquels il avait coutume de relâcher quelque chose de son importance, et d'oublier sa dignité comme maître d'hôtel pour reprendre les penchants naturels à sa race.

Paul ne prit part qu'un instant à ce badinage, car c'était sur lui seul que reposait la sûreté de tous. Lui seul était en état de gouverner la chaloupe, et même de faire la manœuvre quand elle serait en pleine mer ; et tandis que les autres se fiaient implicitement à ses connaissances et à son sang-froid, il sentait le poids ordinaire de la responsabilité. Quand le souper fut terminé, et pendant que les autres se promenaient sur cette petite île de sable, il monta sur le toit du rouffle, pour examiner avec une longue-vue ce que faisaient les Arabes à bord du *Montauk*. M. Sharp, avec un désintéressement chevaleresque, qui ne fut pas perdu pour son compagnon, renonça au plaisir de se promener à côté d'Eve, pour l'y accompagner.

— Les misérables ont déjà dévasté toutes les chambres, dit M. Sharp pendant que Paul continuait à regarder le bâtiment. Ce qui a coûté des mois à faire sera détruit en une heure.

— Je ne vois pas cela, répondit Paul ; ils ne sont qu'une cinquantaine sur le paquebot, et ils ne semblent occupés qu'à faire des efforts pour le faire retourner vers les rochers. Dans l'endroit où il est, ils n'ont aucun moyen pour porter leur butin à terre ; et je soupçonne qu'il y a entre eux une sorte de convention que le partage se fera régulièrement. Deux ou trois, qui paraissent être des chefs, entrent dans les chambres et en sortent ; et tous les autres ne semblent chercher qu'à rendre le mouvement au paquebot.

— Y parviennent-ils ?

— Pas le moins du monde, à ce qu'il me paraît. Leurs connaissances en mécanique ne vont pas jusqu'à pouvoir forcer une masse si lourde à changer de position. Le vent a poussé *le Montauk* sur le banc de sable, de manière à l'y établir fermement, et rien que le cabestan ne pourra l'en détacher. Ces ignorants ont tendu deux ou trois petites cordes du bâtiment au récif, et ils les tirent de toutes leurs forces par les deux bouts, sans en retirer aucun fruit. Mais notre principale affaire est de trouver le moyen d'entrer dans l'Océan, afin de chercher ensuite à gagner les îles du Cap Vert.

Paul commença alors un examen long et sérieux du récif, pour voir par quel canal il pourrait plus facilement en faire sortir la chaloupe. La ligne de rochers se prolongeait au nord de la grande passe, et il vit avec regret que des Arabes armés commençaient à s'y montrer, signe que ces barbares n'avaient pas encore renoncé à l'espoir de les faire prisonniers. Au sud de cette passe, il se trouvait plusieurs endroits où une chaloupe semblait pouvoir passer à mi-marée, et il espéra pouvoir profiter d'une de ces ouvertures dès que la nuit serait arrivée. Il se figura que les Arabes, n'ayant pas prévu qu'ils pourraient leur échapper sur la chaloupe, n'avaient encore amené aucune des embarcations du bâtiment danois ; mais que si le lendemain matin les trouvait encore dans l'enceinte du récif, ils n'auraient aucun moyen de résister à des barbares armés, qui auraient eu le temps de se procurer ces embarcations, quoiqu'ils pussent ne pas savoir se servir des rames.

Tout alors était prêt. L'intérieur du rouffle était divisé en deux appartements par des malles, des boîtes, des caisses, et des courtepointes tendues en forme de cloison. Les femmes avaient placé leurs matelas du côté de l'avant, et les hommes de l'autre. Quelques-uns de ces profonds interprètes des lois, qui mettent la législation en défaut par les rubriques du commerce, dans le dessein de profiter de la différence des droits entre le métal brut et le métal manufacturé, avaient mis à bord du *Montauk* plusieurs centaines de mauvais bustes de Napoléon en plomb. Quatre à cinq de ces bustes avaient été jetés dans la chaloupe pour servir de lest. Ils furent alors placés au fond avec les barils d'eau et les autres objets les plus pesants. Le palan qui manquait avait été remplacé, et la chaloupe avait été convenablement mâtée. En un mot, Paul avait veillé à tout ce qui pouvait contribuer au bien-être et à la sûreté de ses compagnons, et tout était disposé pour remettre à la voile dès que le moment convenable en serait arrivé.

Presque tous étaient alors assis sur le bord du haut du rouffle, regardant le soleil se coucher, et occupés d'une conversation qui avait plus d'analogie avec leur situation présente qu'aucune de celles qu'ils avaient eues immédiatement après leur départ du *Montauk*. La soirée avait à peu près le même aspect humide et sauvage qui avait donné tant d'inquiétude au capitaine Truck à peu près à la même heure, mais le soleil descendait dans toute sa gloire vers l'Occident. Le vaste désert, le récif, le bâtiment arrêté sur le sable, les Arabes qui s'efforçaient en vain de l'en dégager, tout donnait à cette scène un caractère de sombre grandeur.

— Si nous pouvions prévoir tous les événements qui doivent se passer dans le cours d'un seul mois, dit John Effingham, comme l'avenir changerait la couleur du présent! Quand nous avons quitté Londres, il n'y a pas encore vingt jours, nous avions les yeux et l'esprit pleins du luxe, de la magnificence et de toutes les beautés d'une grande capitale; et nous voici maintenant errants et presque sans abri, regardant le soleil se coucher sur la côte d'Afrique. C'est ainsi, jeunes gens, et vous aussi, jeunes filles, que vous verrez, en avançant dans la vie, que l'avenir trompe bien souvent l'espoir que fait naître le présent.

— Le futur n'est pas toujours sombre, cousin John, dit Eve, et toutes les espérances ne sont pas condamnées au désappointement. Un Dieu plein de merci veille sur nous quand nous sommes réduits au désespoir, et jette un rayon de lumière inattendue sur nos heures les plus noires. Nous sommes certainement les dernières de toutes ses créatures qui devions le nier.

— J'en conviens. Nous avons été sauvés d'une manière si simple, qu'elle semble toute naturelle, et cependant si inespérée, qu'elle est presque miraculeuse. Si M. Blunt ou M. Powis, comme vous l'appelez, quoique je ne sois pas dans le secret de cette mascarade, n'eût pas été marin, nous n'aurions jamais été en état de mettre cette chaloupe à l'eau, et quand même nous eussions pu l'y lancer, nous n'aurions su comment la gouverner. Je regarde sa profession comme la première et la grande intervention de la Providence en notre faveur, et ses talents dans cette profession comme une circonstance qui n'a pas été moins importante pour nous.

Eve garda le silence; mais le coloris dont le soleil couchant ornait l'horizon occidental était à peine plus brillant et plus radieux que le regard qu'elle jeta sur celui qui était le sujet de cette remarque.

— Ce n'est pas un grand mérite d'être marin, dit Paul après un moment d'hésitation, c'est un métier comme un autre: une simple affaire d'éducation et de pratique. Si, comme vous le dites, j'ai été un instrument de la Providence pour vous être utile, je ne regretterai jamais les accidents, les cruels accidents de ma première jeunesse qui m'ont conduit de si bonne heure sur l'Océan.

On aurait entendu une épingle tomber; chacun croyait que le jeune homme allait entrer dans quelques détails sur sa vie antérieûre, mais il ne dit pas un seul mot de plus. Saunders entendit cette dernière remarque, car il aidait Nanny Sidley à arranger divers objets au fond de la chaloupe, et il reprit le sujet de la conversation où Paul l'avait laissée en faisant avec elle une sorte d'*à parte*.

— Il est malheureux que M. Dodge ne soit pas ici pour questionner M. Blunt, car nous aurions pu apprendre quelque chose de ses aventures, et je ne doute pas qu'elles n'aient été pathétiques et romanesques. M. Dodge est un véritable inquisiteur, mistriss Sidley; non pas un inquisiteur qui brûle et qui écorche les gens, comme j'en ai vu dans d'autres pays, mais un inquisiteur qui les tourmente à force de questions, comme nous en avons tant en Amérique.

— Que le pauvre homme soit en paix! répondit Nanny en soupirant; il est allé rendre son dernier compte, et je crains qu'aucun de nous ne fasse une aussi bonne figure que nous le devrions quand il s'agira de régler les nôtres. A l'exception de miss Eve, je n'ai jamais connu personne qui ne péchât plus ou moins.

— C'est ce que tout le monde dit, et je dois avouer que mon expérience me porte à pencher pour la même *hopinion*. Voilà le capitaine Truck, par exemple; c'était un brave homme, mais il avait ses défauts tout aussi bien que Toast. Il jurait quand les choses n'allaient pas à son gré; il ne croyait pas commettre une prévarication en disant ce qu'il pensait d'un de ses semblables, quand son café était trouble ou qu'il ne plaisait pas à la volaille de s'engraisser. Je l'ai entendu charger la boussole d'imprécations, quand son bâtiment était surpris par un calme.

— C'était pécher, et il faut espérer que le pauvre homme a pensé à tout cela dans ses derniers moments.

— Si les Arabes ont essayé de le *cannibaliser*, je crois qu'il doit leur en avoir donné de droite et de gauche, continua Saunders en s'essuyant un œil, car il avait pour le capitaine une affection à peu près semblable à celle qu'un prisonnier conçoit avec le temps pour ses menottes, qui servent à le distraire de son ennui. — Quelques-uns de ses jurements étoufferaient un chien.

— Eh bien! laissez-le reposer, — laissez-le reposer en paix! La Providence est miséricordieuse, et le pauvre homme peut s'être repenti à temps.

— Sans doute, et Toast aussi. Je vous déclare, mistriss Sidley, que je pardonne à Toast du fond du cœur toutes les petites méprises qu'il a faites, et notamment l'affaire du beaftek qu'il avait laissé tomber dans le café le jour que le capitaine a fait tant de bruit parce qu'il le trouvait mauvais. Je prie le ciel bien dévotement que le capitaine, à présent qu'il a jeté l'ancre dans un autre pays et qu'il ne reste plus de lui que son âme, n'apprenne jamais cette peccadille, de peur que cela ne jette de la *zirzanie* entre eux dans le ciel.

— Vous savez à peine ce que vous dites, monsieur Saunders, s'écria Nanny, choquée d'un tel discours, et je ne continuerai pas plus longtemps cette conversation.

Le maître d'hôtel fut obligé de se soumettre à cette sentence, mais il s'en consola en écoutant ce qu'on disait sur le rouffle. Comme il ne plaisait pas à Paul d'entrer dans plus d'explication sur ce qui le concernait personnellement, la conversation continua comme s'il n'eût rien dit. Ils parlèrent encore de leur départ du *Montauk*, de leurs espérances présentes, et du destin supposé de tous leurs autres compagnons de voyage, leur entretien ayant une nuance de tristesse qui était en harmonie avec la scène mélancolique, quoique pittoresque, au milieu de laquelle ils se trouvaient. Enfin la nuit tomba, et comme elle menaçait d'être obscure et humide, les dames se retirèrent de bonne heure sous le rouffle. Les hommes restèrent beaucoup plus longtemps, et il était plus de dix heures quand Paul et M. Sharp, qui s'étaient chargés de faire le quart, se trouvèrent seuls.

C'était environ une heure plus tard que le moment où le capitaine Truck, comme nous l'avons dit, s'était disposé à dormir dans la chaloupe du bâtiment danois. Le temps avait sensiblement changé pendant ce court espace de temps, et il y avait des signes qui avaient annoncé ce changement à notre jeune marin. L'obscurité était profonde, et la nuit était couverte d'un voile si noir que les deux jeunes gens ne pouvaient même plus distinguer la terre; ils n'avaient d'autre indice de sa position que les feux à demi éteints du camp des Arabes, et la direction du vent.

— Nous ferons maintenant notre tentative, dit Paul en s'arrêtant dans une courte promenade qu'il faisait sur le sable avec son compagnon; il est près de minuit, et à deux heures la marée cessera de monter. C'est une nuit bien sombre pour entrer dans ces canaux étroits et tortueux, et même pour nous lancer au milieu de l'Océan sur une embarcation si fragile; mais l'alternative est encore pire.

— Ne vaudrait-il pas mieux attendre que l'eau montât encore plus haut? je vois qu'elle continue à avancer sur le sable.

— Il n'y a jamais de fortes marées dans ces basses latitudes, et le peu qui en reste pourra nous servir à nous dégager d'un banc de sable s'il nous arrive d'en toucher un. Si vous voulez monter sur le rouffle, je lèverai les grappins et je pousserai la chaloupe au large.

M. Sharp rentra dans la chaloupe, et quelques moments après

elle s'éloignait lentement du banc de sable qui lui avait donné l'hospitalité.

— Je quitte ce banc de sable comme on quitte un ami qu'on a mis à l'épreuve, dit Paul, toute la conversation ayant lieu à voix basse ; quand j'en étais voisin, je savais où nous étions, mais bientôt nous serons entièrement perdus dans ces profondes ténèbres.

— Nous avons encore les feux du camp des Arabes pour nous servir de phare.

— Ils peuvent nous donner une faible idée de notre position, mais une pareille lumière est un guide très-perfide par une nuit si obscure. Nous n'avons pas autre chose à faire que d'avoir l'œil sur l'eau et de chercher à gagner au vent.

Paul établit une voile de fortune, faite avec un des cacatois du paquebot. Il s'assit en avant sur le plat-bord de la chaloupe, les jambes pendantes de chaque côté de l'étrave. Il avait frappé deux lignes sur la barre du gouvernail, de manière à gouverner avec un croissant. M. Sharp, assis près de lui, tenait en main l'écoute de la grande voile. Une gaffe et un léger espar étaient à portée sur le rouffle, pour s'en servir si la chaloupe venait à toucher.

Pendant qu'ils étaient sur le banc de sable, Paul avait remarqué qu'en tenant la chaloupe au vent il pouvait suivre un des canaux les plus larges pendant près de deux milles, à moins qu'il ne rencontrât des courants ; et que lorsqu'il serait à l'extrémité méridionale, il aurait assez gagné au vent pour atteindre la grande passe, sauf les bancs de sable qui pourraient se trouver sur la route. La distance l'avait empêché de distinguer aucun passage dans le récif, à l'extrémité de ce canal ; mais comme la chaloupe ne tirait que deux pieds d'eau, il n'était pas sans espoir d'en trouver un. Un espace d'eau assez profonde pour empêcher le passage des Arabes, quand la marée était haute, lui paraissait certainement suffire pour arriver à son but. La chaloupe avançait constamment et avec une vitesse raisonnable, mais c'était comme un homme marchant dans une masse d'obscurité. Paul et M. Sharp avaient les yeux fixés sur l'eau en avant d'eux avec une attention infatigable, mais avec peu de succès, car ils ne faisaient que passer de ténèbres en ténèbres. Heureusement, les observations que le premier avait faites avant de partir leur furent utiles, et pendant plus d'une demi-heure ils avancèrent sans interruption.

— Ils dorment tranquillement sous le rouffle, dit Paul, tandis que nous gouvernons presque au hasard. Nous nous trouvons dans une situation aussi hasardeuse qu'étrange. L'obscurité double tous les risques.

— D'après les feux des Arabes, nous devons avoir presque traversé la baie, et je crois que nous devons être très-près du récif du côté du sud.

— Je pense de même, mais je n'aime pas ce vent variable. Il fraîchit par moments, mais ce n'est que par bouffées, et je crains qu'il ne change. Le vent est maintenant mon meilleur pilote.

— Avec les feux des Arabes.

— Les feux donnent toujours une lumière traîtresse. — Il fait plus noir que jamais en avant.

Le vent cessa tout à fait, et la voile tomba lourdement sur le mât. Presque au même instant la chaloupe perdit son air, et Paul n'eut que le temps d'étendre en avant sa gaffe pour l'empêcher de frapper contre un rocher.

— Ce rocher, dit-il, est donc une partie du récif qui n'est jamais couverte ! Si vous voulez y monter et tenir la chaloupe, j'examinerai les environs pour chercher un passage. Si nous étions à cent pieds au sud-ouest, nous serions en pleine mer, et comparativement en sûreté.

M. Sharp fit tout ce qui lui était demandé, et Paul descendit avec précaution sur le récif, sondant le terrain avec sa gaffe à mesure qu'il avançait, car il courait le risque de tomber à la mer à chaque pas. Il fut absent environ dix minutes. Son ami commençait à être inquiet, et le danger de leur situation, si quelque accident arrivait à leur seul guide, se peignit vivement à son imagination pendant ce court espace de temps. Il regardait du côté par où Paul avait disparu, quand il se sentit serrer fortement le bras.

— Ne respirez même qu'avec précaution, lui dit Paul à l'oreille. — Ces rochers sont couverts d'Arabes, à qui il a plu de passer la nuit sur les parties les plus élevées du récif, pour être prêts à commencer leur pillage quand le jour paraîtra. Grâce au ciel ! je vous ai retrouvé, je commençais à en désespérer. Vous avoir appelé, c'eût été faire tomber sur nous l'esclavage, car huit à dix de ces barbares dorment à vingt pieds de nous. Montez sur le rouffle, faites le moins de bruit possible, et laissez-moi le soin du reste.

Dès que M. Sharp fut sur la chaloupe, Paul la poussa avec force du rocher, et sauta sur le rouffle au même instant. Ce mouvement fit reculer l'embarcation en arrière, ce qui les mit momentanément en sûreté. Mais le vent avait changé ; il venait du désert, et seulement par bouffées, circonstance qui les remit sous le vent.

— C'est le commencement des vents alisés, dit Paul ; ils ont été interrompus par le dernier ouragan, mais voici qu'ils reviennent.

Si nous étions au-delà du récif, le ciel ne pourrait mieux exaucer nos prières qu'en nous accordant ce vent; mais ici, où nous sommes, il vient fort mal à propos. — Ah! voici du moins qui nous aide.

Une bouffée de la brise de terre remplit les voiles, et le bouillonnement de l'eau sur l'arrière commença à se faire entendre. Paul prit le gouvernail, et la chaloupe s'éloigna lentement du récif.

— Combien nous devons de reconnaissance au ciel! Ce danger du moins est évité. — Ah! la chaloupe a touché!

Il était bien vrai qu'elle était sur le sable. Ils étaient encore si près des rochers, qu'ils étaient obligés de mettre la plus grande circonspection dans leurs mouvements. Ayant examiné leur situation avec attention et prudence, ils virent que l'arrière était engagé dans le sable et qu'il n'y avait d'autre remède que la patience.

— Il est heureux, dit Paul, que les Arabes n'aient pas de chiens sur ces rochers; les entendez-vous hurler dans leur camp?

— Oui, sans doute. — Croyez-vous que nous puissions trouver la passe dans une pareille obscurité?

— C'est notre seule ressource. En suivant les rochers, nous serions sûrs de la découvrir; mais nous les avons déjà perdus de vue, quoiqu'ils ne puissent être à plus de trente brasses de nous. — Ah! le gouvernail peut agir; il faut que la chaloupe soit dégagée. Cette dernière risée nous a rendu service.

Il y eut un autre intervalle de silence. La chaloupe avançait lentement, quoique aucun d'eux n'eût pu dire de quel côté. Un seul feu restait en vue, et il semblait près de s'éteindre. Quelquefois un vent chaud semblait venir du désert, et il était suivi par un calme plat. Paul gouverna la chaloupe avec le plus grand soin pendant une demi-heure, profitant de chaque souffle de vent, quoiqu'il ignorât complétement où il était alors. Ils n'avaient pas revu le récif; ils avaient touché trois fois, le vent ou la marée les remettant à flot, et ils avaient plusieurs fois changé de route. Il en résulta pour eux cette profonde et pénible sensation qu'on éprouve quand on ne peut se rendre compte de rien, que la chaîne des idées est rompue, et que la raison devient moins utile que l'instinct.

— Le dernier feu est éteint, dit Paul à voix basse; je crains que le jour ne nous trouve encore dans l'enceinte du récif.

— Je vois quelque chose devant nous. — Serait-ce un rocher?

Le vent avait entièrement cessé, et la chaloupe était presque immobile. Paul remarqua que l'obscurité en face était plus épaisse que jamais, et il se pencha sur l'avant, étendant naturellement un bras par précaution. Il toucha quelque chose sans savoir ce que ce pouvait être ; mais comme c'était une surface lisse et dure, il crut d'abord que c'était un rocher. Levant les yeux lentement, il distingua, à l'aide de la faible clarté qui restait dans le firmament, une ligne qu'il reconnut : — sa main touchait la hanche du *Montauk !*

— C'est notre bâtiment, dit-il, osant à peine respirer ; le pont doit être couvert d'Arabes. — Chut ! — n'entendez-vous rien ?

Ils écoutèrent, et ils entendirent les Arabes qui étaient de garde sur le pont rire et parler, quoiqu'à voix basse. C'était un moment de crise propre à faire perdre le sang-froid à un homme moins ferme et moins habitué à maîtriser toutes ses émotions que Paul Powis ; mais il conserva tout son calme.

— Il y a dans cet événement du bon comme du mauvais, dit-il ; à présent je sais où nous sommes, et, grâce au ciel, la passe n'est pas bien loin, si nous pouvons y arriver. En poussant vigoureusement le bâtiment, nous pouvons toujours nous en écarter assez pour que ces barbares ne puissent sauter dans la chaloupe, et je crois même qu'avec beaucoup de précautions nous pouvons passer le long du paquebot sans être aperçus.

Ils entreprirent cette tâche difficile. Il fallait éviter de faire le moindre bruit en s'éloignant, de laisser tomber la gaffe, d'avoir un choc avec le bâtiment, car le son le plus léger se faisait entendre distinctement au milieu du profond silence de la nuit. Connaissant une fois sa position réelle, Paul prévoyait tous les obstacles qu'un autre aurait pu ne pas éviter. Il savait où placer la main quand il fallait s'éloigner ou s'approcher du *Montauk*, tandis qu'il conduisait la chaloupe le long de ce bâtiment, et heureusement la verguë penchait vers le récif, de sorte qu'elle ne causait aucun obstacle. Ils arrivèrent ainsi jusqu'à l'avant du paquebot, et Paul se préparait à le pousser vigoureusement avec sa gaffe pour s'en mettre à la plus grande distance possible, quand un choc violent arrêta tout à coup la chaloupe.

CHAPITRE XXV.

> Et quand arrivent les heures du repos, comme un calme sur le sein de la mer, ce moment est aussi à toi; il te parle de celui qui veille sur cette vaste et malheureuse cité, tandis qu'elle dort. BRYANT.

C'était un incident cruel que de se trouver arrêtés si subitement et d'une manière si inattendue dans un moment si critique. La première idée des deux jeunes gens fut que quelqu'un des centaines d'Arabes qu'ils savaient être près d'eux avait mis la main sur la chaloupe, mais un moment d'examen suffit pour dissiper cette crainte. Personne n'était visible, personne ne touchait à la chaloupe; la gaffe ne rencontrait aucun obstacle dans l'eau, et il était impossible qu'ils eussent encore touché en cet endroit. Levant enfin la gaffe par dessus sa tête, Paul découvrit l'obstacle qui les arrêtait. La corde dont les barbares s'étaient servis pour tâcher de faire mouvoir le bâtiment s'étendait depuis le gaillard d'avant jusqu'au récif, et le mât de la chaloupe avait frappé contre, ce qui l'avait arrêté. On la coupa avec précaution, mais le bout le plus court glissa de la main de M. Sharp, qui la coupait, et tomba dans l'eau près du *Montauk*. Ceux des Arabes qui étaient de garde sur le pont entendirent ce bruit, et ils coururent à la hâte sur le bord du paquebot.

Il n'y avait pas un instant à perdre. Paul, qui tenait encore l'autre bout de la corde, dont l'extrémité était attachée sur le récif, la tira de toutes ses forces, ce qui éloigna la chaloupe du bâtiment, et lui fit en même temps gagner un peu d'avance. Jetant alors la corde dans la mer, il saisit les rabans du gouvernail, afin de maintenir la chaloupe dans une direction qui tînt le milieu entre les deux dangers, le récif et *le Montauk*. Tout cela ne put se faire sans quelque bruit, et les Arabes qui étaient sur le pont entendirent les pas des deux jeunes gens qui marchaient sur le rouffle; et même le murmure des eaux que fendait l'embarcation. Ils appelèrent ceux qui étaient sur le récif, qui leur répondirent et éveillèrent leurs camarades. En une minute l'alarme fut générale, car ils savaient que le capitaine Truck était encore en liberté avec tout son équipage, et ils craignaient une attaque.

Les clameurs qui s'élevèrent alors étaient effrayantes : on tirait des coups de mousquet au hasard, et les cris qu'on poussait dans le camp répondaient à ceux qui partaient du paquebot et des rochers. Ceux qui étaient endormis sur la chaloupe s'éveillèrent en sursaut, et la frayeur fit crier Saunders plus haut qu'aucun des Arabes. Les deux amis firent bientôt comprendre à leurs compagnons quelle était leur situation, et ils leur recommandèrent le plus profond silence.

— Ils ne paraissent pas nous voir, dit Paul à miss Effingham, en se baissant pour approcher d'une fenêtre qui était restée ouverte, et le retour de la brise peut encore nous sauver. Une grande alarme semble répandue parmi eux, et ils savent sans doute que nous ne sommes pas bien loin; mais tant qu'ils ne connaîtront pas positivement notre situation, nous sommes comparativement en sûreté. Leurs cris nous rendent service en nous apprenant les points où ils se trouvent, et vous pouvez être bien sûre que je n'en approcherai pas. Demandez du vent au ciel, miss Effingham, demandez-lui du vent.

Eve pria en silence, mais avec ferveur, pendant que Paul donnait toute son attention à la chaloupe. Dès qu'ils ne furent plus abrités par le bâtiment, les bouffées intermittentes de vent recommencèrent, et il y eut quelques minutes d'une assez bonne brise. Pendant ce temps la chaloupe s'éloignait sensiblement du paquebot, car on entendait moins distinctement les cris des Arabes qui s'y trouvaient. Cependant les clameurs continuaient sur toute la ligne, et nos deux amis furent bientôt convaincus que les barbares avaient occupé tous les rochers dont le sommet n'était jamais couvert d'eau quand la marée était haute, et elle était alors sur le point d'être à son plus haut au nord comme au sud de l'entrée de la passe.

— La marée arrive encore par la passe, dit Paul, et nous aurons à lutter contre le courant : il n'est pas très-fort, mais le moindre retard est important dans un moment comme celui-ci.

— Ne pourrions-nous atteindre ce banc que nous avons par le travers, demanda M. Sharp, et en nous servant de ces deux légers espars conduire la chaloupe en avant des rochers?

L'idée était bonne, mais Paul craignit que le bruit que les espars feraient dans l'eau ne fût entendu par les Arabes, et ne les exposât à leur feu, la plus grande distance du récif à ce banc ne pouvant excéder cent brasses. Enfin, une autre bouffée de vent venant de terre emplit leurs voiles, et l'on entendit de nouveau l'eau bouillonner sur l'avant de la chaloupe. Le cœur de Paul battit vivement; et tandis qu'il tenait les rabans du gouvernail, ses yeux faisaient de vains efforts pour percer l'obscurité.

— Sûrement, dit-il à M. Sharp qui était constamment à son côté, ces cris partent directement en face de nous; nous avançons vers les Arabes!

— Les ténèbres nous ont donc fait prendre une fausse direction?

Ne perdez pas de temps pour éloigner la chaloupe, car sous le vent on n'entend aucun bruit.

Comme tout cela était évident, Paul, quoique peu sûr de son estime, mit la barre au vent, et l'embarcation avança vent arrière. Son sillage étant alors plus rapide, quelques minutes produisirent un changement notable dans la direction des cris que poussaient les bandes bruyantes d'Arabes, mais elles amenèrent aussi une diminution considérable dans la force du vent.

— J'y suis ! s'écria Paul, serrant fortement le bras de son compagnon ; nous arrivons à la passe, et je crois que nous y entrons en droite ligne. Vous entendez les cris qu'on pousse sur notre droite ; ils viennent de l'extrémité septentrionale du récif, et ceux qu'on entend à gauche partent de la pointe méridionale. Les sons qui arrivent encore du bâtiment, la direction du vent de terre, la distance que nous avons parcourue, tout me le confirme, et la Providence nous protége encore une fois.

— Ce sera une cruelle erreur, si nous nous méprenons.

— Nous ne pouvons nous méprendre. Rien autre chose ne saurait expliquer toutes ces circonstances. Tenez, la chaloupe sent les lames de fond. C'est une heureuse preuve, une preuve certaine que nous arrivons à la passe. Plût au ciel que la marée fût au plus haut, ou que nous eussions plus de vent !

Quinze minutes d'inquiétude suivirent cette courte conversation. Tantôt les bouffées de vent faisaient avancer la chaloupe ; tantôt il était évident qu'elle cédait à la force d'un courant contraire. Il n'était pas facile de la maintenir sur sa route véritable, car la moindre déviation de la droite ligne dans le cours de la marée fait également dévier un bâtiment. Pour prévenir ce dernier danger, Paul était obligé de faire constamment attention au gouvernail, sans avoir d'autre guide que les vociférations bruyantes et perpétuelles des Arabes.

— La chaloupe tangue, dit Paul. Ce mouvement me remplit d'espérance, et je crois qu'il augmente.

— Je voudrais voir les choses comme vous, mais je n'aperçois que bien peu de différence.

— Je suis certain que la mer devient plus houleuse, et que les tangages sont plus fréquents ; vous conviendrez que l'eau est plus agitée.

— Certainement, je m'en étais aperçu avant que vous eussiez mis la chaloupe vent arrière. Mais un vent si variable est vraiment le supplice de Tantale.

— Sir George Templemore,— monsieur Powis, dit une voix douce à une fenêtre au-dessous d'eux.

— Miss Effingham! s'écria Paul avec un empressement qui fit que les rabans du gouvernail lui échappèrent des mains.

— Ces cris sont effrayants; ne cesserons-nous jamais de les entendre?

— S'il dépendait de moi, — de l'un de nous, ils ne vous inquiéteraient pas plus longtemps. La chaloupe entre peu à peu dans la passe, mais elle a à combattre une marée contraire. Le vent est faible et variable, sans quoi, dans huit ou dix minutes nous serions hors de danger.

— Hors de ce danger, mais pour en rencontrer un autre.

— Avec une si bonne chaloupe, je ne crains guère les dangers de l'Océan. Le pire serait que nous pourrions être obligés de démolir le rouffle, qui la rend plus commode, mais qui gêne un peu la manœuvre. Au surplus, je crois que nous aurons bientôt les vents alisés, et avec leur aide notre chaloupe, même avec son rouffle, fera bonne route.

— Ces cris se font certainement entendre de plus près qu'il y a quelques minutes.

Paul sentit la rougeur lui monter aux joues, et sa main chercha à la hâte le raban du gouvernail, car la chaloupe s'était évidemment avancée vers le récif du côté du nord. Une bouffée de vent l'aida à réparer quelques instants d'oubli, et bientôt on entendit distinctement le bruit des cris s'éloigner.

— Le courant a moins de force, dit Paul, et il en est temps, car la marée doit être bien près d'être au plus haut. Elle nous sera bientôt favorable, et alors tout ira bien.

— C'est une heureuse nouvelle, monsieur Powis; notre reconnaissance ne pourra jamais nous acquitter de tout ce que nous vous devons.

Le vent exigea alors toute l'attention de Paul, car il changeait à chaque instant, et enfin il se fixa directement en face pendant une demi-heure. Dès qu'il se fut aperçu de ce changement, il orienta ses voiles, et la chaloupe recommença à fendre l'eau.

— Ce changement a été si soudain, dit Paul, que nous ne pouvons nous être trompés sur la direction du vent. D'ailleurs ces cris nous servent de pilote. Jamais pareilles vociférations ne furent si agréables.

— Je sens le fond avec cet espar! s'écria tout à coup M. Sharp.

— Dieu de miséricorde! protégez l'être faible et aimable...

— Je ne le sens plus. Nous sommes déjà dans une eau plus profonde.

— C'était donc le bord du rocher sur lequel un matelot était placé quand nous sommes arrivés, dit Paul respirant plus librement. J'aime aussi à entendre ces voix partir davantage sous notre vent. Nous continuerons cette bordée—le cap était au nord—jusqu'à ce que nous arrivions au récif, à moins que les cris des Arabes ne nous donnent un avis contraire.

La chaloupe avançait alors à raison de cinq milles par heure, c'est-à-dire plus vite qu'un homme ne peut marcher, même en allant bon train. Elle tanguait de manière à indiquer qu'elle sentait l'influence des longues vagues de l'Océan, et le bruit de l'eau se faisait mieux entendre quand elle tombait dans le creux des petites lames.

— J'entends le bruit des vagues qui battent le récif, dit Paul; tout annonce que nous allons sortir de son enceinte.

— Que Dieu le veuille!

— Ce son est évidemment produit par une vague qui se brise sur un rocher; le roc est plus près qu'on ne le voudrait et sous notre vent; et cependant ce bruit est une musique délicieuse pour mes oreilles.

La chaloupe avançait constamment, et elle fut plusieurs fois sur le point de frapper contre des rochers, comme le prouvait le bruit des vagues, et même une fois ou deux ils purent les apercevoir. Mais les cris changeaient peu à peu de direction, et bientôt on les entendit en arrière. Paul savait qu'au-delà de la passe le récif s'inclinait à l'est, et il espéra qu'il en quittait rapidement l'extrémité occidentale, ou la partie qui s'avançait le plus en mer, après quoi il trouverait plus d'eau sous le vent, la route qu'il suivait étant presque en plein nord, à ce qu'il supposait.

Le bruit des cris venait toujours de l'arrière, mais il commençait à s'éloigner, et les vagues en battant sur le récif ne se faisaient plus entendre de si près.

— Donnez-moi, s'il vous plaît, dit Paul, la sonde qui est au pied du mât. Il me semble que nous sommes dans une eau plus profonde, et les lames deviennent plus régulières.

Il jeta la sonde, et elle rapporta six brasses. C'était une preuve, pensa-t-il, qu'ils étaient tout à fait hors de l'enceinte du récif.

— Mon cher monsieur Effingham, miss Effingham, monsieur John, Mademoiselle, s'écria-t-il avec gaieté, je crois à présent que nous pouvons nous regarder comme délivrés des Arabes, à moins qu'un coup de vent ne nous rejette sur leur côte inhospitalière.

— Est-il permis de parler? demanda M. Effingham, qui avait gardé jusqu'alors un profond silence et qui avait à peine pu respirer.

— Librement. Notre voix est hors de la portée des Arabes; et ce vent, quoiqu'il vienne d'un côté qui ne me plaît pas, nous éloigne rapidement de ces misérables.

Il n'aurait pas été prudent que les dames et même leurs autres compagnons montassent sur le rouffle pendant une obscurité si profonde, et quand la chaloupe était, en certains moments, violemment agitée par les vagues; mais ils ouvrirent quelques volets, et regardèrent le sombre aspect des eaux avec un sentiment de sécurité qu'ils n'auraient pas cru qu'il fût possible d'éprouver dans leur situation. Le plus grand danger était passé pour le moment, et, quand on vient d'échapper à un péril, on sent un soulagement qui fait oublier ceux qui peuvent encore survenir. Ils pouvaient causer sans craindre de donner l'éveil à leurs ennemis, et Paul ne leur parla de l'avenir qu'en termes encourageants. Son projet était d'avancer vers le nord jusqu'à la hauteur du bâtiment danois, et s'ils ne pouvaient s'y procurer aucune nouvelle de leurs amis, de se diriger en droite ligne vers l'île la plus voisine sous le vent.

Après avoir appris toutes ces nouvelles encourageantes, ils se disposèrent à se coucher, et les deux jeunes gens restèrent à leur poste sur le rouffle.

— Nous devons ressembler à une arche, dit Paul en riant, assis sur une caisse près de l'étrave, et je crois que les Arabes n'oseraient nous attaquer, quand même ils en auraient l'occasion. Mais ce rouffle que nous portons serait un compagnon fâcheux si nous avions en tête une mer houleuse.

— Vous avez dit qu'il était facile de s'en débarrasser.

— Bien certainement, car les pièces qui le composent sont faites de manière à pouvoir se monter et se démonter. Tant que nous voguerons vent arrière, nous pouvons le conserver; mais, en allant au plus près du vent, il nous rendrait trop pesants du haut. Cependant, en cas de pluie ou de gros temps, c'est un trésor pour nous tous, surtout pour les femmes, et je crois qu'il faut le conserver aussi longtemps qu'il sera possible.

La demi-heure de brise dont il a été déjà parlé suffit pour conduire la chaloupe à quelque distance vers le nord; elle tomba ensuite, et fut remplacée par quelques bouffées de vent venant de terre. Paul supposa qu'ils étaient alors au moins à deux milles de la passe, et ayant jeté la sonde elle rapporta dix brasses d'eau, preuve qu'ils s'étaient aussi graduellement éloignés du rivage. Cependant d'épaisses ténèbres les entouraient encore, quoiqu'il n'y eût plus aucun doute qu'ils ne fussent dans l'Océan.

Pendant près d'une heure un vent variable se fit sentir par bouffées comme auparavant. Pendant ce temps, le cap de la chaloupe fut tenu au nord, autant que Paul et M. Sharp purent en juger, mais elle n'avança que fort peu. Alors la brise tourna peu à peu, varia d'un quart de l'arrière, et continua plus constamment qu'elle ne l'avait fait de toute la nuit. Paul soupçonna ce changement, quoiqu'il n'eût aucun moyen d'en être sûr; car, lorsque le vent changeait, il ne pouvait plus gouverner que par conjecture. La brise fraîchit et la vitesse de la chaloupe en augmenta, quoiqu'elle fût toujours tenue au plus près du vent. Enfin, au bout d'une demi-heure, les deux amis commencèrent à être inquiets, ne sachant trop quelle direction ils suivaient.

— Ce serait un sort cruel de retrouver encore le récif, dit Paul; et pourtant je ne puis être sûr que nous n'y courions pas en droite ligne.

— Nous avons deux compas; allumons une lumière et vérifions le fait.

— Il aurait mieux valu le faire plus tôt. A présent, une lumière peut être dangereuse, si nous nous sommes réellement trompés de route dans cette obscurité profonde. Cependant il n'y a pas d'alternative et il faut en courir le risque; mais, auparavant, je jetterai encore une fois la sonde.

Le résultat de cette opération fut deux brasses et demie d'eau.

— La barre dessous! s'écria Paul en sautant à l'écoute. Ne perdez pas un instant! la barre dessous!

Avec sa voile imparfaite et le rouffle dont elle était chargée, la chaloupe ne se montra pas très-docile à la manœuvre, et il s'ensuivit un moment d'inquiétude pénible. Paul réussit pourtant à coiffer une partie de la voile, et il se sentit rassuré.

— La chaloupe cule, monsieur Sharp, changez la barre d'un bord à l'autre.

Ce changement fut exécuté, et les deux jeunes gens sentirent un soulagement presque égal à celui qu'ils avaient éprouvé en sortant de la passe, quand ils virent la chaloupe aller de nouveau en avant et obéir au gouvernail.

— Récif ou rivage, nous sommes près de quelque chose, dit Paul tenant la sonde en main et prêt à s'en servir. Je crois pourtant que ce ne peut être le récif, car nous n'entendons pas les Arabes.

Après avoir attendu quelques minutes, il jeta la sonde, et, à sa joie infinie, elle rapporta trois bonnes brasses.

— C'est une bonne nouvelle, s'écria-t-il, nous nous éloignons du danger, quel qu'il puisse être ; et maintenant consultons les compas.

Il appela Saunders, qui battit le briquet et apporta une lumière ; il examina ensuite les deux compas. Ces guides fidèles, mais mystérieux, qui depuis si longtemps ont servi l'homme, en défiant son génie de découvrir les sources secrètes de leur pouvoir, furent, comme à l'ordinaire, fidèles au principe qui les gouverne. Le cap de la chaloupe était alors au nord-nord-ouest, le vent était au nord-est, et avant qu'ils eussent changé de route, ils avançaient sans aucun doute en ligne droite vers le rivage, d'où ils ne pouvaient être plus loin qu'un quart de mille. Quelques minutes de plus les auraient portés sur les brisants, la chaloupe aurait chaviré, et tous ceux qui étaient dans le rouffle auraient probablement été noyés, sinon ceux qui étaient dessus.

Paul frémit en réfléchissant à ces dangers, et il résolut de suivre la même route pendant deux heures ; alors le jour paraîtrait, et il pourrait sans danger se rapprocher de la terre.

— Ce sont les vents alisés, dit-il, et il est probable qu'ils dureront. Nous avons à combattre un courant et un vent debout. Mais je crois que nous pourrons doubler le promontoire de bon matin ; nous pourrons alors examiner le bâtiment danois à l'aide d'une longue-vue, et si nous ne découvrons rien, je tournerai le cap à l'instant vers les îles du Cap Vert.

Ils prirent alors le gouvernail tour à tour, celui qui dormait s'attachant au mât pour ne pas rouler dans la mer par suite du mouvement de la chaloupe. Quand ils trouvèrent quinze brasses d'eau, ils changèrent encore de route et gouvernèrent à l'est-sud-est, s'étant assurés d'abord par un nouvel examen des compas que le vent continuait à venir du même côté. La lune se leva bientôt après, et, quoique le ciel fût encore chargé de nuages, elle donnait assez de clarté pour que les ténèbres ne fissent plus courir aucun danger. Enfin cette longue nuit, si fertile en inquiétudes, se termina, suivant l'usage, par un premier rayon de soleil qui fit étinceler les sables du désert.

Paul était alors au gouvernail, gouvernant par instinct plutôt que par calcul, et sa tête tombant de temps en temps sur sa poitrine ; car deux nuits passées sans dormir et un jour de travail fatigant avaient assoupi sa crainte du danger et ses inquiétudes pour les autres. D'étranges idées s'emparent de l'esprit des hommes en de pareils moments, et son imagination active se reportait sur quelques-unes des scènes de sa première jeunesse, quand il s'entendit héler par la courte interpellation d'usage :

— Oh ! du canot !

Ces mots firent sortir Paul d'une sorte d'assoupissement ; il sentit qu'il tenait en main la barre du gouvernail, et ses yeux allaient se refermer, quand les mêmes mots furent répétés d'une voix plus ferme :

— Oh ! du canot ! — Qui êtes-vous ? Répondez, ou l'on va faire feu sur vous.

C'était parler intelligiblement, et toutes les facultés de Paul se réveillèrent en un moment ; se frottant les yeux, il vit plusieurs embarcations à l'ancre, précisément par son bossoir du vent, et un grand radeau en arrière.

— Vivat ! s'écria-t-il ; ce sont des nouvelles qui descendent du ciel !

— Êtes-vous l'équipage du *Montauk* ?

— Oui. — Et vous, qui diable êtes-vous ?

La vérité est qu'attendu la manière dont elle était gréée, le capitaine Truck n'avait pas reconnu sa propre chaloupe ; l'obscurité de nuit, la circonstance qu'il sortait à l'instant même d'un profond sommeil, tout contribuait à jeter quelque confusion dans ses sens. Paul mit sur-le-champ sa barre dessous, largua l'écoute, et en une minute la chaloupe du paquebot était bord à bord avec celle du bâtiment danois. Les volets du rouffle s'ouvrirent, et des têtes se montrèrent ; chacun s'éveilla sur toutes les embarcations, il y eut un mouvement général dans toute la petite flottille.

La joie de cette rencontre ne fut le partage que de ceux qui venaient d'arriver ; ils trouvaient vivants et libres ceux qu'ils avaient crus morts ou esclaves, tandis que les autres avaient à apprendre toute l'étendue du malheur qui venait d'arriver.

Ce contraste jeta un air de contrainte et d'embarras sur les premiers moments de leur réunion. Le capitaine Truck reçut les félicitations de ses amis comme s'il eût fait un rêve ; Toast parut tout surpris quand son ami Saunders lui serra la main, et les passagers qui avaient été à bord du bâtiment échoué écoutèrent les compliments de ceux qui venaient d'échapper aux Arabes, en hommes qui croyaient que les autres avaient perdu la raison.

Nous n'entrerons pas dans le détail des explications qui eurent lieu ; le lecteur les comprend facilement. Le capitaine Truck écouta Paul en homme qui croit que sa raison ou celle de celui qui lui parle est égarée ; et lorsque le jeune marin eut fini son récit, il se passa quelque temps avant qu'il pût parler. Pour donner à ses idées un cours moins sombre. Paul lui parla des provisions dont il avait chargé la chaloupe, des vents alisés qui semblaient arriver, et de la grande probabilité qu'ils arriveraient tous en sûreté aux îles du Cap Vert. M. Truck ne lui fit aucune réponse. Il passa sur sa chaloupe, monta sur le rouffle, et s'y promena à grands pas. Il ne fit attention ni à quelques mots qu'Eve lui adressa, ni aux consolations qu'essaya de lui donner M. Effingham. Enfin il s'arrêta tout à coup, et s'écria :

— Monsieur Leach !

— Me voici, capitaine.

— Nous voici dans une catégorie, Monsieur.

— Oui, capitaine, oui, assez mauvaise dans son genre; mais elle vaut encore mieux que celle des Danois.

— Vous me dites, Monsieur, dit le capitaine en se tournant vers Paul, que vous avez positivement vu ces infâmes chenapans sur le pont du *Montauk*.

— Très-positivement, capitaine. Ils en sont en pleine possession, car nous n'avions aucun moyen de leur résister.

— Et le bâtiment est échoué?

— Sans aucun doute.

— Crevé dans son fond?

— Je ne le crois pas; — seulement échoué sur le sable. — Il n'y a pas de fortes vagues dans l'enceinte du récif.

— Nous aurions pu nous épargner la peine de ramasser ces maudits bâtons, Leach; ils ne nous serviront pas même à faire des cure-dents.

— Ni à chauffer le four, car nous n'en avons pas.

— C'est une catégorie infernale! — Monsieur Effingham, je suis charmé de vous voir en sûreté; — et vous aussi, ma chère miss Effingham. Il vaudrait mieux que tous les paquebots allant de New-York en Angleterre fussent entre les mains des Arabes qu'une seule femme telle que vous.

Les yeux du vieux marin devinrent humides tandis qu'il parlait ainsi, et il oublia un instant son bâtiment.

— Monsieur Leach !

— Capitaine !

— Faites déjeuner tout l'équipage, et qu'on se dépêche. Il est probable que nous ne passerons pas cette matinée les bras croisés, Monsieur. Levez l'ancre, et avançons contre ces vagabonds; je serais bien aise de les voir. Nous avons pour nous le vent et le courant, et nous serons bientôt près d'eux.

On leva l'ancre, on déploya toutes les voiles, et les deux chaloupes ayant été attachées ensemble, toutes les embarcations et le radeau commencèrent à avancer vers le sud de manière à arriver en deux heures à l'entrée de la passe.

— Voici la route des îles du Cap Vert, Messieurs, dit le capitaine avec un ton d'amertume. — Nous aurons à passer devant notre porte, avant d'aller demander l'hospitalité à des étrangers. — Faites une distribution de grog, monsieur Leach; il est juste que nos hommes fassent un bon repas avant de se servir de leurs armes.

Quant à lui, il ne voulut rien prendre; il mâcha le bout d'un cigare, et continua à se promener sur le rouffle.

Au bout d'une demi-heure, tout le monde avait déjeuné; les embarcations, ainsi que le radeau, avaient déjà fait bien du chemin. Il faisait alors grand jour, et le capitaine dit à ses passagers : — Messieurs, faites-moi le plaisir de me suivre; je désire me consulter avec vous : je le dois à votre situation.

Il les conduisit sur l'arrière de la chaloupe danoise, et leur parla ainsi :

— Messieurs, toute chose dans ce monde a sa nature et ses principes. Je vous crois tous trop instruits et trop bien élevés pour nier cette vérité. La nature d'un voyageur est de voyager et de voir ce qu'il y a de curieux; celle du vieillard est de songer au passé; celle du jeune homme d'espérer en l'avenir. La nature d'un marin est de s'attacher à son bâtiment; et celle d'un bâtiment d'être traité comme doit l'être un bâtiment, et non saccagé comme une ville prise d'assaut ou un couvent mis au pillage. Vous n'êtes que passagers, et vous avez certainement vos désirs comme j'ai les miens. Vos désirs sont assurément de vous trouver à New-York parmi vos amis; les miens sont d'y conduire aussi *le Montauk* le plus tôt et avec le moins d'avaries possible. Vous avez parmi vous un bon navigateur; je vous propose donc de prendre la chaloupe du *Montauk* avec les provisions nécessaires, et de faire voile sur-le-champ pour les îles du Cap Vert. Je prie Dieu que vous y arriviez tous en sûreté; que vous trouviez ensuite en Amérique tous vos amis en bonne santé, et que le retard de votre arrivée ne leur ait pas causé trop d'inquiétude. Vos effets seront remis à ceux que vous chargerez de les recevoir, s'il plaît à Dieu de me permettre de pouvoir en faire la remise.

— Vous avez dessein d'essayer de reprendre *le Montauk*? s'écria Paul.

— Oui, Monsieur, répondit le capitaine, qui pour la première fois de la matinée fit entendre un vigoureux heim! et alluma un cigare. Ce projet peut réussir ou échouer, Messieurs : s'il réussit, vous entendrez encore parler de moi ; dans le cas contraire, dites en Amérique que nous avons porté nos voiles tant qu'il en est resté un haillon.

Les passagers se regardèrent les uns les autres, les plus jeunes attendant avec respect l'opinion des hommes plus âgés, ceux-ci hésitant à parler, par déférence pour l'ardeur et l'impétuosité de la jeunesse.

— Nous devons prendre part avec vous à cette entreprise, capitaine, dit enfin M. Sharp d'un ton fort tranquille, mais avec l'air d'un homme plein de résolution et de courage.

— Certainement ! certainement ! s'écria M. Lundi, nous devons faire ici cause commune ; et j'ose dire que sir George Templemore en dira autant. La noblesse n'a pas coutume de rester en arrière quand il s'agit de payer de sa personne.

Le faux baronnet consentit à prendre part à cette entreprise d'aussi bonne grâce que l'avait proposé celui qu'il avait temporairement dépouillé de son rang ; car, quoiqu'il fût d'un caractère faible et plein de vanité, il s'en fallait de beaucoup qu'il fût lâche.

— C'est une affaire très-sérieuse, dit Paul, il faut y procéder avec méthode et réflexion. Si nous avons à songer à la conservation d'un bâtiment, nous devons penser à la sûreté d'êtres qui sont infiniment plus précieux.

— Cela est vrai, parfaitement vrai, monsieur Blunt, s'écria M. Dodge avec empressement. Ma maxime est qu'on doit se contenter d'être bien ; et je suis sûr que des gens naufragés peuvent difficilement se trouver mieux que dans la situation où nous sommes. J'ose dire que ces braves marins, si on leur soumettait la question, la décideraient à une nombreuse majorité en faveur des choses telles qu'elles sont. Je suis ce qu'on appelle un conservateur, capitaine ; et je crois qu'on doit faire un appel au scrutin avant de se déterminer à une mesure si importante.

L'occasion était trop sérieuse pour qu'on pût songer à plaisanter, et la proposition étrange de M. Dodge fut écoutée en silence à son grand mécontentement.

— Je crois qu'il est du devoir du capitaine Truck de chercher à reprendre son bâtiment, dit Paul, mais l'affaire sera sérieuse, et le succès est loin d'être certain. La chaloupe du *Montauk* doit être laissée en sûreté à quelque distance avec toutes les femmes, et des hommes prudents pour veiller à leur sûreté ; car si ceux qui monteront à l'abordage étaient vaincus, toutes les autres embarcations tomberaient probablement entre les mains des Arabes, ce qui mettrait en danger ceux qui seront restés sur la chaloupe. M. Effingham et M. John Effingham resteront naturellement avec les dames.

Le père y consentit, avec la simplicité d'un homme qui connaît ses motifs ; mais son cousin se tourna brusquement vers Paul, et lui demanda avec un sourire sardonique :

— Et *vous*, resterez-vous sur la chaloupe ?

— Cela ne pourrait nullement me convenir. Mon métier est la guerre ; et j'espère que le capitaine Truck a dessein de m'honorer du commandement d'une de ses embarcations.

— Je m'y attendais, de par Jupiter ! s'écria le capitaine, lui saisissant la main et la serrant cordialement. Je m'attendrais autant à voir ma maîtresse ancre grimacer, ou ma première ancre de bossoir sourire douloureusement, qu'à vous voir lâcher pied dans le danger. Cependant, Messieurs, je connais la différence de nos situations, et je ne demande à personne d'oublier pour moi ce qu'il doit à ceux qu'il a laissés à terre. Je crois que mon équipage ordinaire, aidé de M. Blunt, dont les connaissances peuvent réellement m'être fort utiles, suffira pour tout ce que nous pourrions faire tous ensemble. Ce n'est pas le nombre qui emporte un bâtiment à l'abordage ; c'est l'ardeur, la promptitude et la résolution.

— Mais pour prendre une résolution, dit M. Dodge, qui avait interprété ce dernier mot dans le sens qu'on lui donne si souvent dans les assemblées législatives ou populaires, il faut que la question ait été posée à l'équipage.

— Elle le sera, Monsieur, répondit le capitaine Truck, et je vous prie de faire attention à la majorité. Alors, montant sur un banc de rameur, il s'écria d'une voix forte : Enfants, vous savez l'histoire du *Montauk*. Les Arabes en sont en possession, mais ils ne sont pas en état de le manœuvrer ; ce sera donc leur rendre service de le leur reprendre. Pour cela, il me faut des volontaires ; ainsi donc ceux qui sont pour le récif et une attaque se lèveront, et pousseront une acclamation ; les autres n'ont qu'à rester tranquilles et à garder le silence.

A peine avait-il prononcé ces mots, que M. Leach sauta sur le plat-bord en agitant son chapeau. Tout l'équipage se leva en masse et poussa trois acclamations aussi bruyantes qu'aucun toast joyeux en ait jamais occasionné.

— Avez-vous la majorité, Monsieur ? demanda le capitaine à l'éditeur du *Furet Actif* ; j'espère qu'à présent vous êtes satisfait.

— Le scrutin aurait pu donner un autre résultat, murmura M. Dodge ; il ne peut y avoir de liberté d'élection sans scrutin.

Personne ne songea plus à M. Dodge ni à ses scrupules, et l'on fit avec promptitude et prudence tous les préparatifs pour l'attaque. Il fut décidé que M. Effingham et son domestique resteraient sur la chaloupe du *Montauk* avec les femmes, et comme il était nécessaire d'y laisser quelqu'un qui connût la navigation, il fit tirer au sort ses deux lieutenants pour décider lequel y resterait. Le sort tomba sur le second, qui se soumit d'assez mauvaise grâce à sa bonne fortune.

On mit en pièces un buste de Napoléon, et l'on en fit quelques balles de plomb aussi rondes qu'il fut possible ; on coupa le reste en morceaux en forme de mitraille, et on les mit dans des sacs de toile ; on ouvrit le seul baril de poudre qu'on possédât, on coupa une ou deux chemises de flanelle et l'on prépara des gargousses ; on distribua ensuite des munitions à tout l'équipage, et M. Sharp examina si toutes les armes étaient en bon état ; on retira la pièce de canon de la chaloupe du *Montauk*, et on la plaça sur un caillebottis sur l'avant de celle du bâtiment danois ; on en retira les voiles et leur gréement, qu'on plaça sur le radeau, et quand il y eut placé le nombre d'hommes convenable, le capitaine en donna le commandement à Paul.

Il distribua aussi le monde nécessaire sur les trois autres embarcations. Le capitaine prit le commandement du cutter, et donna celui des deux canots à M. Leach et à John Effingham. M. Dodge se crut obligé de passer comme volontaire sur la chaloupe danoise, où Paul avait déjà pris son poste ; mais ce fut avec une répugnance qui ne put échapper aux remarques de quiconque prit la peine de l'observer. M. Sharp et M. Lundi suivirent le capitaine, et le faux sir George Templemore accompagna M. Leach. Ces arrangements terminés, tous attendirent avec impatience que le vent et le courant les eussent conduits jusqu'au récif, dont on voyait déjà distinctement les rochers en montant sur les bancs de rameurs.

CHAPITRE XXVI.

> Ecoutez ! n'ai-je pas entendu le son de la trompette ?
> L'âme des combats s'éveille en moi ; le destin des siècles et des empires dépend de ce moment terrible.
> MESSINGER.

Les deux chaloupes voguaient encore bord à bord, et Eve se montra à une fenêtre du rouffle, en face de l'endroit où Paul était assis. Elle était aussi pâle que lorsqu'elle avait appris la première nouvelle de l'arrivée des Arabes, et ses lèvres tremblaient.

— Je n'entends rien à ces préparatifs de guerre, dit-elle ; mais j'espère, monsieur Blunt, que *nous* n'entrons pour rien dans tout ce qui se passe à présent.

— Soyez sans inquiétude à ce sujet, ma chère miss Effingham ; tout ce que nous faisons est conforme à la loi générale des nations. Si l'on n'avait consulté que votre intérêt et celui des personnes qui vous sont chères à si juste titre, on aurait pu prendre une détermination toute différente ; mais je crois que vous êtes en bonnes mains, si notre entreprise avait des suites fâcheuses.

— Des suites fâcheuses ! — Il est terrible d'être si près d'une scène semblable ! Je ne puis vous demander de rien faire qui soit indigne de vous ; mais les services que vous nous avez rendus me permettent de dire que j'espère que vous avez trop de prudence, trop de vrai courage, pour vous exposer au danger sans nécessité.

— Nous autres vieux chiens de mer, répondit-il en souriant, nous sommes connus pour avoir soin de nous-mêmes. Ceux qui sont élevés dans un métier comme celui-ci s'en occupent trop, pour l'ordinaire, comme d'un métier, pour s'exposer beaucoup, uniquement par égard pour les apparences.

— Et ils agissent fort sagement. Il y a aussi M. Sharp... — En ce moment les joues d'Eve se couvrirent d'une rougeur dont Paul aurait donné tout au monde pour connaître la cause. — Il a des droits sur nous que nous ne pourrons jamais oublier. Mon père peut vous dire tout cela mieux que moi.

M. Effingham lui fit alors ses remerciements de tout ce qu'il avait fait, et lui recommanda fortement la prudence. Pendant ce temps, Eve quitta la fenêtre, et elle ne s'y remontra plus. Une bonne partie de l'heure suivante fut passée en prières par tous ceux qui étaient sur la chaloupe du *Montauk*.

Les embarcations et le radeau n'étaient alors qu'à un demi-mille de la passe, et le capitaine Truck ordonna qu'on mouillât l'ancre à jet qu'il avait fait porter à bord de la chaloupe où étaient les femmes. Et dès que cette manœuvre fut terminée, il jeta son chapeau par terre et monta sur un banc, n'ayant la tête couverte que de ses cheveux gris.

— Messieurs, dit-il avec dignité, car ses manières et son langage prenaient un caractère plus élevé quand l'occasion l'exigeait, et l'on voyait en lui en ce moment quelque chose de la grandeur du guerrier ; vous avez reçu vos ordres, et vous voyez l'ennemi. Il faut d'abord passer le récif, et ensuite prendre le bâtiment. Dieu sait qui vivra pour voir la fin de cette entreprise ; mais cette fin sera le succès, ou les os de John Truck blanchiront sur ces sables. Notre cri de guerre sera : *Le Montauk* et notre bien! principe appuyé sur l'autorité de Vattel. Maintenant, mes amis, force de rames! de l'ensemble! du courage! et que chaque embarcation prenne son rang!

Il fit un signe de la main, et toutes les rames frappèrent l'eau en même temps. La lourde chaloupe du *Montauk* était encore attachée par de doubles amarres aux autres embarcations; et, tandis qu'on les larguait, le second lieutenant déserta son poste et sauta légèrement à bord de celle du bâtiment danois, où il se cacha sur l'avant, derrière une des deux petites voiles qu'elle portait. Presque au même instant, M. Dodge fit une manœuvre contraire. Feignant de mettre le plus grand zèle à repousser la chaloupe du *Montauk* pour en éloigner l'autre, il eut l'air de glisser, et y resta attaché. Dans cette situation, il n'avait d'autre ressource que de monter à bord; et comme le vent et les rames faisaient avancer rapidement l'autre chaloupe, il était impossible d'empêcher la réussite de ce double tour d'adresse, quand même on s'en fût aperçu ou qu'on l'eût désiré.

Quelques minutes se passèrent dans une tranquillité parfaite, chaque embarcation se maintenant à son rang avec une précision admirable. Les Arabes avaient quitté au point du jour la partie du récif du côté du nord; mais la marée étant basse, on en voyait des centaines placés sur les rochers du côté du sud, et notamment sur ceux qui étaient les plus voisins du bâtiment. La chaloupe était en tête, comme l'ordre en avait été donné, et elle arriva bientôt près de la passe.

— Carguez les voiles, dit M. Blunt, et veillez à ce que rien ne gêne la manœuvre du canon sur l'avant.

Un jeune marin, grand, bien fait, et taillé en athlète, était debout près du caillebottis, ayant devant lui un brasier de charbons allumés, dans lequel était un fer rouge emmanché dans du bois. Quand Paul eut fini de parler, ce jeune marin se tourna vers lui, porta la main à son chapeau avec cet air de grâce particulier aux marins qui ont servi à bord d'un vaisseau de guerre, et lui répondit :

— Oui, oui, monsieur Powis, tout est prêt.

Paul tressaillit, et le jeune marin sourit avec l'air d'un homme fier d'en savoir plus que les autres.

— Nous nous sommes vus ailleurs? lui dit-il.

— Oui, Monsieur, oui, et c'était aussi sur une chaloupe. Vous avez été le premier à monter à bord du pirate sur la côte de Cuba, et j'étais le second.

Paul le regarda, le reconnut, et lui fit de la tête et de la main un signe amical qui fit pousser à tout son monde une acclamation involontaire. Il était trop tard pour qu'il se passât autre chose entre eux ; car la chaloupe était entrée dans la passe, et les Arabes firent un feu général qui ne produisit aucun effet, attendu la distance. Paul avait donné ordre de tirer le premier coup par-dessus leur tête, mais cette attaque changea son plan.

— Baissez votre pièce, Brooks, dit Paul au jeune marin, et mettez-y un sac de mitraille.

— Tout est prêt, Monsieur, dit celui-ci un moment après.

— Sciez les avirons, dit Paul aux rameurs. Bien. La chaloupe est arrêtée. Feu !

On vit tomber plusieurs Arabes, mais on n'aurait pu dire combien ; car les autres, en s'enfuyant avec précipitation, firent tomber dans la mer les morts et les blessés. Quelques-uns se cachèrent derrière des rochers ; la plupart coururent de toutes leurs forces du côté du rivage.

— Bien pointé ! s'écria le capitaine tandis qu'il passait sur son cutter ; maintenant, Monsieur, au bâtiment !

De nouvelles acclamations partirent, et toutes les rames battirent l'eau. Traverser le récif n'était rien, mais emporter le bâtiment était une affaire sérieuse ; car il était défendu par quatre fois au moins autant d'hommes qu'il s'en trouvait sur les embarcations, et il n'y avait pas de retraite possible. Les Arabes, comme on l'a déjà vu, avaient suspendu leurs travaux pendant la nuit, ayant inutilement essayé de tirer *le Montauk* du côté du récif avant que la marée arrivât. Cependant, par instinct plutôt que par calcul, ils avaient attaché une grosse corde aux rochers, et ils auraient probablement réussi à dégager le bâtiment du banc de sable, quand il aurait été remis à flot à la marée haute. Heureusement Paul avait coupé cette corde en passant ; et au milieu de leur confusion et de leurs clameurs, dans un moment où ils s'attendaient à être attaqués, ils n'avaient pas fait attention à cette circonstance. Le vent portant toujours vers le banc, avait poussé *le Montauk* encore plus avant sur le sable ; et au moment où la marée était au plus haut, il touchait encore. Elle était alors au plus bas ; le vent avait admirablement servi, et le bâtiment reposait sur le petit fond de sa carène, soutenu en partie par l'eau, en partie par sa quille.

Pendant le court intervalle de tranquillité qui suivit, Saunders, qui était dans le cutter du capitaine, comme soldat armé à la légère, causa ainsi avec son subordonné :

— Écoutez-moi, Toast, vous allez combattre pour la première fois, et je suppose, d'après mon expérience, que cet événement vous cause quelques trépignements de cœur. L'avis que j'ai à vous donner, c'est de tenir vos yeux fermés jusqu'au moment où vous entendrez donner ordre de faire feu. Alors ouvrez-les tout d'un coup, comme si vous vous éveilliez, allongez le bras, et tirez la gâchette. Mais par-dessus tout, Toast, prenez bien garde de ne tuer aucun de nos amis, et particulièrement le capitaine Truck.

— Je ferai tous mes efforts pour cela, monsieur Saunders, répondit Toast avec cette apathie et cet air de soumission qui caractérisent ordinairement le nègre américain au moment d'agir. Si je fais mal à quelqu'un, j'espère qu'on me le pardonnera, attendu mon inexpérience.

— Imitez-moi, Toast, ayez mon sang-froid et ma prudence, et vous serez sûr de ne faire de mal à personne. Je ne veux pas dire que vous deviez tuer le même mangeur de moules que je tuerai : j'entends seulement que lorsque j'en tuerai un, vous devez en tuer un autre. Mais ayez bien soin de ne pas blesser le capitaine Truck, qui ne manquera pas de se précipiter devant le museau de nos fusils, s'il voit quelque chose à faire de ce côté.

Toast fit de belles promesses, et l'on n'entendit plus sur le cutter d'autre bruit que celui produit par les rames en tombant dans l'eau avec un ensemble parfait. Les Arabes avaient cherché à alléger le bâtiment en le déchargeant, et le haut du banc de sable était déjà couvert de balles et de caisses qu'ils avaient prises dans la cale, et qu'ils en avaient tirées par le moyen d'un plan incliné et de la seule force de leurs bras. Le radeau avait été agrandi, et on l'avait amené sur l'arrière du bâtiment pour le charger des objets déjà déposés sur le banc et les transporter sur les rochers.

Telle était la situation du *Montauk* quand les embarcations entrèrent dans le canal qui conduisait en droite ligne au banc de sable. La chaloupe marchait de nouveau en avant, ses voiles ayant été déployées après que son feu eut balayé le récif, et elle tira alors un second coup sur le paquebot, qui, penchant du côté de la chaloupe, n'offrait aucun abri. La suite de cette décharge fut que tous les Arabes sautèrent en un clin-d'œil du bâtiment sur le banc de sable.

— Hourrah! s'écria le capitaine Truck, cette mitraille a purifié la vieille carcasse! Voyons qui en sera le maître à présent. Les voleurs sont chassés du temple, comme aurait dit mon grand-père.

Les quatre embarcations étaient en ligne par le travers du bâtiment, la chaloupe n'ayant qu'une seule voile déployée. Il y avait une grande confusion sur le banc de sable; mais les Arabes se mirent à l'abri derrière les balles et les caisses, et commencèrent un feu bien nourri, quoique irrégulier. Trois fois ils avancèrent, et trois fois un coup de canon tiré par le jeune marin nommé Brooks et le second lieutenant les délogea, et les repoussa du côté de leur radeau. Les rameurs s'animèrent, et, sans quitter leurs rames, ils poussèrent de nouvelles acclamations.

— Ferme, enfants! s'écria le capitaine Truck, et préparez-vous à l'abordage.

En ce moment, la chaloupe toucha, quoiqu'elle fût encore à dix toises du banc, et les autres embarcations prirent l'avance.

— Nous sommes prêts, Monsieur, dit Brooks à Paul.

— Carguez la voile, mes amis; — feu!

Le coup partit, et le jeune marin monta sur le caillebottis en poussant une acclamation. Comme il regardait en arrière avec un sourire de triomphe, Paul vit les yeux lui rouler dans la tête; il fit un saut en l'air et tomba mort dans la mer; car c'est ainsi que, dans un combat, on passe d'un état d'existence à un autre.

— De quel côté touchons-nous? demanda Paul d'un ton ferme. Est-ce de l'avant ou de l'arrière?

C'était de l'avant, et ils avaient devant eux une eau plus profonde. Paul fit de nouveau déployer la voile et fit placer tout son monde sur l'arrière. La chaloupe pencha de ce côté, et, se relevant ensuite, elle courut vers le banc comme un coursier à qui on lâche la bride après l'avoir serrée.

Cependant on ne perdait pas le temps sur les autres embarcations; elles approchaient constamment, mais on n'y tira pas un seul coup de feu avant qu'elles touchassent le sable, ce qu'elles firent toutes trois presque au même instant, quoique sur autant de points différents. Tous ceux qui s'y trouvaient sautèrent sur le sable, et firent feu de si près, que les caisses et les balles pouvaient servir d'abri aux deux partis en même temps. Ce fut en ce moment critique, pendant que les marins s'étaient arrêtés pour recharger leurs fusils, que Paul, à l'instant où la chaloupe venait de se dégager du sable, appliqua de sa propre main le fer rouge à l'amorce, et, par une décharge bien dirigée, balaya l'extrémité du banc.

— Vergue à vergue! s'écria le capitaine Truck; en avant, mes enfants! montrons-leur ce que des marins peuvent faire.

Tous s'élancèrent en avant, et à compter de ce moment tout ordre cessa. On se servait des poings, d'anspects qu'on avait trouvés sur le sable, et des crosses de fusils, pour écarter les piques et les javelines des Arabes. Le capitaine, M. Sharp, M. Lundi, John Effingham, le soi-disant sir George Templemore, et M. Leach, formèrent une sorte de phalange macédonienne, qui pénétra jusqu'au centre des ennemis, les dispersa, et les poursuivit avec une ardeur qui ne leur permettait pas de se rallier ; car, de droite comme de gauche, ils étaient pressés par des hommes robustes, bien nourris et pleins d'ardeur. S'ils eussent été dans leur désert, montés sur leurs coursiers agiles, et avec un terrain suffisant pour leurs évolutions rapides, le résultat eût pu être différent ; mais sur ce banc de sable, ils n'avaient d'autre supériorité que celle que donnent un corps endurci à la fatigue et une résolution qui tient de l'opiniâtreté plutôt que du courage. Peu accoutumés à combattre des ennemis qui les tenaient à portée de leurs armes, leur tactique était dérangée, et toutes leurs habitudes contrariées. Cependant leur nombre était formidable, et il est probable, après tout, que ce fut l'accident arrivé à la chaloupe qui décida l'affaire. Depuis le commencement de la mêlée, pas un coup de feu n'avait été tiré, mais les marins pressaient les Arabes, au point qu'un assez grand nombre des premiers étaient parvenus près du radeau. En ce moment la chaloupe arriva au banc de sable, et Paul vit qu'il y avait grand danger que le flux du combat ne se reportât en arrière par pure nécessité. Son canon était chargé, et rempli de mitraille presque jusqu'à la bouche. Il le fit porter sur le sable par quatre hommes sur leurs rames, et le fit placer sur une grande caisse, à quelque distance de la confusion du combat. Tout cela ne prit que quelques instants, et il n'y avait guère que trois minutes que le capitaine était arrivé.

Au lieu de faire feu, Paul cria tout haut à ses amis de cesser de combattre et de reculer. Quoique rugissant comme un lion courroucé, le capitaine Truck commanda ce mouvement plutôt par surprise que par obéissance. Ceux des Arabes qui étaient encore pressés sur les deux flancs en profitèrent pour se réunir à leur corps principal qui était placé près du radeau. C'était tout ce que Paul désirait. Il fit pointer le canon sur le centre de leur troupe, et s'avança lui-même vers les Arabes en leur faisant des signes de paix.

— Envoyez-les au diable ! s'écria le capitaine ; point de quartier à ces chenapans !

— Je crois que nous ferons mieux de faire une nouvelle charge, dit M. Sharp que le combat avait échauffé.

— Un instant, Messieurs, s'écria Paul, vous allez tout risquer sans nécessité. Je vais faire voir à ces misérables ce qu'ils ont à attendre, et ils se retireront probablement. C'est le bâtiment que nous voulons avoir, et non leur sang.

— Eh bien ! eh bien ! dit le capitaine d'un ton d'impatience, donnez-leur forcé Vattel, car nous les tenons en ce moment dans une catégorie.

Les hommes du désert parurent alors agir par instinct autant que par raison. Un vieux scheik s'avança vers Paul, qui était à quelques pas en avant de ses amis, et lui offrit la main avec autant de cordialité que s'il ne se fût agi entre eux que d'un échange de politesse. Paul le conduisit tranquillement au canon, mit la main dans la bouche, en retira un sac de mitraille, le lui montra et l'y replaça. Il lui fit voir ensuite que le canon était dirigé vers les Arabes rassemblés, et qu'un fer rouge était prêt pour mettre le feu à l'amorce. Le vieux scheik sourit encore, et sembla exprimer son admiration. Paul lui fit voir ses compagnons bien armés qui avaient eu le temps de recharger leurs fusils et leurs pistolets; puis lui montrant d'abord le radeau et ensuite le récif, il chercha à lui faire comprendre qu'il n'avait rien de mieux à faire que de se retirer avec toute sa troupe.

Le scheik montra beaucoup de sang-froid et de sagacité, et n'étant pas habitué à des combats si désespérés, il sembla exprimer sa disposition à prendre ce parti. Paul savait que les Africains conviennent souvent d'une trêve dans leurs combats, qui sont rarement très-sanglants, et il tira un bon présage des manières du scheik, qui alla rejoindre ses compagnons. Une courte conférence eut lieu entre les Arabes; plusieurs d'entre eux agitèrent le bras en souriant; la plupart montèrent sur le radeau, et quelques-uns d'entre eux s'avancèrent pour demander la permission d'emporter leurs blessés et leurs morts; ils l'obtinrent sans difficulté, et les marins les y aidèrent même autant que la prudence le permettait, car leur sûreté exigeait qu'ils se tinssent en garde contre une trahison.

Ce fut de cette manière extraordinaire que les combattants se séparèrent, les Arabes se touant jusqu'au récif par le moyen d'une corde qui y était attachée et dont l'autre extrémité avait été gardée sur le radeau. Les vieillards continuèrent à sourire et à faire des signes d'amitié jusqu'à ce qu'ils fussent arrivés sur les rochers. Ils n'y restèrent pourtant que quelques minutes; car, dès qu'ils y furent de retour, on vit partir les Arabes qui étaient restés sur le rivage avec les chameaux et les dromadaires, et se diriger vers le bâtiment danois. C'était une preuve que le pacte de partage qui avait été fait entre différentes tribus était regardé comme annulé par l'évacuation du *Montauk*, et que chacun allait piller pour son propre compte. Ce spectacle causa une grande agitation parmi ceux qui venaient d'arriver sur le rocher, et ils ne perdirent pas un instant pour retourner à terre, afin de ne pas perdre leur part du pillage. Ils y mirent une telle précipitation qu'ils laissèrent sur le récif, à quelque distance du rivage, tous leurs morts et la plus grande partie des blessés.

Le premier soin des vainqueurs fut naturellement de vérifier quelle était leur perte; elle était beaucoup moindre qu'elle aurait pu l'être; car, excepté le malheureux Brooks, tout le monde répondit à l'appel, ce qu'il faut attribuer à ce que chacun s'était parfaitement comporté, moyen infaillible de diminuer le danger. Plusieurs marins avaient pourtant été légèrement blessés, et plus d'un habit et d'un chapeau avaient été traversés par des balles. Trois marques semblables prouvaient que M. Sharp ne s'était pas ménagé. Paul avait la peau entamée au bras gauche, et le capitaine Truck disait qu'il ressemblait à un cheval dans la saison des taons, car il avait l'épiderme enlevé à cinq ou six endroits. Mais ces blessures légères ne comptaient pour rien, et ceux qui les avaient reçues ne voulaient pas même se déclarer blessés.

Tous se félicitèrent mutuellement, et les matelots eux-mêmes demandèrent à leur brave et vieux commandant la permission de lui serrer la main. Paul et M. Sharp s'embrassèrent cordialement, et chacun d'eux exprima à l'autre le plaisir qu'il avait de le revoir sain et sauf. Le dernier offrit même sa main de bon cœur à celui qui s'était emparé de son titre, et qui avait montré beaucoup de courage depuis le commencement du combat jusqu'à la fin. John Effingham fut le seul qui conserva après le combat le même air d'indifférence qu'il avait montré tant que l'affaire avait duré; car il s'était conduit avec autant de sang-froid que de valeur, ayant renversé deux Arabes des deux premiers coups qu'il avait tirés en débarquant, aussi tranquillement qu'il aurait abattu deux bécasses à la chasse.

— Je crains que M. Lundi ne soit sérieusement blessé, dit-il au capitaine en recevant ses félicitations. Le voilà assis là-bas sur cette caisse, et il paraît souffrant et épuisé.

— M. Lundi! j'en serais bien fâché! c'est un excellent diplomate, et je l'ai vu combattre aussi bien qu'aucun de nous. — Et M. Dodge?

— Je ne vois pas M. Dodge.

— Il faut que M. Dodge soit resté près des dames pour les consoler, dit Paul, en voyant que votre second lieutenant les avait abandonnées, en chevalier déloyal qu'il est.

Le capitaine serra une seconde fois la main de l'officier désobéissant, jura qu'il était un mutin pour avoir contrevenu à ses ordres, et finit par dire qu'il espérait que le jour n'était pas éloigné où il verrait M. Leach et lui commander deux des meilleurs paquebots américains.

— Il faut que je me débarrasse de vous deux, ajouta-t-il, dès que nous serons arrivés en Amérique. Voilà Leach, il était toujours à deux ou trois pieds en avant de moi pendant tout le combat; et quant à mon second officier, j'aurais le droit de le mettre aux arrêts, comme fuyard. — Eh bien ! les jeunes gens seront toujours jeunes ; — et les vieillards aussi, monsieur Effingham, s'ils savaient comment s'y prendre. — Mais M. Lundi a l'air de souffrir, et je crains que nous ne soyons obligés d'ouvrir pour lui la caisse aux médicaments.

Mais nuls médicaments ne pouvaient plus être utiles à M. Lundi. Il avait eu l'omoplate traversée par une balle dès le premier instant de son débarquement ; il n'en avait pas moins pris part à la mêlée, et avait reçu dans la poitrine un coup de javeline qu'il n'avait pas pu parer. Cette dernière blessure paraissait grave, et le capitaine Truck ordonna sur-le-champ qu'on le transportât sur le paquebot. John Effingham, montrant un empressement et une humanité qui contrastaient avec le ton et les manières caustiques qui lui étaient ordinaires, offrit de se charger de prendre soin de lui.

— Nous avons besoin de toutes nos forces, dit le capitaine tandis qu'on emportait M. Lundi, et pourtant nous devons à nos amis qui sont sur la chaloupe de faire cesser leurs inquiétudes. Faites arborer notre pavillon, Leach ; cela leur apprendra notre succès, quoiqu'une communication verbale puisse seule leur en faire connaître les détails.

— Si vous me permettez de prendre la chaloupe du bâtiment danois, s'écria Paul avec vivacité, M. Sharp et moi nous irons les en informer, et nous ramènerons ici le radeau. Cela vous évitera la nécessité de l'envoyer chercher par des hommes de votre équipage. D'ailleurs, comme passagers, nous réclamons le privilége d'annoncer cette nouvelle à nos compagnons de voyage.

— Réclamez tel privilége qu'il vous plaira, Messieurs. Vous avez combattu pour moi comme des héros, et je vous dois tant de reconnaissance que le reste de ma pauvre vie ne pourra suffire pour m'acquitter envers vous.

Les deux jeunes gens n'attendirent pas une permission plus étendue : en quelques instants la chaloupe était dans le canal qui conduisait à la passe, et quelques minutes après ils sortaient du récif avec une brise favorable.

Le premier moment où le capitaine Truck se trouva sur le pont de son bâtiment fit éprouver au brave vétéran une sensation dont il ne put se défendre. Le navire était trop incliné pour qu'il fût aisé de s'y promener, et, s'étant assis près de la grande écoutille, il pleura comme un enfant. Son émotion était si vive que cet accès dura quelque temps, et tous les hommes de son équipage furent surpris de voir leur vieux commandant montrer ce qui leur semblait la faiblesse d'une femme. Enfin il parut en avoir honte lui-même, car, se relevant comme un tigre qui va prendre son élan, il se mit à donner ses ordres avec promptitude et d'un ton sévère, suivant sa coutume.

— Pourquoi, diable, restez-vous ainsi les yeux ouverts et la bouche béante? s'écria-t-il. N'avez-vous jamais vu un bâtiment un peu sur la côte? Dieu sait et vous savez tous que nous ne manquons pas d'ouvrage, et vous êtes là comme des soldats de marine attendant leur demi-tour à droite ou de la terre de pipe pour nettoyer leurs habits.

— Ne vous fâchez pas, capitaine, lui dit un vieux loup de mer en lui tendant une main dont la paume ne présentait aux yeux que des durillons, un luron qui, même pendant tout le combat, avait conservé sa chique dans sa bouche; ne vous fâchez pas, et ne regardez ces balles et ces caisses que comme une cargaison qu'il faut mettre à bord. Nous aurons bientôt arrimé tout cela, et au bout du compte, à l'exception d'une caisse d'ustensiles de faïence que la mitraille a brisée comme l'aurait fait un chat enfermé dans un buffet, il n'y a pas eu grand mal : je regarde cette affaire comme un coup de vent qui nous a obligés de mettre en panne pour quelques heures, et qui nous fournira des histoires à raconter pour tout le reste de notre vie. J'ai combattu de mon temps les Français, les Anglais et les Turcs; à présent je pourrai dire que j'ai eu une escarmouche avec les nègres.

— Sur ma foi, vous avez raison, mon vieux Tom, et je n'y penserai pas davantage. — Monsieur Leach, donnez un peu d'encouragement à l'équipage; vous trouverez sur le cutter une grande cruche qui contient ce qu'il faut pour cela. Vous les mettrez ensuite à l'ouvrage, et vous ferez reporter à bord tout ce que ces maudits Arabes ont éparpillé sur le sable. Nous songerons à l'arrimage quand le bâtiment se trouvera plus à son aise qu'à présent.

Ce fut le signal du commencement de l'ouvrage. Ces braves marins, qui venaient de se trouver au milieu de la confusion et du danger d'un combat, burent d'abord leur grog, et se mirent ensuite sérieusement au travail. Comme leur expérience et leur dextérité n'avaient à réparer que quelques légers dommages, causés par l'ignorance et la précipitation des Arabes, tout fut en fort peu de temps reporté à bord du *Montauk*, et alors ils s'occupèrent de la situation de ce bâtiment. Mais pour ne pas anticiper sur les événements, nous retournerons près de ceux que nous avons laissés sur la chaloupe du paquebot.

Le lecteur se figurera aisément l'effet que produisit sur M. Effingham et ses compagnons le bruit du premier coup de canon. Comme ils étaient tous sous le rouffle, ils ne savaient ce qui se promenait sur leurs têtes, quoiqu'ils crussent que c'était le second lieutenant, conformément aux ordres qu'il avait reçus.

— Ma vue se trouble, dit M. Effingham, qui regardait par une fenêtre avec la longue-vue; voulez-vous essayer de voir ce qui se passe, Eve?

— Cela m'est impossible, mon père, répondit-elles les joues pâles comme la mort; c'est bien assez d'entendre le bruit effrayant de ce canon!

— Cela est épouvantable, ma chère enfant, dit Nanny entourant Eve de ses bras; et je suis surprise que des hommes aussi tranquilles que M. John Effingham et M. Powis aient voulu prendre part à une pareille entreprise.

— *Voulez-vous me permettre, Monsieur?* dit mademoiselle Viefville en avançant la main pour prendre la longue-vue que M. Effingham lui abandonna sur-le-champ. *Ah! le combat commence véritablement!*

— Sont-ce les Arabes qui viennent de faire feu? demanda Eve, qui, malgré sa terreur, prenait un profond intérêt à cette scène.

— *Non, c'est cet admirable jeune homme, M. Blunt. Son bateau est en avant de tous les autres.*

— Et maintenant, Mademoiselle, ce sont sûrement les barbares?

— *Pas du tout, les sauvages fuient. C'est encore du bateau de M. Blunt qu'on tire. Quel courage! son bateau est toujours des premiers!*

— Ces cris sont effrayants! combattent-ils de près?

— *On crie des deux côtés, je crois. Le vieux capitaine est en avant à présent, et M. Blunt s'arrête.*

— Que le ciel les protége dans ce danger! Les voyez-vous, Mademoiselle?

— *Non, la fumée est trop épaisse. Ah! les voilà! on tire encore de son bateau.*

— Eh bien! Mademoiselle? demanda Eve après une pause de quelques minutes.

— *Tout est déjà fini. Les Arabes se retirent; nos amis sont maîtres du bâtiment. Cela a été l'affaire d'un moment. Que ce combat a été glorieux! Ces jeunes gens sont vraiment dignes d'être Français, et le vieux capitaine aussi.*

— *Ne nous envoient-ils pas des nouvelles?* demanda Eve après un autre intervalle, plus long que le premier, qu'elle avait passé à rendre secrètement des actions de grâces au ciel.

— *Non, pas encore. Ils se félicitent, je crois.*

— Il est bien temps, dit Nanny, qu'ils envoient la colombe pour qu'elle cherche la branche d'olivier. La guerre est un trop grand péché pour qu'on doive la continuer longtemps.

— Je crois voir un bateau revenir de ce côté, dit M. Effingham qui avait continué à laisser la longue-vue à la gouvernante.

— *Oui, c'est celui de M. Blunt.*

— Y distinguez-vous quelqu'un? demanda le père; car, se fût-il agi du monde entier, Eve n'aurait pas été en état de prononcer un seul mot.

— *Je crois y voir M. Sharp. Oui, c'est bien lui.*

— *Est-il seul?*

— *Non, ils sont deux. Mais oui, c'est M. Blunt, notre jeune héros!*

Eve baissa la tête; et pendant que sa reconnaissance s'élevait vers le ciel, le sang qui montait à ses joues trahissait les sentiments de son cœur.

M. Effingham reprit alors sa longue-vue des mains de l'enthousiaste Française, qui, dans son admiration pour la bravoure, avait surmonté ses craintes; et il rendit compte à son tour de ce qui se passait près du paquebot, autant qu'on pouvait le voir de si loin.

Quoiqu'ils sussent déjà une bonne partie des événements qui avaient eu lieu, ce fut une demi-heure bien longue pour tous ceux qui se trouvaient dans la chaloupe que celle qui s'écoula jusqu'au moment où la chaloupe du bâtiment danois les accosta. Chacun était aux fenêtres pour les voir arriver; et les deux jeunes gens furent reçus comme des libérateurs, à la sûreté desquels chacun prenait un vif intérêt.

— Mais mon cousin John? dit Eve dont les traits expressifs annonçaient tour à tour la joie et la crainte, comme on voit en avril un rayon de soleil succéder à un nuage; mon père n'a pu l'apercevoir parmi tous ceux qui sont sur le banc de sable.

Les deux jeunes gens racontèrent alors le malheur arrivé à M. Lundi, et la manière dont John Effingham s'était chargé d'en prendre soin. Quelques minutes délicieuses se passèrent; car rien n'est plus agréable que le premier moment de bonheur qui succède à une victoire. Les deux jeunes gens, aidés par le domestique de

M. Effingham, levèrent alors l'ancre ; les voiles furent déployées, et, en moins de quinze minutes, le radeau si précieux et si désiré entra dans la passe.

Paul gouvernait la plus grande chaloupe, et avait donné à M. Sharp les instructions nécessaires pour qu'il pût gouverner l'autre. La marée arrivait ; et en maintenant leur position au vent ils conduisirent leur long radeau avec tant de précision, qu'il arriva au banc de sable sans avoir touché un seul rocher. Il y fut amarré en triomphe ; on déposa sur le sable les voiles et les cordages qui y avaient été placés, et tout le monde sortit des deux chaloupes.

Les dernières vingt heures qui venaient de s'écouler parurent comme un songe à toutes les femmes, tandis qu'elles se promenaient sur le sable en se livrant à l'espérance et à un sentiment de sécurité. On avait alors réuni tout ce qui était nécessaire à la sûreté générale, et il ne restait qu'à dégager le bâtiment du sable et à le gréer. M. Leach avait déjà fait rapport au capitaine qu'il était en aussi bon état que lorsqu'il était parti de Londres.

CHAPITRE XXVII.

> Que ne suis-je dans un cabaret de Londres ! je donnerais toute ma renommée pour boire un pot de bière, et être en sûreté. HENRY V.

MADEMOISELLE Viefville, avec le caractère décidé et l'intelligence qui la rendaient très-utile au besoin, s'empressa d'offrir ses services pour donner des soins au malheureux blessé. Eve, accompagnée de Nanny, monta à bord du *Montauk*, et se rendit dans son appartement, non sans quelque difficulté, attendu la position inclinée du bâtiment. En entrant dans la grande chambre, elles y trouvèrent moins de confusion qu'elles ne s'y attendaient, et la scène qui s'offrit à leurs yeux était plus comique que lugubre ; car M. Lundi avait été porté dans sa chambre, la porte en était fermée, et elles ne le virent pas.

Mais celle du soi-disant sir George Templemore était ouverte, et il y était occupé à passer en revue le peu qui restait de tous ses effets, parmi lesquels il avait trouvé un grand déficit, surtout en pantalons et en habits. Les Arabes étaient convenus de s'abstenir de tout pillage, pour faire ensuite un partage équitable du butin ; mais, pour satisfaire la rapacité de quelques-uns d'entre eux, les scheiks avaient permis le sac d'une seule chambre, et le hasard avait voulu que cette chambre fût celle du faux baronnet. L'assortiment de rasoirs, la toilette portative des Indes-Orientales, ses plus beaux vêtements, et une foule d'autres objets que ce jeune homme aimait à étaler dans sa chambre pour le plaisir d'en repaître ses yeux, avaient disparu.

Eve lui avait inspiré un respect qui lui permettait rarement de lui parler ; mais en ce moment il lui adressa la parole par pure nécessité, car tout le monde était occupé, et il n'y avait qu'elle à qui il pût faire entendre ses lamentations. — Miss Effingham, lui dit-il, accordez-moi la faveur de jeter un coup d'œil sur ma chambre, et voyez la manière indigne dont j'ai été traité. — Pas un peigne, pas un rasoir ne m'a été laissé ! pas un habit sous lequel je puisse me présenter décemment ! Une telle conduite est une honte pour la civilisation, même de sauvages, et je ne manquerai pas de mettre cette affaire sous les yeux du ministre de Sa Majesté, dès que je serai arrivé à New-York. Je désire bien sincèrement que vous ayez été mieux traitée, quoique, d'après cet échantillon de leurs principes, je pense qu'il n'y a guère d'espérance pour aucun de nous. Nous devons remercier le ciel qu'ils n'aient pas emporté tout ce qui se trouve sur le bâtiment. J'espère que nous ferons cause commune contre eux quand nous serons arrivés.

— Nous le devons sans doute, Monsieur, répondit Eve, qui savait dès l'origine qu'il avait pris un titre qui ne lui appartenait pas, mais qui était disposée à attribuer son imposture à la vanité, et à avoir de la charité pour lui à cause du courage qu'on lui avait dit qu'il avait montré dans le combat. — J'espère pourtant que nous aurons eu plus de bonheur, car presque tous nos objets étaient dans le magasin aux bagages, et le capitaine Truck m'a dit qu'on n'a touché à rien de ce qui s'y trouve.

— En ce cas, vous êtes fort heureuse, et je voudrais avoir eu le même bonheur. Vous savez, miss Effingham, qu'il y a une foule de petits objets auxquels on tient ; et je conviens de ma faiblesse à ce sujet.

— Quelle monstrueuse prodigalité ! quelle dévastation ! s'écria Saunders, tandis qu'Eve s'avançait vers son appartement pour échapper aux plaintes du prétendu sir George. Ayez la bonté, miss Effingham, de jeter un seul coup d'œil sur cet office ! je crois que ces nègres ont mis les doigts partout. Il en coûtera une semaine de travail à Toast et à moi pour remettre les choses dans un ordre décent. Je réponds que quelques-uns des *shériks* se sont régalés ici ; voyez comme ils ont répandu la moutarde, et comme ils ont massacré ce canard froid! J'ai une aversion mortelle pour tout homme qui découpe une volaille à contre-fil. — Et pourrez-vous bien le croire, miss Effingham? le dernier coup de canon tiré par M. Blunt a disloqué, ou autrement écartelé, une demi-douzaine de mes poulets; car j'avais rendu la liberté à ces pauvres créatures, afin qu'elles pussent chercher leur vie, si nous ne revenions plus ici. Il me semble qu'un homme aussi poli et aussi expérimenté que M. Blunt aurait mieux fait de tirer sur les Arabes plutôt que sur mes poulets.

— Ainsi va le monde, pensa Eve en jetant un coup d'œil dans l'office avant de rentrer dans son appartement; ce qu'on regardait hier comme un bonheur devient un malheur aujourd'hui; et les coups de l'adversité sont oubliés, du moment que la fortune vient à sourire. Ces deux hommes, il y a quelques heures, se seraient crus bien heureux de trouver sur ce bâtiment seulement un abri pour leur tête, et maintenant ils se plaignent parce qu'il leur manque quelques objets superflus dont l'habitude seule leur fait un besoin. — Après cette sage et salutaire réflexion, nous la laisserons rentrer dans sa chambre, pour voir dans quel état elle se trouve, et nous remonterons sur le pont.

Comme il était encore de bonne heure, le capitaine Truck, s'étant une fois rendu maître de son émotion, ne songea plus qu'à profiter du succès qu'il venait d'obtenir. La partie de la cargaison que les Arabes avaient laissée sur le sable fut arrimée de nouveau, et le grand travail fut ensuite de remettre le bâtiment à flot avant d'établir les nouveaux mâts. Comme les ancres étaient encore sur le récif et dans tous les endroits où elles avaient été placées, presque tout ce qu'il y avait à faire était de haler sur les chaînes dès que la marée serait montée. Cependant, avant de commencer cette besogne, on employa le temps qui restait à se défaire des voiles de fortune dont on s'était servi par nécessité, et à établir des bigues pour retirer les débris du mât de misaine, ainsi que le grand mât de fortune, qui, comme on se le rappellera, n'avait été mis en place que la veille. Tous les apparaux qui avaient servi étant encore sur le pont, et chacun travaillant avec zèle, cette tâche fut terminée à midi. Le grand mât de fortune donna peu d'embarras, et fut bientôt déposé sur le sable. La capitaine Truck ayant fait placer les bigues, on commença alors à soulever ce qui restait du mât de misaine; et au moment où l'on avertit que le dîner de l'équipage était prêt, ce mât venait d'être déposé à côté du premier.

— Ci-gît le pauvre Tom Bouline, un vrai ponton, dit le capitaine

Truck à M. Blunt, tandis que les hommes de l'équipage allaient à la cuisine pour prendre leur repas. Je n'ai jamais vu *le Montauk* sans mât depuis le jour où enfant nouveau-né il était sur le chantier. Mais je vois encore une demi-douzaine de ces chenapans rôdant sur le rivage, quoique la grande majorité, comme dirait M. Dodge, ait montré une disposition décidée à faire plus ample connaissance avec le bâtiment danois. Suivant mon humble opinion, Monsieur, il ne restera ce soir dans ce pauvre et innocent bâtiment abandonné pas plus d'entrailles qu'il n'en reste dans un des canards de Saunders tués depuis une heure. Et ce brave garçon, M. Lundi, je crains, Leach, qu'il n'ait reçu un boulet à fleur d'eau.

— Il va véritablement fort mal, à ce que m'a dit M. John Effingham, qui a soin que personne ne vienne le troubler. Il tient la porte de la chambre fermée, et n'y laisse entrer que son domestique.

— C'est un acte de merci; on aime à avoir un peu de tranquillité quand on est tué. Cependant, dès que le bâtiment sera un peu en meilleur ordre, il sera de mon devoir d'aller le voir pour m'assurer qu'il ne lui manque rien. Il faut que nous offrions à ce pauvre homme les consolations de la religion, monsieur Blunt.

— Rien ne serait plus désirable si nous avions ici quelqu'un propre à remplir cette tâche.

— A cet égard, je ne dois pas dire grand'chose en ma faveur, et je le pourrais pourtant, puisque mon père était ministre. Mais nous autres capitaines de paquebots, nous avons à nous occuper de trop de choses. Dès que le bâtiment sera une fois remis en bon état, j'irai certainement voir comment se trouve cet honnête homme. Dites-moi, je vous prie, Monsieur, savez-vous ce qu'est devenu M. Dodge pendant l'escarmouche ?

Paul sourit, mais il répondit prudemment : — Je suppose qu'il s'est occupé à prendre des notes sur le combat, et je ne doute pas qu'il ne vous rende pleine justice dans *le Furet Actif*, aussitôt qu'il en aura les colonnes à sa disposition.

— Trop d'instruction, comme mon bon père avait coutume de le dire, l'a rendu un peu fou. Mais aujourd'hui mon cœur n'est ouvert qu'à la reconnaissance, monsieur Blunt, et je ne veux critiquer personne. Le fait est que je n'ai pas aperçu M. Dodge dans le conflit, comme dit Saunders; mais il y avait un si grand nombre de ces coquins d'Arabes, qu'on n'avait guère le temps de voir autre chose. A présent il faut faire sortir *le Montauk* de l'enceinte du récif dans le plus court délai possible; car, pour vous dire un secret, — ici le capitaine baissa la voix, et lui parla à l'oreille, — nous n'avons plus de poudre que pour fournir deux coups à chaque homme, et une seule charge pour le canon. Je vous avoue que j'ai le plus grand désir d'être au large.

— Je ne crois pas qu'ils osent essayer une nouvelle attaque après l'épreuve qu'ils ont faite de ce que nous pouvons faire.

— Personne ne le sait, Monsieur, personne ne le sait. Je les vois arriver sur la côte comme des corbeaux qui sentent une charogne; et une fois qu'ils n'auront plus rien à faire à bord du danois, nous les verrons rôder autour de nous comme des loups affamés. Dans combien de temps la marée sera-t-elle au plus haut?

— Probablement dans une heure. Je crois qu'il n'y a pas beaucoup de temps à perdre pour mettre du monde au cabestan.

Le capitaine Truck fit un signe d'assentiment, et examina l'état de sa chaîne. Ce fut un moment de joie mêlée d'inquiétude, quand les hommes se placèrent aux barres du cabestan, et que l'on commença à embarquer le mou de la chaîne. Le bâtiment s'était redressé depuis plusieurs heures, et personne ne pouvait savoir jusqu'à quel point il tenait encore au sable. Lorsque la chaîne se raidit, les passagers et les officiers se rendirent sur l'avant, et examinèrent avec anxiété l'effet de chaque coup sur le cabestan; car il était inquiétant d'être échoué sur le sable près d'une pareille côte, même après tout ce qui était arrivé.

— Il remue, de par saint George! s'écria le capitaine; virez tous ensemble, mes amis, et vous le dégagerez du sable.

Tout l'équipage vira; on gagna un pouce, puis un autre, mais nul effort ne put faire faire un tour entier de cabestan. Les officiers et le capitaine se placèrent eux-mêmes aux barres, et l'on put à peine faire un demi-tour. Les passagers s'y joignirent aussi, et la tension de la chaîne devint si forte qu'elle semblait menacer de mettre le bâtiment en pièces; et cependant il restait inébranlable.

— Il est engravé de l'avant, capitaine, dit M. Leach; si nous faisions passer l'équipage sur l'arrière?

Cet expédient fut adopté, et le devant étant ainsi allégé, il réussit. Un vigoureux effort au cabestan rendit le mouvement au *Montauk*, un pouce de plus de marée le facilita, et le bâtiment cédant lentement aux efforts, se tourna peu à peu vers l'ancre; les coups rapides du linguet du cabestan annoncèrent que le bâtiment se retrouvait à flot.

— J'en rends grâce à Dieu, ainsi que de toutes ses autres faveurs, dit le capitaine Truck.—Conduisez *le Montauk* vers son ancre, monsieur Leach, et nous jetterons un coup d'œil sur ses amarres.

Tout cela s'exécuta, et *le Montauk* fut solidement amarré, avec toute l'attention qu'exigeait un changement de vent qui promettait d'être durable. Pas un instant ne fut perdu. Les bigues étaient encore en place, le mât de misaine du bâtiment danois fut halé le long du *Montauk*, hissé, et mis en place avec autant de rapidité que le comportait le soin qu'il fallait mettre à cette manœuvre. Quand ce mât fut en place, le capitaine se frotta les mains de plaisir, et ordonna qu'on le gréât sur-le-champ, quoique le jour fût déjà fort avancé.

— Voilà ce qui nous arrive, à nous autres marins, monsieur Effingham, dit le capitaine Truck; de la manœuvre au combat, et du combat à la manœuvre. Notre ouvrage, comme celui des femmes, n'est jamais terminé, au lieu que vous autres à terre vous vous couchez avec le soleil, tandis que le blé croît. J'ai toujours su mauvais gré à mes parents de m'avoir élevé pour mener une vie de chien.

— J'avais compris que vous aviez vous-même choisi votre profession, capitaine.

— Oui, en ce que je me suis enfui de chez eux et que je me suis mis à bord d'un bâtiment à leur insu. Mais ils auraient dû commencer par le commencement, et m'élever de manière à ne pas me mettre dans l'esprit de m'enfuir de chez eux. Que le ciel me pardonne pourtant de parler ainsi de ces bons et chers parents! car, pour parler franchement, ils méritaient d'avoir un meilleur fils, et je crois véritablement qu'ils m'aimaient plus que je ne m'aimais moi-même. Eh bien! j'ai la consolation de savoir que j'ai régalé ma vieille mère de bien des livres d'excellent thé, dès que j'ai été à bord d'un bâtiment faisant le commerce avec la Chine,

— Elle l'aimait donc? dit la gouvernante.

— Elle l'aimait comme un cheval aime l'avoine, et un enfant les gâteaux. — Le thé, le tabac et la grâce, faisaient sa principale consolation.

— *Quoi?* demanda la gouvernante, se tournant vers Paul, comme pour lui demander une explication.

— *La grâce, Mademoiselle, la grâce de Dieu.*

— *Ah! bien.*

— C'est une grande infortune, après tout, de perdre une mère : c'est comme de couper toutes les amarres de l'avant et voguer en culant; car c'est laisser échapper le passé pour lutter avec le futur. Il est vrai que j'étais bien jeune quand je m'enfuis de chez ma mère, et que je ne songeais guère à tout cela; mais quand elle plia ses voiles et que je la perdis, je commençai à sentir que j'avais fait un mauvais usage de mes jambes. — A propos, quelles nouvelles du pauvre M. Lundi ?

— J'entends dire qu'il ne souffre pas beaucoup, mais qu'il s'affaiblit à vue d'œil, répondit Paul. Je crains qu'il n'y ait que bien peu d'espoir qu'il survive à ses blessures.

Le capitaine avait pris un cigare et demandé à Toast un charbon pour l'allumer; mais, changeant d'avis tout à coup, il le mit en pièces et jeta les morceaux sur le pont.

— Pourquoi le gréement de ce mât ne va-t-il pas plus vite, monsieur Leach? s'écria-t-il avec un ton d'humeur; je n'ai pas envie de passer ici tout l'hiver, et je demande un peu plus d'activité.

— Oui, oui, capitaine, répondit M. Leach, qui faisait partie d'une classe d'hommes pour qui la patience et l'obéissance sont des vertus habituelles. Dépêchez-vous, mes amis, et mettez tous les cordages en place.

— Leach, continua le capitaine, prenant un ton plus doux, approchez, mon bon ami. Je ne vous ai pas encore exprimé, monsieur Leach, tout ce que je désire vous dire sur votre bonne conduite dans toute cette affaire. Vous m'avez soutenu en brave, depuis le commencement jusqu'à la fin, et je n'hésiterai pas à en dire autant quand nous serons arrivés. Mon intention est d'écrire à ce sujet une lettre à nos armateurs, et sans doute ils la publieront; car, quoi qu'on ait à dire contre l'Amérique, personne ne niera qu'il ne soit aisé d'y faire publier tout ce qu'on veut. La publicité est le boire et le manger pour la nation, et vous pouvez compter que toute justice vous sera rendue.

— Je n'en ai jamais douté, capitaine.

— Non, Monsieur, et vous n'avez pas bronché un seul instant. Le meilleur grand mât n'est pas plus ferme dans un ouragan, que vous ne l'avez été en combattant ces pillards africains.

— M. John Effingham, capitaine, — M. Sharp, — M. Blunt surtout...

— Laissez-moi le soin de rendre à chacun ce qui lui est dû. Toast lui-même s'est comporté en homme. — Eh bien! Leach, on dit que le pauvre Lundi va filer son câble, après tout?

— Je suis très-fâché de l'apprendre, capitaine; nul soldat n'aurait pu combattre avec plus de courage que M. Lundi.

— C'est la vérité; mais Bonaparte a été obligé de rendre l'âme; Wellington le suivra un de ces jours; et le vieux Putnam est mort lui-même. Vous ou moi, ou tous les deux, Leach, nous aurons à donner quelques-unes des consolations de la religion, dans cette triste occasion.

— Il y a M. Effingham et M. John Effingham, capitaine, et ils sont plus âgés et plus instruits que moi.

— Cela ne suffit pas. Tout ce qu'ils pourront offrir sera sans doute très-convenable, mais nous avons un devoir à remplir à l'égard de notre bâtiment. Les officiers d'un paquebot ne sont pas des maquignons transportant des chevaux de la Rivière dans les îles ; ce sont des hommes sages et discrets, et il convient qu'ils sachent montrer dans l'occasion quelle éducation ils ont reçue, et de quelle étoffe ils sont faits. J'attends donc de vous, Leach, que vous me soutiendrez, dans cette fâcheuse circonstance, comme vous l'avez fait ce matin dans le combat.

— Je tâcherai, capitaine, de ne pas faire honte au *Montauk* ; mais il est probable que M. Lundi professe la religion anglicane, et vous et moi nous appartenons à la plate-forme de Saybrook.

— Ah ! diable ! je l'avais oublié. Mais qu'importe ? la religion est la religion, après tout, anciennes ou nouvelles formes, et je doute fort qu'un homme si près de voir couper ses amarres y regarde de si près. Le grand point, c'est la consolation, et il faut que nous lui en donnions de façon ou d'autre, quand le moment convenable sera arrivé. — Et maintenant, monsieur Leach, veillez à ce que notre monde se dépêche ; que tout soit prêt sur l'avant, et le grand mât en place avant que le soleil soit couché, ou pour parler plus littéralement, avant qu'il soit en bas. — Car le capitaine Truck, en véritable habitant de la Nouvelle-Angleterre, employait invariablement un provincialisme qui est devenu si général en Amérique.

Le travail se continua avec ardeur ; chacun désirait tirer promptement le paquebot d'une position rendue aussi critique par la proximité des Arabes que par la possibilité d'un mauvais temps. Le vent était variable, comme c'est l'ordinaire dans le voisinage des vents alisés, et, quoiqu'il continuât à être léger, il venait quelquefois de la mer. Comme le capitaine l'avait espéré, quand la nuit suspendit les travaux, la vergue de misaine et celle du petit hunier étaient en place ; le mât de perroquet était en clef ; et, à l'exception des voiles, le bâtiment était en bon ordre sur l'avant. La besogne était moins avancée sur l'arrière ; cependant à l'aide des passagers, qui continuaient à prêter leur aide au besoin, les deux mâts avaient été mis en place, quoiqu'on n'eût pas eu le temps de les gréer. Les hommes de l'équipage offrirent d'y travailler par quarts toute la nuit ; mais le capitaine ne voulut pas y consentir, et il déclara qu'ils avaient bien gagné un bon souper et une bonne nuit, et qu'ils auraient l'un et l'autre.

Les passagers, qui, en général, n'offraient leurs services que lorsqu'il s'agissait de virer au cabestan, se chargèrent de faire la garde pendant la nuit, et comme on pouvait faire montre d'un assez grand nombre d'armes à feu, quoiqu'on eût fort peu de munitions, on ne craignait guère d'être attaqué par les Arabes. Comme on s'y attendait, la nuit se passa tranquillement, et chacun, en se levant au point du jour, avait puisé de nouvelles forces dans le sommeil.

Cependant le retour de la lumière amena sur le rivage une foule d'Arabes ; car le dernier ouragan, dont la violence avait été extraordinaire, et la nouvelle de deux bâtiments échoués, que les dromadaires avaient déjà répandue bien loin, avaient réuni sur la côte une troupe que le nombre seul suffisait pour commencer à rendre formidable. Le bâtiment danois avait été complétement pillé, et le pillage avait produit sur ces barbares avides le même effet que le sang, dit-on, produit sur le tigre. L'appétit leur était venu en mangeant, et, dès que le soleil parut, ceux qui étaient à bord du *Montauk* virent parmi les Arabes des signes qui annonçaient une disposition générale à faire une nouvelle tentative contre le paquebot.

Heureusement la partie la plus laborieuse du travail était terminée, et le capitaine Truck, plutôt que de risquer un autre combat contre des forces devenues si formidables, résolut de prendre à bord le reste des mâts et des vergues, et de conduire son bâtiment au-delà du récif sans attendre qu'il fût complétement gréé. Le premier ordre qu'il donna quand tout le monde fut réuni sur le pont, fut donc que les embarcations allassent lever les ancres à jet et celle d'affourche, et qu'on fît tous les autres préparatifs nécessaires pour partir. Comme l'opération de lever les ancres était un travail long et pénible, il était midi quand elles furent hissées à bord et mises à leur poste. Toutes les vergues étaient alors gréées, mais pas une voile n'était enverguée.

Pendant que l'équipage était à dîner, le capitaine Truck se promena partout, examinant chaque étai et chaque hauban. Il découvrit quelques négligences causées par la précipitation ; mais au total il fut satisfait, quoiqu'il vît que la présence des Arabes avait été cause qu'il y aurait quelques bons coups de palans à donner aussitôt qu'on serait hors de danger, et qu'il faudrait faire examiner les amarrages. Cependant ce qui avait été fait suffirait par un temps passable, et il était trop tard pour en faire davantage.

Les vents alisés étaient revenus, ils soufflaient de manière à faire croire à leur durée ; et la mer, au-delà du récif, était assez calme pour permettre qu'on travaillât à ce qui restait à faire, maintenant que les principaux mâts étaient en place.

Le Montauk n'avait certainement pas l'air aussi majestueux et aussi imposant qu'avant l'ouragan, mais il paraissait équipé avec un soin et une exactitude qui étaient de bon présage; on aurait dit un bâtiment du port de sept cents tonneaux auquel on avait donné les mâts et les vergues d'un bâtiment de cinq cents. Il ressemblait un peu à un homme de six pieds portant l'habit d'un homme de cinq pieds six pouces; et cependant ce manque d'accord entre ses parties n'aurait pu être remarqué que par un œil exercé. Tout ce qui était essentiel se trouvait à sa place, et était convenablement installé; et comme le bâtiment danois avait été équipé de manière à pouvoir naviguer sur une mer houleuse, le capitaine Truck fut convaincu que *le Montauk* pouvait, dans son état actuel, se hasarder, même en hiver, sur la côte d'Amérique, sans courir un risque extraordinaire.

Dès que l'heure du travail fut arrivée, il envoya le cutter jeter une ancre aussi près de la passe qu'il serait possible d'en approcher sans danger, et un peu au vent de l'entrée. En faisant ses calculs, et ayant égard à ses bouées, qui restaient encore aux endroits où il les avait placées, le capitaine reconnut qu'il pouvait gagner un étroit canal, assez droit pour permettre au bâtiment de se touer en ligne directe jusqu'à ce point. Tout était alors à bord, excepté les embarcations; on leva l'ancre, on garnit l'aussière au cabestan, on vira, et *le Montauk* commença à avancer lentement vers la passe.

Ce mouvement fut un signal pour les Arabes, qui coururent par centaines sur les deux côtés du récif en criant et en gesticulant comme des furieux. Il fallait de bons nerfs et quelque confiance en soi-même pour avancer en face d'un tel danger, d'autant plus que les Barbares se montraient en plus grand nombre sur les rochers du côté du nord, qui leur offraient un bon abri, qui commandaient le canal, et qui étaient si près de l'endroit où on avait jeté l'ancre, qu'on aurait pu lancer une pierre d'un point à l'autre. Pour ajouter à ces désavantages, les Arabes commencèrent à faire feu avec ces longs mousquets qui rendent si peu de service dans un combat de près, mais qui sont connus pour porter avec précision à une grande distance. Les balles pleuvaient comme la grêle sur le bord, mais nos marins étaient protégés par la force et la hauteur des murailles de l'avant.

Dans cet embarras, le capitaine hésita s'il continuerait à se touer, et il appela près de lui M. Blunt et M. Leach pour leur demander leur avis. Tous les deux lui conseillèrent la persévérance. Mais comme l'avis du premier fera connaître en peu de mots la situation des choses, nous rapporterons ses propres termes.

— Par l'indécision, dit-il, on décourage toujours ses amis et on encourage ses ennemis, et c'est pourquoi je recommande la persévérance. Plus nous approcherons des rochers, plus nous les commanderons, et plus nous diminuerons les chances qu'ont les Arabes de faire tomber leurs balles sur notre pont. Aussi longtemps que nous avancerons, le cap au vent, ceux qui sont sur les rochers du côté du nord ne peuvent tirer assez bas pour nous atteindre; et du côté du sud ils n'oseront se hasarder bien près, faute d'abri. Il est vrai que nous ne pouvons enverguer nos voiles, ni envoyer une embarcation en avant en face d'un feu si constant; mais nous pourrons peut-être les déloger à l'aide de notre canon ou de nos fusils. Dans le cas contraire, je conduirai quelques hommes dans les hunes, et de là je me charge de les faire reculer hors de la portée de nos mousquets en cinq minutes.

— Ce serait un service très-dangereux pour ceux qui se hasarderaient dans les hunes.

— Il ne sera pas sans péril, et il peut nous causer quelque perte; mais quand on combat il faut s'attendre à quelque risque.

— En ce cas, c'est à M. Leach et à moi qu'il appartient de conduire nos marins dans les hunes. — Diable! si c'est notre devoir de consoler les mourants, nous avons droit au privilége de combattre les vivants.

— Sans doute, capitaine, sans doute, dit M. Leach; cela est conforme à la raison.

— Je respecte trop vos droits, Messieurs, pour vouloir les usurper, dit Paul avec douceur; mais il y a trois hunes, et nous pouvons en prendre chacun une. L'effet sera proportionné au plus ou moins de moyens que nous emploierons. Une attaque vigoureuse en vaut une douzaine de fausses.

Le capitaine serra cordialement la main de Paul, et lui dit qu'il suivrait son avis. Quand le jeune homme se fut retiré, il se tourna vers son aide et lui dit :

— Il faut avouer, après tout, que les hommes qui ont servi à bord d'un vaisseau de guerre sont un peu plus avancés que nous dans la science de l'attaque et de la défense, quoique je pense que je pourrais leur apprendre quelque chose dans celle des signes. Dans mon temps, j'ai servi deux ou trois fois à bord de lettres de marque; mais pour ce qui est de lâcher des bordées, je n'ai jamais eu d'occupations régulières. — Avez-vous vu comment M. Blunt gouvernait sa chaloupe ? Avec autant de sang-froid, Dieu me pardonne, qu'une grande dame de Londres regarde un de nous en l'état de nature. Quant à moi, Leach, la moutarde me montait au nez, et j'étais prêt à couper la gorge à mon meilleur ami ; tandis que lui souriait tranquillement quand ma chaloupe passa devant la sienne, quoique la fumée de son canon me permît à peine de distinguer ses traits.

— C'est la manière de ceux qui ont fait régulièrement la guerre sur mer, capitaine. Je vous garantis qu'il a commencé jeune, et qu'il avait jeté sa gourme sur de plus vieux que lui avant qu'il eût dix-huit ans. Et pourtant il ne semble pas de la vraie race des loups de mer ! Mais c'est un grand privilége que de pouvoir allonger le pied quand et contre qui bon vous semble.

— Non, non, Leach, ce n'est pas là sa manière. — Mais il pourra peut-être nous donner un coup de main quand il faudra en venir au fait avec ce pauvre Lundi. J'ai le plus grand désir que ce brave homme parte décemment de ce monde.

— Vous feriez bien de le lui proposer, capitaine. Quant à moi, j'aimerais mieux monter seul tour à tour dans les trois hunes, que d'en venir à l'abordage avec un mourant.

Le capitaine lui dit qu'il y réfléchirait. Ils fixèrent alors toute leur attention sur la situation critique du bâtiment, qui, au bout de quelques minutes, se trouva aussi près de l'ancre que la prudence le permettait.

CHAPITRE XXVIII.

Hâte-toi, barque légère, l'ouragan est passé ; tu as bravé la fureur des vents, tu es en sûreté ; maintenant déploie toutes tes voiles, et bientôt le port te félicitera de ton retour. PARK.

Le Montauk était alors près de la passe, et même un peu au vent de son entrée ; mais le canal était tortueux, pas une seule voile n'était enverguée, et il était impossible d'en enverguer une convenablement sans exposer ses hommes au feu des Arabes, qui, après avoir tiré sans ordre et au hasard, commençaient à y mettre plus de soin, et ajustaient partout où ils voyaient une tête ou un bras se montrer de temps en temps. Prolonger cet état de choses, ce n'était qu'augmenter le mal, et le capitaine Truck résolut de faire sur-le-champ un effort pour déloger ses ennemis.

Dans ce dessein, on chargea le canon et on l'emplit de mitraille presque jusqu'à la bouche, on le monta avec soin sur la petite teugue de l'avant, et on le plaça avec précaution au ras du plat-bord. Si les Barbares avaient connu la construction d'un bâtiment, ils auraient tué la moitié de l'équipage en tirant à travers les planches, tandis qu'il était ainsi occupé sur l'avant; mais ignorant la faiblesse des bordages, ils visaient aux ouvertures ou par-dessus les murailles.

On envergua la brigantine. On avait préalablement amené la corne; on rentra ensuite le gui pour passer l'écoute, et on le remit aussitôt à poste; après quoi on hissa la voile en la laçant au mât au fur et à mesure, ce qu'on ne put faire qu'imparfaitement et avec précipitation. Tout cela ne put se faire sans courir beaucoup de risques. Il est vrai que l'avant du *Montauk* était si près des rochers, que la plupart des Arabes ne pouvaient voir ce qui se passait sur cette partie du bâtiment; mais ceux qui étaient plus près du rivage entrevoyaient les travailleurs de temps en temps, et il s'en fallut de bien peu que plusieurs marins n'en fussent victimes. Le second lieutenant notamment eut son chapeau percé d'une balle à un pouce de sa tête. Cependant au moyen de quelques précautions, on réussit à établir assez bien la brigantine, et le paquebot eut enfin l'avantage de porter une voile.

Le bâtiment danois avait été équipé d'après les principes de l'ancienne école, et au lieu de la coupe moderne, ses voiles d'étai avaient été taillées à la vieille mode. Il était possible d'enverguer le foc d'artimon sans courir un très-grand danger, pourvu qu'on pût descendre le bout des drisses; mais comme le bâtiment n'aurait porté que des voiles d'arrière, le capitaine résolut de faire un effort pour attraper les cargue-boulines et les cargues-fonds de la misaine en même temps qu'il fît monter du monde pour descendre les bouts des drisses. Il crut aussi qu'il serait possible d'établir un foc.

Personne ne fut trompé dans cette circonstance. Le danger de la manœuvre et les moyens de l'exécuter furent expliqués clairement, après quoi le capitaine demanda des volontaires. Il s'en présenta à l'instant, ses deux lieutenants donnant l'exemple en s'avançant les premiers. Mais, pour que cette manœuvre soit bien comprise, nous l'expliquerons plus en détail.

Deux hommes, dont l'un était M. Leach, étaient prêts à monter sur la vergue de misaine au premier ordre. Chacun d'eux portait trois petites manoques de merlin, au bout desquelles était attaché un hameçon à morue dont la barbe avait été enlevée à la lime, pour empêcher qu'il ne s'arrêtât. Ces hameçons servaient à accrocher les manoques à leurs jaquettes. Deux autres hommes étaient également prêts au pied du grand mât et du mât d'artimon. Paul était près du canon avec trois hommes. John Effingham, M. Sharp et les meilleurs tireurs de l'équipage étaient placés sur le gaillard d'avant, armés de mousquets et de fusils de chasse.

— Tout le monde est-il prêt? cria le capitaine, debout sur le gaillard d'arrière.

— Tous, oui, oui, capitaine! répondit-on de différents côtés.

— Bordez la brigantine!

Dès que cette voile fut déployée, l'arrière du bâtiment tourna vers la passe, de sorte que l'avant se trouva faire face à la partie du récif où les Arabes étaient en plus grand nombre.

— Ferme, mes enfants! pas de précipitation, mais soyez agiles comme des chats sauvages. — En haut! courage!

Les deux hommes qui étaient près du mât de misaine, et ceux qui étaient près des mâts de l'arrière, s'élancèrent dans le gréement, et ils montaient déjà avant que le capitaine eût fini de parler. Au même instant un des trois qui étaient près du canon sauta sur le beaupré et courut à l'étai. Paul et les deux autres se levèrent et poussèrent le canon à l'endroit qu'il devait occuper; et ceux qui étaient armés de fusils se montrèrent le long des lisses du plat-bord.

Tant de monde, par un mouvement rapide, se montrant en même temps dans tout le gréement, l'attention des Arabes fut un instant partagée, et ils ne tirèrent qu'au hasard. Paul savait que le moment du plus grand danger serait celui où les hommes qui montaient seraient stationnaires, et il ne se pressa point. Il passa une demi-minute à choisir son but et à pointer son canon, et enfin le coup partit. Il avait pris le meilleur moment, car M. Leach et son compagnon étaient déjà sur la vergue de misaine, et les Arabes avaient quitté leur abri dans leur empressement de les ajuster. Une volée de mousqueterie y succéda, et c'était à peu près tout ce qu'il était possible de faire pour prendre l'offensive, car presque toute la poudre qui était sur le bâtiment était consommée.

Il reste à dire quel fut le résultat de cette mesure. Plusieurs Arabes tombèrent; ceux qui étaient les plus exposés au feu du bâtiment reculèrent en désordre, et perdirent plus d'une minute à se remettre de leur confusion; mais ceux qui étaient plus loin continuèrent un feu bien nourri, après le premier moment de surprise. Ce que nous allons rapporter ne prit pas plus de trois minutes, les mouvements de tous les hommes ayant été simultanés.

Le marin qui était sur l'avant, quoique le plus près de l'ennemi, fut pourtant le moins exposé. Couvert en partie par le beaupré, il courut rapidement sur ce mât jusqu'à l'étai. Là, il coupa la bosse de la drisse du petit hunier, et passa le courant dans la poulie. Il frappa ensuite une autre poulie qu'il avait apportée avec lui, et dans laquelle le double d'un cordage avait été passé par la cosse, et se retira le plus vite possible. Cette partie du service, qui aurait paru la plus dangereuse de toutes, attendu la proximité de l'ennemi, fut la première terminée, et avec le moins de risque, cet homme étant caché en partie par la fumée produite par le canon, en partie par le beaupré. Il échappa sans aucune blessure.

Comme les deux hommes qui étaient sur l'arrière exécutèrent tous deux précisément la même manœuvre, les mouvements de l'un feront suffisamment connaître ceux de l'autre. En arrivant près de la vergue, le premier s'y élança, saisit la poulie de drisse de hunier par le croc, et se jeta de dessus la vergue sans hésiter un instant, entraînant la drisse par son propre poids. D'autres hommes sur le pont étaient prêts à amortir sa chute en mollissant un peu l'autre bout de la drisse, et le brave marin y arriva sans accident. Cela semblait une entreprise très-hasardeuse aux spectateurs qui n'étaient pas marins ; mais ceux qui connaissaient bien le mécanisme d'un bâtiment la regardaient comme une chose fort simple.

M. Leach se plaça sur un des bras de la vergue de misaine, et son compagnon d'aventure, simple matelot, sur l'autre. Chacun d'eux plaça dans la patte du cargue-fond d'en dedans l'hameçon auquel était attaché un manoque de merlin, qu'il laissa tomber sur le pont. Ils en firent autant pour les cargue-fonds d'en dehors, ainsi que pour les cargues-boulines. Alors M. Leach, conformément aux ordres qu'il avait reçus, retourna sur ses pas, sauta dans les haubans, et, saisissant ensuite un galhauban, il se laissa glisser sur le pont avec une rapidité qui ne permettait pas qu'on l'ajustât. Malgré la vitesse de tous ses mouvements, M. Leach eut la peau de l'épaule effleurée par une balle, et plusieurs autres sifflèrent à ses oreilles.

Le matelot, qui était sur l'autre bras, réussit aussi bien, et assura la cargue-bouline, sans avoir reçu la moindre blessure. Mais sachant quelle en serait l'utilité, attendu qu'elle était sur le côté du vent du bâtiment, il résolut de ramener avec lui le bout du palanquin ; il héla pour qu'on le larguât d'en bas, courut à la balancine, se courba pour en amarrer le bout, et se releva dans l'intention de se rendre dans la hune en courant sur la vergue. Le capitaine Truck et son second lieutenant lui avaient inutilement ordonné de renoncer à cette entreprise ; car le bonheur qu'il avait eu d'échapper à toutes les balles lui avait inspiré une folle hardiesse, et dans sa situation dangereuse, il s'arrêta même pour pousser une acclamation. A peine avait-il commis cette imprudence, qu'on le vit sauter de plusieurs pieds en l'air, et tomber perpendiculairement dans la mer, tenant toujours en main le cordage. D'abord on crut qu'il s'était jeté à l'eau volontairement, parce qu'il regardait ce moyen comme le moins périlleux pour descendre, et qu'il comptait sur la corde et sur ce qu'il était bon nageur, pour se sauver; mais Paul fit remarquer le sang qui teignait la surface de la mer à l'endroit où il était tombé. On tira le palanquin avec précaution, et l'on en vit paraître le bout sans la main qui le tenait un instant auparavant : le malheureux ne reparut pas.

Le capitaine Truck avait alors le moyen de déployer trois voiles d'étai, la brigantine, et la voile de misaine, et elles lui paraissaient suffisantes pour le moment présent. Le bout du palanquin, qui avait coûté si cher, fut tiré à bord par le moyen d'une ligne légère dont on l'entoura.

L'ordre fut alors donné de carguer la brigantine et de lever l'ancre de jet, ce qui fut fait à la hâte. Dès que le bâtiment eut ses mouvements libres, on hissa le petit foc; l'écoute fut portée au vent, et la barre mise dessous. En conséquence, *le Montauk* commença à abattre, et dès qu'il fut en route, l'écoute fut bordée sous le vent, et la barre redressée.

Le capitaine ordonna ensuite qu'on enverguât la misaine, qui était prête. Cette voile importante fut hissée à la vergue, au moyen des cargues-fonds et des cargues-boulines, et en frappant les palanquins aux pattes d'empointures. Dès que cette voile fit sentir sa force au bâtiment, le mouvement du *Montauk* fut accéléré, et il commença à s'éloigner, au milieu des cris de fureur et des menaces des Arabes. Personne n'y fit attention, mais on les entendit encore longtemps. Malgré l'aide de tous ses mâts, et la force du vent sur ses œuvres mortes, une masse aussi pesante que *le Montauk* ne pouvait surmonter en un instant la *force d'inertie*, et il y eut encore plusieurs minutes d'inquiétude avant qu'on fût assez loin des Arabes pour s'apercevoir que le bruit de leurs clameurs ne retentissait plus à l'oreille d'une manière aussi assourdissante. Quand ce moment arriva, ce fut un grand soulagement pour tout l'équipage, et cependant le danger n'en était peut-être que plus grand, car il n'y en avait que plus de chance pour que les balles frappassent ceux qui étaient sur le pont.

On avança d'abord presque vent arrière; mais quand on arriva près du rocher plat dont il a été si souvent parlé, *le Montauk* fut obligé de venir presque au plus près, afin d'en pouvoir passer au vent. Là, les voiles d'étai de l'arrière et la brigantine furent déployées, ce qui aida à mettre le bâtiment au vent, et la misaine fut amurée. En sortant de la passe en droite ligne, distance qui n'était que d'une cinquantaine de toises, le paquebot aurait été à l'abri de tous les périls et même des dangers de la côte, tant que la même brise aurait duré ; mais la marée poussait *le Montauk* vers le rocher, et son état ne permettait pas de serrer le vent de très-près. Le capitaine Truck devint inquiet, car il s'aperçut bientôt qu'ils approchaient du danger, quoique presque imperceptiblement, et il commença à trembler pour son doublage en cuivre. Cependant le paquebot allait constamment en avant, et il espérait encore pouvoir doubler le rocher sans accident, le bord extérieur était un fragment rocailleux et pointu, qui briserait les bordages si le bâtiment y touchait un seul instant, quand il descendrait au milieu du mouvement constant de la houle, qui commençait alors à se faire sentir d'une manière remarquable. Après tant de dangers, le vieux marin vit que la sûreté de son bâtiment courait encore un grand risque, par suite d'un de ces événements imprévus mais communs, qui composent la vie d'un marin.

— Lof ! lof ! vous pouvez lofer ! s'écria le capitaine Truck, dont l'œil tournait sans cesse du rocher aux voiles et des voiles au rocher. Lofez, vous dis-je, Monsieur ; vous êtes dans le moment critique.

— J'ai lofé, capitaine, répondit l'homme qui était à la roue, placé derrière le rouffle, par-dessus le toit duquel il était obligé de regarder, pour voir les voiles.

Paul était à côté du capitaine ; l'équipage avait reçu ordre de se tenir autant à couvert que possible, à cause des balles des Arabes, qui battaient alors contre le bâtiment comme la grêle à la fin d'un orage.

— Nous ne doublerons pas cette misérable pointe de rocher, s'écria le jeune homme avec vivacité ; et si nous y touchons, le naufrage est certain.

— Il faut nous en éloigner, dit le capitaine ; l'étrave est déjà sur la même ligne que la pointe ; il faut nous en éloigner.

L'avant du navire était certainement sur la même ligne que l'écueil, et le paquebot continuait à avancer lentement ; mais à chaque instant, son flanc approchait davantage du rocher, dont ils n'étaient pas alors à plus de cinquante pieds. Les porte-haubans de misaine avaient déjà passé la pointe ; mais il y avait peu d'espoir que l'arrière pût en faire autant. Un bâtiment tourne sur son centre de gravité comme sur un pivot, les deux extrémités inclinant en direction opposée; et le capitaine Truck espérait que, comme l'avant avait passé le point dangereux, il serait possible de porter l'arrière du bâtiment au vent, en laissant arriver, et de s'éloigner ainsi de cet endroit critique.

— La barre tout au vent! s'écria-t-il; la barre tout au vent! Halez bas le foc d'artimon, et filez un peu de l'écoute de misaine.

L'ordre relatif aux voiles fut exécuté sur-le-champ; mais nulle réponse ne vint de la roue, et le bâtiment ne changea pas de route.

— La barre tout au vent! m'entendez-vous, Monsieur? Tout au au vent! la barre tout au vent! et allez au diable!

La réponse d'usage ne fut pas faite, Paul s'élança le long de l'étroit passe-avant à la roue. Tout ceci se passa en moins d'une minute, et ce fut pourtant le moment le plus critique dans lequel *le Montauk* se fût encore trouvé; car s'il eût touché le rocher un seul instant, nuls moyens humains n'auraient pu le maintenir à flot plus d'une heure.

— La barre tout au vent, et allez au diable! répéta le capitaine d'une voix de tonnerre, tandis que Paul tournait le coin du rouffle. Le marin était debout devant la roue dont il tenait les rayons, ses yeux étaient levés comme à l'ordinaire; mais les tours de la drosse du gouvernail prouvaient que l'ordre n'avait pas été exécuté.

— La barre tout au vent! avez-vous perdu l'esprit? s'écria Paul en s'élançant sur la roue qu'il fit tourner à l'instant dans la direction nécessaire. Le marin céda la roue sans résistance, et tomba comme une masse de plomb. Une balle l'avait frappé au dos, lui avait traversé le cœur; et pourtant sa main tenait encore les rayons de la roue; car le vrai marin n'abandonne jamais le gouvernail, tant qu'il lui reste une étincelle de vie.

L'avant du *Montauk* arriva lentement, et l'arrière vint au vent; mais le court délai qui avait eu lieu augmenta tellement le danger, que rien ne sauva *le Montauk* que l'heureuse circonstance de la rentrée du bâtiment à la voûte; encore le dut-il en partie à une lame qui le souleva en ce moment.

Paul ne put voir toute l'étendue du péril auquel on venait d'échapper, mais la limpidité de l'eau permit au capitaine et à ses deux lieutenants de l'observer si distinctement, qu'ils en perdirent presque la respiration. Il y eut un instant où la pointe du rocher était cachée sous la voûte; et chacun d'eux s'attendait à tout moment à entendre le craquement qui aurait lieu quand elle percerait le fond du bâtiment.

— Faites remplacer l'homme qui était à la roue, et amenez-le-moi sur-le-champ, dit le capitaine d'une voix calme et sévère, qui était de plus mauvais augure qu'un jurement.

M. Leach appela un vieux marin, et passa lui-même sur l'arrière, pour exécuter cet ordre. En moins d'une minute il revint avec Paul, apportant le cadavre du marin, ce qui expliqua toute l'affaire.

— Seigneur, tes voies sont impénétrables, murmura le vieux capitaine pendant qu'on emportait le corps du pauvre diable et nous ne sommes dans ta main que des graines de sénévé ou de vains papillons.

Le rocher une fois passé, l'Océan était ouvert sous le vent du paquebot, et, naviguant grand largue, il s'éloigna rapidement de tous ces rochers qui avaient été la scène de tant de dangers. Au bout de quelques minutes, il était déjà assez loin pour ne plus avoir aucun danger à redouter des Arabes. Ces barbares continuèrent pourtant leurs décharges de mousqueterie, accompagnées de gestes furieux, longtemps après que leurs balles et leurs menaces n'étaient plus un sujet d'inquiétude pour aucun de ceux qui se trouvaient à bord.

Le corps du défunt fut déposé entre les mâts, et l'ordre fut donné d'enverguer les voiles. Comme tout était prêt, le *Montauk*, au bout d'une demi-heure, s'éloignait de la terre sous ses trois huniers, laissant déjà le récif à près d'une lieue de distance. Vinrent alors les basses voiles; ensuite on mit les perroquets en croix, et leurs voiles furent établies; enfin on s'occupa des voiles plus légères, et quelque temps avant le coucher du soleil, le paquebot, bonnettes dehors, avançait vers l'ouest, favorisé par les vents alisés.

Pour la première fois depuis qu'il avait appris la nouvelle que les Arabes étaient maîtres de son bâtiment, le capitaine Truck éprouva alors un véritable soulagement. Il s'était trouvé momentanément heureux après le succès du combat; mais de nouveaux sujets d'inquiétude étaient survenus si promptement, qu'on pouvait à peine dire qu'il eût été tranquille. Maintenant tout était changé : si son bâtiment n'était pas assez bien gréé pour être excellent voilier, il était du moins en bon ordre. Dans la basse latitude où il se trouvait, il avait pour lui les vents alisés; il n'avait plus à craindre son ancienne ennemie, la corvette *l'Ecume;* en un mot, il lui semblait que sa poitrine était soulagée du poids d'une montagne.

— Grâce à Dieu, dit-il à Paul, je dormirai cette nuit sans rêver d'Arabes, de rochers, ou de figures rembrunies à New-York. On peut dire qu'un autre aurait pu montrer plus de dextérité pour se préserver de pareils embarras; mais je défie qu'on dise qu'un autre s'en serait mieux tiré. Et tout ce bel équipement ne coûtera rien aux armateurs, littéralement rien ; car je doute fort que le pauvre danois vienne jamais réclamer ses mâts et ses voiles. Je ne sais pas trop si nous en sommes en possession d'une manière exactement conforme aux lois de l'Afrique, car je ne connais guère le code de ce pays, ou au droit des gens, car je crois que Vattel ne dit rien à ce sujet; mais nous en sommes si bien en possession, qu'à moins que les vents du nord-ouest ne s'y opposent sur la côte d'Amérique, je me crois à peu près certain de les conserver jusqu'à ce que nous voyions la Rivière de l'Est.

— Ne serait-il pas à propos de rendre les derniers devoirs à ce pauvre marin? demanda Paul; car il savait qu'Ève n'aimerait pas à monter sur le pont tant que le corps du défunt y serait exposé à la vue. Vous connaissez la superstition des marins à ce sujet.

— J'ai pensé à cela ; mais je désirais priver de leur proie ces deux brigands de requins qui nous suivent, comme un chien suit la piste du gibier qu'il poursuit. C'est une chose fort extraordinaire, monsieur Blunt, que ces poissons sachent quand il y a un corps mort sur un bâtiment, et qu'ils le suivent quelquefois une centaine de lieues pour ne pas manquer leur proie.

— Ce serait un fait extraordinaire s'il était vrai ; mais comment s'en est-on assuré?

— Ne voyez-vous pas ces deux coquins de pirates qui voguent de conserve avec nous?

— Je les vois parfaitement ; mais il serait possible qu'on les vît aussi, quand même il n'y aurait pas un corps mort à bord de ce bâtiment. Il y a un grand nombre de requins sous cette latitude, et j'en ai vu plusieurs dans l'enceinte du récif pendant que nous y étions.

— J'espère qu'ils mourront de faim avant de toucher au pauvre Tom Smith, reprit M. Leach, à moins qu'ils n'aillent le chercher au fin fond de l'Océan ; car j'ai attaché à ses pieds un des bustes de Napoléon, et j'ose dire qu'il ne reviendra jamais sur l'eau.

— C'est une heure convenable pour se livrer à des idées solennelles, dit le capitaine en levant les yeux vers le ciel et en regardant autour de lui, tandis que le crépuscule était sur le point de faire place à la nuit. Appelez tout le monde en haut pour assister à la cérémonie funèbre, monsieur Leach. J'avoue que je serais moi-même plus tranquille sur le temps si le corps de ce pauvre diable n'était plus sur notre bord.

Tandis que M. Leach allait sur l'avant pour ordonner que tout l'équipage se rassemblât, le capitaine prit Paul à part pour le prier de se charger de rendre les derniers devoirs au défunt.

— Je lirai moi-même un chapitre de la Bible, dit-il ; car je n'aimerais pas que nos gens vissent l'un d'entre eux glisser par dessus le bord sans qu'aucun des officiers eût dit un mot dans la cérémonie. Cela pourrait paraître un manque d'égards, ou faire douter de nos connaissances. Mais ceux qui ont servi à bord de vaisseaux de guerre sont plus régulièrement habitués aux prières que nous autres capitaines de paquebots ; et si vous avez un livre convenable, je vous serai infiniment obligé de vouloir bien nous donner un coup de main dans cette triste occasion.

Paul proposa qu'on priât M. Effingham de lire le service funèbre ; car il savait que le père d'Eve faisait tous les jours, matin et soir, la lecture des prières de l'église à toute sa famille dans son appartement.

— Oui-dà ? dit le capitaine ; en ce cas c'est l'homme qu'il me faut. Il doit avoir la main bonne pour ce service, et nous n'entendrons ni bégayer ni hésiter. Oui, oui, il saura courir cette bordée. — Toast, allez faire mes compliments à M. Effingham, et dites-lui que je serais charmé de lui parler. Et, écoutez bien, Toast, priez-le de mettre dans sa poche un livre de prières, et ensuite entrez dans ma chambre, et apportez-moi la Bible que vous trouverez sous mon oreiller. Les Arabes auraient bien pu sans doute en faire leur butin, mais il y a dans ce livre quelque chose qui le fait toujours respecter. J'ai souvent remarqué que fort peu de coquins se mettent en peine d'avoir une Bible. Ils voleraient plutôt dix romans qu'un seul exemplaire de l'Ecriture sainte. — Cette Bible a appartenu à ma mère, monsieur Blunt, et si je l'avais passée en revue plus souvent, je n'en aurais que mieux valu.

Nous ne décrirons pas la plupart des arrangements qui furent pris pour tout préparer pour cette cérémonie, et nous passerons sur-le-champ au service funèbre, après avoir dit un mot de l'état dans lequel se trouvait le bâtiment quand tout l'équipage se rassembla pour célébrer un rite religieux qui, dépourvu même de toute pompe, n'en est pas moins toujours imposant et solennel, et propre à faire une impression salutaire. Les basses voiles étaient carguées, et le grand hunier avait été mis sur le mât, position dans laquelle un bâtiment offre toujours un air de repos majestueux. Le corps fut mis sur une planche placée en travers sur un tréteau, le buste de plomb étant enfermé dans le hamac qui servait de cercueil. Une tache de sang sur la toile était tout ce qui indiquait le genre de mort du défunt.

Tout l'équipage était groupé autour du corps; le capitaine Truck et ses deux lieutenants étaient sur le passe-avant, les passagers sur le gaillard d'arrière, et M. Effingham un peu en avant, tenant en main un livre de prières. Le soleil venait de descendre dans l'Océan, et tout l'horizon occidental brillait de ces teintes semblables à celles de l'arc-en-ciel qui ornent le matin et le soir ces basses latitudes pendant le temps doux des mois d'automne. Du côté de l'est, de petites montagnes de sable faisaient à peine distinguer la côte, et permettaient à l'imagination de se figurer la solitude et l'aridité du désert. De tous les autres côtés, la mer était sombre et noire. Le spectacle du coucher du soleil offrait un grand tableau de la magnificence et de l'étendue de l'Océan, rehaussé par un ciel dans lequel des teintes glorieuses allaient et venaient comme les couleurs bien connues du dauphin. Il faut y ajouter les ombres du crépuscule, qui s'épaississaient à chaque instant.

Eve serra le bras de John Effingham, et contempla cette scène imposante avec admiration et respect.

— C'est la tombe du marin, dit-elle tout bas.

— Oui, et elle est digne d'un pareil brave. Il est mort à son poste, et Powis m'a dit que ce n'était pas sans peine qu'on était parvenu à détacher sa main de la roue du gouvernail.

Ils se turent alors; car le capitaine Truck se découvrit, ainsi que tous ceux qui l'entouraient, mit ses lunettes, et ouvrit le livre sacré. Le vieux marin ne montrait pas un grand discernement dans le choix qu'il faisait des passages, et il prenait d'ordinaire ceux qui lui semblaient les plus propres à intéresser ses auditeurs, c'est-à-dire à l'intéresser lui-même. Pour lui, la Bible était la Bible, et il choisit alors ce passage des Actes des apôtres où est raconté le voyage de saint Paul de la Judée à Rome. Il le lut d'une voix ferme, avec des inflexions marquées, et même avec une sorte d'entraînement et de bonheur, toutes les fois qu'il en venait à un verset qui avait particulièrement trait à la navigation.

Paul sut rester parfaitement maître de lui pendant cette scène extraordinaire; mais un sourire involontaire effleura les lèvres de M. Sharp. La physionomie de John Effingham était grave et tranquille, tandis que les femmes étaient trop émues pour être accessibles à un mouvement de légèreté. Quant aux hommes de l'équipage, ils écoutaient avec une attention profonde, se bornant à échanger entre eux un coup d'œil expressif toutes les fois que quelque manœuvre nautique les frappait comme n'étant pas régulière.

Dès que la lecture de ce chapitre édifiant fut terminée, M. Effingham commença le service solennel pour les morts. Au premier son de sa voix, un calme profond tomba sur le bâtiment, comme si l'esprit de Dieu fût descendu des nuages, et une sorte de frisson circula dans les veines de ses auditeurs. Ces paroles solennelles de l'Apôtre commençant par : « Je suis la résurrection et la vie, dit le Seigneur ; celui qui croit en moi, vivra quand même il serait mort, et quiconque vit et croit en moi, ne mourra jamais ; » ces paroles n'auraient pu être plus dignement prononcées. La voix, l'inflexion, la manière de M. Effingham, étaient éminemment celles d'un homme comme il faut ; simples, douces, sans prétention, mais en même temps pleines de mesure, d'expression et de dignité.

Quand il prononça les mots : « Je sais que mon Rédempteur vit, et qu'il sera sur la terre au dernier jour ; et que si les vers doivent détruire mon corps, cependant dans ma chair je verrai le Seigneur, etc., » les marins jetèrent autour d'eux des regards effarés, comme si une voix du ciel s'était véritablement fait entendre, et le capitaine Truck regarda en haut comme s'il attendait le son de la trompette. Les larmes d'Eve commencèrent à couler en entendant cette voix si chère, et il n'y avait pas à bord de ce bâtiment si éprouvé de cœur si intrépide qui ne faiblît. John Effingham fit les répons du psaume d'une voix ferme, et bientôt M. Sharp et Paul se joignirent à lui. Mais l'effet le plus profond fut produit quand on en fut à ces paroles frappantes, mais pleines de consolation, de l'Apocalypse : « J'entendis une voix du ciel qui disait : Bénis soient les morts qui meurent dans le Seigneur ! » Le capitaine Truck avoua ensuite qu'il crut entendre cette voix même, et les matelots effrayés se serrèrent l'un contre l'autre. Ce fut aussi un instant solennel que celui où le corps fut jeté à la mer. Il glissa le long de la planche les pieds en avant ; le poids du plomb l'entraîna rapidement, et l'eau se referma sur lui, effaçant toute trace de la tombe du marin. Eve crut y voir une image de ces courts instants qui suffisent pour tirer le voile de l'oubli sur la masse des mortels dès qu'ils disparaissent de la terre.

Au lieu de demander la bénédiction à la fin de la cérémonie, M. Effingham entonna sur-le-champ avec calme et dévotion le psaume d'action de grâces : « Si le Seigneur n'avait pas été de notre côté, quand les hommes se sont levés contre nous, ils nous auraient dévorés tout vivants, dans leur aveugle acharnement. » La plupart des hommes répondirent, et la voix d'Eve résonna pleine d'une sainte douleur au milieu des murmures de l'Océan. Le *Te Deum*, — Nous te louons, ô Dieu ! nous te reconnaissons pour le Seigneur ! Toute la terre t'adore, toi le Père Éternel, — termina la cérémonie, et

M. Effingham congédia l'assemblée en faisant la prière ordinaire du laïque pour demander la bénédiction.

Jamais le capitaine Truck n'avait été si profondément ému par une cérémonie religieuse, et quand elle fut terminée il resta les yeux fixés sur l'endroit où le corps était tombé, ou du moins où l'on pouvait supposer qu'il était tombé, — car le bâtiment avait été un peu en dérive, — comme on jette un dernier regard sur la tombe d'un ami.

— Ferons-nous servir le grand hunier, capitaine? demanda M. Leach après avoir attendu une minute ou deux par déférence pour l'émotion de son capitaine; ou bien disposerons-nous les palans pour mettre la chaloupe sur ses chantiers?

— Pas encore, Leach, pas encore. Il serait indécent de nous éloigner de la tombe du pauvre Jack avec tant de précipitation, et ce serait mal agir à son égard. J'ai toujours remarqué, dans le Connecticut, qu'on reste jusqu'à ce que la dernière pelletée de terre ait été jetée sur la fosse et qu'il n'y paraisse plus. Ce brave homme tenait à la roue, comme un hunier ayant tous ses ris pris tient bon contre les efforts du vent dans un ouragan, et nous lui devons cette petite marque de respect.

— Et les embarcations, capitaine?

— Qu'elles nous suivent à la remorque encore quelques instants. Songer aux palans et aux embarcations, quand nous sommes encore sur sa tête, ce serait paraître l'abandonner. Votre grand-père était ministre, Leach, et je suis surpris que vous ne voyiez pas l'inconvenance de tant se presser de s'éloigner d'une tombe. Un peu de réflexion ne nous nuira à aucun de nous.

Le lieutenant s'étonna d'un langage si nouveau dans la bouche de son commandant, mais il obéit en silence. Cependant le jour tirait à sa fin, et les cieux perdaient leur éclat pour prendre des teintes plus douces et plus sombres, comme si la nature se plaisait aussi à partager la douleur de ces pauvres marins.

CHAPITRE XXIX.

Monsieur, c'est mon métier de parler clairement.
Le Roi Lear.

Les Barbares avaient fait beaucoup moins de ravages à bord du paquebot qu'on n'aurait pu raisonnablement le craindre dans de pareilles circonstances. Il fallait surtout l'attribuer sans doute à l'impossibilité de rien débarquer, les balles qui avaient été retirées du bâtiment ayant été déposées sur le rivage, plutôt pour alléger le navire que pour toute autre raison. La convention faite entre les chefs avait dû y contribuer aussi, bien qu'elle n'eût pu durer longtemps lorsque des êtres aussi rapaces avaient constamment sous les yeux d'aussi vives tentations de la violer.

Naturellement, chacun, après avoir constaté ses pertes, n'eut rien de plus pressé que de s'informer de celles de ses voisins, et c'était le sujet de la conversation parmi le petit groupe qui s'assembla, suivant l'usage, dans le salon des dames, autour du sofa d'Eve, vers neuf heures du soir, après quelques courtes mais sérieuses réflexions sur le péril auquel ils venaient d'échapper.

— Vous me dites, John, que M. Lundi a envie de dormir? fit observer M. Effingham du ton de quelqu'un qui fait une question.

— Il est plus à son aise et il sommeille. J'ai laissé mon domestique auprès de lui, en lui recommandant de m'appeler dès que le blessé s'éveillerait.

Il y eut alors un moment de triste silence; puis la conversation reprit le cours d'où elle avait été détournée.

— Connaît-on l'étendue de nos pertes en effets? demanda M. Sharp.

— Mon domestique me signale quelque déficit, mais des misères, rien d'important.

— Votre Sosie est celui qui a souffert le plus, dit Eve en souriant. On croirait, à entendre ses plaintes, qu'il ne reste plus un seul colifichet dans toute la chrétienté.

— Tant qu'on ne lui dérobera pas sa bonne renommée, je ne me plaindrai pas; car j'en aurai besoin dès que nous serons en Amérique, et j'espère, grâce à Dieu, que nous avons maintenant quelque perspective d'y arriver.

— J'ai entendu dire que la personne connue dans la grande chambre sous le nom de sir George Templemore n'est pas la même que celle qui est connue ici sous le même nom, dit John Effingham en saluant M. Sharp qui lui rendit son salut comme on répond à une introduction dans toutes les formes; il y a certainement des cerveaux faibles dans de hautes positions, et l'on en trouverait par tout l'univers; mais vous penserez sans doute que je fais honneur à ma sagacité, quand je dirai que j'ai soupçonné dès le premier moment qu'il n'était pas le véritable Amphitryon. J'avais entendu parler de sir George Templemore, et je m'attendais à trouver en lui plus même qu'un homme à la mode, qu'un homme du monde ; et sa pauvre copie n'est pas même cela.

John Effingham faisait si rarement des compliments, que ces paroles bienveillantes étaient doublement flatteuses, et M. Sharp en éprouva plus de plaisir qu'il n'eût voulu sans doute se l'avouer à lui-même. Cette bonne opinion qu'on avait de lui ne pouvait venir que d'Eve et de son père, et elle ne lui en était que plus précieuse. Il crut même remarquer une sorte de complicité dans la légère rougeur qui parut sur la figure de la fille, et il fut conduit à espérer qu'elle ne l'avait pas jugé indigne d'un souvenir ; c'était tout pour lui, car il se souciait peu de tous les souvenirs de M. Effingham, pourvu qu'Eve eût de la mémoire pour tous.

— L'homme qui me fait l'honneur de m'épargner la peine de porter mon nom, reprit-il, n'a pas des prétentions bien élevées, ou il aurait aspiré plus haut. Je soupçonne que c'est tout simplement un de ces jeunes fats si nombreux parmi mes compatriotes, et qui encombrent les diligences et les paquebots pour se donner un moment d'importance, et faire les fanfarons aux yeux des autres mortels moins ambitieux.

— Et pourtant, à part sa folie de vouloir faire voile sous un faux pavillon, comme dirait notre digne capitaine, cet homme semble assez bien.

— Cousin, dit Eve avec un sourire dans les yeux, quoique le reste de sa physionomie fût impassible, c'est une folie qu'il partage avec beaucoup d'autres.

— Il est vrai, quoique je soupçonne qu'il a monté pour la commettre, tandis que d'autres se contentent de descendre. Au reste, il s'est bien conduit hier ; il a montré autant de fermeté que de résolution dans la bagarre.

— Je lui pardonne son usurpation en raison de sa conduite dans cette circonstance, reprit M. Sharp, et je voudrais de tout mon cœur que les Arabes eussent montré moins d'affection pour ses curiosités. Il me semble qu'ils doivent être assez embarrassés pour déterminer l'usage d'une partie de leur butin, comme un tire-bouton, un chausse-pied, un couteau à vingt lames, et autres objets qui dénotent un degré très-avancé de civilisation.

— Vous n'avez pas parlé de vos pertes, monsieur Powis, ajouta M. Effingham ; j'espère que vous n'avez pas été plus maltraité que la plupart d'entre nous ; mais à coup sûr, si les Barbares avaient pillé leurs ennemis en proportion du mal qu'ils en ont reçu ensuite, personne n'aurait été plus complètement dépouillé que vous.

— La perte que j'ai faite est peu de chose sous le rapport de la valeur pécuniaire, répondit Paul tristement, mais pour moi elle est irréparable.

Un vif intérêt se peignit sur toutes les figures ; car, comme il semblait réellement affecté, on craignit secrètement que sa perte n'eût surpassé encore ce que ses paroles donnaient lieu de supposer. Voyant que la curiosité était éveillée et que la politesse seule empêchait de la manifester, le jeune homme ajouta :

— J'ai perdu une miniature qui pour moi est d'un prix infini.

Le cœur d'Eve palpita, tandis que ses yeux se baissaient sur le tapis. Les autres parurent étonnés, et, après une courte pause, M. Sharp fit l'observation qu'une peinture par elle-même ne saurait avoir beaucoup de valeur pour de pareils Barbares. — Etait-elle richement encadrée ?

— En or, naturellement, et le travail en avait quelque mérite. Si elle a été prise, c'est plutôt comme curiosité que pour la valeur intrinsèque, bien que pour moi, comme je l'ai déjà dit, le bâtiment lui-même fût à peine d'une plus grande importance, et bien certainement d'un beaucoup moindre prix.

— Beaucoup d'articles légers ne sont qu'égarés, dit John Effingham ; emportés par la curiosité ou sans trop savoir pourquoi, ils ont été ensuite abandonnés là où le pillard trouvait quelque butin plus précieux. C'est ainsi que plusieurs de mes effets ont été disséminés, et plusieurs ajustements de femme ont été retrouvés, m'a-t-on dit, dans des chambres de la grande chambre ; entre autres un bonnet de nuit de mademoiselle Viefville qui a été découvert dans la chambre du capitaine Truck, et que le galant capitaine a déclaré lui appartenir désormais par droit d'épave. Comme il ne porte jamais de ces inventions sur sa tête, il faudra bien qu'il le porte sur son cœur. Il sera forcé d'en faire un bonnet de la Liberté.

— *Ciel !* si l'excellent capitaine nous conduit sains et saufs à New-York, répondit tranquillement la gouvernante, je lui abandonne sa prise de tout mon cœur ; *c'est un homme brave, et c'est aussi un brave homme à sa façon.*

— Il y a déjà *deux* cœurs engagés dans cette affaire, et l'on ne peut prévoir comment cela finira ; mais, ajouta John Effingham en se tournant vers Paul, décrivez-nous cette miniature, s'il vous plaît ; car il y a beaucoup de miniatures à bord, et la vôtre n'est pas la seule qui soit égarée.

— C'était un portrait de femme, et, suivant moi, d'une beauté remarquable.

Eve frissonna involontairement.

— Si c'est le portrait d'une dame âgée, Monsieur, dit Anne Sidley, peut-être est-ce celui que j'ai trouvé dans la chambre de miss Eve, et que je me proposais de donner au capitaine Truck, afin qu'il pût le remettre entre les mains du véritable propriétaire.

Paul prit la miniature, la regarda froidement une minute, puis la rendit à la nourrice.

— Mon portrait est celui d'une personne qui n'a pas vingt ans, dit-il en rougissant, et il ne ressemble en rien à celui-ci.

Ce fut un moment pénible et humiliant pour Eve Effingham, qui sentit alors la nature et l'étendue de l'intérêt qu'elle prenait à Paul Powis. Dans toutes les occasions antérieures où sa sensibilité avait été fortement excitée, elle avait réussi à s'abuser sur le motif, mais pour cette fois il n'y avait pas moyen de s'y méprendre; la vérité débordait de toutes parts, et se montrait à ses yeux sous une forme palpable qu'elle ne pouvait méconnaître plus longtemps.

Personne n'avait vu la miniature; mais tout le monde remarqua l'émotion avec laquelle Paul en parlait, et tout le monde se demandait secrètement de qui ce pouvait être le portrait.

— Il paraît que les Arabes ont quelque chose de ce goût pour les beaux-arts qui distingue la population si promptement pullulante d'une cité américaine, dit John Effingham; ou de celui de ces hommes qui s'arrachent des portraits vantés tant que la nouveauté dure, pour les reléguer ensuite dans un grenier.

— Et vous, Eve, toutes vos miniatures sont-elles en sûreté? demanda M. Effingham avec intérêt; car dans le nombre il y avait un portrait de son épouse qu'il lui avait cédé sur ses vives instances, mais dont la perte l'eût vivement affligé, quoique à son insu John Effingham en possédât une copie.

— Elles sont avec les bijoux dans le magasin aux bagages, mon bon père, et par conséquent personne n'y a touché. Par bonheur, nous n'avions dehors que le strict nécessaire, et pas grand'chose de nature à tenter des Barbares. Coquetterie et paquebot sont des mots qui vont mal ensemble, et mademoiselle Viefville et moi, nous n'avions rien de bien séduisant sur notre toilette pour des maraudeurs.

Pendant qu'Eve parlait, les deux jeunes gens la regardaient involontairement, et leurs yeux semblaient dire que, moins que personne, elle avait besoin d'ornements étrangers. Elle avait une simple robe d'indienne faite par sa femme de chambre, mais avec une perfection qu'il semblerait qu'une couturière française pouvait seule atteindre, et qui faisait ressortir merveilleusement son buste bien moulé et sa taille svelte et légère. Sa toilette offrait ce juste milieu entre la mode et son exagération, qui indique toujours un esprit ou du moins un goût cultivé, n'offensant ni l'usage d'un côté, ni de l'autre le respect qu'on se doit à soi-même. Eve possédait à un rare degré le talent précieux qui distingue la femme comme il faut : elle savait s'habiller ; non pas qu'il y eût dans sa toilette ni recherche, ni extravagance ; on y trouvait seulement cette harmonie, cette simplicité de bon goût qui fait la véritable élégance. Peut-être était-ce le résultat d'un goût naturel ; car l'air noble et distingué qui respirait dans sa personne et dans toutes ses manières était le fruit de relations intimes avec la meilleure société de la moitié des capitales du continent européen. La modestie de son sexe, les habitudes de la partie du monde qu'elle avait habitée si longtemps, et le sentiment qu'elle avait elle-même des convenances, lui faisaient préférer une mise simple ; mais à travers cette simplicité, on voyait briller, comme en dépit d'elle-même, des qualités d'un ordre supérieur. La petite main potelée, le joli pied mignon qui se montrait à peine sous la robe qui le cachait ordinairement, semblaient formés exprès pour donner une idée de la perfection et de la délicatesse de la beauté.

— C'est un des mystères des grands desseins de la Providence, dit tout à coup John Effingham, que les hommes vivent dans des états si complétement différents les uns des autres, ayant une nature commune, qui peut être tellement modifiée par les circonstances. Il est presque humiliant de sentir qu'on est homme, quand des êtres comme ces Arabes doivent être comptés parmi nos semblables.

— Cousin, malgré votre répugnance pour la consanguinité, les hommes les plus instruits et les plus civilisés peuvent tirer une leçon utile de cette identité même de nature, dit Eve, qui fit un effort pour surmonter des sentiments qu'elle traitait de faiblesse et d'enfantillage. En voyant ce que nous pourrions être nous-mêmes, nous apprenons à être humbles ; ou bien, si nous réfléchissons à la différence que fait l'éducation, ne trouvez-vous pas que c'est un puissant motif pour nous de persévérer, tant que nous sentons que nous pouvons devenir meilleurs ?

— Ce globe n'est qu'une boule, et même une boule comparativement insignifiante auprès du pouvoir de l'homme, reprit M. John. Combien de navigateurs en font aujourd'hui le tour ! Vous-même, Monsieur, vous l'avez peut-être fait, tout jeune que vous êtes encore, ajouta-t-il en se tournant vers Paul, qui inclina la tête en signe d'assentiment ; et pourtant, dans l'enceinte de ces étroites limites, quelle étonnante variété d'apparences physiques, de civilisation, de lois, et même de couleur, ne trouvons-nous pas, et au milieu de tout cela des traits frappants de ressemblance!

— Autant, dit Paul, qu'une expérience restreinte m'a permis d'en juger, j'ai trouvé partout non-seulement la même nature, mais un sentiment commun de justice qui semble inné; car, même au milieu des scènes de violence les plus affreuses ou des excès les plus déplorables, ce sentiment se fait jour à travers les traits les plus sauvages de l'individu. Le droit de propriété, par exemple, est reconnu partout; le misérable qui dérobe tout ce qu'il peut montre lui-même qu'il a la conscience de son crime en le commettant clandestinement et comme un acte qu'il faut cacher. Tous les hommes paraissent avoir les mêmes notions générales de justice; et si elles sont oubliées, c'est par suite du système politique, de tentations irrésistibles, de pressants besoins ou de luttes acharnées.

— Et pourtant, en règle générale, partout le plus fort opprime le plus faible.

— Il est vrai; mais il montre qu'il sent qu'il a tort, directement ou indirectement. On peut montrer que l'on comprend la grandeur de son crime, même par sa manière de le défendre. Pour ce qui regarde nos ennemis récents, je ne puis dire que j'aie éprouvé aucun sentiment d'animosité, même au plus fort de la mêlée; car, d'après leurs usages, leur conduite était légitime.

— On me dit, interrompit M. Effingham, que si plus de sang n'a pas été versé inutilement, c'est à votre présence d'esprit et à votre fermeté que nous en sommes redevables.

— C'est au moins une question, continua Paul en ne répondant à ce compliment que par une inclination de tête, si des peuples civilisés n'ont pas été conduits par des raisonnements faits sous l'influence de l'intérêt, à commettre des actes tout aussi opposés à la justice naturelle que rien de ce que peuvent faire ces Barbares. Peut-être aucune nation n'est-elle complétement à l'abri du reproche d'avoir adopté quelque mesure politique tout aussi peu justifiable en soi-même que le système de pillage en usage parmi les Arabes.

— Comptez-vous pour rien les droits de l'hospitalité?

— Regardez la France, cette nation distinguée par sa civilisation avancée, du moins dans les hautes classes. Hier encore, les effets de l'étranger qui mourait sur son territoire appartenaient à un monarque qui nage dans le luxe. Rapprochez cette loi des traités qui invitaient les étrangers à venir dans ce pays; comparez les besoins du monarque qui montrait cette rapacité, à la situation des Barbares auxquels nous venons d'échapper ; songez à la grandeur de la tentation qui leur était offerte; et dites-moi si les chrétiens vous paraissent avoir de beaucoup l'avantage. Mais le sort des marins naufragés dans tout l'univers n'est que trop connu. Dans les pays les plus avancés en civilisation, ils sont pillés, si l'occasion s'en présente, et même, au besoin, quelquefois massacrés.

— Voilà un tableau effrayant de l'humanité, dit Eve en frissonnant; je ne crois pas du moins que cette accusation puisse être portée justement contre l'Amérique.

— C'est ce dont je n'oserais répondre. L'Amérique a beaucoup d'avantages qui diminuent la tentation au crime, mais elle est loin d'être parfaite. Les habitants, sur une partie de ses côtes, ont été accusés d'avoir eu recours à l'ancienne pratique anglaise d'allumer des fanaux trompeurs, dans la vue d'égarer les bâtiments, et d'avoir commis d'horribles déprédations sur les naufragés. En toutes choses, il y a, je crois, dans l'homme un malin penchant à faire peser l'infortune avec plus de force sur les infortunés. La bière même dans laquelle nous déposons les restes d'un ami coûte plus que tout autre objet composé des mêmes matériaux et ne demandant pas plus de travail.

— Voilà un bien sombre portrait des hommes pour être tracé par un peintre aussi jeune, dit avec douceur M. Effingham.

— Je le crois vrai. Tous les hommes ne manifestent pas leur égoïsme et leur férocité de la même manière ; mais il en est bien peu qui ne manifestent pas l'un et l'autre. Quant à l'Amérique, miss Effingham, elle se met vite à acquérir des vices qui lui sont particuliers à elle et à son système ; vices, je le crains bien, qui promettent de l'abaisser, avant longtemps, au niveau commun, quoique en décrivant ses défauts je n'aille pas tout à fait aussi loin que l'ont fait quelques-uns des compatriotes de mademoiselle Viefville.

— Et qu'ont-ils donc dit? demanda vivement la gouvernante en anglais.

— Qu'elle était *pourrie avant d'être mûre. Mûre*, assurément l'Amérique est loin de l'être; mais je ne vais pas jusqu'à l'accuser d'être tout à fait *pourrie*.

— Nous nous étions flattés, dit Eve d'un ton presque de reproche, d'avoir trouvé du moins un compatriote en M. Powis.

— Et en quoi cela change-t-il la question? Pour être Américain faut-il être aveugle sur les défauts de son pays, quelque grands qu'ils soient?

— Serait-il généreux à un enfant de se réunir à ceux qui attaquent son père?

— Voilà une comparaison spirituelle ; mais puis-je dire qu'elle est juste? Le devoir du père est d'élever et de corriger son enfant; celui du citoyen est de réformer son pays et de l'améliorer. Comment celui-ci y parviendra-t-il s'il se borne à de stériles éloges? Auprès des étrangers il ne faut pas faire trop bon marché des défauts de son pays, quoique même avec ceux qui sont libéraux il soit bien de se montrer libéral; car ce ne sont pas les étrangers qui peuvent réparer le mal; mais, vis-à-vis de ses compatriotes, je vois peu d'utilité et beaucoup de danger à garder le silence sur les défauts. L'Américain, plus que tout autre, doit être, suivant moi, le plus hardi à dénoncer ouvertement les vices généraux de sa nation, puisque, par l'effet même des institutions, il est un de ceux qui ont le pouvoir d'appliquer le remède.

— Mais l'Amérique fait exception, à ce que je crois, ou peut-être ferais-je mieux de dire, à ce que *je sens*, puisque tous les autres peuples la dénigrent, la tournent en ridicule et l'ont en aversion; vous en conviendrez vous-même, sir George Templemore.

— En aucune manière; aujourd'hui je regarde l'Amérique comme dignement appréciée et estimée en Angleterre.

Eve leva en l'air ses jolies mains, et mademoiselle Viefville elle-même, malgré sa réserve et sa circonspection ordinaire, ne put s'empêcher de hausser les épaules.

— Sir George veut dire dans son comté, fit observer sèchement John Effingham.

— Peut-être les parties s'entendraient-elles mieux, dit Paul avec sang-froid, si sir George Templemore voulait entrer dans quelques détails ; il appartient à l'école libérale, et il peut être regardé comme un témoin impartial.

— Je serai forcé de protester contre tout interrogatoire captieux de témoins sur un pareil sujet, reprit le baronnet en riant. Vous serez satisfait, j'en suis certain, de ma simple déclaration. Peut-être regardons-nous encore les Américains comme *tant soit peu* rebelles ; mais c'est un sentiment qui cessera bientôt.

— C'est précisément le point sur lequel je trouve que les Anglais vraiment libéraux rendent ordinairement pleine justice à l'Américain, tandis que c'est sur d'autres points qu'ils laissent percer une antipathie nationale.

— L'Angleterre croit que l'Amérique lui est hostile ; et si l'amour engendre l'amour, l'aversion engendre un sentiment semblable.

— C'est du moins admettre jusqu'à un certain point la vérité de l'accusation, miss Effingham, dit John Effingham en souriant, et nous pouvons absoudre l'accusée. Il est assez bizarre que l'Angleterre regarde l'Amérique comme rebelle, ce qui, j'en conviens, est l'opinion de beaucoup d'Anglais; tandis qu'en réalité c'est l'Angleterre qui fut la rebelle, et cela même relativement aux questions qui produisirent la révolution américaine.

— Voilà qui est nouveau, dit sir George; et je serais assez curieux de voir comment vous vous y prendriez pour établir ce point.

John Effingham n'hésita pas.

— Il faut avant tout, dit-il, oublier les noms et les personnes, pour ne considérer que les faits et les choses. Quand l'Amérique fut colonisée, il se fit un pacte, qu'on l'appelle chartes ou lois organiques, en vertu duquel toutes les colonies avaient des droits distincts, tandis que d'un autre côté elles reconnaissaient la suprématie du roi. Mais alors le monarque anglais *était* roi en effet. Par exemple, il faisait usage de son veto à l'égard des lois, et il exerçait autrement encore ses prérogatives. Son influence sur le parlement était plus forte que celle du parlement sur lui. Dans cet état de choses, on pouvait supposer que des contrées séparées par l'Océan étaient gouvernées équitablement, le monarque commun éprouvant une même et paternelle affection pour tous ses sujets. Peut-être même la distance pouvait-elle être un motif pour lui de veiller avec plus de sollicitude encore aux intérêts de ceux qui n'étaient point là pour se protéger eux-mêmes.

— C'est du moins poser loyalement la question, dit sir George.

— Voilà précisément sous quel jour je désire qu'elle soit envisagée. Le degré de pouvoir que le parlement possédait sur les colonies était un point contesté; mais je veux bien accorder que le parlement eût tout pouvoir.

— C'est, je le crains bien, décider la question, dit M. Effingham.

— Je ne le pense pas. Le parlement gouvernait donc les colonies absolument et loyalement, si vous voulez, sous les Stuarts; mais les Anglais se révoltèrent contre ces Stuarts, les détrônèrent, et donnèrent la couronne à une famille entièrement nouvelle, famille qui ne tenait que par une alliance éloignée à la branche régnante. Ce n'était pas assez: le roi fut restreint dans son autorité; le prince, qu'on pouvait supposer justement animé d'un même sentiment de bienveillance pour tous ses sujets, devint une simple machine entre les mains d'une assemblée d'hommes qui, par le fait, ne représentaient guère qu'eux-mêmes, ou une simple fraction de l'empire, même en théorie ; et le soin de veiller aux intérêts des colonies fut transféré du souverain lui-même à une portion et à une très-petite portion de son peuple. Ce n'était plus le gouvernement d'un prince qui sentait une affection paternelle pour tous ses sujets, mais le gouvernement d'une *clique* de ses sujets, qui sentaient une affection égoïste uniquement pour leurs propres intérêts.

— Est-ce que les Américains mirent cette raison en avant pour se révolter? demanda sir George. Il me semble que c'est la première fois que j'en entends parler.

— Ils s'en prirent aux résultats plutôt qu'à la cause. Quand ils virent que la législation consultait surtout l'intérêt de l'Angleterre, ils prirent l'alarme et saisirent leurs armes sans s'arrêter à analyser les causes. Ils furent probablement trop aveuglés, à force de mots et de protestations, pour voir toute la vérité ; mais ils en aperçurent de brillants éclairs.

— Je n'ai jamais entendu traiter cette question avec tant de force, s'écria John Effingham ; et pourtant je crois que c'est là tout le mérite de l'argumentation, en tant que principe.

— Il est extraordinaire à quel point l'esprit national nous aveugle, dit sir George en riant. J'avoue, Powis, — les derniers événements avaient établi une profonde intimité et une sincère affection entre les deux jeunes gens, — que j'ai besoin d'une explication.

— Vous pouvez concevoir un monarque qui possède un pouvoir étendu et efficace, n'est-ce pas? continua John Effingham.

— Sans aucun doute ; rien de plus clair que cela.

— Supposez que ce monarque tombe entre les mains d'une fraction de ses sujets qui réduisent son autorité à une simple formule et commencent à l'exercer pour leur propre bénéfice, ne lui laissant plus la liberté d'action, tout en agissant toujours en son nom.

— C'est encore une supposition que l'imagination peut très-bien se permettre.

— L'histoire est remplie de pareils exemples. Une partie des sujets ne voulant pas être les dupes d'une semblable fraude, se révoltent contre le monarque en apparence, contre la cabale en effet. A présent où sont les véritables rebelles? les mots ne sont rien. Hyder Ali ne s'assit jamais en présence du prince qu'il avait déposé, et il le tint captif pendant toute sa vie.

— Mais l'Amérique n'acquiesça-t-elle pas au détrônement des Stuarts? demanda Eve en qui l'amour du droit était encore plus fort même que l'amour du pays.

— Sans contredit, quoique l'Amérique n'ait ni prévu ni approuvé tous les résultats. Les Anglais eux-mêmes, probablement, n'avaient pas prévu les conséquences de leur propre révolution ; car nous voyons aujourd'hui l'Angleterre presque armée contre les conséquences de ce renversement du pouvoir royal dont j'ai parlé. En Angleterre, la révolution mit l'autorité entre les mains d'une portion des classes élevées, aux dépens de tout le reste de la nation ; tandis qu'en ce qui concerne l'Amérique, elle lui donna pour maître un peuple éloigné, au lieu d'un prince qui avait les mêmes liens avec ses colonies qu'avec tous ses autres sujets. La dernière réforme en Angleterre est une révolution paisible, et l'Amérique en aurait volontiers fait autant, si elle avait pu se soustraire aux conséquences, par de simples actes du congrès. Toute la différence est que l'Amérique, pressée par des circonstances particulières, précéda d'environ soixante ans l'Angleterre dans la révolte et que cette révolte eut lieu contre un usurpateur, et non contre le monarque légitime ou contre le souverain lui-même.

— J'avoue que tout cela est nouveau pour moi, s'écria sir George.

— Je vous ai dit, sir George Templemore, que si vous restez longtemps en Amérique, beaucoup d'idées nouvelles surgiront dans votre esprit. Vous avez trop de bon sens pour voyager dans le pays, ne cherchant partout que de futiles exceptions sur lesquelles étayer vos préjugés ;—je dirai, si vous le préférez, vos opinions aristocratiques ; mais vous voudrez juger une nation, non pas sur des idées arrêtées d'avance, mais sur des faits positifs.

— On dit qu'il y a un penchant assez fort vers l'aristocratie en Amérique ; du moins, si l'on en croit le rapport de la plupart des voyageurs européens?

— C'est le rapport de gens qui ne réfléchissent pas profondément au sens des mots. Oui, il y a de véritables aristocrates en Amérique, mais en opinion ; il y a aussi quelques royalistes, ou du moins des hommes qui se disent tels.

— Peut-on se tromper sur un pareil point ?

— Rien n'est plus facile. Celui, par exemple, qui voudrait établir un roi purement nominal, n'est pas un royaliste, mais un visionnaire qui confond les noms avec les choses.

— Je vois que vous n'admettez pas une balance dans l'état.

— Je soutiens qu'il doit y avoir dans tout gouvernement une autorité prépondérante, qui lui donne son caractère ; et si ce n'est pas le roi, ce gouvernement n'est pas une monarchie véritable, quel que soit le nom sous lequel les lois sont administrées. Appeler une idole Jupiter, ce n'est pas la changer en or. C'est une question pour moi

si en ce moment même il reste en Angleterre un seul véritable royaliste. Ceux qui font en ce genre les protestations les plus bruyantes
me paraissent être les aristocrates les plus prononcés ; car le véritable aristocrate politique est et a toujours été l'ennemi le plus redoutable des rois.

— Mais, à nos yeux, le dévouement au prince est l'attachement au
système.

— C'est une autre question ; et en cela vous pouvez avoir quelque
raison, quoiqu'il puisse y avoir de l'ambiguïté dans les termes.

— Messieurs, monsieur John Effingham, interrompit Saunders,
M. Lundi est éveillé, et il est extrêmement *conraliscent;* je crains
qu'il ne vive pas longtemps. Le bâtiment n'est pas plus changé depuis qu'il a ses nouveaux mâts que le pauvre M. Lundi depuis qu'il a
dormi.

— Je le craignais. Allez sur-le-champ avertir le capitaine Truck,
dit John Effingham ; il a recommandé qu'on le prévînt, s'il survenait
une crise.

Il sortit sur-le-champ, laissant les autres tout étonnés d'avoir déjà
pu si complétement oublier la situation d'un de leurs compagnons,
quelque différence qu'il pût y avoir entre eux et lui sous le rapport du
caractère. Mais en cela ils ne faisaient que montrer leur parenté
commune avec tous les membres de la grande famille de l'homme
qui, dans les réactions de leurs propres sentiments, oublient invariablement les chagrins qui ne les concernent pas personnellement.

CHAPITRE XXX.

Veilleur, comment est la nuit ? — Veilleur, comment
est la nuit ? Isaïe.

La principale blessure de M. Lundi était de ces blessures qui causent ordinairement la mort dans les quarante-huit heures. Il avait
supporté courageusement la douleur, et jusqu'alors il n'avait pas
laissé entrevoir qu'il sentît l'imminence du danger, qui était si évident pour tous ceux qui l'entouraient. Mais ses sens semblaient être
tout à coup sortis de leur torpeur, et cet homme si complétement
l'esclave de l'habitude, des préjugés et des jouissances purement
animales, au terme de sa courte carrière, s'était éveillé à une sorte
de sentiment de sa véritable position dans le monde moral, et en
même temps de son véritable état physique. Dans le premier mo-

ment d'alarme, on avait appelé M. John Effingham qui, comme nous l'avons vu, avait fait prévenir le capitaine Truck. Ils arrivèrent en même temps à la porte de la chambre ainsi que M. Leach. L'appartement étant petit, il fut convenu que John entrerait d'abord seul, puisque c'était lui que le malade avait fait spécialement demander, et que les deux autres seraient introduits quand M. Lundi le désirerait.

— J'ai apporté ma Bible, monsieur Leach, dit le capitaine quand ils furent seuls ; car un chapitre est bien le moins que nous puissions donner à un de nos passagers, quoique je sois assez en peine de savoir quel passage particulier conviendra le mieux dans cette occasion. Quelque chose du livre des Rois irait assez bien à M. Lundi, attendu qu'il est un fervent serviteur du roi.

— Il y a si longtemps que je n'ai lu ce livre de la Bible, répondit M. Leach en roulant dans ses doigts la clef de sa montre, que je craindrais d'exprimer une opinion ; je crois néanmoins qu'un peu de Bible pourra lui faire du bien.

— Ce n'est pas chose facile de toucher une conscience juste à fleur d'eau. Je crus un jour faire grande impression sur les hommes de l'équipage en leur lisant l'histoire de Jonas et de la baleine ; c'était un sujet qui me semblait devoir captiver leur attention, et leur montrer les dangers que nous courons, nous autres marins ; mais, bah ! ils traitèrent tout cela de balivernes. Jack[1] n'avale pas aisément les histoires de poisson, n'est-ce pas, Leach?

— Je crois qu'il vaut toujours mieux laisser de côté les miracles sur mer quand on parle aux matelots ; j'ai vu ce soir quelques-uns de nos gens cligner de l'œil à propos de ce bâtiment de saint Paul, portant ses ancres pendant un ouragan.

— Ces drôles devraient remercier le ciel de ne pas être dans ce moment à trotter à travers le grand désert, attachés à des queues de dromadaires. Si je l'avais su, Leach, je leur aurais lu deux fois le verset. Mais M. Lundi est un tout autre homme, et il écoutera la raison. Il y a l'histoire d'Absalon qui est bien intéressante, et peut-être le récit de la bataille serait-il convenable pour un homme qui meurt par suite d'un combat ; mais l'important, comme le disait mon vieux et respectable père, c'est de secouer vivement son homme dans un pareil moment.

— Je crois, commandant, que M. Lundi a toujours été un homme assez régulier, comme va le monde. En sa qualité de passager je cher-

---

1. Jack, sobriquet donné aux matelots.

cherais à lui adoucir la traversée, et je lui épargnerais ces grosses houles méthodistes.

— Vous pouvez avoir raison, Leach, vous pouvez avoir raison. Faites ce que vous voudriez qu'on vous fît; voilà la grande règle après tout. Mais voici M. John Effingham; je présume que nous pouvons entrer.

Le capitaine ne se trompait pas; car M. Lundi venait de prendre une potion restaurante, et il avait témoigné le désir de voir les deux officiers. Sa chambre était jolie et bien meublée, quoique petite, n'ayant guère que sept pieds carrés. Elle avait d'abord contenu deux hamacs; mais avant d'en prendre possession, John Effingham avait fait retirer celui de dessus, et M. Lundi était alors couché dans le lit d'en bas; ce qui rendait plus facile de le servir. Une lampe à abat-jour éclairait l'appartement, ce qui permit au capitaine, lorsqu'il s'assit, d'observer l'air d'inquiétude qui se peignait sur la figure du moribond.

—Je suis fâché de vous voir dans cet état, monsieur Lundi, lui dit-il, et d'autant plus fâché que c'est par suite du courage que vous avez montré pour m'aider à reprendre mon bâtiment. De plein droit cet accident aurait dû arriver à un des hommes du *Montauk*, à M. Leach que voici, ou bien à moi-même, plutôt qu'à vous.

Au regard que M. Lundi jeta sur le capitaine, il était évident que cette prétendue consolation avait manqué son effet, et le capitaine commença à soupçonner qu'il aurait affaire à un sujet difficile pour exercer son nouveau ministère. Afin de gagner du temps, il donna un bon coup de coude dans les côtes de son lieutenant, comme pour lui faire entendre que c'était maintenant à lui de dire quelque chose.

— Cela aurait pu être pire, monsieur Lundi, observa Leach, en changeant d'attitude, comme un homme dont le moral et le physique marchaient toujours *pari passu* ; — cela aurait pu être beaucoup pire. J'ai vu une fois un homme recevoir un coup de fusil dans la mâchoire inférieure, et il vécut quinze jours sans prendre aucune nourriture.

Le malade continua à regarder M. Leach d'un air qui disait que les choses ne pouvaient guère être beaucoup pires.

— Par exemple, voilà qui était rude ! insinua le capitaine ; — comment! le pauvre diable ne pouvait absolument rien manger?

— Non, commandant, et pas même boire. Il n'avala pas une seule gorgée depuis le moment où il fut frappé jusqu'à celui où il fit le grand plongeon.

Peut-être est-il vrai de dire que « la migraine aime la compagnie; » car le regard de M. Lundi se tourna vers la table où se trouvait encore la bouteille de cordial dont John Effingham venait de lui donner une cuillerée, dans l'idée que peu importait ce qu'il prenait. Le capitaine comprit cet appel, et sous l'influence de la même opinion sur l'état désespéré du malade, en même temps que dans le désir bienveillant de le consoler, il lui en versa un petit verre, qu'il lui permit d'avaler d'un seul trait. L'effet fut immédiat; car on dirait que cet ami perfide est toujours prêt à procurer un plaisir immédiat, triste compensation des peines durables qui le suivent.

— Je ne me sens pas si mal, Messieurs, dit le blessé avec une force de voix qui fit tressaillir ses visiteurs; — je me trouve mieux, beaucoup mieux, et je suis bien aise de vous voir. Capitaine Truck, j'ai l'honneur de boire à votre santé.

Le capitaine regarda son lieutenant comme s'il pensait qu'ils étaient venus vingt-quatre heures trop tôt; car, quant à ce qui était de vivre, ils le sentaient tous, il ne pouvait en être question. Mais Leach, mieux placé pour observer la figure du malade, dit à l'oreille de son commandant que ce n'était qu'une rafale, et que cela ne tiendrait pas.

— Je suis charmé de vous voir tous deux, Messieurs, continua M. Lundi, et je vous prie de vous servir vous-mêmes.

Le capitaine changea de tactique. Voyant son malade si fort et de si bonne humeur, il crut qu'il serait plus facile de lui administrer des consolations dans ce moment que peut-être même une demi-heure plus tard.

— Nous sommes tous mortels, monsieur Lundi.

— Oui, commandant, tous extrêmement mortels.

— Et les plus forts, les plus robustes eux-mêmes doivent quelquefois penser à leur fin.

— C'est bien vrai, commandant. Oui, les plus forts et les plus robustes eux-mêmes. Quand pensez-vous que nous entrerons dans le port, Messieurs?

Le capitaine Truck affirma dans la suite que jamais question ne l'avait fait « culer » plus complétement que celle-là. Il ne se déconcerta pas cependant, et avec un esprit de prosélytisme qui augmentait en lui en proportion de l'indifférence du malade, il sut se tirer avec adresse de ce mauvais pas.

— Il y a un pas vers lequel nous faisons tous voile, mon cher Monsieur, lui dit-il, et dont nous devons toujours envisager les écueils; et ce port est le ciel.

— Oui, ajouta M. Leach, et c'est un port où tôt ou tard nous entrerons tous.

M. Lundi promena ses yeux de l'un à l'autre, et quelque chose de l'état moral où il était avant l'administration du cordial sembla revenir.

— Me croyez-vous donc si mal, Messieurs? demanda-t-il presque comme un homme qui se réveille en sursaut.

— Aussi mal qu'un homme qui gouverne en droite ligne vers une si bonne plage, ce qui, j'en ai l'espoir et la ferme confiance, est le cas où vous vous trouvez, reprit le capitaine, déterminé à poursuivre l'avantage qu'il avait obtenu. Votre blessure est, je le crains bien, mortelle, et il est rare qu'on reste longtemps dans ce méchant monde avec de pareilles entailles.

— S'il pare cette botte, pensa le capitaine, je le passe tout de suite à M. Effingham.

M. Lundi ne la para point. La force artificielle produite par la liqueur restait bien encore ; mais l'illusion morale qu'elle avait produite commençait déjà à s'évaporer, et la triste vérité reprenait son empire.

— Je crois, en effet, Messieurs, que je touche à ma fin, dit-il d'une voix faible, et je vous remercie de — de cette consolation.

— Voilà le moment de lancer le chapitre, dit tout bas Leach ; il a toute sa connaissance et paraît très-contrit.

Le capitaine Truck, en désespoir de cause, et sentant qu'il n'était pas juge compétent en pareille matière, s'était décidé à laisser le choix de ce chapitre au hasard. Peut-être agit-il ainsi en partie sous l'influence de cette dépendance mystérieuse de la Providence qui rend tous les hommes plus ou moins superstitieux ; et aussi dans l'espoir qu'une sagesse bien supérieure à la sienne pourrait diriger le choix. Heureusement le livre des psaumes est presque au milieu du volume sacré, disposition excellente pour celui qui ouvre la Bible au hasard, puisque le plus souvent il tombera sur ces pages, sublime répertoire de louange pieuse et de sagesse spirituelle.

Si nous disions que M. Lundi éprouva un grand soulagement moral de la lecture du capitaine Truck, nous ferions trop d'honneur au débit de l'honnête marin et à l'intelligence du moribond. Néanmoins ce langage solennel de louange et d'admonition produisit son effet, et pour la première fois depuis son enfance, l'âme de ce dernier fut émue. Dieu et le jugement dernier passèrent devant son imagination, et il haleta, cherchant à respirer, de manière à faire croire aux deux marins que le moment fatal était venu, plus tôt même qu'ils ne s'y attendaient. Une sueur froide couvrit son front, et il fixait tantôt sur l'un tantôt sur l'autre un œil égaré. L'accès ne fut pourtant que passager, et il retomba bientôt dans un état comparativement calme, repoussant avec une sorte de dégoût le verre que, dans son zèle mal entendu, le capitaine Truck lui présentait.

— Il faut que nous le consolions, Leach, murmura le capitaine ; car, voyez-vous, c'est toujours la même chanson : d'abord des gémissements, et le diable en perspective ; et puis la consolation et l'espérance. Nous l'avons remorqué dans la première catégorie ; nous devons maintenant, en toute justice, virer encore au cabestan, et tâcher de l'aider à franchir la dernière passe.

— Sur la Rivière on leur administre ordinairement une prière à cette période de la maladie, dit Leach. Si vous pouviez vous rappeler un bout de prière, capitaine, cela le soulagerait.

Malgré la bizarrerie de leur langage et de leurs sentiments, le capitaine Truck et son lieutenant étaient vivement touchés de cette scène, et ils étaient dirigés par les motifs les plus bienveillants. Rien de léger ne se mêlait à leur conduite : ils sentaient toute leur responsabilité comme officiers de paquebot, et en outre ils éprouvaient un intérêt généreux pour le sort d'un étranger qui était tombé en combattant généreusement à leurs côtés. Le capitaine regarda gauchement autour de lui, donna un tour de clef à la serrure, s'essuya les yeux, insinua à son lieutenant, avec le coude, de suivre son exemple, et se mit à genoux avec des sentiments tout aussi fervents pour le moment que le prêtre, qui officie à l'autel. Il se rappelait à peu près la prière de Notre Seigneur, et il la récita à haute voix, distinctement, et avec ferveur, quoique sans suivre littéralement le texte. Une fois M. Leach eut à lui souffler un mot. Quand il se releva, son front était tout couvert de sueur, comme s'il venait de se livrer au travail le plus fatigant.

Peut-être ne pouvait-il y avoir rien de plus propre à frapper l'imagination de M. Lundi que de voir un homme du caractère et des habitudes du capitaine Truck ainsi aux prises avec Dieu en sa faveur. Dans son intelligence épaisse et bornée, la première impression fut celle de la stupeur ; le respect et la contrition vinrent ensuite. Le lieutenant lui-même en fut ému, et il dit plus tard à son compagnon, sur le pont, que la plus rude besogne qu'il eût jamais faite, avait été de donner un coup de main au capitaine pour l'aider à se tirer de cette prière.

— Je vous remercie, commandant, je vous remercie, murmura M. Lundi. — M. John Effingham ! — que je vois à présent

M. John Effingham. Je n'ai pas de temps à perdre, et je désire le voir.

Le capitaine se leva pour l'appeler, avec le sentiment d'un homme qui a fait son devoir, et à dater de ce moment il éprouva toujours une satisfaction secrète de s'en être si bravement acquitté. Ceux qui lui ont entendu raconter toute l'histoire de cette traversée, ont pu même remarquer qu'il appuyait avec beaucoup plus de force sur la scène lugubre qui s'était passée dans la cabine, que sur la promptitude et l'adresse avec lesquelles il avait réparé, grâce aux emprunts faits aux bâtiments danois, les avaries de son navire, ou sur le courage avec lequel il l'avait repris sur les Arabes.

Quand John Effingham parut, le capitaine et M. Leach le laissèrent seul avec le moribond. Comme toutes les âmes fortement trempées, qui ont le sentiment de leur supériorité sur le reste de leurs semblables, il était disposé à faire le plus de concessions à ceux qui étaient le moins en état de lutter contre lui. Habituellement caustique, ferme et tranchant presque jusqu'à la rudesse, il se montra dans cette occasion doux et conciliant. Il vit du premier coup d'œil que l'âme de M. Lundi s'était ouverte à des sentiments nouveaux pour lui, et sachant que l'approche de la mort écarte souvent les nuages qui obscurcissent l'intelligence, lorsque la matière a encore toute sa force, il ne fut pas surpris du changement soudain qui s'était opéré sur la physionomie du mourant.

— Je crois, Monsieur, que j'ai été un grand pécheur, commença M. Lundi, qui, à mesure que l'influence du cordial s'évaporait, parlait d'une voix plus faible et par phrases courtes et entrecoupées.

— En cela, vous partagez notre sort à tous, répondit John Effingham. Il est dit qu'aucun homme par lui-même et sans secours ne peut opérer son salut; c'est du Rédempteur que les chrétiens demandent l'assistance.

— Je crois vous comprendre, Monsieur; mais je suis un homme d'affaires, et la réparation est, m'a-t-on dit, la meilleure expiation d'une faute.

— Sans contredit, ce doit être la première.

— Oui, Monsieur, je ne suis que le fils de parents pauvres, et j'ai pu me laisser aller à des choses qui n'auraient pas dû être. Ma mère, voyez-vous, — j'étais son seul soutien. — Oh! le Seigneur me pardonnnera si j'ai mal fait, comme j'ose dire que cela peut avoir été; — je crois que, sans cette affaire, j'aurais bu moins et pensé davantage; — peut-être n'est-il pas encore trop tard.

John Effingham écoutait avec surprise, mais avec le calme et la sagacité qui le caractérisaient. Il comprit qu'il était nécessaire ou du moins prudent d'avoir un autre témoin, et voyant que l'épuisement du malade le forçait à s'arrêter, il courut à la porte de la chambre d'Eve, et fit signe à Paul de le suivre. Ils rentrèrent ensemble, et alors John Effingham prit doucement la main de M. Lundi, et lui offrit un breuvage moins excitant que le cordial, mais qui lui rendit quelque force.

— Je vous comprends, Monsieur, dit M. Lundi en regardant Paul; en effet, c'est très-convenable; — mais j'ai peu de choses à dire, les papiers expliqueront tout. Ces clefs, Monsieur, — le tiroir d'en haut de la commode, — et le portefeuille de maroquin rouge; — prenez tout, — voilà la clef. — J'ai laissé tout ensemble, par le pressentiment qu'une heure viendrait..... — A New-York, vous aurez le temps, — il n'est pas encore trop tard.

Comme le blessé parlait par intervalles et avec peine, John Effingham avait suivi ses instructions avant qu'il eût fini. Il trouva le portefeuille de maroquin rouge, prit la clef dans le trousseau, et montra l'un et l'autre à M. Lundi, qui sourit en faisant un signe d'approbation. Le tiroir contenait du papier, de la cire, et tout ce qui est nécessaire pour écrire. John Effingham enferma le portefeuille sous une forte enveloppe, sur laquelle il mit trois cachets avec ses armes. Il demanda alors à Paul sa montre, afin d'en faire autant avec le cachet de son compagnon. Après cette précaution, il rédigea en peu de mots la déclaration que le contenu leur avait été remis à tous deux pour être examiné, dans l'intérêt des parties qu'il concernait, quelles qu'elles pussent être. Ils le signèrent l'un et l'autre, et le papier fut donné à M. Lundi, qui eut encore la force d'y apposer sa signature.

— On ne plaisante guère dans de pareils moments, dit John Effingham à voix basse, et ce portefeuille peut contenir des renseignements importants pour des personnes lésées et innocentes. Le monde est loin de soupçonner combien il se commet d'atrocités en ce genre. Prenez ce paquet, monsieur Powis, et enfermez-le avec vos effets jusqu'à ce que le moment de l'examiner soit venu.

M. Lundi éprouva un soulagement notable quand il vit le portefeuille déposé en mains sûres. Il faut peu de chose pour tranquilliser un cerveau malade. Pendant plus d'une heure, il sommeilla. Pendant cet intervalle de calme, le capitaine Truck parut à la porte de la chambre pour s'informer de l'état du blessé, et recevant des nouvelles si favorables, il se retira pour prendre quelque repos, ainsi que tous ceux que leur devoir n'obligeait pas à veiller. Paul était aussi revenu, et il avait offert ses services, ainsi que la plupart des passagers ; mais John Effingham congédia jusqu'à son domestique, et il déclara que son intention était de ne pas quitter le malade de la nuit. M. Lundi avait mis en lui sa confiance ; il paraissait bien aise de le voir auprès de lui, et John regardait comme une sorte de devoir de ne pas l'abandonner dans de pareilles circonstances. Il n'y avait rien à espérer de plus que de procurer quelque léger allégement à ses souffrances ; mais ce peu, il se croyait avec raison aussi en état que personne de le faire.

La mort est effrayante pour les hommes les plus intrépides, quand elle arrive à pas furtifs dans le silence et la solitude de la nuit. John Effingham était un de ces hommes, mais il sentit tout ce que sa situation avait de particulier quand il resta seul dans la chambre, assis au chevet de M. Lundi, écoutant le clapotage des eaux que fendait le bâtiment, et la respiration pénible du malade. Plusieurs fois il se sentit tenté de s'échapper quelques minutes pour aller respirer l'air pur de l'Océan, mais, au moindre mouvement, le mourant entr'ouvrait la paupière pour l'arrêter par un regard jaloux : il semblait que sa présence fût sa dernière espérance de salut. Lorsque John humectait les lèvres desséchées de M. Lundi, le regard qu'il en recevait peignait la gratitude, et une ou deux paroles murmurées à peine exprimèrent ce sentiment. Il lui était impossible d'abandonner un être si délaissé, si désespéré ; et tout en sentant bien qu'il ne pouvait lui rendre aucun service matériel, autre que celui de le soutenir par sa présence, il lui semblait que c'en était assez pour qu'il dût s'imposer de bien plus grands sacrifices.

Pendant un des intervalles de sommeil agité du mourant, John, qui épiait toutes les variations de sa physionomie, crut y voir la dernière lutte d'une âme qui va quitter sa demeure ; et il réfléchit au caractère et à la destinée de l'être dont il lui était donné si singulièrement de voir le départ pour le monde des esprits.

— Je ne sais rien de son origine, se dit-il, si ce n'est par quelques mots qui lui sont échappés, et par le fait évident que, pour la position sociale, elle atteignait tout au plus le milieu de l'échelle. C'est un de ces êtres qui semblent vivre pour les motifs les plus vulgaires qui puissent animer des hommes ayant quelque instruction, et dont le savoir-vivre, tel quel, n'est qu'une sorte de routine et d'habitude. Ignorant, dès qu'on le sort des opinions banales d'une secte, rempli de préjugés pour tout ce qui concerne les nations, les religions, les caractères ; cauteleux, sous une apparence d'honnêteté bruyante ; intolérant et crédule ; effronté dans ses critiques, sans le moindre discernement ; ne sachant que répéter ce que lui a appris une insidieuse malveillance ; enjoué par nature, et maussade et porté à se plaindre par imitation ; — dans quel but une pareille créature a-t-elle été jetée dans ce monde, pour en sortir ensuite d'une manière si tragique ?

La conversation du soir lui revint à l'esprit, et il se dit intérieurement : — S'il existe tant de variétés de la race humaine parmi les nations, moralement il y a certainement tout autant d'espèces dans la vie civilisée. Cet homme a un trait commun avec l'Américain ordinaire, qui est absorbé tout entier dant la poursuite du gain ; et cependant que d'énormes différences entre les deux sur des points secondaires ! Tandis que l'autre ne se donne ni repos ni relâche, et qu'il est éternellement à ronger avec la rapacité du vautour, celui-ci a fait du plaisir des sens le compagnon constant de ses travaux ; si l'autre a concentré toutes ses joies dans le gain, cet Anglais, avec le même objet en vue, mais obéissant à des usages nationaux, s'est imaginé qu'il trouverait quelque adoucissement à ses fatigues dans la sensualité. En quoi leurs fins différeront-elles ? Le voile qui couvre les yeux de l'Américain sera déchiré quand il sera trop tard peut-être, et l'objet de son ambition terrestre deviendra l'instrument de son châtiment, quand il se verra obligé de le changer contre la sombre incertitude du tombeau ; tandis que le rodomont, le bon vivant comme on l'appelle, tombe forcément dans le repentir à mesure qu'il s'affaisse, et que la partie animale qui l'avait soutenu jusqu'alors perd l'ascendant.

Un gémissement de M. Lundi, qui ouvrit alors ses yeux à demi éteints, interrompit ces réflexions. Il fit un signe pour demander à boire, et se ranima un peu.

— Quel jour est-ce de la semaine ? demanda-t-il avec une anxiété qui surprit son bienveillant gardien.

— C'est, ou plutôt *c'était* lundi ; car il est plus de minuit.

— J'en suis bien aise, Monsieur ; oh ! oui, tout à fait bien aise.

— Et que peut vous importer que ce soit tel ou tel jour ?

— Il y a une prédiction, Monsieur ; — j'ai foi aux prédictions ; on m'a dit que j'étais né un lundi, et que je mourrais un lundi.

John Effingham fut choqué de trouver encore ce reste de superstition abjecte dans un homme qui n'avait probablement plus que quelques heures à vivre, et il lui parla du Sauveur et de sa médiation pour l'homme. John Effingham pouvait en parler : nul ne comprenait mieux que lui que nous ne sommes ici qu'en passant. Son côté faible était la raideur et l'orgueil de son caractère, qui le portaient à ne compter que sur lui dans des circonstances où d'autres auraient senti la nécessité de ne compter que sur Dieu. Le mourant l'écouta avec attention, et ses paroles parurent faire une impression momentanée sur son esprit.

— Je ne veux pas mourir, Monsieur, dit-il tout à coup après une longue pause.

— C'est pourtant la destinée commune ; quand le moment arrive, notre devoir est de nous y préparer.

— Je ne suis pas un lâche, monsieur Effingham.

— Dans un sens, je sais que vous ne l'êtes pas, car je vous ai vu à l'épreuve. J'espère que vous ne le serez dans aucun sens. Vous n'êtes pas à présent dans une situation où le courage puisse servir à quelque chose ; vous ne devez chercher votre appui qu'en Dieu.

— Je le sais, Monsieur ; — je m'efforce de le sentir ; mais je ne veux pas mourir.

— L'amour du Christ est sans bornes, dit John Effingham, profondément affecté à la vue d'une si profonde misère.

— Je le sais, — je l'espère, — je voudrais le croire. Avez-vous une mère, monsieur Effingham?

— Elle est morte depuis longtemps.

— Une épouse?

John Effingham respira péniblement ; on eût pu croire dans ce moment que c'était lui qui était à l'agonie.

— Non : je n'ai ni mère, ni frère, ni sœur, ni femme, ni enfant. Mes plus proches parents sont sur ce paquebot.

— Je suis bien peu de chose, mais, tel que je suis, je ferai faute à ma mère. Nous ne pouvons avoir qu'une mère, Monsieur.

— Si vous avez quelque commission ou quelque message pour la vôtre, monsieur Lundi, je m'en acquitterai avec beaucoup de plaisir.

— Je vous remercie, Monsieur ; je ne sache pas en avoir. Elle a ses idées sur la religion, et — je crois que ce serait une consolation pour elle si j'avais une sépulture chrétienne.

— Tranquillisez-vous à cet égard ; tout ce que permet notre situation sera fait, je vous en réponds.

— A quoi cela servira-t-il, monsieur Effingham? Je voudrais avoir bu moins et pensé davantage.

John Effingham n'avait rien à dire à une componction qui était si nécessaire, quoique si tardive.

— Je crains que nous ne pensions trop peu à ce moment lorsque nous avons la force et la santé, Monsieur.

— Il n'en est que plus nécessaire, monsieur Lundi, de tourner nos pensées vers cette médiation divine, qui seule peut nous servir pendant qu'il en est temps encore.

Mais M. Lundi était effrayé de l'approche de la mort plutôt que repentant. Son cœur s'était endurci par la longue et constante habitude de satisfaire tous ses penchants, et il était alors comme un homme qui se trouve inopinément en face d'un danger terrible et imminent, sans aucun moyen visible d'y échapper. Il gémit et regarda autour de lui, comme s'il cherchait quelque chose où il pût s'accrocher, la résolution qu'il avait montrée dans l'orgueil de sa force ne lui servant à rien. Toutefois ces émotions ne furent que passagères, et la stupidité naturelle de cet homme reprit le dessus.

— Je ne crois pas, Monsieur, dit-il en regardant fixement John Effingham, que j'aie été un bien grand pécheur?

— Je l'espère, mon bon ami ; cependant aucun de nous n'est assez dégagé de souillure pour n'avoir pas besoin de l'aide de Dieu pour se préparer à paraître en sa sainte présence.

— C'est vrai, Monsieur, c'est bien vrai. J'ai été baptisé et confirmé dans toutes les règles.

— Ces engagements pris pour nous, nous devons les ratifier.

— Par un prêtre et un évêque, Monsieur ; de dignes et orthodoxes ecclésiastiques.

— Je n'en doute pas ; mais c'est le cœur contrit, monsieur Lundi, qui nous assure notre pardon.

— J'ai le cœur contrit, Monsieur, très-contrit.

Il y eut alors une pause d'une demi-heure, et John Effingham crut d'abord que le malade sommeillait de nouveau ; mais, en l'examinant plus attentivement, il remarqua que ses yeux s'ouvraient souvent et erraient sur les objets qui étaient près de lui. Ne voulant pas troubler cette tranquillité apparente, il laissa passer les minutes sans dire un seul mot, et ce fut M. Lundi qui finit par rompre de lui-même le silence.

— Monsieur Effingham, dit-il, monsieur Effingham !

— Je suis près de vous, monsieur Lundi, et je ne quitterai pas l'appartement.

— Merci, merci ! ne m'abandonnez pas, *vous !*

— Je resterai ; mettez-vous l'esprit en repos et dites-moi ce que vous désirez.

— Je désire vivre, Monsieur !

— La vie est le don de Dieu, et sa possession ne dépend que de son bon plaisir. Demandez le pardon de vos fautes, et rappelez-vous la miséricorde et l'amour du saint Rédempteur.

— Je fais mon possible, Monsieur. Je ne crois pas avoir été un *très*-grand pécheur.

— Je l'espère ; mais Dieu peut pardonner au pénitent, quelque grandes qu'aient été ses offenses.

— Oui, Monsieur, je le sais, je le sais. Cette affaire a été si soudaine ! Je me suis même approché de la table de communion, Monsieur. Oui, ma mère m'a fait communier ; rien n'a été négligé, Monsieur.

John Effingham était souvent fier et despote dans ses relations avec les hommes, l'infériorité de la plupart de ses semblables à son égard, pour les principes comme pour l'intelligence, étant trop évidente pour ne pas influer sur l'opinion d'un homme qui ne s'étudiait pas habituellement à connaître ses propres faibles ; mais, par rapport à Dieu, il était d'ordinaire humble et soumis. L'orgueil spirituel ne faisait pas partie de son caractère, car il sentait ce qui lui manquait du côté des vertus chrétiennes, son principal défaut provenant de l'habitude de regarder les travers des autres plutôt que de s'appesantir trop sur son propre mérite. En se comparant à la perfection, personne n'aurait été plus humble ; mais en restreignant la comparaison à ceux qui l'entouraient, personne n'était plus fier, et à plus juste titre, si toutefois une pareille comparaison pouvait être permise. La prière chez lui n'était un exercice ni habituel, ni régulier, mais il ne rougissait pas de prier ; et quand il humiliait ainsi son esprit, c'était avec la force et l'énergie de son caractère. Il rougit de ces consolations faibles et vulgaires que M. Lundi s'efforçait de tirer de sa situation ; il vit l'illusion cruelle de cette substitution de simples formes à une véritable et solide piété, quoique en même temps, à la différence de la plupart de ses compatriotes, son esprit s'élevât au-dessus de ces exagérations étroites qui trop souvent changent l'innocence en péché, et l'homme religieux en sectaire, tout gonflé de sa droiture.

— Je vais prier avec vous, monsieur Lundi, dit-il en s'agenouillant au pied du lit du mourant ; nous demanderons ensemble la merci de Dieu, et il allégera ces doutes.

M. Lundi s'empressa de faire un signe d'assentiment, et John Effingham se mit à prier à haute voix, ou du moins de manière à être entendu distinctement du moribond. La prière fut courte, belle et presque sublime d'expression, sans mélange de citations mystiques ou de jargon conventionnel ; mais c'était un appel fervent, direct, humble et général, à la miséricorde divine, en faveur de l'être qui se trouvait alors à l'extrémité. Un enfant aurait pu la comprendre, tandis qu'un langage si touchant et si sincère aurait fait fondre la glace du cœur le plus endurci. Il est à espérer que le grand Être, dont l'esprit embrasse l'univers, et dont la clémence est égale à sa puissance, accueillit la prière, car M. Lundi sourit de plaisir quand John Effingham se releva.

— Merci, Monsieur, mille fois merci, murmura le mourant en lui pressant la main ; voilà qui vaut mieux que tout.

Après cela M. Lundi fut tranquille, et les heures s'écoulèrent dans un silence presque continu. John Effingham, convaincu que le malade sommeillait, se laissa assoupir à son tour. Ce ne fut qu'après l'appel du quart du matin, qu'il fut réveillé par un mouvement qui se fit dans le lit. Croyant que le malade demandait quelques gouttes d'eau pour se rafraîchir les lèvres, John Effingham lui en offrit ; mais M. Lundi n'accepta point. Il avait croisé ses mains sur sa poitrine, les doigts étendus, comme les peintres et les sculpteurs ont coutume de représenter les saints s'adressant au Seigneur, et ses lèvres remuaient doucement. John Effingham se mit à genoux et approcha l'oreille pour saisir les sons. Le mourant prononçait la simple mais belle oraison transmise à l'homme par le Christ lui-même comme le modèle de toute prière.

Dès qu'il eut fini, John Effingham la récita à son tour à haute voix et avec ferveur, et quand il ouvrit les yeux après ce solennel hommage au Seigneur, M. Lundi n'était plus.

CHAPITRE XXXI.

> Laisse-moi en repos ! — As-tu coutume d'écrire ton nom ? As-tu une marque pour ta signature, comme un homme franc et honnête ? *Jack Cade.*

A une heure plus avancée du jour, le corps du défunt fut descendu dans l'Océan avec les mêmes formes qui avaient été observées la nuit précédente pour les obsèques du marin. Ces deux cérémonies faisaient naître de tristes souvenirs de la scène qui venait de se passer ; et pendant plusieurs jours, la mélancolie qui en était la suite naturelle régna sur tout le bâtiment. Mais comme les deux individus que le sort des armes avait pris pour victimes n'étaient liés par le sang à aucun des survivants, et qu'il est dans la nature que l'affliction ait des bornes, les regrets se calmèrent peu à peu, et au bout de trois semaines, ces événements ne se présentaient plus qu'au souvenir de ceux qui croyaient sage de réfléchir de temps en temps sur de pareils sujets.

Le capitaine Truck avait repris sa bonne humeur habituelle; car, s'il était mortifié des difficultés qu'il avait éprouvées et des dangers qui avaient menacé son bâtiment, il était fier de la manière dont il s'en était tiré. Quant à son équipage et à ses deux lieutenants, ils avaient déjà repris leurs habitudes ordinaires de travail et de gaieté; les accidents de la vie ne faisant qu'une impression courte et superficielle sur des hommes accoutumés à des vicissitudes et à des pertes semblables.

Pendant la première semaine qui s'écoula après les événements rapportés dans le chapitre qui précède, M. Dodge parut presque oublié, car il eut assez de bon sens pour se tenir sur l'arrière-plan, dans l'espoir qu'au milieu de l'agitation et des embarras du moment, on aurait pu ne pas faire attention à sa conduite. Mais au bout de ce temps, il recommença ses intrigues, et chercha à former « une opinion publique » à l'aide de laquelle il espérait se faire une réputation de courage et de résolution. Quel succès paraissait devoir obtenir ce projet? C'est ce qu'on peut conjecturer d'après une conversation qui eut lieu dans l'office entre Saunders et Toast qui y préparaient du punch pour le dernier samedi soir que le capitaine Truck comptait être encore en mer. C'était pendant que le petit nombre de ceux qui consentirent à prendre part à une orgie qui rappelait particulièrement le souvenir de M. Lundi, se rassemblaient lentement dans la grande chambre, à la sollicitation pressante du capitaine.

— Eh bien! monsieur Toast, dit Saunders tout en exprimant le jus des citrons, je dois dire que je suis très-charmé que le capitaine Truck ait *ressurcité* son ancienne nature et qu'il se souvienne des jours de fête et de jeûne, comme cela convient au capitaine d'un paquebot. Parce qu'un bâtiment porte des mâts de rechange, je ne vois pas que ce soit une raison pour que les passagers en perdent le boire et le manger. On dit que M. Lundi a fait une bonne fin, et il a eu un aussi bel *obsec* que j'en aie jamais vu sur mer; je ne crois pas que ses propres parents eussent pu l'ensevelir plus efficacement et avec plus de piété, s'il fût mort à terre.

— C'est quelque chose, monsieur Saunders, que de pouvoir réfléchir d'avance sur les funérailles respectables que nos amis nous ont faites. C'est une grande satisfaction de contempler un pareil événement.

— Votre langage se perfectionne, Toast, je dois en convenir;

mais vous faites quelquefois un mauvais emploi des mots. On soupçonne une chose avant qu'elle arrive, et l'on y réfléchit après qu'elle est arrivée. Vous pouviez soupçonner la mort du pauvre M. Lundi quand il a été blessé ; mais vous ne pouviez y réfléchir qu'après qu'il eut été enterré dans l'eau. Du reste, je conviens avec vous qu'il est consolant de savoir que nous aurons après notre mort un *obsec* décent. Je prendrai cette occasion, monsieur Toast, pour vous exprimer la haute opinion que m'a inspirée votre conduite pendant le conflit. J'avais quelque crainte qu'il ne vous arrivât, sans le vouloir, de blesser le capitaine Truck ; mais, d'après toutes les informations que j'ai prises, je me suis assuré que vous n'avez blessé personne. Il existe des préjugés contre nous autres hommes de couleur, et je me réjouis toujours quand j'en trouve un dont la conduite aide à les *dirsiper*.

— On dit que M. Dodge n'a fait de mal à personne. Quant à moi, je ne le vis nulle part quand j'ouvris les yeux; et pourtant jamais je ne les avais ouverts si grands de ma vie.

Saunders appuya le doigt le long de son nez, et secoua la tête d'un air expressif.

— Vous pouvez me parler avec confiance, Toast, car nous sommes amis, de la même couleur, et officiers de la même robe. M. Dodge vous a-t-il insinué quelque chose sur les événements du conflit?

— Sans doute, sans doute, monsieur Saunders; mais je ne crois pas que M. Dodge parle avec franchise et vérité.

— N'a-t-il pas insinué qu'il convenait de *prédiger* une relation exacte du conflit, et de la faire signer et attester par tous les hommes de l'équipage?

— Quelque chose de semblable, à ce qu'il me semble. Dans tous les cas, il est toujours sur le gaillard d'avant, cherchant à persuader aux matelots que c'est l'équipage qui a repris le bâtiment, et que les passagers ne faisaient que gêner les autres.

— Et les matelots ont-ils assez peu de cervelle pour le croire, Toast ?

— Il est toujours agréable de bien penser de soi-même, monsieur Saunders. Je ne dis pas que personne le croit positivement, monsieur Saunders; mais, d'après mon pauvre jugement, il y a des gens qui trouveraient agréable de le croire, s'ils le pouvaient.

— Cela est vrai, car cela est naturel. Ce que vous venez de dire, Toast, a enluminé mon esprit, où il s'était répandu quelque obscurité sur mes conceptions. Vous connaissez Johnson, et Briggs et Hewson;

ce sont les trois plus grands poltrons de tout l'équipage, et les seuls qui aient prévariqué en ne montrant pas autant d'ardeur que les autres pendant le conflit; eh bien! ils m'ont soutenu que c'est M. Dodge qui a fait placer la pièce de canon sur la caisse, et qui a repoussé les Arabes sur le radeau. Or, je dis que personne, ayant les yeux ouverts, ne pouvait faire une telle méprise, si ce n'est volontairement. Corroborez-vous leur déposition, Toast, ou la controversez-vous?

— Je la controverse, Monsieur; car, suivant le témoignage de mes yeux, c'était M. Blunt.

— Je suis charmé que nous soyons de la même opinion; mais je ne dirai rien jusqu'à ce que le moment convenable soit arrivé, et alors je ferai l'exhibition de mes sentiments, sans récrimination ni anxiété; car la vérité est la vérité, monsieur Toast.

— J'ai remarqué avec plaisir que la mélancolie des dames s'est relâchée, et qu'elles paraissent avoir repris leur belle humeur.

Saunders jeta un regard d'envie sur son subordonné, dont les progrès en élocution alarmaient la haute idée qu'il avait de sa supériorité en toutes choses; mais il réprima ce mouvement de jalousie, et répondit avec dignité:

— Votre remarque est juste, monsieur Toast, et elle annonce de la pénétration. Je suis toujours charmé, pour l'honneur de notre couleur, quand je vous vois élever vos pensées à des objets supérieurs.

— Saunders! s'écria le capitaine Truck, assis dans son grand fauteuil au bout de la table.

— Capitaine?

— Servez le punch!

C'était le signal que la soirée du samedi allait commencer; et les deux officiers de l'office se hâtèrent de remplir leurs fonctions. En cette occasion, les dames avaient refusé poliment, mais avec fermeté, d'y paraître; mais les instances pressantes du capitaine l'avaient emporté sur les scrupules des hommes, qui, pour ne pas avoir l'air de contrarier ses désirs, avaient consenti à venir.

— C'est la dernière soirée de samedi, Messieurs, que j'aurai probablement l'honneur de passer en votre bonne compagnie, dit le capitaine Truck en arrangeant devant lui le bol de punch et les verres, de manière à les avoir sous la main; — et je sens que c'est un plaisir auquel je ne renoncerais pas volontiers. Nous sommes maintenant à l'ouest du golfe, et suivant mes observations et mes calculs, à cent milles de Sandy-Hook, qu'avec cette bonne brise du sud-ouest et notre position au vent, j'espère pouvoir vous montrer demain vers huit heures du matin. On a certainement fait ce voyage en moins de temps; mais après tout quarante jours ne sont pas beaucoup trop par la route occidentale, surtout si l'on prend en considération que nous avons rendu visite à l'Afrique et que nous marchons avec des béquilles.

— Nous avons beaucoup d'obligation aux vents alisés, dit M. Effingham. — Ils ont eu autant de bonté pour nous à la fin de notre voyage qu'ils semblaient avoir de répugnance à nous favoriser au commencement. Que d'événements nous avons vus pendant ces quarante jours! J'espère que notre reconnaissance pour le ciel durera autant que notre vie.

— Personne n'en conservera autant de reconnaissance que moi, Messieurs, reprit le capitaine. — Vous n'aviez contribué en rien à nous mettre dans l'embarras, et vous nous avez puissamment aidés à nous en tirer. Sans les connaissances, la prudence et le courage dont vous avez tous fait preuve, Dieu sait ce que serait devenu le pauvre *Montauk*, et je vous remercie tous en général, et chacun de vous en particulier, du fond du cœur, tandis que j'ai encore la satisfaction de vous voir autour de moi et de boire à votre santé, à votre bonheur et à votre prospérité.

Les passagers firent à leur tour leurs remerciements à M. Truck, et M. Dodge prononça en cette occasion un discours aussi remarquable qu'élaboré. Mais l'honnête capitaine était trop ému pour faire attention à ce trait d'audace, et il aurait pu en ce moment serrer dans ses bras M. Dodge lui-même et le presser contre son cœur.

— Allons, Messieurs, continua-t-il, remplissons nos verres, et faisons honneur à cette nuit. Dieu nous a tous en sa sainte garde, et nous dérivons dans les ouragans de la vie à peu près comme Dieu commande au vent de souffler. — Messieurs, à nos maîtresses et à nos femmes! et nous n'oublierons pas, monsieur Effingham, votre belle, aimable et charmante fille.

Après ce trait de galanterie navale, le punch commença à circuler. Le capitaine, sir George Templemore, — comme on nommait encore le faux baronnet, et comme tout l'équipage croyait toujours qu'il s'appelait, — et M. Dodge, ne se ménagèrent pas, quoique le premier fût trop jaloux de la réputation de son bâtiment pour oublier qu'il était près de la côte d'Amérique en novembre. Les autres eurent plus de modération, sans pourtant échapper tout à fait à l'influence de l'exemple; et pour la première fois depuis qu'on avait quitté les rochers et les sables de l'Afrique, Saunders et Toast entendirent rire dans la grande chambre comme auparavant. Une heure ainsi passée fit renaître quelque chose de l'accord et de la liberté qui règnent parmi les passagers sur un bâtiment quand la glace a été une fois rompue, et l'on commença même à tolérer la présence de M. Dodge. Malgré sa conduite le jour du combat avec les Arabes, il avait réussi à maintenir son terrain près du soi-disant baronnet à force de flatteries et de bassesses, et sa lâcheté honteuse avait inspiré aux autres plus de pitié que d'indignation. Personne ne dit un seul mot de sa désertion au moment critique, et pourtant il ne pardonna jamais à aucun de ceux qui en avaient été témoins. On regardait sa conduite comme le résultat d'une infirmité naturelle et invincible, qui devait attirer sur lui la compassion plutôt que les reproches. Encouragé par le silence qu'on gardait sur ce sujet, il commençait à se flatter qu'au milieu de la confusion du combat on n'avait pas remarqué son absence, et il poussa l'audace jusqu'à vouloir faire croire à M. Sharp qu'il avait été du nombre de ceux qui étaient partis sur la chaloupe du bâtiment danois pour ramener au récif celle du *Montauk* et le radeau, après que le paquebot avait été repris aux Arabes. Il est vrai que ce qu'il dit à ce sujet fut écouté avec une froideur glaciale ; mais elle était accompagnée de tant d'indulgence et de savoir-vivre, qu'il ne désespéra pas de réussir une autre fois à convaincre M. Sharp de la vérité de ce qu'il lui disait ; et pour mieux y parvenir, il aurait voulu pouvoir y croire lui-même. Mais il avait existé tant de confusion dans toutes ses facultés pendant le combat, qu'il se plaisait à croire que les autres n'avaient pas été plus en état que lui de distinguer les choses bien exactement.

Quand le punch eut circulé quelque temps, le capitaine Truck invita l'éditeur du *Furet Actif* à régaler la compagnie de quelques nouveaux extraits de son journal. M. Dodge ne se fit pas presser, et il alla chercher dans sa chambre le précieux recueil de ses observations et de ses opinions, convaincu que tout était oublié, et qu'il allait reprendre parmi les passagers la place qui était due à son mérite. Quant aux quatre individus qui avaient vu les lieux que M. Dodge prétendait décrire, ils se préparèrent à l'écouter, comme des hommes du monde écouteraient les commentaires superficiels ou absurdes d'un ignorant, mais avec l'espoir d'y trouver quelque amusement.

— Je propose de changer la scène et de la placer à Londres, dit le capitaine Truck, afin qu'un homme comme moi, qui est tout simplement un marin, puisse juger du mérite de l'écrivain. Je ne doute pas qu'il ne soit très-grand, mais je ne pourrais encore en faire serment en toute sûreté de conscience, comme je le désire.

— Si je savais ce que désire la majorité, dit M. Dogde en déposant son manuscrit sur la table, et en regardant tour à tour ceux qui y étaient assis, comme pour les consulter, je m'y conformerais avec plaisir; car je pense que la majorité doit toujours faire la loi. Paris, Londres, ou le Rhin, peu m'importe. J'ai vu tous ces pays, et je suis aussi en état de parler de l'un que de l'autre.

— Personne n'en doute, mon cher monsieur; mais moi je ne suis pas en état de comprendre aussi bien telle de vos descriptions que telle autre. Vous-même, Monsieur, vous pouvez avoir mieux compris et mieux exprimé ce que vous avez entendu dire en anglais qu'en une langue étrangère.

— Quant à cela, je ne crois pas que la valeur de mes observations puisse être diminuée ou augmentée par telle ou telle circonstance. Je me fais toujours une règle d'avoir raison s'il est possible, et je m'imagine que c'est tout ce que les naturels d'un pays peuvent faire eux-mêmes. Vous avez seulement à décider, Messieurs, si ce sera l'Angleterre, ou la France, ou le continent.

— J'avoue que j'ai quelque inclination pour le continent, dit M. Effingham; car on ne peut vouloir resserrer l'intelligence étendue d'un homme comme M. Dodge dans les limites d'une île, ou même d'un pays comme la France.

— Je vois ce que c'est, s'écria le capitaine; il faut laisser le voyageur courir toutes ses bordées. M. Dodge aura donc la bonté, dans le récit de sa traversée, de nous faire toucher à différents ports, sans oublier Londres et Paris.

Le journaliste tourna négligemment quelques pages de son journal, et lut ce qui suit :

« Arrivé à *Brocksills* » — c'est ainsi que M. Dodge prononçait Bruxelles — « à sept heures du soir; descendu dans le meilleur hôtel de la ville, qui est l'Agneau-d'Argent. Il est voisin de la célèbre maison-de-ville, et par conséquent au centre du beau quartier. Comme nous n'en partîmes que le lendemain après avoir déjeuné, le lecteur peut attendre une description détaillée de cette ville. Elle est située sur un terrain plat et bas... »

— Monsieur Dodge, s'écria le soi-disant sir George, je crois que ce doit être une erreur. J'ai été à Bruxelles, et cette ville m'a frappé comme située en grande partie sur la rampe d'une montagne assez escarpée.

— C'est une méprise, Monsieur, je vous en réponds. Vous avez voyagé trop à la hâte, mon cher sir George, et c'est ce qui arrive à la plupart des voyageurs ; ils ne se donnent pas le temps de voir les choses en détail. Vous autres Anglais surtout, vous êtes portés à un peu trop de précipitation, et j'ose dire que vous étiez dans une chaise de poste attelée de quatre chevaux, manière de voyager qui fait qu'un homme peut fort aisément transporter une montagne, dans son imagination, d'une ville dans une autre. Moi, j'ai presque toujours voyagé en *dilidgence*, ce qui donne du loisir pour faire des observations.

Ici M. Dodge sourit, car il pensa qu'il avait l'avantage dans cette discussion.

— Je crois que vous devez baisser pavillon, sir George Templemore, dit John Effingham en appuyant sur ce nom de manière à faire sourire à leur tour ses amis. Bruxelles est certainement située dans un plat pays ; et quant à la montagne que vous y avez vue, vous l'aviez certainement apportée de Hollande avec vous dans votre précipitation. M. Dodge a eu un grand avantage dans sa manière de voyager ; car, en entrant dans une ville le soir, et en n'en partant que le lendemain après avoir déjeuné, il avait toute la nuit pour faire ses observations.

— C'est précisément ainsi que j'ai toujours agi, monsieur John Effingham. Je me suis toujours fait une règle de passer une nuit entière dans chaque grande ville que je traversais.

— Cette circonstance donnera un double poids à vos remarques dans l'esprit de vos concitoyens, monsieur Dodge ; car ils prennent rarement autant de loisir quand une fois ils se mettent en mouvement ; mais j'espère que vous n'avez pas oublié de parler des institutions de la Belgique, Monsieur, et surtout de l'état de la société dans la capitale que vous avez vue si en détail.

— Non, sans doute. Voici mes remarques sur ce sujet : — « La Belgique, ou les Belges, comme on appelle aujourd'hui ce pays, est un de ces royaumes qui sont nés de notre temps comme des champignons ; et d'après des signes auxquels on ne peut se méprendre, il est destiné à être bientôt renversé par les glorieux principes de la liberté. Le peuple y est opprimé, suivant l'usage, par l'aristocratie et la prêtraille. Le monarque, qui est un bigot catholique de la maison de Saxe, étant fils du roi de ce pays, et héritier présomptif du trône de la Grande-Bretagne, du chef de sa femme, n'a l'esprit occupé que de saints et de miracles. Les nobles... » — Pardon, sir George, mais il faut dire la vérité dans notre pays, ou bien l'on ferait mieux de se taire, — « les nobles forment une classe à part, se livrent à toutes sortes de vices, et font voir ainsi la tendance monstrueuse de ce système. »

— Mais je vous prie, monsieur Dodge, dit John Effingham, n'avez-vous rien dit de ce que font les habitants de Bruxelles pour se dédommager de l'ennui d'avoir toujours à marcher sur une surface plane?

— Non, Monsieur, je dois l'avouer; je donnais toute mon attention aux institutions du pays et à l'état de la société; mais je puis aisément me figurer combien ils doivent s'ennuyer d'être toujours à marcher sur un terrain plat.

— Eh bien! Monsieur, ils ont réussi à former une rue depuis le toit de leur cathédrale jusqu'en bas; et maintenant on les y voit trotter à toute heure du jour.

M. Dodge le regarda avec un air de méfiance; mais John Effingham conserva toute sa gravité. Après une pause de quelques instants, il continua :

— « Les usages de *Brocksills* sont un mélange de ceux de la haute et de la basse Hollande. Le roi étant Polonais, petit-fils d'Auguste, roi de Pologne, désire introduire à sa cour les usages de la Russie, tandis que sa jeune et aimable épouse, qui est née dans le New-Jersey où son illustre père tenait l'école de Haddonfield, a été imbue de bonne heure de ces principes de républicanisme qui distinguent si éminemment Sa Grâce l'honorable Louis-Philippe Orléans, roi actuel des Français. »

— Monsieur Dodge, dit M. Sharp, tous les historiens seront prêts à vous couper la gorge d'envie.

— Que puis-je y faire, Monsieur? J'ai senti qu'il était de mon devoir de ne pas laisser échapper les excellentes occasions qui se sont présentées à moi; et l'Amérique est un pays dans lequel un éditeur ne peut jamais espérer de tromper ses lecteurs. Nous leur citons des faits, monsieur Sharp; et, quoiqu'il puisse se faire que ce ne soit pas votre coutume en Angleterre, la vérité est toute-puissante, et elle prévaudra. Mais continuons. « Le royaume des Belges contient un territoire qui est à peu près de la même étendue que la partie du Connecticut située au nord-est; et la population peut être aussi nombreuse que celle de la tribu indienne des Creeks, qui habitent les parties les plus sauvages de notre état de Georgie. »

— De pareils détails portent la conviction dans l'esprit, dit Paul, et surtout quand ils ont le mérite d'être donnés par un témoin oculaire.

— A présent, Messieurs, je retournerai avec vous à Paris; j'y ai passé trois semaines, et la connaissance que j'avais de la langue du pays m'a mis en état de rendre un compte encore plus exact de l'état de la société.

— J'espère que vous vous proposez de publier ces observations? dit le capitaine.

—Je recueillerai probablement mes notes, et j'en ajouterai quelques autres pour former un volume ; mais tout ce que je vous ai lu a déjà été mis sous les yeux du public américain dans les colonnes du *Furet Actif*. Je puis vous assurer, Messieurs, que mes collègues de la presse ont parlé très-favorablement de mes lettres quand elles ont paru.— Peut-être serez vous charmés d'entendre quelques-unes de leurs opinions ?

Sans attendre une réponse, M. Dodge prit son portefeuille, d'où il tira sept à huit morceaux de papier imprimé, qui avaient été conservés avec soin, quoiqu'il fût évident qu'ils avaient été maniés bien des fois. Il en choisit un, et en fit la lecture.

« Notre ami Dodge, du *Furet Actif*, instruit ses lecteurs et édifie le genre humain en général par des remarques aussi justes que piquantes sur l'état actuel de l'Europe, partie du monde qu'il explore en ce moment avec le même esprit d'entreprise et la même persévérance que déploya Christophe Colomb quand il voguait sur le vaste océan Atlantique, alors inconnu. Nous donnons notre approbation entière à ses opinions, car elles sont saines, américaines et judicieuses. Nous pensons que ces Européens commenceront à croire que Jonathan se fait une assez juste idée de ce qu'ils sont, les créatures ! »

— Ceci est extrait, Messieurs, de *l'Avocat du Peuple*, journal rédigé avec beaucoup de talent par Peleg Pond, Esquire, républicain prononcé et profond observateur du genre humain.

— Particulièrement dans sa paroisse, dit John Effingham d'un ton de sarcasme ; et dites-moi, Monsieur, avez-vous un grand nombre de ces morceaux d'élite?

— Une douzaine tout au moins. Tenez, en voici un autre : —
« Steadfast Dodge, Esquire, éditeur du *Furet Actif*, voyage maintenant en Europe, et éclaire l'esprit public en Amérique par des lettres de Johnson pour le style, et de Chesterfield pour le goût et la connaissance du monde, sans parler de l'esprit de nationalité, de républicanisme et de vérité. Nous voyons avec grand plaisir, d'après ces précieuses additions aux trésors de la littérature américaine, que Steadfast Dodge ne trouve aucun motif pour envier aux habitants de l'Ancien-Monde la civilisation dont ils sont si fiers, et qu'au contraire, à chaque mille qu'il fait, il est mieux pénétré de notre supé-

riorité décidée sur tout autre pays. L'Amérique n'a produit que peu d'hommes comme Dodge, et Walter Scott lui-même n'aurait pas rougi d'avouer quelques-unes de ses descriptions. Puisse-t-il continuer longtemps à voyager ! »

— *En dilidgence !* ajouta gravement John Effingham. Vous voyez, Messieurs, avec quelle modestie ces journalistes parlent de leur intimité avec le voyageur. « Notre ami Dodge, du *Furet Actif*, » et « Steadfast Dodge, Esquire, » manières de s'exprimer qui disent des volumes en faveur de leur goût et de leur profonde déférence pour leurs lecteurs.

— C'est ainsi que nous parlons toujours les uns des autres, monsieur John Effingham ; c'est notre *esprit du corps*.

— Et je croirais que le public devrait montrer un *esprit de corps* pour y résister, dit Paul.

Cette distinction fut perdue pour M. Dodge, qui se mit à feuilleter ses pages pour y chercher une de ses critiques les plus élaborées, avec toute la satisfaction de soi-même que peuvent donner une ignorance crasse et l'amour-propre d'un provincial. Ayant trouvé un passage qui lui plaisait, ce profond observateur des hommes et des choses, qui avait étudié une nation étrangère dont la langue lui était inconnue, en voyageant cinq jours en diligence, en passant un mois dans les auberges les plus obscures, et en allant à trois spectacles différents où il n'entendait pas un mot de ce qui se disait, débita à ses auditeurs le résultat de ses observations.

« L'état de la société en France, en ce qui concerne les femmes, est véritablement déplorable ; la révolution, comme on le sait universellement, n'y ayant laissé ni décorum, ni modestie, ni beauté. Je me promène le soir dans les galeries du Palais-Royal où je me colloque, et j'y trouve les meilleures occasions d'observer ce qui distingue les dames du plus grand ton et les plus à la mode de la métropole de l'Europe ; j'y ai particulièrement remarqué une duchesse dont la grâce et l'embonpoint ont, je l'avoue, attiré mon admiration. Mon laquais de place m'informe qu'on l'appelle souvent *la mère du peuple*, attendu son caractère populaire et affable. Les jeunes dames de France, d'après les échantillons que j'en ai vus en cet endroit, — et celles que j'y ai vues devaient être de la plus haute classe de la capitale, puisque ce jardin est sous les croisées d'un des palais du roi, — ne sont pas remarquables par cette réserve et cette modestie qui font l'ornement de nos jeunes et belles concitoyennes ; mais il faut convenir qu'elles le sont par la manière dont elles se promènent seules, ce qui, suivant moi, ne convient nullement à leur sexe. La femme n'a pas été créée pour vivre seule, et je soutiens qu'elle ne l'a pas été pour se promener seule. J'avouerai pourtant qu'il y a un certain charme dans la manière dont ces jeunes dames placent leurs mains dans les poches de leur tablier, et se balancent le corps en marchant comme des duchesses sous ces galeries. S'il m'est permis de le suggérer humblement, nos belles Américaines pourraient faire plus mal que d'imiter cette démarche parisienne ; car, comme voyageur, je crois de mon devoir de faire ressortir toutes les qualités supérieures que les autres nations peuvent posséder. Je désire aussi dire un mot de la suavité générale de manières des dames de qualité dans leurs promenades dans cet élégant quartier de Paris, et même dans tous ses environs. »

— Les dames françaises doivent être très-flattées de la manière dont vous parlez d'elles, Monsieur, s'écria le capitaine en remplissant le verre de M. Dodge ; au nom de la vérité et de la pénétration, continuez.

« J'ai été récemment invité à un bal chez une des premières familles de France, demeurant rue Saint-Jacques, qui est le Saint-James' Street de Londres. La compagnie était choisie et composée des personnes les plus distinguées du royaume *des Français*. Les plus belles manières y régnaient, et la danse était des plus gracieuses ; l'air avec lequel les dames penchaient la tête d'un côté et inclinaient le corps en avançant et en reculant, était dans le premier style de la cour de Terpsichore. Elles étaient toutes des premières familles de France. J'en entendis une s'excuser de se retirer de si bonne heure sur ce que *madame la duchesse* l'attendait ; et une autre dit qu'elle devait partir le lendemain matin avec *madame la vicomtesse*. Les hommes, à peu d'exceptions près, étaient en costume de fantaisie, et portaient des habits, les uns bleu de ciel, les autres verts, quelques-uns écarlates, mais tous plus ou moins brodés sur toutes les coutures, à peu près comme était vêtu l'honorable roi le matin où je le vis partir pour *Niouilly*. Au total, ce bal fut le plus beau que j'aie jamais vu, les hommes étant aimables sans le moindre mélange d'orgueil, et les dames toute grâce. »

— Et les dames *autant de grâces*, aurait quelque chose de plus expressif, si vous me permettez de vous proposer ce léger changement, dit John Effingham tandis que M. Dodge reprenait haleine.

« J'ai remarqué que le peuple, dans la plupart des monarchies, est bas et abject dans sa conduite. Ainsi les hommes ôtent leur chapeau en entrant dans une église, même quand le ministre n'y est pas, et les enfants eux-mêmes ôtent leur chapeau quand ils entrent dans une maison : c'est commencer de bonne heure le métier de la servilité. J'ai même vu des vieillards s'agenouiller de la manière la plus abjecte sur le pavé froid des églises, montrant ainsi le sentiment engendré par des institutions qui sentent l'esclavage. »

— C'est tout simple, dit le capitaine ; ayant commencé si jeunes, ils ne savent plus que s'agenouiller quand ils deviennent vieux.

— Il est à présumer, dit M. Effingham, que M. Dodge a convenablement appuyé sur un pareil fait. Les vieillards dont il parle s'étaient probablement habitués à une servilité abjecte en entrant chapeau bas dans les maisons pendant leur enfance.

— Précisément, Monsieur ; je jette ces petits traits dans mon ouvrage, parce que je crois qu'ils peignent la différence qui existe entre les nations.

— D'où je conclus, dit M. Sharp, que dans la partie de l'Amérique que vous habitez, les enfants n'ôtent pas leur chapeau en entrant dans les maisons, et les hommes ne se mettent pas à genoux dans les églises ?

— Certainement non, Monsieur ; nous prenons de bonne heure des idées plus dignes d'un homme. Pour ce qui est de se mettre à genoux dans les églises, nous avons quelques sectes superstitieuses qui le font ; je ne les nommerai pas ; mais, au total, aucune nation ne peut se conduire dans les maisons de Dieu plus raisonnablement que nous ne le faisons en Amérique.

— C'est ce dont je puis répondre, dit John Effingham ; car la dernière fois que j'ai été dans une église en Amérique, j'ai entendu un artiste dont le mérite nasal était extraordinaire, régaler l'auditoire de ce morceau aussi remarquable par les paroles que par la musique, intitulé : « vingt-quatre violons tout d'un rang. »

— J'en réponds, s'écria M. Dodge, tout gonflé d'orgueil national, et se trouvant alors aussi à l'aise que s'il eût été dans une taverne. Oh ! la superstition est tout à fait renversée en Amérique. — Mais j'ai dans mes notes sur l'Angleterre quelques remarques sur l'église ; peut-être seriez-vous charmés de les entendre ?

— Permettez-moi de vous prier de nous les lire, dit un peu vivement le vrai sir George Templemore.

— Je proteste contre toute illibéralité, dit le faux baronnet en montrant un doigt à M. Dodge.

M. Dodge ne fit attention ni à l'un ni à l'autre ; il cherchait le passage en question, et, l'ayant trouvé, il le lut avec le ton de satisfaction et d'onction qui lui était ordinaire :

« Aujourd'hui, j'ai assisté au service public dans l'église des Minories. La congrégation était composée des personnes les plus distinguées de toute l'Angleterre ; il s'y trouvait notamment sir Salomon Snore, ci-devant grand schérif de Londres, homme de la première considération dans l'empire britannique, et le célèbre M. Shilling, de la maison Pound, Shilling et Pence. Il y avait certainement dans cette congrégation un air de vie civilisée, mais un peu trop d'idolâtrie. Sir Salomon et M. Shilling furent reçus avec distinction, ce qui était convenable, attendu leur rang élevé ; mais je donnai une désapprobation sans réserve aux génuflexions et au chant. »

— Sir Salomon et l'autre personnage dont vous parlez avaient peut-être un peu trop d'embonpoint, ce qui pouvait nuire à leur grâce quand ils s'agenouillaient, dit M. Sharp.

— Je désapprouve tout agenouillement en principe général, Monsieur. Si nous nous agenouillons pour quelqu'un, nous apprendrons bientôt à le faire pour quelque autre, et Dieu sait où cela finira. Je n'aime pas davantage la manière exclusive dont la congrégation était assise dans les bancs, dont les côtés étaient si élevés, qu'on pouvait à peine voir son plus proche voisin ; et ces bancs sont souvent entourés de rideaux qui cachent complétement ceux qui s'y trouvent, système d'égoïsme qui ne serait pas toléré longtemps en Amérique.

— Les individus sont-ils propriétaires de leurs bancs en Amérique? demanda M. Sharp.

— Très-souvent, répondit John Effingham ; toujours même, excepté dans ces parties particulières du pays où il serait regardé comme contraire aux droits du public qu'un homme fût mieux que son voisin, en possédant une chose à laquelle le public n'a pas un meilleur droit que celui qui la possède.

— Et le propriétaire d'un banc dans une église n'a-t-il pas le droit d'y placer des rideaux afin de pouvoir se recueillir plus aisément pendant le service divin ?

— L'Amérique et l'Angleterre sont les antipodes l'une de l'autre pour toutes ces choses, dit M. Dodge ; j'ose dire que vous êtes venu parmi nous avec l'idée que notre liberté est si licencieuse qu'un homme peut lire un journal tout seul ?

— J'en conviendrai certainement, répondit M. Sharp en souriant.

— Nous lui apprendrons à penser différemment avant de le laisser repartir, monsieur Dodge, dit John Effingham. Je m'aperçois, Monsieur, que vous avez des idées très-rétrécies sur la liberté. Chez nous la majorité décide de tout ; nous mangeons quand la majorité mange, nous buvons quand elle boit, nous dormons quand elle dort, et nous prions quand elle prie. Bien loin de nous enterrer dans des bancs comme dans un puits, et de nous y cacher derrière des rideaux, nous avons exhaussé le plancher de nos églises en forme d'amphithéâtre, et nous avons supprimé les côtés des bancs afin que chacun puisse voir tous les autres et s'y placer sans distinction. Nous avons même abaissé les bords de la chaire pour qu'on puisse voir toute la personne du ministre; et j'ai entendu dire qu'il existe un projet pour placer la congrégation dans la chaire, et le ministre dans une des ailes de l'église, afin de prouver à celui-ci qu'il n'est pas plus que les autres. Ce serait un excellent arrangement, monsieur Dodge, pour « les vingt-quatre violons tout d'un rang. »

L'éditeur du *Furet Actif* se méfiait un peu de John Effingham, et il ne fut pas fâché de continuer la lecture de ses extraits, sans songer qu'il ne ferait que s'exposer encore davantage au feu de son ennemi.

« Ce matin, reprit M. Dodge, je suis entré dans le café de la Pelle et des Pincettes pour lire le journal; et m'étant assis près d'un homme qui lisait *le Times*, je tirai la feuille un peu de mon côté, pour pouvoir lire en même temps que lui; mais il se tourna vers moi, et me demanda d'un ton arrogant et presque avec insolence, à quoi je pensais. Cette intolérance des Anglais vient du caractère étroit de leurs institutions, qui fait qu'on s'imagine que la liberté appartient aux individus, et non à la majorité. »

— Vous devez vous apercevoir, monsieur Sharp, dit John Effingham, combien un étranger est plus en état qu'un indigène de faire sentir les défauts du caractère national. J'ose dire qu'en jouissant de vos droits individuels, vous vous étiez imaginé jusqu'à présent que vous jouissiez de la liberté?

Je crains d'avoir fait quelque méprise semblable; mais M. Dodge aura la bonté de continuer.

« Rien ne m'a plus surpris, continua l'éditeur, que le penchant des Anglais à choisir des noms ignobles. L'auberge dont je parle, et qu'on aurait nommée en Amérique la taverne de l'Aigle, ou l'hôtel de l'Orient ou de l'Occident, ou le café démocratique Anglo-Saxon, ou à laquelle on aurait donné quelque autre nom également noble et plein de dignité, ils l'appellent la Pelle et les Pincettes. Une taverne qu'on aurait pu nommer très-convenablement le salon de la Paix, porte le nom vulgaire de « maison aux côtelettes de Dolley. »

La lecture de l'éditeur du *Furet Actif* avait cessé d'amuser la plupart de ses auditeurs, qui étaient dégoûtés de son ignorance et de ses prétentions. Les deux Effingham, M. Sharp et M. Blunt se retirèrent successivement. Le capitaine, M. Leach et le faux baronnet tinrent tête à M. Dodge environ une heure de plus; et enfin tous regagnèrent leurs chambres.

CHAPITRE XXXII.

Tu me reverras à Philippes.
SHAKSPEARE.

Heureux celui qui arrive sur la côte de New-York en novembre avec le vent au sud! il y a deux espèces différentes de temps qui peuvent contribuer à donner à un étranger l'impression la plus défavorable d'un climat qui a été si souvent calomnié, quoique ces deux différences de temps justifient tout le mal qu'on en a dit. L'une est un jour d'été d'une chaleur étouffante, l'autre est un jour d'automne où un vent du nord froid et piquant semble à peine laisser de la moelle dans les os.

Les passagers du *Montauk* échappèrent à ces deux maux, et ils approchèrent de la côte avec une douce brise du sud-ouest, et sous un ciel d'azur. Le bâtiment avait fait beaucoup de chemin pendant la nuit, et quand ils furent réunis sur le pont de bonne heure dans la matinée, le capitaine Truck dit que, dans une heure, ils verraient le continent occidental désiré depuis si longtemps. Comme le paquebot filait neuf nœuds par heure, sous ses bonnettes de hune et de perroquet, et qu'il était au vent du port, c'était une promesse qu'il était probable que le bâtiment remplirait.

— Toast, s'écria le capitaine, qui avait repris ses anciennes habitudes aussi naturellement que s'il ne fût arrivé rien d'extraordinaire pendant tout le voyage, apportez-moi un charbon pour allumer mon cigare; et vous, maître d'hôtel, soignez particulièrement le déjeuner ce matin. Si ce vent dure encore six heures, j'aurai le chagrin de me séparer de cette bonne compagnie; et vous, celui de savoir que vous ne lui servirez jamais un autre repas. Ce sont des moments qui éveillent la sensibilité, et je n'ai jamais connu un maître d'hôtel qui ne fît la grimace en arrivant près du port.

— Je crois, capitaine Truck, dit Eve, que c'est un moment de joie pour chacun; et ce doit particulièrement en être un de vive reconnaissance pour nous.

—Oui, oui, ma chère miss Effingham, mais je crois que M. Saunders est occupé d'idées plus matérielles. — Eh bien! monsieur Leach, personne n'a-t-il encore chanté « la terre » de là haut? Les sables du New-Jersey devraient être visibles depuis quelque temps.

— Nous avons vu le reflet de la terre dès le point du jour, mais non la terre, capitaine.

— En ce cas, comme le vieux Christophe Colomb, c'est moi qui ai gagné le pourpoint de velours. — Terre, ho!

Les deux lieutenants et tout l'équipage se mirent à rire, regardèrent en avant, se firent des signes les uns aux autres, et le mot terre! passa de bouche en bouche avec l'indifférence que montrent les marins quand ils la voient après un voyage de peu de durée. Il n'en fut pas de même des passagers; ils coururent tous sur l'avant, et s'efforcèrent de découvrir la côte si désirée; mais, à l'exception de Paul, aucun d'eux ne put l'apercevoir.

— Il faut que nous vous demandions votre aide, lui dit Eve, qui alors n'adressait jamais la parole au jeune et beau marin sans que ses joues se couvrissent d'un coloris plus vif; car nos yeux nous servent si mal que, malgré tout notre désir, nous ne pouvons rien voir.

— Ayez la bonté de regarder d'ici en droite ligne par-dessus le jas de cette ancre, répondit Paul, toujours heureux de trouver une excuse pour s'approcher d'elle, et vous découvrirez quelque chose sur l'eau.

— Je le vois; mais n'est-ce pas un bâtiment?

— Sans doute; mais un peu sur la droite de ce bâtiment, n'apercevez-vous pas un objet nuageux un peu au-dessus de la mer?

— Vous voulez dire ce nuage, ou plutôt une masse de vapeurs sombre et indistincte.

— Cela peut vous paraître ainsi, mais à mes yeux c'est la terre. C'est le promontoire qui termine les hauteurs célèbres de Nevesink. En le regardant une demi-heure, vous verrez de moment en moment sa forme se dessiner d'une manière plus distincte.

Eve se hâta de montrer cet endroit à mademoiselle Viefville et à son père; et, à compter de ce moment, les yeux de presque tous les passagers furent fixés sur ce point pendant une heure. Comme Paul l'avait prédit, la couleur bleue de ce qui avait paru une masse de vapeurs prit une teinte plus foncée; sa base parut ensuite toucher à l'eau, et l'on n'y trouva plus aucune ressemblance avec un nuage. Vingt minutes après, toutes les formes du promontoire devinrent visibles; on vit les arbres qui croissaient sur ses flancs, et enfin un double phare parut sur son sommet.

Mais *le Montauk* s'éloigna de ces hauteurs, et dirigea sa route vers une longue pointe de sable qui était à quelques milles au nord. On voyait de ce côté une cinquantaine de petits bâtiments qui en venaient ou qui s'y rendaient, leurs hautes voiles ressemblant aux nombreux clochers des plaines de la Lombardie. C'étaient des bâtiments côtiers qui se rendaient à leurs diverses destinations. On distinguait aussi deux ou trois bâtiments marchands, qui partaient pour la Chine, pour l'océan Pacifique, ou pour l'Europe.

Vers neuf heures, *le Montauk* rencontra un grand bâtiment, étant au plus près, portant toutes ses voiles, et fendant l'eau avec rapidité. Quelques instants après, le capitaine Truck, à qui le soin qu'il devait prendre de son paquebot n'avait pas permis de faire beaucoup d'attention aux objets qui l'entouraient, s'approcha du groupe des passagers, et entra de nouveau en conversation avec eux.

— Eh bien! ma chère miss Effingham, nous ne sommes plus qu'à cinq lieues de Sandy-Hook, qui est là-bas par notre bossoir dessous le vent, position aussi favorable que le cœur peut le désirer. — Ce schooner efflanqué et à mine affamée, qui est entre la terre et nous, est un pêcheur de nouvelles; et dès qu'il aura fini avec le brick dont il est voisin, il cherchera à venir à nous, et ce sera une bonne occasion pour nous débarrasser de nos mensonges de rechange. — Ce petit drôle sous le vent, qui fait tout ce qu'il peut pour venir à nous, est le pilote. Quand il sera arrivé, mes fonctions cessent, et je n'aurai plus rien à faire que de gourmander Saunders et Toast, et de nourrir les cochons.

— Et quel est ce bâtiment, là-bas en tête de nous, avec son grand hunier mis sur le mât, ses basses voiles carguées et sa barre sous le vent? demanda Paul.

— Quelque freluquet qui a oublié ses boucles de jarretières, et qui a été obligé d'envoyer sa chaloupe à terre pour les chercher, répondit froidement le capitaine, tout en prenant sa longue-vue pour examiner le bâtiment en question. L'examen fut long et attentif, et le capitaine baissa deux fois son instrument pour en essuyer les verres. Enfin, à la surprise générale, il s'écria :

— La barre au large! serrez toutes les bonnettes, et gouvernez à l'est! Dépêchez-vous, enfants, dépêchez-vous! Aussi vrai que je suis un misérable pêcheur, c'est encore cette éternelle *Ecume!*

Paul appuya la main sur le bras du capitaine Truck, et l'arrêta au moment où il courait vers le gaillard d'avant pour aider et encourager son monde.

—Vous oubliez que nous n'avons ni mâts ni voiles convenables pour une chasse, lui dit le jeune marin. — Si nous prenons le large, la corvette, quelque bordée que nous suivions, aura maintenant de meilleures jambes que nous. Excusez-moi donc, si je prends la liberté de vous dire que d'autres mesures seraient préférables.

Le capitaine Truck avait appris à respecter l'opinion de Paul, et il prit son observation en bonne part.

— Quelle alternative avons-nous, lui répondit-il, — si ce n'est d'aller nous jeter dans la gueule du lion, ou de virer et de gouverner à l'est?

— Nous en avons deux autres. Nous pouvons passer devant la corvette sans qu'elle pense à nous, car notre bâtiment est changé à être méconnaissable ; ou nous pouvons nous approcher de la terre et nous placer sur une eau plus basse.

— La corvette ne tire pas plus d'eau que ce bâtiment, Monsieur, et elle nous y suivrait. Il n'y a pas de port plus voisin que le hâvre de l'Œuf; et je craindrais d'y entrer avec un bâtiment du port de celui-ci; au lieu qu'en gouvernant à l'est et en doublant Montauk, qui nous devrait un abri à cause de notre nom, nous pourrions arriver au besoin à New-London, et dire alors que nous avons gagné le prix de la course.

— Cela serait impossible, capitaine Truck, permettez-moi de le dire. En voguant vent arrière nous ne pouvons échapper, car nous serions à la côte dans une couple d'heures; entrer à Sandy-Hook, si nous sommes reconnus, est impossible à cause de la corvette, et dans une chasse de cent vingt milles, nous sommes sûrs d'être rejoints.

— Je crains que vous n'ayez raison, mon cher Monsieur, je crains que vous n'ayez raison. Eh bien! les bonnettes sont maintenant serrées, je gouvernerai vers les hauteurs, et je jetterai l'ancre sous leur abri, si cela est nécessaire. Alors nous pourrons donner à ce drôle une bonne dose de Vattel, car je crois qu'il n'osera se hasarder à nous capturer quand notre ancre posera sur un fond américain.

— Jusqu'à quelle distance du rivage oserez-vous avancer?

— Jusqu'à un mille en face de nous; mais pour entrer à Sandy-Hook, il faut passer la barre à une lieue ou deux d'ici.

— Cela est malheureux; mais tâchez d'approcher de la côte assez près pour ne laisser aucun doute que nous ne soyons dans les eaux américaines.

— Nous l'essaierons, Monsieur, nous l'essaierons. Après avoir échappé aux Arabes, ce serait bien le diable si nous ne pouvions doubler John-Bull. Je vous demande pardon, monsieur Blunt, mais c'est une question délicate, et qui doit être décidée par les grandes autorités.

Les vergues furent alors orientées de l'avant, et le bâtiment serra le vent de manière à gouverner un peu au nord de l'établissement de bains à Lang-Branch. Sans ce changement soudain de route, le paquebot aurait avancé en droite ligne vers la corvette, et aurait probablement passé sans être reconnu, tant les mâts, les vergues et les voiles du bâtiment danois l'avaient changé. Tant qu'il avait continué à voguer vers *l'Ecume*, personne à bord de ce bâtiment n'avait eu le moindre soupçon ; mais le mouvement étrange qu'il fit tout à coup mit son flanc en vue, et il fut reconnu au même instant. La corvette fit servir son grand hunier, ses voiles prirent le vent, et elle suivit la même route que le paquebot. Les deux bâtiments étaient alors à environ dix milles de la terre, *l'Ecume* un peu en avant, mais à une bonne lieue sous le vent. La corvette ne tarda pourtant pas à virer vent devant, et elle gouverna alors vers la côte. Cette manœuvre mit les deux bâtiments presque par le travers l'un de l'autre ; la corvette étant à un mille et plus sous le vent, et à environ six milles de la terre. Tous ceux qui étaient à bord des deux bâtiments virent alors combien la corvette était meilleure voilière, car elle avançait de deux pieds, pendant que le paquebot en gagnait un.

L'histoire de cette rencontre, à laquelle le capitaine Truck s'attendait si peu, était fort simple. Après la fin de l'ouragan, la corvette, qui n'avait éprouvé aucune avarie, avait longé la côte d'Afrique, en suivant aussi bien qu'elle l'avait pu la route supposée du paquebot. N'ayant pas réussi à le découvrir, elle gouverna vers New-York. En arrivant à Sandy-Hook, elle prit un pilote et s'informa si *le Montauk* était arrivé. Ayant appris du pilote que ce bâtiment n'avait pas encore paru, elle envoya un officier dans la ville pour avoir une conférence avec le consul anglais. Au retour de cet officier, elle s'éloigna de la côte et commença à croiser au large. Il y avait alors huit jours qu'elle était occupée ainsi, revenant le matin près de la côte, courant des bordées dans les environs de la barre jusqu'au soir, et reprenant alors le large pour croiser toute la nuit. Quand *le Montauk* l'avait aperçue, elle était en panne pour recevoir des provisions de la ville.

Les passagers du *Montauk* venaient de finir leur déjeuner, quand M. Leach vint annoncer que le brassiage diminuait à chaque instant, et qu'il serait indispensable, dans quelques minutes, de changer de route ou de mouiller. Le capitaine monta sur le pont avec les passagers, et il vit la terre à moins d'un mille en face, tandis que la corvette n'était qu'à environ la moitié de cette distance sous le vent, et presque par le travers.

— C'est un hardi gaillard, s'écria le capitaine, ou il a sur son bord un pilote de Sandy-Hook.

— Ce qui est le plus probable, dit Paul. Il est à peine croyable qu'il se fût hasardé si près de la côte, sans avoir pris cette précaution.

— Je crois que cela satisferait Vattel, Monsieur, dit le capitaine Truck, en entendant l'homme qui tenait la sonde, crier « trois brasses et demie. » — La barre tout au vent, monsieur Leach, et brassez carré !

— Nous verrons bientôt quelle est la vertu de Vattel, dit John Effingham, car dix minutes suffiront pour décider la question.

L'Ecume mit sa barre au vent, et vira au sud-est. Dès qu'elle fut par le travers du *Montauk*, qui longeait alors la côte sur environ quatre brasses d'eau, elle vira de nouveau et commença à s'approcher du paquebot.

— Si nous étions ennemis et en état de nous mesurer avec cette corvette, dit Paul, avec cette eau calme comme celle d'un étang, et cette position de vergue à vergue, l'affaire serait bientôt décidée.

— Le capitaine est sur le passe-avant, prenant notre mesure, dit M. Truck. — Prenez ma longue-vue, monsieur Blunt; examinez sa figure, et dites-moi si vous croyez que c'est un homme qui aura quelque égard pour le droit des gens. — Parez l'ancre, monsieur Leach, car je suis déterminé à me rendre au mouillage sous toutes voiles, s'il a dessein de recommencer les anciens tours de John Bull sur notre côte. — Eh bien ! monsieur Blunt, qu'en dites-vous ?

Paul ne répondit rien, et, plaçant la longue-vue sur le cabestan, il se promena rapidement sur le pont avec un air fort troublé. Chacun remarqua ce changement soudain, mais personne ne fit aucune observation à ce sujet. Pendant ce temps, la corvette approchait rapidement, et, quelques minutes après, le bout de sa vergue de misaine à bâbord était à vingt pieds du bout de la grande vergue à tribord du *Montauk*, les deux bâtiments suivant deux lignes parallèles. Un profond silence régnait sur la corvette, mais elle cargua sa misaine et amena ses perroquets.

— Donnez-moi le porte-voix, dit le capitaine Truck, il va nous dire ce qu'il a dans l'esprit.

Le capitaine anglais, qu'on reconnaissait aisément à ses deux épaulettes, avait aussi en main un porte-voix; mais aucun des deux commandants ne se servit de cet instrument, car ils étaient à assez peu de distance l'un de l'autre pour pouvoir s'entendre de la voix seule.

— Je crois, Monsieur, dit le capitaine de la corvette, que j'ai le plaisir de voir monsieur Truck, commandant le paquebot *le Montauk* ?

— Oui, oui, murmura le capitaine Truck, je réponds qu'il a mes nom et prénoms aussi bien écrits et orthographiés que s'ils étaient imprimés. — Oui, Monsieur, je suis le capitaine Truck, et ce bâtiment est *le Montauk*. Puis-je vous demander à mon tour le nom de votre navire et le vôtre, Monsieur ?

— *L'Écume*, corvette de sa Majesté Britannique, capitaine Ducie.

— L'honorable capitaine Ducie ! s'écria M. Sharp, je croyais le reconnaître ; je le connais particulièrement.

— Résistera-t-il à Vattel ? lui demanda M. Truck.

— Quant à cela, il faut que je vous renvoie à lui.

— Vous paraissez avoir souffert de l'ouragan, reprit le capitaine Ducie, qu'on voyait sourire, tandis qu'il parlait à M. Truck comme à une ancienne connaissance. Nous avons été plus heureux, car je crois qu'il ne nous manque pas un seul fil de caret.

— *Le Montauk* a jeté tout son gréement à la mer, et nous a donné la peine de l'équiper à neuf.

— Et vous paraissez y avoir admirablement réussi. Il manque certainement quelques pouces à votre mâture et à votre voilure ; mais tout est solide comme une église.

— Oui, oui, à présent que nous avons mis nos habits neufs, nous n'avons pas à en rougir.

— Puis-je vous demander si vous êtes entré dans quelque port pour vous procurer cet équipement ?

— Non, Monsieur, nous l'avons ramassé le long de la côte.

L'honorable capitaine Ducie crut que M. Truck le persiflait, et, sans rien perdre de sa politesse, il prit des manières un peu plus froides.

— Je désire beaucoup vous parler en particulier, Monsieur, pour une affaire de quelque importance, et je regrette de n'avoir pu vous parler le soir où vous avez quitté Portsmouth. Je sais parfaitement que vous êtes dans vos eaux, et je suis très-fâché de retarder l'arrivée de vos passagers quand ils sont si près du port ; mais je regarderai comme une faveur que vous me permettiez de passer sur votre bord pour quelques minutes.

— De tout mon cœur, dit le capitaine Truck. Si vous voulez me donner l'espace nécessaire, je brasserai mon grand hunier sur le mât, mais je désire mettre le cap au large. — Le capitaine Ducie le salua, et se retira pour donner des ordres. — Il paraît comprendre Vattel, continua M. Truck, et nous n'aurons pas la peine de le lui expliquer. Quoi qu'il en soit, monsieur Leach, parez l'ancre; car de belles paroles ne beurrent pas le pain. Cependant il a l'air d'un homme comme il faut. Saunders, mettez une bouteille de vieux madère sur la table de la grande chambre.

La corvette serra le vent vers l'est pour laisser de l'espace au paquebot, et mit en panne, avec son petit hunier sur le mât. Le capitaine Ducie fit mettre en mer sa chaloupe, pendant que *le Montauk* le suivait et prenait position sous le vent de la corvette; et cinq minutes après, il était sur le pont avec un homme de moyen âge, qui ne portait pas le costume de marin, et un midshipman à joues rebondies.

Il ne fallait que voir le capitaine Ducie pour reconnaître en lui un homme bien né et bien élevé. Il était grand, bien fait, et ne paraissait guère avoir que vingt-cinq ans. Dès qu'il vit Eve, il parut frappé de sa beauté, et la manière dont il la salua aurait été remarquée dans un salon. Mais il savait trop bien ce qu'il devait faire comme officier, pour faire plus d'attention à elle avant d'avoir salué le capitaine Truck et d'avoir reçu ses compliments. Il se tourna alors vers les dames, et les salua de nouveau, ainsi que les passagers.

— Je crains, dit-il, que mon devoir ne m'ait rendu la cause involontaire de la prolongation de votre voyage; car je crois que peu de dames aiment assez l'Océan pour pardonner aisément à ceux qui les y retiennent plus longtemps qu'elles ne comptaient.

— Nous sommes d'anciens voyageurs, dit M. Effingham avec politesse, et nous savons les obligations imposées par le devoir.

— Oui, Monsieur, dit le capitaine Truck, et je n'ai jamais eu la bonne fortune d'avoir sur mon bord de plus aimables passagers. — Monsieur Effingham, je vous présente l'honorable capitaine Ducie; capitaine Ducie, voici miss Effingham. — Monsieur John Effingham, miss Eve Effingham, mam'selle Vieilleville, monsieur Dodge, je vous présente l'honorable capitaine Ducie.

L'honorable capitaine Ducie et tous les autres, à l'exception de l'éditeur du *Furet Actif*, ne purent s'empêcher de sourire, tout en se saluant réciproquement; mais M. Dodge, qui se croyait le droit d'être présenté dans toutes les formes à tous ceux qu'il rencontrait, et de savoir qui ils étaient, présenté ou non, s'avança sur-le-champ et serra cordialement la main de M. Ducie.

Le capitaine Truck regarda autour de lui pour chercher quelque autre personne à présenter. M. Sharp était près du cabestan, et Paul Blunt s'était retiré sur l'arrière près du rouffle.

— Je suis charmé de vous voir à bord du *Montauk*, dit le capitaine Truck à M. Ducie, en le conduisant insensiblement vers le cabestan, et je regrette de ne pas avoir eu la satisfaction de vous rencontrer en Angleterre. Capitaine Ducie, je vous présente monsieur Sharp; monsieur Sharp, voici l'honorable....

— George Templemore! s'écria le commandant de la corvette, les regardant tous deux l'un après l'autre.

— Charles Ducie! s'écria le soi-disant M. Sharp.

— Voici donc la fin d'une de mes espérances; nous avons suivi une fausse piste pendant tout ce temps.

— Cela n'est pas sûr, Ducie; expliquez-vous.

— Vous devez vous être aperçus, Messieurs, des efforts que j'ai faits pour vous parler depuis que vous avez mis à la voile.

— Pour *nous parler!* s'écria le capitaine Truck. — Oui, Monsieur, nous avons remarqué les efforts que vous avez faits pour *nous parler*.

— C'était parce qu'on m'avait donné à entendre qu'un imposteur, ayant pris le nom de sir George Templemore, s'était embarqué pour l'Amérique à bord de ce bâtiment; et je vois que nous avons été trompés, parce qu'il a plu au véritable sir George Templemore de prendre le paquebot de Londres au lieu de celui de Liverpool. Au diable vos caprices, Templemore! jamais vous ne savez le matin si vous vous brûlerez la cervelle avant midi, ou si vous vous marierez avant la nuit.

— Et Monsieur est sir George Templemore? demanda le capitaine Truck en ouvrant de grands yeux.

— Je puis en répondre, car je l'ai connu toute ma vie.

— Nous l'attestons aussi, dit M. Effingham, et nous le savions le jour même où nous avons mis à la voile.

Le capitaine Truck avait vu plusieurs fois des passagers prendre de faux noms; mais jamais il n'avait été si complétement trompé.

— Et s'il vous plaît, Monsieur, demanda-t-il au baronnet, êtes-vous membre du parlement?

— J'ai cet honneur.

— Et vous demeurez à Templemore-Hall, et vous êtes venu ici pour voir le Canada?

— Je suis propriétaire de Templemore-Hall, et j'ai dessein de voir le Canada avant de retourner en Angleterre.

— Et vous, Monsieur, dit le capitaine du paquebot en se tournant vers le commandant de la corvette, vous êtes à la recherche d'un autre sir George Templemore, d'un faux baronnet?

— C'est le motif de ma croisière.

— Mais est-ce le seul, Monsieur? êtes-vous bien sûr qu'il n'en existe aucun autre?

— Je conviens que j'ai un autre motif, répondit le capitaine Ducie, ne sachant trop comment il devait prendre cette question; mais j'espère que celui que j'ai annoncé suffira quant à présent.

— Cette affaire exige de la franchise, Monsieur. Je suis loin de vouloir vous manquer de respect; mais je suis dans les eaux américaines, et je serais fâché après tout d'être obligé d'invoquer Vattel.

— Permettez-moi d'agir comme médiateur, dit M. Sharp, ou pour mieux dire, sir George Templemore. — Il s'agit de péculat, Ducie, n'est-il pas vrai?

— C'est la pure vérité; un malheureux jeune homme, nommé Sandon, sot et fou s'il en fut jamais, était dépositaire d'une somme considérable appartenant au trésor public, et il a disparu en emportant quarante mille livres sterling.

— Et vous croyez qu'il me fait l'honneur de voyager sous mon nom?

— Nous en sommes certains. Monsieur que voici, dit le capitaine Ducie en montrant l'homme qui l'avait accompagné, l'a suivi à quelque distance sur la route de Porstmouth tandis qu'il portait votre nom; et quand nous apprîmes qu'un sir George Templemore s'était embarqué à bord du *Montauk*, l'amiral du port n'a pas hésité à me donner ordre de poursuivre ce bâtiment. C'est une méprise malheureuse pour moi, car saisir ce fripon eût été une plume au chapeau d'un capitaine qui vient à peine d'être élevé à ce grade.

— Eh bien! Monsieur, vous pouvez choisir votre plume, car vous aurez le droit de la porter. Le jeune homme que vous cherchez est incontestablement sur mon bord.

Le capitaine Truck lui expliqua qu'il y avait sous le pont un jeune homme qui s'était présenté à lui sous le nom de sir George Templemore, et qui, sans contredit, était le coupable qu'il cherchait; mais le capitaine Ducie ne montra ni l'attention ni la satisfaction qu'on aurait cru qu'une telle nouvelle devait lui inspirer. Ses yeux étaient fixés sur Paul, qui était encore debout près du rouffle. Quand celui-ci vit qu'il était le but des regards du capitaine anglais, il s'avança à pas lents et comme à contre-cœur sur le gaillard d'arrière. Ils eurent tous deux un air d'embarras en s'abordant, mais ils conservèrent un parfait sang-froid.

— Monsieur Powis, je crois? dit l'officier anglais en saluant Paul avec hauteur.

— Le capitaine Ducie, si je ne me trompe? répondit Paul en levant son chapeau avec fermeté, quoique ses joues fussent enflammées.

Chacun entendit les mots qu'ils venaient de prononcer, mais personne ne fit attention pour le moment à la froideur mutuelle qu'ils se montraient l'un à l'autre. Le capitaine Truck ouvrit de plus grands yeux que jamais, car c'était une seconde mascarade à laquelle il s'attendait encore moins qu'à la première. Il les suivit des yeux tandis qu'ils se promenaient sur le gaillard d'arrière tête à tête, et en ce moment il se sentit toucher le bras. C'était la petite main d'Eve, car il s'était établi une sorte de familiarité entre elle et le vieux marin. Elle sourit, sépara ses cheveux sur son front, et lui dit d'un ton moqueur :

— Monsieur Sharp, je vous présente M. Blunt; — monsieur Blunt, voici M. Sharp.

— Et étiez-vous dans le secret pendant tout ce temps, ma chère miss Effingham?

— Complétement. — Depuis les bouées de Portsmouth jusqu'à cet endroit.

— Je serai obligé de recommencer la présentation de tous mes passagers.

— Certainement, et je vous recommande de vous faire montrer leurs extraits de naissance, avant d'annoncer leurs noms.

— Vous êtes du moins, *vous*, la charmante miss Effingham, ma chère jeune dame?

— Je n'en réponds même pas, répondit Eve riant et rougissant en même temps.

— J'espère que je vois là-bas M. John Effingham?

— Quant à cela, je puis en répondre. Il n'y a pas dans le monde entier deux cousins John.

— Je voudrais savoir quelle est l'autre affaire de ce capitaine anglais. Il me semble avoir des dispositions amicales pour tout le monde, excepté pour M. Blunt. Comme ils se regardent l'un et l'autre avec froideur et méfiance!

Eve pensa de même, et elle perdit tout son goût pour plaisanter. Justement en cet instant, le capitaine Ducie quitta son compagnon, tous deux ayant porté la main à leur chapeau ; et il alla rejoindre le groupe qu'il avait quitté avec si peu de cérémonie quelques minutes auparavant.

— A présent que vous connaissez ma mission, capitaine Truck, dit-il, je crois que vous pouvez me dire si vous consentez que j'interroge l'individu dont vous m'avez parlé.

— Je connais une de vos missions, Monsieur ; mais vous avez parlé de deux ?

— Toutes deux s'accompliront sur ce bâtiment, avec votre permission.

— Ma permission ! Cela sonne bien, du moins, ma chère miss Effingham. — Permettez-moi de vous demander, capitaine Ducie, si quelqu'une de vos missions ne sent pas le tabac ?

— Cette question est si singulière, répondit l'officier anglais avec un air de surprise, que je ne puis la comprendre.

— Je désire savoir, capitaine Ducie, si vous avez quelque chose à dire concernant la contrebande.

— Certainement non, Monsieur ; je ne suis ni un officier ni un croiseur des douanes, et je suppose que ce bâtiment est un paquebot régulier, dont l'intérêt évident est de ne pas se mêler d'un tel métier.

— Vous ne supposez que la vérité, Monsieur, mais nous ne pouvons pas toujours répondre de la discrétion et de l'honnêteté de tout notre monde. Une seule livre de tabac pourrait faire confisquer ce noble bâtiment ; et d'après la persévérance avec laquelle vous nous avez donné la chasse, je craignais que l'inconduite de quelqu'un de mes gens n'eût été cause d'une dénonciation de ce genre contre nous.

— En ce cas, votre crainte n'était pas fondée, car les deux objets qui m'ont amené en Amérique se trouvent complétement remplis par la rencontre que j'ai faite sur ce bâtiment de M. Powis et de M. Sandon, qui, à ce que je puis comprendre, est en ce moment dans sa chambre.

Ils se regardèrent l'un et l'autre quelques instants en silence, et le capitaine Truck reprit la parole :

— Puisque tels sont les faits, capitaine Ducie, je vous offre toutes les facilités que l'hospitalité peut vous donner sur ce bord.

— Vous me permettrez par conséquent d'avoir une entrevue avec M. Sandon ?

— Sans contredit. Je vois, Monsieur, que vous avez lu Vattel, et que vous connaissez les droits des neutres et ceux des nations indépendantes. Comme cette entrevue paraît devoir être importante, vous désirerez probablement qu'elle ne soit pas publique, et elle ne peut guère avoir lieu dans la chambre de M. Sandon, qui est fort petite. —

Ma chère miss Effingham, aurez-vous la bonté de nous prêter votre salon pour une demi-heure?

Eve fit un signe de consentement, et le capitaine Truck invita les deux Anglais à le suivre.

— Ma présence à cette entrevue n'est pas très-nécessaire, dit le capitaine Ducie. M. Green connaît toute l'affaire, et j'en ai une importante à terminer avec M. Powis. Si un ou deux de vous, Messieurs, veulent avoir la bonté d'y assister et d'être témoins de tout ce qui se passera entre M. Green et M. Sandon, je le regarderais comme une grande faveur. — Je puis vous demander ce service, Templemore?

— De tout mon cœur, quoiqu'il ne soit nullement agréable de voir démasquer un coupable. — M. John Effingham me permettra-t-il de le prier de se joindre à nous?

— J'allais lui faire la même demande, dit le capitaine Truck. Par ce moyen, nous serons deux Anglais et deux Yankees, si monsieur John Effingham ne trouve pas mauvais que je l'appelle ainsi.

— Jusqu'à ce que nous soyons dans la baie de Sandy Hook, capitaine Truck, je consens à être un Yankee¹; mais une fois dans le pays, j'appartiens aux états de l'intérieur, si vous me laissez la liberté du choix.

John Effingham fut interrompu par un léger coup de coude du capitaine Truck, qui saisit un instant pour lui dire à l'oreille:

— Ne faites pas, je vous prie, mon cher Monsieur, de pareilles distinctions entre le dedans et le dehors. Je maintiens que ce bâtiment est en ce moment dans les Etats-Unis d'Amérique, aussi bien par le fait que par une fiction légale, et je crois que Vattel me soutiendra dans cette opinion.

— Soit, soit! j'assisterai à cette entrevue avec le fugitif; et si les faits allégués contre lui ne sont pas clairement prouvés, il ne manquera pas de protection.

Tout fut bientôt arrangé. Il fut décidé que le capitaine Truck, sir George Templemore et M. John Effingham descendraient dans le salon de miss Effingham avec M. Green, qui appartenait à l'administration du trésor public, et qu'on ferait comparaître devant eux l'inculpé, tandis que le capitaine Ducie aurait son entrevue avec M. Powis dans la chambre de celui-ci.

Les premiers descendirent sur-le-champ, mais le capitaine Ducie

---

1. Le sobriquet d'*Yankee* ne s'applique proprement qu'aux habitants de la Nouvelle-Angleterre, composée de cinq états: — Vermont — Massachusets — New Hampshire, et Connecticut. Or la baie de Sandy Hook est située dans l'état de New-York.

resta une ou deux minutes de plus sur le pont pour donner un ordre au midshipman de sa chaloupe, qui s'éloigna du *Montauk* à l'instant pour retourner à la corvette. Pendant ce court délai, Paul s'approcha des dames et leur parla de choses indifférentes, quoiqu'il fût impossible de ne pas voir qu'il avait l'air troublé et agité.

On remarqua aussi que son domestique suivait tous les mouvements de son maître avec beaucoup d'intérêt ; et quand il le vit descendre avec le capitaine Ducie, il haussa les épaules et leva les yeux vers le ciel, comme on le fait assez souvent quand il arrive quelque circonstance qui surprend ou qui afflige.

CHAPITRE XXXIII.

> Norfolk, une sentence plus forte t'attend : et c'est avec quelque regret que je la prononce.
> SHAKSPEARE.

L'HISTOIRE du malheureux jeune homme qui, après avoir échappé à tous les hasards et à tous les périls du voyage, venait d'être découvert si inopinément à l'instant où il arrivait dans le pays où il se flattait de trouver un asile, n'offre qu'un lieu commun, une suite de ces événements qui conduisent au crime par la faiblesse, la folie et la vanité. Son père avait occupé une place dans l'administration des finances d'Angleterre. S'étant marié un peu tard, et laissant à son décès un fils et une fille qui arrivaient à l'âge d'entrer dans le monde, la place que le père avait remplie avait été donnée à ce fils en considération des longs services d'un fidèle serviteur.

Ce fils était un de ces jeunes gens qui, n'ayant ni principes ni grandeur d'âme, ne vivent que pour la vanité. Il n'avait aucun vice dominant, et il n'y avait dans son caractère aucun point saillant auquel pût s'attacher la hardiesse nécessaire pour commettre un crime. Peut-être dut-il sa perte à la circonstance qu'il était beau, grand et bien fait. Son père avait été un homme petit, épais et carré, dont l'ambition ne s'était jamais élevée plus haut que sa taille, et qui étant entré au commencement de sa vie dans le sentier du travail et de l'intégrité, avait continué d'y marcher jusqu'à la fin. Il n'en fut pas de même du jeune Sandon : il entendait tant parler de taille et de traits aristocratiques, d'air et de tournure aristocratiques, qu'il fut enchanté de pouvoir penser que, dans toutes ces grandes qualités, il n'était pas facile de le distinguer des jeunes gens de haut rang qu'il voyait se promener à cheval dans les parcs et à pied dans les rues ; et quoiqu'il sût fort bien qu'il n'était pas un lord, il commença à croire que c'était un bonheur de passer pour l'être, aux yeux des étrangers, une heure ou deux par semaine.

Il avait contracté une passion insurmontable pour les babioles et les colichets les plus dispendieux ; elle s'était encore augmentée par la lecture qu'il avait faite dans les romans du jour de quelques caricatures de jeunes gens à la mode, et il ne trouva plus de bonheur qu'en s'y livrant. Un goût si coûteux épuisa bientôt ses modiques ressources. Une couple de petits actes de péculat qu'il commit, et qui ne furent pas découverts, l'encouragèrent dans ce crime ; et, enfin, une somme très-considérable se trouvant confiée à sa garde pour douze ou quinze jours, il y puisa si largement qu'il ne vit de ressource que dans la fuite. Une fois déterminé à quitter l'Angleterre, il pensa qu'il lui serait aussi facile d'en partir avec quarante mille livres que les mains vides ou avec ce qui lui restait de quelques centaines de livres qu'il s'était déjà appropriées. C'était une grande erreur, et elle fut la cause de sa perte ; ce fut parce que la somme était si forte, que le gouvernement se décida à prendre des mesures extraordinaires pour la recouvrer, et voilà pourquoi on avait fait partir un croiseur pour donner la chasse au *Montauk*.

M. Green, qui avait été envoyé pour constater l'identité de l'accusé, était un homme froid et méthodique, semblable en tous points au père du fugitif. Il avait travaillé avec lui dans le même bureau ; comme lui, il avait donné une attention constante aux devoirs de sa place, et, comme lui, il les avait toujours remplis avec droiture et probité. Il regardait cet acte de péculat ou de vol, car il méritait à peine un nom moins odieux, non-seulement comme une honte pour le bureau auquel il était attaché, mais comme une tache imprimée à la mémoire d'un homme qu'il s'était toujours proposé pour modèle. On supposera donc aisément qu'un pareil homme n'était pas disposé à avoir beaucoup d'indulgence pour le coupable.

— Saunders, dit le capitaine Truck du ton sévère qu'il prenait quelquefois et qui annonçait toujours qu'il exigeait une obéissance immédiate, allez dans la chambre du passager qui s'est nommé sir George Templemore ; présentez-lui mes compliments ; — faites-y attention, monsieur Saunders, — les compliments du capitaine Truck ; — et dites-lui que je désire avoir l'honneur de sa compagnie dans ce salon. Songez-y bien, — l'honneur de sa compagnie. — Si cela ne le fait pas sortir de sa chambre, je trouverai quelque autre moyen de l'en tirer.

Saunders roula ses yeux de manière à ne plus en laisser voir que le blanc, leva les épaules, et alla sur-le-champ s'acquitter de sa mission. Il trouva cependant le temps de s'arrêter dans l'office, et d'informer Toast que leurs soupçons s'étaient réalisés, du moins en partie.

— Cela élucide, dit-il, la circonstance qu'il n'a pas de domestique, comme les autres passagers que nous avons à bord, et une variation d'autres incidents qui avaient besoin de développement. D'après ce que je viens d'entendre dire sur le pont, il paraît que M. Blunt est un M. Powis, nom qui est beaucoup plus distingué; et, comme j'ai entendu hier, dans l'appartement des dames, nommer quelqu'un sir George, je ne serais pas très-surpris que M. Sharp vînt à être le véritable baronnet.

Il n'osa pas prendre le temps d'en dire davantage, et il se hâta d'ller avertir le coupable.

— C'est la partie la plus désagréable des devoirs d'un capitaine de paquebot entre l'Angleterre et l'Amérique, dit le capitaine Truck dès que Saunders fut parti. A peine un seul de ces bâtiments met-il à la voile sans avoir quelque fugitif d'une espèce ou d'une autre, soit sur l'avant, soit sur l'arrière, et nous sommes souvent appelés à aider les autorités civiles des deux côtés de l'eau.

— L'Amérique paraît être le pays favori de tous nos fripons anglais, dit M. Green d'un ton sec. Celui-ci est le troisième qui est parti de la même manière de notre département, depuis trois ans.

— Votre département est donc fertile en fripons, Monsieur? répliqua le capitaine Truck dans le même esprit qui avait inspiré la premier remarque.

M. Green était aussi entiché de l'Angleterre que peut l'être aucun homme de sa classe dans toute cette île. Régulier et méthodique en tout, grand travailleur par habitude, honnête parce qu'il s'en était fait une règle, il n'avait ni le temps ni la volonté d'avoir d'autres opinions que celles qu'on peut se former avec le moindre effort. Par suite de la sphère limitée dans laquelle il vivait, du moins dans un sens moral, il réunissait en lui tous les préjugés qui dominaient à l'époque où il avait commencé à avoir quelques idées. Sa haine pour la France était invincible, car il avait appris à voir en elle l'ennemie éternelle de l'Angleterre, et quant à l'Amérique, il la regardait comme un asile ouvert à tous les fripons de son pays, et comme étant la possession d'un peuple qui s'était révolté contre son roi, parce qu'il ne voulait pas se soumettre à la contrainte salutaire des lois. Il n'avait pas plus de désir de proclamer cette opinion, que d'aller prêcher que Satan est le père du péché; mais le fait était aussi fermement établi dans son esprit dans un cas que dans l'autre. S'il laissait apercevoir quelquefois l'existence de ces sentiments dans son cœur, c'était comme un homme tousse, — non parce qu'il désire tousser, mais parce qu'il ne peut s'en empêcher. Trouvant ce sujet si naturellement introduit dans la conversation, il n'est donc pas étonnant qu'il ait laissé échapper quelques-unes de ses idées particulières dans la courte conversation qui suivit.

— Nous avons notre part de coquins, je présume, Monsieur, répondit-il au sarcasme du capitaine Truck; mais ce qui fait le plus parler en Angleterre, c'est qu'ils vont tous en Amérique.

— Et nous recevons notre part de coquins, je présume, Monsieur; mais ce qui fait le plus parler en Amérique, c'est qu'ils viennent tous d'Angleterre.

M. Green ne sentit probablement pas toute la force de cet argument rétorqué; mais il essuya les verres de ses besicles et prit un air de dignité grave.

— Je crois, Monsieur, dit-il, que quelques-uns de vos hommes les plus distingués en Amérique ont été des Anglais qui préféraient résider dans les colonies plutôt que dans leur patrie.

— Je n'en ai jamais entendu parler, répondit le capitaine. Auriez-vous la bonté de m'en nommer un?

— Eh bien! pour commencer, il y a votre Washington. J'ai souvent entendu dire à mon père qu'il avait été à l'école avec lui dans le comté de Warwick, et que, tant qu'il a été en Angleterre, il ne brillait pas par l'intelligence.

— Vous voyez donc que nous en avons fait quelque chose, quand il a été dans notre pays, car il a fini par y devenir une sorte d'homme assez décent et respectable. — A en juger par ce qu'en disent quelques-uns de vos journaux, Monsieur, je suppose que le roi Guillaume jouit de la réputation d'être un homme assez respectable dans votre pays?

Quoique scandalisé d'entendre parler de son souverain avec cette irrévérence, M. Green répondit sur-le-champ:

— Il est roi, Monsieur, et il se comporte en roi.

— Et j'ose dire qu'il n'en vaut que mieux pour avoir été bien étrillé dans sa jeunesse par le tailleur de Vermont.

Le capitaine Truck croyait aussi religieusement ce conte absurde sur le monarque en question, que M. Green croyait que Washington avait commencé sa carrière comme il venait de le dire, et que M. Dodge était convaincu de la vérité de la ridicule histoire du maitre d'école de Haddonfield ; ces trois légendes appartenant à la même classe des vérités historiques.

Sir George Templemore regarda avec surprise John Effingham, qui lui dit d'un ton grave :

— Voilà d'élégants échantillons des bruits vulgaires de deux grandes nations, Monsieur ; nous faisons un grand trafic de cette sorte de légendes, et je crois que vous en faites à peu près autant. Si vous vouliez être franc, vous conviendriez que vous-même vous n'avez pas toujours fermé l'oreille à tout ce qu'on dit en Angleterre contre l'Amérique.

— Vous ne vous imaginez sûrement pas que j'ignore quelle a été la carrière de Washington ?

— Non, très certainement ; de même que je ne suppose pas que votre roi actuel ait été étrillé par un tailleur de Vermont, ni que Louis-Philippe ait tenu une école dans le New-Jersey. Notre situation dans ce monde nous met à l'abri de cette crédulité vulgaire ; mais n'avez-vous pas conçu quelques idées injustes sur l'Amérique, et notamment sur sa disposition à accueillir les fripons quand ils y arrivent les poches pleines ?

Le baronnet sourit, mais en rougissant un peu. Il désirait être libéral, car il savait que la libéralité est ce qui distingue l'homme du monde ; mais il est difficile à un Anglais de montrer une vraie libéralité à l'égard des *ci-devant* colonies anglaises ; et en dépit de tous ses efforts, il le sentait dans tout son système moral.

— Je dois convenir, dit-il en hésitant, que l'affaire de Stephenson a fait une impression défavorable en Angleterre.

— Vous voulez parler du membre de votre parlement qui a pris la fuite, dit John Effingham en appuyant sur ces mots. Vous ne pouvez vous reprocher le choix qu'il a fait d'un lieu de refuge, et il a été ramassé sur mer par un bâtiment étranger qui était par hasard frété pour l'Amérique.

— On ne peut certainement vous reprocher cette circonstance, qui, comme vous le dites, fut purement accidentelle. Mais n'y a-t-il rien d'extraordinaire dans la manière dont il fut mis en liberté, après avoir été arrêté ?

— Sir George Templemore, il y a peu d'Anglais avec qui je voulusse discuter un instant un pareil sujet ; mais vous êtes un de ceux qui m'avez appris à respecter votre nation, et j'éprouve le plus vif regret quand je trouve quelques-unes de ces préventions dans un homme qui a des dispositions aussi généreuses que les vôtres. Un moment de réflexion vous pouvera que nulle société civilisée ne pourrait exister avec la disposition que vous nous supposez. Quant au cas particulier dont vous venez de parler, Stephenson n'avait pas apporté avec lui une somme bien considérable, et il fut mis en liberté d'après un principe qui est commun à toutes les lois quand elles sont plus fortes que le pouvoir politique, principe que nous avons tiré directement de la Grande-Bretagne. Soyez-en bien sûr ; loin de désirer de recevoir dans son sein les riches fripons des autres pays, l'Amérique est de jour en jour moins disposée à recevoir des émigrants, quels qu'ils puissent être, car leur nombre commence à devenir un inconvénient pour la population indigène du pays.

— Pourquoi donc l'Amérique ne fait-elle pas une convention avec nous pour l'extradition réciproque des criminels?

— Une objection insurmontable naît de la nature de notre gouvernement, comme confédération, attendu qu'il n'y a pas d'identité dans notre jurisprudence criminelle ; mais la raison principale est la condition excessivement artificielle de votre société, qui est tout le contraire de la nôtre. L'Américain, qui, comme il faut que vous vous le rappeliez, a voix au chapitre sur ce sujet, n'aime pas à punir une légère faute d'un châtiment sévère, et il n'est pas disposé à faire pendre un malheureux à demi affamé qui a volé une bagatelle, ni à envoyer un braconnier à Botany-Bay. La facilité avec laquelle on trouve à gagner sa vie en Amérique a changé jusqu'à présent un grand nombre de coquins en hommes comparativement honnêtes, quand une fois ils s'y trouvent. Mais je crois que, maintenant que votre police est tellement perfectionnée, on verra bientôt arriver le jour où nous trouverons nécessaire, comme mesure défensive, de changer notre système politique sur ce sujet. On m'assure que tout ce qu'on dit de l'Amérique dans votre pays engage beaucoup de fripons, qui trouvent qu'il fait trop chaud pour eux en Angleterre, à émigrer dans les Etats-Unis.

— Le capitaine Ducie désire beaucoup savoir si M. Truck permettra tranquillement que le délinquant dont il s'agit soit transféré à bord de *l'Ecume*.

— Je ne crois pas qu'il le permette autrement que contraint et forcé, si cette demande lui est faite à titre de droit. Ce cas arrivant, il pensera avec raison que le maintien du caractère national est de plus grande importance que l'évasion d'une douzaine de fripons. Vous prendrez peut-être sa détermination en mauvaise part ; mais je crois qu'il aura raison de résister à une usurpation injuste et illégale de son pouvoir. Cependant j'aurais cru au capitaine

Ducie des dispositions plus pacifiques, d'après ce qui s'est passé.

— Peut-être me suis-je exprimé trop fortement. Je sais qu'il voudrait emmener le délinquant en Angleterre, mais j'ai peine à croire qu'il veuille employer d'autres moyens que la persuasion. Ducie est un homme plein d'honneur et de délicatesse.

— Il paraît avoir trouvé une connaissance dans notre jeune ami Powis.

— Leur première entrevue sur le pont m'a surpris, car on ne peut dire qu'elle semblait très-amicale; et pourtant elle paraît maintenant occuper les pensées de Ducie plus que l'affaire du fugitif.

Tous deux gardèrent le silence et devinrent pensifs. John Effingham avait trop de soupçons désagréables pour désirer de causer, et le baronnet était trop généreux pour vouloir exprimer ses doutes relativement à un homme qu'il savait être son rival, et qu'il avait commencé à respecter et même à aimer sincèrement.

Pendant ce temps, la discussion continuait entre M. Green et le capitaine, et il s'y glissait peu à peu plus de mauvaise humeur et d'obstination de la part du premier, et plus de mordant et de causticité de la part du second. Elle fut terminée tout à coup par l'arrivée de M. Sandon, qui s'était fait attendre, et qui ne parut qu'à contre-cœur.

Le crime, qui démontre si bien la justice de la Providence en prouvant l'existence de cet accusateur secret, la conscience, était péniblement imprimé sur une physionomie qui, en général, n'avait d'autre expression que celle d'une vanité puérile. Quoique grand et robuste, ses jambes tremblaient sous lui, et quand il vit les traits bien connus de M. Green, elles refusèrent de le soutenir, et il se laissa tomber sur une chaise. M. Green le considéra à travers les verres de ses besicles pendant plus d'une minute.

— Vous offrez à mes yeux un triste tableau, Henri Sandon, lui dit-il enfin; — je vois du moins avec plaisir que vous n'affichez pas l'endurcissement, et que vous sentez l'énormité de votre crime. Qu'aurait dit votre père, ce père si honnête et si laborieux, s'il eût vu son fils unique dans cette situation?

— Il est mort, répondit le jeune homme d'une voix creuse; — il est mort, et il ne peut jamais en rien savoir.

Le malheureux coupable éprouvait un sentiment de plaisir effrayant en prononçant ces mots.

— Cela est vrai, il est mort; mais croyez-vous qu'il n'existe personne qui souffre de votre inconduite? Votre malheureuse sœur vit encore, et elle en sent tout le poids.

— Elle épousera Jones, et elle oubliera tout. Je lui ai donné mille livres ; elle doit être mariée à présent.

— Vous vous trompez. Elle a rendu cette somme au trésor public, car elle est la digne fille de John Sandon, et M. Jones refuse d'épouser la sœur d'un voleur.

Le jeune Sandon était vain et irréfléchi plutôt qu'égoïste, et il avait un attachement bien naturel pour sa sœur, la seule qu'il eût jamais eue. Le coup qui lui était porté se fit donc sentir à sa conscience avec une double force.

— Julia peut le forcer à l'épouser, dit-il ; Jones en a pris l'engagement solennel, et la loi la protégera.

— Nulle loi ne peut forcer un homme à se marier contre sa volonté, et votre pauvre sœur a trop de délicatesse pour vouloir forcer M. Jones à se défendre en exposant votre crime aux yeux du public. Mais c'est perdre le temps en paroles inutiles, monsieur Sandon. Ma présence est néccsssaire dans mon bureau, où j'ai laissé les affaires entre les mains d'un homme qui n'a pas mon expérience. — Je suppose que vous n'entreprendrez pas de défendre un abus de confiance que votre propre conscience doit présenter à vos yeux comme inexcusable ?

— Je dois avouer, monsieur Green, que j'ai été inconsidéré ; — peut-être serait-il mieux de dire malheureux.

M. Sandon tombait dans la méprise assez générale de ceux qui commettent une faute, en se supposant plus malheureux que criminel. Avec une dextérité qui, mieux employée, aurait fait de lui un homme respectable, il s'était efforcé d'excuser son crime à ses propres yeux, sous divers prétextes de nécessité ; et il en était venu enfin jusqu'à s'imaginer qu'il était justifié par une injustice qu'il supposait qu'on lui avait faite en biffant un article de ses comptes, quoique cet article ne montât qu'à vingt livres sterling, et qu'il en eût emporté quarante mille. Ce fut sous l'influence de ces sentiments qu'il fit la réponse qui vient d'être rapportée.

— Inconsidéré ! — malheureux ! Est-ce ainsi, Henri Sandon, que vous parlez d'un crime qui pourrait presque faire sortir de sa tombe un père si plein de droiture ? Mais je ne parlerai plus de sentiments que vous ne paraissez pas comprendre. Vous avouez que vous avez emporté quarante mille livres faisant partie des deniers publics, et sur lesquelles vous n'aviez aucun droit ?

— J'ai certainement quelque argent entre les mains, et je ne nie pas qu'il n'appartienne au gouvernement.

— Fort bien. Voici mon autorisation pour le recevoir de vous.

— Messieurs, ayez la bonté de voir si elle est en bonne forme.

John Effingham et les autres jetèrent les yeux sur cette pièce, et dirent qu'ils croyaient que rien n'y manquait.

— Maintenant, Monsieur, reprit M. Green, je vous demande d'abord de me remettre les traites que vous vous êtes procurées à Londres pour cette somme, et de les passer préalablement à mon ordre.

Sandon semblait s'attendre à cette demande, et il n'hésita pas plus à restituer cette somme qu'il ne l'avait fait à se l'approprier; il n'y mit pas même pour condition la sûreté de sa personne. Il prit les traites dans son portefeuille, s'assit devant une table, les endossa, et les remit à M. Green.

— Voici des traites pour trente-huit mille livres, dit cet homme méthodique après les avoir examinées l'une après l'autre et en avoir calculé le total. Vous en avez emporté quarante mille; il me faut le surplus.

— Voudriez-vous me laisser dans un pays étranger sans un shilling? s'écria le délinquant d'un ton de reproche.

— Pays étranger ! — sans un shilling ! — répéta M. Green en regardant par-dessus ses besicles d'abord M. Truck et ensuite M. Sandon. Vous devez rendre tout l'argent que vous avez pris, quand cela vous écorcherait jusqu'à la peau. Chaque shilling que vous avez appartient au public, et personne ne peut y avoir droit.

— Pardon, monsieur Green, dit le capitaine Truck; mais vous êtes un peu novice si vous soutenez cette doctrine. Ni Vattel ni nos statuts révisés ne sont d'accord avec vous. Nul passager ne peut retirer d'un paquebot aucun effet lui appartenant, avant d'avoir payé son passage.

— C'est ce que je conteste, Monsieur, dans une question où il s'agit des revenus du roi. Les droits du gouvernement passent avant tous autres, et l'argent qui a une fois appartenu à la couronne et dont elle n'a pas régulièrement disposé continue toujours à appartenir à la couronne.

— Couronnes et couronnements! Vous croyez peut-être, maître Green, que vous êtes encore à Somerset-Housé, en ce moment où vous me parlez?

M. Green était un astre qui parcourait un orbite si étroit, que ses idées décrivaient rarement une tangente à leurs révolutions ordinaires. Il était si accoutumé à entendre dire que l'Angleterre gouvernait ses colonies à l'orient et à l'occident, le Canada, le Cap et la Nouvelle-Galles du Sud, qu'il ne lui était pas facile de se croire hors de l'influence des lois anglaises. S'il eût quitté Londres dans l'intention d'émigrer, ou même de voyager, il est probable que son esprit aurait marché d'un pas plus égal avec son corps ; mais ayant quitté Somerset-House à la hâte, et ayant encore sur le nez les mêmes besicles qu'il portait dans son bureau, il pouvait à peine se figurer la situation toute nouvelle dans laquelle il se trouvait. Le bâtiment de guerre à bord duquel tout appartenait à Sa Majesté le confirmait dans les mêmes sentiments, et le changement était trop soudain pour qu'on pût s'attendre à voir un tel homme renoncer en un moment aux idées les plus enracinées dans son esprit. L'irrévérence de l'exclamation du capitaine Truck le choqua, et sa physionomie ne manqua pas de le prouver.

— Je suis sur un des paquebots de Sa Majesté, Monsieur, à ce que je présume, dit-il, et vous me permettrez de vous dire qu'on devrait y trouver plus de déférence pour les hautes autorités du royaume.

— Cela ferait crever de rire le vieux Joé Bunk lui-même ! Vous êtes à bord d'un paquebot de New-York, Monsieur ; et nulle Majesté n'a aucun droit à y prétendre, si ce n'est Leurs Majestés John Griswold et compagnie. Sur ma foi, mon cher Monsieur, la mer vous a détraqué la cervelle.

Le fait est que, même à cette époque, M. Green ne savait pas encore que l'Angleterre eût reconnu l'indépendance des Etats-Unis. Tout ce qui concernait ce pays était tellement confondu dans son esprit avec des idées de rébellion et d'alliance avec la France, qu'il doutait encore que la nouvelle république eût une existence légale ; et on l'avait entendu plusieurs fois exprimer sa surprise que les douze juges n'eussent pas déclaré depuis longtemps que cet état de choses était inconstitutionnel, et n'eussent pas renversé le gouvernement américain par un *mandamus*. Son mécontentement augmenta donc en proportion de ce que l'irrévérence du capitaine Truck se manifestait en termes plus forts, et il y avait danger imminent que l'harmonie qui avait régné jusqu'alors ne pérît de mort violente.

— La mer ne doit rien changer au respect d'un sujet loyal pour la couronne, Monsieur, répondit M. Green d'un ton sec. Du moins, elle n'a pas produit cet effet sur moi, quel que soit celui qu'elle a pu produire sur vous.

— Sur moi ! Comment diable, Monsieur ? me prenez-vous pour un sujet ?

— Un sujet peu respectueux, je crois, quand même vous seriez né dans le cœur de Londres.

— Sur ma foi ! mon cher Monsieur, dit le capitaine Truck, lui prenant un bouton de l'habit, et lui parlant comme s'il eût eu pitié de son égarement d'esprit, votre Londres ne produit pas des hommes comme nous. Je suis né sur la Rivière, et jamais il ne s'y est trouvé un sujet, ni aucune autre Majesté que celle de la plate-forme de Saybrook. Je commence enfin à vous comprendre. Vous êtes un de ces hommes qui s'imaginent que toute la terre n'a été créée que pour la petite île de la Grande-Bretagne. Eh bien ! je suppose que c'est la faute de votre éducation plutôt que la vôtre, et qu'il faut vous pardonner cette méprise. — Puis-je vous demander ce que vous désirez de plus, relativement à ce malheureux jeune homme ?

— Il faut qu'il restitue jusqu'au dernier shilling des deniers publics qu'il a divertis.

— Cela est juste, et j'en dis autant.

— Et tous ceux qui ont reçu de lui partie de ces deniers, sous quelque prétexte que ce soit, doivent également en faire restitution à la couronne.

— Vous ne pouvez vous figurer, mon bon Monsieur, quelle vaste quantité de champagne et d'autres bonnes choses cet infortuné jeune homme a consommée sur ce bâtiment. Quoiqu'il ne soit qu'un faux baronnet, il a vécu en véritable lord ; et vous ne pouvez avoir le cœur d'exiger qu'on vous rende ce qu'on a reçu de vos coquins pour les nourrir.

— Le gouvernement ne fait aucune distinction, Monsieur ; il réclame toujours tout ce qui lui appartient.

— Je doute fort, monsieur Green, dit sir George Templemore, que le gouvernement prétendît avoir le droit de se faire restituer les sommes qu'un de ses débiteurs a légitimement dépensées, même en Angleterre ; et encore plus qu'il puisse réclamer quelques livres que le capitaine Truck a légalement reçues.

— Il ne les a pas légalement reçues, Monsieur. Il est contraire aux lois d'aider un homme coupable de crime capital à quitter le royaume, et je ne sais trop s'il n'y a pas des peines prononcées contre ceux qui agissent ainsi. Mais quant aux deniers publics, ils ne peuvent jamais légalement sortir de la trésorerie que suivant les formes officielles d'usage.

— Mon cher sir George, dit le capitaine, laissez-moi régler cette affaire avec M. Green, qui est sans doute autorisé à donner une quittance finale. — Mais avant tout, monsieur Green, que va-t-on faire du délinquant, à présent que vous êtes en possession de votre argent ?

— Il sera transféré à bord de *l'Ecume*, et je suis fâché d'être obligé de dire qu'il sera remis entre les mains de la justice.

— Comment? avec ou sans ma permission?

M. Green ouvrit de grands yeux, car il avait l'esprit assez obtus pour regarder comme le comble de l'audace dans un colon de réclamer la jouissance des mêmes droits qu'un habitant de la mère-patrie, quand même il eût bien compris que la séparation des deux pays était légale et complète.

— Il a commis un faux pour cacher son péculat, Monsieur. C'est un crime affreux; et ceux qui le commettent ne peuvent espérer d'en éviter les conséquences.

— Misérable imposteur! cela est-il vrai? demanda le capitaine d'un ton sévère.

— Il appelle un faux ce qui n'est qu'une méprise, Monsieur; je n'ai rien fait qui doive mettre en danger ma vie ou ma liberté.

En ce moment le capitaine Ducie arriva avec M. Powis; ils avaient tous deux les yeux enflammés, et leur air de politesse l'un envers l'autre était évidemment forcé. Au même instant, M. Dodge, qui mourait d'envie de savoir ce qui se passait dans cette conférence secrète, se glissa à leur suite dans la chambre.

— Je suis charmé que vous soyez venu, Monsieur, dit M. Green, car l'intervention des officiers de Sa Majesté peut devenir nécessaire ici. M. Sandon vient de me remettre trente-huit mille livres en traites, mais il doit encore compte de deux mille, et j'ai découvert clairement qu'il en existe trente-cinq entre les mains du capitaine de ce bâtiment, qui les a reçues de lui pour son passage.

— Oui, Monsieur, dit le capitaine Truck d'un ton sec; le fait est aussi clair qu'il est évident qu'on voit d'ici les hauteurs de Navesink.

— Sa sœur a versé mille livres à la trésorerie, dit le capitaine Ducie.

— Vous avez raison, Monsieur; j'avais oublié de porter cette somme au crédit de M. Sandon.

— Le reste a probablement été dépensé en ces colifichets qui, à ce que vous m'avez dit, étaient la passion de ce malheureux jeune homme, et pour lesquels il a sacrifié son honneur et sa tranquillité. Quant à l'argent qu'il a payé pour son passage, il a été légitimement reçu, et je ne vois pas que le gouvernement ait le droit de le réclamer.

M. Green entendit cette opinion avec encore plus de mécontentement que ne lui en avait inspiré le langage du capitaine Truck, et il ne put s'empêcher de le laisser percer dans quelques mots qu'il adressa à demi-voix à John Effingham, près duquel il se trouvait.

— Nous vivons véritablement dans un temps dangereux, Monsieur, puisque les fils de nos nobles ont des idées si relâchées. C'est en vain que nous nous figurions que William Pitt avait mis bon ordre aux excès énormes de la révolution française; le mal a gagné les classes les plus hautes. J'entends dire qu'on a conçu des desseins sérieux contre les perruques des juges et des évêques, et il ne restera plus ensuite qu'à attaquer le trône. Toutes nos vénérables institutions sont en danger.

— Je crois vraiment que le trône est en péril, répondit John Effingham d'un air grave, s'il a pour base des perruques.

— Il est de mon devoir, capitaine Truck, dit le capitaine Ducie, qui était un homme si différent de son compagnon, qu'il semblait à peine appartenir à la même espèce, de vous requérir de me livrer la personne et les effets du délinquant, et nous vous épargnerons à vous et à vos passagers le désagrément d'être plus longtemps témoins de cette scène pénible.

En entendant cette demande, le malheureux Sandon fut fortement frappé du danger de sa situation. Il rougit et pâlit tour à tour, et fit un effort désespéré pour se lever; mais ses jambes lui refusèrent leur service. Après un instant de silence, il se tourna vers le commandant de la corvette et implora sa merci.

— J'ai déjà été sévèrement puni, dit-il, car les Arabes m'ont dépouillé de tout ce que j'avais de précieux. Ces messieurs savent fort bien qu'ils m'ont pris presque tous mes habits, ma toilette portative des Indes, mon assortiment de rasoirs, et beaucoup d'autres objets très-curieux.

— Ce jeune homme peut à peine être rendu responsable de ses actions, dit John Effingham. Avec une sœur dont il a fait le malheur par son crime, convaincu par son propre aveu, ayant sous les yeux un châtiment terrible, vous voyez que son esprit est encore occupé de babioles.

Le capitaine Ducie jeta un regard de pitié sur le délinquant, et l'on voyait clairement sur sa physionomie que le service dont il était chargé ne lui plaisait nullement. Il crut pourtant qu'il était de son devoir de presser le capitaine Truck de faire droit à sa requête; celui-ci se trouva dans un grand embarras. Il lui répugnait d'avoir l'air de céder en rien à un officier de la marine anglaise, classe d'hommes qu'il avait appris de bonne heure à voir de mauvais œil, et de livrer un homme qui serait infailliblement condamné à mort, ou à quelque autre châtiment sévère; mais, d'une autre part, le capitaine Ducie, comme individu, avait fait une impression favorable sur son esprit, et il ne se souciait pas de paraître vouloir protéger un fripon. Ne sachant donc que faire, il se tourna vers John Effingham pour lui demander son avis.

— Je voudrais bien savoir quelle est votre opinion sur cette affaire, Monsieur, lui dit-il; car j'avoue que je suis dans une catégorie. Devons-nous ou ne devons-nous pas livrer le coupable?

— *Fiat justitia, ruat cœlum!* répondit John Effingham, qui ne s'imaginait pas que personne pût ignorer la signification de ces mots si connus.

— Je suppose que c'est du Vattel, dit le capitaine Truck; mais les exceptions changent les règles, et la manière dont ce jeune homme s'est conduit en face des Arabes lui donne des droits sur nous.

— Il a combattu pour lui-même; il a le mérite d'avoir préféré la liberté sur un bâtiment à l'esclavage dans le désert.

— Je pense comme M. John Effingham, dit M. Dodge, sa conduite en cette occasion n'a rien qui puisse diminuer sa faute. Il a fait ce que nous avons fait tous; et comme M. John Effingham l'a fort bien dit, il a préféré être libre avec nous, plutôt que d'être l'esclave des Arabes.

— Vous ne me livrerez pas, capitaine Truck! s'écria le délinquant. Ils me feront pendre, s'ils me tiennent une fois entre leurs mains. Vous ne serez pas assez cruel pour souffrir qu'ils me fassent pendre.

Le capitaine Truck se sentit ému; cependant il répondit d'un ton sévère qu'il était trop tard de songer au châtiment, quand on avait commis le crime.

— Ne craignez rien, monsieur Sandon, dit M. Green en ricanant; ils vous conduiront à New-York, s'ils le peuvent, pour l'amour des mille livres qui vous restent. Un coquin est toujours sûr d'être bien reçu en Amérique.

— En ce cas, Monsieur, s'écria le capitaine Truck, vous feriez bien d'y venir avec nous.

— Monsieur Green, ce langage est indiscret, pour ne rien dire de plus, dit le capitaine Ducie, qui, sans être tout à fait exempt des préjugés de son compagnon, était beaucoup mieux élevé et plus habitué à se maîtriser.

— Monsieur John Effingham, vous avez entendu cette insulte que rien n'avait provoquée, dit le capitaine Truck, retenant sa colère autant qu'il en était capable; comment doit-elle être punie?

— En ordonnant à celui qui se l'est permise, de quitter votre bâtiment à l'instant même, répondit John Effingham avec fermeté.

Le capitaine Ducie tressaillit, et ses joues s'enflammèrent; mais M. Truck, sans y avoir aucun égard, s'avança d'un air déterminé vers M. Green, et lui ordonna de descendre dans la chaloupe de la corvette.

— Je n'accorderai ni pourparler ni délai, ajouta le vieux marin courroucé en s'efforçant de paraître calme et de prendre un air de dignité, sans y bien réussir, surtout à ce dernier égard. Faites-moi le plaisir de me permettre de vous voir dans votre chaloupe. Saunders! montez sur le pont, et dites à M. Leach de faire reconduire monsieur avec tous les honneurs possibles ; je veux dire, par les trois mousses, entendez-vous, Saunders? Maintenant, Monsieur, je vous demande, comme la plus grande faveur possible, de monter devant moi sur le pont ; ou, de par tous les diables, je vous y traînerai par le cou.

C'en était trop pour le capitaine Truck de vouloir paraître calme, quand sa fureur était au comble, et il termina son discours par un geste menaçant de sa main droite, ouverte à la vérité, et couverte de nombreux durillons, dus aux travaux pénibles de ses premières années, et que toutes celles qui s'étaient écoulées depuis qu'il était officier n'avaient pu faire disparaître.

— Ce sont des termes bien forts, Monsieur, dit le capitaine Ducie, pour les adresser à un fonctionnaire public anglais, sous les canons d'un croiseur anglais.

— Et il a employé des termes bien forts, Monsieur, pour les adresser à un homme dans son propre pays et sur son propre bâtiment. Quant à vous, capitaine Ducie, je n'ai rien à dire, sinon que vous êtes le bienvenu sur mon bord. Mais l'homme qui vous y a accompagné s'est permis d'insulter grossièrement mon pays, et Dieu me damne si je m'y soumets, quand je devrais ne jamais revoir les docks de Sainte-Catherine. J'en ai eu trop à supporter quand j'étais jeune, pour désirer que cela se répète à présent que je suis vieux.

Le capitaine Ducie se mordit les lèvres, et parut excessivement contrarié. Quoiqu'il eût lui-même adopté l'idée que le diable même serait reçu à bras ouverts en Amérique, s'il y arrivait les poches pleines, il était choqué de la grossièreté avec laquelle M. Green venait de s'exprimer en face des habitants de ce pays. D'une autre part sa fierté, comme officier, était offensée des menaces du capitaine Truck, et l'harmonie qui avait régné jusqu'alors semblait sur le point de cesser tout à coup. Dès le premier instant où il avait mis le pied sur le pont du *Montauk*, le capitaine Ducie avait été frappé de l'air de dignité et d'usage du monde des deux Effingham, pour ne rien dire d'Eve; et se tournant vers John Effingham, il lui dit presque d'un ton de reproche :

— *Vous*, Monsieur, vous ne pouvez certainement approuver la conduite extraordinaire de M. Truck?

— Je vous demande pardon, je l'approuve complétement; et j'ajouterai qu'il a permis à cet homme de rester sur son bord plus longtemps que je ne l'aurais souffert.

— Et quelle est l'opinion de monsieur Powis?

— Je crains, répondit Paul avec un sourire froid, que je n'eusse cédé à la tentation de l'assommer sur la place.

— Et vous, Templemore, êtes-vous aussi de cette opinion?

— Je crois que M. Green a parlé sans assez de réflexion; et, s'il veut y songer un instant, il n'hésitera pas à se rétracter.

Mais M. Green aurait renoncé à la vie plutôt qu'à un préjugé, et il secoua la tête de manière à annoncer son obstination.

— Tout cela n'est que du temps perdu, dit le capitaine Truck. — Saunders! allez dire à M. Leach de nous faire passer un petit palan par la claire-voie, afin que nous puissions hisser sur le pont ce personnage si poli. — Et écoutez, Saunders! dites aussi à M. Leach d'en faire attacher un autre à la vergue, pour le descendre dans sa chaloupe comme un baril d'eau-de-vie.

— C'est pousser les choses trop loin, dit le capitaine Ducie. Monsieur Green, vous m'obligerez en vous retirant. On ne peut faire un reproche à un bâtiment de guerre de faire une légère concession à un bâtiment non armé.

— Un bâtiment de guerre ne doit pas insulter un bâtiment non armé, Monsieur! répliqua avec force le capitaine Truck.

Le capitaine Ducie rougit encore; mais, comme il avait pris son parti, il fut assez prudent pour garder le silence. Cependant M. Green prit d'un air sombre son chapeau et ses papiers et retourna dans la chaloupe. Mais quand il fut de retour à Londres, il ne manqua pas d'y présenter cette affaire sous un jour qui confirma ses préjugés et ceux de ses amis relativement à l'Amérique, et ce qui n'est pas moins singulier, c'est qu'il crut religieusement tout ce qu'il dit à ce sujet.

— Qu'allons-nous faire à présent de ce malheureux? demanda le capitaine Ducie quand l'ordre fut un peu rétabli.

La mésintelligence qui avait éclaté fut malheureuse pour Sandon. Le capitaine Truck éprouvait une forte répugnance à le livrer à la justice, après tous les dangers qu'ils avaient courus ensemble; mais, d'une autre part, la conduite honnête du commandant anglais, sa satisfaction d'avoir triomphé dans la contestation qui venait d'avoir lieu, et son respect pour les lois, l'engageaient à remettre cet infortuné aux autorités qui devaient naturellement prononcer sur son sort.

— Si je vous comprends bien, capitaine Ducie, vous ne prétendez pas avoir le droit de l'enlever de vive force, lorsqu'il est à bord d'un bâtiment américain?

— Non. Mes instructions sont seulement de vous requérir de le remettre entre mes mains.

— Cela est conforme à ce que dit Vattel. Par *requérir*, vous entendez *demander?*

— J'entends vous demander, vous prier de me le remettre, répondit l'Anglais en souriant.

— En ce cas, au nom du ciel, emmenez-le; et puissent vos lois avoir plus de pitié de lui qu'il n'en a eu de lui-même ou de sa sœur!

Sandon poussa un grand cri, et se jeta lâchement à genoux entre les deux commandants, en saisissant leurs genoux.

— Ecoutez-moi! écoutez-moi! s'écria-t-il avec angoisse. J'ai rendu tout l'argent; je remettrai jusqu'au dernier shilling qui me reste, si vous me laissez en liberté. — Vous, capitaine Truck, vous à côté de qui j'ai combattu, aurez-vous le cœur de me livrer à ces meurtriers?

— Cela est diablement dur, dit le capitaine Truck en passant une main sur ses yeux; mais vous vous êtes attiré vous-même votre destin. Prenez un bon avocat dès que vous serez arrivé, mon pauvre garçon, et vous aurez encore une chance de vous tirer d'affaire.

— Misérable drôle! s'écria M. Dodge, jetant un regard foudroyant sur le coupable encore agenouillé. Vous avez commis un vol et un faux, actes qui méritent une réprobation sans réserve, et vous êtes indigne de paraître dans une société respectable. J'ai vu dès le premier instant ce que vous étiez, et si je vous ai admis dans ma compagnie, c'est parce que je désirais vous démasquer et vous faire connaître, pour que vous ne vinssiez pas faire honte à notre pays. Un imposteur n'a aucune chance en Amérique, et vous êtes heureux d'être reconduit dans votre hémisphère.

M. Dodge appartenait à une classe assez nombreuse composée de ces gens qu'on peut désigner comme étant « honnêtes aux yeux de la loi. » Il n'avait jamais été coupable de meurtre ni de vol; et, quand il commettait un meurtre moral dans ses écrits, il avait toujours soin de le faire de manière à ce que la loi ne pût en prendre connaissance. Quoique sa vie fût un tissu des vices les plus bas et les plus dangereux pour la société, jamais on n'avait à lui reprocher aucun de ces délits qui attirent ordinairement l'attention de douze jurés. Cette circonstance l'élevait à ses yeux assez au-dessus des pécheurs moins prudents, pour lui donner le droit de parler à son ci-devant compagnon comme il venait de le faire. Mais l'angoisse du coupable était au comble, et cette attaque brutale ne pouvait l'accroître. Il fit seulement un geste pour faire éloigner de lui ce sycophante démagogue, et continua à invoquer la merci des deux capitaines. Mais, en ce moment, Paul s'approcha de l'éditeur du *Furet Actif*, et lui ordonna d'un ton ferme, quoique à voix basse, de sortir de la chambre.

— Je prierai pour vous, capitaine Truck; je serai votre esclave; je ferai tout ce que vous m'ordonnerez, si vous ne me livrez pas, s'écria le coupable, se tordant les bras dans son agonie. O capitaine Ducie, vous êtes un noble Anglais, ayez pitié de moi.

— Il faut que je charge de ce service des subordonnés, dit le capitaine anglais une larme à l'œil. Permettrez-vous, capitaine Truck, qu'un détachement de soldats de marine emmène ce malheureux de votre bord?

— Peut-être sera-ce le meilleur parti, car il ne cédera qu'à la force. Je ne vois pas d'objection à cela, monsieur John Effingham?

— Pas la moindre, capitaine. Votre but est de débarrasser votre bâtiment d'un criminel; que ceux parmi lesquels il a commis le crime servent d'agents pour en assurer la punition!

— Oui, oui; c'est ce que Vattel appelle la politesse des nations. Capitaine Ducie, je vous prie de donner vos ordres.

L'officier anglais avait prévu quelque difficulté, et en envoyant son midshipman à la corvette, il lui avait donné ordre d'en ramener un détachement de soldats de marine, commandés par un caporal. Ils étaient arrivés, et la chaloupe restait à quelques toises du *Montauk*, par respect pour un bâtiment étranger, ce que le capitaine Truck vit avec plaisir, car il était remonté sur le pont avec tous les autres aussitôt que l'affaire avait été arrangée. Au premier ordre que leur donna leur commandant, les soldats de marine montèrent à bord du paquebot, et ils descendirent ensuite sous le pont pour aller chercher leur prisonnier.

Sandon était resté seul dans le salon de miss Effingham; mais, dès qu'il s'était trouvé en liberté, il était retourné dans sa chambre. Pendant que les soldats arrivaient, le capitaine Truck descendit dans sa chambre, y resta un instant, passa dans la grande chambre, et s'avança vers celle du prisonnier. En ayant ouvert la porte sans y frapper, il trouva le malheureux jeune homme levant le bras pour s'appuyer sur le front le bout d'un pistolet, et sa main eut à peine le temps d'empêcher la catastrophe. Le désespoir peint sur tous les traits du coupable n'admettait ni reproche ni remontrance ; d'ailleurs le capitaine Truck parlait peu quand il s'agissait d'agir. Ayant désarmé le suicide d'intention, il lui remit tranquillement trente-cinq livres qu'il avait reçues de lui pour son passage, et lui dit de les serrer dans sa poche.

— J'ai reçu cette somme, lui dit-il, à la charge de vous conduire en sûreté à New-York ; et comme je ne puis remplir cette condition, je crois ne faire qu'un acte de justice en vous la rendant. Elle pourra vous être utile quand vous serez mis en jugement.

— Me feront-ils pendre ? demanda Sandon d'une voix éteinte et avec la faiblesse d'un enfant.

L'arrivée des soldats ne permit pas au capitaine de lui répondre. Ils s'emparèrent de la personne du prisonnier, et le firent passer sur la chaloupe, lui et tous ses effets, avec une promptitude vraiment militaire. Dès qu'ils y furent, la chaloupe partit, et on la vit bientôt hisser sur le pont de la corvette. Un mois après, jour pour jour, cette infortunée victime d'une passion pour les colifichets se donna la mort de sa propre main à Londres, à l'instant où l'on allait le transférer à Newgate, et six mois ensuite sa malheureuse sœur mourut le cœur brisé.

CHAPITRE XXXIV.

> Nous vous attendrons là : et si vous n'y amenez pas Marcius, nous continuerons notre chemin.
> *Coriolan.*

Eve et mademoiselle Viefville avaient été spectatrices involontaires d'une partie de la scène rapportée dans les chapitres qui précèdent, et le capitaine Ducie désirait s'excuser auprès d'elles de la part qu'il avait été obligé d'y prendre : dans ce dessein il avait prié son ami le baronnet de le présenter un peu plus régulièrement que ne l'avait fait le capitaine Truck.

— Miss Effingham, dit sir George Templemore, mon ami Ducie désire vous être présenté pour vous prier d'excuser l'espèce de commotion qu'a causée sur ce bâtiment la mission désagréable dont il était chargé.

Eve y consentit de la meilleure grâce. Le jeune capitaine s'avança sur-le-champ et fit ses excuses aux dames, qui les reçurent de la manière la plus gracieuse.

— C'est un emploi tout nouveau pour moi, ajouta-t-il, que d'avoir à arrêter des criminels.

Les mots *des criminels* sonnèrent désagréablement aux oreilles d'Eve, et elle sentit qu'elle pâlissait.

— Quoique nous en regrettions la cause, dit M. Effingham, nous pouvons facilement nous passer de l'individu que vous allez nous enlever; car, dès le premier moment qu'il s'est montré, nous savions que c'était un imposteur. Mais n'y a-t-il pas quelque méprise? Voici la troisième malle marquée P. P. que je vois porter dans la chaloupe.

Le capitaine Ducie sourit et répondit :

— Vous croirez que c'est un mauvais calembour, si je me borne à vous dire P. P.; mais voyons. Et il leur montra Paul Powis, qui entrait accompagné du capitaine Truck. Ce dernier parlait avec vivacité, gesticulait en montrant la corvette, et serrait fortement la main de son compagnon.

— Dois-je en conclure, dit M. Effingham avec surprise, que M. Powis va aussi nous quitter?

— Il me fait aussi la faveur, dit le capitaine Ducie, en appuyant avec un accent singulier sur ce dernier mot, de m'accompagner en Angleterre.

A cette annonce inattendue, il y eut un instant de silence, pendant lequel Paul s'approcha de ses amis. Il s'efforça de montrer du calme, et sourit même en leur adressant la parole.

— Quoique j'échappe à l'honneur d'être escorté par un détachement de soldats, dit-il, et Eve pensa qu'il le disait avec amertume, — je me trouve aussi obligé de quitter ce bâtiment. Le hasard m'a jeté plusieurs fois dans votre compagnie, monsieur Effingham; si j'avais jamais le même bonheur, j'espère qu'il me serait permis de me présenter à vous comme une ancienne connaissance.

— Nous nous souviendrons toujours avec reconnaissance, monsieur Powis, des services importants que vous nous avez rendus, répondit M. Effingham, et je ne cesserai jamais de désirer de voir arriver le jour où j'aurai le plaisir de vous recevoir chez moi.

Paul prit la main de mademoiselle Viefville, et la baisa avec un air de galanterie. Il en fit autant à l'égard d'Eve, et elle sentit la main du jeune homme trembler quand il toucha la sienne. Cette manière gracieuse de prendre congé d'une dame étant usitée dans plusieurs pays où ils avaient demeuré longtemps, personne n'y trouva rien d'extraordinaire.

Paul et sir George Templemore se quittèrent en se donnant des témoignages réciproques d'amitié. Les hommes de l'équipage, à qui il avait donné une gratification libérale, et qui avaient appris à connaître son mérite dans sa profession, poussèrent trois acclamations en son honneur, et Saunders, qui n'avait pas été oublié, ne le quitta qu'à l'instant de son départ. M. Leach s'écria : — *L'Ecume* met à la voile, et le cutter du capitaine Ducie est arrivé ! — Sur le passe-avant, le capitaine Truck serra encore cordialement la main de Paul, et il lui dit quelques mots à l'oreille.

Tout étant prêt, le capitaine Ducie et Paul se disposèrent à descendre dans le cutter. Comme Eve suivait des yeux tout ce qui se passait, avec une inquiétude qui lui permettait à peine de respirer, un incident qui eut lieu alors lui fit une impression pénible, quoique ce ne fût qu'une affaire d'étiquette. Jusqu'alors elle avait trouvé que les manières du capitaine Ducie envers Paul Powis avaient quelque chose d'équivoque. Tantôt elles étaient froides et hautaines, tantôt elles semblaient plus conciliantes et plus aimables. Elle remarquait ces divers changements avec un intérêt inquiet, et elle surveillait la moindre marque d'égards ou de froideur, comme si elle eût espéré d'y trouver le fil de cette affaire mystérieuse.

— Le cutter est prêt, Monsieur, dit M. Leach en s'écartant sur le passe-avant pour faire place à Paul, qui se trouvait le plus près de l'échelle.

Paul allait descendre, quand le capitaine Ducie le toucha légèrement sur l'épaule, en souriant avec un air de hauteur, à ce que pensa miss Effingham, comme pour lui faire entendre que c'était à lui de passer le premier. Paul rougit, le salua, et recula quelques pas, pour le laisser entrer le premier dans son cutter.

— *Voilà qui est poli*, dit mademoiselle Viefville à demi-voix, *ce capitaine anglais est un peu sans façon.*

— Ces commandants de bâtiments de guerre sont de petits rois, dit tranquillement M. Effingham, qui avait remarqué cette petite scène.

Le cutter s'éloigna bientôt du paquebot. Le capitaine Ducie et M. Powis firent de nouveaux signes d'adieu à ceux qu'ils venaient de quitter. Arriver à la corvette, y monter, et hisser le cutter à sa place, ne fut l'affaire que de cinq minutes.

Les deux bâtiments s'éloignèrent l'un de l'autre, et la corvette, déployant successivement toutes ses voiles, fit route vers l'orient avec ses bonnettes hautes et basses. De son côté, *le Montauk* brassa carré, et gouverna vers Sandy-Hook. Le pilote qui était sur la corvette avait passé à bord du paquebot; et le vent étant favorable, il avait traversé la barre à onze heures. Bientôt *l'Ecume* ne parut plus qu'un point noir sur la mer, et sa voilure ressemblait à une petite pyramide de vapeurs.

— Vous n'étiez pas sur le pont, John, pour faire vos adieux à notre jeune ami Powis? dit M. Effingham à son cousin.

— Non; je ne me souciais pas d'être présent à une cérémonie d'une nature si extraordinaire; et pourtant j'aurais peut-être mieux fait d'y venir.

— Mieux fait?

— Mieux fait. Le pauvre Lundi m'a confié certains papiers qui paraissent devoir être importants pour quelqu'un; je les ai laissés entre les mains de M. Powis, dans le dessein de les examiner avec lui quand nous serions arrivés; et dans la précipitation de son départ, il les a emportés.

— Vous pouvez les réclamer en lui écrivant à Londres. — Avez-vous son adresse?

— Je la lui ai demandée, mais cette question a paru l'embarrasser.

— L'embarrasser, cousin John?

— L'embarrasser, miss Effingham.

On laissa, d'un consentement général, ce sujet de conversation. Quelques moments de silence suivirent; mais l'intérêt qu'on éprouve nécessairement quand on rentre dans sa patrie, après une absence de plusieurs années, reprit bientôt l'ascendant, et l'on fit des remarques sur les divers objets qui s'offraient aux yeux. Le départ de Paul ne fut pourtant pas oublié; car il continua longtemps à être un sujet de surprise pour tous les membres de la famille Effingham, quoiqu'ils en parlassent peu.

Le bâtiment fut bientôt par le travers de la baie, qu'Eve compara, au grand désavantage de ce célèbre port d'Amérique, aux promontoires élevés et aux tours pittoresques de la Méditerranée.

— Cette partie de notre baie, dit-elle, n'offre rien à admirer, quoiqu'elle semble promettre quelque chose de mieux un peu plus loin.

— Quelque fat de New-York qui a voyagé, dit John Effingham, s'est imaginé de la comparer à celle de Naples; et ses concitoyens ont avalé cette absurdité, quoique ces deux baies n'aient pas un seul trait de ressemblance à l'appui de cette opinion.

— Mais, plus loin, la baie est belle ?

— Seulement passable. Quand on n'en voit pas d'autres pendant plusieurs années, et qu'on a eu le temps d'oublier celles qu'on a vues auparavant, elle ne paraît pas mal ; mais *vous* qui venez de voir les traits plus hardis de l'Europe méridionale, vous serez désappointée.

Ève, admiratrice ardente de la nature, l'entendit parler ainsi avec regret ; car elle avait autant de confiance dans le goût de son cousin que dans son amour pour la vérité. Elle savait qu'il était bien supérieur à la vanité puérile qui porte bien des gens à vanter une chose uniquement parce qu'ils y ont un droit de propriété. C'était un homme du monde qui ne prononçait que sur ce qu'il connaissait bien. Il n'avait pas le ridicule si commun de tout admirer dans son pays ; et quoiqu'il fût aussi prêt qu'un autre à repousser toute attaque injuste dirigée contre ses institutions, et qu'il en fût plus en état que personne, il se laissait rarement entraîner à défendre les côtés faibles de son pays.

Cependant la baie prenait, dans le fait, un caractère plus intéressant à mesure que le paquebot avançait. Quand il fut arrivé à l'endroit appelé les *Narrows*, où le détroit, Ève exprima sa satisfaction. Mademoiselle Viefville fut en extase, ce qui était probablement causé, moins par les beautés réelles qu'elle remarquait, que parce qu'elle voyait succéder à la monotonie de l'Océan le mouvement animé du rivage.

— Ne trouvez-vous pas de la noblesse dans l'aspect de cette baie ? demanda John Effingham à sa jeune cousine.

— J'en suis aussi loin que possible, cousin John ; je ne vois dans l'ensemble rien que de pauvre et de mesquin, quoiqu'il y ait de la beauté dans quelques détails. Ces îles ne rappellent certainement pas l'Italie, — ni ces montagnes, — ni cette chaîne de rochers dans l'éloignement ; mais au total c'est une jolie baie, et l'on pourrait dire une noble baie, du moins par son étendue et son utilité.

— Tout cela est très-vrai. La terre ne contient peut-être pas un seul port qui offre autant d'avantages au commerce. Sous ce rapport, je crois qu'il n'a réellement pas son égal ; mais j'en connais cent qui le surpassent en beauté. On trouverait difficilement dans la Méditerranée un seul port, formé par la nature seule, qui ne lui soit supérieur à cet égard.

Ève avait contemplé trop récemment les côtes magnifiques de

l'Italie, pour voir avec enthousiasme les villages maigres et les maisons de campagne du genre le plus commun qui bordent plus ou moins les rives de la baie de New-York. Mais quand ils arrivèrent à un point où les deux rivières, séparées par la ville, se présentèrent à leurs yeux, avec les hauteurs de Brooklyn d'un côté et la muraille des palissades de l'autre, Eve déclara que cette vue était positivement belle.

— Vous avez bien choisi l'endroit, dit John Effingham; oui, elle est belle, mais voilà tout; elle n'offre rien qui soit admirable.

— Mais c'est notre pays, cousin John!

— C'est notre pays, miss Effingham, répondit John en bâillant; mais comme vous n'avez pas de cargaison à vendre, je crains que vous ne le trouviez excessivement ennuyeux.

— Nous verrons, répliqua Eve en riant, nous verrons. Ayant regardé quelques instants autour d'elle, elle ajouta d'un ton enjoué qui annonçait un dépit, moitié réel, moitié affecté : J'avoue que je suis désappointée en une chose.

— Vous serez fort heureuse, ma chère Eve, si vous ne l'êtes qu'en une seule.

— Ces petits bâtiments sont moins pittoresques que ceux que j'ai été accoutumée à voir.

— Votre critique est fort juste; et si vous approfondissez un peu le sujet, vous découvrirez ce qui manque à cette baie américaine. La grande hauteur des mâts de tous les bâtiments qui flottent sur ces eaux, comparée à une côte basse et presque nivelée aux bords de la rivière et à la formation générale du pays, produit l'effet de diminuer encore davantage les contours de chaque objet vu en détail. Majestueux comme il l'est et hors de toute comparaison, le Hudson le paraîtrait encore plus sans ces mâts gigantesques et sans grâce.

Le pilote commença alors à diminuer de voiles, et le paquebot entra dans ce bras de mer que, par un abus de nom qui est particulièrement américain, la mode veut qu'on appelle la Rivière de l'Est. Là, Eve exprima naïvement son désappointement, la ville lui paraissant ignoble et insignifiante. La batterie, qu'elle se rappelait un peu et dont elle avait beaucoup entendu parler, trompa complètement son attente, car elle n'y trouva ni l'étendue et la magnificence d'un parc, ni la beauté soignée et l'ombre agréable d'un jardin. Comme on lui avait dit que ses concitoyens n'avaient pas encore fait de grands progrès dans l'art de dessiner des jardins pittoresques, elle ne fut pourtant pas si mécontente de cette promenade que de l'air mesquin de la ville et de la malpropreté des quais. Ne voulant pourtant pas encourager le penchant de son cousin à la critique, elle cacha son opinion pour le moment.

— Je trouve ici encore moins d'améliorations que je ne m'y étais attendu, dit M. Effingham tandis qu'ils montaient en voiture sur le quai ; on m'avait assuré que j'en trouverais beaucoup.

— Et l'on en a fait de considérables pendant votre absence, Edouard ; si vous pouviez voir la ville comme vous l'avez vue dans votre jeunesse, le changement vous paraîtrait miraculeux.

— C'est ce dont je ne puis convenir, John ; je pense, comme Eve, que cette place a l'air ignoble plutôt qu'imposant ; c'est décidément une ville de province, et elle ne possède pas un seul des traits qui distinguent une métropole.

— Ces deux choses ne sont pas inconciliables, et vous en conviendrez si vous vous donnez la peine de mettre votre mémoire à contribution. Cette ville a l'air ignoble et provincial, j'y consens ; mais, il y a trente ans, elle l'était encore bien davantage. Dans un siècle, elle commencera à ressembler à une cité d'Europe.

— Quels odieux objets sont ces poteaux ! s'écria Eve ; ils donnent aux rues l'air d'un village, et je ne vois pas à quoi ils servent.

— Ces poteaux sont destinés à soutenir des bannes, dit John Effingham, et ils prouvent le caractère particulièrement campagnard de cette ville. Si vous voulez y réfléchir, vous verrez qu'il ne pouvait guère en être autrement. New-York contient aujourd'hui près de trois cent mille âmes, dont les deux tiers sont par le fait des émigrants de l'intérieur de notre propre pays ou de quelque contrée étrangère ; et une pareille collection d'individus ne saurait donner en un jour à une ville un autre caractère que celui qui les distingue eux-mêmes. Ce n'est pas un crime d'être provincial et rustique ; seulement c'est un ridicule de s'imaginer être autrement, quand le fait est évident.

— Les rues semblent désertes. J'avais cru la ville de New-York très-peuplée.

— Nous sommes pourtant dans *Broad-Way* (la Grande-Rue), et tous les Américains vous diront que dans cette rue la foule est telle qu'il est impossible d'y respirer.

— Tous, excepté John Effingham, dit M. Effingham en souriant.

— Quoi ! c'est ici Broad-Way ? s'écria Eve toute stupéfaite.

— Sans aucun doute. N'êtes-vous pas suffoquée ?

Eve garda le silence jusqu'à ce que la voiture fût arrivée à la porte de la maison de son père. Au contraire, mademoiselle Viefville paraissait enchantée de tout ce qu'elle voyait ; circonstance qui aurait pu tromper un habitant du pays qui n'aurait pas eu la clef de ses transports. D'abord elle était Française, et, comme telle, habituée à dire des choses agréables ; ensuite elle était enfin délivrée d'un élément qu'elle détestait, et la terre était ravissante à ses yeux. Mais la raison principale reste encore à dire : mademoiselle Viefville, comme la plupart des Européens, avait regardé l'Amérique, non pas simplement comme une province, et une province très-peu avancée en civilisation, ainsi que la vérité le lui aurait montré, mais comme un coin du monde à demi barbare, et ce qu'elle voyait surpassait si fort son attente, que le contraste suffisait pour exciter son ravissement.

Comme nous aurons plus tard occasion de parler de l'habitation de M. Effingham, et de faire faire plus ample connaissance au lecteur avec l'histoire de plusieurs de nos personnages, nous ne nous étendrons pas maintenant sur les sensations qu'Eve éprouva en se retrouvant en sûreté sous le toit paternel. Nous dirons seulement que le lendemain matin, quand elle descendit pour déjeuner, elle trouva John Effingham qui lui montra gravement le paragraphe suivant dans l'un des journaux quotidiens :

« Le paquebot de Londres, *le Montauk*, qui a été un peu retardé, est arrivé hier, ainsi qu'on le verra dans notre bulletin maritime. Ce bâtiment a éprouvé diverses aventures intéressantes qui, nous sommes heureux de pouvoir l'annoncer, seront prochainement mises sous les yeux du public par un des passagers, *gentleman* tout à fait à la hauteur de cette entreprise. Parmi les personnages distingués qui étaient à bord, on remarque notre compatriote Steadfast Dodge, esquire, dont les lettres amusantes et instructives écrites d'Europe ont déjà été publiées. Nous sommes charmés d'apprendre que M. Dodge revient en Amérique plus enthousiaste que jamais de son pays, qu'il déclare bien assez bon pour lui. On dit tout bas que notre illustre ami a joué un rôle remarquable dans quelques événements qui viennent de se passer sur la côte d'Afrique, quoique son extrême modestie, qui est si bien connue, l'empêche d'en parler ; mais nous nous arrêtons nous-mêmes, par égard pour une délicatesse que nous apprécions trop bien pour la blesser.

« Le bâtiment de Sa Majesté, *l'Ecume*, dont nous avons annoncé l'arrivée il y a un ou deux jours, a abordé *le Montauk* à la hauteur de la baie de Sandy-Hook ; et s'est emparé de deux criminels, dont l'un, nous dit-on, avait détourné 140,000 livres sterling du trésor public, et l'autre avait déserté les drapeaux du roi, quoique rejeton d'une noble famille. A demain de plus amples détails. »

LE PAQUEBOT AMÉRICAIN. 437

Mais ce demain ne vint jamais, quelque nouvel incident prit la place de la narration promise, un peuple qui ne se donne pas le temps de manger, et chez lequel l'amour du lucre a remplacé même la religion, ne se donnant guère la peine de remonter vingt-quatre heures en arrière pour éclaircir un fait.

— Ce doit être un infâme mensonge, cousin John, dit Eve en jetant le journal avec une indignation qui excluait même pour le moment le sentiment de la crainte.

— Je l'espère, et pourtant cette affaire est assez singulière, pour que le soupçon soit du moins naturel.

Nous verrons dans la suite ce qu'Eve pensa et ce qu'elle fit[1].

[1] Nous croyons devoir rappeler ici, pour le grand nombre de lecteurs qui ne lisent pas les préfaces, que l'auteur a annoncé dans la sienne que le Paquebot américain est l'introduction d'un roman qu'il va publier prochainement; que la scène de ce roman se passera entièrement en Amérique, et que le lecteur y retrouvera les principaux personnages qui jouent un rôle dans cette première partie, rôle secondaire, puisque le véritable héros en est le Montauk.

FIN DU PAQUEBOT AMÉRICAIN.

www.ingramcontent.com/pod-product-compliance
Lightning Source LLC
Chambersburg PA
CBHW071109230426
43666CB00009B/1893